D1698801

JONAS VERLAG

Zum Erscheinen dieses Bandes haben folgende Personen und Institutionen/Firmen durch finanzielle Zuwendungen beigetragen (in alphabetischer Reichenfolge):

E & B, Hadamar-Oberweyer
Detlef Mallm, Hundsangen
Wolfgang Meurer, Hadamar
Michael Noll, Hadamar-Oberweyer
Thomas Noll, Hadamar
Manfred Rörig, Nentershausen
Thomas Weis, Hadamar

Wir danken folgenden Personen und Archiven für Unterstützung:

Matthias Meissner, Bundesarchiv Berlin
Hessisches Hauptstaatsarchiv Wiesbaden
Stadtarchiv Frankfurt a. M.
Herrn Will, Stadtarchiv Hadamar
Herrn Heiko Horn, LWV Hessen
Universitätsarchiv Halle

Wir danken Herrn Dirk Hainbuch M.A. für redaktionelle Mitarbeit

Titelabbildungen
Lageplan der Corrigenden-Anstalt zu Hadamar von Eduard Zais (Hessisches Hauptstaatsarchiv Wiesbaden, Abteilung 3001/1, Nr. 3331 V 1)
Corrigendenanstalt Hadamar um 1890 (Stadtarchiv Hadamar)
Landes-Heil- und Erziehungsanstalt Hadamar um 1920 (LWV-Archiv, Fotosammlung)
Tötungsanstalt mit rauchendem Schornstein 1941 (LWV-Archiv, Fotosammlung)
Krankengebäude des Zentrums für Soziale Psychiatrie Mönchberg, 2006 (Aufnahme Frank Mihm)
Ehemalige Busgarage der „Aktion T4", als Gedenkort wiederaufgebaut im Jahr 2006, Foto 2006 (Aufnahme Frank Mihm)

Bibliografische Information der Deutschen Nationalbibliothek
Die Deutsche Nationalbibliothek verzeichnet diese Publikation in der Deutschen Nationalbibliografie; detaillierte bibliografische Daten sind im Internet über *http://dnb.d-nb.de* abrufbar.

Alle Rechte der Verbreitung, auch durch Film, Funk, Fernsehen und sonstige elektronische Medien, fotomechanische Wiedergabe, Tonträger jeder Art, auszugsweisen Nachdruck oder Einspeicherung und Rückgewinnung in Datenverarbeitungsanlagen aller Art, sind vorbehalten.

© 2006 Jonas-Verlag
für Kunst und Literatur GmbH
Weidenhäuser Str. 88
D-35037 Marburg

Umschlaggestaltung: Jonas Verlag, Marburg
Satz: Jonas Verlag, Marburg
Druck: Fuldaer Verlagsanstalt

ISBN-10: 3-89445-378-8
ISBN-13: 978-3-89445-378-7

Hadamar
Heilstätte – Tötungsanstalt – Therapiezentrum

Herausgegeben von
Uta George, Georg Lilienthal, Volker Roelcke,
Peter Sandner, Christina Vanja

Historische Schriftenreihe des Landeswohlfahrtsverbandes Hessen
Quellen und Studien Band 12

Inhalt

Beigeordneter Dr. Peter Barkey
Zum Geleit 10

Dr. Bernd Heidenreich
Zum Geleit 17

Bürgermeister Hans Beresko
Zum Geleit. 100 Jahre ZSP in Hadamar 19

Uta George, Georg Lilienthal, Volker Roelcke, Peter Sandner, Christina Vanja
Einleitung 21

Vorgeschichte

Matthias Theodor Kloft
Wolf und Hirschkuh. Der Mönchberg und die Franziskaner
in Hadamar (1632–1816) 27

Irmtraut Sahmland
Ein Institut für das Leben. Die Hebammenlehranstalt für das
Herzogtum Nassau (1828–1872) 37

Christina Vanja
Die Hadamarer „Corrigendenanstalt" (1883–1906) 56

Psychiatrie in Hadamar 1906–1933

Volker Roelcke
Psychiatrie um 1900 und die Gründung der Anstalt Hadamar 78

Gabriele Kremer
"In diesem Haus hat sich so manches zugetragen".
Die Landesheil- und Erziehungsanstalt Hadamar 1906–1932 90

Michael Putzke
Zwischen Reform und Vernichtung – Das Hofgut Schnepfenhausen
und das Übergangsheim Waldmannshausen 108

David Alford
Alkoholkranke in der Landesheilanstalt Hadamar bis 1945 124

Hadamar in der Zeit des Nationalsozialismus

Peter Sandner
Die Landesheilanstalt Hadamar 1933–1945 als Einrichtung des
Bezirksverbands Nassau (Wiesbaden) 136

Georg Lilienthal
Gaskammer und Überdosis. Die Landesheilanstalt Hadamar als
Mordzentrum (1941–1945) 156

Gerrit Hohendorf, Maike Rotzoll, Petra Fuchs, Annette Hinz-Wessels,
Paul Richter
Die Opfer der nationalsozialistischen „Euthanasie"-Aktion T4 in der
Tötungsanstalt Hadamar 176

Monica Kingreen
Jüdische Kranke als Patienten der Landesheilanstalt Hadamar (1909–1940)
und als Opfer der Mordanstalt Hadamar (1941–1945) 189

Wolfgang Franz Werner
Die Rheinischen Zwischenanstalten und die Mordanstalt Hadamar 216

Uta George
„Erholte sich nicht mehr. Heute exitus an Marasmus senilis".
Die Opfer der Jahre 1942–1945 in Hadamar 234

Nicholas Stargardt
Elterliches Vertrauen in die Anstalten und die Ermordung von Kindern 259

Georg Lilienthal
Personal einer Tötungsanstalt. Acht biographische Skizzen 267

Petra Lutz
Eine „reichlich einsichtslose Tochter". Die Angehörigen einer in Hadamar
ermordeten Patientin 293

Hadamar nach 1945

Matthias Meusch
Die strafrechtliche Verfolgung der Hadamarer "Euthanasie"-Morde 305

Franz-Werner Kersting
Die Landesheilanstalt Hadamar in den ersten Nachkriegsjahren 327

Manfred Bauer, Renate Engfer
Psychiatriereform und Enthospitalisierung in der Bundesrepublik –
Ein Überblick 344

Jutta Schmelting, Astrid Briehle
Von der Heil- und Pflegeanstalt Hadamar zum Zentrum für Soziale
Psychiatrie – Entwicklung des Zentrums für Soziale Psychiatrie Hadamar
in Trägerschaft des Landeswohlfahrtsverbandes Hessen seit 1953 355

Jörg Bühring
Das Zentrum für Soziale Psychiatrie Am Mönchberg in Hadamar aus
betriebswirtschaftlicher Sicht 363

Gerhard Fischer
Mein Weg 370

Ralf Wolf
Zur Entwicklung des Maßregelvollzugs in Hadamar 375

Heinz Leising
Entwicklungen in der Psychiatrie der letzten 20 Jahre am Beispiel der
Tagesklinik des Zentrums für Soziale Psychiatrie Am Mönchberg
in Hadamar 383

Rainer Hönig
Ein persönlicher Rückblick auf die Entwicklung der Krankenpflege
in Hadamar 391

Heiko Schmidt
Das Wohn- und Pflegeheim heute – ein Auslaufmodell? 399

Klaudia Ehmke-Pollex, Inge Orglmeister-Durlas, Günter Zang
Klinikseelsorge am Zentrum für Soziale Psychiatrie in Hadamar 410

Duran Y.
Meine Chance. Bericht eines Patienten aus dem Maßregelvollzug 416

Sascha M.
Mein bisheriger Therapieverlauf und Empfinden in Hadamar.
Erfahrungen im Maßregelvollzug 418

Klaus W.
Das Zentrum für Soziale Psychiatrie Mönchberg aus Sicht eines Patienten 423

Hadamar als Ort des Gedenkens

Uta George
Erinnerung und Gedenken in Hadamar 429

Regine Gabriel, Uta George
Lernen aus der Geschichte? Die pädagogische Arbeit in der
Gedenkstätte Hadamar 443

Martin Hagmayr
Als Gedenkdiener in Hadamar 459

Bettina Winter
„Wer braucht schon einen Förderverein?" Entstehung und Arbeit des
Vereins zur Förderung der Gedenkstätte Hadamar e. V. 464

Michael Statzner
Die Internationale Jugendbegegnungs- und Bildungsstätte des
Internationalen Bundes 470

Ausgewählte Einträge im Besucherbuch der Gedenkstätte Hadamar
(2004–2006). Zusammengestellt von Anke Stöver 474

Therese Neuer-Miebach
Sterbenskrank und lebensmüde: Nachdenkliches zur Euthanasie in der
aktuellen bioethischen Debatte 476

Brigitte Tilmann, Georg-Dietrich Falk
Der Richter Dr. Kreyßig und sein mutiges Eintreten gegen die
NS-„Euthanasie"-Verbrechen 486

Statements von Institutionen und Einzelpersonen, die seit vielen Jahren
mit der Gedenkstätte Hadamar zusammenarbeiten 493

Autorinnen und Autoren 502

Historische Schriftenreihe des Landeswohlfahrtsverbandes Hessen 510

Zum Geleit

Dr. Peter Barkey
Beigeordneter des Landeswohlfahrtsverbandes Hessen

(Foto: privat)

Hadamar – beim ersten Hinhören klingt der Name fremd, wie aus alter Zeit. Und in der Tat, er ist ein germanischer Name, der aus dem frühen Mittelalter, aus der Zeit der Völkerwanderung, herrührt. Er bedeutet „umkämpfte Furt". Die Ursprünge der Stadt Hadamar gehen bis ins 9. Jahrhundert zurück. Die Stadtrechte wurden ihr im 14. Jahrhundert verliehen. Hadamar wurde im 17. Jahrhundert Residenz eines kleinen nassauischen Fürstentums und gehörte später zum Regierungsbezirk Wiesbaden in der preußischen Provinz Hessen-Nassau. Heute präsentiert sich Hadamar im Bundesland Hessen als Fürstenstadt und Tor zum Westerwald.

Doch seit dem Zweiten Weltkrieg verbindet die (nationale und internationale) Öffentlichkeit den Namen Hadamar auch mit dem ersten planmäßig organisierten Massenmord des NS-Regimes. Seit der Berichterstattung über die beiden Prozesse steht Hadamar als Synonym für die Krankenmorde wie Auschwitz für den Holocaust. Jedoch umfassen Geschichte und Vorgeschichte der psychiatrischen Einrichtung in Hadamar mehr als das dunkle Kapitel zwölfjähriger nationalsozialistischer Gewaltherrschaft.

Ein Blick in die Geschichte

In das aufgelassene Kloster auf dem Mönchberg zog 1828 eine Hebammenlehranstalt ein. Als zentrale Einrichtung für das Herzogtum Nassau sollte sie die professionelle Ausbildung von Hebammen gewährleisten.

Wenige Jahre, nachdem die Hebammenlehranstalt nach Marburg verlegt worden war, öffnete 1883 auf dem Mönchberg eine Korrigendenanstalt in einem Neubau ihre

Pforten. Träger dieser Einrichtung war der Bezirkskommunalverband Wiesbaden, der damit erstmals in Hadamar in Erscheinung trat. Er war ein Verband der Städte und Gemeinden des Regierungsbezirks Wiesbaden in der preußischen Provinz Hessen-Nassau und damit als Kommunalverband einer der Vorgänger des Landeswohlfahrtsverbandes Hessen, in dem alle hessischen kreisfreien Städte und Landkreise zusammengeschlossen sind. In der Korrigendenanstalt sollten straffällig gewordene Bettler, Landstreicher und Prostituierte durch Arbeit, Disziplin und moralischen Zuspruch zu Arbeit und „tugendhaftem" Leben erzogen werden. Durch den Zwangscharakter der Anstalt fühlten sich die Betroffenen aber als Häftlinge und empfanden ihren Aufenthalt als Haftstrafe.

Soziale Umbrüche, die gekennzeichnet waren durch Industrialisierung, Landflucht, Verstädterung und Auflösung traditioneller Familienbande, ließen um die Wende vom 19. zum 20. Jahrhundert die Zahl der anstaltsbedürftigen „Geisteskranken" schnell ansteigen. Um dem steilen Bedarf an Anstaltsbetten zu begegnen, plante der Kommunalverband ab 1903 den Neubau einer dritten Bezirks-„Irrenanstalt" neben dem Eichberg in Eltville und Weilmünster. Bis zu ihrer Fertigstellung, die dann 1911 in Herborn erfolgte, wurde eine Zwischenlösung gesucht. Sie wurde in Gestalt der Korrigendenanstalt Hadamar gefunden, deren Belegstärke stark gesunken war. Aus der Korrigendenanstalt wurde eine „Pflegeanstalt". 1906 zog der größte Teil Korrigenden und Korrigendinnen in die Arbeitsanstalt Breitenau bei Kassel. Die Versetzung von Dr. Wilhelm Meitzen aus Weilmünster, der Abschluss der Umbauarbeiten und die Aufnahme der ersten Patienten vom Eichberg markieren den Beginn der psychiatrischen Einrichtung in Hadamar vor hundert Jahren.

Arbeitstherapie, Bettruhe, Dauerbäder und beruhigende Medikamente, das waren die Mittel, mit denen man in Hadamar den Patienten zu einer Zeit helfen wollte, in der es noch keine Psychopharmaka, Psychotherapie oder andere, den Patienten begleitende Therapien gab. Nach dem Ersten Weltkrieg wurde in einem der Anstalt angeschlossenen Heim auch der Versuch unternommen, eine Klientel zu betreuen, die hauptsächlich in Großstädten wie Frankfurt am Main anzutreffen war: junge Frauen, die einen für die damaligen Verhältnisse abweichenden Lebensstil pflegten, sich über soziale Normen hinwegsetzten oder keine feste Anstellung besaßen. Als Psychopathinnen medizinalisiert, glaubte man, mit einer Kombination von pädagogischer und psychiatrischer Behandlung ihr Verhalten den gesellschaftlichen Erwartungen angleichen zu können. Wie die Korrigendenanstalt des Wilhelminischen Kaiserreichs, so blieb auch das „Erziehungsheim für Psychopathinnen" der Weimarer Republik in Zwangsmaßnahmen stecken und erfüllte nicht den Anspruch, eine Hilfe für eine bessere Lebensbewältigung zu bieten.

Die Machtergreifung der Nationalsozialisten im Jahre 1933 hatte weitreichende Folgen für die Anstalt in Hadamar, und damit vor allem auch für ihre Patienten. Wie in anderen Heil- und Pflegeanstalten so verschlechterten sich auch in Hadamar die Lebensbedingungen für die Patienten: Der tägliche Pflegesatz wurde gekürzt, eine zunehmende Überbelegung setzte ein, Betten wurden gegen Strohsäcke ausgetauscht. Außerdem waren die Patienten der Gefahr einer Zwangssterilisation ausgesetzt, seitdem das „Gesetz zur Verhütung erbkranken Nachwuchses" am 1. Januar 1934 in Kraft trat. Der Nationalsozialismus hatte sich damit von einer Medizin, die dem Individuum verpflichtet war, abgewandt und verfolgte nur noch das Ziel einer ideologisierten „Volksgesundheit", in der Gesundheit und Leben des Einzelnen nicht mehr zählten.

Die letzte Konsequenz dieser medizinethischen Kehrtwendung erfuhr die Anstalt Hadamar 1941. Nachdem sie bereits mit Kriegsausbruch 1939 für die Wehrmacht geräumt und das Reservelazarett nach einem Jahr wieder aufgelöst worden war, wurde sie in das nationalsozialistische „Euthanasie"-Mordprogramm eingebunden. Der Bezirksverband Wiesbaden stellte zunächst die Anstalt Hadamar mit einem Teil des Personals der Mord-Zentrale in Berlin zur Verfügung, die sie zu einer Gasmordanstalt umrüstete. Als solche war Hadamar vom Januar bis August 1941 „in Betrieb". In dieser Zeit starben in der Hadamarer Gaskammer 10.000 Anstaltspatienten, die von den Nationalsozialisten als „lebensunwertes Leben" betrachtet wurden. Der von Hitler im August 1941 verordnete Stopp der Gasmorde war, wie wir heute wissen, nur ein Täuschungsmanöver, um die durch Gerüchte verunsicherte Bevölkerung zu beruhigen. In Wirklichkeit wurde weitergemordet, nicht mehr mit Gas, sondern mit überdosierten Medikamenten und gezielter Mangelernährung. Initiative und Verantwortung für die Morde lagen nicht mehr allein bei der Zentrale in Berlin, sondern bei regionalen Behörden und Verantwortungsträgern, im Falle Hadamars beim Bezirksverband und dem Gau Hessen. In Hadamar wurden die Morde im August 1942 wieder aufgenommen. Sie dauerten bis zum Einmarsch amerikanischer Truppen im März 1945. In dieser Zeit starben noch einmal 4.500 Menschen. Die Eskalation des Vernichtungsgedankens ist daran abzulesen, dass den Morden nicht nur Anstaltspatienten, sondern auch (tuberkulosekranke) Zwangsarbeiter, Strafgefangene, Soldaten der Wehrmacht und SS, durch den Bombenkrieg verwirrte Personen oder so genannte halbjüdische Fürsorgezöglinge zum Opfer fielen.

Das Hadamarer Personal musste sich nach dem Krieg für seine Taten vor Gericht verantworten. Deutschland und die Welt waren schockiert, als sie durch die beiden Hadamarer Prozesse, dem ersten vor einem amerikanischen Militärgericht im Oktober 1945 und dem zweiten vor dem Landgericht Frankfurt a. M. im März 1947, erstmals von dem Ausmaß und der Brutalität des NS-„Euthanasie"-Mordprogramms erfuhren. Seitdem ist der Name Hadamar ein Synonym für die Gesamtheit der NS-Krankenmorde.

Mahnen und Gedenken

Angesichts dieses Massenmordes kann es keine „Vergangenheitsbewältigung" geben. Dennoch erhebt sich die Frage, wie stellt man sich dieser Art von Vergangenheit? Die Strafverfolgung ist die eine Form, die andere das Gedenken. Beide gehören zusammen. Als der Landeswohlfahrtsverband Hessen 1953 die Rechtsnachfolge der Bezirksverbände Wiesbaden und Kassel antrat, bekannte er sich auch zu den dunklen Kapiteln der Geschichte der von ihm übernommenen Einrichtungen. 1953 enthüllte Friedrich Stöffler, seinerzeit Anstaltsdezernent des Bezirksverbandes Wiesbaden, später Zweiter Landesdirektor des Landeswohlfahrtsverbandes Hessen, im Haupteingang der damaligen Landesheilanstalt Hadamar eine Gedenktafel, die an die Opfer zwischen 1941 und 1945 erinnert. 1964 wurde der Anstaltsfriedhof, auf dem die meisten Opfer der zweiten „Euthanasie"-Phase bestattet wurden, zu einem Ehrenfriedhof umgestaltet und ein sechs Meter hohes Ehrenmal mit der Inschrift „Mensch – achte den Menschen!" errichtet. Auf das Jahr 1983 gehen die Anfänge der Gedenkstätte Hadamar zurück, deren Trägerschaft der Landeswohlfahrtsverband nach wenigen Jahren übernahm. Gleichzeitig richtete er ein Archivreferat ein, zu dessen Aufgaben auch die Gedenkarbeit des Verbandes insgesamt zählt. Seitdem hat der Landeswohlfahrtsverband in zahlreichen Publikationen die Geschichte seiner Einrichtungen aufgearbeitet. Mahnmale in nahezu allen Zentren für Soziale Psychiatrie erinnern an das Schicksal ihrer früheren Bewohner.

Zentraler Ort des Gedenkens an die Opfer der NS-„Euthanasie"-Verbrechen stellt für den Landeswohlfahrtsverband die Gedenkstätte Hadamar dar. Der Landeswohlfahrtsverband trägt die Arbeit der Gedenkstätte und begleitet ihre Weiterentwicklung. In seiner heutigen Form mit den Resten der ehemaligen Tötungsanlage im Keller, den Büro-, Seminar-, Bibliotheks- und Archivräumen und der Dauerausstellung sowie zugehörigem Personal besteht die Gedenkstätte seit 1991. Jährlich steigende Besucherzahlen, zuletzt 15.000 im Jahre 2005, zeugen von der Notwendigkeit der Gedenkstätte und ihrer qualifizierten Arbeit. Gedenken, Forschen und pädagogische Anleitung sind hier vereinigt. Neben der allgemeinen pädagogischen Arbeit, die durch die Führungen von Besuchergruppen, Studientage und kulturelle Veranstaltungen gekennzeichnet ist, wurden in den letzten Jahren spezielle Angebote für Kinder ab dem zehnten Lebensjahr und für Menschen mit Lernschwierigkeiten geschaffen. Mit diesen innovativen Ansätzen hat sich die Gedenkstätte Hadamar zu einer Schrittmacherin in der Gedenkstättenarbeit in Deutschland entwickelt. 2006 konnte ein Gedenkbuch der Öffentlichkeit vorgestellt werden, das die Namen sämtlicher circa 15.000 Opfer aus Hadamar verzeichnet. Dieses Gedenkbuch, das in seiner Vollständigkeit einmalig für die sechs ehemaligen NS-„Euthanasie"-Tötungsanstalten ist, holt die Ermordeten aus der Anonymität, in die sie von den Tätern gestoßen wurden, und ermöglicht individuelles Gedenken und Trauern, woran vor allem auch die Angehörigen interessiert sind. Im selben Jahr wurde der authentische Ort um ein einmaliges Objekt bereichert: die ehemalige T4-Busgarage. Sie wurde nach dem Krieg auf das ehemalige Hofgut der Anstalt versetzt, um bis zuletzt als Scheune benutzt zu werden. Jetzt wurde sie restauriert und an ihrem ursprünglichen Standort wieder aufgebaut. Mit ihren Angeboten für bislang in der Gedenkstättenpädagogik vernachlässigte Besuchergruppen, der Vorlage eines kompletten Verzeichnisses der Opfernamen und dem Erhalt der einzigen noch vorhandenen ehemaligen T4-Busgarage hat sich die Gedenkstätte Hadamar in der Gedenkstättenlandschaft der Bundesrepublik Deutschland eine besondere Stellung erworben.

Das heutige Zentrum für Soziale Psychiatrie

Der Name Hadamar, und das soll betont werden, liefert nicht nur das Stichwort für die NS-„Euthanasie"-Verbrechen, die hier begangen wurden und an die hier erinnert wird, sondern er verweist heute auch auf den Standort eines zeitgemäßen Zentrums für Soziale Psychiatrie des Landeswohlfahrtsverband Hessen. Nach dem Kriegsende musste die damalige Landesheilanstalt Hadamar erst wieder den Weg zurück finden zu einer ihre Patienten in den Mittelpunkt stellenden Einrichtung und sie musste das durch die „Euthanasie"-Morde verlorene Vertrauen der Patienten und der Öffentlichkeit wieder zurückgewinnen. Dies war ein langwieriger Prozess. So wie das Gedenken an die Mordopfer, das einen Teil dieses Prozesses ausmacht, sich schrittweise vollzog, entwickelte sich die psychiatrische Betreuung und Behandlung in mehreren Etappen. Die wichtigste Etappe stellte dabei die Psychiatrie-Enquete von 1975 dar. Sie nahm den Patienten als Individuum und seine Bedürfnisse in den Blick und löste damit bis heute andauernde Reformanstrengungen mit dem Ziel aus, die Behandlung menschenwürdiger zu gestalten, eine gemeindenahe Versorgung zu ermöglichen und Psychiatriepatienten mit körperlich Kranken gleich zu stellen. Die Anstaltspsychiatrie konnte so in eine moderne Sozialpsychiatrie transformiert werden. Die LWV-Einrichtung Hadamar hat diesen Weg überzeugt und konsequent beschritten. Die Wandlungen, welche sie durchlief, sind allein schon an den unterschiedlichen Bezeichnungen ablesbar: von der „Landesheilanstalt" nach dem Krieg, über das „Psychiatrische Krankenhaus" bis zum heutigen „Zentrum für Soziale Psychiatrie" mit seinen Betriebszweigen „Klinik für Psychiatrie und Psychotherapie", „Klinik für forensische Psychiatrie" und „Wohn- und Pflegeheim".

Ab 1989 wurden Patienten in Alten-, Pflege- und Behindertenwohnheime, in ambulantes Betreutes Wohnen und zu ihren Angehörigen nach Hause entlassen. Diese „Enthospitalisierung" wurde durch einen Beschluss des Landeswohlfahrtsverbandes

1993 auf eine breitere Basis gestellt, die eine kontrollierte Rückführung von Langzeitpatienten in die Gemeinde ermöglichte. Gleichzeitig stellte sich heraus, dass eine gemeindenahe Versorgung nicht für alle Langzeitpatienten die optimale Betreuungsform war. Für diese zunächst 50 Personen umfassende Gruppe wurde ein Heim- und Wohnbereich geschaffen, der familiären Charakter hat und der Individualität großen Freiraum gewährt. Eine Form der gemeindenahen psychiatrischen Versorgung stellt die Tagesklinik dar. In ihr werden Patienten tagsüber betreut, wenn sich ihr Zustand stabilisiert hat. Abends kehren sie zu ihren Angehörigen zurück. 2003 wurde die Tagesklinik vom Gelände des Zentrums für Soziale Psychiatrie in die Stadt Limburg verlegt, um näher an den Patienten zu sein.

Einen eigenen Bereich innerhalb des Zentrums für Soziale Psychiatrie stellt der Maßregelvollzug dar, den der Landeswohlfahrtsverband im Auftrag des Landes Hessen wahrnimmt. Er entstand aus seinen Anfängen in den 1980er Jahren und wird heute durch die „Klinik für forensische Psychiatrie" betrieben. Die Aufgabe des Maßregelvollzugs besteht darin, vom Gericht eingewiesene drogen- oder alkoholkranke Rechtsbrecher von ihrer Sucht zu heilen oder insoweit eine Besserung zu erreichen, dass von ihnen keine Gefährdung mehr ausgeht. Die Klinik muss dabei Behandlung und Sicherheit gleichzeitig gewährleisten. Dafür steht ein multiprofessionelles Team aus Ärzten, Psychologen, Pflegekräften, Sozialarbeitern und verschiedenen Therapeuten zur Verfügung. Die Zahl der behandelten Patienten stieg von 61 im Jahre 1990 auf zurzeit rund 220. Nach einer Untersuchung aus dem Jahr 2000 lag die Rückfallquote mit einer erneuten Verurteilung zu einer Einweisung oder Haftstrafe der 1997 und 1998 Entlassenen bei lediglich 17 Prozent. Steigende Zuweisungszahlen durch die Gerichte lassen den Bedarf an weiteren Maßregelvollzugsplätzen nicht nur in Hadamar steigen. Daher ist ein Ausbau der forensischen Klinik geplant.

Einladung zum Dialog

Es soll nicht verkannt werden, dass die Stadt Hadamar und ihre Bürger dem Zentrum für Soziale Psychiatrie, zumal dem Maßregelvollzug, und der Gedenkstätte mitunter auch mit Skepsis und mit kritischen Fragen begegnen. Ich habe hier aber den Eindruck, dass diese skeptische Haltung zunehmend einer Dialogbereitschaft weicht. Zum Dialog bedarf es zweier dialogbereiter Partner. Für das Zentrum für Soziale Psychiatrie Am Mönchberg und seinen Träger Landeswohlfahrtsverband Hessen möchte ich den Willen zum Dialog unterstreichen. Mit der Darstellung von Geschichte und Gegenwart der psychiatrischen Einrichtung auf dem Mönchberg sowie der Gedenkstätte Hadamar möchte der vorliegende Band einen Beitrag zum Dialog leisten und zugleich um Verständnis werben. Verständnis dafür, dass von den Mitarbeiterinnen und Mitarbeitern wichtige gesellschaftliche Aufgaben wahrgenommen werden und vor allem, dass den betroffenen Menschen die Unterstützung zuteil wird, die sie benötigen. Insofern ist der Name Hadamar nicht nur Menetekel, sondern auch ethisches Programm und soziale Aufgabe.

Der Funktionsbereich „Archiv, Gedenkstätten, Historische Sammlungen" des Landeswohlfahrtsverbandes Hessen hat mit viel Engagement erneut ein gewichtiges Sammelwerk vorgelegt. Es beleuchtet ein schwieriges Kapitel der Geschichte des Verbandes und seiner Rechtsvorgänger. Für die gelungene und differenzierte Darstellung danke ich allen Beteiligten. Hervorheben möchte ich dabei die auswärtigen Herausgeber, Herrn Professor Dr. med. Volker Roelcke vom Institut für Geschichte der Medizin der Universität Gießen und Herrn Dr. phil. Peter Sandner vom Hessischen Hauptstaatsarchiv in Wiesbaden als ehemaligem Mitarbeiter des Landeswohlfahrtsverbandes. Roelcke und Sandner steuerten nicht nur eigene Beiträge bei, sondern betreuten auch einen Teil der Autoren. Besonderen Dank spreche ich Herrn Dr. Bernd Heidenreich, Direktor der Hessischen Landeszentrale für politische Bildung, und Herrn Hans Beresko, Bürgermeister der Stadt Hadamar, sowie den Verfassern/innen der Statements aus, die allesamt die Bedeutung der Arbeit zum Ausdruck brachten, die im Zentrum für Soziale Psychiatrie und in der Gedenkstätte Hadamar geleistet wird. Nicht zuletzt danke ich den Autoren/innen für ihre fundierten Beiträge, ohne die diese facettenreiche Geschichte der psychiatrischen Einrichtung auf dem Mönchberg in Hadamar nicht hätte geschrieben werden können.

Zum Geleit

Dr. Bernd Heidenreich
Direktor der Hessischen Landeszentrale für politische Bildung

„Mensch achte den Menschen" lautet die Inschrift jenes Mahnmals, welches 1964 zur Einweihung des in einen Gedenkort umgewandelten Friedhofs der ehemaligen Tötungsanstalt Hadamar errichtet wurde. Diese Mahnung hatten die Nationalsozialisten während ihrer zwölf Jahre dauernden Terrorherrschaft millionenfach missachtet, hatten Menschen aus rassistischen, religiösen und politischen Gründen diffamiert, ausgegrenzt, in Konzentrations- und Vernichtungslager verschleppt und ermordet. Neben der „Endlösung der Judenfrage" und der Ermordung der Sinti und Roma war die „Euthanasie" eine weitere bürokratisch geplante und industriell durchgeführte Menschenvernichtung des NS-Regimes. Nach Ideologie und Sprachgebrauch dieses Regimes galten die in Heil-, Pflege- und Erziehungsanstalten lebenden Menschen als „Ballastexistenzen" und „lebensunwertes Leben", deren Ermordung einziges Ziel war. In Hadamar, einer von sechs Mordstätten der NS-„Euthanasie", fielen diesem ideologischen Wahn nahezu 15.000 zumeist psychisch kranke und geistig behinderte Menschen zum Opfer. An sie erinnert heute ein Gedenkbuch, denn nicht allein die große Zahl der Ermordeten, sondern jedes einzelne Schicksal ist wichtig.

Der Wandel vom symbolischen Gedenken auf dem Friedhof zur aktiven historisch-politischen Bildungsarbeit in der heutigen Gedenkstätte Hadamar dauerte seine Zeit. War die soziale Ausgrenzung von Menschen mit Behinderungen bereits vor Beginn der NS-Herrschaft gang und gäbe gewesen, so blieben die Vorurteile ihnen gegenüber auch in der Nachkriegsgesellschaft lange tief verwurzelt. Patienten der Psychiatrie fehlte die Lobby, die ihnen gesellschaftliche Beachtung und Integration hätte sichern können, und auch die historische Forschung interessierte sich lange nicht für das Leben und Schicksal dieser Menschen. Darüber hinaus begann die Auseinandersetzung mit den NS-Verbrechen auf lokaler und regionaler Ebene erst spät in den 1970er Jahren und führte im Jahrzehnt darauf zur Einrichtung verschiedener kleinerer Gedenkstätten. Seit 1983 war in den Kellerräumen der NS-„Euthanasie"-Stätte in Hadamar eine erste Ausstellung zu den hier begangenen Verbrechen zu sehen.

Das wachsende Interesse der Öffentlichkeit ließ im Landeswohlfahrtsverband, seit seiner Gründung 1953 Träger des psychiatrischen Krankenhauses Hadamar, in den 1980er Jahren die Entscheidung reifen, hier eine Gedenkstätte mit neuer Dauerausstellung, Seminarräumen, Präsenzbibliothek, Gedenkraum sowie einem kontinuierlichen historisch-politischen Bildungsangebot einzurichten. Die Gedenkstätte in ihrer heutigen Form wurde 1991 eröffnet und gehört seither zu den vom Land Hessen dauerhaft geförderten Gedenkstätten für die Opfer des Nationalsozialismus. Das Land ist sich seiner Verantwortung bewusst, die es gegenüber einem solchen historischen Ort menschenverachtenden Mordens hat. Hadamar ist weit über die Landesgrenzen hinaus zum Symbol für die NS-„Euthanasie"-Verbrechen an psychisch kranken und geistig behinderten Menschen geworden.

Nachwachsenden Generationen zu vermitteln, was hier während der NS-Herrschaft geschehen ist, muss auch in Zukunft Aufgabe bleiben. Es ist daher erfreulich festzustellen, dass die Gedenkstätte Hadamar in den Jahren ihres Bestehens stetig steigende Besucherzahlen verzeichnet, ein Großteil von ihnen sind Schüler- und Jugendgruppen. Führungen und Gespräche, Studientage und mehrtägige Seminare in Zusammenarbeit mit der im Jahr 2001 eröffneten Internationalen Jugendbegegnungs- und Bildungsstätte sensibilisieren junge Menschen für das Schicksal jener, die Pflege und Fürsorge erwartet hatten, aber heimtückisch ums Leben gebracht wurden. Sie verdeutlichen jedoch zugleich, wie wichtig es ist, behinderten Menschen heute mit Achtung zu begegnen.

Denn auch in unserer Gesellschaft bestehen, trotz aller positiven Veränderung in den letzten Jahrzehnten, immer noch Berührungsängste und Vorurteile gegenüber Menschen mit Behinderungen. Auch in unserer Gesellschaft sehen sich Behinderte mit Beleidigungen und tätlichen Angriffen durch unbelehrbare Rechtsextremisten konfrontiert. Die Mahnung „Mensch achte den Menschen" ist also auch heute immer wieder einzufordern. Die Gedenkstätte Hadamar leistet dabei wie auch in der historischen Aufklärung eine außerordentlich wichtige Arbeit. Sie wird damit auch der „Verantwortung vor Gott und den Menschen" gerecht, von der unser Grundgesetz in seiner Präambel spricht.

Zum Geleit
100 Jahre ZSP in Hadamar

Hans Beresko
Bürgermeister von Hadamar

Die Baulichkeiten des heutigen ZSP können auf eine lange und wechselhafte Geschichte zurückblicken. Im Jahre 1828 wurde das ehemalige Franziskanerkloster umgebaut und im Mai 1828 die Hebammen-Lehr- und Entbindungsanstalt eröffnet. Im Oktober 1883 erfolgte dann eine Nutzungsänderung in eine so genannte Korrigendenanstalt. Im April 1906 entschied sich der Kommunallandtag für eine erneute Nutzungsänderung in Richtung Psychiatrie mit Umbau und Erweiterung. Der Anstaltsname wandelte sich von Korrigendenanstalt in Landesheil- und Erziehungsanstalt (1920), Landesheil- und Pflegeanstalt (1933), nach dem II. Weltkrieg in Psychiatrisches Krankenhaus und letztendlich zum heutigen ZSP.

Das sicherlich dunkelste und unvergessene Kapitel in dieser langen Geschichte ist die Zeit der NS-„Euthanasie" mit rund 15.000 Opfern. Seit 1983 gibt es eine Gedenkstätte auf dem Mönchberg, die an die Opfer erinnert. Die Stadt Hadamar begrüßt diese Einrichtung, die inzwischen von circa 15.000 Menschen jährlich besucht wird. Wir sind erfreut darüber, dass die Geschichte auf diese Weise aufgearbeitet wird.

Das ZSP ist heute die größte soziale Einrichtung und gleichzeitig auch der größte Arbeitgeber Hadamars. Die Einrichtung ist seit jeher ein fester Bestandteil unserer Stadt und auch im Bewusstsein der Menschen. Gerade weil sich die Einrichtung in den letzten Jahrzehnten immer mehr von der klassischen Psychiatrie weg und hin zu einer Fachklinik für Suchtkrankheiten entwickelt hat, ist das offene und problemlose Verhältnis der Einrichtung zu ihrem Umfeld ein kostbares Gut, das sich nicht von alleine entwickelt und das gepflegt werden muss. Dies gilt insbesondere auch für die Einrichtung und den Betrieb des Maßregelvollzuges.

Das Jubiläum in diesem Jahr sollte daher auch Impulse geben, das Zusammenleben von Klinik und Stadt zu reflektieren. Suchtprävention und -behandlung ist meines Erachtens nicht nur ein medizinisches, sondern auch ein gesamtgesellschaftliches Thema geworden, das von allen Beteiligten Solidarität und Toleranz verlangt. Das zentrale Ziel soll und muss daher eine offene und faire Partnerschaft zwischen Stadt und ZSP sein, um die Einrichtung im positiven Sinne weiter zu entwickeln.

Einleitung

Uta George, Georg Lilienthal, Volker Roelcke, Peter Sandner, Christina Vanja

Die Geschichte der psychiatrischen Einrichtung in Hadamar unterscheidet sich von der anderer psychiatrischer Häuser. Das liegt nicht nur an den NS-„Euthanasie"-Verbrechen, die hier zwischen 1941 und 1945 begangen wurden. Es liegt auch daran, dass Hadamar zunächst nur als Provisorium gedacht war. Der Kommunallandtag des Regierungsbezirks Wiesbaden in der preußischen Provinz Hessen-Nassau stellte 1903 die Notwendigkeit einer dritten „Irrenanstalt" neben Eichberg und Weilmünster fest. Deren Neubau würde aber einige Jahre in Anspruch nehmen. So wurde die Idee geboren, bis dahin die Korrigendenanstalt in Hadamar mit „Geisteskranken" zu belegen. Folglich gab es kein inhaltliches Konzept für eine moderne Anstalt, es wurden keine Neubauten errichtet, es wurde keine Koryphäe als Leiter der neuen Einrichtung berufen, mit anderen Worten, es wurde mit der Einrichtung der „Pflegeanstalt" Hadamar kein Zeichen gesetzt für eine zukunftsgerichtete Anstaltspsychiatrie des Bezirks. Da die Nutzung als „Irrenanstalt" ursprünglich nur als ein zeitlich befristetes Provisorium gedacht war, gibt es auch kein auf den Tag zu bestimmendes Gründungsdatum.

Im Rückblick ist das Jahr 1906 als Gründungsjahr zu betrachten. Zum ersten September diesen Jahres wurde Dr. Meitzen, Oberarzt von Weilmünster, zum leitenden Arzt der „Pflegeanstalt Hadamar" ernannt.[1] Im Verlaufe des Jahres wurde der größte Teil der Korrigenden und Korrigendinnen in die Korrektionsanstalt Breitenau bei Kassel verlegt.[2] Nach Abschluss der Umbauarbeiten wurden die ersten Patientinnen, Frauen aus den Anstalten Eichberg und Weilmünster, im Dezember aufgenommen.[3]

Das Dilemma, nämlich ursprünglich nur eine auf kurze Frist angelegte Notlösung zu sein, überschattete die Geschichte der Einrichtung für die ersten Jahrzehnte ihres Bestehens. Das Fehlen einer innovativen, an der Entwicklung neuer Behandlungskonzepte interessierten Anstaltsleitung machte sich besonders in Krisenzeiten bemerkbar. Als durch das Hungersterben im Ersten Weltkrieg die Patientenzahlen auch in Hadamar rapide gesunken waren, durch die Entlassung der letzten Korrigenden die Anstalt ihre besten Arbeitskräfte verloren hatte, drohten 80 freie Betten wegzufallen. Damit war aber die Existenz der Anstalt gefährdet. In diesem Augenblick kam Hilfe von Außen in Gestalt von Julius Raecke, seit 1918 außerordentlicher Professor für Psychiatrie in Frankfurt am Main, beziehungsweise in Gestalt seiner Ideen: Er befasste sich mit der nach der Wende vom 19. zum 20. Jahrhundert stärker in den Blick genommenen „Psychopathen"-Frage. In dem Streit, wie mit den vor allem jugendlichen Psychopathen umzugehen sei, vertrat er die Linie einer Zwangserziehung. Aufgrund ihrer Abgelegenheit wollte er die „Pflegeanstalt Hadamar" in die Psychopathenfürsorge der Stadt Frankfurt einbinden. Der Bezirksverband griff dankbar die Anregung auf und richtete ab 1920 ein Psychopathinnen-Heim ein. Der Standort Hadamar war damit vorerst gesichert.

1940 war der Fortbestand der „Landesheilanstalt" Hadamar erneut infrage gestellt. Mit Beginn des Zweiten Weltkriegs war die Anstalt bis auf das Anstaltsgut Schnepfenhausen geräumt worden. Der größte Teil der Patientinnen und Patienten war in die Anstalten Eichberg und Weilmünster verlegt worden. An ihrer Stelle zogen verwundete Wehrmachtssoldaten und polnische Kriegsgefangene in die Anstaltsgebäude auf dem Mönchberg ein. Als das Reservelazarett im Herbst 1940 wieder aufgehoben wurde, stellte der Bezirksverband Überlegungen an, was mit der leerstehenden Anstalt künftig geschehen sollte. Die Einrichtung einer Kinderheilstätte, die Übergabe an die SS als Erholungsheim und sogar die Auflösung als Einrichtung des Bezirksverbandes wurden erwogen. Es war in diesem Augenblick, als die Berliner Zentrale der „Euthanasie"-Morde im Westen des Deutschen Reichs eine Anstalt suchte als Ersatz für die Gasmordanstalt in Grafeneck, deren Schließung mit Ablauf des Jahres 1940 vorgesehen war. Der Bezirksverband bot daraufhin der Zentrale in Berlin die Anstalt Hadamar an. Er sah darin die Chance, Hadamar als „Rumpfanstalt" mit einem Stamm von arbeitsfähigen Patientinnen und Patienten auf dem Gut Schnepfenhausen bestehen zu lassen. Gleichzeitig wurden die Hauptgebäude von 1941 bis 1945 als Tötungsanstalt benutzt.

Für die Anstalt Hadamar setzte erst mit dem Kriegsende und der Übernahme der Trägerschaft durch den Landeswohlfahrtsverband Hessen 1953 eine kontinuierliche Entwicklung ein. Sie wurde beschleunigt durch die 1975 in der Bundesrepublik angestoßene Psychiatrie-Reform. Aus der „Landesheilanstalt" wurde 1957 das „Psychiatrische Krankenhaus" und schließlich 1998 das „Zentrum für Soziale Psychiatrie". Der Wechsel der Bezeichnungen signalisiert das Fortschreiben des Behandlungskonzeptes: Die Anstalt, die wegen der fehlenden therapeutischen Möglichkeiten zunächst vor allem eine Bewahranstalt war, entwickelte sich zum „Krankenhaus". Dahinter stand der Anspruch, dass ihre Patientinnen und Patienten mit denjenigen eines Krankenhauses für körperlich Kranke gleichgestellt sein sollten. Die Weiterentwicklung zum „Zentrum für Soziale Psychiatrie" trägt dem Ergebnis einer weitgehenden Enthospitalisierung unter Berücksichtigung individueller Bedürfnisse Rechnung. Sie bezweckt eine Rückführung der psychisch Kranken in ihre Familien, in ein betreutes Wohnen oder in die Teilzeitbetreuung einer Ambulanz oder Tagesklinik.

Die Geschichtsschreibung der psychiatrischen Einrichtung in Hadamar stand angesichts ausgebliebener markanter Persönlichkeiten und Eckdaten bis heute ganz im Bann der zwischen 1941 und 1945 begangenen NS-„Euthanasie"-Verbrechen. Die erste Veröffentlichung zu Hadamar stellt der von Earl W. Kintner 1949 herausgegebene Band „Trial of Alfons Klein, Adolf Wahlmann [...]. (The Hadamar Trial)"[4] dar. Darin wurden Dokumente und Verhandlungsprotokolle des Hadamar-Prozesses vor dem amerikanischen Militärgericht von 1945 auszugsweise publiziert. Dieses Werk dürfte, allein weil es in englischer Sprache verfasst ist, in Deutschland wenige Leser erreicht haben. Daher gebührt das Verdienst, die deutsche Öffentlichkeit umfassender über die Verbrechen in Hadamar und ihre Opfer informiert zu haben, Friedrich Stöffler. Der damalige Zweite Landesdirektor des Landeswohlfahrtsverbandes beschrieb 1957 erstmals die Vorgänge in Hadamar in einer verbandsinternen Broschüre.[5] Einem breiteren historisch interessierten Publikum stellte er die Ereignisse unter Einschluss der Haltung der katholischen Kirche 1961 in einem umfangreichen Aufsatz dar.[6] Im selben Jahr verarbeitete Alfred Hermanns die Verbrechen in einer dokumentarischen Erzählung.[7]

Es sollte über zwanzig Jahre dauern, bis die „Euthanasie"-Morde von Hadamar wieder Gegenstand einer eigenen Publikation wurden. Wirtschaftswunderzeit und Kalter Krieg ließen die Aufarbeitung und rechtliche Sühne der Verbrechen in den Hintergrund treten. Von den Tätern und ihren Opfern sprach bald keiner mehr. Mit den Studentenunruhen von 1968, der Psychiatrie-Enquete von 1975 und der Gründung des „Arbeitskreises zur Erforschung der Geschichte der 'Euthanasie' und Zwangssterilisation" 1983 brach jedoch eine Zeit an, in der das Schweigen über die NS-Verbrechen in der Psychiatrie und ihre Opfer nicht mehr hingenommen wurde. 1985 lieferten Gerhard Kneuker und Wulf Steglich einen subjektiven Bericht über ihre Erfahrungen, wie sie Anfang der 1980er Jahre den Spuren der Verbrechen im Krankenhaus nachgegangen waren und dabei Patienten- und Verwaltungsakten aus den Kriegsjahren aufgespürt hatten.[8] Diese Nachforschungen hatten zur Folge, dass 1983 der Keller des Psychiatrischen Krankenhauses mit den Resten der ehemaligen Tötungsanlage von 1941 mit Unterstützung des Landeswohlfahrtsverbandes der Öffentlichkeit zugänglich gemacht wurde und eine dort gezeigte Ausstellung erste Informationen lieferte. Dies war die Geburtsstunde der Gedenkstätte Hadamar. Die Autoren der Ausstellung, Studenten aus Gießen, veröffentlichten 1989 einen dazugehörigen Katalog.[9]

Zwischenzeitlich hatte eine studentische Gruppe der Fachhochschule Frankfurt a. M. unter Leitung von Dorothee Roer und Dieter Henkel die in Hadamar aufgetauchten Akten ausgewertet. Das Ergebnis präsentierten sie 1986 in einer Aufsatzsammlung zur Geschichte der Anstalt während der NS-Herrschaft. Dabei beschreiben sie sehr faktenreich die Abläufe der Verbrechen, die Opfer und die Täter.[10] Dieses Buch ist bislang die gründlichste Darstellung zu diesem Thema. Nachdem die Gedenkstätte im Erdgeschoss über dem Keller der ehemaligen Tötungsanlage Räume zur besseren Betreuung von Besucherinnen und Besuchern zur Verfügung gestellt bekommen hatte und Personal eingestellt worden war, wurde 1991 auch eine neue Dauerausstellung eröffnet. In dem gleichzeitig erschienenen Katalog „Verlegt nach Hadamar" schildert Bettina Winter, die damalige Leiterin der Gedenkstätte, die Geschichte der „Euthanasie"-Verbrechen.[11] Neu an ihrer Darstellung war, dass sie die Vorgeschichte seit der Gründung der Korrigendenanstalt 1883 und die beiden Nachkriegsprozesse von 1945 und 1947 mit einbezog und ihren Text mit zahlreichen bis dahin unbekannten Abbildungen illustrierte. In einem eigenen Artikel wurden von ihr auch erstmals Arbeit und Zielsetzung der Gedenkstätte Hadamar dargelegt.[12] Johannes Cramer dokumentierte in dem Katalog die Ergebnisse seiner bauarchäologischen Spurensuche in den Räumen der ehemaligen Tötungsanlage.[13] Einem Teilaspekt der Geschichte der Hadamarer Anstalt ging Gabriele Kremer 2002 mit ihrem Buch über das 1920 gegründete Psychopathinnenheim nach.[14]

Auch wenn es in den folgenden Jahren noch zahlreiche Einzeluntersuchungen zu den NS-„Euthanasie"-Verbrechen in Hadamar und zur Gedenkstätte Hadamar gegeben hat, so markiert der Katalog „Verlegt nach Hadamar" die letzte zusammenfassende Darstellung zum Thema. Daher ergriffen die Herausgeberinnen und Herausgeber dankbar die Gelegenheit des einhundertjährigen Bestehens der psychiatrischen Einrichtung, um mit dem vorliegenden Band einen Beitrag zur Geschichte der Versorgung von Menschen mit psychischen Erkrankungen und geistigen Behinderungen in Hadamar zu liefern. Ihnen war daran gelegen, die Gesamtheit der hundertjährigen Geschichte der psychiatrischen Betreuung in ihren unterschiedlichen Facetten zur Sprache zu bringen. Die Historiographie stand bislang unter dem Eindruck der hier an den Patientinnen und Patienten unter der NS-Herrschaft begangenen Verbrechen. Dies hatte zur Folge, dass die Zeit seit der Gründung bis 1933 und die Jahre seit Kriegsende bis zur Gegenwart mit wenigen Ausnahmen nicht thematisiert wurden. Hier waren die Kenntnisse am geringsten oder überhaupt nicht vorhanden. Es war daher an der Zeit, die gesamte Geschichte der Einrichtung in den Blick zu nehmen. Und zwar ohne, dass man sie nur als Vor- und Nachgeschichte der am Ort verübten Verbrechen begriff. Andererseits verbietet es das Ausmaß dieser Verbrechen, die zwölf Jahre der NS-Herrschaft mit den übrigen 88 Jahren zu verrechnen und damit diese Verbrechen zu relativieren. So ist es nicht verwunderlich, dass die Jahre zwischen 1933 und 1945 den größten Themenblock bilden. Obwohl dieser Zeitabschnitt, wie geschildert, vergleichsweise gut erforscht ist, machen bisher unbeantwortete oder neue Fragestellungen sowie neue Aktenfunde und intensivere Auswertung altbekannter Archivalien weiterhin eine wissenschaftliche Beschäftigung mit den NS-„Euthanasie"-Verbrechen in Hadamar notwendig.

Mehrere Beiträge beschäftigen sich mit Geschichte und Gegenwart des Gedenkens auf dem Gelände des Zentrums für Soziale Psychiatrie am Mönchberg. 1953 wurde im damaligen Hauptgebäude eine Gedenktafel angebracht und 1964 wurde der Anstaltsfriedhof zu einer Mahnstätte umgestaltet. Seit 1983 gibt es die Gedenkstätte Hadamar, die im Jahr 2005 rund 15.000 Besucherinnen und Besucher zählte. Sie ist ein Ort der historisch-politischen Bildung und des Gedenkens und vielfältig verankert in der deutschen Gedenkstättenlandschaft. Die psychiatrische Einrichtung, die Gedenkstätte und die Internationale und integrative Jugendbegegnungsstätte bilden eine einzigartige Mischung auf dem Mönchberg: es gibt eine Koexistenz von Vergangenheit und Aktualität der Psychiatrie, von Gedenken und Diskussionen über Werte unserer heutigen und zukünftigen Gesellschaft. Das Zusammentreffen dieser unterschiedlichen Schwerpunkte ist nicht immer einfach, der Austausch miteinander ist jedoch befruchtend für alle Seiten.

An der nicht leichten Aufgabe, anlässlich der Gründung vor hundert Jahren eine zahlreiche Aspekte umfassende Geschichte einer psychiatrischen Einrichtung vorzulegen, die zuerst Heilanstalt, dann Tötungsanstalt war und jetzt Therapiezentrum verbunden mit einer Gedenkstätte ist, hat eine große Zahl von Autorinnen und Autoren mitgewirkt. Ohne ihre Kenntnisse und ihre engagierte Mitarbeit hätte dieser Band nicht verwirklicht werden können. Ihnen allen gilt der Dank der Herausgeberinnen und Herausgeber. Hervorzuheben sind drei Beiträge von Menschen, die sich sonst bei einer solchen Gelegenheit nicht zu Wort melden, vielleicht auch, weil sie nicht gefragt werden: Patienten. Daher ist besonders den drei Patienten aus der Psychiatrischen Klinik und der forensischen Klinik zu danken, die aus ihrer Sicht das Zentrum für Soziale Psychiatrie in Hadamar beschreiben und zum Ausdruck bringen, was die Behandlung, die sie dort erfahren haben, für ihr Leben bedeutet.

---

[1] Verhandlungen des 41. Kommunallandtags des Regierungsbezirks Wiesbaden (27. 05.–04. 06. 1907), S. 158 f.

[2] Verhandlungen des 42. Kommunallandtags des Regierungsbezirks Wiesbaden (04. 05.–13. 05. 1908), S. 336.

[3] Ebd., S. 372.

[4] Earl W. Kintner (Hg.), Trial of Alfons Klein, Adolf Wahlmann [...]. (The Hadamar Trial), War Crimes Trials Series, Vol. IV, London u. a. 1949.

[5] Friedrich Stöffler, Die Psychiatrischen Krankenhäuser des Landeswohlfahrtsverbandes Hessen, Schriften des Landeswohlfahrtsverbandes Hessen Nr. 4, Kassel 1957. Abgedruckt in: Landeswohlfahrtsverband Hessen (Hg.), Mensch achte den Menschen. Frühe Texte über die Euthanasie-Verbrechen der Nationalsozialisten in Hessen. Gedenkstätten für die Opfer, Kassel 1985, S. 23–34.

[6] Friedrich Stöffler, Die „Euthanasie" und die Haltung der Bischöfe im hessischen Raum 1940-1945, in: Archiv für mittelrheinische Kirchengeschichte, 13 (1961). Abgedruckt in: Mensch achte den Menschen (Anm. 5), S. 35–65.

[7] Alfred Hermanns, „Die Mordkiste von Hadamar". Eine Erzählung aufgrund authentischer Dokumente und wahrer Begebenheiten, Dortmund 1961.

[8] Gerhard Kneuker/Wulf Steglich, Begegnungen mit der Euthanasie in Hadamar, Rehburg-Loccum 1985.

[9] Peter Chroust/Herwig Groß u. a. (Hg.), „Soll nach Hadamar überführt werden". Den Opfern

der Euthanasiemorde 1939 bis 1945, Frankfurt a. M. 1989.

[10] Dorothee Roer/Dieter Henkel (Hg.), Psychiatrie im Faschismus. Die Anstalt Hadamar 1933-1945, Bonn 1986.

[11] Bettina Winter, Die Geschichte der NS-„Euthanasie"-Anstalt Hadamar, in: Landeswohlfahrtsverband Hessen (Hg.), „Verlegt nach Hadamar". Die Geschichte einer NS-„Euthanasie"-Anstalt (= Historische Schriftenreihe des Landeswohlfahrtsverbandes Hessen, Kataloge Bd. 2), Kassel 1991, S. 29–188.

[12] Bettina Winter, Gedenkstätte Hadamar. Ort des Gedenkens und der historisch-politischen Bildung, in: Verlegt nach Hadamar (Anm. 11), S. 189–198.

[13] Johannes Cramer, Spuren der „Euthanasie"-Morde. Bauarchäologische Untersuchungen in der Gedenkstätte Hadamar, in: Verlegt nach Hadamar (Anm. 11), S. 199–215.

[14] Gabriele Kremer, „Sittlich sie wieder zu heben ...". Das Psychopathinnenheim Hadamar zwischen Psychiatrie und Heilpädagogik (= Historische Schriftenreihe des Landeswohlfahrtsverbandes Hessen, Hochschulschriften Bd. 1), Marburg 2002.

Wolf und Hirschkuh
Der Mönchberg und die Franziskaner in Hadamar
(1632–1816)

Matthias Theodor Kloft

Vom heiligen Franziskus wird berichtet, dass er einst im umbrischen Gubbio einen wilden Wolf zum friedlichen Leben bewegt und den Menschenmörder mit der Stadt ausgesöhnt hat.[1] Ein solch franziskanisches Wunder steht auch am Beginn der Kirchengeschichte des Aegidien- oder Mönchberges in Hadamar.

Die Vorgeschichte – der Wolf aus Hadamar

Der Zisterziensermönch Caesarius von Heisterbach berichtet von einem Besuch im Grangium Hadamar 1225, bei dem ihm ein Ritter folgende Geschichte erzählte: „Das Messbuch dieser Kirche (St. Aegidien auf dem Mönchberg) war durch Diebstahl verschwunden. Sowohl das Volk wie auch der Priester hatten den Glöckner in Verdacht, das Verbrechen begangen zu haben. Da er nicht aufhörte, dies von sich zu weisen, kam es dazu, daß er sich durch ein Gottesurteil, indem er glühendes Eisen tragen sollte, reinigen müsse. Weil er ein gutes Gewissen hatte, weigerte er sich nicht. Als viel Volk um ihn versammelt und die Stunde gekommen war, wollte Christus wegen der heiligen Worte die Tugend und Unschuld des Mannes erhören; er ließ geschehen, daß ein Wolf jenes Buch mit dem Rachen herbeibrachte und vor die Füße des Glöckners legte. Dieser kam nämlich aus dem Wald, alle wunderten sich und forschten, wohin er wolle und was er im Rachen trüge; er strebte nach dem Ort des Urteils, durchbrach die Menge und lief, nachdem er, wie gesagt, das Messbuch niedergelegt hatte, mit großer Eile zurück. Nachdem sie dieses Wunder gesehen hatten, rühmten alle Gott und bedauerten, daß sie den Mann ohne Grund verdächtigt hatten. Mein Vater aber übergab dem Heiligen Aegidius, der Patron dieser Kirche ist, jenen Mann mit seinen Kindern, in dem er ihn zu einem Zinser (dieser Kirche) machte. Ursprünglich war er (der Glöckner) nämlich ein ihm eigener Höriger."[2]

Die Hadamarer Kirche des heiligen Aegidius war zu diesem Zeitpunkt ein Filial der alten Petruspfarrei in Niederzeuzheim, aus dem sie bis zum Jahr 1320 herausgelöst und zur eigenen Pfarrkirche erhoben wurde.[3] Bis zur lutherischen Reformation in

Hadamar Anfang des 16. Jahrhunderts blieb mit der alten Aegidienkirche das Hadamarer Pfarrrecht verbunden, auch wenn sich um die im 14. Jahrhundert gegründete Liebfrauenkirche im Spätmittelalter schon ein Ruralkapitel gegründet hatte. In der Zeit des lutherischen oder reformierten Bekenntnisses hatte der Hadamarer Kirchgang dann seinen Weg nach Liebfrauen genommen. Rechtlich endete die Pfarrhoheit der Aegidienkirche jedoch erst, als die verlassene Kirche auf dem Berg neue Bewohner bekam.[4] Sie stellten jedoch das friedlichere Attributtier des Kirchenpatrons, die Hirschkuh[5] und nicht den franziskanischen Wolf in den Mittelpunkt.

Die Gründung und der Klosterbau

Im September 1629 war der reformierte Graf Johann Ludwig von Nassau-Hadamar aus der oranischen Linie der Nassauer bei den Wiener Jesuiten vom reformierten Bekenntnis zum Katholizismus konvertiert.[6] Diese begannen nun auch das Territorium dem katholischen Bekenntnis zuzuführen. Als durch das Eingreifen der Schweden in den damals währenden Dreißigjährigen Krieg am 17. März 1632 die Jesuiten Hadamar wieder verlassen mussten, rief der Graf nun den von Gustav Adolf eher geduldeten Franziskanerorden in sein Land, um dort die katholische Seelsorge zu versehen.[7] Vom Limburger Kloster[8], das kurzzeitig während der Reformation selbst aufgelöst war, mit den Reformen der Trierer Erzbischöfe Ende des 16. Jahrhunderts jedoch in neuer Blüte stand, rief man die ersten Patres ins Land, um die Lücke, die die geflohenen Jesuiten hinterlassen hatten, wieder zu füllen. Am 24. März 1632 kam Pater Sylvius OFM[9] von Limburg nach Hadamar und konnte am folgenden Tag, dem Fest Mariä Verkündigung (25. März), die erste heilige Messe in Hadamar feiern. Als zeitweiliger Hofkaplan und gräflicher Beichtvater und Pfarrer von Hadamar und Niederzeuzheim war er in der Zeit der Abwesenheit der Jesuiten die starke Gestalt in der Hadamarer Kirchenleitung. Die Grafschaft gehörte nämlich, trotz der Konversion zum Katholizismus, bis zur Gründung des Bistums Limburg 1827 dem Augsburger Religionsfrieden gemäß keiner Diözese mehr an. Anfangs galt das Wirken der Franziskaner jedoch nur als Provisorium, denn Johann Ludwig machte 1632 seinen Räten deutlich, dass durch die Zulassung der Franziskaner dem Orden weder ein Recht noch eine Verpflichtung im Lande erwachse.[10] In der Zeit bis zur Rückkehr der Jesuiten 1636 wuchs jedoch der Wunsch des Grafen, sich eine dauerhafte Präsenz der Franziskaner in Hadamar zu sichern. Am 11. Januar 1636 gestattete der päpstliche Legat Martino Genetti die Gründung eines Klosters.[11] Trotz der fortdauernden Kriegswirren – ursprünglich plante man den bald erhofften Frieden abzuwarten – wurde das Vorhaben im Folgejahr durchgeführt. Am 24. Januar 1637 übergab der Graf per Urkunde den Franziskanern die alte Pfarrkirche zur dortigen Gründung eines Franziskanerklos-

Darstellung der Stadt Hadamar mit Franziskanerkloster (oben links) um 1863, Maler Michael Sachs (aus: Hadamar. Bilder aus vergangenen Tagen, Horn am Neckar 1988)

ters. Nach weiteren kirchenrechtlichen Genehmigungen konnte die eigentliche Gründungsurkunde am 13. März 1637 ausgefertigt werden.[12] Die neue Niederlassung wurde noch im gleichen Jahr (am 17. Mai) in die thüringische Provinz des Ordens inkorporiert, die gerade zwei Jahre vorher, nach ihrem Untergang in der Reformation, wiedererrichtet worden war.[13] Pater Sylvius bestellte man zum ersten Präses der entstehenden Niederlassung. Die wöchentliche Postzeitung berichtete ausführlich von der Einführung des Konventes durch den Grafen am ersten September des Jahres. Im Provinzkapitel vom 22. November erhielt die Niederlassung die Erhöhung zum anerkannten Konvent unter dem Guardian P. Sylvius.[14] Am 29. September 1638 konnte der Konvent schon Gastgeber des Provinzkapitels sein.[15]

Der Bau des Klosters ging jedoch nicht so schnell voran wie die Entwicklung der Klostergemeinschaft. Der Zisterzienserabt Johann Widdig von Marienstatt hatte zwar schon am 22. April 1637 den darauf vom Grafen gelegten Grundstein geweiht[16], aber wohl auch wegen den kriegsbedingten Schwierigkeiten konnte der erste Bauabschnitt, den der Franziskanerbruder Anton Adenau entworfen hatte, erst 1642 fertiggestellt werden.[17] Die weiteren Bauabschnitte datieren aus den Jahren 1646/47 und 1651/52. Die alte Ägdienkirche, deren Mauerwerk heute noch teilweise im Klosterbau

Matthias Theodor Kloft

Eingang zur Fürstengruft, Foto 2006 (Aufnahme Frank Mihm)

steckt[18], fungierte sogar noch länger als Klosterkirche. Erst Johann Ludwigs Nachfolger, Fürst Moritz Heinrich von Nassau-Hadamar, konnte zusammen mit seiner Frau Ernestine von Nassau-Siegen am 25. August 1658 den Grundstein legen.[19] Kurfürst-Erzbischof Karl Kaspar von der Leyen empfahl für den Bauriss seinen Hofarchitekten Johann Seitz.[20] Erst 1666 ist die Kirche vollständig fertig, auch wenn die Fürstengruft seit 1661 belegt wird und das Westportal die Jahreszahl 1662 trägt. Das Weihedatum ist nicht urkundlich überliefert.[21]

Das Kloster und die Hadamarer Fürsten

Schon in seinem Testament von 1648 hatte Graf/Fürst Johann Ludwig gewünscht, dass sein Leib bei den Franziskanern begraben werden solle, sein Herz jedoch bei den Jesuiten.[22] Auch der 'Liber benefactorum'[23] – das Verzeichnis der Wohltäter des Klosters, erwähnt den Wunsch des Gründers, der jedoch in der neuen Pfarrkirche, der Liebfrauenkirche, beigesetzt wurde, wie alle Familienmitglieder der jüngeren Hadamarer Linie bis 1660. Erst mit dem Kirchbau wurde der Plan einer Familiengrablege der Hadamarer Fürsten bei den Franziskanern verwirklicht. Diese imitierte mit der Fürstengruft[24] wohl das Beipiel der jüngeren Habsburger, die sich seit Kaiser Matthias (gestorben 1619) und Kaiserin Anna bei den franziskanischen Kapuzinern in Wien beisetzen ließen. Das erste Begräbnis war die zehnjährige Prinzessin Ernestine Loysa (gestorben 19. Mai 1661), der erste Fürst der seine Ruhestätte fand war Moritz Heinrich 1679.[25] Herzog Wilhelm von Nassau ließ am 21. Januar 1835 auch die restlichen, in der provisorischen Gruft der Liebfrauenkirche bestatteten Mitglieder der Fürstenfamilie in die Gruft auf dem Mönchberg überführen und diese bei der Gelegenheit mit dem heutigen Außeneingang versehen.[26]

Mit der 1675 begründeten Herzenbergkapelle[27] besaß der Jesuitenorden einen herausragenden marianischen Wallfahrtsort. Um das ohnehin schon gespannte Konkurrenzverhältnis der Franziskaner zu den Jesuiten nicht zu verschärfen, schenkte Fürst Franz Alexander dem Orden eine durch seinen Onkel, den Trierer Dompropst Franz Bernhard (1627–1660) 1656 in Rom erworbene Kreuzreliquie und begann 1701 in der Franziskanerpfarrei Niederzeuzheim mit dem Bau einer Kreuzkapelle[28]. Diese wurde zu einer Passionsgedächtnisstätte ausgebaut, an der bis in die Aufklärungszeit sogar eine figurierte Karfreitagsprozession aufgeführt wurde.

Matthias Theodor Kloft

Die Seelsorge der Franziskaner

Ebenfalls, um die Franziskaner nicht gegen die Jesuiten aufzubringen, die die Stadtpfarrei Hadamar hielten und den fürstlichen Beichtvater stellten, übertrug der Fürst dem Orden eine Reihe großer Pfarreien zur Seelsorge. Die Pfarrseelsorge in Hadamar und der alten Mutterpfarrei Niederzeuzheim hatte der Orden schon in der Zeit der Abwesenheit der Jesuiten geleitet. Als der weltgeistliche Pfarrer Johann Franz Steinring von Niederzeuzheim 1654 starb bemühte sich der Guardian Konrad Meelbaum OFM nun diese Pfarrei auf Dauer als Gegengewicht zur Stadt Hadamar zu erhalten.[29] Um Hadamar selbst hatte man sich mit Verve 1637 bei der Rückkehr der Jesuiten bemüht, jedoch ohne Erfolg. Der Graf hatte die Entscheidung den Jesuiten überlassen, die natürlich zu ihren eigenen Gunsten entschieden.[30] Erster Ersatz war am 18. Dezember 1637 die Pfarrei Niederhadamar, zu der auch die fast selbstständige Kirchengemeinde Offheim gehörte.[31] Im Jahr 1638 kam noch die Pfarrei Oberweyer, die erst in der protestantischen Zeit zur Pfarrei erhoben worden war, dazu, wurde aber ab 1650 wieder von Weltgeistlichen versehen.[32] 1762, von aufklärerischem Geist bewegt, entschied die mittlerweile wieder protestantische oranische Landesregierung aber auf Franziskaner als Pfarrer in den Pfarreien Niederzeuzheim, Niederhadamar und Offheim zu verzichten und „vorbemelte pfarreyen denen landes kindern, so welt=geistliche sind, zu conferieren, um so mehr alß das closter durch sein zeitläuffiges terminieren gnug zu leben hat."[33]

Zehn Jahre davor hatte man in einem anderen Fall noch einmal auf die Franziskaner zurückgegriffen. In der Oberwesterwälder Großpfarrei Höhn versuchte man sich mit einem Reichskammergerichtsprozess und Besetzungssperre der ausländischen – nämlich Sayn-Hachenburgisch/Kurkölnischen – Zisterzienserabtei Marienstatt zu entledigen, die die Pfarrei bis dahin besetzte. Hier war das inländische Franziskanerkloster eine willkommene Rekrutierungsbasis. Der letzte Franziskanerpfarrer Servatius Hoenlein (+ 1829) verließ die Pfarrei sogar erst nach Auflösung des Klosters 1818. Er amtierte hier von 1785, also über 30 Jahre lang.[34] Dies ist eine Ausnahme. In der Regel war der Pfarrerwechsel in den franziskanischen Pfarreien sehr schnell, manchmal schon nach Jahresfrist.

Wesentliches Aufgabengebiet der Hadamarer Franziskaner war jedoch die Seelsorge an Katholiken in protestantischen Gebieten. Im hessischen Braubach am Rhein (ab 1710) und im nassau-walramischen Weilburg (1713) betreuten die Mönche die Katholiken, für die wegen des durch den Augsburger Religionsfrieden bestehenden Pfarrzwangs (Zuständigkeit des Pfarrers der Mehrheitskonfession auch für die Minderheiten) kein eigener Pfarrer eingesetzt werden konnte. Auch in 'ausländischen', kurtrierischen Pfarreien, wie Hundsangen, leisteten die Franziskaner Seelsorgsaushilfe, während sie in Hadamar selbst vornehmlich die Beichtseelsorge versahen.[35] Ihre

Terminei-(= Sammel-)Fahrten im Fürstentum und den benachbarten Gebieten riefen in der Zeit der Aufklärung aber Kritik hervor, nicht nur bei der protestantischen oranischen Regierung sondern auch im katholischen Weltklerus. Damit begann der Niedergang des Klosters.

Das Ende des Klosters

Der Hadamarer Pfarrer und Dekan des Landkapitels Hadamar, der Geistliche Rat Johann Wilhelm Bausch – nicht identisch mit dem gleichnamigen zweiten Limburger Bischof, aber ein ebensolch scharfzüngiger Aufklärer – schrieb Ende des 18. Jahrhunderts in Auseinandersetzung mit den Hadamarer Franziskanern: „Die Franziskaner sind apostolische Mietlinge, die viele Jahre in den Sprengeln herumzogen, eine Menge Stipendien eingesammelt, und ein wenig Messe gelesen, den Sonntag ein bisgen Unsinn und lächerliche Mährgen aus dem Pater Kochem statt herzerhebender, sittenbessernder, gotteswürdiger Worte herdeklamiert."[36] Gerade ihre Einkünfte als Mendikanten sind für ihn ein besonderer Dorn im Auge: „Der Bauer hält es für eine himmelschreiende Sünde, auch in den unergiebigsten Jahren den Mendikanten ihre Almosen zu verkürzen [...]. Doch im Überflusse leben, sich im Müßiggang fette Bäuche essen und rothe Köpfe trinken und dabei über den Mangel klagen, ist so ihre Sitte. Aber sie müssen klagen, sonst könnte ihnen der Überfluss ausgehen, und dann wäre übel gerathen."

Das Ende[37] des Hadamarer Klosters ist weitgehend unspektakulär, wenn auch typisch für die Mendikantenklöster im entstehenden Herzogtum Nassau. Anders als die Stifte oder Mönchsklöster versprachen die Bettelorden keinen großen Gewinn für das Staatsvermögen – im Gegenteil, der Staat musste den versorgungslosen Ordensangehörigen Pensionen ausschütten, die mit dem Ordensvermögen nicht gedeckt waren. Deshalb scheute sich der nassauische Staat die Franziskaner- und Kapuzinerklöster, deren Hilfe man in der Seelsorge ja auch gebrauchen konnte, mit der großen Säkularisation 1802/03 aufzuheben. Sie bestanden alle noch zehn Jahre, bis die aufklärerischen Vorstellungen von der Überlebtheit des Klosterwesens über die finanziellen Bedenken siegten. Das neue Herzogtum Nassau verfügte die Aufhebung der Mendikantenklöster am 29. Januar 1813.[38] Durch die Wirren des Übergangs der oranischen Landesteile vom französischen Herzogtum Berg zum neuen Herzogtum Nassau und weil das Hadamarer Kloster auch als eine Art Sammelkloster anderer geistlicher Institutionen diente, verzögerte sich das staatlich verordnete Ende nochmals um drei Jahre. Die herzogliche Aufhebung datiert vom 5. März 1816 und wurde am 16. April umgesetzt. Am 29. September feierte der Orden die letzte Messe in der Aegidienkirche, die kurz darauf, am 12. Dezember, der reformierten Gemeinde zum Gottesdienst[39]

Blick auf das ehemalige Franziskanerkloster von der Stadt aus, Foto 2006 (Aufnahme Frank Mihm)

überlassen wurde.⁴⁰ Die 2.000 Bände umfassende Bibliothek kam an die herzogliche Landesbibliothek Wiesbaden, an die künftige Diözesanbibliothek in Limburg oder wurde verkauft. Die Mobilien des Klosters wurden auf 1680 fl. [Gulden] taxiert, die Paramente auf 588 fl.⁴¹

Die Franziskaner kamen zwar nochmals 1917 nach Hadamar, der Mönchberg blieb jedoch vom Ordensleben verwaist.

---

[1] Franziskus, I Fioretti Cap. XXI, in: Ernesto Caroli (ed.), Fonte Francescane. Editio minor, Padua 1986, S. 909–912 Nr. 1852.

[2] Alfons Hilka (Hg.), Die Wundergeschichten des Caesarius von Heisterbach Bd. 3. Die beiden ersten Bücher der libri VII miraculorum (= Publikationen der Gesellschaft für Geschichtskunde XIII), Bonn 1937, S. 45–47.

[3] Vgl. dazu Wolf-Heino Struck, Das Kirchenwesen der Stadt Hadamar im Mittelalter, in: Archiv für mittelrheinische Kirchengeschichte 13 (1961), S. 49–185, hier bes. 51–59. Der Verfasser hat der Einschätzung einer vollständigen Dismembration vor 1320 jedoch mit einigen Gründen widersprochen: vgl. Elmar Gotthardt/Matthias Theodor Kloft, Niederzeuzheim – Geschichte eines Dorfes und Kirchspiels, Merenberg 1990, S. 58–66.

[4] Struck, Kirchenwesen (Anm. 3), S. 51, Anm. 9.

[5] Fratres Minores Hadamarie (Hg.), Cerva S. Aegidii quam illustrissimo, excellentissimo Domino, D. Iohanni Lvdovico comiti des Nassau, Catzenelnbogen, Vianden, Dietz, & Domino in Beilstein, Sacrae Caesareae Maiestatis à Consilijs, at-

que loco strenae in foelicem annum 1638 fundatorj, et erectori suo grati offerebant, Köln 1638.

[6] Walter Michel, Die Konversion des Grafen Johann Ludwig von Nassau-Hadamar im Jahre 1629, in: Archiv für mittelrheinische Kirchengeschichte 20 (1968), S. 71–101; Matthias Theodor Kloft, Staat und Kirche in Nassau Hadamar I. Der Fürst ist ein gehorsamer Sohn der katholischen Kirche aber kein Sklave des Bischofs, in: Archiv für mittelrheinische Kirchengeschichte 38 (1986), S. 47–106, hier S. 64–71; Matthias Theodor Kloft/Ingrid Krupp u. a., Legatus Plenipotentarius Graf Johann Ludwig von Nassau-Hadamar und der Westfälische Friede 1648, Limburg 1999.

[7] Die wichtigste Literatur zu den Franziskanern in Hadamar ist: Jakob Wagner, Die Regentenfamilie von Nassau-Hadamar – Geschichte des Fürstenthums Hadamar mit besonderer Rücksicht auf seine Kirchengeschichte, von den ältesten Zeiten bis auf unsere Tage, nach Urkunden bearbeitet (Bd. 2), Wien 1863, S. 281–284; Gallus Haselbeck, Die Franziskaner an der mittleren Lahn und im Westerwald. Beitrag zur Geschichte des Limburger Diözesangebietes, Fulda 1957, S. 17–43; Palmatius Säger, Hadamar und die Franziskaner in alter Zeit, in: Thuringia Franciscana N.F. 13/1 (1958), S. 71–34; Karl Joseph Stahl, 325 Jahre Franziskaner in Hadamar, in: ebda., S. 36–42; Karl Joseph Stahl, Hadamar Stadt und Schloß – Eine Heimatgeschichte anläßlich der 650-Jahrfeier der Stadtrechteverleihung an die Stadt Hadamar 1974, Hadamar 1974, S. 196–199; Kloft, Staat und Kirche I (Anm. 6), S. 101–105; Marie-Luise Crone/Matthias Theodor Kloft/Gabriel Hefele, Geschichte des Bistums Limburg (Bd. 3), Strasbourg 1996, bes. Kap. III S. 13–17. Die Quellen zum Kloster sind weitgehend ediert bzw. als Regesten benutzbar in: Gallus Haselbeck (Hg.), Registrum Thuringiae Franciscanae. Regsten zur Geschichte der thüringischen Franziskanerprovinz 1633–1874 (Bd. 1), Fulda 1940, darin: Der Konvent Hadamar, S. 240–264.

[8] Haselbeck, Franziskaner (Anm. 7), darin: Der Konvent Limburg, S. 44–82; Wolf-Heino Struck, Das Nekrologium des Franziskanerklosters in Limburg (13.–18. Jahrhundert). Ein Beitrag zur Geschichte des religiösen Lebens im Gebiet der Lahn, in: Nassauische Annalen 81 (1970), S. 69–133; Armin M. Kuhnigk, Franziskaner in Limburg vor 750 Jahren, Limburg 1982; Matthias Theodor Kloft, Marderpelz und Sackkutte – Zwischen Officium divinum und persönlicher Seelsorge. Geistliches Leben im spätmittelalterlichen und frühneuzeitlichen Limburg zwischen dem Stift St. Georg, der Pfarrei St. Nikolaus und anderen geistlichen Institutionen, in: Caspar Ehlers/Helmut Flachenecker (Hg.), Geistliche Zentralorte zwischen Liturgie, Architektur, Gottes- und Herrscherlob: Limburg und Speyer (= Deutsche Königspfalzen 6), Göttingen 2005, S. 207–244, insb. S. 231–236.

[9] Ordo fratres Minores = Orden der Minderbrüder, zu denen die Franziskaner zählten.

[10] Haselbeck, Registrum (Anm. 7), S. 241 f.

[11] Hessisches Hauptstaatsarchiv Wiesbaden (HHStA Wi) Abt. 32, Urk. 1 (Köln, 11. Februar 1636) – etwas abweichend das Regest bei Haselbeck, Registrum (Anm. 7), S. 242 f.

[12] HHStA Wi Abt. 32 Urk. 2; Haselbeck, Franziskaner (Anm. 7), S. 18 f., und ders., Registrum (Anm. 7), S. 243 f. Kloft, Staat und Kirche (Anm. 6), S. 102.

[13] Haselbeck, Registrum (Anm. 7), S. 4 und 245.

[14] Ebd., 246.

[15] Ebd., 247.

[16] Ebd., S. 244, und ders. Franziskaner (Anm. 7), S. 20.

[17] Haselbeck, Franziskaner (Anm. 7), S. 23.

[18] Ebd., S. 19–21; Plan 20. Die von Haselbeck vermutete Lage der alten Kirche im hervorragenden Klosterflügel scheint m. E. unwahrscheinlich. Eher ist eine Lage im Bereich der heutigen Kirche zu vermuten.

[19] HHStA Wi Abt. 32 Urk 4; Haselbeck, Registrum (Anm. 7), S. 257. Die Weihe des Grundsteins geschah durch den neugewählten Abt Kaspar Pflüger, die Bleiurkunde des Grundsteins trägt jedoch noch den Namen des gerade resigniert habenden Johann Widderich (Widdig).

[20] Haselbeck, Registrum (Anm. 7), S. 257.

[21] Wagner, Nassau-Hadamar II (Anm. 7), S. 89; Haselbeck, Registrum (Anm. 7), S. 258; Falko Lehmann (Hg.), Kulturdenkmäler in Hessen – Landkreis Limburg-Weilburg Bd.I Bad Camberg bis Löhnberg (= Denkmaltopographie der Bundesrepublik Deutschland), Wiesbaden 1994, S. 291.

[22] Haselbeck, Registrum (Anm. 7), S. 253 f.; Walter Michel, Das Herz des Fürsten Johann Ludwig

von Nassau-Hadamar gefunden, in: Nassauische Annalen 76 (1965), S. 226 f.

[23] Diözesanarchiv Limburg (DAL) 106/F 3.

[24] Heinrich Otto, Die Ruhestätten der Fürsten von Nassau-Hadamar (Totenkirche und Franziskanerkirche). Limburg 1912. Auch das Limburger Mutterkloster Hadamars erhielt die Aufmerksamkeit des Fürstenhauses wohl im Hinblick auf die Totensorge und führt die Fürsten, allen voran den letzten Fürsten und Reichskammerrichter Franz Alexander (1692–1711) in seinem 'Liber benefactorum': DAL 106/F 3 fol. 32a vgl. Haselbeck, Registrum (Anm. 7), S. 261 und Struck, Nekrologium (Anm. 8), S. 108.

[25] Haselbeck, Registrum (Anm. 7), S. 258.

[26] Ebd., S. 254.

[27] Georg Jung, Die Herzenbergkapelle zu Hadamar, Hadamar (2. Aufl.)1959.

[28] Johann Weber, Niederzeuzheim du liebe Heimat, Niederzeuzheim 1959, S. 135–138; Kloft/Gotthardt (Anm. 3), S.155–157 und Matthias Theodor Kloft, Niederzeuzheim St. Petrus und Kreuzkapelle (= Schnell-Kunstführer 2607), Regensburg 2006. Die Kapelle wurde sogar anders als im Fürstentum Hadamar zu dieser Zeit üblich, vom „ausländischen" trierischen Weihbischof Peter Verhorst geweiht und hatte für die dort erscheinenden Wallfahrer 1702 von Papst Clemens XI. einen vollkommenen Ablass erhalten.

[29] Weber (Anm. 28), S. 135; Gotthardt/Kloft (Anm. 3), S. 122–131.

[30] Haselbeck, Registrum (Anm. 7), S. 241.

[31] Ebd., S. 247; Peter Paul Schweitzer, Niederhadamar in der Geschichte unserer Heimat. Hadamar-Niederhadamar 1992, S. 259–272, und Karl Ohlenmacher, Offheim – Aus der Geschichte eines nassauischen Dorfes. MaschMs im HHStA Wi. Offheim wurde während der franziskanischen Verwaltung der Pfarrei am 9. April 1670 von Niederhadamar dismembriert, blieb aber in der franziskanischen Seelsorge. Schweitzer, ebd., S. 266.

[32] Haselbeck, Registrum (Anm. 7), S. 247; Lothar Streitenberger (Hg.), 100 Jahre Pfarrkirche Oberweyer 1883–1983, Hadamar 1983, S. 5–15 und S. 52–53.

[33] HHStA Wi 32 B 23 Franziskanerpfarreien. Ad acta wegen der Pfarrey Niederhadamar und Niederzeuzheim 1762.

[34] Matthias Theodor Kloft, Geschichte der Pfarrei Höhn bis zum Jahre 1816, in: Aktionsgruppe Dokumentation 100 Jahre St. Josef, Höhn-Schönberg, Pfarrchronik 100 Jahre St. Josef Höhn-Schönberg 1892–1992, Hachenburg 1992, S. 10-56, zu den Franziskanerpfarrern S. 53–56.

[35] Haselbeck, Franziskaner (Anm. 7), S. 35.

[36] Anonymus (Johann Wilhelm Bausch), Ueber die Pfarrey=Verwaltungen der Franziskaner=Moenche besonders im Fürstenthume Nassau=Hadamar. Ein Sendschreiben, samt einem Anhange aus einem Jesuiten=Manuscripte Uita et gesta Johannis Ludovici Principis Nassovico=Hadamariensis etcetera betitelt, seine und des Fürstenthums Hadamar Bekehrung zur katholischen Religion betreffend, Düsseldorf 1783, hier S. 16 und S. 50. Vgl. dazu Matthias Theodor Kloft, Konsistorialrat Johann Wilhelm Bausch (1757–1828) und seine Denkschrift aus dem Jahr 1789, in: Archiv für mittelrheinische Kirchengeschichte 42 (1990), S. 303–353.

[37] Wolf-Heino Struck, Zur Säkularisation im Lande Nassau, in: Hessisches Jahrbuch für Landesgeschichte 13 (1963), S. 280–309; Klaus Schatz, Geschichte des Bistums Limburg (= Quellen und Abhandlungen zur mittelrheinischen Kirchengeschichte Bd.48), Mainz 1983, S. 10–15.

[38] Struck, Säkularisation (Anm. 37), S. 297.

[39] Die reformierte Gemeinde hielt die Kirche, die definitiv am 12. Juli 1817 übertragen wurde, jedoch nur zehn Jahre (bis 1827) parallel zur Schloßkapelle. Dann kaufte der Staat das Kloster zur Errichtung der Landesentbindungsanstalt wieder zurück.

[40] Haselbeck, Franziskaner (Anm. 7), S. 41–43.

[41] Es haben sich eindeutig nur geringe Reste erhalten: Die Orgel befindet sich in der evangelischen Kirche von Heringen, die Kanzel in der katholischen Kirche von Wiesbaden-Frauenstein. Eine Franziskusfigur gehört dem Diözesanmuseum Limburg. Der nach Frankfurt-Nied verschenkte Hochaltar ist verschollen.

Ein Institut für das Leben
Die Hebammenlehranstalt für das Herzogtum Nassau (1828–1872)

Irmtraut Sahmland

Als Mahnung gegen das kollektive Vergessen erinnert die Gedenkstätte Hadamar an die grausame Epoche des Mönchbergs, in der, eingebunden in die Tötungsmaschinerie des Dritten Reiches, Leben vernichtet wurde. Gemessen an dieser historischen Tatsache ist die ältere Geschichte der Nutzung des ehemaligen Franziskanerklosters wenig bekannt. Ihrer ursprünglichen Bestimmung beraubt und verwaist, wurde die alte Klosteranlage bereits im 19. Jahrhundert verschiedenen Verwendungszwecken zugeführt. Am Beginn stand die Errichtung einer Hebammenlehr- und Entbindungsanstalt, die 1828 eröffnet wurde.[1]

Der Kontext

Die Organisation des Hebammenwesens im Herzogtum Nassau zu Beginn des 19. Jahrhunderts ähnelte der anderer deutscher Territorien. Zu den Dienstaufgaben der staatlich angestellten Medizinalräte gehörte es, Hebammenschülerinnen, die bei Bedarf von den einzelnen Gemeinden als geeignet vorgeschlagen wurden, auszubilden. Nachdem diese eine Prüfung abgelegt hatten, wurden sie auf die Hebammenordnung vereidigt und traten in ihren Heimatgemeinden in den Beruf ein. Die Medizinalräte führten in ihren Medizinalbezirken die Aufsicht über die Arbeit der Hebammen, die in Abständen überprüft wurden.[2]

Obgleich dieser Ausbildungsgang gegenüber der traditionellen Unterweisung durch praktizierende Hebammen bereits einen ersten Schritt der Professionalisierung darstellte, waren dessen Nachteile doch ganz offensichtlich. Zwar wurden fundiertere theoretische Kenntnisse vermittelt, insbesondere der praktische Unterricht musste jedoch sehr unzureichend bleiben. Die Ärzte konnten den Schülerinnen in der Regel keinen Zugang zu normal verlaufenden Entbindungen vermitteln, wurden diese doch von Hebammen betreut, während Ärzte als Geburtshelfer nur bei Komplikationen gerufen wurden. Unterschiedliche Geburtslagen und Geburtsverläufe waren also nur mithilfe von Phantomen[3] zu demonstrieren und zu simulieren, und das jeweils darauf abzustimmende geburtshilfliche Handeln musste ebenfalls anhand solcher Apparate geübt werden.

Im Zuge der Etablierung der Geburtshilfe als eigenständige medizinische Fachdisziplin waren in Deutschland seit der Mitte des 18. Jahrhunderts die ersten Accouchierhäuser eingerichtet worden. Diese waren einerseits Entbindungsstationen hauptsächlich für ledige Schwangere, andererseits Hebammenlehranstalten. Die damit begonnene Entwicklung zur Institutionalisierung der Geburtshilfe wie der Zentralisierung der geburtshilflichen Ausbildung setzte sich nun rasant fort. Dieses Konzept repräsentierte den modernen Standard. Der Unterricht der Hebammenschülerinnen – und an Universitätsstandorten im Rahmen des Medizinstudiums auch angehender Geburtshelfer – sollte sich in der Theorie an dem gegenwärtigen Wissensstand orientieren und damit zugleich eine praktische Ausbildung verbinden – unter Rückgriff auf die Entbindungsabteilung, die der Berufsausbildung funktional zugeordnet wurde.

Auch für das Herzogtum Nassau war eine solche Hebammenlehr- und Entbindungsanstalt geplant,[4] ihre Finanzierung aus Mitteln des Sanitätsfonds und Gronauer Entschädigungsgeldern grundsätzlich gesichert.[5] Dennoch sollte neun Jahre lang „diese Rubrik in den Büdjets eine Statisten=Rolle" spielen.[6] Zunächst wurden noch 378 Hebammen nach den alten Modalitäten ausgebildet, ehe das zentrale Institut seine Arbeit aufnahm.[7]

Dieses hatte verschiedene Gründe. Offensichtlich konnte man angesichts mehrerer Optionen zunächst über die konkrete Zielsetzung der Anstalt keine Einigung erzielen. Sollte sie ausschließlich für die Ausbildung von Hebammen ausgelegt werden oder auch für Ärzte offen stehen, um dort eine Zusatzqualifikation zu erwerben? Sollte die Entbindungsabteilung funktional der Hebammenanstalt zugeordnet sein oder darüber hinaus eine eigenständige, ausgeprägt sozialfürsorgerische Komponente haben? Eine definitive Klärung wurde schließlich im Herbst 1826 herbeigeführt. Es könne nicht die Absicht sein, „eine Hochschule für vollständig wissenschaftlich und practisch gebildete Accoucheurs zu errichten,"[8] so die deutliche Position des Abgeordneten Cöller, mit der er jede Orientierung an universitär angebundene Lehranstalten ablehnte, in denen auch Ärzte als Geburtshelfer aus- und fortgebildet wurden. Er fuhr fort: „Der <u>Zweck</u>, den wir vor Augen haben, kann auch nicht seyn, <u>für die unehelich Schwangeren</u> eine Entbindungsanstalt zu errichten", denn die vom Land gebürtigen „Geschwächten"[9] kämen bei Verwandten oder Bekannten zur Niederkunft unter, und es gebe in Nassau keine so große Stadt, als dass daraus eine entsprechend große Nachfrage nach der Einrichtung einer eigenen Anstalt erwüchse; notfalls könnten auch die Armenanstalten aushelfen.[10] Damit wurde eine sozialfürsorgerische Funktion der Anstalt als nicht erforderlich erachtet.[11] „Wir brauchen keine Hebammen, die Professoren sind. Es soll nur eine ganz einfache Unterrichts=Anstalt seyn, welche a) dem

Umfange, auch b) Bedürfnisse des Landes, hauptsächlich aber c) dem Zwecke einer vollständigen theoretischen und practischen Ausbildung angehender Hebammen so weit sie solche nöthig haben, hinlänglich entspricht".[12]

Damit war das Nassauische Konzept umschrieben, und es schloss sich die Standortfrage an. Hier wurde – nicht zuletzt aus ökonomischen Überlegungen – Wiesbaden diskutiert. Die Hebammenschülerinnen könnten zumal nach dem Ende der Badesaison zu günstigen Preisen untergebracht und verpflegt werden; der zu diesen Jahreszeiten nicht ausgelasteten Gastronomie würden zusätzliche Einkünfte gesichert. Die Lehranstalt selbst sowie das damit verbundene Gebärinstitut hätten in das Wiesbadener Hospital integriert werden sollen. Da der Unterricht in zwei jeweils dreimonatigen Kursen pro Jahr abgehalten werden sollte, könnten die räumlichen Kapazitäten für den Rest des Jahres vom Hospital genutzt werden. Eine solche Gütergemeinschaft wurde jedoch vehement in Frage gestellt: „Können und dürfen wir aber ein solches Institut in die abschreckende Wohnung des Elends verweisen, wo alle Seuchen, Epidemien, und ekelhafte Krankheiten ihre Herberge bisher gefunden, und auch künftig noch finden werden? [...] Wollen wir die Wöchnerinnen in die noch warmen Betten aufnehmen, welche die Hospital=Kranken kurz zuvor verlassen? [...] Wollen wir die Wöchnerinnen allen Ansteckungen aussetzen, die in den Hospitälern einheimisch sind?"[13]

Damit wurde Wiesbaden als möglicher Standort zugunsten von Hadamar aufgegeben, einer Stadt in ländlicher Gegend zentral im Herzogtum gelegen und von allen Seiten gut erreichbar.

Die gesamte, mit einer Mauer eingefriedete Klosteranlage auf dem Mönchberg, in der sich gegenwärtig nur die Wohnung des dortigen Pfarrers befand, wurde im Juli 1827 durch die Landesregierung von der evangelischen Gemeinde in Hadamar erworben. Nach den erforderlichen Umbaumaßnahmen war das Gebäude im Mai 1828 bezugsfertig und wurde seiner neuen Bestimmung übergeben.

Räumliche Auslegung und sächliche Ausstattung der Anstalt

Die räumliche Nutzung des aus drei gleichen, im Karee angeordneten Flügeln bestehenden, zweigeschossigen Gebäudekomplexes, der auf der Südseite an die Klosterkirche anschloss, geht aus einer Beschreibung des ersten Anstaltsleiters, Dr. Ricker, hervor.[14]

Die Wirtschaftsräume (die Küche, ein angrenzendes, beheizbares Zimmer, das als Bade-, Trocken- und Bügelzimmer genutzt wurde, und ein Zimmer für die Haushälterin) befanden sich im Erdgeschoss und waren über den Innenhof erreichbar, ebenso die Wohnungen der Oberhebamme im Nordflügel und des Direktors in einem neue-

Titelseite des Lehr- und Handbuches der Geburtshilfe von Leopold Anton Ricker, 1832: Dieses vom ersten Institutsleiter verfasste Lehrbuch sollte zugleich „als Hand- und Lesebuch während der späteren praktischen Laufbahn" nützlich sein. Der Schreibstil ist betont einfach. Der Stoff ist durchaus unüblich angeordnet. Die Begründung liegt darin, dass auf diese Weise den Schülerinnen möglichst schnell die nötigen Grundlagen vermittelt werden konnten, damit sie bereits zu Beginn des Ausbildungskurses bei sich ereignenden Entbindungen gut vorbereitet waren.

ren Anbau hinter dem Nordflügel. Außerdem ermöglichte eine Treppe Zugang zu einigen Vorratsräumen im Obergeschoss. Dieser umschlossene Platz war als Blumengarten angelegt, in dem sich ein Rohrbrunnen befand. Der Lehrtrakt lag im Erdgeschoss des Westflügels und war über den dort gelegenen Haupteingang zu erreichen. An einen geräumigen Unterrichtssaal schloss sich ein Bibliotheks- und Instrumentenzimmer an, das die nötigen Lehrmittel enthielt. Dazu zählten die umfangreichen geburtshilflichen Atlanten, die als Standardwerke mit ihren hochwertigen Kupferstichen als Anschauungsmaterial Verwendung fanden; später wurde die Bibliothek auch um ältere und neue Fachliteratur ergänzt und um geburtshilfliche Zeitschriften erweitert.[15] In einem großen Glasschrank wurden „der zum Lehrvortrag nöthige Apparat und die der Anstalt gehörigen Instrumente" aufbewahrt.[16] Dabei handelte es sich um das geburtshilfliche Instrumentarium, auf das bei Entbindungen gegebenenfalls zurückgegriffen werden musste,[17] aber auch um Demonstrations- und Übungsmaterialien.[18]

Auch diese Sammlung wurde allmählich durch einige Wachspräparate erweitert, die die Geburtsorgane isoliert und in ihrer natürlichen Verbindung mit dem Becken zeigten; und es kamen diverse Nasspräparate hinzu, unter anderem von Embryonen aus verschiedenen Schwangerschaftsmonaten, Molen und missgebildeter Früchte.[19]

Im oberen Stockwerk waren 15 unterschiedlich große, beheizbare Zimmer eingerichtet, die jeweils auf den Korridor hinausliefen, der sich über alle drei Gebäudeflügel hinzog und durch etliche Fenster gut erhellt wurde. Die Hebammenschülerinnen bewohnten vier größere Zimmer mit einem oder mehreren jeweils zweischläfrigen Betten. Der Platz reichte aus, um 14 bis 16 Schülerinnen pro Lehrkurs aufzunehmen; waren es mehr Teilnehmerinnen, so sollten diese in der Stadt Hadamar untergebracht werden. Sechs Zimmer waren für Schwangere reserviert. Diese Räume hatten sämtlich einen weißen Anstrich und weiße Fenstervorhänge. Vier weitere Zimmer standen zur Aufnahme der Wöchnerinnen bereit. Hier waren die Wände grün gestrichen und die Fenster mit grünen Vorhängen versehen, denn die frisch Entbundenen und die Neugeborenen sollten vor dem grellen Tageslicht geschützt werden. Der Fußboden war mit Ölfirnis überzogen, um ihn schneller und besser reinigen zu können. Für die Wöchnerinnen standen fahrbare Betten bereit, die nicht mit Pferdehaar-, sondern mit Häckerlingsmatratzen bestückt waren, um sie preisgünstiger austauschen zu können. Das größte dieser Zimmer diente als Kreißsaal. Hier befand sich ein einfaches Geburtsbett sowie ein fahrbarer Gebärstuhl; in einem Schrank wurden die nötigsten Arzneimittel und Geburtsutensilien aufbewahrt, es war eine Waschmöglichkeit vorhanden, und es gab eine Siebold'sche Kinderwaage. Diesem Gebärzimmer anliegend befand sich ein Wartezimmer. Hier sammelten sich die Hebammenschülerinnen, um zu den Touchierübungen an den Frauen einzeln oder bei bevorstehenden Geburten in der Gruppe hereingerufen zu werden. In den Folgejahren wurde auch eine Räumlichkeit hergerichtet, um selbstzahlende Schwangere aufnehmen zu können. Das entsprechende Zimmer lag separat in der Nähe der Wohnung des Direktors, demnach im Nordflügel.[20]

Ein Vergleich mit der Ausstattung anderer Hebammenlehranstalten zeigt, dass die Einrichtung in Hadamar durchaus dem zeitgenössischen Standard entsprach. In der letzten Ausbauphase hatte man bereits Dr. Ricker als den ersten Leiter hinzugezogen, um die speziellen Bedürfnisse eines Entbindungshauses bei der Innenausstattung berücksichtigen zu können,[21] und dieser hatte sich offensichtlich mit seinen Wünschen an modernen Beispielen orientiert.[22] Ebenso war die Ausstattung mit Lehrmitteln für den Unterricht zu Demonstrations- und Übungszwecken mit anderen Häusern vergleichbar.[23] Die Bereitstellung sowohl eines Geburtsbettes als auch eines Gebärstuhles genügte ebenfalls dem zeitgenössischen Standard und verweist zudem auf die aktuell sehr intensiv geführte Auseinandersetzung um die optimale Gebärposition.[24]

Bemerkenswert erscheint die durch das großzügige Raumangebot ermöglichte deutliche Trennung des Unterrichtstraktes im Erdgeschoss des Westflügels von der eigentlichen Entbindungsabteilung im Obergeschoss des Ostflügels. So konnten beide Bereiche jeweils zu den Unterrichtsstunden, die den praktischen Touchierübungen vorbehalten waren, oder bei bevorstehenden Geburten punktuell und kontrolliert zusammengeführt werden. Durch diese Aufteilung war zu gewährleisten, dass die Unterrichtsmaterialien, insbesondere die anatomisch-geburtshilfliche Präparatesammlung, für die schwangeren Frauen unzugänglich blieben.

War das ehemalige Franziskanerkloster also durchaus für die neue Funktionszuweisung geeignet,[25] so waren mit dem alten Gemäuer auch Nachteile verbunden. Bereits der erste Direktor klagte darüber, dass die Zimmer immer feucht und kalt blieben, da sie meist im Schatten der den Gebäudekomplex überragenden Kirche lägen, was der Gesundheit der Bewohnerinnen, insbesondere der Wöchnerinnen, nachteilig sei. Die Zimmer würden nur bei einer bevorstehenden Entbindung geheizt. Dann allerdings schwitze jedes Mal die Feuchtigkeit aus den Wänden, das Eiswasser fließe die Wände herab und falle in Tropfen von der Decke auf die Betten. Selbst im Sommer herrsche eine kellerartige Kälte und es würden nur selten über 10 Grad Celsius erreicht. Ricker schlug vor, die ohnehin seit langem ungenutzte und inzwischen baufällige Kirche abzutragen, um das Sonnenlicht nutzen zu können. Zugleich sollte dadurch das äußere Erscheinungsbild der Anstalt verbessert und attraktiver werden.[26]

Hebammenlehrer und Oberhebamme

Personell war die Anstalt mit ihrem Direktor, einer Oberhebamme und einer Haushälterin[27] besetzt. Die Aufgabenbereiche waren klar umschrieben und in Dienstinstruktionen geregelt. Seit September 1831 war zudem noch ein Anstaltsdiener eingestellt.[28]

Die Einrichtung erlebte vier Direktoren: Dr. Ricker (1828–1832), Dr. Dormann (1833–1862), Dr. Chelius (1862–1865) und Dr. Metz (1865–1872). Alle waren als praktizierende Ärzte im Herzogtum Nassau tätig gewesen, ehe sie auf Vorschlag der Medizinalräte oder aufgrund ihrer eigenen Bewerbung die Leitung der Hebammenlehranstalt übernahmen. Soweit zu ermitteln, waren sie alle Medizinalassistenten, die in ihrer weiteren Laufbahn die Position eines Medizinalrates anstrebten.

Der Anstaltsleiter sollte ein jüngerer Arzt sein, der neben allgemeiner praktischer Tätigkeit auch spezielle Erfahrungen als Geburtshelfer nachweisen konnte und möglichst zur Lehre befähigt war. Um allen moralischen Bedenklichkeiten zu begegnen, wurde ausdrücklich gewünscht, dass er verheiratet war. Er bezog die ehemalige Wohnung des Pfarrers und hatte dauerhafte Präsenzpflicht. Seine Zuständigkeit umfasste sämtliche Bereiche des Instituts einschließlich der internen Registratur und der ökonomischen Buchführung. Seine vorrangige Aufgabe bestand in der theoretischen und praktischen Ausbildung der Hebammenschülerinnen, was ihn jeweils ein halbes Jahr beansprucht. Außerdem hatte er ganzjährig die schwangeren Frauen während der Dauer ihres Aufenthaltes sowie deren neugeborene Kinder „mit aller Gewissenhaftigkeit" und umfassend ärztlich zu versorgen.[29] Sollte eine Person in der Anstalt versterben, hatte er eine Sektion durchzuführen.[30] In seiner Arbeit war der Anstaltsleiter von dem örtlichen Medizinalrat unabhängig, in medizinalpolizeilicher Hinsicht war er dagegen in den zuständigen Medizinalbezirk eingebunden.[31] Sofern diese Dienstpflichten nicht tangiert wurden, war es ihm gestattet, daneben eine Privatpraxis zu führen, um auf diese Weise sein Gehalt zu ergänzen.[32]

Die Position der Oberhebamme sollte mit einer „in jeder Hinsicht moralische[n], zumal nicht zänkische[n], willige[n], gut gesunde[n], reinliche[n], nicht mehr als 45. Jahr alte[n] Person" besetzt werden. Diese sollte keine große Familie haben, gut lesen und schreiben können und „vorzüglich in der Hebammenkunst mehr als gewöhnliche Kenntnisse besitzen, auch schon mehrere Jahre ihre Geschäfte mit Liebe und gutem Erfolge betrieben haben."[33] In der Anstalt waren nacheinander zwei Oberhebammen tätig. Zunächst wurde unter mehreren Bewerberinnen Frau Dienstbach ausgewählt. Sie kam aus Selters im Bezirk Weilburg, war 45 Jahre alt und mit dem dortigen Gemeinderechner verheiratet, Mutter zweier schon herangewachsener Töchter und als praktizierende Hebamme mit den besten Referenzen versehen. Am 9. Mai 1828 trat sie ihren Dienst an und bezog ihre Dienstwohnung in der Klosteranlage.[34] Frau Dienstbach blieb 32 Jahre in Hadamar, bis sie krankheitsbedingt und aufgrund ihres hohen Alters in den Ruhestand trat und wenig später verstarb.[35] Interimsweise übernahm die Stadthebamme von Hadamar, Frau Horn, die Aufgaben der Oberhebamme, ehe diese Stelle mit Frau Christiane Langenbeck neu besetzt wurde. Sie hatte ihre Ausbildung im zweiten Lehrkurs des Jahrgangs 1841 in Hadamar absolviert und arbeitete seitdem als Hebamme in Mehrenberg. Sie war inzwischen 40 Jahre alt, ebenfalls verheiratet und hatte einen Sohn. Auch sie bezog ihre Dienstwohnung und blieb bis zur Schließung der Anstalt 1872.[36]

In der für die Oberhebamme ausgefertigten Dienstinstruktion wurde ihre subordinierte und weisungsgebundene Stellung gegenüber dem Anstaltsleiter deutlich festgeschrieben: „Die zeitliche Oberhebamme ist in Allem dem Hebammenlehrer untergeordnet und vollzieht dessen Befehle genau und pünktlich."[37] Ihr Aufgabenspektrum war sehr breit. Hausintern hatte sie die häusliche Ordnung zu beaufsichtigen und damit auch alle Arbeitsabläufe zu kontrollieren, die von der Haushälterin auszuführen waren, wie etwa die Beachtung der größtmöglichen Reinlichkeit der Zimmer, der Wäsche, die Qualität der ausgegebenen Speisen etc.; Mängel mussten an den Direktor gemeldet werden. Die Oberhebamme war die erste Kontaktperson für Schwangere, die in das Institut eintraten, und sie war es, die sie später auch wieder verabschiedete. Stand eine Geburt bevor, dann wurde sie zuerst gerufen, um eine Untersuchung vorzunehmen und das Stadium der Geburt zu ermitteln. Dann wurde der Direktor informiert. Im Rahmen der Hebammenausbildung waren ihr sehr umfangreiche Aufgaben zugewiesen. Sie sollte bei den Unterrichtsstunden präsent sein, um anschließend ihrerseits mit den Schülerinnen zu arbeiten, den Lernstoff nachzubereiten und durch weitere Erläuterungen Unklarheiten zu heben. „Bey der Entbindung der Schwangeren ist sie dem Hebammenlehrer beständig zur Seite und unterstützt, soviel in ihren Kräften steht, denselben, sowie diejenigen Schülerinnen, welche bey der Entbindung hülfreiche Hand zu leisten beauftragt sind."[38] Unter der Geburt – die ja eine spezifische Unterrichtssituation war und vom Direktor geleitet wurde – kam der Oberhebamme also eine zuarbeitende Funktion zu, die aber wohl im Sinne einer ergänzenden Tätigkeit und weniger als nachgeordnete Assistenz zu verstehen ist. Die Wöchnerinnen- und Neugeborenenpflege fiel ausschließlich in ihren Zuständigkeitsbereich – sofern nicht pathologische Verläufe den Arzt erforderten, und die Ausbildung der Schülerinnen in diesem Segment war ihr zugewiesen: „Ist es nothwendig, dass bey den in der Anstalt befindlichen Schwangern, Entbundenen und deren Kindern, Klystire gesetzt, Katheter applicirt, Blutigel angelegt, Getränke bereitet werden müssen, so sind diese und andere ähnliche kleinen Geschäfte von ihr jederzeit willig zu vollziehen, auch hat sie die Schülerinnen, wo immer thunlich, in Vollziehung jener Geschäfte zu unterrichten und zu üben."[39]

Aus diesen normativen Vorgaben der Dienstinstruktion tritt ein Konzept hervor, das die Aufgaben des Anstaltsleiters – der natürlich die erste Zuständigkeit und die Verantwortung hatte – und der Oberhebamme doch eher komplementär als streng hierarchisch gegeneinander abgegrenzt auslegt. Mehrere Indizien lassen darauf schließen, dass diese Teamarbeit in der Praxis tatsächlich funktioniert zu haben scheint: So wurde die Stelle der Oberhebamme im Einvernehmen mit dem Anstaltsleiter besetzt, um die Voraussetzung für eine gute Zusammenarbeit zu schaffen, und die langen Dienstzeiten von Frau Dienstbach und Frau Langenbeck zeigen an, dass diese Kooperation gelungen ist. Schließlich konnten sie etwa bei der Durchsetzung von Bittgesuchen auf die Unterstützung seitens der Direktoren setzen, die wiederholt die umsichtige und zuverlässige Arbeit der Oberhebammen hervorhoben.[40]

Die Hebammenschule

Der primäre Zweck der Anstalt war die Ausbildung von Hebammen für das Herzogtum Nassau. Geeignete Schülerinnen wurden von ihren Heimatgemeinden je nach Bedarf nach Hadamar geschickt, um danach in Dienst gestellt zu werden. Das ehrgeizige Ziel war es, für Gemeinden in einer Größe von mindestens 20 Familien eine Hebamme bereitzustellen. Der Unterricht selbst war kostenlos, für Unterkunft und Verpflegung hatten die Gemeinden ein Kostgeld zu zahlen; die Schülerinnen ihrerseits erhielten während der Zeit ihrer Abwesenheit von zu Hause ebenfalls eine kleine finanzielle Entschädigung.

Das Eignungsprofil für Hebammenschülerinnen wurde wie folgt beschrieben: Sie sollten zwischen 20 und 40 Jahre alt sein; ihr Familienstand war unerheblich. „Sie müssen einen guten offenen Verstand und die erforderliche Geistesgegenwart besitzen, Gedrucktes fertig lesen und leserlich schreiben können. Die zukünftige Hebamme muss einen sanften tadellosen Character haben, gottesfürchtig, gewissenhaft, unverdrossen, reinlich, nüchtern, nicht abergläubisch seyn und das Vertrauen des weiblichen Theils ihrer Gemeinde genießen. Sie muß gutes Gehör, Gesicht, besonders aber ein feines Gefühl und eine kleine schmale Hand, mit langen gelenkigen, zarten Fingern versehen, besitzen; sie muß einer dauerhaften Gesundheit genießen, mithin nicht kränklich, nervenschwach, gebrechlich, lahm, mit Geschwüren, riechendem Athem, stinkenden Füßen, chronischem Hautausschlag u. dgl. behaftet seyn."[41]

Diese Angaben verdeutlichen, dass hier das Personal für einen inzwischen deutlich professionalisierten Heilberuf rekrutiert werden sollte. Mit den dazu erforderlichen charakterlich-psychischen und körperlichen Eigenschaften ausgestattet, sollten die Berufsanwärterinnen nun in einer dreimonatigen Ausbildung möglichst umfassend auf ihre Arbeit vorbereitet werden.[42] Die Vermittlung des theoretischen Wissens durch den Hebammenlehrer erfolgte auf der Grundlage eines Hebammenlehrbuchs.[43] Es sollten „insbesondere die Lehren der Erkenntniß aller derjenigen regelmäßigen und regelwidrigen Zustände, in welchen Schwangere, Kreißende, Wöchnerinnen und Neugeborene sich zu befinden pflegen, und die Hülfe, welche bey allen regelmäßigen und regelwidrigen Geburten von ihnen mehr negativ als positiv zu leisten ist, begreiflich" gemacht werden.[44] Wo die Grenzen des Zuständigkeitsbereichs der Hebammen bei komplizierten Geburten gesetzt wurden, jenseits derer sie einen Fall an einen Geburtshelfer übergeben mussten, ist nicht ausgeführt; hierzu heißt es nur, es seien den Hebammen „die Umstände, welche vor, bey und nach der Entbindung die Herbeischaffung anderweiter hebärztlicher Hülfe erheischen, genau bekannt zu machen und einzuprägen."[45]

Das theoretische Wissen wurde mit praktischen Übungen verbunden, um es konkret erfahrbar zu machen. Dies geschah auf zwei Ebenen. Am Phantom und mithilfe der Präparatesammlung konnten Kindslagen demonstriert und Geburtsverläufe simuliert werden, um die jeweils darauf abzustimmende Geburtsleitung einzuüben und manuelle Fertigkeiten zu erlernen. Die erweiterte Praxis ermöglichte die Entbindungsabteilung. Zu festgelegten Zeiten wurden an den dortigen Schwangeren Touchierübungen vorgenommen, um die Beckenverhältnisse, die Kindslage etc. zu erkunden, das Alter der Schwangerschaft zu bestimmen und die damit verbundenen Veränderungen an den Gebärorganen zu erkennen. Diese Untersuchungen fanden im Geburtszimmer statt, in das die Schülerinnen einzeln hereingerufen wurden.[46] Unter der Geburt war der ganze Lehrkurs anwesend, wobei zwei bis vier Schülerinnen in die Leitung der Geburt mit einbezogen wurden.[47] Dabei sollten sie gezielt auch auf die realen Umstände vorbereitet werden, mit denen sie in der Praxis konfrontiert sein würden. Da häufig noch der Gebärstuhl gebräuchlich war, setzte auch Ricker ihn hin und wieder ein, um etwa den Dammschutz auch unter diesen Bedingungen üben zu lassen, obgleich er selbst ein einfaches Geburtsbett und damit eine eher liegende Gebärposition der Kreißenden favorisierte.[48]

Die auf eine optimale Vorbereitung auf den Beruf der Hebamme abzielende Ausbildung fand eine grundlegende Ergänzung in der in Hadamar favorisierten Auffassung darüber, was Geburtshilfe zu leisten habe. Das hier vertretene Grundverständnis war das einer dezidiert expektativ ausgerichteten Geburtshilfe. Geburten wurden als natürliche Vorgänge, nicht als potentiell pathologische Ereignisse bewertet. Demnach war kein extensiver Einsatz künstlicher, instrumenteller Hilfe indiziert, sondern vielmehr ein eher beobachtendes und abwartendes Verhalten gefordert, das gegebenenfalls intervenierte, um die Natur zu unterstützen, sie aber nur in wenigen Ausnahmefällen zu meistern. Mit dieser theoretischen Ausrichtung orientierte man sich in Hadamar an der wesentlich durch englischen Einfluss geprägten Schule, wie sie im deutschen Sprachraum in prominenter Weise unter anderem von Lucas Boer in Wien vertreten wurde. Diesem Konzept stand eine andere Lehrmeinung gegenüber, die eher an die französische Schule anknüpfend Geburtshilfe als Entbindungskunst mit einem intensiv und weit ausgelegten Aktionsrahmen verstand. Der herausragende Repräsentant dieser Geburtsmedizin war der am Accouchierhaus in Göttingen wirkende Friedrich Benjamin Osiander, der 40 Prozent aller Geburten mit der „eisernen Hand" des Geburtshelfers, der Zange, beendete. In den veröffentlichten Jahresberichten der Entbindungsanstalt Hadamar dagegen wurde immer wieder betont, dass nahezu alle vorkommenden Geburten natürlich verlaufen seien.[49] Die von Dormann vorgelegte statistische Auswertung der Daten bis 1842 weist aus, dass durchschnittlich auf 13 bis 14 natürliche Geburten eine künstliche erfolgte, die mittels Zange oder Wendung und Extraktion beendet wurde. Mit diesen Ergebnissen lag die Anstalt in Hadamar im

Gebärstuhl (aus: Elias von Siebold, Abhandlung über den neuen von ihm erfundenen Geburtsstuhl. Mit drey Kupfertafeln, Weimar 1804, Abb. 1). Dazu schreibt Siebold (S. 1 f.): „Bei uns nicht nur sondern auch in den Gegenden von Hessen, Sachsen, Preußen, Hannover u.s.w. weiß man nichts von der Methode im Bett niederzukommen, welche in England, Frankreich und in Wien allgemeine Sitte ist, wohl aber kennt man die Gebärstühle, worauf die meisten Entbindungen vor sich gehen […]."

Tabelle Nro. III. (Zu Seite 83.)

Tabellarische Uebersicht

der in verschiedenen Entbindungsanstalten vorgekommenen Anwendung von Kunsthülfe bei der Geburt des Kindes und des Mortalitätsverhältnisses der Neugeborenen und der Wöchnerinnen.

Namen der Entbindungsanstalten.	Jahreszahl in welcher die Geburten stattgefunden haben.	Zahl der Geburten.	Häufigkeit der angewendeten Kunsthülfe.		Zahl der todtgeborenen Kinder.		Zahl der in der Anstalt gestorbenen Kinder.		Zahl der todtgeborenen und in der Anstalt verstorbenen Kinder zusammen.		Zahl der Mütter.	Zahl der gestorbenen Mütter.	
			Summe.	Proportion.	Summe.	Proportion.	Summe.	Proportion.	Summe.	Proportion.		Summe.	Proportion.
Berlin	1825—1835	2107	258	1 : 9	70	1 : 30	107	1 : 19	177	1 : 12	2094	36	1 : 58
Berlin (Charité.) .	1825—1827	814	81	1 : 10	76	1 : 11	82	1 : 9	158	1 : 5	799	5	1 : 163
Bonn	1828—1834	508	31	1 : 16	34	1 : 12	22	1 : 22	56	1 : 9	502	6	1 : 84
Breslau	1825—1830	1103	69	1 : 16	84	1 : 13	73	1 : 14	157	1 : 7	1086	16	1 : 68
Cöln	1825 u. 1826	301	24	1 : 12½	14	1 : 21½	11	1 : 26	25	1 : 12	295	2	1 : 147½
Dresden	1814—1840	5830	659	1 : 8⅚	429	1 : 13½	336	1 : 16	765	1 : 7½	5747	189	1 : 30½
Danzig	1825—1828	386	31	1 : 12½	23	1 : 17	24	1 : 15	47	1 : 7	376	4	1 : 94
Fulda	1829—1836	432	20	1 : 21½	31	1 : 14	12	1 : 33	43	1 : 10	426	4	1 : 106
Göttingen	1825—1840	1887	135	1 : 14	90	1 : 21	50	1 : 36	140	1 : 13½	1865	26	1 : 71½
Hadamar	1828—1842	409	30	1 : 13½	22	1 : 18⅔	11	1 : 9 ⅓	33	1 : 12½	406	3	1 : 135
Halle	1840 u. 1841	152	7	1 : 21½	8	1 : 19	11	1 : 14	19	1 : 8	149	10	1 : 15
Hannover	1833 u. 1834	524	36	1 : 14½	18	1 : 29	20	1 : 26	38	1 : 14	517	1	1 : 517
Heidelberg . . .	1825 u. 1826	415	19	1 : 22	16	1 : 26	—	—	—	—	409	2	1 : 204
Königsberg . . .	1826	130	6	1 : 22	13	1 : 10	5	1 : 26	18	1 : 7	127	2	1 : 65
Landshut	1824—1826	289	0	1 : 14½	19	1 : 15	17	1 : 16	36	1 : 8	285	—	—
Marburg	1821—1833	1382	131	1 : 10½	65	1 : 21	46	1 : 30	111	1 : 12½	1372	8	1 : 171½
Paris	1802—1811	15,652	272	1 : 57½	689	1 : 22⅔	—	—	—	—	—	—	—
Prag	1811—1827	12,329	187	1 : 66	512	1 : 24	—	—	—	—	—	—	—
Stuttgart	1833 u. 1834	164	9	1 : 18	11	1 : 15	15	1 : 10	26	1 : 6	160	3	1 : 53
Trier	1825—1827	51	4	1 : 13	4	1 : 13	3	1 : 16	7	1 : 7	49	1	1 : 49
Wien	1789—1822	30,128	319	1 : 94	—	—	—	—	—	—	—	—	—
„	„ „	(36,821)	—	—	1354	1 : 27	—	—	—	—	—	—	—
„	„ „	—	—	—	—	—	—	—	—	—	39,156	721	1 : 54
Würzburg	1821—1841	3527	188	1 : 19	185	1 : 19	—	—	—	—	3482	55	1 : 63
Summa	. . . .	78,111	2503	1 : 31	—	—	—	—	—	—	—	—	—
		84,804	—	—	3745	1 : 22⅔	—	—	—	—	—	—	—
		16,060	—	—	—	—	834	1 : 19¼	—	—	—	—	—
		16,060	—	—	989	—	834	—	1823	1 : 9	—	—	—
		—	—	—	—	—	—	—	—	—	58,896	1091	1 : 54

Anmerkungen.

1) Es war nicht möglich, den Erfolg der geleisteten Kunsthülfe für Mutter und Kind speziell auszumitteln, indem dies aus den meisten der der Tabelle zum Grund gelegten Berichte nicht ersichtlich ist. Es würde diese Vergleichung übrigens auch für den beabsichtigten Zweck nicht erspriesslich gewesen sein. Jedenfalls würden alsdann die viel operirenden Geburtshelfer hinsichtlich der operirten Fälle ein günstigeres Resultat aufzuweisen haben, als diejenigen, welche ihre Kunsthülfe nur auf die schwierigsten Geburtsfälle beschränken. Da jedoch wohl angenommen werden muss, dass die natürlichen Veranlassungen der Todesfälle bei den Neugeborenen und deren Müttern, allgemeinen Naturgesetzen gemäss, sich in allen Entbindungsanstalten gleich bleiben, so muss eben das generelle Resultat der Todesfälle in Vergleichung mit der Häufigkeit der geleisteten Kunsthülfe am meisten über die Vorzüge der verschiedenen Grundsätze in dieser Beziehung entscheiden.

2) Die in der Tabelle enthaltenen Notizen sind theils aus geburtshülflichen Journalen, theils aus Boër's natürlicher Geburtshülfe, aus Lachapelle's praktischer Entbindungskunst und Boivin's Handbuch der Geburtshülfe entnommen. Leider ist über die Todesfälle der Mütter in den Entbindungsanstalten zu Paris und zu Prag keine Nachricht gegeben; auch liess sich wegen Mangelhaftigkeit der Angaben in Boër's Schrift die gleiche Zahl von Geburten in dem Wiener Gebährhaus nicht für alle Kolumnen in der Tabelle benutzen.

3) In dem Bericht von Marburg vom Jahr 18²⁴/₂₅ geschicht nur gelegentlich bei Erzählung einer Zangengeburt Erwähnung eines todtgeborenen Kindes von 130; von in der Anstalt verstorbenen Kindern ist gar keine Rede. Es scheint mir übrigens unwahrscheinlich, dass weiter keine Todesfälle unter den Neugeborenen vorgekommen sein sollten.

In dem von Dormann erstellten Überblick der Daten aus 21 Entbindungsanstalten (Nachrichten über die Ereignisse in der Herzoglich-Nassauischen Hebammenlehr- und Entbindungsanstalt zu Hadamar [wie Anm. 7], S. 61) wurden die Angaben über Hadamar nachträglich eingefügt.

Vergleich mit 21 anderen Einrichtungen im Mittelfeld. Indem er die Häufigkeit künstlicher Entbindungen mit den Mortalitätsraten der Mütter wie der neugeborenen Kinder abglich, kam Dormann zu der grundsätzlichen Aussage, es sei nicht zu verkennen, dass dieser Vergleich „sehr zugunsten einer größeren Einschränkung der bei Geburten zu leistenden Kunsthülfe" spreche, womit der in Hadamar verfolgte theoretische Ansatz bekräftigt werden konnte.[50]

Der Grundsatz des expektativen, auf die „Naturwirksamkeit" setzenden Vorgehens hatte für die Hebammenschülerinnen den größtmöglichen Gewinn, blieben doch die Geburten, die sich während ihres Lehrgangs in der Anstalt ereigneten, in ihrem Zuständigkeitsbereich. Daher bekamen sie Gelegenheit, praktisch zu erfahren, wie verschiedene Situationen mit den ihnen zur Verfügung stehenden Mitteln bewältigt werden konnten, und sich entsprechende Techniken anzueignen. So war ein protrahierter Geburtsverlauf allein nicht ausreichend, um den Einsatz der Zange zu rechtfertigen, mit der die Entbindung möglicherweise zu beschleunigen gewesen wäre; diese Situation war vielmehr geeignet, „um die Hebammenschülerinnen auf die grosse und wohlthätige Wirksamkeit der Natur aufmerksam zu machen, und sie an die in ihrem späteren Wirkungskreise so unumgänglich nothwendige Geduld zu gewöhnen".[51]

Die Ausbildung umfasste schließlich auch die Wochenbett- und Neugeborenenpflege, zu der die Schülerinnen vorzugsweise von der Oberhebamme angeleitet wurden. Auch dies hatte wiederum einen unmittelbaren Praxisbezug, denn laut Nassauischer Hebammenordnung gehörte die Betreuung der Mutter und ihres Kindes in den ersten zehn Tagen nach der Entbindung zu den festgelegten Aufgaben der Hebamme.[52]

Das Entbindungsinstitut

Da der vorrangige Zweck der Anstalt ausdrücklich nicht der einer Versorgungseinrichtung im Rahmen der sozialen Fürsorge war, wurde das Entbindungsinstitut der Hebammenschule funktional zugeordnet. Die Schwangeren waren „der Lehranstalt halber da"[53], um den Unterricht umfassend und praxisorientiert gestalten zu können. Gleichwohl war die Entbindungsabteilung ganzjährig geöffnet, Geburten wurden also auch während der unterrichtsfreien Zeit betreut, und die Frequenz der Entbindungen war in den Sommermonaten leicht erhöht.

Der Anreiz für schwangere Frauen, die Anstalt in Hadamar aufzusuchen, bestand darin, dass sie bei freier Unterkunft und Verpflegung vier bis zwei Wochen vor der erwarteten Geburt aufgenommen werden konnten, um mit kompetenter Unterstützung zu entbinden und in der Regel zwei weitere Wochen mit ihrem Kind in der Anstalt versorgt zu werden. Sofern eine ärztliche Behandlung und die Gabe von Medikamenten erforderlich wurde, waren auch diese Leistungen ohne finanziellen Eigenanteil gewährleistet; ebenso wurden die neugeborenen Kinder gratis getauft. Angesprochen waren ledige Schwangere aus dem Herzogtum. Für sie, die vielleicht mit Offenbarwerden ihres Umstands aus ihrem Dienstverhältnis entlassen worden waren, konnte die Anstalt attraktiv sein, da sie ihnen für eine gewisse Zeit sichere Unterkunft bot. Dafür waren folgende Gegenleistungen zu erbringen: „Die aufgenommenen Schwangeren sind verpflichtet, sich von dem Hebammenlehrer oder der Oberhebamme, oder von den in der Anstalt im Unterrichte sich befindenden Hebammenlehrlingen, so oft es für nöthig erachtet wird, untersuchen und ihre Entbindung in Gegenwart dieser Personen geschehen zu lassen. Bemerkt eine Schwangere die ersten Zeichen der herannahenden

Niederkunft, so hat sie solches sofort der Oberhebamme anzuzeigen, oder durch eine andere im Hause befindliche Person anzeigen zu lassen."[54]

Die Frauen sollten keine ansteckenden Krankheiten haben.[55] Bei ihrer Aufnahme mussten sie sich förmlich ausweisen;[56] und beim Verlassen der Anstalt erhielten sie einen Entlassungsschein. Für selbstzahlende Frauen, für die man ein separates Zimmer eingerichtet hatte, gab es die Möglichkeit einer anonymen Geburt.[57] Die Schwangeren hatten Kleidung für sich und ihr Kind mitzubringen und für diese persönlichen Sachen selbst Sorge zu tragen; zu anfallenden Arbeiten in der Einrichtung, etwa um der Haushälterin zur Hand zu gehen, durften sie nur in Ausnahmefällen herangezogen werden. Sie sollten sich ausschließlich in der Anstalt aufhalten und konnten sich in der weitläufigen, umfriedeten Klosteranlage Bewegung verschaffen.

Die aufgenommenen Frauen waren nahezu ausschließlich unehelich Geschwängerte.[58] Die überwiegende Mehrzahl der Personen waren „Landmädchen"[59] aus Nassau. Sofern freie Kapazitäten vorhanden waren, konnten auch Ausländerinnen aufgenommen werden, insbesondere aber dann, wenn während der laufenden Lehrkurse die Anzahl der Schwangeren für den praktischen Unterricht nicht ausreichend erschien. Insgesamt blieb ihr Anteil jedoch äußerst gering.[60] Sofern es der Unterricht erforderte, konnten Frauen auch vorzeitig aufgenommen werden, um den Schülerinnen Gelegenheit zu bieten, die Entwicklungen der Schwangerschaft über einen längeren Zeitraum der letzten beiden Schwangerschaftsmonate zu verfolgen und praktisch kennen zu lernen. 1834 wurde bewilligt, dass künftig die Aufnahme sechs Wochen, in Ausnahmefällen und zugunsten des Unterrichts auch acht bis zehn Wochen vor der erwarteten Niederkunft erfolgen sollte.[61] Die reguläre Verweildauer von zwei Wochen nach der Entbindung verlängerte sich in den Fällen, in denen die Frau oder ihr Kind erkrankt war oder ihnen aufgrund der Witterungsverhältnisse die Abreise nicht zugemutet werden konnte.[62] Einzelne Frauen haben anlässlich weiterer Schwangerschaften die Anstalt wiederholt aufgesucht.[63] Die Zahl der selbstzahlenden Frauen war stets gering und seit den 1850er Jahren absolut rückläufig.[64]

Die weitere Geschichte der Anstalt und ihre Schließung

Bis zum Jahr 1868 waren in der Hebammenschule in 83 Lehrgängen 1.155 Hebammen ausgebildet worden.[65] Sie hatten ihre Prüfungen mit guten oder zufriedenstellenden Ergebnissen absolviert, ihre geburtshilfliche Praxis in den Gemeinden wurde durchaus positiv beurteilt.[66] Bis zum Jahr 1842 hatten 406 Frauen in der Anstalt entbunden. Diese war demnach bei einer kapazitären Auslegung auf 60 Geburten pro Jahr nur zur Hälfte ausgelastet. Bei einer durchschnittlichen Geburtenrate von 27 pro Jahr sahen die Schülerinnen eines Lehrgangs im Mittel 7 Geburten. Bereits 1834 be-

Irmtraut Sahmland

Das ehemalige Franziskanerkloster, Foto 1880 (aus: Hadamar. Bilder aus vergangenen Tagen, Horn am Neckar 1988)

mängelte Dormann die zu geringe Zahl schwangerer Frauen in der Anstalt, eine Klage, die latent immer wieder erhoben werden sollte. Um Abhilfe zu schaffen, gab es von Regierungsseite Überlegungen, Schwangere, sofern sie aus öffentlichen Mitteln Unterstützung erhielten, zur Entbindung in der Hebammenanstalt zu verpflichten, jedoch wurde eine solche Zwangsmaßnahme von der Ständeversammlung abgewehrt.[67] Wohl durch vermehrte dringliche Appelle und die Beseitigung bestehender Vorbehalte konnte in den folgenden Jahren mit einer durchschnittlichen Geburtenrate von 40 pro Jahr eine Auslastung von bis zu zwei Dritteln erreicht werden.[68]

Im Laufe der Jahre wurde die anfänglich große Nachfrage nach qualifiziert ausgebildeten Hebammen geringer, zumal diese durch das jünger werdende Berufseinstiegsalter länger im Berufsleben blieben. Tendenziell wurden mehr Hebammen ausgebildet als im Herzogtum Nassau eingesetzt werden konnten, was nicht nur im Hinblick auf die öffentlichen Kassen als Kostenträger unsinnig erschien. Zu Reformen im Sinne einer Anpassung an diese veränderten Bedingungen war man nicht bereit: Selbstzahlende Hebammen auszubilden, wurde strikt abgelehnt, da dies in der Konsequenz das private Hebammenwesen fördern würde, was möglichst vermieden werden sollte.[69] Aufgrund der Finanzierung der Anstalt aus landeseigenen Mitteln war es ebenso undenkbar, Ausländerinnen auszubilden.[70] Der wiederholte Hinweis auf die 1828 formulierten Statuten machte insgesamt die fehlende Flexibilität deutlich.

Neben den strukturellen Veränderungen verfocht man zudem eine Personalpolitik, die sich für Hadamar sehr unvorteilhaft auswirken sollte. Als Nachfolger des langjährigen Direktors Dormann wurde 1862 der Medizinalassistent aus Limburg, Dr. Chelius, bestellt. Man hatte sich trotz seines schlechten Gesundheitszustandes für ihn entschieden, weil er sich durch sein höheres Dienstalter die längere Anwartschaft erworben habe.[71] Dr. Chelius starb bereits Anfang 1865, und ihm folgte Dr. Metz, der sich ebenfalls keiner guten Gesundheit erfreute. In diesen Jahren wurde der reguläre

Anstaltsbetrieb krankheitsbedingt wiederholt unterbrochen. Mehrfach mussten auswärtige Vertretungen die laufenden Lehrkurse zu Ende führen, Lehrgänge mussten ausgesetzt werden, die angemeldeten Schülerinnen wurden an die Entbindungsanstalt in Marburg verwiesen.[72] 1866 legte Dr. Metz einen Situationsbericht vor, in dem er die Mängel auflistete.[73] Entzogen die strukturellen Veränderungen der Hebammenlehranstalt die Basis, um im bisherigen Umfang weiter zu arbeiten, so wurde der Standort Hadamar insbesondere dadurch in Frage gestellt, dass die mit dem alten Klostergebäude verbundenen baulichen Gegebenheiten mit den nunmehr geltenden medizinisch-hygienischen Standards nicht mehr vereinbar und mit einem vertretbaren Aufwand auch nicht anzugleichen waren. Damit wurde die Schließung der Einrichtung in Hadamar absehbar. Es folgten Sondierungsgespräche mit Frankfurt mit dem Ziel, die dortige städtische Einrichtung aufzukaufen und die Nassauische Anstalt mit ihr zu vereinen; diese Bemühungen scheiterten jedoch.[74] Schließlich wurde entschieden, dass fortan die Ausbildung der Hebammen für das ehemalige, seit 1866 zu Preußen gehörige Nassau in Marburg stattfinden sollte.[75]

Nach einer 44-jährigen, sehr erfolgreichen Arbeit, die zur Sicherung einer qualitativ guten geburtshilflichen Versorgung der Nassauischen Bevölkerung und damit im Dienst für das Leben geleistet worden war, wurde die Hebammenlehranstalt im Mai 1872 aufgelöst.

---

[1] In der Auflistung der deutschen Hebammenlehranstalten mit ihren Gründungsdaten aus dem Zeitraum von 1751 bis 1953 finden sich keine Angaben zu Hadamar (vgl. C. J. Gauss / B. Wilde, Die deutschen Geburtshelferschulen. Bausteine zur Geschichte der Geburtshilfe, München-Gräfelding 1956). Auch in der Studie von Silvia Weber-Grupe, Krankheit, Heilung und öffentliche Gesundheitspflege im ehemaligen Herzogtum Nassau nach der Annexion durch Preußen (1866–1885), Berlin 2005, ist diese Einrichtung nur beiläufig genannt; schließlich ist sie in der sehr umfangreichen Forschungsliteratur zu den frühen Entbindungshäusern gar nicht berücksichtigt.

[2] Vgl. Dienstinstructionen für die Medicinalbeamten, I., Instruction für die Medicinalräthe, in: Beilage zu Nr. 5 des Verordnungsblatts des Herzogthums Nassau vom 21. März 1818, 10. Jg., Wiesbaden 1818, S. 67–84, Paragraph 24, S. 77 f.

[3] Solche Phantome waren echte oder aus Holz nachgebildete weibliche Becken, die mit Leder ver- und ausgekleidet waren. Als Geburtsobjekte, die durch das knöcherne Becken hindurchgeleitet wurden, dienten präparierte fetale Skelette bzw. aus Leder oder Stoffen hergestellte Puppen.

[4] Bereits in der Dienst=Instructionen für die Medicinalbeamten heißt es, die Bestimmungen zum Hebammenwesen seien „vor der Hand" und bis zur Errichtung einer eigenen Hebammenlehr- und Entbindungsanstalt gültig (Anm. 2), Paragraph 22, S. 77.

[5] Hessisches Hauptstaatsarchiv Wiesbaden (HHStA Wi), Abt. 210 Nr. 3558, Feststellung der Landesregierung am 03. 11. 1825.

[6] So die durchaus ungehaltene Feststellung des Abgeordneten Geheimrat Freiherr von Zwierlein in seinen Ausführungen über den Exigenz-Etat der Landesregierung am 03. 03. 1826; HHStA Wi, Abt. 210 Nr. 3558.

[7] Vgl. Dormann, Nachrichten über die Ereignisse in der Herzoglich-Nassauischen Hebammenlehr- und Entbindungsanstalt zu Hadamar, von der Eröffnung derselben im Mai 1828 bis zu Ende des

Jahres 1842, in: Medicinische Jahrbücher für das Herzogthum Nassau. Aus Auftrag der Landesregierung hrsg. von J. B. v. Franque, W. Fritze, P. Thewalt, 3. Heft, Wiesbaden 1845, S. 61–141, hier S. 141.

[8] So die Feststellung in einem von J. J. Cöller ausgefertigten Memorandum vom 29. 10. 1826; HHStA Wi, Abt. 210 Nr. 3558.

[9] Dies ist der zeitgenössische Ausdruck für unehelich („in Unpflichten") geschwängerte Frauen.

[10] HHStA Wi, Abt. 210 Nr. 3558.

[11] Dieses bedeutet eine Abgrenzung von der Tradition der Accouchierhäuser, denen im 18. Jahrhundert immer zugleich eine wichtige Funktion im Kampf gegen die Kindstötungen zugeschrieben wurde. Die Kindsmordproblematik wurde bekanntlich in der Aufklärung sehr intensiv diskutiert (Vgl. Preisschriften über die Frage: Welches sind die besten ausführbarsten Mittel dem Kindsmorde abzuhelfen, ohne die Unzucht zu begünstigen?, Mannheim 1784; vgl. Otto Ulbricht, Kindsmord und Aufklärung in Deutschland, Stuttgart 1990) und machte es ansatzweise möglich, die Kindsmörderin auch als Opfer ihrer sozialen und ökonomischen Umstände zu begreifen. Ein deutliches Signal dieser aufgeklärten, humaneren Sichtweise setzte Friedrich d. Gr. mit seinem Edikt von 1763. Obgleich es sich nach wie vor um ein als Kapitalverbrechen einzustufendes Delikt handelte, sollten Hilfen zur Verhütung des Kindsmords geboten werden. Hier waren die Gebärhäuser in idealistischer Weise eingebunden, indem sie im Sinne der sozialen Fürsorge ledigen Schwangeren Aufnahme und Verpflegung boten. In einzelnen Fällen bestand die Möglichkeit, die neugeborenen Kinder in ein angegliedertes Findel- oder Waisenhaus zu geben; vgl. Christina Vanja, Das Kasseler Accouchier- und Findelhaus 1763 bis 1787: Ziele und Grenzen „vernünftigen Mitleidens" mit Gebärenden und Kindern, in: Jürgen Schlumbohm/Claudia Wiesemann (Hg.), Die Entstehung der Geburtsklinik in Deutschland 1751–1850. Göttingen, Kassel, Braunschweig, Göttingen 2004, S. 96–126.

[12] HHStA Wi, Abt. 210 Nr. 3558.

[13] So die rhetorisch sehr wirkungsvoll vorgetragenen Einwände Zwierleins; HHStA Wi, Abt. 210 Nr. 3558.

[14] Vgl. Ricker, Die Herzoglich Nassauischen Hebammenlehr- und Entbindungsanstalt zu Hadamar nebst Übersicht der Vorfälle in derselben während des Jahres 1828, in: Gemeinsame deutsche Zeitschrift für Geburtskunde, von einem Verein von Geburtshelfern hg. von D. H. W. Busch/L. Mende/F. A. Ritgen, Bd. 5, H. 2, Weimar 1839, S. 267–279.

[15] Vgl. Dormann, Nachrichten (Anm. 7), S. 65.

[16] Vgl. Ricker (Anm. 14), S. 269.

[17] So wurden von dem chirurgischen Instrumentenmacher Holzhauer aus Marburg 1830 folgende Instrumente geliefert: Steins kleiner Beckenmesser mit Schieber, Levrets Perforator mit gekrümmter Spitze, Boers Kopfzange, Levrets scharfer Haken, eine Wenzel-Sieboldsche Nadel, ein Laennec'sches Stethoskop und 2 Mutterkränze, außerdem offenbar auch eine Sieboldsche Geburtszange; HHStA Wi, Abt. 225 Nr. 480, fol. 43.

[18] Ohne dass dies näher ausgeführt würde, legen Vergleiche mit anderen Anstalten nahe, dass es sich hier um anatomische Präparate verschiedener Becken, evtl. auch um ein Hysteroplasma, also die Nachbildung eines Gebärorgans, gehandelt haben dürfte (vgl. z. B. M. Koch, Nachricht über die Entbindungs-Anstalt der Kaiserlichen Universität zu Dorpat, nebst einem Bericht über die Ereignisse, welche im Jahre 1843 in ihr statt gefunden, in: Neue Zeitschrift für Geburtskunde, 16. Bd., Berlin 1844, S. 284–301, hier S. 286; vgl. Adelmann, Geschichte der Hebammen-Lehrstalt in Fulda, in: Gemeinsame deutsche Zeitschrift für Geburtskunde, 3. Bd., 2. H., Weimar 1828, S. 411-419, hier S. 417; vgl. Joh. Bapt. Rainer, Nachricht über die Einrichtung der Gebäranstalt zu Landshut, in: Gemeinsame deutsche Zeitschrift für Geburtskunde, 1. Bd., 2. H., Weimar 1826, S. 391-394, hier S. 394). Auch war für praktische Übungen ein so genanntes Phantom verfügbar, was daraus hervorgeht, dass die Schülerinnen „bei der Prüfung am Phantome" ihre erworbenen praktischen Fähigkeiten und Fertigkeiten unter Beweis stellen sollten; vgl. HHStA Wi, Abt. 211 Nr. 7937. Osiander beschreibt das in Göttingen vorhandene Phantom wie folgt: „Die Maschine [...] hat zu ihrer Grundlage ein natürliches Frauengerippe, gänzlich ausgestopft und mit Leder bezogen. In dem Becken ist eine künstliche lederne Gebärmutter von natürlicher Größe angebracht, in welcher vermittelst lederner Puppen, von ordentlicher Größe neugeborener Kinder, welche mit natürlichen Kinderköpfen versehen

sind, alle Arten widernatürlicher und schwerer Geburten [...] verrichtet werden können" (Friedrich Benjamin Osiander, Denkwürdigkeiten für die Heilkunde und Geburtshülfe, Göttingen 1794, S. LXVII).

[19] Vgl. Dormann (Anm. 7), S. 65. Dr. Ricker hatte bereits 1830 drei Embryonen verschiedener Entwicklungsstadien angeschafft und in das Inventar der Anstalt aufgenommen; HHStA Wi, Abt. 225 Nr. 480, fol 42. Später wurde das Becken einer nach Schnittentbindung verstorbenen Kreißenden ausgelöst und präpariert; vgl. G. Dormann, Zwei Fälle von Kaiserschnitt bei osteomalacischen Kreissenden, in: Neue Zeitschrift für Geburtskunde 20 (1846), S. 321–353, hier S. 341.

[20] Vgl. Dormann (Anm. 7), S. 63.

[21] Vgl. HHStA Wi, Abt. 210 Nr. 3558, fol. 64.

[22] Insbesondere die grüne Auskleidung der Wöchnerinnenzimmer und der mit Ölfirnis überzogene Fußboden sind Standardausrüstungen; vgl. z. B. Busch, Die geburtshülfliche Klinik an der Königlichen Friedrich-Wilhelm-Universität zu Berlin, 1. Bericht vom 1. October 1829 bis 31. December 1835, in: Neue Zeitschrift für Geburtskunde 5 (1837), S. 70–151, hier S. 72; vgl. auch Joh. Bapt. Rainer (Anm. 18), S. 392. Grün ist einerseits eine „freundliche" Farbe (so Busch), andererseits dient sie der Entspannung, weshalb sie z. B. in der augendiätetischen Literatur des frühen 19. Jahrhunderts immer wieder empfohlen wird.

[23] Vgl. z. B. Koch zu Dorpat (Anm. 18), S. 286; Adelmann zu Fulda (wie Anm. 18), S. 413 f.; Rainer zu Landshut (Anm. 18), S. 394.

[24] Vgl. Irmtraut Sahmland, Gebärpositionen aus Sicht der akademischen Medizin um 1800, in: Marita Metz-Becker/Stephan Schmidt (Hg.), Gebärhaltungen im Wandel. Kulturhistorische Perspektiven und neue Zielsetzungen, Marburg 2000, S. 9–30.

[25] Auch andere Hebammenlehranstalten waren in Klostergebäuden untergebracht. So war die Mainzer Accouchieranstalt 1784–1793 im Altmünsterkloster eingerichtet worden, ehe sie 1808 in das 1802 säkularisierte Kloster der „Armen Klarissen" übersiedelte (vgl. Barbara Weber, Das Accouchement – Gründung und Anfänge der Mainzer Entbindungsanstalt, in: Franz Dumont u. a. (Hg.), Moguntia medica. Das medizinische Mainz. Vom Mittelalter bis ins 20. Jahrhundert, Wiesbaden 2002, S. 419–428). Auch die Land-Kranken-Irren- und Gebäranstalt in Fulda wurde 1805 in einem Kapuzinerkloster untergebracht: vgl. Adelmann (Anm. 18), S. 413).

[26] HHStA Wi, Abt. 211 Nr. 177. Dieser doppelt begründete Vorschlag fand allerdings kein Gehör, nicht zuletzt wohl deshalb, weil nach Rickers Vorstellung anstelle der Kirche ein vierter Flügel hätte erbaut werden sollen, was immense Kosten verursacht haben würde. Stattdessen wurden die „verschandelte Facade" ausgebessert und die Fenster erneuert; die Kirche diente als Lagerplatz für Holz und einen Vorrat an Bettstroh.

[27] Ihre sehr umfangreichen Aufgaben sind in der sechs Paragraphen umfassenden Instruction für die Haushälterin und Köchin in dem Hebammen Lehr= und Entbindungsinstitut in Hadamar aufgefertigt, ausgefertigt am 25. April 1828; HHStA Wi, Abt. 210 Nr. 3558, fol 67–68. Es werden zwei Personen genannt. Zunächst wurde Frau Katharina Sang eingestellt, seit Ende 1849 bis zur Auflösung der Anstalt war Frau Margarethe Rex als Haushälterin tätig.

[28] Diese Hausmeisterstelle hatte Johannes Horn aus Hadamar dauerhaft inne. Bei einem Jahreslohn von anfangs 150 Gulden wurde ihm ein möbliertes Zimmer zur Verfügung gestellt, während er für Verpflegung, Brennholz und Licht selbst aufkommen musste. Mit der Schließung der Anstalt 1872 wurde Horn mit einem Pensionsanspruch von 96 Talern entlassen; HHStA Wi, Abt. 211 Nr. 7937.

[29] Vgl. Vorläufige Instruction für den Lehrer an der Heb=Lehr=und Entbindungs=Anstalt in Hadamar, ausgefertigt von der Herzoglich Nassauischen Landesregierung, Wiesbaden, 25. April 1828 (Abschrift), HHStA Wi, Abt. 210 Nr. 3558, fol. 69–76, Paragraph 7.

[30] Vgl. ebd., Paragraph 6.

[31] Vgl. ebd., Paragraph 1.

[32] Das Jahresgehalt betrug anfangs 600 Gulden, steigerte sich jedoch im Laufe der Zeit, meist infolge vorausgegangener Bittgesuche, recht erheblich. 1859 wurde in einem Reskript festgestellt, das Jahresgehalt sei auf 1600 Gulden anzuheben, womit eine Angleichung des Gehalts an die Altersgenossen im Lehrerstand erfolgte; HHStA Wi, Abt. 210 Nr. 3558, fol 171.

[33] HHStA Wi, Abt. 211 Nr. 7937.

[34] Ebd. – Ehe ihr Mann ebenfalls nach Hadamar umgezogen war, verstarb er.

[35] Das anfängliche Jahresgehalt der Oberhebamme betrug 200 Gulden zuzüglich Holz und Licht. Bis zum Jahr 1860 war es auf 330 Gulden angestiegen; ihr Ruhegeld wurde auf 150 Gulden festgesetzt; vgl. ebd.

[36] Zwei Jahre nach ihrem Dienstantritt war auch sie verwitwet. Als sie 1872 mit einem Pensionsanspruch von 99 Talern entlassen wurde, versuchte sie, im Alter von 55 Jahren als Hebamme in Wiesbaden zu arbeiten, sie konnte sich aufgrund der hohen Hebammendichte dort allerdings nicht etablieren; vgl. ebd.

[37] Instruction für die Oberhebamme im HebammenLehr= und Entbindungs=Institute zu Hadamar, HHStA Wi, Abt. 210 Nr. 3558, fol 65r–66v, Paragraph 1.

[38] Ebd., Paragraph 6.

[39] Ebd., Paragraph 8.

[40] Dies ist insbesondere von Dr. Dormann belegt. Als es um die Sicherung der Pensionsansprüche von Frau Dienstbach ging, schrieb er, es bedürfe wohl keines besonderen Antrags, „um dieser Frau, welche seit ihrer 32jährigen Dienstführung an hiesiger Anstalt durch Intelligenz, Gewissenhaftigkeit, Ordnungsliebe und Sparsamkeit sich unläugbare Verdienste um das Gedeihen derselben erworben hat, zu einer anständigen Pension [...] zu verhelfen." HHStA Wi, Abt. 211 Nr. 7937. Später wies er im gleichen Zusammenhang auf „die Beschwerlichkeit dieses Dienstes und die große Verantwortlichkeit, welche die Oberhebamme übernimmt", hin; (vgl. ebd.). Es wurden aber auch Sondergratifikationen bewilligt, so etwa nach Abschluss der Prüfung des 1. Lehrkurses des Jahrgangs 1846 mit dem Vermerk, „da die Thätigkeit der Oberhebamme sowohl für die Entbindungs=, als für die Unterrichtsanstalten von großem Einflusse ist" (vgl. ebd.). Einzig aus folgender Stellungnahme Dr. Chelius' zu einem Bittgesuch der Frau Langenbeck vom 07. 07. 1863 lassen sich Misstöne heraushören: „[...]Seit einem Jahre Witwe geworden, wird der innere Zwiespalt durch das Gefühl der Isolirung und der Sehnsucht nach ihren Kindern, die in sehr guten Verhältnissen leben, vermehrt, und zugleich die rechte Freudigkeit im Dienste gestört, welche (für ihren Bildungsgrad) nicht wenig aus der Harmonie des Lohnes mit der Leistung resultirt. Und von meinem Standpunkt aus bedarf ich, so sehr ich auch der Frau Langenbeck in Wahrheit ein rühmliches Zeugniß geben muß, stets des fröhlichen Entgegenkommens in hundert Kleinigkeiten, um aus der Anstalt mehr und mehr eine Musteranstalt für Ausbildung der Hebammen zu machen." (ebd.)

[41] Ricker, Die Einrichtung (Anm. 14), S. 273.

[42] Obgleich während der Heizperiode erhöhte Betriebskosten auftraten, fanden die Lehrgänge jeweils von Februar bis April und von September bis November statt, da die Frauen in der kälteren Jahreszeit am ehesten für längere Zeit von ihren Familien abwesend sein konnten: vgl. Ricker (Anm. 14), S. 274.

[43] Zunächst war das Wegelersche Lehrbuch vorgesehen (vgl. die Vorläufige Instruction für den Lehrer an der Heb= Lehr= und Entbindungs= Anstalt in Hadamar, HHStA Wi, Abt. 210 Nr. 3558, fol. 69–76, Paragraph 4, fol 70) ; später wurde das von Dr. Ricker verfasste eingeführt (Leopold Anton Ricker, Lehr- und Handbuch der Geburtshülfe für Hebammen, Weilburg 1832, 2. verb. Aufl. 1844), das nach dem erfolgten Anschluss an Preußen ab 1867 von dem Preußischen Hebammenlehrbuch in der neuesten Auflage abgelöst wurde (vgl. HHStA Wi, Abt. 210 Nr. 3558, fol. 208).

[44] Instruction für den Lehrer an der Heb=Lehr= und Entbindungs=Anstalt in Hadamar, ausgefertigt von der Herzoglich Nassauischen Landesregierung, Wiesbaden, 25. April 1828 (Abschrift), HHStA Wi, Abt. 210 Nr. 3558, fol 69–76, Paragraph 3.

[45] Ebd., fol 70v – Die Hebammen blieben generell auf manuelle Geburtshilfe festgelegt, der Einsatz von Instrumenten – wobei hier insbesondere die Zange zu nennen wäre – war ihnen nicht erlaubt. Die Wendung des Kindes in utero war in Grenzbereich. Die Lehre über die Wendung war z. B. in der Anstalt in Fulda Teil einer erweiterten Ausbildung für Hebammenschülerinnen, die in Gegenden eingesetzt werden sollten, wo keine ausreichende Versorgung mit Geburtshelfern gegeben war: vgl. Adelmann (Anm. 18), S. 417 f.

[46] Während aus anderen Anstalten zum Teil Beschreibungen bekannt sind, wie sich die Untersuchungssituation gestaltete, liegen zu Hadamar keine genaueren Informationen vor.

[47] Vgl. Ricker (Anm. 14), S. 271; vgl. ders., Zweiter Jahresbericht über die Ereignisse in der Herzoglich Nassauischen Hebammenlehr- und Ent-

bindungsanstalt zu Hadamar, vom Jahre 1829, in: Gemeinsame deutsche Zeitschrift für Geburtskunde, 6. Bd., 2. H., Weimar 1831, S. 135–140, hier S. 138 f.

48 Vgl. ebd., S. 271. Die sehr umfänglich geführte Debatte um die beste Gebärhaltung führte von der traditionell vertikalen Stellung, die durch den Gebärstuhl repräsentiert wurde, seit dem frühen 19. Jahrhundert zu einer bevorzugt horizontalen Lagerung der Kreißenden; vgl. Sahmland (Anm. 24).

49 Vgl. bereits die ersten Angaben zu den Ereignissen des Jahres 1828: von acht Geburten seien sieben „durch die Kräfte der Natur" erfolgt, eine habe wegen bedeutender Enge des Beckenausgangs mit der Zange beendigt werden müssen; „die Lösung der Nachgeburt wurde jedes Mal von der Natur vollbracht": Ricker (Anm. 14), S. 278; vgl. auch dessen 2. Bericht (Anm. 47), S. 136. Von Dr. Chelius und Dr. Metz, die vergleichsweise kurze Zeiträume Leiter der Anstalt waren, konnten keine Publikationen ermittelt werden.

50 Dormann, Nachrichten (Anm. 7), S. 85.

51 Vgl. Dormann, Zweite Mitteilung über die Ereignisse in der Hebammenlehr- und Entbindungs-Anstalt zu Hadamar in den Jahren 1843 bis 1854, in: Medicinische Jahrbücher für das Herzogtum Nassau 14 (1856), S. 649–704, hier S. 650.

52 Vgl. Dienst=Instructionen für die Medicinalbeamten, IV. Instruction für die Hebammen, in: Beilage zu Nr. 5 des Verordnungsblatts des Herzogthums Nassau vom 21. März 1818, S. 67–98, hier S. 92–95, Paragraph 4, S. 93.

53 In Anlehnung an die vielzitierte Aussage Osianders als Direktor der Accouchieranstalt in Göttingen (Friedrich Benjamin Osiander, Denkwürdigkeiten für die Heilkunde und Geburtshülfe aus den Tagebüchern der Königlichen practischen Anstalten zu Erlernung dieser Wissenschaften in Göttingen ausgehoben, Bd. 1,1, Göttingen 1794, S. XCI); vgl. Jürgen Schlumbohm, Der Blick des Arztes, oder: wie Gebärende zu Patientinnen wurden. Das Entbindungshospital der Universität Göttingen um 1800, in: Jürgen Schlumbohm u. a. (Hg.), Rituale der Geburt. Eine Kulturgeschichte, München 1998, S. 170–205.

54 Die Errichtung einer Hebammen Lehr= und Entbindungsanstalt in Hadamar betreffend, HHStA Wi, Abt. 210 Nr. 3558, fol. 85r–88v, Paragraph 9 (ausgefertigt am 25. 04. 1828).

55 Diese Voraussetzung war nicht immer gewährleistet, denn es wurden mehrfach syphilitische Frauen behandelt: vgl. Dormann, Nachrichten (Anm. 7), S. 75 f.

56 Ihre Daten sowie nachfolgend Notizen über ihre Geburtsgeschichte wurden in laufenden Registern eingetragen. Diese wichtige Quelle der inneren Registratur ist leider mit der Auflösung der Einrichtung 1872 vernichtet worden; vgl. HHStA Wi, Abt. 442 Nr. 75.

57 Auch in diesen Fällen wurden die persönlichen Daten erfasst, aber in ein eigenes Verzeichnis eingetragen, das besonders verwahrt wurde, vgl. Dormann, Nachrichten (Anm. 7), S. 63.

58 Nur für den Berichtszeitraum 1843–1854 werden 5 Verheiratete und 5 Witwen genannt; vgl. Dormann, Zweite Mitteilung (Anm. 51), S. 650.

59 Vgl. Dormann, Nachrichten (Anm. 7), S. 68.

60 Von 406 Entbundenen waren 18 Ausländerinnen; vgl. Dormann, ebd., S. 67. Zu einzelnen auch namentlichen Nachweisen vgl. HHStA Wi, Abt. 225 Nr. 480.

61 Vgl. HHStA Wi, Abt. 210 Nr. 3558, fol. 135 f.

62 Einzelne Hinweise auf diese Fälle, die seitens des Direktors jeweils begründet werden mussten, da die Verpflegungskosten dadurch erhöht wurden, vgl. HHStA Wi, Abt. 225 Nr. 480.

63 Vgl. Dormann, Nachrichten (Anm. 7), S. 131; vgl. ders., Zweite Mitteilung (Anm. 51), S. 660.

64 Vgl. HHStA Wi, Abt. 211 Nr. 7937.

65 Vgl. HHStA Wi, Abt. 5 Nr. 235, fol. 354.

66 Vgl. HHStA Wi, Abt. 210 Nr. 3558, fol. 108.

67 Vgl. HHStA Wi, Abt. 210 Nr. 3558, fol. 137.

68 Vgl. Dormann, Zweite Mitteilung (Anm. 51), S. 650.

69 Entsprechende Gesuche wurden strikt abgelehnt; vgl. HHStA Wi, Abt. 211 Nr. 8246, fol. 3–4.

70 Vgl. HHStA Wi, Abt. 210 Nr. 3558, fol 183.

71 So die Begründung des Staatsministeriums, vgl. HHStA Wi, Abt. 210 Nr. 6459.

72 Vgl. HHStA Wi, Abt. 405 Nr. 8841; vgl. HHStA Wi, Abt. 211 Nr. 7937; vgl. HHStA Wi, Abt. 5 Nr. 235, fol. 355.

73 HHStA Wi, Abt. 210 Nr. 3558, fol. 205 ff.

74 Vgl. HHStA Wi, Abt. 5 Nr. 235.

75 Anordnung vom 20. April 1872; vgl. HHStA Wi, Abt. 442 Nr. 75.

Die Hadamarer „Corrigendenanstalt" (1883–1906)

Christina Vanja

Arbeitsanstalt und „korrektionelle Nachhaft"

Der Gedanke einer Arbeitserziehung geht weit in die Frühe Neuzeit zurück, im letzten Drittel des 19. Jahrhunderts sollte er mit der Einrichtung von Korrektions- oder Korrigendenanstalten jedoch eine neue Qualität gewinnen. Den gesellschaftlichen Hintergrund bildete der entstehende moderne Sozialstaat, der – zumindest theoretisch – jedem erwachsenen Menschen entweder einen Lebensunterhalt mit „ehrlicher" Arbeit oder bei schwerer Krankheit und Invalidität eine Versorgung durch eine der neuen Versicherungs- oder Armenkassen ermöglichte.[1] Tatsächlich jedoch war angesichts von Arbeitslosigkeit und der üblichen Abschiebepraxis der Gemeinden ein derartiger Idealzustand zu keiner Zeit gegeben. Da diese sozialen Probleme jedoch nicht wahrgenommen wurden, erschienen diejenigen, die durch die Zuwendung anderer lebten, geradezu als „Parasiten am staatlichen Körper"[2], und ihr Verhalten war nach Ansicht der Obrigkeit vor allem in persönlichen Defiziten begründet. Derartige Devianzen zu dulden, war die Wilhelminische Gesellschaft nicht bereit und sah, wie in vielen anderen Fragen der Wohlfahrtspflege, für die „Gestrauchelten" eine Anstaltsbehandlung vor. Für so genannte „Arbeitsunwillige fand daher im Jahre 1871 (Gründung des Deutschen Kaiserreichs) nicht nur Strafe, sondern auch „Korrektion" Eingang in das neue Reichsstrafgesetzbuch. Der Paragraph 361, Absatz 3–8, sah Gefängnisstrafen für „Betteln", „Müßiggang", „Gewerbsunzucht" (bei Überschreitung festgelegter Verhaltensregeln), „Arbeitsscheu" und „Obdachlosigkeit" vor. Die entsprechenden Haftzeiten waren mit wenigen Tagen oder Wochen relativ kurz. Die viel größere Bedrohung dagegen stellte die Anwendung des folgenden Paragraphen 362 dar. Dieser eröffnete den Gerichten nämlich die Möglichkeit, die Delinquenten im Anschluss an die Haftzeit der Landespolizei zur Unterbringung in einem Arbeitshaus zu übergeben. Für die damit intendierte „Besserung" jedoch konnten jedes Mal bis zu zwei Jahren als „Nachhaft" veranschlagt werden.[3]

Nach Vorstellung des Gesetzgebers handelte es sich bei den Korrigendenanstalten um keine Strafeinrichtungen im engeren Sinne. Deshalb unterstanden sie nicht den Justizbehörden, sondern Armenverbänden, welche die Eingewiesenen mit Strenge, aber auch „durch menschenfreundliche Hilfe" auf den richtigen Weg bringen sollten.[4] Detaillierte Hausordnungen, lange Arbeitszeiten und tägliche religiöse Übungen sowie moralischer Zuspruch prägen entsprechend überall den Alltag der Korrigenden, um diese körperlich und seelisch an ein neues „tugendhaftes" Leben zu gewöhnen. Da die Insassen dieser Einrichtungen aber kaum gewillt waren, die Zwangsmaßnahmen als hilfreich zu akzeptieren und sich der Disziplin freiwillig zu unterwerfen, lebten sie letztlich wie Gefangene in hoch ummauerten Gebäudekomplexen unter ständiger Bewachung. Diese ambivalente Stellung der Korrigendenanstalten zwischen Besserungseinrichtung und Strafinstitution war den Zeitgenossen schon im 19. Jahrhundert bewusst. Dennoch sollte die „Nachhaft" noch bis in die frühen 1960er Jahre hinein zumindest regional rechtsgültig bleiben.[5]

Die Gründung einer Korrigendenanstalt im Regierungsbezirk Wiesbaden

Es verwundert angesichts des zwiespältigen Charakters der neuen Korrektionsanstalten kaum, dass, wie andernorts, auch der im Jahre 1867 eingerichtete Wiesbadener Kommunalverband der preußischen Provinz Hessen-Nassau als Träger der Armenpflege die staatlich verordnete Erziehungspflicht nur ungern übernahm.[6] Zwar konnte man auch im Bereich des ehemaligen Herzogtums Nassau bereits auf eine lange Tradition anstaltlicher Armenfürsorge zurückblicken, doch basierten die gemeindlichen Angebote zumeist auf Freiwilligkeit und bezogen sich überdies nur auf die eigenen Untertanen.[7] Am Ende des 19. Jahrhunderts jedoch wurde der kommunale Landarmenverband (später Landesfürsorgeverband) durch das Reichsgesetz von 1871 zum verlängerten Arm der Landespolizei und hatte sich überdies um alle aufgegriffenen „Vaganten", auch wenn sie aus anderen Provinzen und Ländern stammten, zu kümmern. Diese undankbare Aufgabe trug wenig zum Ansehen der neuen Kommunalverbände bei. Entsprechend lange schob der Wiesbadener Verband die Gründung einer eigenen Korrektionsanstalt vor sich her. Erst 1883 wurde, und zwar in Hadamar, eine derartige Institution in der Trägerschaft des Landarmenverbandes für den Regierungsbezirk Wiesbaden eröffnet. Noch etwas länger, nämlich bis 1890, benötigte der Landarmenverband des Bezirksverbandes Wiesbaden, um die vom Gesetzgeber gewünschte Landarmenanstalt in Verbindung mit der Korrigendenanstalt bereit zu stellen, in welche bislang unbestrafte, „arbeitsscheue" Arme ohne eigenen Wohnsitz stationär untergebracht wurden.[8]

Planung und Bau der „Corrigendenanstalt zu Hadamar"

Zunächst nutzte der Bezirkskommunalverband bestehende Gefängnisse und Zuchthäuser der Provinz Hessen-Nassau, um die von Polizeibehörden überwiesenen Delinquenten unterzubringen.[9] Diese Lösung erschien den Verantwortlichen in Wiesbaden jedoch nicht dauerhaft, was insbesondere mit der schnell anwachsenden Zahl der Korrigenden in den 1870er Jahren zusammenhing. Bald kam deshalb die Errichtung eines eigenen Arbeitshauses ins Gespräch, und Mitte der 1870er Jahre begannen in Zusammenarbeit mit dem Armenverband des Stadtkreises Frankfurt am Main (der bis dahin nicht zum Wiesbadener Kommunalverband gehörte) die konkreten Planungen.[10]

Vorgesehen war die Errichtung eines Neubaues. Das Gelände war mit dem im Nordwesten der Stadt Hadamar gelegenen Plateau des Mönchbergs relativ rasch gefunden.[11] Es befand sich neben dem leerstehenden ehemaligen Franziskanerkloster, in dem sich von 1828 bis 1872 noch die nassauische Hebammen-Lehr- und Entbindungsanstalt befunden hatte.[12]

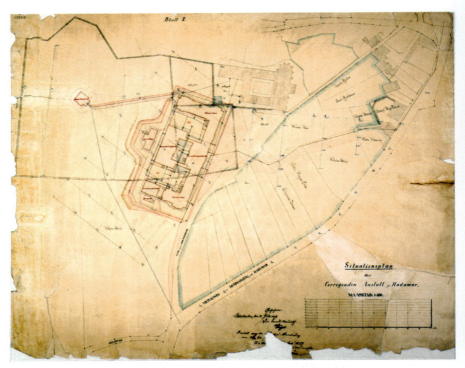

Lageplan mit Kloster und neuer Anstalt (Hessisches Hauptstaatsarchiv Wiesbaden, Abteilung 3001/1, Nr. 3331 V 1)

Die Hadamarer „Corrigendenanstalt" (1883–1906)

Landes-Heil- und Pflegeanstalt Eichberg, Direktion und Frauenbau, Postkarte um 1920 (LWV-Archiv, Fotosammlung)

Als Architekten wählte der Bezirkskommunalverband den bereits im Ruhestand befindlichen Wiesbadener Baurat Eduard Zais (1804–1895), der rund dreißig Jahre zuvor bereits die erste nassauische Landesirrenanstalt auf dem Eichberg (Eröffnung 1849) geplan hattet.[13] Es spricht für ein sozialpolitisches Verständnis des neuen Arbeitshauses auf dem Mönchberg, dass der Wiesbadener Kommunalverband bei der Wahl des Architekten diese Erfahrungen offenbar nutzen wollte: Nicht nur wiederholte sich in der Wahl des Baugrundstücks die Festlegung auf eine leicht erhöhte Ebene am Bergeshang in schöner Umgebung, auch die relativ luftige Fassadengestaltung erinnert an die Heil- und Pflegeanstalt im Rheingau.[14] Die aus der Antike überlieferten Gesundheitsregeln, nach denen Licht, Luft und Bewegung im Freien besonders heilsam erschienen, sollten im 19. Jahrhundert somit auch für die „soziale Besserung" der gleichsam als krank angesehenen „Walzbrüder" und „Tippelschicksen", wie die Nichtsesshaften genannt wurden, Bedeutung gewinnen.[15]

Dennoch handelte es sich bei der Hadamarer „Corrigendenanstalt" keineswegs um ein Erholungsinstitut. Dies macht ein Blick auf die räumliche Binnengliederung deutlich: In der Mitte der rund 100 Meter langen Gebäudefront ragte das um einen Stock höhere Verwaltungsgebäude mit aufgesetzter Fahnenhalterung zum Hissen der deutschen Flagge als Herrschaftszentrum heraus.[16] Hier befanden sich im unteren Geschoss auf der rechten Seite das Zimmer des Portiers, der den Ein- und Ausgang

Christina Vanja

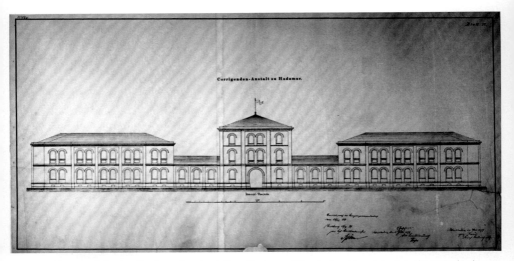

Frontansicht der Corrigenden-Anstalt zu Hadamar (Hessisches Hauptstaatsarchiv Wiesbaden, Abteilung 3001/1, Nr. 3331 V 7)

permanent überwachte. Auf der linken Seite saßen der Anstaltsleiter und sein Sekretär. Im hinteren Bereich befand sich links ein Aktenraum, der schnelle Recherchen über jeden eingelieferten Häftling ermöglichte. Rechts waren die Zimmer des Oberaufsehers vorgesehen. Links- und rechtsseitig liegende Räume wurden ihrerseits durch die zentrale Durchfahrt in den Innenhof voneinander getrennt. Die Verwaltungsräume bildeten das Nadelöhr, das alle (Arbeits-)Häuslinge bei Aufnahme und Entlassung passieren mussten. Insbesondere der für die Delinquenten wenig erfreuliche Empfang war von zahlreichen bürokratischen Maßnahmen begleitet. Über den Büros befand sich im ersten Stock die Wohnung des Anstaltsleiters und seiner Familie. Darüber waren im zweiten Stock Aufseherräume untergebracht.

Im Parterrebereich wurde die Verwaltung durch Korridore mit den beiden winkelförmig angelegten Gebäuden für Korrigenden und Korrigendinnen verbunden.[17] Das „Weiberhaus" auf der linken Seite war in dem nach Westen weisenden Gebäudeteil kleiner ausgelegt als der symmetrisch zugeordnete „Männerbau" im Osten, da erfahrungsgemäß eine größere Zahl von Korrigenden untergebracht werden musste. Für zunächst 130 männliche und 48 weibliche Korrigenden, nach weiterem Ausbau im Jahre 1884 dann für rund 236 Männer und 80 Frauen waren in beiden Gebäuden im Parterrebereich Ess- und Arbeitssäle, im Obergeschoss Schlaf- und Lazarettraume für Kranke sowie Isolierzellen vorgesehen. Insgesamt waren die Kapazitäten relativ großzügig berechnet.[18] Im hinteren, von der Stadt aus nicht sichtbaren Bereich befanden sich das Ökonomiegebäude mit Kuh- und Schweinestall, Tenne und Futterraum sowie das Wirtschaftsgebäude mit Anstaltsküche, Spülküche, Vorratsräumen, Waschküche, Trockenraum, Schmiede und Schlosserei sowie „Weiber-Bad" und „Männer-Bad". Getrennte Innenhöfe für beide Geschlechter dienten den Insassen zur Bewegung an frischer Luft. Im Kellergeschoss befanden sich überdies der Milchkeller, die Waschküche für die Beamten, Schreinerei, Kleiderkammer sowie die Heizungsanlagen.

Die von Zais entworfene Anlage wäre einem medizinischen Institut zumindest äußerlich nicht unähnlich gewesen, hätte man nicht den gesamten Gebäudekomplex mit einer über vier Meter hohen Mauer umgeben, welche die Einrichtung als Gefängnis erkennen ließ. Zwar hatte Zais sich um eine Gliederung der Mauer durch Blindbogen bemüht, dennoch verdeckte diese die unterste Fensterreihe fast vollständig und ließ den gesamten Bau für alle Nähertretenden zweifellos martialisch erscheinen.[19]

An den Baustil des neben der Korrektionsanstalt stehenden Franziskanerklosters[20] hatte Zais sich architektonisch nicht angepasst. Die Konventsgebäude wirkten sogar im Vergleich zum neuen Arbeitshaus wuchtig. Vom Konzept her passten derartige „altertümliche" Bauten aber zum (spät-)romantischen, an das christliche Mittelalter anknüpfenden Zeitgeist, der hier in Hadamar ebenfalls eine Reminiszenz erfuhr.[21] Das Hadamarer Franziskanerkloster sollte allerdings auch praktisch genutzt werden. Die Kirche war für beide Konfessionen (evangelische und katholische Korrigenden waren etwa zu gleichen Teilen in Hadamar vertreten) als Ort des Gottesdienstes vorgesehen, während die Konventstrakte als Beamtenwohnungen und ab 1890 für die neue Landarmenanstalt Verwendung fanden.

Die Kosten für den Neubau hielten sich entsprechend den geltenden Sparsamkeitsgeboten in Grenzen: Das Gelände für den Neubau übernahm der Bezirkskommunalverband vom Königreich Preußen. Einige daran anschließende Felder wurden von Landwirten für einen eigenen Wirtschaftshof hinzugekauft. Die Baukosten selbst hielten sich mit rund 426.000 Mark (exklusive dem Inventar) im gesetzten Rahmen.[22] Die roten Backsteine, die für den Bau verwendet wurden, waren vor Ort unter Mithilfe der beim Bau eingesetzten Korrigenden gebrannt worden.[23]

Die Hadamarer Korrigenden und Korrigendinnen

Am 1. Oktober 1883 konnte die „Corrigendenanstalt zu Hadamar" planungsgemäß mit 135 Insassen eröffnet werden. Den seit 1885 gedruckten Jahresberichten des Anstaltsleiters verdanken wir detaillierte Statistiken.[24] Demnach stieg die Belegung der Einrichtung zunächst beständig an. Die höchste Belegung wurde im Jahre 1887 mit 225 Korrigenden und 110 Korrigendinnen verzeichnet.[25] Danach sank die Aufnahmefrequenz zur Jahrhundertwende hin deutlich. Im Jahre 1906 lag der Bestand Ende März nur noch bei 65 Männern und 25 Frauen.[26] Angesichts der sinkenden Nachfrage

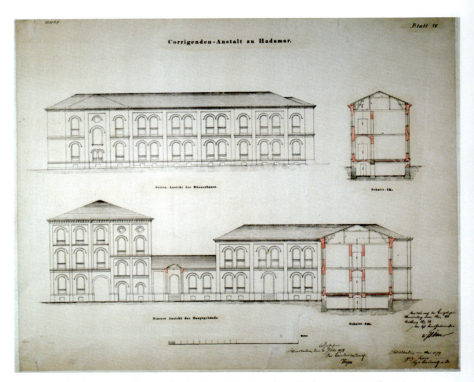

Seitenansicht des Männerbaues der Corrigenden-Anstalt zu Hadamar (Hessisches Hauptstaatsarchiv Wiesbaden, Abteilung 3001/1, Nr. 3331 V 6)

für die Korrigendenanstalt[27] und bei gleichzeitigem Platzmangel im Bereich der Geisteskrankenfürsorge war die Umwandlung der Anstalt in eine Pflegeeinrichtung für psychisch Kranke noch in demselben Jahr konsequent.[28]

Zur schwankenden Belegung äußerten sich bereits die verantwortlichen Beamten: Diese spiegelte nicht die reale Zahl strafbar gewordener Landstreicher und Prostituierten wider, sondern hing von der Entscheidung der Gerichte ab. Denn die Verurteilten wurden nicht automatisch, sondern nach Gutdünken ihrer Richter mit der „Nachhaft" belegt. Wie andere Zeitgenossen jedoch hatten bald auch die Juristen die Ineffektivität der Arbeitshäuser wahrgenommen und hielten sich offensichtlich aus diesem Grund mit Überweisungen an die Landespolizei, die wiederum die Einweisung in ein Arbeitshaus vornahm, zurück.[29]

Große Unterschiede gab es zwischen Korrigenden und Korrigendinnen: Die Zahl der Männer war durchgehend etwa doppelt so hoch wie diejenige der Frauen. Sie kamen zumeist aus den lohnabhängigen gesellschaftlichen Unterschichten und hatten

Die Hadamarer „Corrigendenanstalt" (1883–1906)

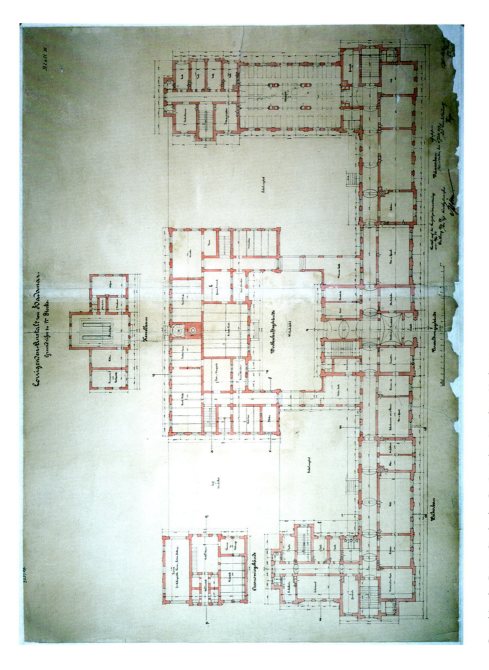

Grundriss des Ersten Stocks der Corrigenden-Anstalt zu Hadamar
(Hessisches Hauptstaatsarchiv Wiesbaden, Abteilung 3001/1, Nr. 3331 V 10)

als Tagelöhner oder kleine Handwerker gearbeitet, bis sie wohnungs- und arbeitslos ihr Glück auf der Landstraße suchten.[30] Die Frauen waren ursprünglich überwiegend in häuslichen Diensten und wechselnder Lohnarbeit beschäftigt gewesen, dann aber fast immer wegen Prostitution in Frankfurt am Main und Wiesbaden verurteilt worden.[31] Damit stammten sie zugleich häufiger als die Männer aus Großstädten und aus dem eigenen Regierungsbezirk.[32]

Zur Zeit ihres Aufenthaltes in Hadamar waren die „Weiber", wie sie als „Gefallene" abschätzig genannt wurden, deutlich jünger als die Korrigenden, nämlich zumeist zwischen 20 und 30 Jahre alt, während die Männer überwiegend bereits das 30 Lebensjahr überschritten, ja gelegentlich ein Alter von über 60 Jahren erreicht hatten, also einen Lebensabschnitt, in dem sie dem harten Arbeitsalltag im Korrektionshaus kaum mehr gewachsen gewesen sein dürften. Aber auch ganz junge Menschen, darunter einige 13- und 14-jährige Jungen und Mädchen, verwiesen die Gerichte in den ersten Jahren nach Hadamar, bis für sie eigene Zwangserziehungsanstalten vorgesehen wurden.[33] Immerhin sollten die jungen Leute in Hadamar wöchentlich drei Stunden Schulunterricht (Lesen und Schreiben, Vaterlandskunde und Rechnen) erhalten und - um dem schlechten Einfluss älterer Korrigenden zu entgehen – in einem eigenen Schlafraum nächtigen. Eine weitergehende pädagogische Betreuung fehlte jedoch völlig.

Land- und Ortsarme in Hadamar

Im Vergleich zu den Korrigenden blieb die Zahl der Armen in Hadamar stets sehr gering. Vorgesehen war die Anstalt im ehemaligen Franziskanerkonventsgebäude für zehn männliche und sechs weibliche Pfleglinge.[34] Diese Zahlen wurden jedoch zumeist deutlich unterschritten.[35] Selten waren die Armen, unter denen sich häufig Alkoholiker befanden, wirklich arbeitsfähig; angesichts ihres fortgeschrittenen Alters und des hinter ihnen liegenden Mangellebens litten sie vielmehr oft an chronischen Leiden. Auch psychische Erkrankungen und geistige Behinderung spielten für ihr Schicksal eine Rolle, so dass es hin und wieder zu Überweisungen auf den Eichberg und in die 1897 eröffnete Irrenanstalt Weilmünster kam.

Das Personal

Zu den zentralen Mängeln der Korrigendenanstalten gehörte die fehlende Professionalität. Obwohl das Ziel dieser Besserungseinrichtungen als „soziale Heilung" formuliert war, spielten hier weder ein Arzt noch gar pädagogische oder psychologische Fachkräfte eine entscheidende Rolle.

Die Leitung der relativ kleinen Anstalt in Hadamar hatte ein Inspektor inne. Er unterstand direkt dem Landesdirektor des Bezirkskommunalverbandes in Wiesbaden, der gewöhnlich zwei- bis dreimal im Jahr Hadamar besuchte und direkte Anweisungen gab.³⁶ Von den drei Inspektoren besaß nur Inspektor Munnes, der 1896 seinen Dienst aufnahm, gewisse Berufserfahrungen durch seine Dienstjahre in der „Königlichen Erziehungs- und Besserungs-Anstalt zu Steinfeld".³⁷

Vor Ort führten diese Verwaltungsbeamten ein weitgehend autonomes Regiment. Je nach Persönlichkeit konnten sie den Alltag der Insassen menschlich oder unerträglich hart gestalten. Ihre Jahresberichte machen in jedem Falle deutlich, dass sie ein sehr distanziertes Verhältnis zu ihren – wie es ihnen schien – undankbaren und besserungsunwilligen Häuslingen und Pfleglingen hatten. Spielräume standen dem Leiter insbesondere bei der täglichen Verpflegung (im Unterschied zu anderen Korrigen-

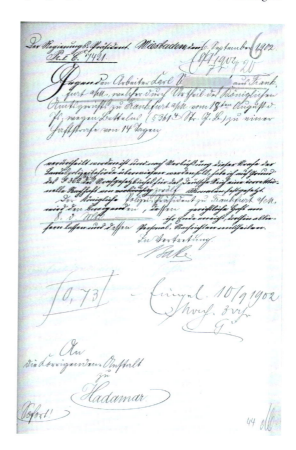

Anordnung der Nachhaft für Carl V. aus Frankfurt am Main, 1902 (LWV-Archiv, Bestand 2, Nr. 4694)

denanstalten gab es in Hadamar zumindest an Festtagen etwas Fleisch), der Arbeits- und Raumzuteilung sowie der Festlegung von Strafen bei Vergehen gegen die Hausordnung zu. Überdies stand es in ihrer Macht, einen Antrag auf Verlängerung oder auf Verkürzung der Nachhaftzeit zu stellen.[38] Der letzte Inhaber der Stelle, Inspektor Schlegel, wurde schließlich in die Verwaltung der 1906 eröffneten Pflegeanstalt übernommen, wo er nun allerdings einem vor Ort residierenden ärztlichen Direktor unterstand.[39]

Zur täglichen Betreuung, Überwachung und Anleitung der Korrigenden und Korrigendinnen, ebenso wie von 1890 an der Land- und Ortsarmen, waren unter der Leitung des Inspektors Oberaufseherin und Oberaufseher als Beamte und diesen unterstellte Aufseher und Aufseherinnen (sie begannen als Hilfsaufseher) tätig. Bei den Männern handelte es sich vielfach um Militäranwärter, die entsprechend an Disziplin gewöhnt waren. Ihre Qualifikationen waren vor allem handwerklicher Natur – sie waren Schlosser, Schreiner, Schneider und Gärtner. Die Aufseherinnen brachten Fertigkeiten im Handarbeiten ein.[40] Nur einmal wurde eine Industrielehrerin in Hadamar eingestellt, sie kündigte jedoch schon nach wenigen Monaten.[41] Aus Sicht des Bezirksverbandes und des von ihm eingestellten Inspektors zumindest war diese Professionalität bei Aufsehern und Aufseherinnen ausreichend. Anders sahen dies sozialfürsorgerisch engagierte Gruppen, darunter der Berliner Verein Frauenwohl, der in einem Schreiben an den Landesdirektor um verbesserte Hilfen für die inhaftierten jungen Frauen bat.[42]

Auch das Aufsichtspersonal, das in der Anstalt (sowohl im obersten Stockwerk des Neubaus als auch im ehemaligen Kloster) wohnte, war strengster Disziplin unterworfen. Freizeit und Privatleben waren für diese Männer und Frauen fast ebenso wenig vorgesehen wie für die Insassen. Hinzu kam eine relativ schlechte Bezahlung. Daher ist es kaum verwunderlich, dass vor allem die einfachen Aufseher und Aufseherinnen häufig den ungeliebten Dienst schon nach kurzer Zeit wieder quittierten. Eine längerfristige (pädagogische) Zusammenarbeit mit Häuslingen und Pfleglingen, denen das Wärterpersonal Vorbild sein sollte, war dementsprechend kaum gegeben.

Nur im Nebenamte beschäftigt war in Hadamar der Arzt. Es handelte sich während der gesamten Zeit, in der die Anstalt bestand, um den vor Ort niedergelassenen praktischen Mediziner Dr. Weyher, der bereits im Rahmen der Hebammenlehranstalt gewirkt hatte. Seine Aufgaben bestanden in der Gesundheitsprüfung der neuen Korrigenden (ansteckende Krankheiten, bestehende Schwangerschaften und Arbeitsunfähigkeit schlossen eine Aufnahme aus), der Versorgung akut Kranker oder Verletzter, der Kontrolle bei Verhängung einer Isolierhaft sowie der Bescheinigung der Todesursache bei Verstorbenen. Sektionen wurden in Hadamar nicht vorgenommen, vielmehr brachte man in den Wintermonaten die Leichen der meisten Korrigenden in das anatomische Institut der Universität in Marburg.

Die Hadamarer „Corrigendenanstalt" (1883–1906)

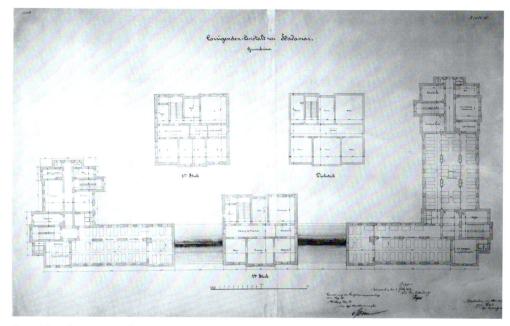

Grundrisse des zweiten, dritten und Dachstocks der Corrigenden-Anstalt zu Hadamar (Hessisches Hauptstaatsarchiv Wiesbaden, Abteilung 3001/1, Nr. 3331 V 9)

Die relativ kurzen, unpersönlich gehaltenen Jahresberichte des Hadamarer Arztes enthalten überwiegend Statistiken und machen deutlich, dass er kaum Einfluss auf die „Besserung" der Insassen nehmen konnte oder wollte. Nur selten äußerte er sich ausführlicher: Dies wurde notwendig, als insbesondere die Frauen an „Magen- und Darmkatarrhen" erkrankten. Dr. Weyher deutete an, dass diese Leiden mit der einseitig vegetabilen Nahrung in der Anstalt bei vorwiegend sitzender Tätigkeit zusammenhingen. Eine empathische Haltung gegenüber den Erkrankten ist seinem Bericht, der die Probleme letztlich herunterspielte, allerdings nicht zu entnehmen.[43] Dass Dr. Weyher ein Anhänger der am Ende des Jahrhunderts bedeutenden Hygienebewegung war, lässt sich an den neuen Vorschriften zur Tuberkulosevorsorge (Aufstellung von Spuckbecken) und Vorsichtsmaßnahmen angesichts von Choleraepidemien erkennen.[44] Insgesamt jedoch wurde Hadamar, wie andere Korrektionsanstalten, von der allgemeinen Medikalisierung im späten 19. Jahrhunderts nicht erreicht. Insbesondere chronische körperliche und geistige Leiden wurden aufgrund dieser spärlichen medizinischen Betreuung vielfach gar nicht erkannt und zumeist nicht angemessen therapiert.[45] Allerdings folgte der Hadamarer Arzt aber auch nicht den am Ende des 19. Jahrhunderts breit diskutierten Degenerationstheorien, nach denen auch Kriminali-

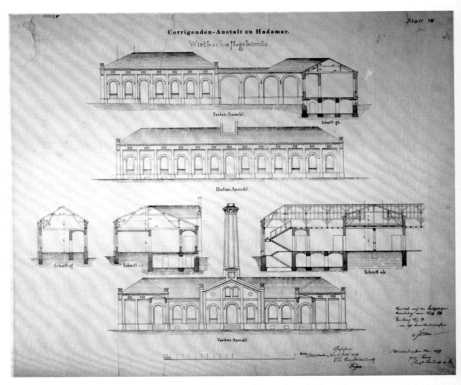

Wirtschaftsgebäude der Corrigenden-Anstalt zu Hadamar (Hessisches Hauptstaatsarchiv Wiesbaden, Abteilung 3001/1, Nr. 3331 V 5)

tät auf erbliche „Defekte" zurückgeführt wurde.[46] Sanitätsarzt Dr. Weyher wurde 1906 als hauptamtlicher Anstaltsarzt in die neue Pflegeanstalt übernommen.

Die größten Bemühungen zur „Rettung" der Devianten unternahmen in Hadamar, wie in anderen Arbeitshäusern, die ebenfalls im Nebenamt tätigen Geistlichen. Der katholische Hadamarer Stadtpfarrer und Schulinspektor Franz, der von 1884 bis 1906 in der Anstalt tätig blieb, berichtete jährlich über seine seelsorgerlichen Tätigkeiten (Gebete, Andachten, Abendmahle, Zuspruch am Krankenbett); nur gelegentlich merkte er seine meist gescheiterten Versuchen, die Entlassenen unterzubringen, an. Dagegen zeigten die evangelischen Prediger (Pfarrer Halder stammte aus Staffel, die ihm folgenden Pfarrer Spieß – 1896 bis 1904 – und Eugen Schneider waren in Hadamar ansässig) vielfach ein geradezu überschwängliches Engagement. Auch sie hielten den Nachhäftlingen ebenso wie den Landarmen moralisierende Predigten, die diese für ein „ehrliches" Leben erwärmen sollten. Vor allem jedoch kümmerten sie sich aber um Arbeitsstellen sowie um Plätze in Arbeiterkolonien (für Männer) und Mädchenaufnahmeheimen und begleiteten die Entlassenen teilweise sogar selbst dorthin.[47] Gelang auch nur in einem Fall pro Jahr diese soziale Reintegration oder traf gar ein Dankesbrief ein, so vermerkten die Pfarrer dies sofort ausführlich.[48] Schon bald jedoch nahm angesichts regelmäßiger Fehlschläge die Enttäuschung überhand. Als Ursache dieser Rückkehr der Entlassenen zum Vagabundenleben oder ins Prostituiertendasein galten die Willensschwäche der „Gestrauchelten" und langjährige Gewöhnung an ein „freies" Leben auf der Straße.[49] Damit teilten die Theologen im Großen und Ganzen das Konzept von Gesetzgebern und Anstaltsträgern, welches vor allem auf die Einübung untertänigen Wohlverhaltens abzielte.

Die Hausordnung

Wie in allen öffentlichen Anstalten des Wilhelminischen Kaiserreichs war auch der Alltag in Korrigendenanstalten bis ins Detail hinein reglementiert.[50] Jeder Rückzug in Privatheit sollte unterbunden werden, zum einen, um das Leben der Insassen permanent kontrollieren zu können, zum andern aber auch aus erzieherischen Gründen, denn kein Lebensaspekt war vom angestrebten Besserungswerk ausgenommen. Zu den Kontrollmechanismen gehörten neben der Arbeitsaufsicht Postzensur und Anwesenheit von Beamten bei den am Sonntag gestatteten Besuchen von Angehörigen. Diese für das Leben im Alltag bereits schwere Last ständigen Überwachtseins wurde noch durch ein Schweigegebot verschärft. Jede Unterhaltung der Korrigenden untereinander oder mit Fremden ebenso wie das Singen außerhalb der dafür vorgesehenen Zeiten waren strengstens verboten.

Der Tag begann im Sommer um viertel vor fünf und im Winter um viertel vor sechs mit Waschen, Ankleiden und Bettenmachen. Dann waren die Arbeitszimmer zu lüften und zu reinigen. Vierzig Minuten nach dem Aufstehen folgten Morgenandacht und das Reichen der Morgensuppe. Danach erhielten alle Häuslinge ihre tägliche Brotration. Nun begann ein bis um sieben Uhr abends andauernder langer Arbeitstag, der nur durch eine einstündige Mittagspause mit Tischgebet und Mittagessen sowie (für die innerhalb der Anstaltsgebäude Beschäftigten) durch zwei Frischluftpausen von 20 (im Winter) bzw. 30 Minuten (im Sommer) unterbrochen wurde. Bis zum Schlafengehen galt es die eigenen Anstaltskleider zu reinigen oder auszubessern, in einem verabreichten Buch zu lesen oder, sofern es sich um jüngere Korrigenden handelte, die Schularbeiten zu erledigen. Bereits um acht Uhr erfolgte das Zeichen zum Schlafengehen, und der Tag wurde schließlich mit einem kurzen Gebet abgeschlossen. Bis zu diesem Zeitpunkt waren die Insassen beständig von Aufsehern überwacht worden. Diese zogen sich nun jedoch, anders als in Krankenanstalten, von den Häuslingen zurück, um in ihre eigenen Zimmer oder Wohnungen zu gehen und überließen für die Nachtstunden einem ihnen zuverlässig erscheinenden Korrigenden die Aufsicht über die bis in die Morgenstunden hinein in ihren Schlafsälen eingeschlossenen Häftlinge. Dieser Korrigend war verpflichtet, jede Ordnungswidrigkeit – das Plaudern miteinander ebenso wie das Zusammenliegen in einem Bett waren strengstens verboten – zu melden. Dass gerade diese Regelung für die Nachtstunden eine Sicherheitslücke der Korrektionsanstalt als „totaler Institution"[51] darstellte, war schon den Zeitgenossen bewusst, und es ist leicht zu erahnen, dass ein Ausbruch aus der Anstalt sowie andere Möglichkeiten des „Unterlebens" der Reglements gerade in den Nachtstunden vorbereitet wurden.[52]

Das Reglement für die Hadamarer Landarmenanstalt unterschied sich nur bedingt vom Arbeitshaus, da dessen Insassen gleichermaßen im Verdacht der Arbeitsscheue standen.[53] Den Land- und Ortsarmen war jeder Kontakt zu Korrigenden verboten, nur die Krankensäle wurden zusammen mit den Häuslingen genutzt. Im Unterschied zu den Korrigenden durften die männlichen Pfleglinge vor allem, sofern dem hygienische Gründe nicht entgegenstanden, ihr volles Haupthaar und ihre Barttracht behalten[54], und alle Land- und Ortsarmen konnten mit Genehmigung des Inspektors zumindest stundenweise Spaziergänge im näheren Umland, jedoch ohne Einkehr in ein Wirtshaus, unternehmen.[55]

Die Arbeitspflicht galt für Korrigenden und Pfleglinge. Frauen und Landarme wurden vor allem mit Reinigungsdiensten und Handarbeiten (auch im auswärtigen Auftrag), im Gartenbau sowie in den späteren Zeiten mit „Dütenkleben" (ebenfalls eine Auftragsarbeit) beschäftigt. Die Männer dagegen arbeiteten überwiegend in Arbeitskolonnen außerhalb der Anstalt. Häuslingen und Pfleglingen stand dabei ein (kleinerer) Teil des Arbeitsverdienstes als Arbeitsprämie zu. Diese bescheidenen persönlichen Einkünfte, die zudem erst nach der Entlassung ausgezahlt wurden, waren jedoch bei allen Insassen dann gefährdet, wenn sie sich eines Vergehens gegen die Hausordnung schuldig gemacht hatten. Auch für die Landarmenanstalt galt ein strenger Strafkatalog. Neben der Beschneidung der Arbeitsprämien standen für Pfleglinge vor allem der Entzug warmer Mahlzeiten, die Unterbringung in einem Einzelzimmer (jedoch nicht in Zellen, die nur für Korrigenden vorgesehen waren), die Versagung von Arbeit im Freien und die Verweigerung des Ausgangs. Dieser Strafkodex fand seine Steigerung bei den Korrigenden insbesondere durch Haftstrafen, die zum Teil den tagelangen Aufenthalt in verdunkelten Isolierzellen vorsahen. Die Arreststrafen konnten durch Essensentzug und die Versagung eines Bettlagers verschärft werden.[56]

Die Hadamarer „Corrigendenanstalt" (1883–1906)

Signalement

1. Vor- und Zuname: Carl V.
2. Geburtsort: Frankfurt a/M
3. Letzter Wohnort: dr.
4. Unterstützungswohnsitz: dr.
5. Alter: 26 Jahre, geboren am 7ten Dzbr 1876
6. Religion: unevangelisch
7. Eltern: { Vater: Ergar †, namn † 1896 in Frkft a/M
          { Mutter: Cathrina geb. B. † 1894
8. Geschwister: { Brüder: —
                { Schwestern: —
9. Civilstand: ledig
10. Söhne: —
11. Töchter: —
12. Stand oder Gewerbe: Taglöhner
13. War Soldat: nein Landsturm m. W.
14. Größe: 1 Mtr. 63 cntr.
15. Haare: dunkelblond
16. Stirne: frei
17. Augenbrauen: dunkelblond
18. Augen: blaugrau
19. Nase: etwas eingedrückt
20. Mund: gewöhnlich
21. Zähne: gut
22. Kinn: oval
23. Gesichtsform: oval
24. Bart: Anflug von blondem Knebelbart.
25. Gesichtsfarbe: gesund
26. Statur: mittel
27. Besondere Kennzeichen: spricht etwas näselnd.
28. War bereits detinirt: 1895 } Hadamar
                                1900

Signalement des Korrigenden Carl V. aus Frankfurt am Main
(LWV-Archiv, Bestand 2, Nr. 4694)

Die Korrigendenanstalt aus der Sicht der Insassen

Dass der erhoffte Besserungszweck von Arbeitshaus und Armenanstalt nur äußerst selten erreicht wurde, lassen die jährlichen Statistiken des Inspektors erkennen, welche besonders deutlich machen, dass sich eine Vielzahl der Korrigenden und Korrigendinnen bereits zum wiederholten Male in Hadamar befand.[57] Manche Insassen stiegen auf dem Weg in ihren Heimatort oder zu einem Entlassenenheim, das Reisegeld in der Tasche, schon an der nächsten Zugstation wieder aus, um in ihr altes Leben zurückzukehren.[58] Andere Häuslinge warteten das Ende der Nachhaftzeit in Hadamar erst gar nicht ab, sondern versuchten zu entweichen. Im Anfangsjahr war es auch aus dem Innern der Hadamarer Anstalt heraus relativ einfach, die unerfahrenen Aufseher zu täuschen und die westseitige niedrige Mauer zu überwinden.[59] Folglich wurden die Sicherungen bald verstärkt, so dass es in den späteren Jahren fast nur noch den auswärtig in Arbeitskolonnen eingesetzten Männern gelang, sich abzusetzen. Haartracht und Häftlingskleidung, gelegentlich die Befestigung eines Sicherheitsklotzes am Bein des Sträflings machten jedoch das Fortkommen schwer.[60] Schnell wurden überdies Steckbriefe mit den bei der Aufnahme vom Arzt zusammengestellten „Signalements" den Polizeistationen zugesandt. Die Bevölkerung half den Entwichenen offensichtlich nicht, vielmehr wurde ein Korrigend auf der Flucht sogar tot geprügelt, als er sich in ein Haus flüchtete. Fast nie gelang es so diesen Flüchtlingen, zum Beispiel ins Ausland zu gelangen und dauerhaft eine freie Existenz zu begründen. Frauen, die durchgängig im Bereich der Anstalt als Arbeitskräfte eingesetzt waren, konnten nur ganz selten entkommen. Für eine erfolgreiche Flucht war vor allem ein guter Plan notwendig. Überliefert ist im Oktober des Jahres 1900 das Entweichen einer Korrigendin, die sich beim morgendlichen Aufräumen die Kleider einer Aufseherin aneignete, durch das Fenster entfloh, sich versteckte und schließlich im Dunkeln die Anstaltsmauer überwand. Aber auch sie wurde nach einigen Wochen gefasst und im April 1901 erneut dem Arbeitshaus übergeben.[61]

Die Frauen waren es auf der anderen Seite, die innerhalb der Anstalt am häufigsten rebellierten. Die Liste der gegenüber den Insassinnen ausgesprochenen Disziplinarstrafen ist signifikant höher als bei den Männern.[62] Ihr relativ jugendliches Alter, ihre Großstadterfahrungen, die „Berufstätigkeit" als Prostituierte einerseits und die besondere Beschränktheit ihres Lebensalltags in der Korrigendenanstalt andererseits dürften besonders zu ihrem Aufbegehren gegen die strengen „Reglements" beigetragen haben. Sicherlich waren sie den zumeist vom Lande stammenden Aufseherinnen an Lebenserfahrung überlegen; andererseits waren die für Frauen vorgesehenen Reinigungs- und Handarbeiten recht stupide. Das Sprechverbot und die Unterbindung jeder Freundschaftsanbahnung durch den Verdacht auf lesbische Beziehungen dürften ein Übriges dazu beigetragen haben, gerade die Frauen wenig empfänglich für die moralischen Predigten der Geistlichen zu machen.[63] Nicht zuletzt war es den Korrigendinnen bewusst, dass es für sie als „Gefallene" fast unmöglich war, nach der Entlassung tatsächlich einen „ehrlichen" Lebensweg einzuschlagen, denn sie waren weder bei der eigenen Familie noch als Dienstmädchen in bürgerlichen Haushalten erwünscht. Eine Ausbildung für einen der anonymeren Großbetriebe (Fabrik, Kaufhaus, Post etc.) ist ihnen jedoch in Hadamar (wie in anderen Arbeitshäusern) gerade nicht zuteil geworden.

Die durch ihr vorausgegangenes Vagabundenleben zumeist nicht an körperliche Arbeiten gewohnten Männer mussten rund zehn Stunden täglich schwerste Meliorations-, Steinbruch-, Straßenbau- und landwirtschaftliche Arbeiten verrichten. Es verwundert daher nicht, dass auch sie die Arbeit eher als Strafe denn als Chance zu einem besseren Leben verstanden. Hinzu kamen die häufigen Abzüge bei den überdies geringen Arbeitsprämien. Wenn die Männer etwas kaputt gemacht oder verloren hatten bzw. als Strafe erfolgten Abzüge, die nicht einmal einen finanziellen Anreiz beim Arbeitseinsatz zuließen. Nicht zu Unrecht erwarteten die Träger der Einrichtung auf diesem Hintergrund gerade bei den Männern auch tätliche Rebellionen und ließen die Aufseher Waffen tragen. Nur einmal allerdings scheint es zu einem derartigen tätlichen Angriff auf einen Aufseher gekommen zu sein, nämlich im Sommer 1884 im Garten der Hadamarer Anstalt. Drei Korrigenden konnten, nachdem sie den Hilfsaufseher in die Flucht getrieben hatten, entkommen.[64]

Eine weniger folgenreiche Möglichkeit der Insassen, dem täglichen Arbeitsdruck zu entgehen, bestand in der Krankmeldung. Die auffallend höhere Prozentzahl von Lazaretttagen bei Frauen im Vergleich zu den Männern deutet zumindest an, dass diese Nische genutzt wurde.[65] Dem Anstaltsarzt oblag die gestrenge Überprüfung, da stets mit Simulation gerechnet wurde. Tatsächlich allerdings infizierten sich auch viele Häuslinge und Landarme nach kurzer Zeit in der Anstalt mit ansteckenden und zum Teil zum Tode führenden Leiden. Lungenkrankheiten kamen besonders häufig vor.[66]

Allen diesen negativen Aspekten des Anstaltslebens standen nur wenige positive Angebote der Anstaltsleitung, z. B. Feierlichkeiten, gegenüber. Diese standen aber ganz im Zeichen von Gläubigkeit und Patriotismus und besaßen wenig Bezug zur Herkunftskultur der Unterschichtangehörigen. Ob die Feier von Kaisers Geburtstag, das Singen patriotischer und frommer Lieder und die Lektüre von Andachtsbüchern den Insassen tatsächlich auf dem Weg in ein neues Leben halfen, muss bezweifelt werden. Vorzeitige Entlassungen, eine weitere fördernde Maßnahme, konnten der Inspektor und die Geistlichen vorschlagen, sie kamen aber nur selten und zumeist aus Krankheitsgründen oder wegen Schwangerschaft vor.[67] Als Resultat aus allen diesen Hinweisen lässt sich (wie bei anderen Armeneinrichtungen) jedenfalls eine deutliche Kluft zwischen Anstaltspersonal und Insassen feststellen. Das „Besserungswerk" scheiterte auch durch den daraus folgenden Mangel an Kommunikation.

[1] Paul Ridder, Wohltätige Herrschaft: Philanthropie und Legitimation in der Geschichte des Sozialstaats, Greven 2002.

[2] So der Psychiater Otto Mönkemöller, dem die ärztliche Betreuung der Korrigendinnen in der Korrektionsanstalt Himmelsthür (Provinz Hannover) oblag: Korrektionsanstalt und Landarmenhaus. Ein soziologischer Beitrag zur Kriminalität und Psychopathologie des Weibes, Leipzig 1908, S. 213.

[3] Theodor Oppenhoff (Hg.), Das Strafgesetzbuch für das Deutsche Reich, Berlin 1896, S. 923.

[4] Thomas Nutz, Strafanstalt als Besserungsmaschine. Reformdiskurs und Gefängniswissenschaft 1775–1848, München 2001, S. 76–82.

[5] Die Paragraphen 361 und 362 wurden erst 1969 endgültig abgeschafft.

[6] Die Provinz Hessen-Nassau wurde nach der Annexion des Herzogtums Nassau, des Kurfürstentums Hessen, der Stadt Frankfurt am Main und weiterer Territorien durch Preußen im Jahre 1866 gebildet. Angesichts der Divergenz der Landesteile kam es im Folgejahr zur Bildung zweier Kommunalverbände mit Sitz in Kassel und Wiesbaden statt eines Provinzialverbandes. Frankfurt blieb zunächst selbstständig und wurde erst 1885 aufgrund einer Provinzialordnung für Hessen-Nassau in die Wiesbadener Kommunalverwaltung einbezogen: Landeshauptmann (Hg.), Kommunalverband des Regierungsbezirks Wiesbaden, Wiesbaden 1948, S. 9–13.

[7] Peter Blum, Staatliche Armenfürsorge im Herzogtum Nassau 1806–1866 (Veröffentlichungen der Historischen Kommission für Nassau XLIV), Wiesbaden 1987.

[8] Gesetz vom 8. März 1871 über den Unterstützungswohnsitz, Paragraph 38, hier nach: E. Quentel, Sammlung der die Verfassung und Verwaltung des Bezirksverbandes des Regierungsbezirks Wiesbaden betreffenden Gesetze, Verordnungen, Statuten, Reglements und sonstigen Bestimmungen, Wiesbaden 1894, S. 178 f.

[9] In Nassau handelte es sich um die Korrektionsanstalt im ehemaligen Zisterzienserkloster Eberbach; im Regierungsbezirk Kassel brachte man zunächst Korrigendinnen im Kasseler und Korrigenden im Ziegenhainer Zuchthaus unter, nach 1874 nutzte der Wiesbadener Bezirksverband die neue Korrektionsanstalt Breitenau bei Guxhagen: Wolfgang Ayaß, Das Arbeitshaus Breitenau. Bettler, Landstreicher, Prostituierte, Zuhälter und Fürsorgeempfänger in der Korrektions- und Landarmenanstalt Breitenau (1874–1949), Kassel 1992.

[10] Verhandlungen des Kommunallandtags des Regierungsbezirks Wiesbaden 1878.

[11] Die ehemalige nassauische Residenzstadt Hadamar hatte 1914 2.736 Einwohner: Ernst Meyer/ Fr. Bothe, Landeskunde der Provinz Hessen-Nassau, Breslau 1914, S. 60. Standortalternativen zu Hadamar bildeten der Feldbacher Hof bei Dillenburg, das Frensdorfsche Gut bei Diez und die Besitzungen des Herrn Colloseus bei Hattenheim. Die gute Wasserversorgung und der günstige Kaufpreis von 12.570 Mark dürften den Ausschlag für Hadamar gegeben haben: Verhandlungen des Kommunallandtags des Regierungsbezirks Wiesbaden, Wiesbaden 1878, S. 17.

[12] Vgl. auch den Beitrag von Irmtraut Sahmland in diesem Band.

[13] Artikel Eduard Zais, in: Otto Renkhoff, Nassauische Biografie. Kurzbiographien aus 13 Jahrhunderten, Wiesbaden 1985, S. 892; zum Eichberg: Reinhard Bentmann, Architektur für den Irrsinn. Bemerkungen zur Baugeschichte der Psychiatrie auf dem Eichberg, in: Christina Vanja u.a. (Hg.), Wissen und irren. Psychiatriegeschichte aus zwei Jahrhunderten – Eberbach und Eichberg (= Historische Schriftenreihe des Landeswohlfahrtsverbandes Hessen, Quellen und Studien Bd. 6), Kassel 1999, S. 299–329.

[14] Die heutige kompakte Bauform geht erst auf Umbauten nach 1945 zurück.

[15] Pedro Gil Sotres, Regeln für eine gesunde Lebensweise, in: Mirko D. Grmek (Hg.), Die Geschichte des medizinischen Denkens. Antike und Mittelalter, München 1996, S. 312–355.

[16] Die Bauentwürfe mit Situationsplan, Fassadenansicht und Grundrissen befinden sich im Hessischen Hauptstaatsarchiv Wiesbaden, Abteilung 3001/1, Nr. 3331 V, 1–10.

[17] Für die Detailplanung der beiden Korrigendengebäude hatte man sich bereits 1876 das Bauprogramm von Breitenau zusenden lassen: Hess. Staatsarchiv Marburg, Bestand 220, Nr. 558, Schreiben vom 05. 01. 1876.

[18] Es handelte sich um sechs Schlafräume für Männer und drei für „Weiber" sowie insgesamt sechs Arbeitsräume, drei Krankenräume für

Männer und zwei für „Weiber". Das Gebäude besaß damit eine Gesamtwohnfläche von 1.209 qm. Die Zellen sind in der Auflistung nicht aufgeführt. Breitenau, das für 300 männliche und 100 weibliche Korrigenden bestimmt war, verfügte über 1.780 qm an Wohn- und Arbeitsraum: Statistik der zum Ressort des Königlich Preußischen Ministeriums des Innern gehörenden Strafanstalten und Gefängnisse für den April 1897/98, Berlin 1899, S. 175–197, hier S. 175.

[19] Nach Umwandlung in eine Pflegeanstalt suchte der neue Anstaltsdirektor den gefängnisähnlichen Eindruck durch eine Begrünung zu mildern, 1926 wurden die Mauern im Frontbereich, 1928 auch die hinteren und 1930 schließlich die Mauern an der Westseite abgerissen: Gabriele Kremer, „Sittlich sie wieder zu heben ..." Das Psychopathinnenheim Hadamar zwischen Psychiatrie und Heilpädagogik (= Historische Schriftenreihe des Landeswohlfahrtsverbandes Hessen, Hochschulschriften Bd. 1). Marburg 2002, S. 67–69.

[20] Vgl. Matthias Theodor Kloft, Das Franziskanerkloster zu Hadamar, in diesem Band.

[21] Tradition besaßen „mittelalterliche" Bauwerke im Konzept des Englischen Landschaftsgartens und wurden nach diesem Vorbild in die Gartenanlagen von Hospitälern und Irrenanstalten integriert: Vgl. Natascha Hoefer, „aber diese Faunengesichter..." – Theatrale Elemente und die Ästhetik des Schrecklichen im Garten des Narrenhospitals zu Haina, in: Arnd Friedrich/Fritz Heinrich/Christiane Holm (Hg.), Johann Heinrich Wilhelm Tischbein (1751–1829). Das Werk des Goethe-Malers zwischen Kunst, Wissenschaft und Alltagskultur, Petersberg 2001, S. 246–259.

[22] Hess. Hauptstaatsarchiv Wiesbaden, Abteilung 403, Nr. 560; zu den Kosten für Bauarbeiten vgl. Verhandlungen (Anm. 10), 1880.

[23] Karl Josef Stahl, Hadamar. Stadt und Schloß. Eine Heimatgeschichte der 650-Jahrfeier der Stadtrechteverleihung an die Stadt Hadamar 1974. Hadamar 1974, S. 109; auch an den späteren Aus- und Umbauarbeiten waren die Korrigenden maßgeblich beteiligt: Verhandlungen (Anm. 10), 1886, S. 208.

[24] Die Jahresberichte sind den Verhandlungen (Anm. 10) beigelegt.

[25] Hess. Hauptstaatsarchiv Wiesbaden, Abt. 403, Nr. 560; bereits am 18. Februar 1884 fragte der Bezirkskommunalverband wieder in Kassel an, ob in Breitenau noch Plätze frei seien: Hess. Staatsarchiv Marburg, Bestand 558.

[26] Namentliche Verzeichnisse in: LWV-Archiv, Best. 2, Nr. 122.

[27] Die geringe Belegung machte die Hadamarer Korrigendenanstalt zudem relativ teuer. Bereits 1885 rechnete man mit jährlichen Pro-Kopf-Ausgaben von 666 Mark und 63 Pfennig, zu denen als Zuschuss der Provinz 393 Mark und 8 Pfennige beigetragen wurden. Breitenau musste nur mit 96 Mark und 14 Pfennigen pro Kopf unterstützt werden: Statistik (Anm. 18), S. 181.

[28] Vgl. den Beitrag von Volker Roelcke in diesem Band; bereits am 14. Dezember 1892 äußerte der Wiesbadener Landesdirektor erste Überlegungen zur Unterbringung von „Geisteskranken" in Hadamar, und um 1900 äußerte die bischöfliche Behörde in Limburg angesichts von Auflösungsplänen für die „Corrigendenanstalt" ihr Interesse an der Anlage: Hess. Hauptstaatsarchiv Wiesbaden, Abt. 403, Nr. 509; Die Planungen zur erneuten Unterbringung von Korrigenden in Breitenau begannen im Frühjahr 1905: Hess. Staatsarchiv Marburg, Bestand 220, Nr. 558.

[29] So zum Beispiel die Frankfurter Gerichte in den 1890er Jahren: Verhandlungen (Anm. 10), 1892, S. 369.

[30] Jährliche Statistiken in Verhandlungen (Anm. 10).

[31] Statistik (Anm. 18), S. 192; vgl. auch Regina Schulte, Sperrbezirke. Tugendhaftigkeit und Prostitution in der bürgerlichen Welt, Frankfurt am Main 1979, S. 68–113; Ute Regin, „Liederliche Weiber". Prostituierte, Landstreicherinnen und Bettlerinnen am Beispiel der Korrektions- und Landarmenanstalt Breitenau (Provinz Hessen-Nassau) von 1874 bis 1933. Hausarbeit zur Erlangung des Magistergrades (M.A.) am Fachbereich Historisch-Philologische Wissenschaft der Universität Göttingen, Göttingen (mschr.) 1988.

[32] Im Jahre 1895 stammten von 34 erfassten Hadamarer Korrigendinnen 27 aus der Großstadt, fünf aus Mittelstädten und nur zwei aus Gemeinden mit bis zu 5.000 Einwohnern: Statistik (Anm. 18), S. 195.

[33] Im Jahre 1895 befanden sich in der Hadamarer Korrigendenanstalt ein 14-jähriges Mädchen, drei 19-jährige Frauen sowie eine 20-jährige Frau. 15 Frauen waren zwischen 21 und 29 Jahre, 13 Frauen zwischen 30 und 39 Jahre alt. Drei weitere

Frauen hatten das 50., aber keine das 60. Lebensjahr überschritten. Bei den Männern gab es zwei 14-jährige Jungen und einen 18-jährigen jungen Mann. Die meisten erfassten Korrigenden, nämlich 27 waren zwischen 30 und 50 Jahre alt: Immerhin vier Männer hatten das 60. Lebensjahr bereits überschritten: Statistik (Anm. 18), S. 187 und 195; die untere Altersgrenze für Korrigenden wurde durch die Neufassung des Reichsstrafgesetzbuches im Jahre 1900 auf 18 Jahre festgelegt.

[34] Damit war die Landarmenanstalt Hadamar auch im Vergleich zu anderen Provinzen und Bezirken sehr klein. In Breitenau z. B. hatte man Platz für 30 männliche und 20 weibliche Pfleglinge, in Brauweiler lebten rund 100, in Wunsdorf über 300 männliche, in Himmelsthür 165 weibliche Pfleglinge: Statistik (Anm. 18), S. 175.

[35] Angaben zur Zahl der Pfleglinge in den Verhandlungen des Wiesbadener Kommunallandtages. Im Jahre 1906 befanden sich nur sechs Männer und vier Frauen in der Hadamarer Landarmenanstalt.

[36] Diese Anweisungen sind in einem „Revisionsbuch" für die Jahre 1887 bis 1894 überliefert. Bei den Besuchen des Landesdirektors wurde über Veränderungen in der Raumnutzung (Arrestzellen sollen nicht mehr genutzt werden, Einrichtung der Klostergebäude als Beamtenwohnhaus, 1897), die Anbringung von Blitzleitern (1894), die Einstellung und Verwendung von Personal z. B. durch Einführung von Nachtdienst (1894) ebenso wie über den Umgang mit Korrigenden (Ausbildung im Flicken und Entlohnung bei Arbeit in den Beamtenhäusern und Beamtengärten, 1888) entschieden. Letztere konnten auch eine Audienz beim Landesdirektor erbitten: Hess. Hauptstaatsarchiv Wiesbaden, Abt. 403, Nr. 1204.

[37] Verhandlungen (Anm. 10), 1896, S. 240.

[38] Offensichtlich strebten einzelne Leiter von Korrektionsanstalten danach, selbst über die Haftverlängerung zu entscheiden – dadurch wäre jede höhere Kontrolle entfallen; es kam jedoch nicht zu einer derartigen Machterweiterung. Dagegen protestierte u. a. der Hadamarer Anstaltspfarrer Spieß in: Verhandlungen (Anm. 10), 1901, S. 268.

[39] Der erste Inspektor in Hadamar, Wienecke, wechselte 1894 als Rechnungs-Revisor der Bezirksverwaltung nach Wiesbaden; Inspektor Munnes ging zur Übernahme des Kassendienstes an die Heil- und Pflegeanstalt Eichberg.

[40] Im Jahre 1899 war als Oberaufseherin eine geprüfte Handarbeitslehrerin tätig. Dass es schwierig war, anspruchsvolleres Personal zu werben, geht aus einem Bericht von Inspektor Schlegel aus diesem Jahr hervor: „Gegen die Anstellung gebildeter Frauen als Oberin oder Oberaufseherin ist bislang bis jetzt nichts eingewendet worden. Wenn sich nur immer solche, aber auch den übrigen Anforderungen entsprechende Frauen finden möchten, die sich der schweren und oft recht undankbaren Aufgabe unterzögen": Hess. Hauptstaatsarchiv Wiesbaden, Abt. 403, Nr. 509.

[41] Verhandlungen (Anm. 10), 1892.

[42] Vom Landesdirektor zum Bericht aufgefordert, referierte Inspektor Schlegel im Januar 1899, in welcher Weise er die Hausdisziplin in der „Weiberabteilung" nach dem Motto „divide et impera" aufrecht erhielt. Er separierte insbesondere die „ungezogenen und unverträglichen" Mädchen, konnte aber offensichtlich „fortgesetztes Gerede" und „Herantreten an andere Betten" nicht verhindern: Hess. Hauptstaatsarchiv Wiesbaden, Abt. 403, Nr. 509.

[43] Im Jahre 1887 erhielten die Frauen 42,50 Gramm Fett pro Tag (die Männer 51,39 Gramm Fett). Dr. Weyher bezeichnete dies als ausreichend. Offensichtlich wurden die Fettrationen sogar noch gesenkt, da der Hadamarer Inspektor Schlegel im Jahre 1898 nur 37 Gramm Fett bei einem Fleischgericht pro Woche nannte. Bei allen diesen Angaben handelte es sich jedoch nur um optimale Werte, denn im Alltag wurden die Speisen häufig aus disziplinarischen Gründen reduziert: Hess. Hauptstaatsarchiv Wiesbaden, Abt. 403, Nr. 509.

[44] Verhandlungen (Anm. 10), 1893, S. 224.

[45] Die Ortsarme Josefine (Josepha) H. aus Niederselters zum Beispiel wurde seit ihrer Aufnahme im Landarmenhaus im Jahre 1896 immer wieder wegen „Faulheit" und „Zänkerei" diszipliniert. Im Jahre 1901 wurde sie für geisteskrank erklärt, aber erst 1912 in die Pflegeanstalt aufgenommen: LWV-Archiv, Bestand 12, Nr. 6537; der Korrigend Karl V. aus Frankfurt am Main, der seit 1895 mehrfach in Hadamar und danach in Breitenau als arbeitsfähiger Korrigend einsaß, wurde permanent wegen „Faulheit", Arbeitsverweigerung und „Unreinlichkeit" – er beschmierte sein Bett mit Exkrementen – bestraft, seine psychische Gesundheit wurde jedoch nicht hinterfragt: LWV-Archiv, Bestand 2, Nr. 4694.

⁴⁶ Vgl. Mariacarla Gadebusch Bondio, Die Rezeption der kriminalanthropologischem Theorien von Cesare Lombroso in Deutschland von 1880–1914 (= Abhandlungen zur Geschichte der Medizin und der Naturwissenschaften Heft 70), Husum 1995.

⁴⁷ Verhandlungen (Anm. 10), 1894, S. 235; für die aus Hadamar entlassenen Frauen wurden insbesondere das Asyl des Fräulein von Hahnefeld in Wiesbaden, das Asyl Magdalena Bethesda in Boppard und das Magdalenenstift in Frankfurt am Main, das seit 1861 bestand, kontaktiert. Diese hatten es sich zur Aufgabe gemacht, „sittlich gefährdeten und strafentlassenen Mädchen hilfreiche Hand zu einem neuen Leben zu geben": Friedrich Stöffler, Nassauische Erziehungsheime, Düsseldorf 1929, S. 32.

⁴⁸ Vgl. Verhandlungen (Anm. 10), 1893, S. 230, und 1896, S. 251.

⁴⁹ Vgl. Verhandlungen (Anm. 10), 1891, S. 308 f., 1907, S. 314.

⁵⁰ Reglement für die Einrichtung und Verwaltung der Korrigendenanstalt zu Hadamar, 1883, in: Quentel (Anm. 8), S. 192–201; Reglement für die von dem Bezirksverbandes des Regierungsbezirks Wiesbaden errichtete Landarmenanstalt, 1890, in: ebd., S. 209–213.

⁵¹ Dieser Begriff geht zurück auf Erving Goffman, Asyle. Über die soziale Situation psychiatrischer Patienten und anderer Insassen, Frankfurt am Main 1971.

⁵² Elisabeth Elling-Ruhwinkel, Sichern und Strafen. Das Arbeitshaus Benninghausen (1871-1945) (Forschungen zur Regionalgeschichte Band 51), Paderborn u. a. 2005, S. 10.

⁵³ E. Quentel, Sammlung der die Verfassung und Verwaltung des Bezirksverbandes des Regierungsbezirks Wiesbaden betreffenden Gesetze, Verordnungen, Statuten, Reglements und sonstigen Bestimmungen, 2., neubearbeitete Auflage, Wiesbaden 1905, S. 241–245.

⁵⁴ In der Ordnung für die Korrigendenanstalt aus dem Jahre 1883 war zwar auch für Korrigenden vom Haarschnitt abzusehen, offensichtlich handelte es sich jedoch bei dieser Textpassage, die von den Ordnungen anderer Korrektionsanstalten abwich, um einen Fehler. In der Hadamarer Landarmenordnung jedenfalls wurde die Haar- und Barttracht der Landarmen gerade von jener der Korrigenden unterschieden: Verhandlungen (Anm. 10), S. 263.

⁵⁵ Ebd.

⁵⁶ Quentel (Anm. 53), S. 230.

⁵⁷ Jährlich in den Verhandlungen (Anm. 10).

⁵⁸ Vgl. Verhandlungen (Anm. 10), 1897, S. 258; 1902, S. 270.

⁵⁹ Hess. Hauptsstaatsarchiv Wiesbaden, Abt. 403, Nr. 1457, 9. Dezember 1883.

⁶⁰ Hess. Hauptsstaatsarchiv Wiesbaden, Abt. 403, Nr. 1457, 13. August 1884.

⁶¹ Hess. Hauptsstaatsarchiv Wiesbaden, Abt. 403, Nr. 1457, 23. Oktober 1900.

⁶² Im Prozentverhältnis zur Durchschnittskopfstärke wurden in Hadamar im Jahre 1885 39 Männer und 65 „Weiber" diszipliniert. Im Vergleich mit anderen Korrigendenanstalten lag Hadamar damit im Mittelfeld: Schärfer bzw. häufiger bestraft wurde in Breitenau (58 Männer und 95 „Weiber"), milder bzw. seltener z. B. in Rummelsburg (19 Männer, 41 „Weiber"). Auch sind für Hadamar keine tätlichen Widersetzlichkeiten der Korrigenden erwähnt: Mit weiteren Angaben Statistik (Anm. 18), S. 178.

⁶³ Josefine (Josepha) H. (Anm. 45).

⁶⁴ Hess. Hauptsstaatsarchiv Wiesbaden, Abt. 403, Nr. 1457.

⁶⁵ Nach dem Jahresbericht 1887 wurden für das Rechnungsjahr 1885/86 bei den Korrigenden 2,5 Prozent, bei den Korrigendinnen jedoch 4,7 Prozent Lazarett-Tage gezählt.

⁶⁶ Vgl. die Statistiken des Arztes in den Verhandlungen (Anm. 10).

⁶⁷ Hess. Hauptsstaatsarchiv Wiesbaden, Abt. 403, Nr. 490.

Psychiatrie um 1900 und die Gründung der Anstalt Hadamar

Volker Roelcke

Die Gründungsgeschichte der psychiatrischen Anstalt in Hadamar im Jahr 1906 ist Ausdruck einer breiteren Entwicklung in Psychiatrie, Gesellschaft und Kultur in den Jahrzehnten um 1900. Diese Entwicklung war eng verknüpft mit fundamentalen sozialen Veränderungen wie Urbanisierung und Industrialisierung, ebenso mit einer rasch anwachsenden kulturellen Bedeutung von Expertenwissen aus Medizin, Natur- und Sozialwissenschaften zur Deutung sozialer Phänomene, – einem Prozess, den Lutz Raphael treffend als „Verwissenschaftlichung des Sozialen" bezeichnete.[1] Im folgenden Beitrag soll in einem ersten Teil der sich verändernde Status der Psychiatrie im Kontext dieser breiteren Entwicklungen skizziert werden; dies ist notwendig zum Verständnis für die Entscheidung zur Gründung der Anstalt Hadamar, ebenso für ihren anfänglichen und einige Zeit andauernden Status als Provisorium. In einem zweiten Teil werden dann die Stationen der Meinungsbildung und Entscheidungsfindung bis hin zur Gründung der Anstalt Hadamar beschrieben.

Psychiatrie um 1900

Im Rückblick zeichnen sich die Jahrzehnte um 1900 für die Psychiatrie vor allem durch zwei außergewöhnliche, auf den ersten Blick scheinbar unverbunden nebeneinander stehende Phänomene aus: Einerseits gab es im Bereich der psychiatrischen Versorgung einen enormen Anstieg der Anstaltspopulation; andererseits veränderte sich die Psychiatrie in ihrer Identität von einer gesellschaftlichen Ordnungsinstanz mit philanthropischem Heiloptimismus hin zu einer wissenschaftlichen Disziplin, die – international einmalig – bis zum Ausbruch des Ersten Weltkriegs 1914 an praktisch allen medizinischen Fakultäten der deutschen Universitäten mit eigenen Lehrstühlen und Kliniken ausgestattet war. Tatsächlich waren beide Phänomene konstitutiv miteinander verknüpft, und sowohl Resultat sozialer Veränderungen, als auch selbst wieder Motor für eine auf ihnen aufbauende Dynamik zur Rolle der Psychiatrie in der Gesellschaft; sie sollen deshalb zunächst kurz genauer in den Blick genommen werden.

Die Rate der Anstaltsinsassen stieg beispielsweise in Preußen von 64 pro 100.000 Bewohner der Allgemeinbevölkerung im Jahr 1875 auf 166 pro 100.000 im Jahr 1905.

Während die Bevölkerungszahl insgesamt in diesem Zeitraum um etwa 33% anstieg, findet sich für die Anstaltspopulation im gleichen Zeitraum ein Zuwachs von 245%.[2]

Dieser weit überproportionale Anstieg wird in der Geschichtswissenschaft kontrovers diskutiert, wobei üblicherweise mindestens fünf Gründe genannt werden:[3] 1. eine absolute Zunahme psychischer Störungen als Resultat der rasanten gesellschaftlichen Veränderungen durch Industrialisierung und Verstädterung; 2. die Zunahme des Anteils derjenigen in der allgemeinen Bevölkerung, insbesondere in städtischen Regionen, die mit psychiatrischen Institutionen und Dienstleistungen in Kontakt kamen oder diese aktiv in Anspruch nahmen; 3. die Ausweitung des Kompetenzanspruchs und der Kompetenzzuschreibung für Psychiater jenseits der Grenze „traditioneller" Formen des „Wahnsinns" oder der „Verrücktheit"; 4. effizientere Strategien und Praktiken der Beobachtung, Etikettierung und Institutionalisierung von normabweichendem Verhalten durch staatliche Institutionen; und 5. eine erhöhte Nachfrage nach psychiatrischer Expertise, insbesondere im forensischen Bereich, was auch auf ein gestiegenes sozial-kulturelles Prestige des Berufsstandes der Psychiater verweist.

Sicher ist keiner dieser einzelnen Erklärungsfaktoren alleine hinreichend, um den enormen Anstieg der Anstaltspopulation zu erklären. Vielmehr müssen für ein angemessenes Verständnis *alle* genannten Faktoren berücksichtigt werden, wobei die Frage nach dem genauen Zusammenspiel und der Gewichtung der einzelnen Dimensionen, wie die historische Forschung nahe legt, regional unterschiedlich zu beantworten ist.

Die Mehrheit der genannten Faktoren weist nun darauf hin, dass es sich nicht einfach um eine starke Zunahme „objektiv" diagnostizierter psychiatrischer Krankheiten handelte, sondern dass sich mindestens ebenso sehr die Wahrnehmungs- und Bewertungsweisen von psychischen Störungen, sowie die damit verbundenen Prozesse und Techniken der Identifizierung von Menschen mit solchen Störungen veränderten. Das wiederum verweist auf den raschen Bedeutungsanstieg von psychiatrischem Expertenwissen für politische Instanzen, aber auch für die breite Öffentlichkeit, der einherging mit dem von der Profession propagierten, aber auch staatlich und gesellschaftlich erwünschten Ausbau von psychiatrischen Lehr- und Forschungsinstitutionen. Auf diese Weise sind soziale Fakten (Umfang der Anstaltspopulation) und kulturelle Phänomene (wissenschaftliche neben z.B. religiösen Deutungsweisen für soziale Fakten) miteinander verwoben.

Dieser Veränderungsprozess sei hier in den wichtigsten Grundzügen kurz skizziert:[4] Um 1880 war die Psychiatrie zwar als wichtiger Ordnungsfaktor für die Obrigkeit und als Institution für systematisierte Reflexionen über die Gefährdungen des bürgerlichen Selbst etabliert; sie war jedoch bis 1901 kein im medizinischen Curriculum verankertes universitäres Fach und hatte im Vergleich zu den organmedizinischen Fächern kaum vom „kulturellen Kapital" und den finanziellen Ressourcen der neuen Laborwissenschaften (wie etwa der Physiologie und Bakteriologie) profitieren können. Von den meisten Fachvertretern wurde der fehlende Konsens über Terminologie, Klassifikation und effiziente Interventionsmöglichkeiten für psychiatrische Krankheitszustände beklagt.

In den Jahrzehnten des ausgehenden 19. Jahrhunderts unternahmen die deutschen Psychiater daher erhebliche und weitgehend erfolgreiche Anstrengungen, um sich eine neue disziplinäre Identität zu geben. Diese Identität sollte diejenige einer modernen medizinischen Disziplin sein, aufgebaut auf Wissensbeständen, die nicht mehr – wie zuvor – „nur" am Krankenbett oder aus Büchern, sondern – wie in den erfolgreichen somatischen medizinischen Fächern – mit den Methoden der zeitgenössischen Naturwissenschaften (v. a. den neuen Laborwissenschaften) sowie der Statistik und den Sozialwissenschaften gewonnen waren. Ebenso sollten psychisch Kranke den gleichen Status wie körperlich Kranke erhalten. Diese neue Identität der Profession sollte an die Stelle des alten Bildes treten, wonach die „Irrenärzte" vor allem die Verwalter und Herrscher in großen, geographisch entlegenen Anstalten waren, die sich in ihrem Selbstverständnis und ihrer Auffassung von psychischer Krankheit und Behandlungsweise an überholten Ideen aus Religion, spekulativer Metaphysik oder Aberglauben orientierten.

Zur Verwirklichung dieser neuen Identität arbeiteten die Psychiater darauf hin, ein ganzes Spektrum von Variablen neu zu definieren und die Praxis nach dieser Programmatik umzugestalten: die angemessene Struktur und den geographischen Ort der psychiatrischen Institutionen; die Modalitäten der Patientenaufnahme bzw. Einweisung; die Auswahl und Ausbildung neuer Mitglieder des eigenen Berufsstandes; und schließlich die Kriterien dafür, was als legitimes, „wissenschaftlich" abgesichertes Wissen und eine daran geknüpfte Terminologie und Klassifikation gelten sollte.

Die Anfänge solcher Bemühungen lassen sich in die 1860er Jahre datieren, ihr erster Erfolg war die Etablierung eines Lehrstuhls für Psychiatrie und Nervenkrankheiten an der Universität Berlin, mit dem auch die Leitung einer Krankenabteilung sowie einer Ambulanz an der Charité verbunden war. In den folgenden Jahrzehnten wurden an praktisch allen anderen medizinischen Fakultäten in den deutschen Staaten ähnliche Abteilungen eingerichtet, nicht selten verbunden mit dem Neubau von repräsentativen Klinikgebäuden. Diese neuen Einrichtungen hatten ausdrücklich die Aufgabe, die Krankenversorgung zu verbinden mit der Lehre für Medizinstudenten, mit der Weiterbildung für Assistenzärzte zu Spezialisten im Fach Psychiatrie sowie mit Forschungsaktivitäten, die im Wesentlichen an Fragestellungen und Methoden aus den Naturwissenschaften orientiert waren.

Die Psychiater begannen ebenfalls, sich außerhalb der engeren Grenzen ihrer Institutionen zu betätigen und damit ihre weitergehenden Deutungsansprüche und Kompetenzen für eine Vielzahl von öffentlichen Fragen und gesellschaftlichen Instanzen bis hin zur Obrigkeit deutlich zu machen, wobei gleichzeitig auch die Nachfrage nach solcher Expertise zunahm: So traten sie als Kommentatoren und Gutachter vor Gericht und in populären Medien auf und äußerten sich in öffentlichen Reden und Stellungnahmen zu aktuellen sozialen und politischen Problemlagen. Sie beanspruchten auch, den staatlichen Instanzen autoritative Expertisen zur Verfügung stellen zu können, mit deren Hilfe die öffentliche Ordnung, wirtschaftliche Effizienz und nationale Stärke aufrecht erhalten und ausgebaut werden konnten.[5] Hierzu gehörten etwa die Frage der Gefährdung der öffentlichen Ordnung, das Problem der Überlastung oder „Überbürdung" durch die Auswirkungen der modernen Zivilisation und Ökonomie oder auch Fragen von Sexualität und Devianz.[6]

Diese professionspolitischen Bemühungen stießen auf eine sehr positive Resonanz, da die öffentlich breit wahrgenommenen Erfolge der zeitgenössischen Medizin (etwa in der Bakteriologie), Naturwissenschaft und Technik (z.B. die Elektrifizierung der Städte, die Beschleunigung des Verkehrs und der Kommunikation) die Erwartung geweckt hatten, dass auch die durch die hohe Bevölkerungsdichte in den Großstädten entstandenen (oder sichtbar gewordenen) sozialen Konflikte und Normabweichungen mit Hilfe von Expertenwissen gelöst werden könnten. So hatten nach dem Ende der ersten Dekade des 20. Jahrhunderts die lange verfolgten professionspolitischen

Emil Kraepelin (um 1910) (H. Hippius [Hrsg.], Emil Kraepelin, Lebenserinnerungen, Berlin 1983, S. 268)

Strategien zu bemerkenswerten Ergebnissen geführt: Wie bereits erwähnt, gab es nun Lehrstühle und Kliniken an praktisch allen deutschen medizinischen Fakultäten; die Psychiatrie war integriert in die neue reichsweit gültige Approbationsordnung für Ärzte; und die jahrzehntelangen Kontroversen über angemessene Terminologien und Klassifikationen für psychische Störungen waren weitgehend abgeschlossen, nachdem sich die von Emil Kraepelin und seiner Schule geprägten Kategorien durchgesetzt hatten. Damit waren auch einheitliche begriffliche Grundlagen zur Beantwortung von Fragen der Epidemiologie („Irrenstatistik") gegeben und standen für eine fundierte Bedarfsplanung im Bereich der psychiatrischen Versorgung zur Verfügung.[7] Weiter hatte sich die Sphäre gesellschaftlich anerkannter psychiatrischer Deutungskompetenz deutlich über die Zuständigkeit für die „traditionellen" Formen des „Wahnsinns" oder „Irreseins" hinaus in das Grenzgebiet zwischen gesund und krank erweitert und umfasste nun auch sehr vage und vorübergehende Formen der Befindlichkeitsstörung, wie etwa die Neurasthenie oder sexuelle Normabweichungen.[8] Die Umbenennung der Fachgesellschaft am Anfang des Jahrhunderts kann als Symbol für dieses neue Selbstbild und den damit verbundenen öffentlichen Status verstanden werden: Im Jahr 1903 wurde der bisherige offizielle Name der 1864 gegründeten Gesellschaft von „Verein der deutschen Irrenärzte" in „Deutscher Verein für Psychiatrie" geändert.[9]

Die stationäre Versorgung der meisten psychisch Kranken geschah bis in die Mitte des 19. Jahrhunderts fast ausschließlich in psychiatrischen Anstalten, die sich vorwiegend in ländlichen Gegenden befanden und eine wachsende Zahl von Pfleglingen betreuen mussten.[10] Diese Einrichtungen wurden jedoch seit den 1860er Jahren langsam und zunächst nur in sehr geringem Umfang durch kleinere Universitätskliniken ergänzt. Die universitären Abteilungen hatten nicht selten das Vorrecht, akute und damit „interessante" Kranke vorwiegend aus der Stadtbevölkerung selektiv aufnehmen zu können, wohingegen die ländlichen Anstalten für die chronischen Patienten und diejenigen aus der unmittelbaren ländlichen Umgebung zuständig waren. Diese „Arbeitsteilung" war eine institutionelle Antwort der zweiten Hälfte des 19. Jahrhunderts auf die Herausforderungen, die sich durch die so genannte „Irrenfrage" ergaben.[11] Sie sollte bis weit in die zweite Hälfte des folgenden Jahrhunderts hinein Bestand haben und sich gewissermaßen als veränderungsresistent erweisen, obwohl sie die Quelle kontinuierlicher Konflikte zwischen Anstalts- und Universitätspsychiatern war, und trotz vielfältiger politischer, sozialer und kultureller Veränderungen in der deutschen Geschichte des 20. Jahrhunderts.[12]

In den Jahren um 1900 wurde außerdem die vermeintliche Zunahme von „Überbürdungs"-Zuständen wie Nervosität und Neurasthenie, also von Übergangszuständen zwischen psychisch gesund und krank, als eine zusätzliche Problemlage wahrgenommen. Die Antwort darauf war eine gemeinsame Anstrengung von staatlichen Instanzen, den neuen, gesetzlich vorgeschriebenen Krankenversicherungen, sowie der psychiatrischen Profession, die darauf abzielte, große Sanatorien für nervöse Erkrankungen („Nervenheilanstalten") einzurichten, die in vieler Hinsicht nach dem Modell der bereits existierenden Tuberkulose-Sanatorien organisiert waren. Diese Anstalten hatten häufig viele hundert, gelegentlich sogar über tausend Betten. Zusätzlich, wenngleich quantitativ gesehen eher marginal, entstand eine erhebliche Anzahl von kleinen „Nervenkliniken" und privaten Sanatorien für Nervenkranke, die von einem einzelnen Arzt geführt wurden, insbesondere in großen Städten, in Seebädern oder Gebirgskurorten.[13]

Auf der überkommunalen Ebene der Bezirke, Provinzen oder Staaten blieben jedoch die traditionellen großen Anstalten die bei weitem vorherrschende Versorgungseinrichtung, und wurden bis etwa zum Beginn des Ersten Weltkrieg weiter ausgebaut oder neu eingerichtet. Daneben existierten kleine private Krankenhäuser für wohlhabende Patienten, und zusätzlich boten niedergelassene Psychiater vor allem im städtischen Bereich ihre Dienste an.

Die Entstehung der Anstalt Hadamar

In diesem Kontext des gesteigerten Bedarfs an psychiatrischer Versorgung einerseits, und der Herausbildung neuer Erwartungen an und Standards für psychiatrisches Handeln andererseits kam es auch zu Diskussionen über die Einrichtung einer dritten „Bezirks-Irrenanstalt" (neben den Landesheil- und Pflegeanstalten Eichberg und Weilmünster) im Regierungsbezirk Wiesbaden der preußischen Provinz Hessen-Nassau.[14] Nachdem aus mehreren Teilen der Provinz Bedarfs-Prognosen zur stationären Versorgung psychisch Kranker eingegangen waren, die für die nächsten 10 Jahre mit einem Zuwachs zwischen 50 und 100% rechneten,[15] wurde nach eingehender Erörterung im Kommunallandtag des Bezirks die Notwendigkeit zumindest einer weiteren stationären Versorgungsinstitution festgestellt, und im September 1903 der Landeshauptmann ersucht, Vorgaben für den Neubau einer dritten „Irrenanstalt" zu erarbeiten. Die Finanzkommission gab in ihrem Bericht vom 15. April 1904 mit Blick auf die schwer einschätzbare Dynamik der auch Reichs-weit enorm ansteigenden Bedarfszahlen zu bedenken, ob nicht statt eines Beschlusses zum Neubau einer Anstalt zunächst einmal eine Interimslösung angestrebt werden sollte: Eine solche könnte in der bisherigen (1883 gegründeten) Korrigenden- und Landarmenanstalt Hadamar bei Limburg erfolgen, die in den umgebauten und erweiterten Anlagen eines aus dem Mittelalter stammenden Klosters auf dem „Mönchberg" untergebracht war. Die Korrigendenanstalt diente als Arbeitshaus, in dem entlassene Strafgefangene (Bettler, Landstreicher und Prostituierte, später auch Zuhälter) eine korrigierende Nachhaft

Ansicht der Corrigendenanstalt zu Hadamar 1890 (Stadtarchiv Hadamar)

verbüßen mussten, indem sie „zur Arbeit erzogen" wurden.[16] Eine Interimslösung würde einerseits eine im Vergleich zu einem Neubau relativ kurzfristige Unterbringung von mehreren hundert Kranken ermöglichen, andererseits Zeit geben, um die weitere Entwicklung des Versorgungsbedarfs besser abschätzen zu können.[17]

Ausgehend von diesen Überlegungen wurde ein Jahr später vom Kommunallandtag der Beschluss gefasst, die Korrigenden aus Hadamar nach Breitenau im Regierungsbezirk Kassel zu überführen, um dadurch den notwendigen Raum für die Unterbringung von „Geisteskranken" zu schaffen. Parallel zu den Umbaumaßnahmen in Hadamar sollten weitere Untersuchungen zur Auswahl eines geeigneten Orts für die später zu erbauende dritte Irrenanstalt angestellt werden.[18] Auch wurden nun neue Bedarfsrechnungen vorgelegt, und mit Blick auf die weiter bestehenden, bzw. sich aus der Perspektive der Zeit noch weiter verschärfenden „Hauptursachen der absoluten Zunahme der Geisteskranken" neue Überlegungen zum mittelfristigen Ausbau der Versorgungskapazität formuliert. Als „Hauptursachen" wurden identifiziert: „gesteigerte Anforderungen und Schwierigkeiten des Erwerbslebens, Alkoholmissbrauch, [und] geschlechtliche Ausschweifungen", die „in unserem dicht bevölkerten, wohlhabenden Bezirk mit zwei rasch anwachsenden, verkehrsreichen Großstädten und einer in lebhaftem Aufblühen begriffenen Industrie" besonders stark zur Geltung kämen.[19] Damit waren die auch in den breiteren öffentlichen Debatten formulierten Problemwahrnehmungen aus der sozialen Sphäre aufgenommen und dem Kompetenzbereich der Psychiatrie zugewiesen worden.

Nachdem die Finanzkommission zwischenzeitlich die drei Anstaltsdirektoren Emil Sioli (Frankfurt), Bothe (Eichberg) und Eberhard Lantzius-Beninga (Weilmünster) zu ihren Erörterungen hinzugezogen hatte, und dann eine von der Kommission benannte Delegation die Anstalten Alt-Scherbitz (bei Halle), Galkhausen (bei Langenfeld/Rheinprovinz) sowie die im Bau befindliche Anstalt Johannistal/Süchteln (bei Krefeld) besucht hatte, wurden die konkreten baulichen Anforderungen an die neu zu errichtende dritte „Bezirks-Irrenanstalt", sowie ein konkreter Zeitplan aufgestellt. Demnach sollte es sich um eine „koloniale Anstalt" mit angegliederter Landwirtschaft handeln, in der die Kranken zur „wohltätigen Beeinflussung ihres geistigen und körperlichen Befindens", aber ebenso zur „Verwerthung [...] [ihrer] Arbeitskraft und damit Verbilligung des Betriebes und der Unterhaltung der Anstalt" tätig werden sollten.[20] Die Ausführung der entsprechenden Baumaßnahmen würde jedoch eine Inbetriebnahme der neuen Anstalt erst im Frühjahr 1909 erlauben; bis dahin könnte ganz kurzfristig über eine Erweiterung der Kapazitäten in Weilmünster, spätestens für den Zeitraum ab Frühjahr 1907 dann „am billigsten und zweckmäßigsten", sowie „einstweilig und vorübergehend" die bisherige Korrigendenanstalt Hadamar für etwa 120 geisteskranke Frauen und 50 geisteskranke Männer „hygienisch einwandfrei" hergerichtet werden.[21] Aufgrund der baulichen Voraussetzungen seien allerdings in Hadamar längerfristig nicht alle in der Zeit üblichen Anforderungen an eine moderne psychiatrische Versorgung zu erfüllen. Die Unterbringungskapazität für das Provisorium könnte allerdings noch erhöht werden, wenn die allgemein für den Betrieb von Kranken- und Irrenanstalten geltenden Anforderungen aus der Polizeiverordnung herabgesetzt würden, – eine wünschenswerte Änderung, „die auch für die Disposition, die bauliche Einrichtung und die Kosten der neuen Anstalt von höchster Bedeutung ist".[22] Demnach sollte noch im Jahr 1905, also ein Jahr vor der Eröffnung der „Irrenanstalt" Hadamar, ihre Existenz ausdrücklich nur ein kostengünstiges Provisorium sein, um die Zeit bis zur Fertigstellung einer nach zeitgenössisch modernsten Ansprüchen „richtigen" Anstalt (deren Lokalisation zu diesem Zeitpunkt noch nicht geklärt war) zu überbrücken.

Dem Bericht des Finanzausschusses beim 40. Kommunallandtag im darauf folgenden Jahr (abgehalten vom 24. April bis 4. Mai 1906) ist zu entnehmen, dass auch zu diesem Zeitpunkt Hadamar nur als Provisorium gesehen wurde.[23] Der Transfer der Korrigenden nach Breitenau erfolgte Anfang April 1906, wobei die arbeitsfähigen Männer zunächst noch in Hadamar verblieben, um sich dort an den Umbauarbeiten zu beteiligen. Für diese Arbeiten selbst wurden drei Monate veranschlagt. Die Korrigenden sollten jedoch nur vorübergehend in Breitenau untergebracht bleiben und nach der Eröffnung der „richtigen" dritten Anstalt wieder zurück nach Hadamar überführt werden.[24] Die Kapazität des Provisoriums für die Unterbringung von „Geisteskranken" in Hadamar wurde nun auf die Zahl von 200 „ruhigen geisteskranken Frauen und etwa 50 ruhigen und arbeitsfähigen geisteskranken Männern" neu festgelegt.[25] Der Bericht dokumentiert auch, dass die Such-Delegation für den Ort der neu zu errichtenden Anstalt nach dem Verwerfen verschiedener Optionen im Raum Biedenkopf ihre Recherchen auf drei Lokalisationen eingeengt hatte: Neben Montabaur und Herborn wurden nun auch die Anlagen in Hadamar mit dem an die bisherige Korrigendenanstalt angrenzenden Gelände in Betracht gezogen und genauer analysiert. Vor allem das Erkältungen begünstigende, vergleichsweise raue Klima, sowie die für angemessene Entwässerungs-Anlagen sehr ungünstigen Geländeverhältnisse und damit problematischen Voraussetzungen für die hygienischen Bedingungen einer Institution der Krankenversorgung führten aber schließlich zu der Entscheidung, Hadamar nicht zum Standort der neuen Anstalt zu machen.[26] Die Entscheidung fiel schließlich für Herborn.

Damit waren die in der breiteren Entwicklung entstandenen Vorgaben für psychiatrisches Handeln – wonach die „Geisteskranken" mit den somatisch Kranken gleichgestellt sein sollten und für ihre Versorgung prinzipiell gleiche Standards zu gelten hatten – nun in Hadamar wirksam geworden: Sie hatten dazu geführt, dass trotz eines erheblichen Bedarfs einerseits und einer bereits vorhandenen baulichen Infrastruktur andererseits die Anlagen der ehemaligen Korrigendenanstalt nicht als Grundlage für die neu und dauerhaft zu etablierende „dritte Anstalt" genutzt wurden, sondern dass die Entscheidung zugunsten einer geographisch entfernten völligen Neukonstruktion nach den Prinzipien der zeitgenössisch modernen Psychiatrie fiel, und Hadamar nur als Provisorium in Frage kam.

Im November 1906 wurde die „Landes-Pflegeanstalt für Geisteskranke" in Hadamar eröffnet. Im Dezember wurden zunächst 54 Frauen aus den Anstalten Eichberg und Weilmünster zu deren Entlastung nach Hadamar verlegt.[27] Im Laufe des Jahres 1907 wurden dann etwa 30 Männer und weitere 30 Frauen aufgenommen, so dass sich Anfang 1908 etwa 120 Patienten in Hadamar befanden.[28] Das beamtete Personal der neuen Anstalt bestand aus einem Arzt (in der Gehaltsgruppe eines Oberarztes), Dr. Meitzen, der zuvor in der Anstalt Weilmünster tätig gewesen war, einem (Ober-) Pfleger, einer (Ober-) Pflegerin, einem Pförtner und einem Schlosser.[29] Daneben waren zwölf einfache Pflegerinnen in einem Lohnverhältnis beschäftigt. Drei von ihnen verließen allerdings schon im ersten halben Jahr nach der Gründung ihren Dienst. Als Ursachen des „Abgangs" waren im ersten Jahresbericht der Anstalt vermerkt: „Geisteskrankheit" in einem Fall, „entlaufen" in zwei Fällen.[30] Diese kleine Episode illustriert, dass zumindest ein Großteil der pflegerischen Tätigkeit offenbar von nicht besonders geeignetem Hilfspersonal durchgeführt wurde, und damit zwischen der Programmatik und der Praxis der psychiatrischen Versorgung eine erhebliche Kluft existierte.

Als häufigste Krankheit, die für die in der Anstalt untergebrachten Menschen diagnostiziert worden war, wurde in den Berichten die „einfache Seelenstörung" genannt,[31] – eine Diagnose aus der traditionellen Anstaltspsychiatrie des 19. Jahrhunderts, nicht aber aus der neuen Klassifikation nach Kraepelin, was wiederum dokumentiert, dass die Standards der zeitgenössisch „modernen" Universitätspsychiatrie sich in der Realität des Anstaltslebens zu Beginn des 20. Jahrhunderts noch nicht durchgesetzt hatten.

Zusammenfassend ist die Gründung der Anstalt Hadamar ein charakteristisches Beispiel für die breitere Entwicklung der Psychiatrie in den Jahrzehnten um 1900: Die Entscheidung, die bereits existierende Korrigendenanstalt für die Zwecke der Versorgung „Geisteskranker" umzuwidmen, war in erster Linie Folge des rasch anwachsenden Bedarfs an psychiatrischer Versorgungskapazität. Dieser ansteigende Bedarf war aber selbst nicht einfach ein Produkt einer „objektiven" Zunahme der Zahl psychisch Kranker, sondern ebenso sehr das Resultat einer rasant sich ausweitenden Deutungshoheit der Psychiatrie für soziale Norm-Abweichungen, welche es mit sich brachte, dass der psychiatrischen Profession neue Grenzziehungen zwischen „gesund" und „krank", und die Etablierung neuer Standards für den Umgang mit den psychisch Kranken zugestanden wurden. Die Existenz dieser Standards erklärt, dass die verantwortlichen politischen Instanzen für eine ganze Reihe von Jahren der Auffassung waren, den gestiegenen Bedarf für psychiatrische Anstaltsplätze in Hadamar zunächst nur behelfsweise, im Sinne eines kostengünstigen und zeitlich begrenzten Provisoriums decken zu können, obwohl durch die Anlage der bereits vorhandenen Korrigendenanstalt sowie benachbartes Gelände prinzipiell Voraussetzungen für die Einrichtung der geplanten „richtigen" Bezirksanstalt gegeben waren. Die genauen Umstände, unter denen aus der 1906 gegründeten provisorischen „Landes-Pflegeanstalt Hadamar" eine dauerhaft etablierte Institution wurde, bleiben noch zu klären.

---

[1] Lutz Raphael, Die Verwissenschaftlichung des Sozialen als methodische und konzeptionelle Herausforderung für eine Sozialgeschichte des 20. Jahrhunderts, in: Geschichte und Gesellschaft 22 (1996), S. 165–193.

[2] Dirk Blasius, Der verwaltete Wahnsinn. Eine Sozialgeschichte des Irrenhauses, Frankfurt a. M. 1980, S. 84. Parallele, aber nicht ganz so ausgeprägte Anstiegsraten lassen sich auch bei den europäischen Nachbarländern konstatieren: So gab es in den Niederlanden etwa im Jahr 1860 eine Rate von 52 Anstaltsinsassen pro 100.000 Einwohner, die bis 1900 auf 144 pro 100.000 angestiegen war. Vgl. David Schermers, Die niederländische Irrenanstaltspflege in den Jahren 1875–1900, in: Zeitschrift für die gesamte Neurologie und Psychiatrie 3 (1910), S. 284–306.

[3] Vgl. hierzu etwa Bernd Walter, Psychiatrie und Gesellschaft in der Moderne, Paderborn 1996, S. 73–79, 113–128.

[4] Vgl. zum Folgenden Volker Roelcke, Die Entwicklung der Psychiatrie zwischen 1880 und 1932: Theoriebildung, Institutionen, Interaktionen mit zeitgenössischer Wissenschafts- und Sozialpolitik, in: Rüdiger vom Bruch/Brigitte Kaderas (Hg.), Wissenschaften und Wissenschaftspolitik: Bestandsaufnahmen zu Formationen, Brüchen und Kontinuitäten im Deutschland des 20. Jahrhunderts, Stuttgart 2002, S. 109–24; Eric J. Engstrom, Clinical Psychiatry in Imperial Germany. A History of Psychiatric Practice, Ithaca/London 2003.

[5] Vgl. etwa Emil Kraepelin, Die psychiatrischen Aufgaben des Staates, Jena 1900; ferner die Arbeiten von E. Kraepelin oder Robert Sommer zu Themen wie Arbeit und Ermüdung, Militärtauglichkeit et cetera; dazu Engstrom (Anm. 2); Martin Lengwiler, Zwischen Klinik und Kaserne. Die Geschichte der Militärpsychiatrie in Deutschland und der Schweiz 1870–1914, Zürich 2000.

[6] Vgl. Roelcke (Anm. 4); Engstrom (Anm. 4); Christian Müller, Verbrechensbekämpfung im Anstaltsstaat. Psychiatrie, Kriminologie und Strafrechtsreform in Deutschland 1871–1933, Göttingen 2004.

[7] Vgl. Engstrom (Anm. 4); zur Verknüpfung von Irrenstatistik sowie Fragen der Bedarfsplanung mit einer vereinheitlichten Terminologie und Klassifikation vgl. Volker Roelcke, Unterwegs zur Psychiatrie als Wissenschaft: Das Projekt einer „Irrenstatistik" und Emil Kraepelins Neuformulierung der psychiatrischen Klassifikation, in: Eric J. Engstrom/Volker Roelcke (Hg.), Psychiatrie im 19. Jahrhundert. Forschungen zur Geschichte von psychiatrischen Institutionen, Debatten und Praktiken im deutschen Sprachraum, Basel 2003, S. 169–188.

[8] Vgl. die Beiträge von Doris Kaufmann, Heinz-Peter Schmiedebach und Volker Roelcke in: Marijke Gijswijt-Hofstra/Roy Porter (Hg.), Cultures of neurasthenia from Beard to the First World War, Amsterdam 2001.

[9] Vgl. Jahresversammlung des Deutschen Vereins für Psychiatrie, in: Allgemeine Zeitschrift für Psychiatrie 60 (1903), S. 905–978, hier S. 906.

[10] Die ständige Zunahme von Insassen der Heil- und Pflegeanstalten wurde in der zweiten Hälfte des 19. Jahrhunderts insbesondere durch staatliche Vorgaben befördert. Durch das Bundesgesetz über den Unterstützungswohnsitz vom 8. März 1871 und die darauf basierenden weiteren gesetzlichen Bestimmungen wurden die öffentlichen Armenverbände mit der institutionellen Unterbringung auch der „hilfsbedürftigen Geisteskranken" beauftragt, für die sie Anstaltsplätze zu schaffen hatten: E. Quentel, Sammlung der Verfassung und Verwaltung des Bezirksverbandes des Regierungsbezirks Wiesbaden betreffenden Gesetze, Verordnungen, Statuten, Reglements und sonstigen Bestimmungen, Wiesbaden 1894, S. 189–192.

[11] Vgl. Engstrom (Anm. 4); beispielhaft wurde diese Arbeitsteilung für die oberhessische Stadt Gießen aufgezeigt: Uta George u. a. (Hg.), Psychiatrie in Gießen – Facetten ihrer Geschichte zwischen Fürsorge und Ausgrenzung, Forschung und Heilung (= Historische Schriftenreihe des Landeswohlfahrtsverbandes Hessen, Quellen und Studien Band 9), Gießen 2003.

[12] Vgl. Volker Roelcke, Continuities or Ruptures? Concepts, Institutions, and Contexts of Twentieth Century German Psychiatry, in: Marijke Gijswijt-Hofstra/Harry Oosterhuis et al. (Hg.), Psychiatric Cultures Compared. Psychiaty and Mental Health Care in the Twentieth Century, Amsterdam 2005, S. 162–182.

[13] Joachim Radkau, Das Zeitalter der Nervosität, München 1998.

[14] Einen ersten Überblick über Gründungsgeschichte und die ersten Jahrzehnte der Anstalt Hadamar gibt Bettina Winter, Die Geschichte der NS-„Euthanasie"-Anstalt Hadamar, in: „Verlegt nach Hadamar". Die Geschichte einer NS-„Euthanasie"-Anstalt, bearbeitet von Bettina Winter, herausgegeben vom Landeswohlfahrtsverband Hessen (= Historische Schriftenreihe des Landeswohlfahrtsverbandes Hessen, Katalog Bd. 2), Kassel 1991, S. 29–187, darin insbesondere S. 29–31.

[15] So etwa die Prognose des Magistrats von Frankfurt/M. vom August 1902, zitiert in den Verhandlungen des 38. Kommunallandtages des Regierungsbezirks Wiesbaden (im Folgenden: Vh. KL) (12.–21. 04. 1904), Wiesbaden 1904, S. 417.

[16] Vgl. Winter (Anm. 14), S. 29; vgl. außerdem den Beitrag von Christina Vanja in diesem Band.

[17] Vh. 38. KL, 1904, S. 429–431.

[18] Vh. 39. KL, 1905, S. 14.

[19] Ebd., S. 432.

[20] Ebd., S. 437.

[21] Ebd., S. 439.

[22] Ebd.

[23] Vh. 40. KL, 1906, S. 463.

[24] So noch etwa in Hans Laehr, Die Anstalten für Psychisch-Kranke in Deutschland, Deutsch-Österreich, der Schweiz und den baltischen Ländern, 6. Aufl., Berlin 1907, S. 78.

[25] Vh. 40. KL, 1906, S. 463.

[26] Ebd., S. 465–466.

[27] Vh. 42. KL, 1908, S. 372; vgl. Christina Vanja, „eitel Lust und Freude herrscht wirklich nicht darin" – Die Landes-Heil- und Pflegeanstalt Weilmünster 1897–1921, in: dies. (Hg.), Heilanstalt – Sanatorium – Kliniken. 100 Jahre Krankenhaus Weilmünster 1897–1997 (= Historische Schriftenreihe des Landeswohlfahrtsverbandes Hessen, Quellen und Studien Band 4), Kassel 1997, S. 15–60, und Peter Eller, Die Ärzte der Heil- und Pflegeanstalt Eichberg von der Gründung bis zum Ersten Weltkrieg, in: Christina Vanja u. a. (Hg.), Wissen und Irren. Psychiatriegeschichte aus zwei Jahrhunderten – Eberbach und Eichberg (= Historische Schriftenreihe des Landeswohlfahrtsverbandes Hessen, Quellen und Studien Band 6), Kassel 1999, S. 108–128, insbesondere S. 116.

[28] Vh. 43. KL, 1909, S. 364.

[29] Vh. 42. KL, 1908, S. 178–180.

[30] Vh. 43. KL, 1909, S. 373.

[31] Vgl. die Jahresberichte der Anstalt ab 1906, publiziert in den Vh. KL seit 1908.

„In diesem Haus hat sich so manches zugetragen"
Die Landesheil- und Erziehungsanstalt Hadamar 1906–1932

Gabriele Kremer

Einleitung

Im Pfarrarchiv der Stadt Hadamar hat sich ein Gedicht aus dem Jahre 1924 erhalten, in dem die Psychiatriepatientin Magda B.-H. die vergangenen Jahre Revue passieren ließ: „Zum Sommerfest wo laue Lüfte wehn/ Und wieder wir ein Stück des Lebens sehn/ Da möchten manches wir zu sagen wagen/ Denn bittre Stunden sahen wir in vielen Tagen/ Eintönig brachten wir den langen Winter hin/ Graue Verzweiflung ergriff oft unsern Sinn/ Sogar die Lampe war oft schwierig da/ Und manche Nacht Parterre das Dunkel sah/ Zu Hause hält man Zündholz, Kerze, Licht/ Hier hat man alles dieses nicht./ In diesem Haus hat sich so manches zugetragen/ Man könnts mit Worten garnicht richtig sagen/ Denn durcheinander gibt's hier viele Lebensart/ Es mischt sich schmerzlich stark oft grob und zart/ Wir sahen manches Leid, das niemand kennt/ Die Außenwelt mit Namen niemals kennt/ Obwohl man Hunger kennen lernte wohl in jedem Haus/ Denn schwere Jahre gingen schon voraus/ Gar viele Arbeit gab's in Stadt und Land/ Wofür den Dank bis heute man nicht fand./ Die Neuordnung der Dinge sie möge gelingen/ Daß Hilfe uns werde im verzweifelten Ringen/ So ende ich dies mit innigem Flehn/ Daß bald für uns andere Zeiten erstehen/ Respectvoll schließe ich und ergeben/ Wir hoffen bald auf ein anderes reicheres Leben."[1]

Weil sich tatsächliche Ereignisse hinter Formulierungen wie den „bittren Jahren" oder der „Neuordnung der Dinge" verbergen, beeindrucken diese Verse weniger als Chronik der Zeitspanne, die hier im Zentrum der Überlegungen steht. Interessant erscheinen sie vielmehr, weil sich an ihnen ein Problem der Psychiatriegeschichtsschreibung festmachen lässt. Ohne Zweifel, so macht die Verfasserin des Gedichtes deutlich, stand das Leben innerhalb der Anstalt in Zusammenhang mit dem, was draußen geschah: sowohl die Einschränkungen der Kriegszeit als auch die Hoffnungen, die mit dem neuen demokratischen Staat verbunden waren, betrafen Insassen wie Außenwelt. Auf der anderen Seite aber verweist Magda B.-H. darauf, dass „totale Institutionen"[2] wie Hadamar selbst Probleme generieren, die für die Betroffenen entscheidend waren, sich aber „mit Worten gar nicht richtig sagen" lassen und damit auch retrospektiv nur schwer fassbar sind.

Die Zeit der „Landespflege-Anstalt" (1906–1919)

Belegung und Lebensbedingungen

Mit der Umwidmung der Korrigenden- und Landarmenanstalt auf dem Mönchberg reagierte der Regierungsbezirk Wiesbaden auf den ansteigenden Bettenbedarf für Psychiatriepatientinnen und -patienten am Ende des 19. Jahrhunderts. Es ist deshalb kaum verwunderlich, wenn die Zahl der Insassen zunächst kontinuierlich wuchs. Nachdem die überwiegende Zahl der Korrigenden Hadamar verlassen hatte, beherbergte man in den bis dato bestehenden Gebäuden, dem alten Klosterbau sowie dem zweiflügeligen Neubau von 1883, bereits im Jahre 1908 120 Psychiatriepatientinnen und -patienten. Bis 1913 war die Zahl auf 193 Personen angestiegen.[3] Der Erste Welt-

Ansicht der ehemaligen Klosteranlage (LWV-Archiv, Fotosammlung)

krieg brachte für diese Entwicklung in Hadamar wie anderen Orts[4] eine tiefe Zäsur. Kriegsbedingte Einschränkungen im Anstaltsleben lassen sich bereits im Jahre 1915 nachweisen. Im Juni des Jahres wurde im Westflügel des Hauptgebäudes ein Lazarett mit 50 Betten eingerichtet, in dem hauptsächlich nervenkranke Soldaten Aufnahme fanden. Um hierfür Platz zu schaffen, schob man zusätzliche Betten in die übrigen Abteilungen ein und brachte einige Kranke im ausgebauten Dachgeschoss des Ostflügels unter.[5] Bereits im gleichen Jahr sah sich die Anstaltsleitung veranlasst, die Fleischrationen zu kürzen und Schonkost wie Weißbrot ausschließlich körperlich Kranken vorzubehalten. Zu diesem Zeitpunkt resultierten daraus noch keine nachteiligen Folgen für den Gesundheitszustand der Patientinnen und Patienten. Allerdings traten seit 1914 immer wieder Typhus-Erkrankungen in der Anstalt auf,[6] eine Infektionswelle, die sich trotz intensiver Bemühungen letztlich nicht endgültig unter Kontrolle bringen ließ.[7]

Als sich die Versorgungsprobleme mit Fortschreiten des Krieges radikalisierten, stieg, so heißt es in der Anstaltschronik, „die Zahl der Sterbefälle [...] nicht unwesentlich"[8] an. Als Ursache dafür wird relativ offen „die Schwierigkeit der Ernährungsfrage"[9] identifiziert: „Durch den Mangel an einzelnen Lebensmitteln war bei vielen Kranken eine Unterernährung eingetreten und waren die Kranken beim Auftreten von körperlichen Krankheiten wenig widerstandsfähig geworden."[10] Insbesondere die Fälle von Lungentuberkulose nahmen zu.[11] Ende 1918 forderte eine Grippeepidemie zusätzlich zwölf Todesopfer unter den geschwächten Patientinnen und Patienten. 1919, nachdem das zeitweise mit 67 Mann belegte Reservelazarett aufgelöst worden war, hatte sich die Zahl der Patientinnen und Patienten auf 37 Männer und 72 Frauen reduziert.[12]

Die ärztliche Behandlung

In der Anfangszeit übernahm Dr. Wilhelm Meitzen, der Abteilungsarzt der Landes-Heilanstalt Weilmünster, die ärztliche Betreuung der Hadamarer Patientinnen und Patienten. Trotz des veränderten Zwecks – war die Korrigendenanstalt[13] der Besserung Krimineller verpflichtet gewesen, ging es nun um die Heilung Kranker – wurden die Beamten und Angestellten der Korrigenden- und Landarmenanstalt in die Ämter der neuen Einrichtung übernommen. Die Behandlung blieb konventionell. Nach den Ausführungen Dr. Meitzens wurden die Patientinnen und Patienten mit Bettruhe und Dauerbädern behandelt sowie mit Haus-, Küchen-, Wasch- und Näharbeiten beschäftigt.[14] Daran änderte sich vermutlich wenig, als 1911 Dr. Otto Henkel (1876–1956) den Dienst in Hadamar antrat.[15] Soweit sich das anhand der im Verlaufe des Krieges immer seltener werdenden Eintragungen in den Krankengeschichten rekonstruieren lässt, kamen zusätzlich vor allem Beruhigungsmittel sowie feuchte Packungen zum Einsatz.[16] Körperlichen Beschwerden der Patienten wurde, soweit die Möglichkeiten es zuließen, entgegengewirkt.[17] Die Arbeit der Patientinnen und Patienten im Haus und in den Anstaltsbetrieben ließ sich schon zu diesem Zeitpunkt als Arbeitstherapie begreifen. Allerdings veränderte sich unter den Bedingungen einer personellen Verknappung – bereits 1914 wurden der Oberpfleger und fünf Pfleger zum Heeresdienst eingezogen[18] – nicht nur die Bedeutung, die der Arbeit der Patientinnen und Patienten zukam, sondern auch das Arbeitsspektrum. Dies legt jedenfalls ein Brief nahe, den Karl F. im Februar 1919 nach seiner Verlegung in die psychiatrische Anstalt Wiesloch an den Hadamarer Oberarzt und Anstaltsleiter Dr. Henkel richtete. Demnach hat der mit der Diagnose Katatonie und Psychopathie aufgenommene Patient mit seiner Arbeit „die Stelle eines Pflegers nahezu 4 Wochen ersetzt."[19] Dabei gingen seine Tätigkeiten weit über die Verwaltung der Küche sowie das Holen und Verteilen des Essens hinaus. Wie er berichtete, gehörten auch das Schneiden von Haaren sowie umfangreiche Hilfestellungen beim Einpacken von Patienten, bei Einspritzungen und künstlichen Fütterungen zu seinem Aufgabengebiet.[20] Karl F. selbst empfand die Tatsache, dass ihm derart verantwortungsvolle Aufgaben an seinen Mitpatientinnen und -patienten übertragen wurden, als durchaus positiv, war doch eine Aufwertung seines Status damit verbunden.[21] Anzunehmen ist allerdings, dass die Delegation pflegerischer Aufgaben an Patientinnen und Patienten nicht bei allen Betroffenen auf Akzeptanz gestoßen ist.

Die Patientinnen und Patienten

Betrachtet man die erhaltenen Krankenakten der Patientinnen, die in der Hadamarer Anstalt während des ersten Jahrzehnt ihres Bestehens lebten, so präsentiert sich das Bild einer Provinzeinrichtung, die in der Regel Männer und Frauen aus den umliegenden Orten, aber auch Kranke aus der Mainmetropole Frankfurt aufnahm.[22] Die Insassinnen und Insassen stammten typischerweise aus einem ländlich geprägten Umfeld und waren vor ihrer Einweisung häufig in der Landwirtschaft oder im Haushalt tätig gewesen. Sie kamen in die Anstalt, nachdem sich Symptome einer psychischen Erkrankung bemerkbar gemacht hatten, die den Verbleib zu Hause aktuell oder dauerhaft verunmöglichten. Bei den Diagnosen dominierte, wie andernorts auch, die so genannte „einfache Seelenstörung", ein statistischer Sammelbegriff,[23] unter dem sich die schweren Psychosen verbargen. Aber auch eine geistige Behinderung („Imbezillität") oder Alkoholkrankheit begründeten den Anstaltsaufenthalt.[24]

Häufig dokumentieren die Akten einen akuten Anlass, der zur Einweisung führte. So hatte beispielsweise Anna H. bis zum Tag vor der Aufnahme wie immer auf dem

Feld gearbeitet, sich aber am Abend geweigert, nach Hause zu gehen. Als Grund gab sie an, dass ihre Mutter die Absicht habe, sie zu vergiften.[25] Auch bei Patienten, die bereits psychiatrieerfahren waren, ging der erneuten Aufnahme in der Regel ein akuter Anlass voraus. So kam der aus der Landesheilanstalt Weilmünster entlassene Junggeselle Josef F., der seit dem Ersten Weltkrieg befürchtete, erschossen zu werden, nach einem Selbstmordversuch nach Hadamar.[26] Häufig wurden die Patientinnen nach einigen Wochen oder Monaten wieder nach Hause entlassen. Nicht selten kehrten sie allerdings bei einem Aufleben der Symptome wieder zurück,[27] und manche blieben bis zu ihrem Lebensende.

Wie oben angedeutet, verringerte während der Kriegszeit der Aufenthalt in der psychiatrischen Einrichtung die Lebenserwartung. Dies formulierte Dr. Henkel in der Anstaltschronik für 1917 recht deutlich, indem er den Gesundheitszustand von Anstalts- und Familienpfleglingen miteinander verglich: während die Zahl der Sterbefälle innerhalb der Anstalt aufgrund der problematischen Ernährungslage deutlich zugenommen hatte, waren in Familienpflege „keine schweren körperlichen Erkrankungen oder Todesfälle vorgekommen".[28] Man mag vermuten, dass der Anstaltsaufenthalt jedenfalls im Einzelfall auch unter den Bedingungen der Vor- und Nachkriegszeit nachteilige gesundheitliche Folgen hatte, da die in Hadamar eingesetzten Beruhigungsmittel nicht ohne Nebenwirkungen waren.[29] Diese Probleme betreffen allerdings nicht nur Hadamar, sondern die Psychiatrie des Kaiserreichs insgesamt. Tatsächlich ergibt sich aus den Patienten- und Patientinnenakten kein Hinweis auf eine besondere Profilierung der Einrichtung auf dem Mönchberg. Dies sollte sich nach Ende des Ersten Weltkrieges ändern.

Wandlungsprozesse: Von der Landespflege- zur Landesheil- und Erziehungsanstalt (1919/20)

Zu Beginn des Jahres 1919 stand die noch junge psychiatrische Anstalt in Hadamar vor einem Wendepunkt. Die Aufrechterhaltung des Betriebes war nicht nur wegen der erhöhten Sterberate unter den Patientinnen und Patienten, sondern auch durch die Entlassung der Korrigenden,[30] die die Einrichtung ihrer besten Arbeitskräfte beraubt hatte,[31] gefährdet. Da das Hungersterben im Ersten Weltkrieg reichsweit zu einer Entleerung der Anstalten geführt hatte, bestand für die etwa 80 freien Betten in Hadamar, so ergab eine entsprechende Prüfung schließlich im Mai 1919, „für die Zwecke der Irrenpflege"[32] kein Bedarf. In dieser Situation ermöglichte offenkundig nur ein neues Projekt, das maßgeblich von Julius Raecke (1872–1930), dem Frankfurter Ordinarius und vorübergehenden Leiter der psychiatrischen Klinik in Frankfurt,[33] mitgetragen wurde, den Erhalt des Standortes Hadamar. Nach dem Willen des mit

Ansicht der Landesheil- und Erziehungsanstalt Hadamar Anfang der 1920er Jahre (LWV-Archiv, Fotosammlung)

den neueren psychiatrischen Trends wohl vertrauten Professors sollte sich Hadamar zu einer Einrichtung der Psychopathenfürsorge wandeln, d. h. jene Personen aufnehmen, die nach Auffassung der zeitgenössischen Theorienbildung zwischen Gesundheit und (psychischer) Krankheit standen und insbesondere durch ihr normabweichendes Verhalten auffielen.[34] Im Blick hatte er insbesondere die weiblichen Psychopathen, die seiner Auffassung nach für Frankfurt ein gravierendes Problem darstellten. Raecke formulierte: „Die Zahl der weiblichen Psychopathen in Frankfurt a/M., welche der öffentlichen Fürsorge von Zeit zu Zeit verfallen, wächst andauernd. Nicht nur kommen in einer grösseren Anzahl hysterische Mädchen mit zeitweiligen Erregungszuständen oder Ohnmachtsanfällen, ferner Alkoholistinnen und Morphinistinnen zur Aufnahme in die Krankenhäuser, sondern namentlich ist auch die Ausbreitung der geschlechtlichen Ansteckung unter diesen haltlosen und verführbaren Individuen eine erschreckende. Nach den Feststellungen der Sittenpolizei sind vom September [19]18 bis Oktober [19]19 1210 weibliche Personen auf der Strasse wegen Verdachts der Unzucht festgenommen worden. Davon waren 291 minderjährig und 128 unter 18 Jahren. Der Prozentsatz Geschlechtskranker unter ihnen stieg von 40 auf 80."[35]

Für Raecke wie viele seiner Zeitgenossen schien es nicht zuletzt zum Wohle der Allgemeinheit angeraten, die insbesondere durch ihr sittliches Fehlverhalten auffälligen

„Psychopathinnnen" psychiatrisch wieder auf den rechten Weg zu bringen – oder sie immerhin davon abzuhalten, sich selbst und/oder der Gesellschaft Schaden zuzufügen. Dafür schienen die leeren Betten am Rande des Provinzstädtchens Hadamar, weit weg von der verführerischen Großstadt, gut geeignet. Obwohl die Möglichkeiten zur zwangsweisen Unterbringung der Mädchen und Frauen in einer rechtlichen Grauzone lagen, folgte der Landeshauptmann, vermutlich im Vertrauen auf den baldigen Erlass des in Fürsorgekreisen lange geforderten Bewahrungsgesetzes, den Argumenten, die die Psychiater vorbrachten. In einem Brief vom 23. Juni 1920 an das „Pflegeamt für Irre und Epileptische" in Frankfurt/Main bestimmte er: „Durch Räumung eines Teils der Landespflegeanstalt Hadamar ist die Möglichkeit geschaffen, weibliche so genannte Psychopathen dort unterzubringen. Die Anstalt Hadamar soll dieser Aufgabe entsprechend die Bezeichnung 'Landes- Heil- und Erziehungsanstalt Hadamar' führen".[36] Neben den Zweck der Pflege und Heilung psychisch Kranker war nun ein erzieherischer Anspruch getreten, den Dr. Henkel im Verwaltungsbericht deutlich formulierte: „Sittlich sie wieder zu heben, den Willen wieder zu stärken und den Geist wieder zu wecken soll unser Bestreben sein",[37] heißt es dort.

Auf- und Ausbau der Landesheil- und -Erziehungsanstalt (1920 bis 1929/30)

Rahmenbedingungen

Bei der „Gründung" des Psychopathinnenheimes handelte es sich zunächst um nichts anderes als um einen Verwaltungsakt, der die Belegung der Hadamarer Betten durch eine bislang dort noch nicht vertretene Klientel ermöglichte. Zwar nahm schließlich der reguläre psychiatrische Bereich weiterhin den größeren Teil der Anstalt Hadamar ein; bei insgesamt rund 350 Anstaltspatientinnen und -patienten machte der Anteil des Psychiopathinnenheims Mitte der zwanziger Jahre eine Größenordnung von rund einem Viertel aus.[38] Die Psychopathinnenfürsorge aber war der Aspekt, der die Anstalt Hadamar von anderen psychiatrischen Anstalten der Zeit unterschied.

Nach den Ausführungen Raeckes handelte es sich bei der Klientel des Psychopathinnenheims um nicht selten noch minderjährige Mädchen und Frauen, die in Frankfurt durch „häufig wechselnden" Geschlechtsverkehr, durch Stellenwechsel, Herumtreiben, Alkohol- oder Drogenmissbrauch sowie kleinere Delikte aufgefallen waren und sich durch die regulären fürsorgerischen Methoden nicht auf den vermeintlich rechten Weg zurückführen ließen. Die Frage, ob sie als geisteskrank anzusehen waren, war nicht eindeutig beantwortet. Von der psychiatrischen Theorienbildung her nahmen sie eine Zwitterstellung ein, durch die Belegung mit der Diagnose

„Psychopathie" war eine formale Attestierung psychischer Krankheit aber durchaus möglich.

Zur Aufnahme der neuen Klientel waren offenbar keine Vorbereitungen zum Beispiel räumlicher oder personeller Art getroffen worden. Am 17. Juli 1920, als der vermutlich erste „psychopathische" Zögling nach Hadamar kam, verlegte der Landeshauptmann das Mädchen ausdrücklich in die „Landes-Pflegeanstalt" und stellte anheim, es „sobald die Abteilung für psychopathische Mädchen eröffnet ist",[39] dort unterzubringen. Für die Folgezeit lassen sich Maßnahmen zur Anpassung der Räumlichkeiten an den neuen Zweck nachweisen. Obwohl eine zu enge Verbindung zwischen zu Erziehenden auf der einen, geisteskranken Patientinnen und Patienten auf der anderen Seite von Beginn an als nachteilig angesehen worden war, erfüllte sich die Erwartung, das gesamte Gebäude mit „Psychopathinnen" belegen zu können, nicht. Im Westflügel des Hauptgebäudes blieb die Geisteskrankenabteilung, die ein durch Türen abgetrennter Mittelbau vom Ostflügel trennte, der nun zum so genannten „Heim" der „Psychopathinnen" wurde. Im Erdgeschoss des Psychopathinnenheimes wurden ein Esszimmer, eine Nähstube und der Schulraum eingerichtet. Die Mädchen und jungen Frauen schliefen wahrscheinlich in Mehrbettzimmern im ersten Stock, wo sich auch einige Wohnzimmer für die Schwestern sowie ein zweiter Essraum befanden. Vermutlich waren diese Umstrukturierungen zunächst provisorischer Natur, erst im Jahre 1922 genehmigte der Kommunallandtag, der im Regierungsbezirk Wiesbaden für den Beschluss des Etats der Landesheilanstalten zuständig war, 70.000 Mark für die Einrichtung des Heimes, das inzwischen bereits zwei Jahre arbeitete und immerhin bereits etwa 95 Mädchen aufgenommen hatte.[40]

Den zögerlichen Anfang löste 1926 eine Phase intensiveren Ausbaus ab. Nachdem der ehemalige Frankfurter Stadtrat und frühe Protegé des Psychopathinnenheims Dr. Wilhelm Woell (1871–1926), der 1920 bis 1926 als Landeshauptmann in Wiesbaden amtierte, die Einrichtung in Hadamar mit Hinweis auf ähnliche Heime an anderen Orten des Deutschen Reiches noch einmal verteidigt hatte, begannen im gleichen Jahr Um- und Ausbauarbeiten, von denen gerade das „Psychopathinnenheim" deutlich profitierte. Zunächst fielen die noch aus der Zeit der Korrigendenanstalt stammenden Umfassungsmauern und wurden durch Drahtzäune ersetzt. Durch Umbau des ehemaligen Klostergebäudes entstand eine offene Station, in der psychopathische Jugendliche untergebracht waren, die als ruhig oder gebessert galten. Gleichzeitig ermöglichte der Erwerb einer ehemaligen Ziegelei in unmittelbarer Anstaltsnähe sowie der Kauf des nahe gelegenen Hofgutes Schnepfenhausen 1927 nicht nur eine erhebliche Vergrößerung, sondern auch eine Ausdifferenzierung der Anstalt. In der Ziegelei entstanden Wohn- und Arbeitsmöglichkeiten für ruhige Patienten, die selbstständig arbeiteten. Auch das Hofgut diente der Unterbringung von Männern und Frauen, bei denen eine engmaschige Kontrolle nicht notwendig erschien. Gerade in diesen freien

Abteilungen vermischten sich die regulären Patientinnen und Patienten mit den ursprünglich primär mit Erziehungsanspruch aufgenommenen „Psychopathinnen". Für diese bedeuteten die räumlichen Ausbauten, dass nun, etwa 7 Jahre nach der Gründung des „Heims", die Möglichkeiten zur Realisierung des von Beginn an als entscheidend angesehenen Progressivsystems bestanden.[41]

Dem Tempo, mit dem sich die räumlichen Möglichkeiten veränderten, hielt die Entwicklung auf der personellen Ebene nicht stand. Die Verantwortlichkeit für die Behandlung der Patientinnen und Patienten allgemein, die pädagogisch-psychiatrische „Heilerziehung" der „Psychopathinnen" im Besonderen, lag bei den Ärzten. Bis 1921 war Dr. Henkel der einzige Arzt vor Ort, erst im März dieses Jahres wurde Dr. Ernst Pöllmann (1876–1949), der bisherige Oberarzt in Weilmünster, nach Hadamar versetzt. Henkel avancierte daraufhin zum Direktor. Obwohl die Zahl der Patientinnen die der Patienten aufgrund der Spezialisierung auf „Psychopathinnen" weit überstieg, wurde erst im Jahre 1928 eine dritte Arztstelle mit der Ärztin Dr. Quademechels zunächst probeweise besetzt. Nach deren Ausscheiden aus dem Dienst trat Dr. Elfriede Conrad (1894–1966) ihre Nachfolge an.

Bei keinem der Ärzte ist eine eindeutige Spezialisierung auf Belange der Psychopathenfürsorge nachweisbar, zumindest der Direktor versuchte allerdings, Anschluss an die aktuellen Diskussionen in seinem neuen Arbeitsgebiet zu erhalten. Was das nicht ärztliche Personal betrifft, so versuchte Direktor Henkel, pädagogisch wie medizinisch versierte Mitarbeiter und Mitarbeiterinnen zu gewinnen. Wie sich im Einzelfall nachweisen lässt, arbeiteten deshalb in Hadamar auch Personen, die aus der Fürsorgeerziehung kamen oder eine Ausbildung als Hilfsschulpädagogin absolviert hatten. Aufgrund einer überaus hohen Fluktuation lässt sich über die Qualifikation des Personals insgesamt allerdings kaum eine verallgemeinernde Aussage treffen.[42]

Vermutlich ist diese Fluktuation auch für die Möglichkeiten der Insassinnen, sich in Hadamar fortzubilden, nicht folgenlos gewesen. Grundsätzlich wurden in Hadamar ein nicht näher spezifizierter Unterricht sowie Fortbildungen insbesondere in hauswirtschaftlichen Arbeiten angeboten. Unter dem Druck der Verhältnisse verloren sich allerdings nicht selten die pädagogischen Anliegen hinter der Notwendigkeit, in den Anstaltsbetrieben effektive Arbeit zu leisten.[43]

Insgesamt zeigt sich also, dass sich die Rahmenbedingungen der Heil- und Erziehungsanstalt von denen regulärer psychiatrischer Einrichtungen kaum unterschieden. Vor diesem Hintergrund stellt sich die Frage, inwieweit sich im Umgang mit den Insassinnen Besonderheiten ausmachen lassen, die dem erzieherischen Anspruch geschuldet sind.

Die Hadamarer Heilerziehung

Betrachtet man die erhaltenen Krankenakten der Personen, die als „Psychopathinnen" und potentielle „Heiminsassinnen" in Hadamar aufgenommen wurden, so ergibt sich daraus ein recht deutliches Bild der so genannten heilerzieherischen Beeinflussung. Wie bei den regulären Patientinnen und Patienten auch, standen eine körperliche Untersuchung sowie ausführliche anamnestische Gespräche am Beginn des Anstaltsaufenthaltes. Hinzu kamen recht aufwändige Testverfahren, die zum Kanon heilpädagogischer Diagnostik gehörten, beispielsweise Intelligenzprüfungen oder die Überprüfung des sittlichen Empfindens. Trotz dieser vergleichsweise sorgfältigen Explorationen führte die Eingangsuntersuchung allerdings nicht zu einem Erziehungsplan, wie manche Fürsorgeerziehungsanstalten dies praktizierten.[44] Vielmehr wurden die Mädchen, wie ihre unter Psychosen leidenden Mitinsassinnen, zunächst unter recht engmaschiger Beobachtung in den Anstaltsalltag integriert. Wie sie sich dort verhielten, gab den Ausschlag über die „Behandlung", die folgte. Entsprechend der Auffälligkeiten, die sie nach Hadamar geführt hatten, bestanden die „Symptome" der „Psychopathinnen" in aller Regel in Verhaltensweisen, die aus Sicht des Anstaltspersonals gegen die nicht näher definierbare Norm des „anständigen Mädchens" verstießen. Solchem Fehlverhalten begegnete man zunächst mit althergebrachten pädagogischen Maßregeln. So wurden die Heiminsassinnen ignoriert, stärker kontrolliert, ermahnt, getadelt, verwarnt und mit Strafen bedroht. Das Personal verbot ihnen den Besuch des Kinos oder die Teilnahme an Festen, sperrte Pakete, reduzierte den Kontakt mit Angehörigen, entzog eigene Handarbeiten, zwang Einzelne, ihr Verhalten nach Hause zu berichten oder Strafsätze zu schreiben. Die Ärzte und/oder Schwestern kürzten die Mahlzeiten, schickten Mädchen früher zu Bett, verboten ihnen aufzustehen oder ließen sie auf dem Boden schlafen. Sie isolierten sie bis zu mehreren Stunden in einem eigens dafür eingerichteten Kämmerchen, mitunter kamen auch Ohrfeigen hinzu. Ergänzt wurden diese Beeinflussungsversuche durch Maßnahmen, die als psychiatrische Behandlungsweisen galten. Gegenüber einer Beschwerde rechtfertigte der zuständige Landeserziehungsrat auch die Verordnung von Schleimsuppe, eines Gerichtes ohne Fett und Salz, als medizinische Diät. Handelt es sich dabei recht offensichtlich um den Versuch, eine Disziplinarmaßnahme als medizinische Notwendigkeit akzeptabler erscheinen zu lassen, so gehörten die anderen psychiatrischen „Behandlungsmaßnahmen" tatsächlich zum Inventar der zeitgenössischen Psychiatrie. Wie die regulären Insassinnen und Insassen der Anstalt wurden auch die „psychopathischen Mädchen" mitunter auf die Geisteskrankenabteilung verlegt, in Packungen oder das Dauerbad gelegt oder mit Medikamenten beruhigt. Weil es zu diesen Interventionen dann kam, wenn aufgrund der Vorgeschichte das Versagen pädagogischer Beeinflussung angenommen wurde oder im konkreten Fall erzieherische Maßnahmen nichts bewirkt hatten, stellt sich die psychiatrische Behandlung als Steigerung der erzieherischen Beeinflussung dar. Aus diesem Grunde liegt bis heute eine Interpretation nahe, die sich schon den Betroffenen geradezu aufdrängte.[45]

Hadamar aus Sicht der Insassinnen

Für die „Psychopathinnen", die sich selbst nicht als geisteskrank ansahen, bedeutete die Hadamarer Behandlung eine besondere Art von Disziplinierung oder Strafe. Dies lässt sich an einer Vielzahl von Briefdokumenten belegen, die sich in den Akten erhalten haben. „Soll vielleicht ein Geisteskranker die Strafe für einen gesunden Menschen sein"[46], fragte beispielsweise Elfriede E. rhetorisch und verdeutlichte damit, dass für sie bereits das enge Zusammenleben mit den psychisch kranken Patientinnen und Patienten sanktionierenden Charakter hatte. Je enger die Kontakte wurden, desto schlimmer empfanden die „Psychopathinnen" ihre Situation. „Für mich ist daß die größte Strafe im Wachsaal"[47], formulierte Amalie P. deshalb konsequent. Aus Sicht der Betroffenen stellten sich die üblichen psychiatrischen Behandlungsmethoden als eine Steigerung im Katalog der Sanktionen dar. In diesem Sinne resümierte eine Mutter: „Sie [die vermeintlichen 'Psychopathinnen', G. K.] berichten, dass Mädchen zur Strafe in den Wachsaal kommen, dort in Kalte nasse Tücher eingepackt und verschnürt werden. Wenn sie sich dann noch aufregen, bekommen sie noch von einer Schwester Maria M. Spritzen verabreicht".[48] Die Gründe, wieso sich die Hadamarer Methode aus Sicht der Betroffenen als ein „zweckvoll u. bewusst zugefügtes, von dem Betroffenen als solches empfundenes Übel"[49] darstellte, das die Besserung unerwünschten Verhaltens intendierte, lässt sich anhand der Dokumente recht gut rekonstruieren. Zunächst spielten ganz konkrete Beeinträchtigungen eine Rolle, die das Leben unter den Geisteskranken direkt als „Folter"[50] erscheinen ließen, so zum Beispiel der Geruch in der Zelle, bei dem es „kein Vieh aushalten"[51] könne oder die permanente Überwachung.[52] Angst hatten die Mädchen und Frauen konkret auch vor körperlichen Angriffen durch die Geisteskranken, insbesondere da ihnen bewusst war, dass diese für etwaige Gewalttaten nicht haftbar gemacht würden. In der Zelle, so formulierte ein Mädchen, sei einem „das leben nicht sicher [...] denn wenn sie einem etwas antun man kann sie nicht zur Rechenschaft ziehen".[53] Aber auch das Miterleben von körperlichem Siechtum und Tod führte dazu, dass es den Mädchen „so weh und schwer im Herzen [war], Tag u. Nacht bei diesen armen Menschen".[54]

Dass die psychiatrischen Behandlungsmethoden speziell als Strafen empfunden wurden, weil sie körperliche Übergriffe darstellten, liegt auf der Hand. Auf „Schleimsuppe" gesetzt, litten die Patienten bei der schweren körperlichen Arbeit, die sie verrichteten, Hunger.[55] Das „Einpacken" ging nicht selten mit körperlicher Gewalt einher, das Liegen in der Packung bedeutete nicht nur Ohnmachtsgefühle, sondern war sicher auch aufgrund der erzwungenen Körperhaltung schmerzhaft und demütigend.[56]

Charakteristisch für viele Briefdokumente ist allerdings die Betonung, wie selbstverständlich es sei, nicht mit Geisteskranken leben und nicht als geisteskrank behandelt werden zu wollen. Sicher spielte bei dieser Bewertung die Entfremdung zwischen der Welt der „Wahnsinnigen" und der Welt der Vernunft eine bedeutsame Rolle. Diese stellte sich für die Mädchen und jungen Frauen nicht als Produkt einer historischen Entwicklung, sondern als Selbstverständlichkeit, als naturhaft dar. Mit dem leben zu müssen, was die Gesellschaft aus ihrem Blick verbannt hatte, wirkte unheimlich, gefährlich und bedrückend.[57] Selbst als geisteskrank stigmatisiert zu werden, bedeutete einen Angriff auf die eigene Identität, der nur schwer zu bewältigen war.

Dieser Sichtweise, die die Ineinssetzung von abweichendem Verhalten und psychischer Krankheit ebenso ablehnte wie ihre Konsequenzen, stand allerdings die Perspektive der Ärzte als genau entgegengesetztes Paradigma unvereinbar gegenüber. Solange die psychiatrische Deutungsmacht nicht nur in Mediziner- und Fürsorgekreisen, sondern auch in der Öffentlichkeit unbestritten war, verhallten deshalb alle Beschwerden, die die Mädchen mit noch so überzeugenden Argumenten vorbrachten. Erst als Ende der zwanziger Jahre die Krisenerscheinungen im Fürsorgeerziehungswesen und in der Psychiatrie immer offenbarer wurden, bröckelte das Vertrauen in die Unfehlbarkeit psychiatrischen Urteilens und Handelns. Die Folge war auch in Hadamar ein Psychiatrieskandal, der für die weitere Entwicklung der Landesheil- und Erziehungsanstalt einige Folgen zeitigte.

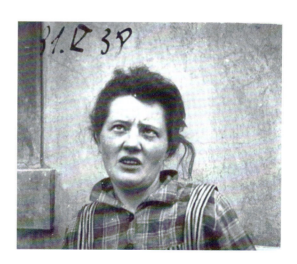

Katharina L. (LWV-Archiv, Bestand 12, K 1753)

Hadamar in der Zeit der Krise (1929/30 bis 1933)

Der Skandal Käthe F.

Der Hadamarer Psychiatrieskandal entzündete sich um ein Mädchen, das als Fürsorgezögling in das Heim aufgenommen worden war. Käthe F. hatte in ihrem Weihnachtsurlaub 1928 Kontakt mit dem kommunistischen Landtagsabgeordneten Konrad Lang aufgenommen und sich über einen Vorfall beschwert, der sich bereits am 15. Februar 1928 ereignet hatte. Nach den übereinstimmenden Darstellungen aller Beteiligten war es an diesem Tag bei dem Versuch, Käthe zu isolieren, zu gewaltsamen Auseinandersetzungen zwischen dem Zögling und dem Pflegepersonal gekommen. Anschließend war Käthe F. auf die Geisteskrankenabteilung verlegt und dort mit den üblichen Methoden behandelt worden. In einer Zeit erhöhter Sensibilität gegenüber psychiatrischen Übergriffen nahm Konrad Lang diese Beschwerde zum Anlass, gegen die Hadamarer Praxis vorzugehen. Zunächst initiierte er einen unangekündigten Kontrollbesuch von Delegierten des Kommunallandtages sowie Vertretern des Landeshauptmannes. Hier wurden die von Käthe F. erwähnten Einrichtungen, die „Zelle" der Geisteskrankenabteilung sowie das „Kämmerchen" besichtigt. Im Anschluss an diesen Ortstermin brachte Konrad Lang im Kommunallandtag den Antrag ein, „die Erziehungsanstalt [...] von der Heil- und Pflegeanstalt abzutrennen." Auch forderte er, dass kein Insasse Hadamars geschlagen würde sowie „Arreststrafen und ähnliche mittelalterliche Vergeltungsmaßregeln in den Anstalten verboten werden". Mit diesem Antrag initiierte der kommunistische Abgeordnete eine erneute Diskussion um die Zwitteranstalt Hadamar, die erst zwei Jahre später ihren Abschluss fand.[58]

Der veränderte „Charakter" der Landesheil- und Erziehungsanstalt ab 1929/30

Die Diskussionen um die Abtrennung des Erziehungsheimes von der Anstalt bedrohten Hadamar substantiell. Denn ohne Zweifel garantierte die Aufnahme der „Psychopathinnen" Frankfurts nicht nur die Auslastung der Kapazität, sondern ermöglichte erst die Blüte der Einrichtung in den zwanziger Jahren. Im Unterschied zu regulären Psychiatriepatienten handelte es sich bei den jungen Frauen, die durch ihr abweichendes Verhalten, nicht durch psychische Symptome im engeren Sinne auffielen, um ausgezeichnete Arbeitskräfte, die auch in den Familienpflegestellen recht beliebt waren. Wenn Hadamar unter allen nassauischen Anstalten den größten prozentualen Bestandteil an Familienpfleglingen aufwies, dann sicher auch wegen der „Psychopathinnen", die sich vor einer Entlassung erst einmal als Dienstmagd in einer Familienpflegestelle bewähren mussten.[59]

Vermutlich wartete die Anstaltsleitung deshalb nicht auf die sich hinziehenden Beratungen des Kommunallandtages, sondern versuchte, die Bedrohung der Einrichtung selbst abzuwenden. Dabei setzte man auf eine mehrgleisige Strategie. Zum einen wurde die Aufgabe der Begutachtung schwererziehbarer Fürsorgezöglinge, die lediglich der Psychopathie verdächtig waren, offiziell abgegeben. Damit fiel die Gruppe weg, die sich eindeutig als (unter Umständen noch) nicht geisteskrank bezeichnen ließ, und die durch die Bestimmungen des Fürsorgeerziehungsgesetzes unter besonderem staatlichen Schutz stand. Gleichzeitig wurde bei der Aufnahme aller neuer „Psychopathinnen" ein Attest über das Vorliegen von Geisteskrankheit verlangt. Durch die Bestimmung, dass dieses nicht mehr wie bisher von Direktor Henkel selbst, sondern von einem anderen Psychiater stammen sollte, wurde der Eindruck einer höheren Objektivität erzeugt. Tatsächlich allerdings stammten die Atteste nun in der Regel aus der Frankfurter Klinik, mit der man in Hadamar seit der Gründung des „Psychopathinnenheimes" aufs Engste zusammen arbeitete. Nach außen hin bewirkten diese Veränderungen allerdings, dass die Kritik, die zu Erziehenden würden ungerechtfertigterweise wie Geisteskranke behandelt, nicht mehr trug. Der Unterschied zwischen „Psychopathinnen" und Geisteskranken löste sich auf.

Dementsprechend wurde im Zuge von Baumaßnahmen auch die bisherige Abteilungsstruktur verändert. Ab 1930 stellte sich die Situation nun so dar, dass die weiterhin Heim genannte Spezialabteilung für die „Psychopathinnen" vom Ost- in den Westflügel umzog. Neu angeschlossen wurde eine Isolierabteilung, vermutlich für geschlechtskranke Mädchen. Die vollständig offene Abteilung im Altbau blieb inklusive der Lehrküche erhalten. Sowohl in der Ziegelei als auch im Hofgut Schnepfenhausen lebten und arbeiteten vereinzelt „Psychopathinnen", aber auch reguläre Patienten beiderlei Geschlechts. Der Ostflügel beherbergte zwei große Abteilungen für geisteskranke Frauen. Die kleine Männerabteilung war im Altbau, streng getrennt von der offenen Abteilung für die „Psychopathinnen", untergebracht.[60]

Deutlich wird, dass sich das Psychopathenheim um 1930 sehr viel stärker als zu Beginn in die reguläre Anstalt integrierte: tendenziell gab es, so formulierte der Oberarzt Dr. Pöllmann, „seinen Charakter als Psychopathenheim in dem Sinne, wie es ehedem gedacht war,"[61] auf.

Für die Patienten, die nach wie vor nach Hadamar kamen, hatten diese Veränderungen vermutlich wenig Bedeutung, denn insbesondere die „Psychopathinnen", die durch unerwünschte Verhaltensweisen auffielen, waren ja bereits in den Jahren vorher mit den gleichen Methoden behandelt worden wie ihre unter Psychosen leidenden Mitinsassinnen auch. Von der Relativierung des pädagogischen Anspruches mag zudem wenig spürbar gewesen sein. Denn dass Hadamar selbst während der Zeit, als noch pädagogische Ansprüche zum Programm gehörten, kein Ort der Erziehung war, hatte für die Betroffenen schon lange festgestanden.[62]

Gabriele Kremer

Resümee

Bereits in den ersten Jahrzehnten ihres Bestehens wechselte die Anstalt auf dem Mönchberg ihr Gesicht mehrfach. Diese Veränderungsprozesse lassen sich teils auf die sozialgeschichtlichen Umstände, teils auf institutionsspezifische Probleme zurückführen. In einer ersten Phase von 1906 bis zum Ende des Ersten Weltkrieges trug die Einrichtung die Züge einer wenig spezialisierten Provinzpsychiatrie. Gegründet, um einem angestiegenen Bettenbedarf Rechnung zu tragen, war der Standort Hadamar aufgrund des Hungersterbens im Ersten Weltkrieg bereits ein Jahrzehnt später gefährdet. Deshalb bedeutete das Jahr 1919/20 eine wichtige Zäsur. Mit der Etablierung als Einrichtung der „Psychopathenfürsorge" ließ sich nicht nur der Bestand sichern, vielmehr gelang zumindest nominell der Anschluss an einen in dieser Zeit vieldiskutierten neuen Trend. In den darauf folgenden zehn Jahren, in denen Hadamar den Charakter einer Heil- und Erziehungsanstalt beanspruchte, zeigte sich allerdings ein Auseinanderklaffen zwischen den alten Rahmenbedingungen und dem Alltag, den sie hervorbrachten, einerseits, sowie den neuen Zielen andererseits. Wie gerade die Briefdokumente der „Psychopathinnen" belegen, bestand die dort praktizierte „Heilerziehung" lediglich in einer Anwendung psychiatrischer Behandlungsmethoden bei einer neuen Klientel. Von den Betroffenen wurde diese „Behandlung", weil sie insbesondere die jungen Mädchen ängstigte sowie unangenehm und schmerzhaft war, lediglich als Strafe aufgefasst. Bis 1929 verhallten allerdings kritische Rufe von Mädchen und Angehörigen ungehört. Erst als sich vor dem Hintergrund umfassender Krisenerscheinungen in Fürsorge und Psychiatrie die Kluft zwischen Anspruch und Wirklichkeit nicht mehr mit der Macht psychiatrischer Deutungsmuster überbrücken ließ, setzten Veränderungen ein. Dabei ging es in einer Zeit drängender ökonomischer Nöte lediglich um eine gewisse Konsolidierung des Bestehenden: Mit der Relativierung des Erziehungsanspruches und der endgültigen Etikettierung der „Psychopathinnen" als geisteskrank ließ sich die Gefahr einer Auflösung der Spezialisierung abwenden.

Am Vorabend des Nationalsozialismus stellte sich Hadamar als eine Provinzpsychiatrie dar, die noch immer auf normabweichende Frauen und Mädchen spezialisiert war, die als geisteskrank galten und vielfach entmündigt worden waren. Für die Geschicke der Hadamarer Anstaltsinsassinnen in den ersten Jahren des „Dritten Reiches" zeitigte diese Vorgeschichte fatale Folgen. Hatte die psychiatrische Etikettierung der „Psychopathinnen" in der Weimarer Republik ihre zwangsweise Asylierung in der Psychiatrie sowie die Anwendung körperlicher Zwangsmaßnahmen legitimiert, so sahen sich die Mädchen und Frauen ab 1933 noch größeren Gefahren ausgesetzt. Die Insassinnen des Psychopathenheimes bilden einen großen Teil derjenigen Patientinnen und Patienten, die ab 1934 zu den Opfern von Zwangssterilisationen nach dem „Gesetz zur Verhütung erbkranken Nachwuchses" wurden.

[1] Pfarrarchiv Hadamar (PAH), o. Nr. (Ende November 1924).

[2] Zum Begriff vgl. Erving Goffman, Asyle. Über die soziale Situation psychiatrischer Patienten und anderer Insassen, Frankfurt/Main 1973, S. 15–23.

[3] Bettina Winter, Die Geschichte der NS-„Euthanasie"-Anstalt Hadamar, in: Landeswohlfahrtsverband Hessen (Hg.), „Verlegt nach Hadamar". Die Geschichte einer NS-„Euthanasie"-Anstalt (= Historische Schriftenreihe des Landeswohlfahrtsverbandes Hessen, Kataloge Bd. 2), Kassel 1991, S. 29–188, hier S. 30.

[4] Heinz Faulstich, Hungersterben in der Psychiatrie 1914–1949. Mit einer Topographie der NS-Psychiatrie, Freiburg i. Br. 1998.

[5] Verhandlungen des 51. Kommunallandtags des Regierungsbezirks Wiesbaden vom 30. April bis 4. Mai 1917, Wiesbaden o. J., Anstaltschronik der Landesheilanstalt Hadamar (Oktober 1916), S. 464.

[6] Verhandlungen des 49. Kommunallandtags des Regierungsbezirks Wiesbaden vom 26. April bis 1. Mai 1915, Wiesbaden o. J., Anstaltschronik der Landesheilanstalt Hadamar (Oktober 1914), S. 436.

[7] Verhandlungen des 50. Kommunallandtags des Regierungsbezirks Wiesbaden vom 1. bis 8. Mai 1916, Wiesbaden o. J., Anstaltschronik der Landesheilanstalt Hadamar (November 1915), S. 449–450.

[8] Verhandlungen des 52. Kommunallandtags des Regierungsbezirks Wiesbaden vom 6. bis 15. Mai 1918, Wiesbaden o. J., Anstaltschronik der Landesheilanstalt Hadamar (1. Oktober 1917), S. 473.

[9] Ebd.

[10] Ebd.

[11] Bericht des Landesausschusses an den Kommunallandtag des Regierungsbezirks Wiesbaden über die Ergebnisse der Bezirksverwaltung vom 1. April 1917 bis Anfang 1919, o. O., o. J., Anstaltschronik der Landesheilanstalt Hadamar (1. Oktober 1918), S. 66.

[12] Verhandlungen des 54. Kommunallandtags des Regierungsbezirks Wiesbaden vom 20. bis 28. September 1920, Wiesbaden o. J., Bericht der Landespflegeanstalt Hadamar für die Zeit vom 1. April 1918 bis 31. März 1919, S. 472.

[13] Siehe Beitrag Vanja in diesem Band.

[14] Vgl. Winter (Anm. 3), S. 30.

[15] Vgl. Peter Sandner, Verwaltung des Krankenmordes. Der Bezirksverband Nassau im Nationalsozialismus (= Historische Schriftenreihe des Landeswohlfahrtsverbandes Hessen, Hochschulschriften Bd. 2), Gießen 2003, S. 730.

[16] Vgl. Archiv des Landeswohlfahrtsverbandes Hessen (LWV-Archiv), Best. 12 (Hadamar), Nr. K 1170, Krankengeschichte (im Folgenden: KG), handschriftlich Bl.-Nr. 2 (11. 05. 1915; 12. 05. 1915).

[17] Vgl. LWV-Archiv, Best. 12 Nr. K 6598, o. Bl.-Nr., Zusammenfassung der Akte auf der Sippentafel.

[18] Verhandlungen des 50. Kommunallandtags (Anm. 7), Bericht der Landespflegeanstalt Hadamar für die Zeit vom 1. April 1914 bis 31. März 1915, S. 449.

[19] Vgl. LWV-Archiv, Best. 12 Nr. K 6416, o. Bl.-Nr., handschriftlicher Brief (Wiesloch, 12. 02. 1919).

[20] Ebd.

[21] Ebd.

[22] Dies ergibt sich aus einer Durchsicht der Krankenakten sowie der Aufstellung in: Verhandlungen des 49. Kommunallandtags (Anm. 6), Bericht der Landespflegeanstalt Hadamar für die Zeit vom 1. April 1913 bis 31. März 1914, S. 433.

[23] Vgl. dazu Dirk Blasius, „Einfache Seelenstörung", Geschichte der deutschen Psychiatrie 1800–1945, Frankfurt/Main 1994, S. 7 f.

[24] Vgl. Verhandlungen des 49. Kommunallandtags (Anm. 6), Bericht der Landespflegeanstalt Hadamar für die Zeit vom 1. April 1913 bis 31. März 1914, S. 435; Verhandlungen des 50. Kommunallandtags (Anm. 7), Bericht der Landespflegeanstalt Hadamar für die Zeit vom 1. April 1914 bis 31. März 1915, S. 448; Verhandlungen des 51. Kommunallandtags (Anm. 5), Bericht der Landespflegeanstalt Hadamar für die Zeit vom 1. April 1915 bis 31. März 1916, S. 462; Verhandlungen des 52. Kommunallandtags (Anm. 8), Bericht der Landespflegeanstalt Hadamar für die Zeit vom 1. April 1916 bis 31. März 1917, S. 471; Bericht des Landesausschusses (Anm. 11), S. 63; Verhandlungen des 54. Kommunallandtags (Anm. 12), Bericht der Landespflegeanstalt Hadamar für die Zeit vom 1. April 1918 bis 31. März 1919, S. 474.

[25] Vgl. LWV-Archiv, Best. 12 Nr. K 6643, o. Bl.-Nr., Krankenblatt u. Krankengeschichte (Aufnahme d. Pat.: 27. 10. 1916).

[26] Ebd.

[27] Vgl. zum Beispiel LWV-Archiv, Best. 12 Nr. K 6643, Krankenblatt, o. Bl.-Nr. (Aufnahme d. Pat.: 20. 06. 1909); Nr. K 7707, o. Bl.-Nr., Krankenblatt (Aufnahme d. Pat.: 12. 08. 1909); Nr. K 7592, o. Bl.-Nr., Krankenblatt (Aufnahme d. Pat.: 14. 04. 1908); Nr. K 7429, o. Bl.-Nr., Krankenblatt (Aufnahme d. Pat.: 10. 07. 1912).

[28] Verhandlungen des 52. Kommunallandtags (Anm. 8), Anstaltschronik (01. 10. 1917), S. 473.

[29] Sehr plötzlich im Injektionszustand starb Emilie Sch., vgl. LWV-Archiv, Best. 12 Nr. K 7429, KG (18. 09. 1932).

[30] Vgl. Verhandlungen des 54. Kommunallandtags (Anm. 12), Jahresbericht der Korrigenden- und Landarmenanstalt zu Hadamar für 1918 (25. 09. 1919), S. 442.

[31] Die Entlassungen standen wohl in Zusammenhang mit einer allgemeinen Amnestie vom 03. 12. 1918, die durch Ministerialerlass vom 09. 01. 1919 auf die Arbeitshäuser ausgedehnt wurde und auch andernorts dazu führte, dass die Einrichtungen auf ihre besten Arbeitskräfte verzichten mussten: Vgl. Wolfgang Ayaß, Das Arbeitshaus Breitenau, Kassel 1992, S. 242.

[32] Institut für Stadtgeschichte Frankfurt am Main (IfS), Best. Wohlfahrtsamt, Sign. 273, Bl. 62.

[33] Zu Julius Raecke vgl. Walther Killy/Rudolf Vierhaus (Hg.), Deutsche Biographische Enzyklopädie, Bd. 8, München 1998, S. 120; Geelvink, Zur Erinnerung an Julius Raecke, in: Psychiatrisch-Neurologische Wochenschrift, 32. Jg. (1930), S. 147–149; Weichbrodt, Nekrolog für Julius Raecke, in: Allgemeine Zeitschrift für Psychiatrie und psychisch-gerichtliche Medizin, 93. Bd. (1930), S. 208–211; M. Wassermeyer, Julius Raeke, in: Archiv für Psychiatrie und Nervenkrankheiten, 92. Bd. (1930), S. 478–484.

[34] Zur Geschichte der Diagnose Psychopathie vgl. Annett Göhler, Theoretische Definitionen und klinische Handhabung des Begriffs „Psychopathie" in der deutschen Psychiatrie der zwanziger und dreißiger Jahre unseres Jahrhunderts unter besonderer Berücksichtigung der Praxis in der Heil- und Pflegeanstalt Leipzig-Dösen in den Jahren 1929 bis 1939, Diss. Med. Leipzig 1987; W. F. Voss, Psychopathie 1933–1945. Diss. Med. Kiel 1973; H.-J. Marckwort, Die Lehre von der Psychopathie, Diss. Med. Bonn 1970.

[35] IfS, Wohlfahrtsamt, Sign. 273, Bl. 9 u. Bl. 9 Rückseite.

[36] Ebd., Bl. 42.

[37] Hessisches Hauptstaatsarchiv, Wiesbaden (HHStA Wi), Abt. 403 Nr. 1155, o. Bl.-Nr., Verwaltungsbericht der Landes- Heil- und Erziehungsanstalt Hadamar vom 1. April 1920 bis 31. März 1921.

[38] Die Gesamtbelegungszahl der Landes-Heil- und Erziehungsanstalt Hadamar betrug z. B. 352 (am 01. 04. 1926), 326 (am 31. 12. 1926), 359 (am 01. 02. 1927), 372 (am 01.03.1927): Verhandlungen des 63. Kommunallandtags des Regierungsbezirks Wiesbaden vom 25. bis 30. April 1927, Wiesbaden o. J., Anstaltschronik der Landes-Heil- und Erziehungsanstalt Hadamar, S. 288. Die Zahl der Mädchen und jungen Frauen im Psychopathinnenheim ist nach Durchsicht der angegebenen Diagnosen auf knapp 100 zu schätzen (siehe auch unten).

[39] LWV-Archiv, Best. 12 Nr. K 852, o. Bl.-Nr., Brief des Landeshauptmannes in Nassau an die Psychiatrische Universitätsklinik Frankfurt/Main (Wiesbaden, 17. 07. 1920).

[40] Gabriele Kremer, „Sittlich sie wieder zu heben...". Das Psychopathinnenheim Hadamar zwischen Psychiatrie und Heilpädagogik (= Historische Schriftenreihe des Landeswohlfahrtsverbandes Hessen, Hochschulschriften Bd. 1), Marburg 2002, S. 67–69.

[41] Ebd., S. 69–70.

[42] Ebd., S. 76–80.

[43] Ebd., S. 80–82.

[44] Ebd., S. 115–127.

[45] Ebd., S. 154–163.

[46] LWV-Archiv, Best. 12 Nr. K 321, o. Bl.-Nr., maschinenschriftlicher Brief (Abschrift), Absenderin: Elfriede E., Adressat: Städtische Fürsorgestelle Frankfurt/Main (Frankfurt/Main-Griesheim, 22. 05. 1930).

[47] LWV-Archiv, Best. 12 Nr. K 1248, o. Bl.-Nr., handschriftlicher Brief, Absenderin: Amalie P., Adressat: Direktor (o. O., o. J.).

[48] LWV-Archiv, Best. 12 Nr. K 1753, o. Bl.-Nr., maschinenschriftlicher Brief (Abschrift), Absen-

derin: Elise W., Adressat: Landeshauptmann/Nassau (Frankfurt/Main, 05. 01. 1927).

⁴⁹ L. Sniehotta, Strafe, in: Deutsches Institut für wissenschaftliche Pädagogik Münster in Westfalen (Hg.), 2. Bd., 1932, Sp. 1041.

⁵⁰ LWV-Archiv, Best. 12 Nr. K 787, o. Bl.-Nr., maschinenschriftlicher Brief (Abschrift), Absenderin: Else K., Adressatin: Frl. Löhnholt (Jugendamt Frankfurt/Main) (04. 09. 1929).

⁵¹ LWV-Archiv, Best. 12 Nr. K 1289A, o. Bl.-Nr., handschriftlicher Brief, Absenderin: Elly R., Adressat: Direktor (09. 09. 1929).

⁵² Vgl. dazu LWV-Archiv, Best. 12 Nr. K 1803, o. Bl.-Nr., maschinenschriftlicher Brief (Abschrift), Absenderin: Erna W., Adressat: Vater (o. O., o. J.).

⁵³ LWV-Archiv, Best. 12 Nr. K 1417, o. Bl.-Nr., handschriftlicher Brief, Absenderin: Else S., Adressaten: Eltern (o. O., o. J.).

⁵⁴ LWV-Archiv, Best. 12 Nr. K 1207, o. Bl.-Nr., handschriftlicher Brief, Absenderin: Anni O., Adressatin: Frl. Dr. (o. O., o. J.)

⁵⁵ Vgl. LWV-Archiv, Best. 12 Nr. K 1263, o. Bl.-Nr., handschriftlicher Brief, Absenderin: Käthe R., Adressat: Vater (o. O., o. J.).

⁵⁶ Vgl. LWV-Archiv, Best. 12 Nr. K 1330, o. Bl.-Nr., maschinenschriftlicher Brief, Absenderin: Greta M., Adressat: Direktor (Frankfurt/Main, 13. 12. 1924); ebd., Nr. K 1289A, o. Bl.-Nr., handschriftlicher Brief, Absenderin: Elly R., Adressat: Vater (Hadamar, 24. 11. 1929); ebd., Nr. K 833, o. Bl.-Nr., handschriftlicher Brief, Absenderin: Katharina K., Adressat: Oberarzt (Hadamar, 08. 10. 1927).

⁵⁷ Vgl. dazu Michel Foucault, Wahnsinn und Gesellschaft: eine Geschichte des Wahns im Zeitalter der Vernunft, Frankfurt/Main 1996.

⁵⁸ Vgl. Kremer (Anm. 40), S. 72–76.

⁵⁹ Ebd., S. 185–187.

⁶⁰ Ebd., S. 73–76.

⁶¹ Ernst Pöllmann, Die Landes-Heil- und Erziehungsanstalt Hadamar, in: Heil- und Pflegeanstalten des Regierungsbezirks Wiesbaden, Düsseldorf 1930, S. 15–20, hier S. 19.

⁶² Kremer (Anm. 40), S. 214–221.

Zwischen Reform und Vernichtung – Das Hofgut Schnepfenhausen und das Übergangsheim Waldmannshausen

Michael Putzke

Die Psychiatrie in der Weimarer Republik war ein Spiegelbild der gesellschaftlichen Verhältnisse: Mit euphorischen Reformansätzen, restaurativen Gegenbewegungen und dem Aufkeimen der Saat der Rassenhygiene, die dann während des nationalsozialistischen Regimes zur Ermordung von psychiatrisch kranken Menschen führte, als „Vorspiel" für die systematische Ermordung von Juden.[1]

Anfang der 20er Jahre kam es zu einer neuen Bewertung von psychiatrisch erkrankten Patientinnen und Patienten. So machte Roemer auf die Bedeutung des psychogenen Faktors für die Entstehung von Psychosen aufmerksam.[2] Auch sah er die Frage der Anstaltsbedürftigkeit unter einem viel kritischeren Blickwinkel als die meisten seiner psychiatrischen Kollegen. Als ein Verfechter möglichst früher Entlassung von psychiatrischen Patientinnen und Patienten ist Bleuler zu sehen. „Der Anstaltsaufenthalt ist für Schizophrene ein Übel, das sich bei akuten Schüben und bei allzu argem antisozialem Verhalten nicht vermeiden läßt. Die Schädlichkeit liegt einmal darin, daß gerade diese Kranken, durch die Repression gereizt und verschlimmert werden. Je mehr Freiheit sie haben, desto besser geht es ihnen."[3] Es sind überwiegend die Anstaltspsychiater, die Reformen durchzusetzen versuchten. Und es sind therapeutische Methoden, die sich nicht an der naturwissenschaftlichen Sichtweise orientieren, sondern sozialpsychiatrische Elemente etablieren. Die bereits vor dem Ersten Weltkrieg vorhandenen Familienpflegestellen wurden ausgebaut, offene Fürsorgeeinrichtungen und aktivere Beschäftigungsbehandlung geschaffen. Reiß schrieb dazu: „Es genügt nicht mehr, den Kranken in Bettruhe zu halten, weil das erkrankte Gehirn eben auch der Ruhe bedürfe; es genügt nicht mehr, zur Erzielung einer Beruhigung Dauerbäder oder Schlafmittel anzuordnen; es ist nicht mehr angängig, bei 'aussichtslosen Fällen' eine rein registrierende Tätigkeit auszuüben, die sich hauptsächlich erstreckte auf die Diagnosestellung und Fertigung der Krankenberichte. Aktiv muß sich jetzt der Arzt seiner Kranken annehmen. [...] Er kann auch bereits die Erfahrung buchen, daß er auf Grund der Beschäftigungsbehandlung die Kranken im Allgemeinen zugänglicher findet; dadurch bekommt er viel mehr Einblick in die gestörte Psyche und findet so Gelegenheit, viel mehr als bisher psychotherapeutisch auf seine Kranken einzuwirken."[4] Diese „aktive Behandlung", im Ersten Weltkrieg ein Synonym der Drangsalierung der Soldaten mit psychischen Erkrankungen in den Reservelazaretten, löste die Starre, in der sich die therapeutischen Verfahren befunden hatten und etablierte erstmals auf breiter Basis eine soziotherapeutische Komponente. Die Familienpflege stellte einen wichtigen therapeutischen Faktor dar, allerdings war sie quantitativ angesichts der Zahl von fast 180.000 in Anstalten behandelten Menschen eher bescheiden.[5] Waren um die Jahrhundertwende circa 1.300 Menschen in Familien als Pfleglinge untergebracht, stieg die Zahl bis 1934 auf 5.200 an, wobei es im Ersten Weltkrieg zu einer deutlichen Reduktion kam.[6] Der Sachverständigenausschuss der WHO kam in seinem 3. Bericht bezüglich der Familienpflege zu dem Ergebnis: „Im allgemeinen sind landwirtschaftliche Gemeinden mit kleinen Eigenwirtschaften und die Verwandten von Angestellten des Hospitals eher geeignet, Kranke bei sich unterzubringen als Industriearbeiter, Kaufleute oder Intellektuelle. Es ist sehr ratsam, daß an die Pflegehalter Geld gegeben wird, aber noch mehr, daß auch der Patient etwas Taschengeld für seine Arbeit bekommt, um ihn zu ermutigen und seine Selbstachtung zu heben. [...] Die Familienpflege dient einem doppelten Zweck: Kann die Pflege des chronischen, aber nicht schwer gestörten Patienten außerhalb des psychiatrischen Krankenhauses auch dazu verhelfen, die Bettennot im Krankenhaus zu beheben und zugleich die noch gesunden Charakteristika des Patienten in einer normalen Umgebung und unter normalen Lebensbedingungen sich entfalten zu lassen, kann der Übergang zur völligen Freiheit und zur normalen Arbeit über eine Periode der Familienpflege erleichtert werden. Die Familienpfleglinge müssen regelmäßig besucht werden, wenigstens einmal im Monat und zwar durch den Außendienst des Krankenhauses, d. h. vom Arzt, vom Fürsorger oder psychiatrischen Krankenpfleger."[7]

Allerdings ist kritisch anzumerken, dass mehr als die Hälfte der „Pfleglinge", die statistisch der Familienpflege zugerechnet wurden, in Heimen oder heimartigen Einrichtungen untergebracht waren.[8]

Flankierend und ergänzend zu der Familienpflege ist die „offene Fürsorge" zu sehen. 1908 machte Kolb Vorschläge zur Einrichtung eines externen ärztlichen Dienstes.[9] Der Dienst sollte sich auf den ganzen Aufnahmebezirk erstrecken und die Entwicklung der familiären Verpflegungsform, sowie die Feststellung, Behandlung und Kontrolle aller „Geisteskranken" fördern.

Es fand damit eine Verschiebung der Zuständigkeit für die außerhalb der Anstalt lebenden psychisch Kranken zu den Direktoren der Kreisirrenanstalten (das sind die Heil- und Pflegeanstalten) statt. Die Amtsärzte, die ansonsten für die Betreuung dieser Klientel zuständig waren, wurden durch die schnelle Entwicklung der Hygiene und der Bakteriologie zu sehr absorbiert, als dass sie sich hätten suffizient um diese Klientel kümmern können. Außerdem galt die offene Fürsorge als Möglichkeit, die Patientinnen und Patienten früher aus der Anstaltsbehandlung entlassen zu können, da die Verantwortung durch die Weiterbetreuung gewährleistet werden konnte.

Wie die Arbeit der Außenfürsorge aussah schildert Limbach: „Die psychiatrische Außenfürsorge sucht alle außerhalb der Anstalt lebenden geistig Kranken und geistig Abnormen kennen zu lernen, zu beraten und zu betreuen, um deren Einfügung in die häusliche Gemeinschaft, in den sozialen Organismus und in das werktätige Leben tunlichst reibungslos [...] zu gestalten. Die Außenfürsorge hat auch den Zweck, durch ihre Betreuung die fortlaufende Überwachung von schwierigen Geisteskranken in den Familien auszuüben und dadurch die Unterbringung dieser Kranken in Anstalten tunlichst hinauszuschieben. Weiter soll die in die Familien hineingehende Fürsorge ermöglicht werden, daß die in den Anstalten befindlichen Geisteskranken schneller aus den Anstalten in die Familien entlassen werden."[10]

Sowohl die Familienpflege als auch die Außenfürsorge wurde als therapeutisches Instrument[11] angesehen. Neben dieser Funktion waren sie auch Bestandteil einer Behandlungskette, das heißt sie stellten eine Verbindung zwischen der Anstaltsbehandlung und der Nicht-Behandlungsbedürftigkeit dar, dies brachte den Vorteil einer Frühentlassung mit sich, aber auch die Möglichkeit einer frühzeitigen Einweisung in eine Anstalt.[12] Ziel all dieser Bemühungen war die schnelle und dauerhafte „soziale Wiedereinfügung in die Umwelt."[13] Gleichzeitig tauchten gegen Ende der 20er Jahre Bestrebungen auf, die Außenfürsorge als erbbiologisches Kontrollinstrument zu missbrauchen.[14]

Auch innerhalb der Anstalten vollzog sich ein Wandel hin zu einer aktiven Gestaltung der Therapie. Der von Hermann Simon propagierten „aktiven Krankenbehandlung"[15] war wie so oft eine zufällige Wahrnehmung vorausgegangen. Als Simon 1905 als Direktor an die Anstalt nach Warstein ging, musste das Anstaltsgelände noch angelegt werden, wozu er in einem größeren Ausmaß auf die Kranken selber zurückgriff und dabei feststellte, dass sich dadurch das Klima auffallend günstig veränderte. So nahm die Reizbarkeit und die Neigung zu Gewalttätigkeiten deutlich ab, gleichzeitig wurden zuvor völlig in sich zurückgezogene Kranke zugänglicher. Als Simon 1914 Warstein verlies, waren 90 Prozent der Kranken regelmäßig beschäftigt und das Klima hatte sich radikal verändert.[16] Er entwickelte daraufhin in Gütersloh ein Leistungssystem und schuf einen umfangreichen Katalog von Beschäftigungsmaßnahmen, der fünf Stufen umfasste. Angefangen von den allereinfachsten Tätigkeiten ohne jede Anforderung an Selbstständigkeit und Aufmerksamkeit, wie die regelmäßige Hilfe beim Wäschetragen, Tütenkleben et cetera über die mechanische Arbeit mit geringen Anforderungen an Aufmerksamkeit wie zum Beispiel Unkraut jäten, glatte Korbflechtarbeiten und Arbeiten mit mäßiger Aufmerksamkeit und Intelligenz wie dem Einsatz in der Nähstube oder Erntearbeiter. Als vorletzte Stufe hat Simon Arbeiten mit guter Aufmerksamkeit und halbwegs normalem Nachdenken wie das selbstständige Füttern der Tiere oder Facharbeiten in den Werkstätten definiert. Die fünfte Stufe bestand in der vollen Leistungsfähigkeit wie die eines Gesunden.[17]

Mit der „aktiven Krankenbehandlung" gelang Simon der Nachweis, dass es gelingen kann, durch eine geplante, durchdachte und systematisch durchgeführte Behandlung chronisch Kranke zu aktivieren und die Prognose kraepelinscher Art stark zu relativieren.

Innerhalb der Anstalt trat Mönkemöller mit der Idee einer pflegerlosen Abteilung hervor.[18] Es ging dabei darum, die Patientinnen und Patienten zu einer aktiveren Gestaltung ihrer Umwelt anzuhalten, ihnen damit deutlich mehr Verantwortung zuzumuten und dadurch die Pflege in den Hintergrund treten zu lassen. Diese Idee stieß aber auf Widerspruch, da sie das eigentliche Ziel der Behandlung, die Wiedereingliederung der Kranken in die Gesellschaft, vernachlässigte.[19]

Reformansätze in Hadamar

Sowohl das 1929 von allen drei nassauischen Anstalten, Eichberg, Herborn und Hadamar, betriebene Übergangsheim Waldmannshausen im Westerwald als auch das nahe des Geländes der Landes-Heil- und Erziehungsanstalt Hadamar gelegene Hofgut Schnepfenhausen bildeten ein Bindeglied in der Versorgungskette, die psychisch kranken Menschen zum Leben in der Gesellschaft verhelfen sollte. Gleichzeitig ist die ökonomische Funktion dieser Einrichtungen nicht zu unterschätzen. Es kam ab Mitte der 20er Jahre, nach dem Exodus durch das Hungersterben im und kurz nach dem Ersten Weltkrieg, wieder zu einem drastischen Anstieg der Belegung der Kliniken, und neben den Reformbemühungen, die Teile der Psychiatrie der Weimarer Republik ergriffen, waren das Hofgut und die Möglichkeit der Verlegung von Patienten sicher auch ein nicht zu unterschätzendes Steuerungsinstrument für die Anstalten selber.

Es flossen bei der Gründung dieser zwei Einrichtungen sozialpolitische Voraussetzungen ebenso ein wie verschiedene Strömungen der Psychiatriereformansätze, beide Aspekte bedürfen der Betrachtung.

Sozialpolitisch wichtig war die Neuregelung der Fürsorge für anstaltspflegebedürftige psychisch Kranke sowie geistig und körperlich Behinderte, die 1924 in Kraft trat.[20] Dadurch entstand eine grundlegende Reorganisation, die in ihrer Konsequenz dazu führte, dass die gesamte Kostenfrage dergestalt neu geregelt wurde, als die meisten Hilfsbedürftigen als so genannte Landeshilfsbedürftige eingestuft wurden, das Land also der Kostenträger wurde; damit fiel das politische Steuerungsinstrument, die Planung der Anstaltsentwicklung, also auch die Kostensteuerung auf dieselbe Ebene. Vor diesem sozialpolitischen Hintergrund verwundert es nicht, dass der Lan-

Wirtschaftsgebäude des Hofgutes Schnepfenhausen vor 1914 (LWV-Archiv, Fotosammlung)

desfürsorgeverband den steigenden Kosten, die durch die Überfüllung der Anstalten in der Mitte der 20er Jahre und die dadurch erforderliche Unterbringung psychisch kranker Menschen, etwas entgegensetzen musste.

Es scheint kein Zufall zu sein, dass die „aktive Krankenbehandlung" im Rahmen der Arbeitstherapie, wie sie Simon in Warstein und danach in Gütersloh etablierte auch auf das Interesse der nassauischen Anstaltsdirektoren stieß. Zusammen mit Politikern, Verwaltungsbeamten unternahmen sie im Jahre 1926 eine fünftägige „Studienreise nach den Heil- und Pflegeanstalten der Rheinprovinz, der Provinzen Westfalen und Hannover und des Bezirksverbandes Kassel".[21] In dem nach der Reise erstellten Bericht wurde dabei stark auf die wirtschaftlichen Verhältnisse und die insbesondere der Selbstversorgung dienenden, landwirtschaftlichen Eigenbetriebe abgehoben. Die in Gütersloh gewonnenen Erkenntnisse zur Arbeitstherapie waren Grundlage der Schlussfolgerung der Reise: „Insbesondere hat sie die Überzeugung befestigt, daß im Rahmen der finanziellen Möglichkeiten auch für die nassauischen Anstalten die stärkere Betonung der Arbeitstherapie verfolgt werden muß."[22]

War es einerseits die neue Form der aktiven Krankenbehandlung in Form der Simonschen Arbeitstherapie, die als Vorbild für das Hofgut Schnepfenhausen herangezogen wurde, war es andererseits eine Entwicklung in Deutschland in der Mitte des 19. Jahrhunderts – die koloniale Anstalt, die sicher einen Einfluss auf die Ausrichtung auf die Landwirtschaft und die Selbstversorgung in Schnepfenhausen hatte. Roller nannte es 1858 „eine geschichtliche Tatsache, daß ein großer Teil der Irren zu seiner Verwahrung keiner eigentlichen Anstalt bedarf, dass viele von ihnen mehr Freiheit vertragen könnten als man gewöhnlich annimmt."[23]

Griesinger wies in seiner programmatischen Schrift „Über Irrenanstalten und deren Weiterentwicklung in Deutschland" auf die Ausbildung freierer Verpflegungsformen für psychisch kranke Menschen hin.[24] Dies alles führte zu der Ausbildung „agricoler Irrenkolonien". Schon in Gheel hatte man die Erfahrung gemacht, dass sich durch die Beschäftigung psychisch kranker Menschen im landwirtschaftlichen Milieu deren Symptomatik veränderte und sich ihr Gesundheitszustand häufig verbesserte.[25] In Frankreich kam es zur Gründung erster Irrenkolonien zu Beginn des 19. Jahrhunderts, wobei für Deutschland Christophsbad in Göppingen zu erwähnen ist, wo 40 Kranke circa 100 Hektar bewirtschafteten. Diese auf Selbstversorgung ausgerichteten Kolonien bedurften aber auch der Anstalt, um nicht ausschließlich nach ökonomischen Gesichtspunkten ausgerichtet zu sein. Den Weg einer Anstalt, die eine Landwirtschaft erwarb, ist beispielhaft an der Anstalt Nietleben bei Halle zu verfolgen. Diese psychiatrische Einrichtung erwarb 1876 das 300 Hektar große Rittergut Alt-Scherbitz wegen der damaligen zunehmenden Überfüllung der Anstalt mit samt dem Inventar. Auf dem Gelände wurde eine gemischte Heil- und Pflegeanstalt errichtet, von der aus die Dorf- und Gutshäuser mit geeigneten Kranken belegt werden konnten. Paetz lobt die deutlich größere Bewegungsfreiheit und die höhere Selbstverantwortung, auch sah er die Kolonisierung in Verbindung mit der Open-Door-Bewegung, als Ausdruck der freiheitlicheren Behandlung und des Abbaus der tatsächlichen und der ideellen Mauern.[26] Aus dieser Sicht stellt das koloniale System einen wichtigen Schritt zur Befreiung psychisch Kranker dar.[27]

Es waren eine Reihe von Faktoren, die zur Gründung von Schnepfenhausen und auch Waldmannshausen beitrugen, ökonomische Überlegungen, die zunehmende Überbelegung der Kliniken, die „aktive Therapie", die kolonialen Erfahrungen des vorhergehenden Jahrhunderts, die mit den Reformansätzen der Weimarer Republik wieder aktuell wurden und nicht zuletzt die Umstrukturierung der offenen Fürsorge und die Notwendigkeit der Anstalten, Zwischenstufen zu etablieren. Allerdings wurden diese Ansätze gegen Ende der Weimarer Republik unter den Primat der zunehmend knapper werdenden Ressourcen gestellt, die Reform wurde dem Diktat der Ökonomie unterworfen.

Das Übergangsheim Waldmannshausen

Zwischen 1929 und 1933 wurde durch den Wiesbadener Bezirksverband das im damaligen Kreis Limburg gelegene Übergangsheim Waldmannshausen geführt, ein landwirtschaftliches Anwesen, das von Krankenschwestern und Krankenpflegern in Verbindung mit den Patientinnen und Patienten betrieben wurde. Das Heim kann als Reformeinrichtung betrachtet werden; es war zur damaligen Zeit absolut ungewöhnlich, dass Anstalten oder deren Träger für Patientinnen und Patienten eine Nachsorge planten oder gar institutionelle Rahmenbedingungen dafür schufen. Damit wurde von dem Bezirksverband auch eine Zwischenstufe geschaffen, die dem Konzept der „offene Fürsorge" zuzurechnen war und damit nach Ansicht Sandners neben der Entgettoisierung auch eine präventive Funktion hatte.[28] Aufnahme in Waldmannshausen sollten Patientinnen und Patienten aus allen drei nassauischen Anstalten finden. Über die Patientinnen und Patienten gibt es nur noch wenige vorhandene Akten. Auffällig ist, dass es sich bei allen um Menschen mit der Diagnose eines chronischen Alkoholismus handelte und alle nur kurze Zeit in Waldmannshausen waren.

Karl August S. wurde vom Direktor der Universitätspsychiatrie Frankfurt, Prof. Dr. Kleist, wegen chronischem Alkoholismus in eine geschlossene Anstalt eingewiesen. Bereits acht Tage nach dieser Einweisung wird Herr S. nach Waldmannshausen verlegt, „war fleißig tätig [...]. Hat in der letzten Zeit seines Aufenthaltes in Waldmannshausen sich ruhig und geordnet verhalten und auch gewisse Krankheitseinsicht gehabt. Pat. war fleißig bei den Gartenarbeiten beschäftigt."[29] Er wurde nach vier Monaten entlassen. Ganz ähnlich gestalten sich die anderen Verläufe.

Das Hofgut Schnepfenhausen

Nach der Studienreise im Oktober 1926 wurde das Hofgut Schnepfenhausen angekauft. „Um die für die Heilung der Kranken besonders wirksam erkannte Arbeitstherapie richtig durchführen zu können, wurde für den Eichberg die Nonnenmühle, für Hadamar das Gut Schnepfenhausen erworben, das Hofgut Waldmannshausen als Übergangsheim mustergültig ausgestaltet, um durch planmäßige Gewöhnung den Übergang der Genesenen aus der Anstaltspflege ins freie Leben vorzubereiten."[30]

Das Hofgut Schnepfenhausen bewirtschaftete insgesamt 5.111,80 Ar, das entspricht gut 50 Hektar an Fläche, wobei der überwiegende Teil des Landes als Acker genutzt wurde.[31] Damit besaß die Anstalt Hadamar zumindest nach dem Zweiten Weltkrieg im Verhältnis zur Patientenzahl die größte Landwirtschaft aller hessisch-nassauischen Anstalten.[32] Die Größe des Betriebes erlaubte es nicht nur der Anstalt den gesamten Fleisch- und Milchbedarf zu sichern, auch in den Zeiten der Hochbelegung mit Pa-

Stallung des Hofgutes Schnepfenhausen (LWV-Archiv, Fotosammlung)

tientinnen und Patienten, so waren 1938 1.300 Kranke in der Anstalt untergebracht, das Verhältnis von Ärzten zu Patienten lag bei 1:325 bis 1:430.[33] Zu dieser Zeit lag die tägliche Milchproduktion bei 150 Litern, die ausreichend gewesen waren, um neben der Anstalt selber auch das Kindererholungsheim Schloss Dehrn mit 350 Insassen und die Landeskinderheilstätte Mammolshöhe mit 150 Insassen zu versorgen.[34] Nach dem Ende des Zweiten Weltkrieges war der Tierbestand hoch, es gab 1948 vier Pferde, ein Fohlen, insgesamt 32 Stück Rindvieh, 30 Schweine und 51 Stück Geflügel. Geschlachtet wurden in der Zeit zwischen April 1947 und Februar 1948 insgesamt 2 Ochsen, 5 Kühe und 23 Schweine mit einem Lebendgewicht von 8.693,5 Kilogramm, mit anderen Worten, die Versorgung der circa 370 Patientinnen und Patienten war sehr gut.[35] Auch in den dreißiger Jahren war die komplette Versorgung der Patienten durch das Hofgut nicht in Frage gestellt, so wurden im Erntejahr 1935 insgesamt 4.000 Kilogramm Roggen[36] und dieselbe Menge an Weizen zum Vermahlen an eine Mühle geliefert. Es gab in den dreißiger und vierziger Jahren eine Reihe von Baumaßnahmen,[37] die zur Erhaltung und dem Ausbau des Hofgutes dienten, Landmaschinen wurden erneuert,[38] das Hofgut wurde an die allgemeine Stromversorgung[39] angeschlossen.

1939 wurden viele der Hadamarer Patientinnen und Patienten verlegt, um in der Anstalt selber Platz für ein Reservelazarett zu schaffen, das im Herbst desselben Jahres, unmittelbar nach Kriegsbeginn, eingerichtet wurde. Insgesamt waren dazu Verlegungen von mehr als 350 Patientinnen und Patienten, davon etwa vier fünftel Frauen, notwendig. Mit der Lazarettgründung wurde die Anstalt Hadamar allerdings nicht aufgelöst. Dies war möglich, obgleich sämtliche auf dem Anstaltsgelände befindliche Gebäude dem Lazarett zur Verfügung gestellt wurden, denn das Hofgut Schnepfenhausen konnte als Rumpfanstalt erhalten werden. Im Oktober 1940 waren in der Anstalt noch 80 Patientinnen und Patienten, letztere bildeten eine deutliche Mehrheit, untergebracht. Etwa 30 Patientinnen und Patienten befanden sich außerhalb der Anstalt als Familienpfleglinge, teilweise allerdings untergebracht in der Anstalt selbst. Für die in Hadamar verbliebenen Patienten stand ab Herbst keine ärztliche Betreuung mehr vor Ort zur Verfügung, da die bisher dort tätige Oberärztin Dr. Elfriede C. zum Eichberg versetzt wurde und von der rund 70 Kilometer entfernten Anstalt die Hadamarer Patientinnen und Patienten mitbetreuen musste.[40]

Im Oktober 1940, einen Monat vor der geplanten Übergabe der Anstalt an die „T4", befasste sich der Bezirksverband mit der Räumung der Anstalt, da dem eingezogenen ärztlichen Direktor der Anstalt, Dr. Peter Masorsky, Gerüchte über die geplante Schließung der Anstalt bekannt wurden; auf seine Anfrage kam die bestätigende Antwort vom Anstaltsdezernenten Fritz Bernotat. Zwischen dem 3. und 5. November 1940 wurden die letzten noch auf dem Anstaltsgelände verbliebenen Patientinnen und Patienten als so genannte „Arbeitspatienten" zusätzlich auf dem Hofgut Schnepfenhausen untergebracht, andere verlegte man in die drei anderen Landesheilanstalten. War zunächst geplant, den Standort und die Anstalt Hadamar ganz aufzulösen und das Hofgut als Familienstelle der Landesheilanstalt Eichberg weiter zu führen, entschied Bernotat im Dezember 1940, „dass entgegen meiner ursprünglichen Anordnung die sich zurzeit noch auf dem Hofgut Schnepfenhausen befindenden und beschäftigten Kranken aus finanziellen Gründen vorerst bis auf weiteres in dem Bestand der Landesheilanstalt Hadamar verbleiben sollen."[41] 1947 ist der Holzschuppen, der während der „T4-Aktion" als Garage für die Busse der GeKrat diente, „abgelegt und unverändert auf dem Hofgut Schnepfenhausen [...] wieder aufgestellt (worden). Er ist zur Unterbringung von Wagen und Maschinen vorgesehen."[42]

1947 waren neben sechs landwirtschaftlichen Arbeitern 28 männliche und drei weibliche Patienten beschäftigt. [43]

Patientenschicksale/Erkrankungsverläufe

Bei all der Individualität der einzelnen Patientinnen und Patienten lassen sich bei der Durchsicht der wenigen Patientenakten, in denen ein Aufenthalt auf dem Hofgut Schnepfenhausen dokumentiert ist, doch einige Gemeinsamkeiten aufzeigen.

Während der Zeit des Nationalsozialismus gibt es eine Reihe von Patientenschicksalen, die mit dem Tod endeten und zwar so abrupt, dass von einer Ermordung ausgegangen werden muss.

Johann W. wurde am 22. September 1941 von Weilmünster, einer der Zwischenanstalten von Hadamar während der Ermordung psychisch kranker Menschen, der „Aktion T4", nach Hadamar verlegt.[44] Er wurde aber auf das Hofgut verlegt und mit Feldarbeiten beschäftigt, er sei bei „der Arbeit zwar fleißig, oft mürrisch, isoliert sich gerne, neigt leicht zu Streitigkeiten."[45] 1941 wird konstatiert, dass er „mit seinen Gedanken zeitweilig nicht bei der Arbeit" sei und über sein Benehmen zurechtgewiesen werden muss. Am 8. Juli 1943 ist dem nächsten Eintrag in seiner Akte zu entnehmen, dass die Leistungen von Herrn W. immer ungenügender würden und er in die Anstalt zurück verlegt werden müsse. Weiter heißt es: „Erkrankt an Grippe mit hohem Fieber [...] oder Verwandte sind benachrichtigt."[46] Die Aufzeichnungen enden am 9. Juli 1943, einen Tag nach der Verlegung mit den Worten „Heute exitus".

Friedrich Wilhelm L., wegen „Angeborenen Schwachsinns" seit 1937 in der Landesheilanstalt Herborn untergebracht und dort am 5. August desselben Jahres zwangssterilisiert, wurde am 29. Juni 1940 in Hadamar aufgenommen und ab dem 2. Juli 1940 auf dem Hofgut Schnepfenhausen beschäftigt.[47] Er sei „bei der Arbeit fleissig, sucht sich außerhalb der Arbeit etwas zu verdienen, ist geordnet, neigt zum Diebstahl." Nachdem er zunächst als Aushelfer zu einem Bauern kam, wird er 1942 und 1943 bei ihm dauerbeschäftigt, wird aber am 23. Januar 1943 wieder in der Anstalt aufgenommen, da er einen Diebstahl außerhalb begangen hatte.[48] Er wird wieder am Hofgut eingesetzt, erkrankt am 26. Juli 1944 laut Eintragung in der Krankenakte am Ileus[49] und verstirbt einen Tag später.[50]

Eugen K.,[51] ein 1889 geborener Mann, wurde wegen der Diagnose „Schwachsinn" erstmals 1922 in das Caritas-Haus Montabaur aufgenommen, bevor er am 16. Juni 1936 in der Landesheilanstalt Weilmünster untergebracht wurde. Am 20. Oktober 1941, kurz nach dem Ende des systematisierten Mordens in Hadamar, wurde Herr K. in die Landesheilanstalt Hadamar Hofgut Schnepfenhausen aufgenommen. Am 3. November findet sich der Eintrag: „Ist nicht geordnet, muss zur Reinlichkeit angehalten werden, fragt dauernd nach Taback [!]. Seine Arbeitsleistungen sind gering. Erhielt 3 Sonntage Bettruhe, da er in der Stadt gebettelt hatte. Heute bittet er darum, ihm am Sonntag seine Kleider zu geben, er wolle nicht mehr betteln."[52] Danach gibt es bis zum 29. August 1944 keinerlei Eintragungen in den Verlaufsbericht. In der Eintragung wird vom Verstoß gegen sein Bettelverbot berichtet und von der Verlegung in die Anstalt. Am 31. August erkrankt er laut Eintragung in der Krankenakte an einer Grippe, am 1. September verstirbt er.[53]

Eine zweite Gruppe von Patientinnen und Patienten überlebt die Zeit der systematischen und unsystematischen Ermordung psychisch kranker Menschen, wobei nicht deutlich wird, welches das Selektionskriterium darstellt, außer dem der Arbeitsfähigkeit beziehungsweise -unfähigkeit.

Berta M.[54], eine 1905 geborene Frau, wurde erstmals 1922 zur vorläufigen Fürsorgeerziehung untergebracht, kam 1932 nach Hadamar. Ihre beschriebenen Auffälligkeiten bestanden in Erregungszuständen, Gereiztheiten, Unfreundlichkeiten und sexuellen Beziehungen zu Männern. Sie wurde nach kurzer Zeit im Rahmen der Arbeitstherapie zu verschiedenen Arbeiten herangezogen, konnte am 30. November 1934 auf die pflegerlose Abteilung[55] verlegt werden. Es folgten in den nächsten Jahren immer wieder Entlassungen in die Familienpflege oder Anstellungen als Haushaltshilfe, immer wieder kam es zu erneuten Aufnahmen. Sie wurde 1935 sterilisiert und dazu nach Herborn verlegt. Am 1. November 1940 wurde sie auf das Hofgut verlegt und erneut vorwiegend zu Hausarbeiten eingesetzt, am 8. Juni 1942 wird sie nach Limburg entlassen, dort sollte sie als Haushaltshilfe eine Anstellung finden. Ihr weiterer Lebensweg ist unklar.

Frau Margarete T.[56] war seit 1936 dauerhaft in der Klinik Hadamar untergebracht, nachdem sie zunächst wegen der gestellten Diagnose eines manisch-depressiven Irreseins in der Uniklinik Frankfurt am Main aufgenommen wurde. Sie wird auf das Hofgut verlegt, am 2. September 1941 erfolgte eine Anfrage vom Stadtgesundheitsamt Frankfurt, inwieweit es die Möglichkeit gäbe, Frau T. „versuchsweise ins freie Leben zu einer Arbeitsvermittlung zugeben."[57] Im Antwortschreiben der Klinik wurde zwar eine „zweifellose" Besserung konstatiert, eine Entlassung wäre aber nicht möglich. Im Oktober 1942 wandten sich die Eheleute T. an das Gesundheitsamt, da sie nicht nachvollziehen konnten, warum sie für die geschiedene erste Ehefrau, die Patientin, Geldmittel aufbringen mussten. Als Begründung führten sie aus, dass Frau T. seit anderthalb Jahren bei dem Verwalter des Hofgutes arbeite, dort monatlich 10,– RM und freie Kost und Logis erhalte. 1946 erfolgte noch einmal die Anfrage des geschiedenen Ehemannes, inwieweit die Unterhaltszahlungen von ihm geleistet werden müssten, da seine Exfrau doch im Hofgut Schnepfenhausen gut versorgt sei und auch entlohnt werde. Der Direktor der Anstalt verwies in seinem Antwortschreiben auf die im Rahmen der Arbeitstherapie ausgeübte Tätigkeit von Frau T., die unter ärztlicher Aufsicht stehe, so dass man weder von „Haushalt führen" noch von „Entlohnung" sprechen könne.[58]

Ein Verlauf über insgesamt 35 Jahre ist in der Akte von Herrn Ferdinand K.[59] dokumentiert. Er wurde am 29. Mai 1935 aus der Frankfurter Universitätspsychiatrie nach Hadamar verlegt, dabei waren eine Luesinfektion, mit der er im Ersten Weltkrieg infiziert wurde, und den daraus resultierenden Persönlichkeitsveränderungen die Einweisungsgründe. Ab dem 29. Mai 1936 wurde er auf dem Hofgut beschäftigt[60], ab 1950 kehrt sich die Situation um, so schlief er seitdem auf dem Hofgut[61] und arbeitete in seinem erlernten Beruf als Friseur in der Anstalt. Ab Mitte der fünfziger Jahre wurde er auf dem Hofgut erneut eingesetzt und lebte weiter dort, wobei er, bedingt durch seinen fortschreitenden Krankheitsprozess, „nur noch zu ganz leichten und primitiven Arbeiten angehalten werden kann."[62] Trotz seiner zunehmend dementiellen Entwicklung im Rahmen der progressiven Paralyse, war er weiterhin im Hofgut integriert. Er lebt dort bis zum 24. September 1971, wird dann aus „platztechnischen Gründen zu seiner Versorgung nach M IV (Hospitalstrasse) verlegt."[63] In der neuen Umgebung wurde er nicht heimisch, lag den ganzen Tag im Bett und starb am 6. November 1971 an einem plötzlichen Herztod im Alter von 75 Jahren.

Es lassen sich aus den gesichteten Patientenakten diese drei mit Beispielen illustrierten Verläufe herausarbeiten. Im günstigsten Fall blieben die Patientinnen und Patienten über lange Zeiträume hinweg auf dem Hofgut, waren in den Arbeitsablauf integriert, wobei das Diagnosespektrum sehr weit gefächert gewesen war. Im Sinne des reformerischen Gedankens blieben sie aber von der Integration in die Gesellschaft ausgeschlossen. Zu dieser Integration kam es bei einer zweiten Gruppe, die sich auch dadurch auszeichnet, dass sie sowohl in der Zeit, in der die Klinik in Hadamar als Gasmordanstalt betrieben wurde, als auch in der Zeit der regionalen Euthanasiemorde,[64] in die Familienpflege beziehungsweise in einfache Tätigkeiten vermittelt wurde, obwohl sie sich in der Betrachtung der psychopathologischen Befunde wenig von der dritten Gruppe unterschied, die entweder der Aktion T4 oder der späteren Mordaktion zum Opfer fiel. Es gibt bisher keine statistische Auswertung, wie viele Patientinnen und Patienten sich jeweils auf die Gruppen verteilten. Eine Schwierigkeit dabei wurde bereits weiter oben beschrieben: Ab Herbst 1939 wurde praktisch die gesamte Anstalt geräumt, um Platz für ein Reservelazarett zu schaffen, sodass es nur noch eine „Rumpfanstalt" auf dem Hofgut gegeben hat, in der circa 50 Patientinnen und Patienten untergebracht waren, 30 Kranke waren in „Familienpflege" untergebracht.[65] Wie viele reformerische Ansätze der Psychiatrie in der Weimarer Republik wurde auch das Hofgut Schnepfenhausen gegründet in dem Bewusstsein, Alternativen zu der oft jahre- und jahrzehntelangen Verwahrung zu schaffen, gleichzeitig aber war auch der ökonomisch Aspekt ein zentraler. Als die wirtschaftliche Situation prekär wurde, waren es vor allem diese Reformprojekte, die bedroht waren. So wurde das Übergangsheim Waldmannshausen aus eben diesen Überlegungen heraus bereits 1933 wieder geschlossen, das Hofgut Schnepfenhausen blieb erhalten, weil es ökonomisch sehr attraktiv war, erhebliche Gewinne erwirtschaftete und ausschließlich zur Verpflegung der gesamten Anstalt beitrug. Vor diesem Hintergrund war nicht der reformerische Impetus das entscheidende, sondern die funktionierende Wirtschaft. Falls Patientinnen und Patienten von der Arbeit profitierten, umso besser, taten sie es nicht oder waren gar unproduktiv, war die Ermordung zwischen 1940 und 1945 die „ökonomische Lösung". Es war und ist noch ein langer Weg zu einer Patientenbehandlung, die die Bedürfnisse der Patientinnen und Patienten meint.

Michael Putzke

Von den Reformansätzen zur Aktion T4

Anhand des eher dürftigen Aktenbestand über das Übergangsheim Waldmannshausen und das Hofgut Schnepfenhausen lässt sich mit aller Vorsicht doch eine Reihe von Gründen anführen, die zu der jeweiligen Gründung beigetragen haben. Sicherlich eine nicht zu unterschätzende Rolle haben dabei die erwähnte Studienreise im Oktober 1926 und die dabei gewonnenen positiven Eindrücke von der praktizierten Arbeitstherapie gespielt. Ebenso stark dürfte aber auch gerade gegen Ende der Weimarer Republik der zunehmende Kostendruck gewesen sein, der schließlich 1933 zur Auflösung des Übergangsheimes Waldmannshausen geführt hat. Anknüpfend an die Tradition der „agricolen" Anstalten[66] wurde der therapeutische Gedanke bei der Arbeit auf dem Hofgut zwar betont, letztlich ging es aber vorrangig um die Versorgung der Anstalt in Hadamar. So betrachtet war Schnepfenhausen ein voller Erfolg, der nicht nur die relative Autonomie der Anstalt vor allem während des Krieges wahrte, sondern auch politisch den Vorwand bot, die Landesheilanstalt Hadamar nicht aufzulösen, nachdem die Gasmordanstalt eröffnet wurde.

Aus Schnepfenhausen stammende Patienten wurden ebenso in Hadamar vergast, vor allem dann, wenn sie ökonomisch nicht mehr interessant waren, also nicht mehr zur Produktion zu verwenden waren. Dabei scheint es nicht so sehr um die Schwere der Erkrankung gegangen zu sein, wie ein Bericht aus dem Hadamarprozess von 1947 zeigt. Auch waren „die Mörder unter uns", was ebenfalls aus den Akten zum genannten Hadamarprozess deutlich wird. So berichtete ein Pfleger, der auf dem Hofgut Schnepfenhausen arbeitete, im Hadamar-Prozess von 1947. „Nach seiner [des Pflegers, M. P.] Darstellung war der Zustand der Kranken zum Teil nicht ausgesprochen schlecht. Er konnte sich mit ihnen unterhalten und die Kranken konnten sich zum Teil selbst ausziehen. Es ist bereits einleitend dargestellt, dass der Angeklagte sich insbesondere mit dem Landarbeiter des Gutes Schnepfenhausen durchaus sinnvoll unterhalten hat, kurz bevor er in die Gaszelle zur Vergasung gebracht wurde. [...] Auch nach der ersten Phase der Euthanasiemorde wurde gezielt auch im Hofgut getötet, so wurde im sogenannten Bereitschaftsdienst ein Zettel des Oberpflegers weitergegeben und den darauf genannten Kranken in genauer Kenntnis des Tötungszweckes überdosierte Mengen giftiger Arzneien verabfolgt. Im Allgemeinen waren diese Kranken am anderen Morgen tot."[67]

In der „Dialektik der Aufklärung" beschreiben Max Horkheimer und Theodor W. Adorno unter welchen Bedingungen Fortschritt und Aufklärung in Barbarei umschlagen kann.[68] Als sie dieses Buch 1947 veröffentlichten, begann der Hadamar-Prozess wie ein Beleg für ihre Thesen. Auch das Hofgut Schnepfenhausen und das Übergangsheim Waldmannshausen wurden als fortschrittliche Einrichtungen gegründet, sie wurden aber unter das ökonomische Diktat gestellt, die Patientin, der Patient wurde zunehmend zum Rad in der Versorgungsmaschine einer Anstalt, falls sie/er dazu nicht mehr taugte, war es die nationalsozialistische Konsequenz, sie/ihn als „lebensunwertes Leben" zu vernichten.

Ludwig Siemen formuliert diese Paradoxie aus einer etwas anderen Sicht wie folgt: „An sich ist es erstaunlich: die fortgeschrittensten Psychiater der Weimarer Republik, die sich einer komplexen Realität ausgesetzt hatten, die das komplizierte gesellschaftliche Gefüge als Psychiater erfahren hatten [...], ließen sich nun auf ein relativ simples, Realitäten vereinfachendes Weltbild ein. [...] Eine biologische Sicht des Sozialen begann sich in der Psychiatrie allgemein durchzusetzen, mit der letztlich alle gesellschaftlichen Konflikte als biologisch-bedingt erscheinen mußten und somit auf dem Weg repressiver Maßnahmen gegen die betreffenden Gruppen bewältigbar schienen. Diese biologische Sicht markierte eine totale Loyalität zum vermeintlich gesunden Staats- und Gemeinschaftswesen und eine tendenziell vernichtende Gegnerschaft zu den als genetisch minderwertig denunzierten Außenseitern der Gesellschaft."[69] Es sind genau diese Verflechtungen zwischen der Ökonomie und der Biologie, die eine Einordnung der fortschrittlichen therapeutischen Bemühungen so erschweren, aber beide Haltungen haben zu den Ermordungen psychisch kranker Menschen beigetragen. Die Psychiatrie in Deutschland hat sich davon bis heute nicht erholt.

---

[1] Henry Friedlaender, Der Weg zum NS-Genozid. Von der Euthanasie zur Endlösung, Darmstadt 1997.

[2] Hans Roemer, Die sozialen Aufgaben des Irrenarztes in der Gegenwart, in: Psychiatrisch-Neurologische Wochenschrift (PNW), 23. Jg. (1920/1921), S. 343–352.

[3] Zitiert bei Maria Breuer, Die Fürsorge für Geisteskranke und Nervöse außerhalb der Anstalten, in: PNW, 13. Jg. (1925), S. 107 f.

[4] Reiß, Die aktivere Beschäftigungsbehandlung der Heil- und Pflegeanstalten. PNW (1929) 31, S. 7 f.

[5] E. Bufe, Die Familienpflege Kranksinniger im heutigen Deutschland, ihr Stand vom 1. Oktober 1927, ihre Schicksale in der Kriegs- und Nachkriegszeit, sowie ihre Beziehungen zur offenen Führsorge, in: PNW, 30. Jg. (1928), S. 160–180.

[6] E. Bufe, Die Familienpflege Kranksinniger. Geschichte, Wesen, Wert und Technik, Halle a. S. 1939.

[7] Zitiert bei Friedrich Panse, Das psychiatrische Krankenhauswesen, Stuttgart 1964, S. 79.

[8] Mathias Hamann/Herwig Groß, Der Eichberg in der Zeit der Weimarer Republik, in: Christina Vanja/Steffen Haas u. a. (Hg.), Wissen und irren. Psychiatriegeschichte aus zwei Jahrhunderten – Eberbach und Eichberg (= Schriftenreihe des Landeswohlfahrtverbandes Hessen, Quellen und Studien Bd. 6), Kassel 1999, S. 154.

[9] Gustav Kolb, Offene psychiatrische Fürsorge und psychiatrische Hygiene, in: Zeitschrift für psychiatrische Hygiene, 39. Jg. (1929).

[10] Zitiert bei Panse (Anm. 7).

[11] M. Tramer, Zur Analyse der psychotherapeutischen Bedeutung der Familienpflege, in: PNW, 30. Jg. (1928), S. 321–324 vergl. auch Bufe (Anm. 5).

[12] Raecke, Soziale Psychiatrie, in: PNW, 23. Jg. (1921), S. 116–119.

[13] Georg Bischof, Gedanken über psychische Behandlung in der Heil- und Pflegeanstalt, in: PNW, 30. Jg. (1928), S. 591. Bischof wandte sich aus die-

sem Grund auch gegen die von Mönkemöller eingeführten „pflegerlosen Abteilungen", da sie zu einer zu langen Hospitalisierung beitragen würden.

[14] Ast, Die Einrichtung der Außenfürsorge im Aufnahmebezirk der unterfränkischen Heil- und Pflegeanstalt Werneck, in: PNW (1928) 30, S. 356-358.

[15] Hermann Simon, Aktive Krankenbehandlung in der Irrenanstalt, Berlin/Leipzig 1929.

[16] Walter Schulte, Hermann Simon, in: Kurt Kolle, Große Nervenärzte, Bd. 2, 2. Aufl., Stuttgart 1970, S. 225–235.

[17] Hermann Simon (Anm. 15), zitiert bei Panse (Anm. 7), S. 46–48.

[18] Friederich Mönkemöller, Pflegerlose Abteilungen, in: PNW, 30. Jg. (1928), S. 517–523.

[19] Vgl. Anm. 3 und 4.

[20] Peter Sandner, Verwaltung des Krankenmordes. Der Bezirksverband Nassau im Nationalsozialismus (= Schriftenreihe des Landeswohlfahrtverbandes Hessen, Hochschulschriften Bd. 2), Gießen 2003, der Text folgt den Seiten 61–79.

[21] Zitiert bei Hamann/Groß (Anm. 8), S. 149.

[22] Ebd.

[23] Zitiert bei Panse (Anm. 7), S. 35.

[24] Wilhelm Griesinger, Über Irrenanstalten und deren Weiterentwicklung in Deutschland, in: Wilhelm Griesinger, Gesammelte Abhandlungen, Bd. 1, Berlin 1872, Nachdruck Amsterdam 1968, S. 266–309.

[25] In der Pfarrkirche von Gheel, einem Ort circa 40 Kilometer östlich von Antwerpen findet die Heilige Dymphna Verehrung, die – eine irische Königstochter – nach der Legende Ende des 6. Jahrhunderts mit ihrem Beichtvater dorthin vor den inzestuösen Nachstellungen ihres Vaters floh. Er verfolgte sie bis Gheel und enthauptete seine ihm nicht gefügige Tochter. Am Grabe der standhaften Märtyrerin wurden erstaunliche Heilungen festgestellt und zwar, wie bereits 1247 bekundet wurde, vornehmlich bei Geistesgestörten, die dort beteten oder für die gebetet wurde. So entstanden Wallfahrten solcher Kranker nach Gheel, die für die Dauer einer neuntägigen Anwesenheit („Novene"), um der Heiligen nahe zu sein, in einer an den Kirchturm angebauten „Ziekenkamer" mit mehreren Einzelzellen untergebracht wurden. Dabei reichte häufig der Raum für die Pilger nicht aus, so dass die Gheeler den wartenden Logis gewährten und sich dadurch an den Umgang mit den Geisteskranken gewöhnten. So etablierte sich allmählich eine ausgedehnte Familienpflege auch für Dauerpatienten die es bis heute gibt. S. Panse (Anm. 7), S. 72.

[26] Ebd., S. 37.

[27] Ebd.

[28] Sandner (Anm. 20), S. 70.

[29] Archiv des Landeswohlfahrtsverbandes Hessen (= LWV Archiv), Bestand 12, Krankenakte (K) 7547, o. Bl.-Nr., Verlaufsbericht.

[30] Zitat bei Sandner (Anm. 20), S. 70.

[31] LWV Archiv, Bestand 12, Verwaltungsakte (VA) Nr. 621, o. Bl.-Nr., Flächenberechnung für die Soforthilfeabgabe (08. 09. 1948).

[32] LWV Archiv, Bestand 12, VA Nr. 321 I, o. Bl.-Nr., Jahresbericht 1948, S. 4.

[33] LWV Archiv, Bestand 12, K 4302, S. 9 des Verlaufsberichtes, in der VA Nr. 555 wird im selben Zeitraum von 650 Insassen geschrieben (Bl. 15).

[34] LWV Archiv, Bestand 12, VA Nr. 555, Bl. 15.

[35] LWV Archiv, Bestand 12, VA Nr. 321 I, o. Bl.-Nr., Jahresbericht 1948, S. 4.

[36] LWV Archiv, Bestand 12, VA Nr. 431, Bl. 17 u. 18.

[37] 1937 wurde der Bau eines Kartoffelsilos und zwei weiterer Grünfuttersilos genehmigt (VA Nr. 563, Bl. 28); Ebenfalls wurde 1937 eine 40 m³ große Jauchegrube gebaut (LWV Archiv, Bestand 12, VA Nr. 486, Bl. 94), 1941 wurde das Dach des Schweinestalls erneuert und die Belüftung des Stalles neu gestaltet. (ebd., Bl. 230) s. a. Sandner (Anm. 20), S. 404 u. Fußnote 242.

[38] LWV Archiv, Bestand 12, VA Nr. 561, Antrag (08. 05. 1945) (!).

[39] LWV Archiv, Bestand 12, VA Nr. 463, Bl. 67 und 77. 1942 wurde die Lichtanlage genehmigt und damit das Hofgut an die allgemeine Stromversorgung angeschlossen. Einer der Gründe für diese Innovation bestand in der Schwierigkeit das für die vorhandenen Stromaggregate notwendige Dieselöl während des Krieges zu beschaffen.

[40] Zusammenfassung von Sandner (Anm. 20), S. 403–405.

[41] S. ebd., S. 404, Fußnote 241.

[42] LWV Archiv, Bestand 12, VA Nr. 486, o. Bl.-Nr., Baubeschreibung (08. 04. 1947).

[43] LWV Archiv, Bestand 12, VA Nr. 312 I, o. Bl.-Nr. Bericht über die Buch- und Kassenprüfung (24.05.1947); Bis 1971 waren auf dem Hofgut Patientinnen und Patienten aus der „normalen" Psychiatrie beschäftigt, danach circa drei bis vier Jahre Forensik-Patienten, die nach Paragraph 64 verurteilt waren und sich im offenen Vollzug befanden. (Zur Forensik in Hadamar vgl. die Beiträge von Gerhard Fischer u. Ralf Wolf). Danach arbeiteten keine Patientinnen und Patienten mehr auf dem Hofgut. 1996 wurde es verkauft und die Gebäude renoviert. Heute befinden sich auf dem Gelände eine Station des ZSP (Drogenentzug) und das ambulante Angebot „betreutes Wohnen". Auskunft von Dr. Hartmut Meusch an den Autor (10.08.2006).

[44] LWV Archiv, Bestand 12, K 226, o. Bl.-Nr., Pflegebericht.

[45] Ebd.

[46] Ebd.

[47] LWV Archiv, Bestand 12, K 1758, o. Bl.-Nr., Pflegebericht (02.07.1940).

[48] Ebd., (23.01.1943).

[49] Ileus ist der medizinische Ausdruck für einen Darmverschluss.

[50] LWV-Archiv, Bestand 12, K 1758, o. Bl.-Nr., Pflegebericht (26. u. 27.07.1944).

[51] LWV Archiv, Bestand 12, K 906.

[52] Ebd., o. Bl.-Nr., Pflegebericht (03.11.1941).

[53] Ebd., Pflegebericht (01.09.1944).

[54] LWV Archiv, Bestand 12, K 5168, Teil II.

[55] Ebd., o. Bl.-Nr., Pflegebericht (30.11.1934). S. auch Mönkemöller (Anm. 18).

[56] LWV Archiv, Bestand 12, K 5089.

[57] Ebd., o. Bl.-Nr., Schreiben des Stadtgesundheitsamtes Frankfurt a. M. (02.09.1941).

[58] Ebd., Schreiben an das Stadtgesundheitsamt (undatiert); Abschrift von Abschrift eines Briefes der Eheleute T. an die Anstalt (undatiert); Schreiben des ärztlichen Direktors an den Herrn Landeshauptmann (08.07.1946).

[59] LWV Archiv, Bestand 12, K 2156.

[60] Aus dieser Akte und auch aus einigen anderen ließ sich nicht sicher feststellen, inwieweit die Beschäftigung auf dem Hofgut gleichbedeutend mit dem Leben dort zusammen fiel. Es ist eher zu vermuten, dass es sowohl Patienten gab, die auf dem Hofgut arbeiteten und lebten, als auch solche, die dort arbeiteten, aber in der Anstalt lebten.

[61] Wie aus den Eintragungen der Akte hervorgeht, geschieht dies aus Platzgründen.

[62] LWV Archiv, Bestand 12, K 2156 (19.10.1961).

[63] Ebd. (24.09.1971).

[64] Vgl. den Beitrag von Peter Sandner in diesem Band.

[65] Sandner (Anm. 20), S. 404.

[66] Vgl. Christina Vanja, Landleben als Therapeutikum. Zur Gründung des Waldkrankenhauses als „agricole Colonie", in: Christina Vanja/Helmut Siefert (Hg.), In waldig ländlicher Umgebung... Das Waldkrankenhaus Köppern: Von der agrikolen Kolonie der Stadt Frankfurt zum Zentrum für soziale Psychiatrie Hochtaunus (= Historische Schriftenreihe des Landeswohlfahrtsverbandes Hessen, Quellen und Studien Bd. 7), Kassel 2001, S. 36 ff.

[67] www.1.jw.uva.nl/unsv/Excepts/017a007.htm (Stand: 08.08.2006)

[68] Max Horkheimer/Theodor W. Adorno, Dialektik der Aufklärung, limitierte Sonderauflage Frankfurt am Main 1998.

[69] Hans Ludwig Siemen, Menschen blieben auf der Strecke ... Psychiatrie zwischen Reform und Nationalsozialismus, Gütersloh 1987, S. 118 f., zitiert bei Hamann/Groß (Anm. 8), S. 158.

Alkoholkranke in der Landesheilanstalt Hadamar bis 1945

David W. Alford

Einleitung

Dieser Beitrag gliedert sich in zwei Teile. Ich gebe zunächst einen kurzen Überblick über die Geschichte der Alkoholismusdiagnostik und die psychiatrische Behandlung von Alkoholabhängigen in Deutschland im 19. und frühen 20. Jahrhundert. Daran schließe ich eine exemplarische Studie über die institutionelle Behandlung von Alkoholkranken in der Landesheilanstalt Hadamar während des Nationalsozialismus an. Im Zentrum dieses zweiten Teils stehen die Fallgeschichten von 21 männlichen und 14 weiblichen Alkoholikern. Dabei werden insbesondere die Behandlungsformen der 30er Jahre unter der Fragestellung beleuchtet, ob und wie die nationalsozialistische Rassenhygiene den Umgang mit dieser Gruppe von Patienten beeinflusste. Im Ergebnis wird deutlich, dass die schon in die Zeit vor 1933 zurückreichende Präferenz der Psychiatrie, Alkoholabhängigkeit auf Erbanlagen der Erkrankten zurückzuführen, auch die große Zahl von zwangssterilisierten Suchtkranken unter dem nationalsozialistischen Regime und die Ermordung von Alkoholikern mit zusätzlichen psychiatrischen Diagnosen im Rahmen der NS-„Euthanasie"-Morde begründete. Zu dieser Verfolgung von Alkoholikern im Nationalsozialismus führte nicht zuletzt die negative soziale und moralische Bewertung suchtkranker Menschen als „degenerative Elemente".

Suchtkranke in der Psychiatrie

Die Anstaltsbehandlung von Alkoholkranken war lange Zeit durch therapeutische Hilflosigkeit bestimmt und blieb ohne eigenes Konzept. Im 19. Jahrhundert ordnete man auffällig gewordene Alkoholiker vielfach den Geisteskranken zu.[1] Entsprechend wurden sie zwar vom Polizeigewahrsam oder aus Gefängnissen in Heil- und Pflegeanstalten für psychisch Kranke überführt, dort aber zunächst nur mit den in der ersten Hälfte des Jahrhunderts üblichen Zwangsmethoden (Zwangsjacken, Zwangsstühle, Betten zum Fixieren) ruhig gestellt. Die Eingliederung in den geordneten Anstaltsalltag (geregelter Tagesablauf, Arbeitseinsatz) schloss sich dann als Voraussetzung für eine Resozialisierung an.² Eine Verbesserung brachte das in England entwickelte psychiatrische Konzept des „No-restraint", das durch den Berliner Ordinarius Wilhelm Griesinger (1817–1868) auch für die Behandlung in deutschen Einrichtungen eingefordert wurde. Auf körperlichen Zwang sollte fortan verzichtet werden und die Heilung auch bei den nun als körperlich krank erkannten Alkoholikern durch Bettruhe, warme Bäder, Beschäftigung und Zerstreuung in angenehmer Umgebung erfolgen.³ Vor allem die Abstinenzbewegung führte nach und nach zur Erkenntnis, dass es einer besonderen Trinkerfürsorge bedurfte.⁴ Zunehmend verbreitete sich daher am Ende des 19. Jahrhunderts die Einsicht, Suchtkranke separat in eigenen Trinkerheilstätten zu behandeln. Ein Pionier dieses neuen Umgangs mit Alkoholkranken war Prof. Dr. Emil Sioli (1852–1922), Leiter der „Anstalt für Irre und Epileptische" in Frankfurt am Main. Er gründete im Jahre 1901 im nahegelegenen Köppern eine Kolonie für „Alkoholisten". Die Arbeit in freier Natur bildete hier ebenso wie in anderen Trinkerheilstätten das wichtigste Therapeutikum.⁵ Diese sukzessiven Veränderungen in der Behandlung suchtkranker Patienten führten allerdings nicht zu einer neuen Krankheitsbeurteilung. Die Mediziner (darunter führende Psychiater)⁶ betonten auch weiterhin die Erblichkeit bei Abhängigen. Ausnahmen wurden nur bei morphiumsüchtigen Ärztekollegen und Chemikern gemacht, was für die Landesheilanstalt Haina dokumentiert ist.⁷ Bei Angehörigen der gesellschaftlichen Unterschichten dagegen wurde ein Suchtverhalten selbst nach persönlichen Tragödien, bei einem Leben in Armut und angesichts eines schlechten Gesundheitszustandes nicht psychologisch oder sozial, sondern allein biologisch interpretiert. Als konstituierende Bausteine der Sucht zählten deshalb immer wieder Krankheiten und Suizide in der Familie, Kinderkrankheiten der Betroffenen und moralische Veranlagungen.⁸ Im Rahmen des „Sozialdarwinismus" prägte bald auch das neue Konzept der „Psychopathie" in Verbindung mit Aggressivität und „Arbeitsscheu" die Erklärungsmuster für den Alkoholismus in den Unterschichten.⁹ Rufe nach Maßnahmen im Rahmen einer negativen Eugenik zur Eindämmung von so genannten Erbkrankheiten in der deutschen Bevölkerung wurden schon vor dem Ersten Weltkrieg laut.¹⁰ Während des Krieges gewannen die Theorien über die biologischen und rassischen Gründe des Alkoholismus zudem eine aufgeschlossene Zuhörerschaft. Dies gelang vor allem durch die Interpretation des Krieges als eines Kampfes um nationale und rassische Sicherheit.¹¹ In den frühen 1920er Jahren wurden die Verbindungen zwischen den genetischen Voraussetzungen eines Menschen und dem Alkoholismus expliziter formuliert, zum Beispiel in medizinischen Fachzeitschriften, gedruckten Anstaltsjahresberichten und sogar in Tageszeitungen.¹² Andere Wohlfahrtsempfänger, zum Beispiel Bettler und Prostituierte, wurden in diese Einflusssphäre sozialer und medizinischer Diskriminierung einbezogen.¹³ Diese gesellschaftliche Ausrichtung der Medizin blieb mehr oder weniger unangefochten bis zur nationalsozialistischen „Machtergreifung" bestehen, während das soziale Engagement einzelner Persönlichkeiten und Gruppen für die Reintegration Alkoholkranker in die Gesellschaft spätestens mit Ausbruch der Weltwirtschaftskrise zum Erliegen kam.[14]

Hadamar als Ort sozialer Disziplinierung

Bereits in der Hadamarer Korrigendenanstalt (seit 1883) sowie in der etwas später eröffneten Landarmenanstalt im alten Franziskanerkloster waren alkoholkranke Menschen untergebracht worden, um hier „durch Arbeit zur Arbeit" erzogen zu werden.[15] Nach einer Neubestimmung der Einrichtung wurden im Winter 1906 die ersten psychiatrischen Patienten und Patientinnen in Hadamar aufgenommen, unter denen sich ebenfalls Alkoholkranke befanden.[16] Deren Behandlung bestand in hohem Maße in Bettruhe und Dauerbädern verbunden mit der Applikation beruhigender Arzneien. Ab den 1920er Jahren kam die so genannte „Aktive Therapie" nach dem Konzept des Gütersloher Psychiaters Hermann Simon (1867–1947), das heißt die systematisch organisierte körperliche Tätigkeit der Pfleglinge, verstärkt zum Tragen. Offensichtlich kam diese Therapie jedoch in Hadamar nur einer relativ kleinen Patientengruppe der im Jahre 1930 insgesamt 320 Patienten und Patientinnen zugute. Als Folge der Wirtschaftskrise von 1929 durchlebte die Institution eine drastische Verringerung der Pflegesätze pro Patient: dieser sank von 3,40 RM im Jahre 1929 auf 2,94 RM im Jahre 1931. Zwischen 1933 und 1939 führten die verordnete Verminderung der Ressourcen – die täglichen Ausgaben wurden erneut um die Hälfte gesenkt – und fundamentale Einschnitte beim Pflegestandard zur Vernachlässigung der Hadamarer Einrichtung.[17]

Die Reduzierung der therapeutischen Angebote sollte in Hadamar, wie andernorts, praktische Konsequenzen für die Suchtkranken haben. In den ersten Tagen nach ihrer Einweisung bestand die Behandlung allein in andauernder Bettruhe, insbesondere wenn die Entzugserscheinungen heftig waren. In der Folgezeit musste der Patient selbst zusehen, dass er seine physische und psychische Stabilität wiedergewann. Psychotherapeutische Angebote fehlten völlig. Möglicherweise half den Kranken der Arbeitseinsatz im Anstaltsbetrieb. Fleißige Patienten durften zumindest dann mit einer positiven eugenischen Bewertung rechnen.[18]

Wenden wir uns einigen Beispielen zu: Am 24. August 1929 wurde Helene R., zuvor Fürsorgezögling, in Hadamar aufgenommen. Hier blieb sie fast sechs Jahre lang.[19] Ihre Diagnosen lauteten „Schwachsinn", „chronische Alkoholikerin" und „haltlose Psychopathin". Die Aufzeichnungen über sie zeigen anschaulich die institutionellen Erwartungen:

„... 22. 12. 32: In der letzten Zeit wieder sehr viel verstimmt. Lag zu Bett. Ist stark ablehnend. Bekommt eine Mischung von Valeriana Chinae und Opium. [...]

27. 4. 33: Lag wieder mehrere Tage zu Bett, stark erkältet und verstimmt, ziemlich red[selig]. [...]
6. 6. 33: Ist jetzt verhältnismässig ausgeglichen in ihrer Stimmung. Nur Schwester Gertrud gegenüber ist sie öfters gereizt, da sie findet, dass diese ihr nicht genug Beachtung schenkt. [...]
19. 1. 34: Bekommt sehr oft abends Chloral. [...]
8. 3. 34: Hat jetzt Post von ihrem Vater bekommen, der aber nicht gewillt ist, sie nach Hause zu nehmen. [...]
25. 6. 34: Wird in den Altbau verlegt, arbeitet ganz fleissig im Hause, immer etwas ablehnend und hinterhältig. [...]
1. 4. 35: Pat. arbeitet fleissig im Haus, bes[onders] tüchtig in der Küche.[...]. Das körperliche Befinden ist ausgezeichnet. [...]
26. 4. 35: Pat. hat heute ihre Dienststelle im Parkhotel in Coblenz angetreten."[20]

Es fällt bei diesem Beispiel ins Auge, dass der Einsatz von Medikamenten auch nach 1933 nie ganz eingestellt wurde, denn die Herstellung des gesundheitlichen Gleichgewichts galt weiterhin als Voraussetzung des gewünschten regelmäßigen Arbeitseinsatzes und damit der Normalisierung des Alltags.[21] Das Therapeutikum „Bettruhe" bildete dieser körperlichen Aktivität gegenüber stets die schlechtere Variante. Im Fall der

Helene R. (LWV-Archiv, Bestand 12, K 576)   Maria H. (LWV-Archiv, Bestand 12, K 812)

Helene R. sollte auch das Elternhaus diesen Aktivierungsprozess unterstützen, was der Vater der Patientin jedoch verweigerte.[22]

Maria H. war vom 26. Juni 1937 bis zum 2. Oktober 1937 in Hadamar Patientin.[23] Bei ihrer Aufnahme galt sie als „chronische Alkoholikerin". Obwohl eine zweifelhafte Denunziation über ihre angeblich wechselnden sexuellen Beziehungen zu Männern sie nach Hadamar gebracht hatte, zogen die Ärzte nie in Betracht, sie sterilisieren zu lassen. Im Gegenteil wurden bei ihrer Aufnahme positive rassische Charakteristika erwähnt, indem sie als „Nordisch/westisch" bezeichnet wurde.[24] Auffallenderweise wurde später kein Zittern oder andere körperliche Komplikationen, die auf Entzug hätten schließen lassen können, in den Krankenunterlagen notiert. Beobachtungen demonstrierten vielmehr anschaulich den guten Verlauf der Anstaltsbehandlung: „... 16. 7. 1937: Bis heute ruhig und geordnet. Orientiert. Beschäftigt mit Nähen. Ist willig...".[25]

Alle Charakteristika des erwarteten Patientenverhaltens waren in dieser eindimensionalen Betonung psychischer Stabilität und körperlicher Aktivität enthalten. Am 19. August 1937 schrieb Maria erregt an den Chefarzt und schilderte den Besuch eines Fürsorgers bei ihrem letzten Arbeitgeber. Sie betonte die positive Beziehung, die sie zu dem Leiter der Firma hatte und akzentuierte außerdem ihre Aktivitäten in der nationalsozialistischen Deutschen Arbeitsfront.[26] Marias politisches Bekenntnis und ihr Kontakt zum ärztlichen Direktor führte jedoch nicht dazu, dass sich Länge und Charakter ihres Aufenthaltes in Hadamar veränderten, wie die folgenden Aufzeichnungen bestätigen:

„... 31. 8. 1937: Beschäftigt sich fleissig. Ist ruhig und still, für sich. Drängt auf Entlassung. Nicht sehr einsichtig. Macht aber keine Schwierigkeiten.

18. 9. 1937: [...] Sehr freundlich, redselig, etwas debil. Erzählt ruhig ihre Lebensgeschichte [...]. Alles Belastende jedoch wird dabei unterschlagen u. verschoben [...].

2. 10. 1937: Hat sich in der Zwischenzeit fleissig beschäftigt, sich ruhig und bescheiden verhalten. Zeigt keine genügende Einsicht für ihren Zustand, drängte ständig auf Entlassung, wobei sie ihre frühere Trunksucht in beschönigender Weise darstellt [...]".[27]

Die Betonung fleißiger Arbeit an der Nähmaschine findet sich auch in anderen medizinischen Darstellungen. Aber der Ton zwischen den Zeilen ist widersprüchlich. Konstante Bitten um Entlassung wurden stets als negatives Symptom gewertet, das die Verweigerung des Patienten, die Anstalt als den besten Ort der „Behandlung" anzuerkennen, offenkundig machte. Das Personal sah darin gerade ein Zeichen fehlender Besserung. Maria leugnete weiterhin ihre Suchtkrankheit. Nichtsdestotrotz sah die Anstalt in ihrem Fleiß den Garanten für eine mögliche Entlassung. Diese erfolgte am 2. Oktober 1937. Ähnliche Krankheitsverläufe lässt auch das Studium anderer Patientenakten erkennen.[28]

Zwangssterilisationen

Gelang die Wiedereingliederung in die Arbeitswelt jedoch nicht, galten nicht die Defizite der Anstaltsbehandlung, sondern das Versagen der Patienten als ursächlich. Das Verdikt der Unheilbarkeit lieferte viele Patienten ab 1934 operativ vorgenommenen Zwangssterilisationen aus. Diese Eingriffe in die Fortpflanzungsfähigkeit wurden von den Anstaltsärzten nun dem limitierten therapeutischen Rahmen der Anstaltsbehandlung hinzugefügt. Die Legitimation schuf das „Gesetz zur Verhütung erbkranken Nachwuchses" vom 14. Juli 1933. Demnach zählten zu den angeblich unheilbaren Erbkrankheiten auch chronischer Alkoholismus. Der Gesetzeskommentar stellte fest:

Dass „[...] hartnäckiger Alkoholmißbrauch fast ausnahmslos auf konstitutionell erblicher psychopathischer Basis entsteht [...] Denn Alkoholismus ist keine eigentliche Krankheit, sondern ein Symptom [...] der allerverschiedensten abnormen und krankhaften erblichen Zustände der Nerven und des Geistes [...]".[29]

Chronischer Alkoholismus wurde somit nicht als eine Krankheit im klinischen Sinne betrachtet. Anstelle wissenschaftlicher Fakten standen entsprechend allein empirisch gewonnene Angaben im Zentrum der Erhebungen, die erbliche Veranlagungen nachweisen sollten.[30] Die derart begründete Zwangssterilisation rückte bald in den Vordergrund der Behandlung, während ärztliche Hilfe beim Entzug unwichtig wurde. Schon am 5. Dezember 1933 erließ das Innenministerium eine Verfügung zur Anwendung des Sterilisationsgesetzes; diese schloss einen Fragebogen ein, mithilfe dessen die Diagnose geklärt werden sollte. Konnte die Erblichkeit von chronischem Alkoholismus nicht belegt werden, so wurden primitive Intelligenztests durchgeführt, um „angeborenen Schwachsinn" nachzuweisen. Anträge, die für Alkoholiker gestellt wurden, folgten in der Regel diesem Muster, wobei das Trinken ein zweitrangiges Symptom des angenommenen erblichen Defektes bildete.[31] Dieses Vorgehen hing allerdings in hohem Maße von der Entscheidungen des Arztes ab, der mit einer Ansammlung einander widersprechender Symptome konfrontiert war.[32] Ähnliche Intelligenztests wurden seit Dekaden verwendet, wenn Patienten ein erstes Mal in eine Anstalt eingeliefert wurden. Tatsächlich vertuschte diese Scheinobjektivität das der Psychiatrie innewohnende Versagen, sich über klinische Symptome zu einigen, tarnte die diagnostische Entscheidung als wissenschaftlich trotz bestehender eugenischer Unsicherheiten und führte eher zur Bewertung von Wissen und Moral als zu medizinischem Wissen über die psychische Gesundheit des Patienten.

Um dem Antrag für Katherina K. und vieler anderer Pfleglinge Substanz zu verleihen, wurden die Patienten zum Beispiel nach Namen, Alter, Adresse, Beruf, aktuellem Datum und derzeitigem Aufenthaltsort gefragt, um ihre „Orientierung" beurteilen zu können. „Schulwissen" erfragte Wissen über Hauptstädte, Kontinente und einfache Mathematik. Die Geschwindigkeit und Richtigkeit der Antworten in Divisions-, Multiplikations-, Subtraktions- und Additionstests wurden dann vermerkt. „Allgemeines Wissen über das Leben" beinhaltete Erklärungen darüber, wie zum Beispiel Tag und Nacht entstehen. Die Patienten mussten dann zwischen Regen und Schnee, einem Rechtsanwalt und einem Staatsanwalt oder Treppen und Leitern unterscheiden. „Besondere Fragen über den Beruf" bezogen vielfach nur Schlagworte ein, zum Beispiel „Soldat, Krieg, Vaterland", während eine detaillierte Unterhaltung zum Arbeitsleben unterblieb. Der Arzt überprüfte dann das „Gedächtnis und das Konzentrationsvermögen" indem er dem Patient einige Zahlen nannte, dann eine kurze Geschichte erzählte und ihn anschießend aufforderte, sich an die ursprünglichen Zahlen zu erinnern.[33] Am Ende der Befragung beurteilte der Arzt das „Verhalten während der Untersuchung". Diese übertrieben vereinfachten Beurteilungen geistiger Fähigkeiten und moralischer Konformität bestimmten sowohl die Frage nach der Vererbbarkeit des geistigen Defekts als auch die Möglichkeit seiner Heilung. Derartige Befragungen dauerten mehrere Stunden und besiegelten in den Augen der Ärzte das institutionelle und eugenische Schicksal vieler Individuen.

Katherina K. wurde am 3. Dezember 1935 wegen angeborenen Schwachsinns und chronischem Alkoholismus sterilisiert. In dem Urteil des Frankfurter Erbgesundheitsgerichts wurde folgendes dargelegt:

„[...] Das Ergebnis der Intelligenzprüfung zeigt geistige Unterwertigkeit [...] Sie ist willens- und hemmunglos, asozial und handelt unüberlegt lediglich unter dem Einfluß ihrer Triebe [...]."[34]

Katherina K. wurde sterilisiert, weil sie den zweifelhaften, höchst subjektiven und jahrzehntealten Intelligenztest nicht bestand. Dieser Fall macht nicht nur die innewohnenden Unsicherheiten unter der Ärzteschaft bezüglich der erblichen Natur von Geisteskrankheiten und Alkoholismus deutlich, sondern zeigt auch, dass Sterilisationen als Bestrafung eingesetzt wurden. Insgesamt gesehen wurden Frauen seltener und weniger intensiv einem Intelligenztest unterworfen – sogar bei der Einlieferung.

Der Antrag für Emmy K. beinhaltete keine Untersuchung, obwohl angeborener Schwachsinn und schwerer Alkohlabusus diagnostiziert wurden. Sie war am 3. August 1935 in Hadamar eingeliefert worden. Am 8. Januar 1936, nach fünf Monaten Aufenthalt in Hadamar, beschloss der Direktor, dass es notwendig sei, für Emmy eine Arbeitsstelle zu finden. Sollte sich diese Suche als erfolglos herausgestellt, so wäre ein Antrag auf Sterilisation angebracht, so der Eintrag in der Krankengeschichte. Noch am selben Tag wurde sie in die Stadtmission Frankfurt am Main verlegt, die Arbeitsstellen für Klienten suchte.[35] Dies zeigt gleichermaßen, dass soziale, persönliche und ökonomische Faktoren manchmal eine wichtigere Rolle bei den Anträgen spielten als die „Gefahr erbkranken Nachwuchs".

Das Fehlschlagen ihrer Anstaltsbehandlung und ihre anschließende Unfähigkeit, ihren Arbeitsplatz zu behalten, allerdings trugen unverhältnismäßig stark zu den

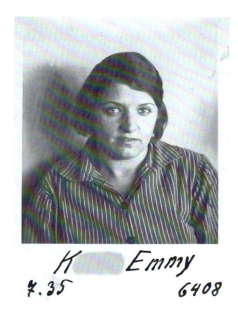

Emmy K. (LWV-Archiv, Bestand 12, K924)

nachfolgenden Entscheidungen über Emmys Anstaltsaufenthalt und ihr eugenisches Schicksal bei. Sie wurde am 7. April 1936 erneut in Hadamar aufgenommen, der Direktor beantragte am 14. Juli ihre Sterilisation. Dieser große zeitliche Abstand zwischen der Aufnahme und dem Sterilisationsantrag könnte auf eine bestehende Unsicherheit des Arztes hinweisen, auch im konkreten Einzelfall sein Urteil zu fällen. Nie waren eine psychologische oder andere Untersuchungen durchgeführt worden. Vielmehr bestand der Antrag nur aus einer einzigen datierten Seite, welche die Diagnosen Debilität, epileptische Psychopathie und chronischer Alkoholmissbrauch nannte. Darüber hinaus zeigt die Tatsache, dass diese Diagnosen im originalen Gesetzestext gar nicht erwähnt wurden, dass die offensichtliche Bequemlichkeit des Arztes die eugenische Klarheit, die der Gesetzestext vorspiegelte, untergrub.[36] Einige Beobachtungen des Pflegepersonals wurden ebenso in den Antrag eingefügt. Am 7. April 1936 wurde so folgendes notiert:

„[...] Pat. ist wie früher völlig uneinsichtig, sorglos [...] Pat. erscheint noch gleichgültiger und indolenter als sonst. Es besteht eine völlige Willensschwäche [...]."[37]

Die nächste Eintragung vom 8. Mai dokumentiert hingegen, dass Emmy „in ihrer Arbeit fleissig und ordentlich" sei.[38]

Basierend auf diesen eindimensionalen Beobachtungen konnte das Frankfurter Erbgesundheitsgericht nicht feststellen, dass Emmy schwachsinnig sei. Die Gutheißung ihrer Zwangssterilisation gründete sich auf einzelne Vermutungen: Ihr Bruder hatte epileptische Anfälle, im Alter von 21 Jahren gebar sie ein uneheliches Kind, litt an einer Geschlechtskrankheit, wurde strafrechtlich verfolgt und bei einigen Gelegenheiten wegen Trunkenheit von der Polizei festgenommen. Das Gericht war unsicher, ob sie tatsächlich schwachsinnig war, aber es gab keinen Zweifel, dass „[...] Emmy K. an schwere[m] Alkoholismus leidet [...]", obwohl keine Beweise erbracht wurden, um diese Einschätzung zu untermauern.[39] Sie wurde also mehr aufgrund von Spekulationen als wissenschaftlich gesicherter Erkenntnisse sterilisiert. Am 20. Oktober 1936 wurde die Operation in Herborn durchgeführt, und am 3. November wurde sie nach Hadamar zurückverlegt. In der Krankengeschichte vermerkte man schlicht „körperliches Wohlbefinden".[40] Eine weitere niedergeschriebene Beobachtung vom 13. Januar 1937 stellte fest, dass ihre Arbeit im Garten zufriedenstellend und ihr Benehmen zuvorkommend sei.[41] Diese flüchtigen Bemerkungen deuten auf das gewünschte Ziel der Sterilisation hin, denn ein „normales" Maß an Fleiß und Anpassung wurde von allen Patienten erwartet. Die Anforderungen der Anstalt änderten sich also nach ihrer Sterilisation nicht.

Der Fall von Emmy K. zeigt, dass die angenommene Diagnose des erblichen und unheilbar chronischen Alkoholismus benutzt wurde, um das Individuum zu bestrafen. Antrag und Gerichtsurteil benennen den Alkoholismus nur als diffuses Symptom ihrer Geisteskrankheit, und zwar zusammen mit beträchtlichen Defekten ihres sozialen und persönlichen Verhaltens. Für den Fall, dass kein wirklicher „Schwachsinn" festgestellt werden konnte, empfiehlt hier der Gesetzeskommentar zur Sicherstellung einer eugenischen Begründung die Diagnose einer ererbten Psychopathie. Dafür war kein umfassender Intelligenztest nötig, vielmehr genügte offensichtlich ein einseitiges Dokument mit Diagnose und Namensnennung, wie das Beispiel zeigt. Ärztliche Kommentare stellten dann eine optionale Ergänzung dar, wobei der Nachweis tatsächlicher erblicher „Defekte" nicht nötig war.

Am 25. November 1937 etwa ordnete das Marburger Erbgesundheitsgericht die Sterilisation des 56-jährigen geschiedenen Hermann G. auf der Basis des „persönlichen Eindrucks" über seine psychopathischen Tendenzen an.[42]

In ganz ähnlicher Weise wurde Rudolf S. als instabiler, asozialer Psychopath eingestuft und aufgrund eugenischer Minderwertigkeit zwangssterilisiert. Am 27. Mai 1937 war er in Haina mit der Diagnose „psychopathischer Alkoholiker" aufgenommen worden.[43] Am 16. August 1937 beantragte der Hainaer Direktor bereits die Sterilisation des 29-jährigen Mannes. Er argumentierte, dass Rudolfs Nichte, seine Großmutter und seine Schwester Suizid begingen – woran die erbliche Belastung erkennbar sei.[44] Das Marburger Erbgesundheitsgericht stimmte dem Mediziner zu und bestätigte, dass Selbstmord ein Symptom ererbter psychopathischer Störung sei. Der Gerichtshof erwartete geradezu, dass dieses Familienmitglied zur Selbsttötung neige.[45] In diesem Fall spielten die erblichen Belastungen jedoch kaum eine Rolle, da die Kasseler Polizei ausführlich über Trinksucht und Gewalt berichtet hatte und körperliche Suchtsymptome – langsame Reaktion der Pupillen oder das Zittern von Händen und Zunge – die Notwendigkeit von Rudolf S.' Sterilisierung bekräftigten. In jedem Fall wurde eine eindeutige genetische Aussage über den „chronischen Alkoholismus" hiermit nicht begründet.[46]

Zweifel über die erbliche Belastung konnten zu absurden Spekulationen führen. Am 6. August 1938 wurde der 28-jährige Valentin S. nach Hadamar gebracht. Er war als Alkoholiker und instabiler Psychopath diagnostiziert worden.[47] Am 8. Dezember 1938 stellte der Hadamarer Direktor einen offensichtlich halbherzigen und ungenauen Sterilisationsantrag beim Frankfurter Erbgesundheitsgericht. Das dortige Fürsorgeamt für Alkoholiker lieferte einige Daten, die bis zum Jahre 1931 zurückreichten, darunter illegaler Straßenverkauf und Diebstahl. Am 24. Februar 1939 wies das Frankfurter Erbgesundheitsgericht den Antrag zurück.[48] Eindrucksvoll verwies dieses Urteil auf die moralischen und medizinischen Unsicherheiten eines Arztes. Ausschlaggebend war in diesem Fall, dass in Valentin S.' Familie keine Anzeichen psychischer oder nervlicher Erkrankungen bekannt waren, dass er einen Beruf gelernt hatte, niemals ernstlich erkrankt und durchgängig beschäftigt gewesen war. Diese Faktoren mögen auf die persönliche Stabilität dieses Mannes hingewiesen haben, es zeigt sich aber nochmals, auf welcher unsicheren Grundlage „chronischer Alkoholismus" in dieser Zeit diagnostiziert und eine Zwangssterilisierung angeordnet wurde.

Schluss

Im Ergebnis zeigt sich beim Wechsel zum neuen nationalsozialistischen Regime eine negative Entwicklung der Versorgung alkoholkranker Patienten, die bis in das 19. Jahrhundert zurückverfolgt werden kann. Ihr liegt die Fixierung der Ärzte auf die erblichen Ursachen des Alkoholismus zugrunde, wodurch aktive Therapiebemühungen sehr begrenzt blieben. Die Möglichkeit, alkoholkranke Patienten zur Zwangssterilisation zu melden, vollendete in dieser Situation nur den moralischen und medizinischen Bankrott der Ärzteschaft. Es folgte eine recht willkürliche Verfolgung von Patienten durch Mediziner aus eugenischen, sozialen oder persönlichen Gründen, während therapeutische Anstrengungen abgesehen vom (vor allem ökonomisch für die Anstalt wichtigen) Arbeitseinsatz mehr und mehr unterblieben. Als schließlich im Jahre 1941 die „Euthanasie"-Morde in Hadamar begannen, hatten Suchtkranke nur dann eine Chance, der medizinischen Schlächterei zu entkommen, wenn sie sich auch weiterhin noch ökonomisch nützlich machen konnten. Alkoholiker wurden jedoch spätestens dann zu „Euthanasie"-Opfern, wenn sie durch weitere Leiden wie Epilepsie, geistige Behinderung oder körperliche Gebrechen dem Regime nicht mehr „nützlich" erschienen.

Übersetzung aus dem Englischen von Uta George und Christina Vanja

[1] Dirk Blasius, „Einfache Seelenstörung". Geschichte der deutschen Psychiatrie 1800–1945, Frankfurt am Main 1994, S. 94–96; als pathologisch begründete „Trunksucht" definierte man den Hang zum exzessiven Trinken allerdings bereits zu Beginn des 19. Jahrhunderts. Da man keine somatischen Ursachen feststellen konnte, galt auch diese Sucht jedoch als „Krankheit des Willens": Claudia Wiesemann, Die heimliche Krankheit. Eine Geschichte des Suchtbegriffs (= Medizin und Philosophie. Beiträge aus der Forschung, Bd. 4), Stuttgart/Bad Cannstatt 2000, S. 35.

[2] Landeswohlfahrtsverband Hessen (Hg.), Psychiatriemuseum Haina: Ausstellung, Bibliothek und Archiv zur Hospital- und Krankenhausgeschichte (= Historische Schriftenreihe des Landeswohlfahrtsverbandes Hessen, Kurzführer Nr. 1), Kassel 1992, S. 18 f.

[3] Blasius (wie Anm. 1), S. 50 f.; vgl. auch David W. Alford, Alkoholismus und psychiatrische Behandlung. Alkoholkranke Patientinnen in der Landesheilanstalt Marburg 1900 bis 1918, in: Peter Sandner/Gerhard Aumüller/Christina Vanja (Hg.), Heilbar und nützlich. Ziele und Wege der Psychiatrie in Marburg an der Lahn (= Historische Schriftenreihe des Landeswohlfahrtsverbandes Hessen, Quellen und Studien Bd. 8), Marburg 2001, S. 201–213.

[4] Hans-Jürgen Gaber, An der Spitze aller Provinzen und Länder. Trinkerfürsorge und Suchtkrankenhilfe in Westfalen 1820 bis 1995, Bonn 2002.

[5] David W. Alford, Die Trinkerfürsorgeanstalt Köppern (1901) und die Alkoholikerfrage um 1900, in: Christina Vanja/Helmut Siefert (Hg.), In waldig-ländlicher Umgebung ... Das Waldkrankenhaus Köppern: Von der agrikolen Kolonie der Stadt Frankfurt zum Zentrum für Soziale Psychiatrie Hochtaunus (= Historische Schriftenreihe des Landeswohlfahrtsverbandes Hessen, Quellen und Studien Bd. 7), Kassel 2001, S. 88–100.

[6] Emil Kraepelin, Lebenserinnerungen, Heidelberg/New York/Tokio 1983, S. 137.

[7] Archiv des Landeswohlfahrtsverband-Hessen (= LWV-Archiv), Bestand 13, K 1926/001; LWV-Archiv, Bestand 13, K. 1923/016.

[8] A. Baer, Alkoholismus, Berlin 1878; Alfred Grotjahn, Der Alkoholismus: Nach Wesen, Wirkung und Verbreitung, Leipzig 1898.

[9] Die Alkoholfrage, Nr. 1 (1910), o. S.; Die Alkoholfrage, Nr. 10 (1913), S. 88–94.

[10] Die Abstinenz, Nr. 1 (1905), S. 86; Hans-Walter Schmuhl, Rassenhygiene, Nationalsozialismus, Euthanasie. Von der Verhütung zur Vernichtung „lebensunwerten Lebens" 1890–1945, Göttingen 1987, S. 11.

[11] Die Alkoholfrage, Nr. 4 (1915), o. S.

[12] Archiv des Diakonischen Werkes, Erba-Sammlung 29 (Alkoholdelikte).

[13] Elke Hauschildt, „Auf den richtigen Weg zwingen ..." Trinkerfürsorge 1922–1945, Freiburg im Breisgau, 1995, S. 43.

[14] Gaber (wie Anm. 4), S. 86–97.

[15] Vgl. den Beitrag von Christina Vanja in diesem Band.

[16] Bettina Winter, „Verlegt nach Hadamar". Die Geschichte einer NS-"Euthanasie" Anstalt (= Historische Schriftenreihe des Landeswohlfahrtsverbandes Hessen, Kataloge Bd. 2), Kassel 1994, S. 29–31.

[17] Ebd., S. 31 f. und S. 56.

[18] Ebd., S. 31.

[19] LWV-Archiv, Bestand 12, K 576.

[20] Ebd., Teil Krankengeschichte, fol. 3r-fol. 4r.

[21] Ebd., Teil Krankengeschichte (21. 02. 1931), fol. 2r, und (22. 02. 1932), fol. 2v.

[22] Ebd., fol. 32. Brief des Hadamarer Direktors an Hermann R., (03. 09. 1930); dazu Teil Krankengeschichte, Hadamar (08. 03. 1934), Teil Krankengeschichte, fol. 3v.

[23] LWV-Archiv, Bestand 12, K 812. Sie war ein zweites Mal vom 22. 12. 1937 bis zum 29. 04. 1938 in Hadamar.

[24] Ebd., Teil Krankengeschichte, fol. 2r.

[25] Ebd., Teil Krankengeschichte, fol. 1v.

[26] Ebd., Briefe von Maria H. an den Oberarzt (19. u. 28. 08. 1937); Teil Krankengeschichte, fol. 5, 7 und 20.

[27] Ebd., Teil Krankengeschichte, fol. 3v–4r.

[28] LWV-Hessen, Bestand 12, K 737 (Jean S.) und K 1059 (Gottlieb S.).

[29] Blätter für Praktische Trinkerhilfe, Nr. 4 (1934), S. 68 f.

[30] Ebd., S. 69; Der Öffentliche Gesundheitsdienst, Nr. 1 (1936), S. 1.

[31] K. Scherer, „Asozial" im Dritten Reich. Die vergessenen Verfolgten. Münster 1990, S. 77. Siehe auch Hauschildt (wie Anm. 13), S. 147.
[32] LWV-Archiv, Bestand 13, K 1938/026: Intelligenz Prüfung, Haina (02. 02 1938).
[33] Ebd., Intelligenz Prüfung, Haina (09. 07. 1937).
[34] LWV-Hessen, Bestand 12, K 1966. Sterilisierungsbeschluss des Erbgesundheitsgericht, Frankfurt (16. 10. 1935).
[35] LWV-Archiv, Bestand 12, K 924, Teil Krankengeschichte, fol. 2v.
[36] Ebd., Sterilisierungsbeschluss (14. 07. 1936), fol. 39r.
[37] Ebd., Teil Krankengeschichte (07. 04. 1936), fol. 2v.
[38] Ebd., Teil Krankengeschichte, fol. 3r.
[39] Ebd., Erbgesundheitsgericht Frankfurt am Main (02. 09. 1936), fol. 39r.
[40] Ebd., Teil Krankengeschichte, Hadamar, (03. 11. 1936), fol. 3r.
[41] Ebd., Teil Krankengeschichte, Hadamar, fol. 3r.
[42] LWV-Archiv, Bestand 13, K 1938/034, Sterilisationsbeschluss.
[43] LWV-Archiv, Bestand 13, K 1938/041, Fragebogen B.
[44] Ebd., Sterilisierungseintrag (18. 08. 1937).
[45] Ebd., Ärztliche Äußerung zum Sterilisationsantrag (16. 08. 1937).
[46] Ebd., Sterilisationsbeschluss (09. 12. 1937).
[47] LWV-Archiv, Bestand 12, K1035.
[48] Ebd., fol. 36 ff.

Die Landesheilanstalt Hadamar 1933–1945 als Einrichtung des Bezirksverbands Nassau (Wiesbaden)

Peter Sandner

Der Name der Anstalt Hadamar im Nationalsozialismus ist eng mit den NS-„Euthanasie"-Verbrechen verknüpft. Fragt man danach, warum gerade Hadamar ab 1941 zum Ort einer der zentralen Krankenmordanstalten des Deutschen Reichs wurde, stößt man auf die Verantwortlichkeit des damaligen Trägers der Einrichtung. Allgemein lässt sich inzwischen feststellen, dass die Träger der Heil- und Pflegeanstalten im Nationalsozialismus einen erheblich größeren Einfluss auf das Schicksal der Einrichtungen hatten als früher angenommen. Nicht nur die Willkür von Parteifunktionären, sondern ebenso sehr das Kalkül und die Initiative von Verwaltungsbeamten war ausschlaggebend dafür, wie stark eine Anstalt sich an den „rassenhygienischen Maßnahmen" und an den „Euthanasie"-Verbrechen des Dritten Reichs beteiligte.

Das Landeshaus in Wiesbaden, Verwaltungssitz des Bezirksverbands des Regierungsbezirks Wiesbaden von 1907 bis 1945 (LWV-Archiv, Fotosammlung)

Seit der Gründung der psychiatrischen Anstalt in Hadamar im Jahr 1906[1] hatte der „Bezirksverband des Regierungsbezirks Wiesbaden", einer der Vorgänger des heutigen Landeswohlfahrtsverbandes Hessen, die Trägerschaft inne. Der Bezirksverband mit Sitz im Wiesbadener „Landeshaus"[2] war ein kommunaler Verband, er bestand aus den Landkreisen und den beiden kreisfreien Städten (Frankfurt und Wiesbaden) im Regierungsbezirk. Sein Zuständigkeitsgebiet reichte vom Landkreis Biedenkopf im Norden bis zum Rheingaukreis (Rüdesheim) im Süden, vom Kreis St. Goarshausen im Westen bis zur Stadt Frankfurt im Osten. Der Bezirksverband, während der NS-Zeit kurz als „Bezirksverband Nassau" bezeichnet, übernahm für die Landesheilanstalt Hadamar hauptsächlich zwei Funktionen: Zum einen setzte er die Rahmenbedingungen ihrer Arbeit durch Einstellung des leitenden Personals, durch Verabschiedung des Haushalts und durch Vorgabe von Richtlinien; zum anderen war er der führende Kostenträger für die Anstaltsunterbringung von Patientinnen und Patienten aus seinem Zuständigkeitsbereich, dem damaligen Regierungsbezirk Wiesbaden. Das Schicksal der Anstalt Hadamar war daher, wie das entsprechender Einrichtungen der Zeit auch, auf Gedeih und Verderb mit demjenigen des übergeordneten Verbandes verbunden.[3]

Machtübernahme und Gleichschaltung (1933–1938)

Erstmals kam die Landesheilanstalt Hadamar mit dem Terror des Dritten Reichs in Berührung, als im August 1933 ein Nazi-Schlägertrupp den Oberarzt der Anstalt, Dr. Ernst Pöllmann (1876–1949), überfiel und übel traktierte. Man warf dem katholischen Arzt vor, dass er sich 1919 für den rheinischen Separatismus, also für die Loslösung des Rheinlands von Preußen und vom Deutschen Reich, eingesetzt hatte. Mitte 1934 zog der Bezirksverband nach und schickte Pöllmann vorzeitig in den Ruhestand. Als Vorwand diente eine angebliche „Vereinfachung der Verwaltung". Es war aber offensichtlich, dass tatsächlich dieselben politischen Hintergründe ausschlaggebend waren.[4] Neben der Entlassung politisch Missliebiger betrieb der Bezirksverband die Einstellung der so genannten „alten Kämpfer", also langjähriger NSDAP-, SA- oder SS-Mitglieder. Die Qualifikation spielte dabei häufig kaum eine Rolle. Selbst die als einfach eingestufte Pförtnertätigkeit war nicht immer der geeignete Einsatz für die „alten Kämpfer". So musste die Landesheilanstalt Hadamar den 1936 eingestellten Pförtner und Telefonisten Philipp Ba. (Parteimitglied seit 1926 und damit später Träger des Goldenen Parteiabzeichens) bald wegen Schwerhörigkeit auf das anstaltseigene Hofgut Schnepfenhausen versetzen, wo er in der Landwirtschaft Verwendung fand.[5]

Mitte der 1930er Jahre versuchte der Bezirksverband Nassau mit drastischen Mitteln, kirchliche Träger aus der Pflege und Betreuung kranker und behinderter Menschen auszuschalten. Davon war auch eine Einrichtung in Hadamar, das St. Anna-

Beschäftigte des Bezirksverbandes Nassau im Saal des ehemaligen Kommunallandtags im Wiesbadener Landeshaus. In der ersten Reihe Behördenchef Landeshauptmann Wilhelm Traupel (4. von links), Anstaltsdezernent Landesrat Fritz Bernotat (3. von links) und Finanzdezernent Willi Schlüter (2. von links) (Hessisches Hauptstaatsarchiv, Abt. 520 BW Nr. 4469)

Haus, betroffen. Dort nämlich hatte die Landesheilanstalt Hadamar bis Anfang 1937 mehr als 80 ihrer Patientinnen auftragsweise untergebracht und von den katholischen Dernbacher Schwestern versorgen lassen. Als der Bezirksverband Nassau dann im Januar 1937 auf einen Schlag sämtliche 86 Patientinnen aus dem St.-Anna-Haus verlegen ließ,[6] stand die konfessionelle Einrichtung binnen kurzer Zeit vor dem Ruin, denn sie hatte sich bislang aus den Pflegegeldern, die der Bezirksverband ihr überwies, finanziert. Bei der bald folgenden Zwangsversteigerung erwarb die Limburger Kreissparkasse das St. Anna-Haus samt Grundstück und Inventar und trat es kurz darauf, im August 1938, zu einem günstigen Preis an den Bezirksverband Nassau ab.[7] Aus dem katholischen Heim wurde so ab dem 25. September 1938 eine Außenabteilung der Landesheilanstalt Hadamar.[8]

Rassenhygienische Ausrichtung und Zwangssterilisation (1934–1939)

In den 1930er Jahren wurde die Rassenhygiene zu einer Leitwissenschaft im nationalsozialistischen Deutschland. Gerade für die älteren Ärzte stellte die Rassenhygiene ein neues Teilgebiet der Medizin dar. Viele nutzten daher die zahlreichen Fortbildungsangebote zu diesem Themenbereich. So schickte der Bezirksverband im Januar 1934 gleich drei seiner Anstaltsdirektoren (aus den Landesheilanstalten Hadamar, Herborn und Eichberg) nach München in die Deutsche Forschungsanstalt für Psychiatrie zum fünftägigen „rassenhygienischen Lehrgang für Psychiater", der von Prof. Ernst Rüdin (1874–1952) geleitet wurde. Der Hadamarer Direktor Dr. Otto Henkel (1876–1956) pries Rüdin anschließend in einem Bericht an die Verwaltung des Bezirksverbandes als den „Schöpfer des Gesetzes zur Verhütung erbkranken Nachwuchses" und betonte die aus seiner Sicht bestehende Notwendigkeit dieses 1934 in Kraft getretenen Zwangssterilisationsgesetzes: Man habe in der Anstalt Hadamar „in den letzten Jahren sehen können, wie verheerend erbkranker Nachwuchs auf das Volksganze gewirkt hat." Henkel schloss seinen Bericht mit dem programmatischen Schlusssatz: „Erster Grundsatz aller Rassenhygiene ist: Ausmerzung der Entarteten und Erhaltung und Förderung der Hochwertigen." Damit bekundete der Direktor der Landesheilanstalt Hadamar, dass er eine „rassenhygienisch" ausgerichteten Psychiatrie ohne Abstriche befürwortete.[9] 1935 nahm die Hadamarer Anstaltsärztin Dr. Elfriede C. an der ersten Jahresversammlung der Gesellschaft Deutscher Neurologen und Psychiater 1935 in Dresden teil. Anschließend berichtete sie, die Tagung habe „habe fast ausschliesslich unte[r] dem Gesichtspunkt der weiteren Ausgestaltung der Rassenhygi[ene gestanden,] für die sich die heutige Psychiatrie und Neurologie mit all[en] Kräften einsetzt."[10]

Ab 1934 beteiligte die Landesheilanstalt Hadamar sich an der Umsetzung des Zwangssterilisationsgesetzes, das Unfruchtbarmachungen bei Menschen mit bestimmten angeborenen Krankheiten oder Behinderungen vorsah. Erbgesundheitsgerichte, besetzt mit einem Juristen als Vorsitzendem und zwei Ärzten als Beisitzern, entschieden, wer zwangssterilisiert werden sollte. Durch das Gesetz erhielten die Anstaltsleiter der Heil- und Pflegeanstalten ausdrücklich die Berechtigung, Sterilisationsanträge zu stellen.[11] 1935 wurden diese Anträge offenbar so sehr zur Routinehandlung für die Direktoren, dass der Bezirksverband ihnen zur Arbeitserleichterung Formulare für die Antragstellung druckte.[12] Die Umsetzung der Zwangssterilisation der Hadamarer Patientinnen und Patienten geschah nicht in der Anstalt Hadamar selbst, sondern in der Regel in einer speziellen Operationsabteilung, die der Bezirksverband in seiner Anstalt Herborn eingerichtet hatte. Ein exemplarischer Blick auf das Jahr 1935 verdeutlicht den Umfang dieser Zwangsmaßnahme: In zwölf Monaten wurden 171 Hadamarer Anstaltsassen (141 Frauen und 30 Männer) durch Ärzte zwangsweise unfruchtbar gemacht.[13]

Die Anstaltsdirektoren des Bezirksverbandes Nassau waren jedoch nicht allein als Anzeigenerstatter für ihre eigenen Patientinnen und Patienten, sondern ebenso sehr als Beisitzer am Erbgesundheitsobergericht Frankfurt mitverantwortlich für die Zwangssterilisationen. Dieses Obergericht war die zweite (und höchste) Instanz für alle Sterilisationsverfahren im Regierungsbezirk Wiesbaden. Es kam zum Zuge, wenn gegen Beschlüsse der ersten Instanz Widerspruch eingelegt worden war. Ebenso wie seine Direktorenkollegen von den Landesheilanstalten Eichberg und Herborn wirkte auch der Hadamarer Direktor Dr. Henkel als Beisitzer am Erbgesundheitsobergericht Frankfurt mit.[14]

Ende 1937 trat Dr. Henkel, nachdem er die Landesheilanstalt Hadamar 28 Jahre lang geleitet hatte, im Alter von 61 Jahren in den Ruhestand.[15] Ihm folgte der aus Schleswig-Holstein stammende Dr. Peter Masorsky (1887–1966). Masorsky hatte seinen Dienst beim Bezirksverband des Regierungsbezirks Wiesbaden bereits 1919 angetreten und wurde die ersten 17 Jahre in der Landesheilanstalt Eichberg eingesetzt. Im Oktober 1936 wechselte er nach Hadamar und konnte sich dort, bevor er die Leitung übernahm, ein Jahr lang einarbeiten. Masorsky war 1933 in die NSDAP und in die SA eingetreten; nachdem er Direktor geworden war, fungierte er auch einige Monate lang als stellvertretender Ortsgruppenleiter.[16]

Gegen Ende der 1930er Jahre war bei vielen Ärzten die anfängliche Euphorie über die vermeintlichen Möglichkeiten der Rassenhygiene einer Ernüchterung gewichen. Die „bessere", „gesündere" Welt, die die rassenhygienische Propaganda versprochen hatte, war durch Maßnahmen wie die Sterilisationen nicht eingetreten. So spricht tiefe Skepsis aus einem Bericht, den Masorsky 1939 abfasste, nachdem er vom 25. bis 28. März in Wiesbaden an der 5. Jahresversammlung der Gesellschaft Deutscher Neurologen und Psychiater teilgenommen hatte. Dort habe Ernst Rüdin als Vorsitzender der Gesellschaft in seiner Eröffnungsansprache betont, „dass für das Ansehen des Psychiaters die Gefahr einer Krise von aussen her drohe. [...] Der Psychiater wird [...] als auf verlorenem Posten stehend misskreditert. Das beruht auf der Beschäftigung mit den Erbkranken. Die Nichtachtung der Erbkranken droht sich auf deren Betreuer, die Psychiater, zu übertragen." Rüdin habe betont, es „dürfte nicht die Meinung aufkommen, als wenn man nun eine Anstalt nach der anderen schliessen müsse. Es würde sich auch bald am gesunden Volkskörper rächen, wenn die Zahl der Aerzte noch weiter verringert würde."[17]

Sparpolitik und Dominanz der Verwaltung (1936–1939)

Die zitierten Worte weisen darauf hin, dass verschiedene Anstaltsträger die hoffähig gewordene Diffamierung der Kranken dazu genutzt hatten, um die ärztliche und pflegerische Versorgung der Patientinnen und Patienten einzuschränken. Der Bezirksverband Nassau und sein 1937 ins Amt gekommener Anstaltsdezernent Fritz Bernotat (1890–1951) hatten sich in dieser Hinsicht besonders exponiert. Seit 1938 ist in den Anstalten des Verbandes eine Machtverschiebung weg vom ärztlichen Bereich und hin zum Verwaltungsbereich festzustellen. Bis dahin waren die jeweiligen (ärztlichen) Direktoren die alleinigen Leiter der Anstalten gewesen. 1938 jedoch erhielten die ersten Verwaltungsbeamten der vier Landesheilanstalten des Bezirksverbandes die „Verantwortlichkeit für die Durchführung der [Haushalts-] Voranschläge für 1938 und damit zusammenhängend für den gesamten Wirtschaftsbetrieb der Landesheilanstalten einschliesslich der mit diesen verbundenen Gutsbetriebe." Die Verwaltungsbeamten waren für dieses Gebiet, das bislang der ärztliche Direktor betreut hatte, künftig „voll verantwortlich und haftet[en] gleichzeitig damit auch der Verwaltung unmittelbar." Das hieß in letzter Konsequenz, dass der Einfluss des (ärztlichen) Direktors in allen finanziellen Angelegenheiten der Anstalt erheblich geschmälert war.[18]

Diese Machtverschiebung wurde 1939 durch Neubesetzung des entsprechenden Verwaltungspostens in der Landesheilanstalt Hadamar personell untermauert. Seit 1934 hatte Landesoberinspektor Fritz K. (1898–1978), ein ehemaliger Berufssoldat und späterer Reservist der Wehrmacht, die Verwaltungsgeschäfte in Hadamar geleitet.[19] Seit dessen Einberufung zum Militär im August 1939 übernahm Alfons Klein (1909–1946) die Verwaltungsleitung und – da auch Direktor Dr. Masorsky kurz darauf zur Marine einberufen wurde – sogar faktisch die Gesamtleitung der Anstalt. Klein, ursprünglich Molkereigehilfe, hatte seinen ersten Posten in der Anstalt Hadamar 1934 als so genannter „alter Kämpfer" erhalten; er war bevorzugt eingestellt worden, da er bereits 1930 – und damit drei Jahre vor der „Machtübernahme" – in die NSDAP eingetreten war. Demselben Umstand verdankte er auch seine schnelle Verbeamtung. Im Laufe des Jahres 1937 hatte er zeitweise in Wiesbaden in Bernotats Anstaltsabteilung mitgearbeitet. Als Klein seine Funktion als erster Verwaltungsbeamter der Landesheilanstalt Hadamar antrat, hatte er erst den Beamtenrang eines Landessekretärs erreicht; er war also noch drei bis vier Diensträge unter der Stufe, die in der Regel mit dieser Stellung verbunden war. Alfons Klein galt als absoluter Gefolgsmann von Anstaltsdezernent Bernotat. Zudem stand er bei einigen im Ruf, ein Spitzel des SD, des Sicherheitsdienstes der SS, zu sein. Eine herausgehobene Rolle spielte Klein kurz darauf während der „Euthanasie"-Morde in Hadamar, weswegen er 1946 nach einem amerikanischen Kriegsverbrecherprozess hingerichtet wurde.[20]

In den 1930er Jahren verschrieb die Wiesbadener Anstaltsabteilung des Bezirksverbandes, die Kleins Mentor Bernotat leitete, sich ausdrücklich einer rigiden Sparpolitik in den Anstalten. Einwirkungsmöglichkeiten auf die Landesheilanstalt Hadamar hatte diese Abteilung besonders durch die jährliche Aufstellung des Haushaltsplans und die Festsetzung der Pflegesätze, die die Anstalt für die Unterbringung der Patientinnen und Patienten berechnen durfte.[21] Seit 1937 sah der Geschäftsverteilungsplan auch ausdrücklich die „Dienstkontrolle", also die Aufsicht über das Personal der Anstalt Hadamar, vor.[22]

Die Sparpolitik, die der Bezirksverband in der zweiten Hälfte der 1930er Jahre in der Anstalt Hadamar betrieb, wurde durch mehrere Maßnahmen umgesetzt: durch Überbelegung der Anstalt, durch Verringerung der personellen Ausstattung, durch Nahrungsmittelreduzierung und durch Einsparung von Sachmitteln. Während die Zahl der Patientinnen und Patienten der Landesheilanstalt Hadamar im Zeitraum Januar 1935 bis 1939 leicht von 557 auf 625 anstieg, sank der Personalstand deutlich von 162 auf 72. Kamen zu Anfang 81 Kranke auf einen Arzt, waren es gegen Ende dieses Zeitraums 141 Patientinnen und Patienten pro Mediziner.[23]

Am 21. September 1936 versammelten sich die Anstaltsbeamten des Bezirksverbandes unter Bernotats Leitung in der Landesheilanstalt Hadamar. Um Kosten für die Unterbringung der Kranken zu sparen, besprach man die Abschaffung von Matratzen: „Die Einführung von Strohsäcken soll in Kürze restlos erfolgen." Lobend wurde in der Runde hervorgehoben, dass „von einigen Anstalten in dieser Hinsicht bereits bedeutende Forschritte – Hadamar zu 70% – gemacht worden sind".[24] Im Jahr darauf berichtete ein Vertreter der Anstalt Hadamar, man führe „zur Ersparung von Kosten kleinere zahnärztliche Behandlungen, insbesondere Ziehen von kranken Zähnen, selbst durch."[25]

Ein Indikator für die Lebensmittelversorgung der Patientinnen und Patienten ist der Beköstigungssatz, der angibt, wie viel Geld pro Person und Tag für Nahrungsmittel im Haushaltsplan bereitgestellt wird. Mit Bernotats Amtsantritt als Anstaltsdezer-

Anstaltsdezernent Fritz Bernotat (LWV-Archiv, Fotosammlung)

nent im April 1937 erhielt die Anstalt Hadamar die Mitteilung des Bezirksverbandes, dass der Beköstigungssatz von 48 auf 46 Pfennige gesenkt worden sei.[26] In der Praxis wurde aber selbst dieser reduzierte Betrag noch unterschritten. Im Februar 1939 erhielten die Patientinnen und Patienten der Landesheilanstalt Hadamar tatsächlich nur Lebensmittel im Wert von 40,1 Pfennig pro Tag.[27]

Der Bezirksverband machte sich diese Sparpolitik auf dem Rücken der Kranken wirtschaftlich zunutze, indem er die Differenz zwischen (geringen) Ausgaben und (hohen) Einnahmen einbehielt: Im Frühjahr 1936 beispielsweise hatte die Landesheilanstalt Hadamar an so genannten „Individualkosten" für einen Patienten (für individuelle personelle Betreuung, Ernährung, Medizin, Bekleidung, Heizung usw.) pro Tag nur 1,31 Reichsmark aufgewandt. Den Kostenträgern jedoch, den letztlich zahlungspflichtigen Stadt- und Landkreisen am Heimatort der Kranken, stellte der Bezirksverband für eben diese Leistung der Anstalt Hadamar täglich 1,75 Reichsmark in Rechnung.[28] Der Bezirksverband senkte also durch die Sparpolitik seine Kosten für die so genannte, in Anstalten vorgenommene „Geisteskrankenfürsorge", während er andererseits seine zweckgebundenen Einnahmen hierfür, die er von den Stadt- und Landkreisen als Kostenträgern kassierte, steigerte. Die Differenz wurde vor allem zur Schuldentilgung und Rücklagenbildung verwandt.

Dass bereits die Sparpolitik des Bezirksverbandes vor 1939 ein Schritt auf dem Weg zur so genannten „Vernichtung lebensunwerten Lebens" war, stand für Beobachter jener Zeit außer Frage. So heißt es in der Urteilsbegründung des Landgerichts Frankfurt im Hadamar-Prozess von 1947: „Man wollte Geld, Personal und sonstige materielle Werte sparen und sich von der Last unnützer Menschen befreien. Deshalb ging man in dem Anstaltswesen [...] dazu über, die Verpflegungssätze für die Anstaltsinsassen mehr und mehr herabzusetzen [...]. [...] So wurden diese heil- und pflegebedürftigen Menschen planmäßig unterernährt und ihr körperlicher und seelischer Verfall nicht nur nicht aufgehalten, sondern beschleunigt. [...] Das aber war in Wahrheit die Absicht jener politischen Führung, die aus reinen Nützlichkeitserwägungen alle ihr unnütz erscheinenden Menschen endgültig aus dem Volkskörper ausscheiden wollte [...]."[29]

Anstaltsnutzung und Meldebogenerfassung (1939–1940)

Bei Kriegsbeginn im September 1939 wurde die Landesheilanstalt Hadamar von der Wehrmacht – wie es im Verwaltungsbericht des Bezirksverbandes heißt – „zwecks Errichtung eines Reservelazaretts beschlagnahmt. Die Verlegung der Kranken und Überweisung eines Teils des Personals erfolgte an die Landesheilanstalt Weilmünster. Nur die zum Arbeiten in der Landwirtschaft und Gärtnerei fähigen Kranken sind in der Anstalt Hadamar zurückgeblieben." Es handelte sich Mitte 1940 immerhin noch um ca. 150 Patientinnen und Patienten, die in der Anstalt Hadamar untergebracht waren. Die Personalmitglieder, die nicht nach Weilmünster gewechselt waren, stellte der Bezirksverband Nassau der Wehrmacht in Hadamar zur Verfügung. Auch die Verpflegung für das Lazarett wurde durch den Bezirksverband bereitgestellt.[30]

Parallel zur Lazarettnutzung der Anstalt Hadamar begannen andernorts im Deutschen Reich die „Euthanasie"-Morde an kranken und behinderten Menschen. Diese Mordaktion, umgesetzt mithilfe von Gaskammern in verschiedenen Anstalten und Heimen, wurde später unter dem Kürzel „T4" bekannt.[31] Im Vorfeld der Morde erhielt die Restanstalt Hadamar – ebenso wie andere Anstalten im Deutschen Reich – den Auftrag, Meldebogen zu ihren Patientinnen und Patienten auszufüllen, die als Grundlage für die Entscheidung über Leben oder Tod der Patienten dienten. Die leeren Vordrucke gingen Anfang Juli 1940 in der Hadamarer Verwaltung ein. Der in die Mordpläne eingeweihte Chef des Bezirksverbandes Nassau, Landeshauptmann Wilhelm Traupel (1891–1946), bat in einem Schreiben an die ihm unterstellten Anstalten „dringend" darum, „mit allem Nachdruck an die Bearbeitung [...] heranzugehen" und die Abgabefrist (1. September) möglichst einzuhalten.[32] Dieser Auftrag war nicht nur an die Anstalt Hadamar, sondern auch an die in Weilmünster ergangen. Weil die Belegschaft der extrem überbelegten Anstalt Weilmünster mit der Masse von Meldebögen nicht zurande kam, entsandte der Bezirksverband den vor Jahren pensionierten Hadamarer Anstaltsdirektor Dr. Otto Henkel aushilfsweise dort hin, der die Ausfüllung von ca. 1.500 Meldebogen binnen drei Wochen erledigte.[33] In der Anstalt Hadamar selbst füllte nicht wie vorgesehen ein Arzt die Formulare aus. Da dort kein Anstaltsarzt mehr vorhanden war, übernahm dies vielmehr der oberste Verwaltungsbeamte Alfons Klein. Anschließend schickte dieser die Meldebogen dem Direktor der Anstalt Eichberg zu, der sie lediglich noch unterschrieb und ihnen so den Anschein von ärztlichen Gutachten verlieh.[34]

Unterstützung des Bezirksverbands bei der „T4"-Gasmordaktion in Hadamar (1940–1941)

Ab November/Dezember 1940 stellte der Bezirksverband Nassau der zentralen Krankenmordorganisation „T4" (benannt nach ihrem Sitz in der Berliner Tiergartenstraße 4) die Anstalt Hadamar zur Verfügung, damit „T4" dort ihre sechste Gasmordanstalt einrichten konnte. Der Bezirksverband Nassau unterstützte die Umbauarbeiten, beispielsweise indem ein Mitarbeiter der Landesheilanstalt im Oktober 1940 Backsteine für einen Krematoriumsofen aus einer Ziegelei im benachbarten Ort Elz per Lastwagen zur Anstalt transportierte. Dieser Fahrer gab später an, er habe „gleich [vermutet], es sollten Menschen verbrannt werden." Auch die Ofenröhren lieferten dieser Aussage zufolge einheimische Firmen, während die Eisenteile für das Krematorium ungefähr gleichzeitig mit einem Lastwagen aus Berlin eintrafen.[35] Die Hilfestellung bei den Vorarbeiten zeigt, dass bestimmte Verantwortliche im Bezirksverband – besonders der Wiesbadener Anstaltsdezernent Fritz Bernotat und der Hadamarer Verwaltungsleiter Alfons Klein – sich das Vorhaben der Tötung psychisch kranker und geistig behinderter Menschen zu Eigen gemacht hatten. Die eigentlichen Umbauarbeiten dauerten sechs bis acht Wochen und fielen in die Monate November und Dezember 1940.[36] Schließlich schloss der Bezirksverband einen Pachtvertrag mit „T4" und überließ der Organisation dadurch das Anstaltsgebäude. Dabei verzichtete der Bezirksverband auf einen Pachtzins und leistete so auch finanziell einen Unterstützungsbeitrag zur Mordaktion.[37]

Darüber hinaus stellte der Bezirksverband sein in Hadamar verbliebenes Personal (hauptsächlich Schwestern und Pfleger, in geringerer Zahl auch Verwaltungskräfte) für die Mitarbeit bei der Organisation „T4" ab. Ursprünglich war vertraglich die Abordnung von 24 namentlich benannten Personen vereinbart worden, in der Realität wurden dann jedoch in den Anfangsmonaten der Hadamarer Gasmorde nur 13 Hadamarer Bezirksverbandsmitarbeiter an „T4" abgeordnet: vier Schwestern und zwei Pfleger, ein Koch und eine Köchin, drei Handwerker, ein Pförtner / Telefonist sowie (mit Verzögerung) der Verwaltungsbeamte Alfons Klein selbst.[38] In den folgenden Monaten arbeiteten die Betreffenden teilweise in der Küche oder Waschküche der „T4"-Anstalt mit, teilweise aber auch bei der Abholung der Opfer nach Hadamar, beim Entkleiden und bei der Bewachung auf dem Weg zur Gaskammer.

Die Abordnung bedeutete (im Gegensatz zu einer Versetzung), dass die Betreffenden formell Beschäftigte des Bezirksverbands blieben und nur auf Zeit „ausgeliehen" waren. Der Bezirksverband zahlte den Beschäftigten weiter ihre Bezüge aus, ließ sich diese anschließend aber von „T4" wieder erstatten. Auch in den weiteren Monaten im Laufe des Jahres 1941 sorgte der Bezirksverband stets für eine ausreichende personelle Ausstattung der „T4"-Anstalt; mehrfach wurden Mitarbeiterinnen und Mitarbeiter aus den Anstalten Herborn und Weilmünster nach Hadamar versetzt, um dann dort gleich an „T4" abgeordnet zu werden. Besonders umfangreich war die Abordnung von zehn aus Herborn und Weilmünster kommenden Pflegekräften, die ab dem Hochsommer 1941 das „T4"-Personal in Hadamar verstärkten.[39]

Die „T4"-Gasmordaktion in Hadamar mit über 10.000 Mordopfern dauerte von Januar bis August 1941 an.[40] In dieser Zeit konzentrierte der Bezirksverband sich darauf, einerseits 2.775 Patienten[41] aus seinem Einzugsgebiet, dem Regierungsbezirk Wiesbaden, zur Ermordung nach Hadamar bringen zu lassen, und anderseits, die Weiterleitung von Kranken aus anderen Regionen des Deutschen Reichs mitzuorganisieren. Dazu stellte der Bezirksverband seine eigenen Anstalten als so genannte „Zwischenanstalten"[42] für die Organisation „T4" zur Verfügung, von wo aus die auswärtigen Patientinnen und Patienten nach kurzem Aufenthalt abgeholt und zur Ermordung in Hadamar verbracht wurden. Anfang Januar 1941 rief Anstaltsdezernent Bernotat die Leiter der Landesheilanstalten des Bezirksverbands Nassau in Weilmünster zusammen, um sie über das Prozedere der bevorstehenden Verlegungen zu informieren und um sie auf eine reibungslose Mitwirkung einzuschwören.[43] Dies gelang schließlich sehr umfassend. Bernotat kümmerte sich ab Januar 1941 darum, die Mordaktion abzusichern und die Verlegungen in die fünf „Zwischenanstalten" im Regierungsbezirk Wiesbaden, die Bernotat als Anstaltsdezernent oder Vorstand beherrschte,[44] mitzuorganisieren. Er oder seine Mitarbeiter legten fest, in welche der fünf „Zwischenanstalten" die ankommenden auswärtigen Patientinnen und Patienten zunächst eingewiesen werden sollten. Bernotat setze sich dazu auch mit den auswärtigen Anstaltsträgern (beispielsweise mit dem Provinzialverband Westfalen) in Verbindung, um diesen die vorgesehene „Zwischenanstalt" zu benennen. Den „Zwischenanstalten" teilte Bernotat mit, wann dort das Eintreffen wie vieler Menschen aus auswärtigen Anstalten zu erwarten sei.[45] Die Mitwirkung der Verwaltung des Bezirksverbandes führte dazu, dass über die fünf „Zwischenanstalten" im Regierungsbezirk Wiesbaden drei Viertel der über 10.000 Mordopfer des Jahres 1941 in die Hadamarer Gaskammer gebracht wurden.[46]

Im Verwaltungsbericht des Bezirksverbands Nassau, der im Laufe des Jahre 1941 veröffentlicht wurde, ließ Bernotats Anstaltsabteilung mit unterschwelligem Stolz anklingen, dass man an der Krankentötungsaktion mitwirkte – freilich ohne die Geheimaktion explizit zu benennen: „Trotz größter Belegung der Landesheilanstalten – die Zahl der Geisteskranken hat sich durch Ueberweisung von anderen Anstalten annähernd verdoppelt – und großer Personalausfälle sind die Aufgaben mustergültig gemeistert worden. [...]. Daß der Paragraph zuweilen etwas unter pari stand, hat sich dabei nirgends als hemmend erwiesen. [...] trotz des Uebermaßes an Arbeiten wurde durch Bereitstellung von Gebäuden und Einrichtungen die Planung des gesamten Anstaltswesens unterstützt und zum wesentlichen Inhalt der Arbeit gemacht." Über die Anstalt Hadamar wurde in demselben Bericht mitgeteilt, sie sei „seit dem 1. November 1940 [...] an die Gemeinnützige Stiftung für Anstaltspflege verpachtet."[47] Durch Benennung der angeblichen „Stiftung" (tatsächlich eine Tarnbezeichnung von „T4"), verwies der Bezirksverband verklausuliert auf die Tätigkeit der Mordorganisation.

Zwischen den Mordaktionen (1941–1942)

Während der „T4"-Gasmordaktion und nach deren überraschendem Ende (durch den so genannten „Euthanasie"-Stopp im August 1941) wurde der verbliebene Rest der ursprünglichen Landesheilanstalt Hadamar zunächst weiterhin von Verwaltungsleiter Alfons Klein geleitet. In der Hauptsache war Klein zuständig für die 80 bis 90 so genannten „Arbeitspatienten", die überwiegend auf dem Hofgut Schnepfenhausen untergebracht waren und in der dortigen Landwirtschaft eingesetzt wurden. In den elf Monaten von September 1941 bis Juli 1942 starben nur zwei der Patienten.[48]

Unterdessen machte man sich bei „T4" Gedanken über die weitere Nutzung der nun leer stehenden Anstalten im Deutschen Reich, die wegen der Ermordung so vieler Patienten mittlerweile für die Psychiatrie überflüssig geworden waren. Anfang März 1942 besuchte eine „T4"-Planungskommission deshalb die Region Nassau und sprach zunächst im Wiesbadener Landeshaus mit Anstaltsdezernent Bernotat, durch den man sich „vorbildlich unterstützt" fühlte. Bernotat legte die Vorstellungen des Bezirksverbandes Nassau zur künftigen Anstaltsnutzung vor. Während der Verband vorschlug, die Landesheilanstalten Weilmünster und Eichberg bestehen zu lassen, wollte er in Hadamar ein Fürsorgeerziehungsheim einrichten und damit zumindest teilweise an die 1920er Jahre anknüpfen. Diese Vorstellungen Bernotats wurden durch die „T4"-Planer zunächst akzeptiert.[49] Letztlich aber wurden sie nie realisiert, da der Bezirksverband Nassau für die Anstalt Hadamar in den Jahren 1942 bis 1945 eine andere, erneut mörderische Verwendung fand.

Neue Mordaktion in Hadamar (1942–1945)

Nach 1941 fanden in verschiedenen Teilen des Deutschen Reichs Medikamentenmorde an Patientinnen und Patienten statt – aber keineswegs in allen Reichsteilen. Dies hing nunmehr stark vom Engagement der jeweiligen Anstaltsträgerbehörde und von den verantwortlichen Personen in den Anstalten ab. Heinz Faulstich kommt mit Hinweis auf die sehr hohen Sterberaten bald nach Beendigung der Gasmordaktion zu dem Schluss, dass in vier „Tötungsregionen" „bereits 1942 wieder aktiv gemordet wurde": im Land Sachsen, in der preußischen Provinz Sachsen, in der preußischen Provinz Pommern und im preußischen Regierungsbezirk Wiesbaden.[50] Der hierfür verwendete Begriff der „regionalen Euthanasie" oder der regional verantworteten Krankenmorde bringt die Herausbildung solcher Schwerpunktregionen des Mordes am besten zum Ausdruck.

Die zweite Mordaktion in Hadamar begann im August 1942, fast genau ein Jahr nach dem Abbruch der Gasmorde. In den restlichen 32 Monaten bis Kriegsende fielen diesem Verbrechen nochmals mehr als 4.000 Menschen zum Opfer. Die Anstalt Hadamar unterschied sich in dieser Zeit von den meisten anderen Mordanstalten im Deutschen Reich. Während ansonsten die Morde nun meist den Charakter unsystematischer Einzeltötungen auf Veranlassung einzelner verantwortlicher Personen (Ärzte oder Anstaltsdezernenten) hatten, ist das Morden in Hadamar 1942 bis 1945 durchaus als neue, wiederum systematische Mordaktion zu verstehen. Rund 90 Prozent der ab 1942 in der Landesheilanstalt Hadamar untergebrachten Patientinnen und Patienten wurden bis März 1945 ermordet.[51] Nur noch für die Anstalt Meseritz-Obrawalde (in Trägerschaft des Provinzialverbands Pommern) ließ sich eine ähnlich hohe Mordrate feststellen. Die beiden Einrichtungen in Hadamar und Meseritz gelten daher in der historischen Forschung als Sonderfälle.[52]

Mehr denn je war nun der Bezirksverband Nassau für die Morde in Hadamar verantwortlich. Die enge Zusammenarbeit von führenden Vertretern des Verbandes und leitenden „T4"-Mitarbeitern in den Jahren 1942 bis 1945 bei der Organisierung der Mordanstalt macht dies deutlich – eine Zusammenarbeit, die zunächst die Einrichtung der Anstalt und ihre Ausstattung mit Personal betraf.

Vermutlich trafen Vertreter des Bezirksverbandes und von „T4" bereits im Mai 1942 die Grundsatzentscheidung zur Wiedereinrichtung der Mordanstalt Hadamar. In diesem Monat nämlich konferierten der amtierende Leiter des Bezirksverbandes – zu dieser Zeit der Wiesbadener Landesrat Max Kranzbühler (1878–1964) – und Anstaltsdezernent Bernotat mit hochrangigen „T4"-Mitarbeitern bei einer mehrtägigen Zusammenkunft in Wiesbaden, in der Landesheilanstalt Eichberg (Rheingau) und im nahegelegenen Kloster Eberbach.[53] Ende Juni/Anfang Juli 1942 erfuhr die Leitung der Landesheilanstalt Eichberg, dass Pflegepersonal von dort nach Hadamar beordert werden solle. Auf dem Eichberg hieß es, Bernotat sei „bereits dagewesen und hätte H. [= Hadamar] wieder in den Bezirksverband aufgenommen." Man mutmaßte, die Einrichtung in Hadamar werde „wieder übliche Anstalt mit 600 Kranken", hatte aber bereits den Verdacht, dass es einen Zusammenhang mit einer neuerlichen „Euthanasie"-Aktion geben könne.[54]

Schon bevor die Landesheilanstalt Hadamar in Kooperation mit „T4" wieder mit Patientinnen und Patienten belegt wurde, traf der Anstaltsdezernent die letzten organisatorischen Abstimmungen: Er telefonierte mit den „T4"-Managern Dietrich Allers (1910–1975) und Hans-Jürgen Becker (geboren 1909) und besprach die Personalausstattung der Anstalt, den Beitrag von „T4" beim Patienten-„Transport" und schließlich auch die Abrechnung der Pflegekosten.[55] Zwischen dem 13. und 18. August 1942 nahm der Bezirksverband dann annähernd 500 Menschen – Patientinnen aus dem Rheinland und Patienten aus Bremen – in die Landesheilanstalt Hadamar auf.[56]

Anders als zur Zeit der Gasmorde 1941 waren nun in der Anstalt Hadamar wieder hauptsächlich Beschäftigte des Bezirksverbands Nassau tätig. Ende 1942, als die Personalausstattung am größten war, beschäftigte der Bezirksverband 47 Personen in der Anstalt Hadamar: einen Arzt, neun Mitarbeiter im Verwaltungsdienst, 30 Pflegekräfte und sieben Arbeitskräfte im Handwerksbereich sowie in der Landwirtschaft. Nicht mitgerechnet sind dabei die zehn Personen, die zu diesem Zeitpunkt wegen ihrer Einberufung zur Wehrmacht fehlten.[57] Während Alfons Klein weiterhin die Verwaltungsleitung der Anstalt Hadamar innehatte, setzte der Bezirksverband als ärztlichen Leiter fortan den aus dem Ruhestand reaktivierten Oberarzt Dr. Adolf Wahlmann (1876–1956)[58] ein. Zu dem genannten Personal zählten (neben den Bezirksverbandsmitarbeitern) allerdings bis zur Befreiung im März 1945 auch einzelne weibliche Pflegekräfte, die zum „T4"-Personal gehörten. Dieses Personalkontingent, mit dem „T4" den Betrieb der Mordanstalt unterstützte, umfasste anfangs zehn Pflegerinnen. Obwohl die Zahl sich schrittweise auf fünf (Mitte 1944) verringerte, war dieser „T4"-Beitrag wichtig, um einen Personalmangel in der Anstalt Hadamar zu verhindern.[59]

Kurz nach Eintreffen der ersten Patienten im August 1942 übermittelte Anstaltsdezernent Bernotat der Hadamarer Belegschaft den neuerlichen Tötungsauftrag. Es hieß, die „Anstalt hätte genau denselben Zweck" wie 1941, „nur die Form sei eine andere."[60] Offenbar sprachen die Mitarbeiter der Anstalt daher auch von der „sogenannte[n] 2. Aktion".[61]

Von nun an arbeiteten der Bezirksverband Nassau und die „T4"-Verantwortlichen Hand in Hand, um die regelmäßige Verlegung zusätzlicher Patientinnen und Patienten – und damit weiterer potenzieller Mordopfer – nach Hadamar zu organisieren.[62] Diese Kooperation zwischen einerseits der Verwaltung des Bezirksverbandes, insbesondere Anstaltsdezernent Bernotat, und andererseits den „T4"-Verantwortlichen vollzog sich zum Teil auf einer informellen Ebene. Die Berliner Stellen umgingen bei ihrem Kontakt mit Bernotat mitunter absichtsvoll den Dienstweg und sprachen Bernotat nicht als Repräsentanten seiner Behörde, sondern gleichsam als persönlichen Sonderbeauftragten in Sachen „Euthanasie" an.[63]

Wie Bernotats Sekretärin Therese H. später angab, wurde „im allgemeinen [...] kein besonders umfangreicher Schriftwechsel geführt, das meiste vielmehr fernmündlich abgesprochen. Diese Gespräche betrafen in der Hauptsache die Verlegungen von Krankenanstalt zu Krankenanstalt." So bezeugte die Sekretärin Telefonkontakte mit dem „T4"-Verbindungsmann im Reichsministerium des Innern, dem „Reichsbeauftragten für die Heil- und Pflegeanstalten" Dr. Herbert Linden (1899–1945): „Beispielsweise rief Dr. Linden an, es müsse diese oder jene Anstalt geräumt werden, der Bezirksverband müsse daher noch soundsoviel Kranke in seine Anstalten aufnehmen. Wir disponierten über diese Kranken [...] anhand der uns gemeldeten freien Plätze".[64]

Wirtschaftlicher Nutzen für den Bezirksverband (1942–1945)

Ein wichtiger Schlüssel zum Verständnis des Tatanteils des Bezirksverbands an den Krankenmorden ist die Frage nach den Interessen und Beweggründen der Behörde und ihrer Mitarbeiter. Allein aus finanziellen Gründen musste es auf den ersten Blick paradox erscheinen, dass der Verband sich an der Ermordung der Kranken beteiligte, denn aus der Logik eines Anstaltsträgers war eine große Anzahl untergebrachter Patienten und Patientinnen – und somit eine hohe Summe an vereinnahmten Pflegegeldern – die Basis für die Wirtschaftlichkeit einer Anstalt.

Diese Logik war bereits in den 1930er Jahren der Hintergrund für die drastische Überbelegungs- und Sparpolitik des Bezirksverbandes gewesen.[65] Dieses „Geschäft" aber funktionierte nur, solange die Patientinnen und Patienten lebten, denn mit ihrem Tod (und das hieß 1942–1945 in Hadamar: mit ihrer Ermordung) endete die Zahlungspflicht des Kostenträgers. Durch ein Arrangement zwischen dem Bezirksverband einerseits und den „T4"-Verlegungs- und Krankenmordstrategen andererseits wurde jedoch die Voraussetzung dafür geschaffen, dass die Landesheilanstalt Hadamar trotz der systematischen und permanenten Morde erneut zu einer einträglichen Einrichtung für den Bezirksverband wurde.

Bernotat als Vertreter des Bezirksverbands gab den „T4"-Organisatoren die „Garantie", dass die Anstalten des Bezirksverbandes ständig weitere Kranke aus anderen Teilen des Deutschen Reichs aufnehmen würden. Die Beteiligten waren sich darüber einig und bewusst, dass am Ende dieser Aufnahme der Tod, die Ermordung der Patientinnen und Patienten, meist in der Landesheilanstalt Hadamar, stand. Damit die Anstalt Hadamar durch diese Mordaktion für den Bezirksverband nicht unwirtschaftlich wurde, gaben die Krankenmordstrategen der Berliner Zentrale ihrerseits die „Garantie", dass laufend mit der Einweisung weiterer auswärtiger Patientinnen und Patienten zu rechnen war. Unter den Bedingungen des Zweiten Weltkriegs hätte dieses Arrangement noch über Jahre hinweg fortgeführt werden können. Immerhin waren noch viele Psychiatriepatienten in den Anstalten verschiedener Reichsteile untergebracht, wo der Anstaltsraum zunehmend für andere Zwecke – etwa für Lazarette oder Ausweichkrankenhäuser – in Anspruch genommen werden sollte.

Die ungeschriebene Vereinbarung gab dem Bezirksverband Nassau die Gelegenheit, die Anstalt Hadamar weiterhin zu unterhalten, obwohl diese (nach den zahlreichen Krankenmorden des Jahres 1941) für den Bedarf des eigenen Bezirks an Psychiatriebetten nicht mehr erforderlich gewesen wäre. Der Bezirksverband konnte einen um so größeren wirtschaftlichen Nutzen erzielen, je schlechter die Patientinnen und Patienten vor ihrer Ermordung versorgt wurden. Außerdem war es für den Bezirksverband finanziell interessant, dass annähernd 90 Prozent der Hadamarer Kranken aus anderen Bezirken kamen,[66] denn so sparte er auch noch seinen Eigenanteil an den Pflegekosten, den er bei Patientinnen und Patienten aus dem Bezirk Wiesbaden selbst hätte übernehmen müssen.

Für die zentralen NS-„Euthanasie"-Stellen war die Vereinbarung wünschenswert, da ihnen so mit der Anstalt Hadamar weiterhin eine Krankentötungsstätte zur Verfügung stand, obwohl doch eigentlich der so genannte „Euthanasie"-Stopp aus dem Jahr 1941 galt. Diese Kooperation zeigt, wie pragmatische und ideologische Ziele miteinander in Einklang gebracht werden konnten. Opfer waren die Patientinnen und Patienten, die sich in den seltensten Fällen gegen diese mörderische Routine wehren konnten.[67]

Der Bezirksverband und die Morde an weiteren Opfergruppen in Hadamar (1943–1945)

Außer für die allgemeine Mordaktion in Hadamar waren Vertreter des Bezirksverbandes auch mitverantwortlich für den Mord an weiteren Opfergruppen in Hadamar wie an den Kindern mit einem jüdischen Elternteil.[68] Auf Initiative von Anstaltsdezernent Bernotat, der im März 1943 zusätzlich auch Fürsorgeerziehungsdezernent des Bezirksverbandes geworden war, richtete der Verband im Mai 1943 innerhalb der Landesheilanstalt das so genannte „Erziehungsheim Hadamar" ein. Bernotat veranlasste, dass in Hadamar die generelle Mordaktion an psychisch kranken Menschen nun auch auf die so genannten „jüdischen Mischlinge ersten Grades" ausdehnt wurde. Zwar gab es offenbar eine reichsweite Planung zur separierenden Heimunterbringung von „jüdischen Mischlinge ersten Grades" aus Fürsorgeerziehung, doch die Ermordung der mindestens 40 Kinder und Jugendlichen in Hadamar stellt – soweit bislang bekannt – einen Ausnahmefall dar.[69]

Schließlich beteiligte der Bezirksverband sich auch an der Ermordung mehrerer hundert ausländischer Zwangsarbeitskräfte in der Landesheilanstalt Hadamar. Zunächst handelte es sich um Zwangsarbeiter und -arbeiterinnen mit psychiatrischen Diagnosen. Ab Juli 1944 aber kam es zur gezielten Einweisung von somatisch kranken Zwangsarbeitskräften (meist mit der Diagnose Tuberkulose) in Hadamar und zu deren Ermordung. Diese erweiterte Mordaktion war veranlasst vom Gauleiter des NSDAP-Gaus Hessen-Nassau, Jakob Sprenger (1884–1945) – in Absprache mit Anstaltsdezernent Bernotat.[70] Sprenger war im selben Monat zusätzlich Oberpräsident der neu gegründeten preußischen Provinz Nassau (mit Sitz in Wiesbaden) geworden. In diesem Amt war er auch der oberste Leiter des bisherigen Bezirksverbandes Nassau geworden, welcher nun – für die letzten Kriegsmonate – noch die neue Bezeichnung „Provinzialverband Nassau" erhielt. Den Auftrag zur Ermordung der tuberkulosekranken Zwangsarbeitskräfte brachte der Verwaltungsleiter der Landesheilanstalt, Alfons Klein, von einer Dienstreise aus Wiesbaden mit. Dort hatte Anstaltsdezernent Bernotat ihn – so Klein – zu einer Besprechung mit Gauleiter Sprenger hinzugezogen, der die Tötungen angeordnet habe.[71]

Schluss (1945)

Die militärische Befreiung Hadamars am 26. März 1945[72] bedeutete das Ende der so genannten „Vernichtung lebensunwerten Lebens" in der Landesheilanstalt unter der Verantwortung des Trägerverbandes. Insgesamt hatte der Bezirksverband (Provinzialverband) Nassau sich so umfassend wie kaum eine andere Anstaltsträgerverwaltung an den Krankenmorden beteiligt. In den Anstalten in seinem Zuständigkeitsbereich – außer in Hadamar auch in den Landesheilanstalten Weilmünster und Eichberg sowie in der Heilerziehungsanstalt Kalmenhof in Idstein – waren etwa 20.000 Menschen den Kranken- und Behindertenmorden zum Opfer gefallen.[73]

Nach Kriegsende rühmte sich der seit 1920 amtierende Finanzdezernent des Bezirks- bzw. Provinzialverbandes Nassau, Willi Schlüter (geboren 1884), er haben den Verband am Ende des „Dritten Reiches" in glänzender Finanzverfassung hinterlassen. Im Mai 1945 resümierte Schlüter, er habe in seiner Amtszeit „mehr als 40 Millionen Schulden getilgt und 15 Millionen Rücklagen gebildet", er habe „geordnete, festgefügte Finanzen übergeben, und [...] damit die finanziellen Grundlagen für den Neuaufbau geschaffen."[74] Unbeachtet blieb in diesem Zusammenhang die Tatsache, dass Tausende von meist kranken oder behinderten Menschen mit ihrem Leben für die finanzielle Gesundung des Verbandes bezahlt hatten.

---

[1] Siehe Beitrag Roelcke in diesem Band.

[2] Das Landeshaus ist heute Sitz des Hessischen Ministeriums für Wirtschaft, Verkehr und Landesentwicklung.

[3] Zur Rolle des Bezirksverbandes des Regierungsbezirks Wiesbaden im Fürsorgebereich siehe Peter Sandner, Verwaltung des Krankenmordes, Der Bezirksverband Nassau im Nationalsozialismus (= Historische Schriftenreihe des Landeswohlfahrtsverbandes Hessen, Hochschulschriften, Bd. 2), Gießen 2003, S. 41–49 und S. 61–79.

[4] Archiv des Landeswohlfahrtsverbandes Hessen (LWV-Archiv), Bestand 100–11 Nr. 916, Bl. 69, Bericht Pöllmann (o.D. [ca. 1945]); ebd., Bl. 77, Schreiben Pöllmann an Regierungspräsident in Wiesbaden (14.06.1945); Bericht der Verwaltung des Bezirksverbandes Nassau. Ergebnisse der Bezirksverwaltung in der Zeit von Anfang 1934 bis Anfang 1935, o.O. [Wiesbaden] o.J. [1935], S. 2.

[5] LWV-Archiv, Bestand 100–11, Zugangsjahr 1996, Personalakte Ba., Philipp; Adalbert Gimbel (Hg.), So kämpften wir! Schilderungen aus der Kampfzeit der NSDAP. im Gau Hessen-Nassau, bearbeitet von Karl Hepp, Frankfurt a.M. 1941, S. 175.

[6] Katholisches Pfarrarchiv Hadamar, Abteilung A/Sti Nr. 9, Kopie der Hauschronik der Dernbacher Schwestern in Hadamar, S. 3 f., Eintragung für 1937, hier S. 3.

[7] Ebd., Nr. 12, Beschluss des Amtsgerichts Hadamar, Az. 3 K 5/38 (19.08.1938).

[8] Ebd., Nr. 9, Kopie der Hauschronik der Dernbacher Schwestern in Hadamar, S. 6 f., Eintragung für das Jahr 1938; Sandner (Anm. 3), S. 204–206.

[9] LWV-Archiv, Bestand 12, ehem. Verwaltungsakte 152 (Kopie), Bl. 17–21, Bericht von Dr. Henkel (22.02.1934).

[10] Ebd., Bl.-Nr. unleserlich, Bericht von Dr. C. (18.10.1935).

[11] Reichsgesetzblatt I, Jg. 1933, Nr. 86 (25.07. 1933), S. 529–531, „Gesetz zur Verhütung erbkranken Nachwuchses" (14.07.1933).

[12] Hessisches Hauptstaatsarchiv, Wiesbaden (HHStAWi), Abteilung 430/1 Nr. 12615.

[13] Bericht der Verwaltung des Bezirksverbandes Nassau über die Ergebnisse der Bezirksverwaltung in der Zeit von Anfang 1935 bis Anfang 1936, o. O. [Wiesbaden] o. J. [1936], S. 39.

[14] HHStAWi, Abteilung 430/1 Nr. 12791, o. Bl.-Nr., Schreiben des Erbgesundheitsobergerichts Frankfurt a. M. an Direktor Dr. Hinsen, Landesheilanstalt (LHA) Eichberg (o. D. [1936]).

[15] LWV-Archiv, Bestand 100–11 Nr. 416; Sandner (Anm. 3), S. 730. Zur Rolle von Henkel in den ersten Jahrzehnten der LHA Hadamar siehe Beitrag Kremer in diesem Band.

[16] LWV-Archiv, Bestand 100–11 Nr. 766; Sandner (Anm. 3), S. 736.

[17] LWV-Archiv, Bestand 12, ehem. Verwaltungsakte 152 (Kopie), Bl. 60–83, Bericht Dr. Masorsky über die Tagung mit Anschreiben an den Bezirksverband Nassau (25. 04. 1939), hier Bl. 66.

[18] LWV-Archiv, Bestand 100–11, Zugangsjahr 1988, Personalakte Kü., Fr., Teil 2, Bl. 63, Verfügung des Bezirksverbands Nassau an die vier Landesheilanstalten (12. 05. 1938), hier als Abschrift.

[19] Ebd., Akte insgesamt; Sandner (Anm. 3), S. 732.

[20] Sandner (Anm. 3), S. 733. Zur Verurteilung siehe auch Beitrag Meusch in diesem Band.

[21] Vgl. HHStAWi, Abteilung 430/1 Nr. 12779, o. Bl.-Nr., Schreiben Bezirksverband Nassau an LHA Eichberg (26. 04. 1937).

[22] Ebd., Nr. 12840, o. Bl.-Nr., Bezirksverband Nassau, Rundverfügung betr. „Änderung der Geschäftseinteilung" (06. 03. 1937).

[23] Bericht der Verwaltung [1936] (Anm. 13), S. 31 u. 33 (Daten vom 01. 01. 1935); Bericht der Verwaltung des Bezirksverbandes Nassau über die Ergebnisse der Bezirksverwaltung in der Zeit vom 1. April 1939 bis 31. März 1940, o. O. [Wiesbaden] o. J. [1940], S. 23 u. 25 (Daten vom 01. 04. 1939).

[24] HHStAWi, Abteilung 430/1, Nr. 12781, o. Bl.-Nr., Bezirksverband Nassau, „Niederschrift über die Besprechung mit den Verwaltungsbeamten der Anstalten am 21. September 1936 in Hadamar" (o. D.).

[25] Ebd., o. Bl.-Nr., Bezirksverband Nassau, „Niederschrift über die am 15. November 1937 in der Landes-Heilanstalt Herborn stattgefundene Besprechung mit den Anstaltsleitern und den ersten Verwaltungsbeamten" (o. D.).

[26] LWV-Archiv, Bestand 12, ehem. Verwaltungsakte 401 (Kopie), Bl. 76, Schreiben des Bezirksverbands Nassau, gez. Bernotat, an die LHA Hadamar (15. 04. 1937).

[27] Heidi Schmidt-von Blittersdorf/Dieter Debus/Birgit Kalkowsky, Die Geschichte der Anstalt Hadamar von 1933 bis 1945 und ihre Funktion im Rahmen von T4, in: Dorothee Roer/Dieter Henkel (Hg.), Psychiatrie im Faschismus. Die Anstalt Hadamar 1933–1945, Bonn 1986, S. 58–120, hier S. 73 f., mit Hinweis auf LWV-Archiv, Bestand 12, ehem. Verwaltungsakte 401.

[28] LWV-Archiv, Bestand 12, ehem. Verwaltungsakte 225 (Kopie), Bl. 67 f., LHA Hadamar, Statistik „Berechnung über die je Kopf und Tag in den Landesheilanstalten entstehende Selbstkosten nach dem Stande vom 31. März 1936" (o. D. [1936]); Bericht der Verwaltung [1936] (Anm. 13), S. 17.

[29] HHStAWi, Abteilung 461 Nr. 32061 Bd. 8, Bl. 1290–1346, Urteil im Hadamar-Prozess mit Urteilsbegründung (o. D. [ca. 26. 03. 1947]), hier Bl. 1298.

[30] Bericht der Verwaltung [1940] (Anm. 23), S. 23; LWV-Archiv, Bestand 12, ehem. Verwaltungsakte 225 (Kopie), Bl. 121, Abschrift des „Meldebogen 2", ausgefüllt durch LHA Hadamar (o. D. [ca. Juli 1940]).

[31] Zur Mordaktion „T4" (1941) siehe Beitrag Lilienthal (über das Mordzentrum) in diesem Band.

[32] LWV-Archiv, Bestand 12, ehem. Verwaltungsakte 225 (Kopie), Bl. 115, Reichsministerium des Innern, Erlass (Az. IVg 6157/40–5100) an LHA Hadamar (14. 06. 1940), mit Anlagen; ebd., Bl. 118 f., Schreiben des Provinzialverbandes Hessen-Nassau und der beiden Bezirksverbände Hessen und Nassau an mehrere Landesheilanstalten, u. a. Hadamar (05. 07. 1940).

[33] LWV-Archiv, Bestand 100–11 Nr. 416, Bl. 48, Schreiben LHA Weilmünster an Bezirksverband Nassau (16. 07. 1940); HHStAWi, Abteilung 461 Nr. 32442 Bd. 2, Bl. 178, bzw. Bd. 4, Bl. 115 f., Aussagen Dr. Otto Henkel (22. 08. 1946 und 10. 12. 1946); Peter Sandner, Die Landesheilanstalt Weilmünster im Nationalsozialismus, in: Christina Vanja (Hg.), Heilanstalt – Sanatorium – Kliniken. 100 Jahre Krankenhaus Weilmünster 1897–1997 (= Historische Schriftenreihe des Landes-

wohlfahrtsverbandes Hessen, Quellen und Studien, Bd. 4), Kassel 1997, S. 121–164, hier S. 133 f.

[34] LWV-Archiv, Bestand 12, ehem. Verwaltungsakte 225 (Kopie), Bl. 123, Schreiben LHA Hadamar an den Provinzialverband Hessen-Nassau und die beiden Bezirksverbände Hessen und Nassau (18. 07. 1940).

[35] HHStAWi, Abteilung 461 Nr. 32061 Bd. 2, Bl. 14, Zeugenaussage Karl K. (13. 02. 1946).

[36] Ebd., Abteilung 631a Nr., 1359, Bl. 22, Aussage Josef Hirtreiter (21. 06. 1946).

[37] Ebd., Abteilung 461 Nr. 32061 Bd. 1, Teil 1, Bl. 48 f., Abschrift des Vertrags zwischen Bezirksverband Nassau und der „Gemeinnützigen Stiftung für Anstaltspflege in Berlin W 35, Tiergartenstraße 4" (08./15. 02. 1941).

[38] Ebd.; zu den Personen im Einzelnen siehe Sandner (Anm. 3), S. 428.

[39] Zu den Personen siehe Sandner (Anm. 3), S. 430 f.

[40] Siehe Beitrag Lilienthal (über das Mordzentrum) in diesem Band.

[41] Zur Anzahl siehe Sandner (Anm. 3), S. 470.

[42] Zur Funktion der „Zwischenanstalten" siehe Beitrag Werner in diesem Band.

[43] HHStAWi, Abteilung 461 Nr. 32061 Bd. 2, Bl. 190, bzw. Bd. 3, Bl. 24, bzw. Bd. 7, Bl. 200, bzw. Bd. 7, Bl. 189, 193 und 195, Zeugenaussagen Dr. Paul Schiese (28. 02. 1946 und 04. 03. 1947) und Dr. Ernst Schneider (22. 02. 1946 und 04. 03. 1947).

[44] Neben den drei Landesheilanstalten des Bezirksverbandes (Eichberg, Herborn und Weilmünster) unterstanden auch die Heilerziehungsanstalt Kalmenhof (Idstein) und die Heilerziehungs- und Pflegeanstalt Scheuern (Nassau) dem Regime von Bernotat.

[45] Archiv der Heime Scheuern, Schreiben Bernotat an Heilerziehungs- und Pflegeanstalt Scheuern (04. 08. 1941); vgl. auch Bernd Walter, Psychiatrie und Gesellschaft in der Moderne. Geisteskrankenfürsorge in der Provinz Westfalen zwischen Kaiserreich und NS-Regime (= Westfälisches Institut für Regionalgeschichte. Landschaftsverband Westfalen-Lippe, Forschungen zur Regionalgeschichte, Bd. 16), Paderborn 1996, S. 721.

[46] Zur Zahl von über 7.500 Menschen, die 1941 über diese fünf „nassauischen Zwischenanstalten" nach Hadamar verlegt worden sind, siehe Sandner (Anm. 3), S. 454.

[47] Bericht der Verwaltung des Bezirksverbandes Nassau über die Ergebnisse der Bezirksverwaltung in der Zeit vom 1. April 1940 bis 31. März 1941, o. O. [Wiesbaden] o. J. [1941], S. 21.

[48] Roer/Henkel (Anm. 27), S. 370 f.

[49] Bundesarchiv, R 96 I/15, ohne Bl.-Nr., von „T4" erstellter „Abschluss-Bericht über Planung Hessen-Nassau vom 2.–14. 3. 1942" (17. 03. 1942); vgl. auch Bundesarchiv, R 96 I/16, ohne Bl.-Nr., „T4"-Planungsdokument „Hessen-Nassau" (abgezeichnet: 01. 12. 1942). Zur Ausrichtung der Anstalt Hadamar in den 1920er Jahren siehe Beitrag Kremer in diesem Band.

[50] Heinz Faulstich, Über die Rezeption und neue Erkenntnisse zur „Aktion Brandt", in: Peter Sandner (Redaktion), Arbeitskreis zur Erforschung der nationalsozialistischen „Euthanasie" und Zwangssterilisation. Herbsttagung 19.–21. November 1999 in Gießen. Schwerpunktthema: Krieg und „Euthanasie", Kassel 2000, S. 45–67, hier S. 53.

[51] Von den insgesamt 4.921 Menschen, die im Laufe des Zeitraums 01. 01. 1942 bis 01. 04. 1945 in der LHA untergebracht waren, starben im selben Zeitraum 4.418 Menschen, also 89,9 Prozent: Zahlenangaben nach: Heinz Faulstich, Hungersterben in der Psychiatrie 1914–1949. Mit einer Topographie der NS-Psychiatrie, Freiburg i. Br. 1998, S. 544 (Tab. 151), nach korrigierten Angaben auf Grund von Roer/Henkel (Anm. 27), S. 369–372 (Verlegungsstatistik 2).

[52] HHStAWi, Abteilung 631a Nr. 1360, Bl. 326–332, Schreiben des Landgerichts Frankfurt a.M. (12. 11. 1965), hier Bl. 328; Walter (Anm. 45), S. 630; vgl. Faulstich (Anm. 51), S. 545.

[53] Siehe Sandner (Anm. 3), S. 544 f.

[54] HHStAWi, Abteilung 461 Nr. 32061 Bd. 5, Bl. 505 f., Brief Eva Mennecke an Ehemann Fritz (29. 06.–01. 07. 1942), hier Bl. 505 (30. 06. 1942).

[55] LWV-Archiv, Bestand 12, ehem. Verwaltungsakte 636 Bd. 1 (Kopie), o. Bl.-Nr., Vermerk Bernotat über Telefonat mit Allers (06. 08. 1942); HHStAWi, Abteilung 461 Nr. 32061 Bd. 2, o. Bl.-Nr. (nach Bl. 74), Schreiben Becker („T4"-„Zentralverrechnungsstelle") an Klein, Hadamar (12. 08. 1942), hier als beglaubigte Kopie.

[56] Schmidt-von Blittersdorf / Debus / Kalkowski (Anm. 27), S. 103; Roer/Henkel (Anm. 27), S. 373 (Verlegungsstatistik 3).

[57] LWV-Archiv, Bestand 12, ehem. Verwaltungsakte 232 (Kopie), o. Bl.-Nr., LHA Hadamar, Statistik „Personalbestand am 1. Dezember 1942" (03. 12. 1942). Die 10 „T4"-Pflegerinnen (siehe unten) sind bei der Zahl von 47 allerdings bereits mitgerechnet.

[58] Zu Person und Biografie Wahlmanns siehe Sandner (Anm. 3), S. 613–615 u. S. 744; siehe auch Beitrag Lilienthal (über das NS-Personal der Anstalt Hadamar) in diesem Band.

[59] LWV-Archiv, Bestand 12, ehem. Verwaltungsakte 232 (Kopie), Bl. 10 bzw. o. Bl.-Nr., LHA Hadamar, monatliche Statistiken „Personalbestand am [...]" (04. 09. 1942–01. 03. 1945).

[60] HHStAWi, Abteilung 461 Nr. 32061 Bd. 7, Bl. 94, Aussage Erich Moos (27. 02. 1947).

[61] Ebd., Bd. 2, Bl. 188, Aussage Käthe Gumbmann (30. 08. 1945).

[62] Dazu ausführlich Sandner (Anm. 3), S. 626-647.

[63] LWV-Archiv, Bestand 12, ehem. Verwaltungsakte 153 (Kopie), o. Bl.-Nr., Schreiben Oberregierungsrat Allers, Berlin, Tiergartenstraße 4 [= „T4"], an „Landesrat Bernotat, Wiesbaden, Landeshaus" (24. 06. 1943).

[64] HHStAWi, Abteilung 461 Nr. 32442 Bd. 2, Bl. 182 f., Aussage Therese H. (23. 08. 1946), hier Bl. 183.

[65] Siehe dazu weiter oben in diesem Beitrag.

[66] Zur Ermittlung dieser Zahl siehe Sandner (Anm. 3), S. 649, Anm. 307.

[67] Zu den Hadamarer Opfern der Jahre 1942–1945 siehe Beitrag George (über die Opfer) in diesem Band.

[68] Zu dieser Opfergruppe siehe Beiträge Kingreen und George (über die Opfer) in diesem Band.

[69] Sandner (Anm. 3), S. 658–663.

[70] Ebd., S. 681–687.

[71] Bundesarchiv, All. Proz. 7/122, Frame 633–635 bzw. 212 f., Aussagen Klein (o. D. [12. 09. 1945] und 11. 10. 1945).

[72] Bettina Winter, Die Geschichte der NS-„Euthanasie"-Anstalt Hadamar, in: „Verlegt nach Hadamar". Die Geschichte einer NS-„Euthanasie"-Anstalt (= Historische Schriftenreihe des Landeswohlfahrtsverbandes Hessen, Kataloge, Bd. 2), Kassel 1991, S. 29–187, hier S. 166.

[73] Zur Ermittlung der Zahl siehe Sandner (Anm. 3), S. 690, Anm. 254.

[74] HHStAWi, Abteilung 520 BW Nr. 4469, Bl. 118–126, Stellungnahme Schlüter im Spruchkammerverfahren in Wiesbaden (30. 06. 1948), hier Bl. 125.

Gaskammer und Überdosis
Die Landesheilanstalt Hadamar als Mordzentrum
(1941–1945)

Georg Lilienthal

Gasmordphase (1941)

„T4"-Organisation

Die Vorbereitungen für die systematische Tötung von „lebensunwertem Leben" begannen im Sommer 1939. Fast gleichzeitig mit Überlegungen, nicht in Anstaltspflege befindliche behinderte Säuglinge und Kleinkinder unter ärztliche Beobachtung zu stellen und gegebenenfalls zu töten, war in der Umgebung Hitlers der Entschluss gefasst worden, Patienten von Heil- und Pflegeanstalten zu selektieren und zu töten. Für diesen Zweck wurde eine eigene Bürokratie aufgebaut. Zu ihren führenden Köpfen zählten unter anderem Philipp Bouhler und Viktor Brack aus der Kanzlei des Führers und Dr. Herbert Linden aus der Medizinalabteilung des Reichsinnenministeriums. Ergänzt wurden sie durch Psychiater (zum Beispiel Professor Dr. Werner Heyde und Prof. Dr. Paul Nitsche). Die Mordzentrale hatte ihren Sitz in Berlin, in der Tiergartenstraße 4. Sie wird daher seit den Nachkriegsprozessen, die zur Ahndung der „Euthanasie"-Verbrechen angestrengt wurden, als „T4" bezeichnet.[1]

Während die „T4"-Zentrale die Erfassung der Psychiatriepatienten im Herbst 1939 vorbereitete, unterzeichnete Hitler auf privatem Briefbogen im Oktober, rückdatiert auf den 1. September, den Beginn des Krieges, eine allgemeine Tötungsermächtigung: „Reichsleiter Bouhler und Dr. med. Brandt sind unter Verantwortung beauftragt, die Befugnisse namentlich zu bestimmender Ärzte so zu erweitern, dass nach menschlichem Ermessen unheilbar Kranken bei kritischster Beurteilung ihres Krankheitszustandes der Gnadentod gewährt werden kann."[2] Das nicht für die Veröffentlichung bestimmte Schriftstück war so abgefasst, als gelte es nur für extreme Einzelfälle. Es sollte in Ermangelung einer gesetzlichen Grundlage als Pseudo-Legitimation für den Massenmord bei der Anwerbung von Personal dienen und Zweifler an der Rechtmäßigkeit der Aktion beruhigen.

Die „T4"-Zentrale war in vier Abteilungen gegliedert, die in der Öffentlichkeit wie selbständige Institutionen handelten, damit die Kanzlei des Führers und die Medizi-

Die Landesheilanstalt Hadamar als Mordzentrum (1941–1945)

Das Zentrum der „Euthanasie"-
Planungen in der „Tiergarten-
straße 4" (T4) in Berlin
(LWV-Archiv, Fotosammlung)

nalabteilung des Reichsinnenministeriums nach Außen hin nicht in Erscheinung traten: Die „Reichsarbeitsgemeinschaft Heil- und Pflegeanstalten" verschickte Meldebogen, die von den Anstalten auszufüllen waren. Mit den Meldebogen wurden Patienten einzeln erfasst, die an bestimmtem Geisteskrankheiten litten, sich seit mindestens fünf Jahren in dauernder Anstaltsbehandlung befanden, als „kriminelle Geisteskranke" eingewiesen worden waren oder „nicht die deutsche Staatsangehörigkeit besitzen oder nicht deutschen oder artverwandten Blutes sind unter Angabe von Rasse und Staatsangehörigkeit". Auf diesem Wege beabsichtigte die „T4", arbeitsunfähige, als unheilbar betrachtete und im Sinne der NS-Rassenideologie „minderwertige" Patient/inn/en auszusondern. Eigens bestellte ärztliche „Gutachter" entschieden anhand der Meldebogen, ob der Patient getötet werden sollte oder ob er weiterleben durfte. Die „Gemeinnützige Krankentransport GmbH" (Gekrat) erstellte anhand der begutachteten Meldebogen die Verlegungslisten und holte die Mordopfer mit ihren berüchtigten grauen Omnibussen ab. Die „Zentralverrechnungsstelle Heil- und Pflegeanstalten" rechnete die Pflegekosten mit den Kostenträgern ab. Die „Gemeinnützi-

Georg Lilienthal

ge Stiftung für Anstaltspflege" fungierte als Arbeitgeber für die rund 400 „T4"-Angestellten und schloss Mietverträge ab.³

Die „T4"-Zentrale errichtete insgesamt sechs Tötungsanstalten, in denen die Patienten seit Januar 1940 durch Kohlenmonoxydgas erstickt und ihre Leichen anschließend sofort eingeäschert wurden. Brandenburg war in dieser Funktion von Januar bis September 1940 in Betrieb, Grafeneck in Württemberg von Januar bis Dezember 1940,⁴ Schloss Hartheim bei Linz/Donau von Mai 1940 bis Ende 1944⁵, Sonnenstein bei Pirna von April 1940 bis August 1941⁶, Bernburg an der Saale von November 1940 bis April 1943⁷ und Hadamar bei Limburg von Januar bis August 1941.⁸ Jede dieser Gasmordanstalten hatte ihr regionales Einzugsgebiet.

„T4"-Tötungsanstalt Hadamar

Hadamar wurde als letzte Tötungsanstalt eingerichtet, nachdem die Gasmorde in Grafeneck wegen der großen Unruhe in der Bevölkerung Ende 1940 eingestellt worden waren. Der Bezirksverband Nassau überließ die Gebäude auf dem Mönchberg

Ehemalige Gaskammer (LWV-Archiv, Fotosammlung)

der „T4" vertraglich für eine befristete Zeit. Das Hofgut Schnepfenhausen, auf dem 20 bis 30 Angestellte tätig und circa 60 Arbeitspatienten eingesetzt waren, blieb von dieser Vereinbarung ausgenommen und führte weiterhin als Einrichtung des Bezirksverbandes die Bezeichnung „Landesheilanstalt Hadamar". Im November und Dezember 1940 wurde die Tötungsanlage mit Gaskammer, Sektionsraum und zwei Verbrennungsöfen im Keller der neuen „T4"-Anstalt auf dem Mönchberg eingebaut. Das Personal traf um den Jahreswechsel ein.[9]

Jeder Gasmordanstalt waren so genannte „Zwischenanstalten" zugeordnet. Dies waren normale Heil- und Pflegeanstalten, welche die für den Tod bestimmten Patienten aus ihren Ursprungsanstalten für mehrere Wochen aufnahmen, bis sie in die jeweilige Tötungsanstalt weitertransportiert wurden. Das System der Zwischenanstalten sollte die Verlegungswege der Mordopfer verschleiern helfen und die Organisation des Massenmordes effizienter gestalten.[10] Hadamar waren neun Zwischenanstalten zugeordnet: Eichberg, Herborn, Idstein, Scheuern und Weilmünster in Hessen, Weinsberg und Wiesloch im heutigen Baden-Württemberg, Galkhausen im heutigen Nordrhein-Westfalen und Andernach im heutigen Rheinland-Pfalz.[11] Hinzukommen die beiden Anstalten Düsseldorf-Grafenberg und Heppenheim, die zusätzlich als so genannte „Sammelanstalten" dienten, als im Februar 1941 328 jüdische Patienten in einer eigenen Aktion nach Hadamar transportiert wurden.[12]

Tötungsablauf

Die Gasmorde in Hadamar begannen am 13. Januar 1941. Sie liefen nach einem gleichen Schema ab. Mit maximal drei Gekrat-Bussen, die in Hadamar stationiert waren, wurden die Patienten aus den Zwischenanstalten abgeholt. Nach ihrer Rückkehr nach Hadamar fuhren sie in eine hölzerne Busgarage, die im Innenhof der Anstalt errichtet worden war. Die Patienten durften die Busse erst verlassen, wenn die Tore verschlossen waren. Sie sollten somit vor fremden Blicken abgeschirmt sein und keine Gelegenheit zur Flucht haben. Zwischen der Busgarage und dem gegenüberliegenden Seiteneingang der Anstalt befand sich ein hölzerner gedeckter Schleusengang. Durch diesen wurden die Patienten in das Hauptgebäude geführt.

Es wurde ein normaler Anstaltbetrieb vorgetäuscht. In einem großen Bettensaal mussten sich die Angekommenen ausziehen und bereithalten für die angebliche Aufnahmeuntersuchung. Zunächst wurde anhand der mitgeschickten Krankenakten eine Identitätskontrolle durchgeführt. Die anschließend einzeln vorgenommene Vorstellung beim Arzt diente dazu, aus einer in der „T4"-Zentrale zusammengestellten Liste eine Krankheitsursache herauszusuchen, die nicht im Widerspruch stand zu den Befunden in der Krankenakte. Außerdem markierte der Arzt einen Patienten, wenn er

Krematoriumstyp wie er in der Tötungsanstalt Hadamar verwendet wurde (LWV-Archiv, Fotosammlung)

Goldzähne trug oder einen wissenschaftlich interessanten Krankheitsfall darstellte. Nach der Anfertigung von drei Fotographien (Frontal- und Seitenaufnahme des Kopfes und eine Ganzkörperaufnahme) zu Dokumentationszwecken wurden die Patienten vom Pflegepersonal in den Keller geführt. Dort nahmen sie so genannte „Brenner" in Empfang und geleiteten sie in die als Duschraum getarnte Gaskammer. Dann ließ der Arzt das Kohlenmonoxydgas einströmen. Nachdem der Tod eingetreten war, zerrten die „Brenner" die Leichen aus der Kammer und verbrannten sie in den beiden Krematorien, die im Nebenraum aufgestellt waren. Zuvor waren den gekennzeichneten Leichen die Goldzähne ausgebrochen und die Gehirne entnommen worden. Somit waren die Patienten noch am Tag ihrer Ankunft ermordet und ihre Leichen beseitigt worden.[13]

Rückstellungen

Grundsätzlich gab es die Möglichkeit, Patienten vom Transport in die Tötungsanstalt zurückzustellen. Solche Entscheidung zu treffen, waren die Ärzte in den Ursprungsanstalten, in den Zwischenanstalten und sogar in den Tötungsanstalten ermächtigt. Beispielsweise wurden in der Landesheilanstalt Marburg von insgesamt 340 Patienten, die auf den Transportlisten nach Hadamar standen, 66 Patienten (= 19,4 %) gestrichen. Davon wurden 43 Patienten mit dem Argument zurückbehalten, dass sie gute Arbeitskräfte seien. Die Zurückstellung bedeutete aber nicht automatisch die Lebensrettung. Denn jede einzelne Zurückstellung musste an die „T4" zur Überprüfung nach Berlin gemeldet werden. Verschiedentlich kam es vor, dass die Begründung für die Zurückstellung nicht akzeptiert wurde, so dass der Patient dann doch mit einem späteren Transport nach Hadamar geschickt wurde.[14] Aufgrund von Protesten verfügte die „T4" ab März 1941, dass selbst in Tötungsanstalten Teilnehmer des Ersten Weltkrieges zurückzustellen waren. Auch sollte Rücksicht auf ausländische und „senile" Kranke genommen werden.[15]

Bislang gelang es, 97 Patient/inn/en namentlich zu ermitteln, die in Hadamar zurückgestellt wurden. Von ihnen verblieben zehn Männer und eine Frau in Hadamar. Sie wurden vermutlich auf dem Hofgut als Arbeiter eingesetzt. Fünf von ihnen starben zwischen dem 25. August 1941 und dem 26. März 1945. Fünf weitere erlebten das Kriegsende, und ein Patient wurde 1942 nach Weilmünster verlegt. 86 der 97 von der Gaskammer verschonten Patient/inn/en wurden manchmal am selben Tag, meist aber in den nächsten Tagen in eine der drei Zwischenanstalten Eichberg, Idstein oder Weilmünster zurückverlegt. Der Zeitpunkt der Rückverlegung hing davon ab, wann die Busse wieder aufbrachen, um einen Patiententransport abzuholen. Sie wurden also nicht in die Zwischenanstalt gebracht, aus der sie gekommen waren. Von diesen rückgeführten Patienten verstarben bis Kriegsende 43 in den genannten Zwischenanstalten. Die übrigen hatten ein unterschiedliches Schicksal: 20 wurden in ihre Ursprungsanstalten oder in Anstalten ihrer Heimatregion zurückgeschickt, sieben wurden entlassen, zwei überlebten. Ein Schicksal ist unbekannt. Die restlichen acht Patienten wurden im Laufe der Zeit erneut nach Hadamar verlegt. Von ihnen verstarben drei vor dem 24. August 1941, dass heißt, sie waren von der „T4"-Zentrale erneut auf die Transportliste gesetzt worden. Vier verstarben bis Kriegsende. Ein Patient überlebte. Insgesamt sind damit von den 97 zurückgestellten Patient/inn/en 55 nachträglich in Hadamar oder in den Zwischenanstalten Eichberg, Idstein und Weilmünster ermordet worden. Nur von fünf Patienten und einer Patientin steht fest, dass sie das Kriegsende erlebten. Von den übrigen Patient/inn/en ist das Schicksal bislang unbekannt. Bezüglich der Rückstellungsgründe lässt sich, besonders auch im Hinblick auf die Vorgaben der „T4" vom März 1941, noch wenig sagen. Von den 97 zurückgestellten Kranken waren

17 Frauen. Man kann nur vermuten, dass die Männer bevorzugt wurden, weil man vordringlich Arbeitskräfte für die Landwirtschaft auf dem Hofgut benötigte. Vielleicht gab es auch zahlreiche Kriegsteilnehmer. Bezüglich der Verschonung von Alterskranken ist zu bemerken, dass nur circa 20 Patient/inn/en älter als 60 Jahre alt waren.[16]

Bürokratische Verschleierung des Massenmords

Mit großem bürokratischem Aufwand wurde der Massenmord verschleiert. Schreiben wurden formularartig abgefasst. Zwar variierten zeitlich und regional bedingt die Texte, die Argumentationsmuster blieben sich aber gleich. Um die Angehörigen nicht mit einer plötzlichen Todesnachricht zu schockieren, wie es anfangs geschah, wurden sie nach einem ausgeklügelten Plan schrittweise vorbereitet. Nicht der Direktor der Ursprungsanstalt, sondern der Leiter der Zwischenanstalt benachrichtigte die Familie über die auf „Anordnung des zuständigen Herrn Reichsverteidigungskommissars" erfolgte Verlegung aus der Ursprungsanstaltanstalt. Die Verweise auf die Reichsverteidigungskommissare sollten den von „T4"-veranlassten Verlegungen offensichtlich staatliche Autorität verleihen und ihre Kriegsnotwendigkeit vortäuschen. Denn bislang ist nicht bekannt, dass die NSDAP-Gauleiter, die zu Beginn des Krieges zu Reichsverteidigungskommissaren bestellt worden waren, in dieser Funktion in die Organisation der „T4" eingebunden waren.[17] Wenige Wochen später informierte der Direktor der Zwischenanstalt die Angehörigen auch über die Weiterverlegung: „Auf Grund eines Erlasses des zuständigen Herrn Reichsverteidigungskommissars wurde [...] am [...] durch die Gemeinnützige Kranken-Transport-G.m.b.H., Berlin, [...] in eine andere Anstalt verlegt, deren Name und Anschrift mir nicht bekannt ist. Die aufnehmende Anstalt wird Ihnen eine entsprechende Mitteilung zugehen lassen. Ich bitte Sie, bis zum Eingang dieser Mitteilung von weiteren Anfragen abzusehen. Sollten Sie jedoch innerhalb von 14 Tagen von der aufnehmenden Anstalt keine Mitteilung erhalten haben, so empfehle ich Ihnen, sich bei der Gemeinnützigen Kranken-Transport-G.m.b.H [...] zu erkundigen."[18] Mit Bedacht waren die Leiter der Zwischenanstalten und nicht die Leiter der Ursprungsanstalten von der „T4"-Zentrale beauftragt worden, die Familien über die Verlegungen zu unterrichten. Denn sie waren schließlich über die Aufgabe ihrer Einrichtung als Zwischenanstalt aufgeklärt. Mit der Formulierung „in eine andere Anstalt verlegt" war die jeweilige Tötungsanstalt gemeint. Dieser Halbsatz war in der Regel auch der letzte Eintrag in der Patientenakte und im Aufnahmebuch der Zwischenanstalt. Bei normalen Verlegungen war es üblich, den Namen der Zielanstalt anzugeben.

Wie angekündigt benachrichtigten die Tötungsanstalten die Angehörigen über die Aufnahme. So erhielt beispielsweise Friedrich Franz am 13. Mai 1941 von der „Landes-Heil- und Pflegeanstalt" Hadamar die Mitteilung, dass seine Tochter Karoline

„aufgrund ministerieller Anordnung gemäß Weisung des Herrn Reichsverteidigungskommissars in unsere Anstalt verlegt wurde und gut hier angekommen ist. Besuche können zurzeit aus mit der Reichsverteidigung im Zusammenhang stehenden Gründen nicht zugelassen und aus gleichem Grunde telefonische Auskünfte nicht erteilt werden. Etwaige eintretende Veränderungen hinsichtlich des Befindens der Patientin [...] werden alsbald mitgeteilt."[19]

Der letzte Satz sollte die Angehörigen psychologisch einstimmen, dass sich der Gesundheitszustand ihres Patienten ändern könnte. Es dauerte nur eine Woche, bis Friedrich Franz aus Hadamar ein zweites Schreiben am 20. Mai erhielt: „Im Nachgang zu unserem Schreiben vom 13. Mai 1941 müssen wir Ihnen zu unserem Bedauern mitteilen, dass Ihre Tochter Karoline Franz am 20. Mai 1941 unerwartet an Furunkulose, Wundinfektion mit anschließender Sepsis verstorben ist." Die „zuständige Ortspolizeibehörde" habe, „um den Ausbruch und die Übertragung ansteckender Krankheiten zu vermeiden, [...] gemäss § 22 der Verordnung zur Bekämpfung übertragbarer Krankheiten die sofortige Einäscherung der Leiche [...] verfügt. Einer Einwilligung der Angehörigen [...] bedarf es in diesem Falle nicht." Abschließend wurde darauf hingewiesen, dass die Urne kostenlos auf einen von der Familie bezeichneten Friedhof versendet werden könne. Unterzeichnet war das Schreiben mit „Dr. Fleck".[20]

Bei diesem Schreiben waren alle entscheidenden Angaben falsch: Das Todesdatum war nicht der 20. Mai, sondern der 8. Mai. An diesem Tag war nämlich Karoline Franz mit einem Transport von 90 Personen aus der Zwischenanstalt Andernach nach Hadamar gekommen. Die Todesursache war keine Furunkulose mit Sepsis, sondern Erstickung durch Kohlenmonoxydgas. Karolines Leiche wurde nicht wegen Seuchengefahr eingeäschert, sondern um Spuren des Verbrechens zu verwischen. Und „Dr. Fleck" war ein Deckname. In Wirklichkeit hieß der unterzeichnende Arzt Günther Hennecke. In diesem Schreiben fehlte der meist in den Mitteilungen vorkommende Satz: „Bei der geistigen unheilbaren Erkrankung des Verstorbenen ist der Tod eine Erlösung für ihn."[21] Deshalb hießen diese Schreiben „T4"-intern „Trostbriefe". Die Skrupellosigkeit des administrativen Täuschungsmanövers ist auch daran ablesbar, dass beide Schreiben, vom 13. und 20. Mai 1941, die der Vater aus Hadamar bekam, nach der Ermordung seiner Tochter verfasst und abgeschickt worden waren.

Den „Trostbriefen" wurden zwei Sterbeurkunden beigefügt. Um bei der hohen Zahl von Todesfällen keinen Verdacht bei den normalerweise zuständigen kommunalen Standesämtern aufkommen zu lassen, hatte die „T4"-Zentrale in jeder Tötungsanstalt ein eigenes Sonderstandesamt eingerichtet. Die Angaben in den von ihnen ausgestellten Sterbeurkunden deckten sich mit den falschen Angaben in den „Trostbriefen". Meist unterzeichnete der Standesbeamte ebenfalls mit einem Decknamen.[22] Die von dem Sonderstandesamt „Hadamar-Mönchberg" ausgestellten Sterbeurkunden waren mit „Berger" unterschrieben.

Im Frühjahr 1940 ordnete die „T4"-Zentrale in jeder Tötungsanstalt die Bildung einer so genannten Absteckabteilung an. Dort wurden auf Wandkarten mittels farbiger Stecknadeln die Geburts- beziehungsweise Wohnorte der Getöteten markiert. Somit wurde sofort erkennbar, in welchen Städten und Gemeinden sich die Todesfälle mit identischen, das heißt, tatsächlichen, Sterbedaten konzentrieren würden. Damit wäre aber die Geheimhaltung gefährdet. Um zu vermeiden, dass zahlreiche Sterbefälle von Patienten aus gleichen Orten oder Regionen mit demselben Sterbetag beurkundet werden mussten, wurden zwei Wege eingeschlagen: Einerseits wurden die Sterbetage der Patienten, die an demselben Tag ermordet worden waren, später datiert. Dabei konnten Differenzen zwischen wenigen Tagen und mehreren Wochen auftreten. Andererseits wurde in besonderen Fällen, wenn zum Beispiel die Patienten aus der näheren Umgebung der Tötungsanstalt stammten oder zwei Angehörige einer Familie ermordet worden waren, ein falscher Sterbeort angegeben. Dann wurde die Krankenakte eines verstorbenen Patienten per Kurier in eine andere Tötungsanstalt geschickt, damit von dort aus der Sterbefall beurkundet und die „Trostbriefe" versandt werden konnten.[23] Eine ehemalige Bürokraft der Tötungsanstalt Hadamar gab dazu 1965 zu Protokoll: „Es gab [...] viele Akten, in denen vermerkt war, dass der Tod in Hadamar eingetreten sei, in Wahrheit aber waren diese Personen in einer anderen Euthanasieanstalt (Linz [gemeint ist Hartheim bei Linz, G. L.], Bernburg, Sonnenstein [gemeint ist die Anstalt Sonnenstein in Pirna, G. L.]) verstorben."[24] Wie oft falsche Sterbeorte benannt wurden, ist unbekannt.[25]

Abrechnung mit der Zentralverrechnungsstelle

Die Festsetzung falscher Sterbedaten hatte nicht nur den Zweck, die Mordaktion zu verheimlichen, sondern mit ihrer Hilfe erschlich sich die „T4"-Verwaltung auch Pflegegelder. Unter den Verwaltungsakten der ehemaligen Heil- und Pflegeanstalt Marburg ist eine Abrechnungsliste der Pflegegelder erhalten.[26] In dieser Liste sind 140 derjenigen Patienten namentlich erfasst, die zwischen Mai und September 1941 aus Marburg über Zwischenanstalten nach Hadamar verlegt wurden und deren Kostenträger Bezirksfürsorgeverbände waren. Die Liste ist in sechs Spalten eingeteilt: vier für die Zwischenanstalten Eichberg, Herborn, Scheuern und Weilmünster sowie jeweils eine für die „Zentralverrechnungsstelle der vereinigten Pflegeanstalten" und eine für Hadamar. In diesen Spalten wurden für jeden Patienten mit Anfangs- und Enddatum die Anzahl der Verpflegungstage und der daraus resultierende, von den Bezirksfürsorgeverbänden einzuziehende Gesamtbetrag notiert.

Besondere Aufmerksamkeit verdient die Spalte „Zentralverrechnungsstelle der vereinigten Pflegeanstalten"[27]. Hier sind genauso die Verpflegungstage und die Gesamtkosten berechnet wie bei den Zwischenanstalten. Dabei ist jedoch auffallend, dass der erste Verpflegungstag der Tag der Verlegung der Patienten nach Hadamar ist und damit ihr Todestag. Der letzte angegebene Verpflegungstag ist das von der Tötungsanstalt Hadamar bestimmte und den Angehörigen mitgeteilte falsche Sterbedatum.

Die Abrechnungsliste ist noch aus einem anderen Grund bedeutsam. Sie enthält die Spalte „Hadamar", obwohl die Erwähnung des Namens Hadamar im Kontext mit den Zwischenanstalten und der Zentralverrechnungsstelle der „T4" die Geheimhaltung des Zielortes der Transporte durchbrach. Denn es wurde – wie bereits erwähnt – in den Krankenakten, Aufnahmebüchern oder Verlegungslisten der Zwischenanstalten regelmäßig „verlegt" oder „entlassen in eine andere Anstalt" vermerkt, wenn Patienten in eine Tötungsanstalt transportiert wurden.

Wie die Liste das Prinzip der falschen Angaben in Sterbeurkunden und „Trostbriefen" entlarvt, soll an einem Beispiel verdeutlicht werden: Ilse K. war am 12. Juni 1941 von der Heil- und Pflegeanstalt Marburg in die Zwischenanstalt Scheuern verlegt worden. Wenige Wochen später erhielt ihre Mutter aus der Tötungsanstalt Bernburg die offizielle Mitteilung, dass ihre Tochter am 13. Juli in der „Heil- und Pflegeanstalt" Bernburg verstorben sei. Im Hauptbuch der Zwischenanstalt Scheuern ist unter dem Datum des 1. Juli 1941 für Ilse vermerkt: „ungeheilt entlassen in eine andere Anstalt".[28] In der Abrechnungsliste der Zentralverrechnungsstelle wird Ilse unter drei Spalten geführt: 1. „Scheuern", Verpflegungstage vom 13. Juni bis zum 1. Juli. 2. „Hadamar", Verpflegungstage vom 1. bis 13. Juli und 3. „Zentralverrechnungsstelle der vereinigten Pflegeanstalten", Verpflegungstage vom 1. bis 13. Juli. Unter der Spalte „Scheuern" wird Ilses tatsächlicher Aufenthalt in dieser Zwischenanstalt angegeben. Die identischen Verpflegungszeiten der Spalten „Hadamar" und „Zentralverrechnungsstelle" bedeuten, dass die Gelder, die für den angeblichen Aufenthalt Ilses in Hadamar vom 1. Juli bis 13. Juli von dem Fürsorgeverband eingezogen wurden, für die Zentralverrechnungsstelle bestimmt waren. Darüber hinaus beweist dieses zeitgenössische Dokument, dass Bernburg als Ilses Sterbeort nur aus Täuschungsgründen angegeben worden war. In Wirklichkeit war sie nach Hadamar verlegt worden und dort gestorben. Aufgrund von Aussagen, die 1947 vor dem Landgericht Frankfurt a. M. gemacht wurden, ist bekannt, dass die in den Tötungsanstalten eintreffenden Patienten noch am selben Tag ermordet wurden, und dass bis zu ihrem Tage und Wochen später datierten offiziellen Sterbetag von der Zentralverrechnungsstelle Verpflegungsgelder eingezogen wurden. Die Abrechnungsliste von Marburg dokumentiert diese Praxis und belegt damit auch, dass der 1. Juli 1941 der wahre Todestag von Ilse K. ist.

Urnenversand

Die „Trostbriefe" enthielten am Schluss den Hinweis, dass auf Wunsch die Urnen der Verstorbenen kostenlos verschickt würden. Auch hierbei wurden die Angehörigen betrogen. Da nämlich immer gleichzeitig zwei oder mehr Leichen in einem Verbrennungsofen eingeäschert wurden, befand sich nie die Asche der in dem Schreiben bezeichneten Person in der Urne. Waren die Angehörigen an einer Zusendung der Urne nicht interessiert, wurde sie von der Tötungsanstalt in eine Stadt mit Urnenfriedhof versand, die in der Nähe des Heimatortes des Verstorbenen lag. Dort wurden die im Lauf der Zeit aus den Tötungsanstalten eintreffenden Urnen von der Friedhofsverwaltung gesammelt und aufbewahrt. Nach Ablauf mehrerer Monate wurden die Urnen dann an einem Tag gleichzeitig in nebeneinander befindlichen Grabstellen bestattet. So wurden 46 Urnen, die zwischen dem 11. August und dem 6. November 1941 von der Tötungsanstalt Hadamar (offizieller Absender: „Polizeibehörde, Friedhofsverwaltung" „Hadamar-Mönchberg") an den „Herrn Oberbürgermeister, Abt. Friedhofsverwaltung (Urnenhain)" in Dortmund geschickt worden waren, am 28. November 1941 im Urnenfeld 141b, Nr. 223–268 beigesetzt.[29] Dadurch kommt es, dass in den bis heute erhaltenen Unterlagen der Friedhofsverwaltungen großer Städte Daten zahlreicher Personen registriert sind, als deren Sterbeorte in den Jahren 1940 und 1941 die Namen der sechs ehemaligen Tötungsanstalten genannt sind. Urnen der Tötungsanstalt Hadamar wurden auf die Post gegeben und von einem Lehrling zum Versand gebracht.[30]

Die Vorgehensweise mit den Urnen ging auf eine Vereinbarung der „T4"-Zentrale mit dem Deutschen Gemeindetag zurück. Da die Leichen der vergasten „Euthanasie"-Opfer regelmäßig verbrannt wurden, erhöhte sich die Anzahl der Urnenbestattungen: Sie hätte bei den Friedhofs- und Stadtverwaltungen unliebsame Fragen provozieren können. Da die „T4"-Zentrale der Bildung von Gerüchten vorbeugen wollte, aber gleichzeitig auf die Mitarbeit der Friedhofsverwaltungen angewiesen war, wurden Vertreter zahlreicher Städte und Gemeinden am 3. April 1940 zu einer geheimen Besprechung nach Berlin eingeladen. Brack von der „T4" klärte die Oberbürgermeister und Bürgermeister über die bereits laufende Gasmordaktion auf. Gleichzeitig sprach er mit ihnen ab, wie mit der großen Anzahl von Urnenbestattungen zu verfahren sei.[31]

Für die Einäscherung, den Urnenversand und die Bestattung gab es einschlägige Vorschriften,[32] welche die „T4"-Zentrale erneut zwangen, falsche Angaben in offiziellen Dokumenten zu machen. Für die Friedhofsverwaltungen mussten Bescheinigungen ausgestellt werden, auf denen die Personalien des Verstorbenen (Name, Geburtsort, Geburtsdatum, Sterbedatum) sowie Tag und Ort der Einäscherung vermerkt waren. In Konsequenz der Beurkundung eines falschen Sterbedatums war auch das Ein-

Die Landesheilanstalt Hadamar als Mordzentrum (1941–1945)

Rauchsäule des Krematoriums über der Anstalt Hadamar (LWV-Archiv, Fotosammlung)

äscherungsdatum nicht korrekt. Es wurde immer mit dem Tag angegeben, der dem Todestag folgte. Als Einäscherungsort wurde im Falle der Tötungsanstalt Hadamar „Krematorium II in Wiesbaden" genannt.[33] Die Bezeichnung wurde deshalb gewählt, weil es auf dem Wiesbadener Südfriedhof seit 1906 ein Krematorium gab und es von Hadamar aus vermutlich das nächstgelegene in der Provinz Hessen-Nassau war. Die „T4"-Verwaltung folgte damit dem Muster eigener Standesämter, zum Beispiel „Bernburg II". Ähnlich wie dann ein „Sterberegister Bernburg II" geführt wurde, war für das „Krematorium II Wiesbaden" ein „Krematoriumsbuch Wiesbaden II" angelegt worden, das seit Kriegsende verschollen ist.[34] Im Unterschied zu den Standesämtern der Tötungsanstalten waren die Zweitkrematorien nur fingiert. Von Hadamar wurden 1941 keine Leichen nach Wiesbaden transportiert. Sie wurden alle in den im Keller der Anstalt Hadamar aufgestellten Öfen verbrannt. Die Angabe „Krematorium II in Wiesbaden" bedeutet also eingeäschert in der Tötungsanstalt Hadamar.

Einstellung der Gasmorde

Am 24. August 1941 ließ Hitler die Gasmorde einstellen. Er reagierte damit auf die Predigt des Bischofs von Münster, Clemens August Graf von Galen, in der er drei Wochen vorher die „Euthanasie"-Aktion öffentlich als Mord angeprangert hatte. In der „T4"-Zentrale glaubte man zunächst an ein taktisches Manöver, um die Bevölkerung zu beruhigen. Erst als feststand, dass die Gasmorde nicht mehr aufgenommen würden, wurde aus Berlin angeordnet, die Tötungsanlage in Hadamar abzubauen. Daraufhin wurden bis zum Sommer 1942 die technischen Installationen für die Gaskammer entfernt, der Kamin für die Krematorien abgerissen und die beiden Verbrennungsöfen demontiert. Sie gelangten vermutlich in die Vernichtungslager der „Aktion Reinhard".

Die Opfer stammten aus 79 Anstalten in dem Gebiet der heutigen Bundesländer Baden-Württemberg, Hessen, Niedersachsen, Nordrhein-Westfalen und Rheinland-Pfalz. Die Gesamtzahl der in der Gaskammer von Hadamar zwischen dem 13. Januar und dem 24. August 1941 ermordeten Männer, Frauen und Kinder wurde bislang mit 10.072 angegeben. Sie wurde der so genannten „Hartheimer Statistik" vom Herbst 1941 entnommen.[35] Dabei musste man sich auf die Angaben der Täter verlassen. Inzwischen wurde 2006 eine Datenbank „Opferliste" in der Gedenkstätte Hadamar fertig gestellt. In ihr sind 10.113 Opfer namentlich erfasst. Die Differenz zur „Hartheimer Statistik" ist rechnerisch unerheblich, auch wenn jedes Menschenleben zählt. Die beiden Summen bestätigen sich gegenseitig, da sie nur um 0,4 Prozent von einander abweichen. Damit kann die Gesamtzahl von rund 10.000 Gasmordopfern, von der in der Vergangenheit vermutet wurde, dass sie zutreffend sei,[36] als gesichert gelten.

Zweite Mordphase (1942–1945)

„Regionale Euthanasie"

Der Stop der Gasmorde im Sommer 1941 bedeutete nicht das Ende der „Euthanasie"-Morde, sondern einen Wechsel in der Verantwortlichkeit, der Organisation und der Tötungsmethode.

Die Morde wurden nicht mehr von einer Reichszentrale und für jeden einzelnen Fall angeordnet, sondern Länder- oder Provinzialverwaltungen erteilten pauschale Tötungsermächtigungen. Selektion und Transport der Opfer in einzelne geographisch ausgewählte Tötungsanstalten wurden nicht mehr zentral von Berlin aus für das gesamte Reich gesteuert. An ihre Stelle traten lokale und regionale Maßnahmen, die unter Umständen dazu führten, dass in einem Verwaltungsbereich flächendeckend gemordet wurde, zum Beispiel in den Anstalten des Bezirksverbandes Nassau (Eichberg,

Hadamar, Idstein und Weilmünster). Die Planungen der Morde konnten aber auch über die Region ausgreifen und die „T4" einbeziehen, z. B. als Koordinator von Patiententransporten von einem Reichsteil in den anderen. In diesen Fällen kristallisierten sich wieder überregionale Mordzentren wie Hadamar oder Meseritz-Obrawalde in Pommern heraus. Schließlich wurde der arbeitsteilige und damit in der Verantwortung aufgesplitterte Massenmord in der Gaskammer abgelöst durch den individualisierten, vom Täter eigenhändig ausgeführten Mord mit überdosierten Medikamenten, die in Tablettenform oder als Injektion verabreicht wurden. Er war der Schlusspunkt, wenn Hungerkost und vorenthaltene medizinische Versorgung nicht schnell genug zum Ziel geführt hatten. Für diese Form des Krankenmords in der zweiten Phase wurde der Begriff der „regionalen Euthanasie"[37] oder der „regionalisierten 'Euthanasie'"[38] geprägt.

Hadamar als zentrale Tötungsanstalt

Als feststand, dass die Gasmorde nicht mehr aufgenommen werden sollten, wurden die Umbauten für die Zwecke der „T4"-Tötungsanstalt im Frühsommer 1942 vertragsgemäß zurück gebaut. Dazu gehörte auch, dass die großen Bettensäle wieder hergestellt wurden, indem die Einzelzimmer für das Personal beseitigt wurden. Während man die Anstalt wieder zur Unterbringung von 500 bis 600 Patient/inn/en herrichtete, fiel wohl in Absprache zwischen dem Bezirksverband Nassau als Träger der Anstalt Hadamar und der „T4"-Zentrale die Entscheidung, dass Hadamar wieder die Funktion einer zentralen Tötungsanstalt übernehmen sollte.[39] Dabei sollte sie nach Außen den Schein eines normalen Anstaltsbetriebs erwecken.

Nach einer Pause von einem Jahr wurden die gezielten Tötungen wieder aufgenommen. Der erste Transport kam am 13. August 1942 mit 53 Patienten aus Bremen. Der letzte traf mit 36 Patienten am 24. März 1945 in Hadamar ein, zwei Tage bevor amerikanische Truppen in Hadamar einmarschierten. Insgesamt wurden in dieser Zeit 4.861 Patienten dorthin verlegt, von denen bis zum 26. März 1945 4.411 starben. Dies entspricht einer Sterblichkeit von 91 Prozent.[40] Die Patienten stammten überwiegend aus Anstalten in Bremen, Hamburg, Rheinland, Hessen-Nassau, Brandenburg, Baden und Elsaß.

Neuer Tötungsablauf

Verantwortlich für die Durchführung der Morde waren der Verwaltungsinspektor Klein als faktischer Leiter der Anstalt und der Chefarzt Dr. Adolf Wahlmann, der zugleich der einzige Arzt war. Wahlmann hielt jeden Morgen mit der Oberschwester

Irmgard Huber und dem Oberpfleger Heinrich Ruoff eine Konferenz ab, in der die zu tötenden Patienten bestimmt wurden. Die Vorschläge stammten zum Teil vom Pflegepersonal. Die Namen der Mordopfer wurden auf einen Zettel geschrieben, der den Nachtschwestern oder -pflegern übergeben wurde. Die Selektierten wurden in ein abgelegenes Zimmer verlegt, das unter den Patienten als „Sterbezimmer" bekannt war. Sie erhielten am Abend die Medikamente (Luminal, Veronal, Trional) in tödlicher Überdosis verabreicht, meist als Tabletten in Wasser oder Speisen aufgelöst. Falls am nächsten Morgen noch jemand lebte, erhielt er eine Morphium-Scopolamin-Spritze, die den Tod schnell herbeiführte.[41]

Ein aus Patienten unter der Leitung eines Pflegers stehendes Kommando brachte dann die Leichen auf den Friedhof der Anstalt. Er wurde 1942 auf dem Mönchberg eigens für die Mordopfer angelegt, um zu vermeiden, dass die Vielzahl täglicher Bestattungen auf dem städtischen Friedhof Aufsehen erregte. Bis zu 20 Patienten waren an einem Tag zu beerdigen. Sie erhielten keine Einzelgräber, sondern wurden in einem Massengrab ohne Sarg verscharrt. Nur wenn trotz der kurzfristigen Benachrichtigung Angehörige anwesend waren, wurde eine Einzelbestattung in einem Klappsarg vorgenommen. Die Familien konnten die Leichen ihrer Verstorbenen auch in ihren Heimatort überführen oder zur Einäscherung ins Krematorium nach Wiesbaden schicken lassen.[42] Beides kam aber nur selten vor. Bei 1.966 Sterbefällen zwischen dem 3. April 1944 und dem 22. März 1945 erfolgten 149 Feuerbestattungen und 35 Überführungen.[43]

Sterbefallbeurkundung

Die Sterbefälle der zweiten Phase wurden nicht mehr in einem eigenen Standesamt der Tötungsanstalt registriert und beurkundet, sondern im Standesamt der Stadt Hadamar. Die jetzt ausgestellten Sterbeurkunden enthielten anscheinend nicht in demselben Ausmaße falsche Angaben wie bei den Gasmordopfern. Allerdings fehlte in ihnen der Hinweis auf die Todesursache. Im Gegensatz zu den Fällen deutscher Psychiatriepatienten wurden bei körperlich kranken Zwangsarbeiter/inne/n falsche Sterbetage angegeben, manchmal waren sie um Monate später datiert.[44] In den Sterberegistern wurden die Morde jedoch zum Teil nur stümperhaft vertuscht, wie das Beispiel der Zwangsarbeiterin Marija U. belegt. Sie kam in einem Sammeltransport mit 96 deutschen Patienten aus dem Hilfskrankenhaus Hamburg-Langenhorn am 7. August 1943 nach Hadamar. Vier Tage später war sie tot. In der Kopie des Fragebogens für das Sterberegister der Stadt Hadamar ist als Todesursache für die 20-Jährige „Altersschwäche" eingetragen. Auch wird die Frage nach Vater und Mutter mit „unbekannt" beantwortet. Dabei stehen ihre Namen im Aufnahmeprotokoll von Langenhorn.[45]

Opfergruppen

Gegenüber der Gasmordphase wurde ab 1942 der Kreis der zu Tötenden über psychisch Kranke und geistig Behinderte hinaus auf andere Gruppen ausgedehnt. Unter den Opfern befinden sich:
  mindestens 12 durch den Bombenkrieg verwirrte Einwohner aus Großstädten wie Frankfurt, Hamburg und Köln,[46]
  39 Angehörige der Wehrmacht[47] und zwei Angehörige der Waffen-SS, die psychisch auffälliges Verhalten gezeigt hatten,[48]
  71 so genannte „kriminelle Geisteskranke",[49]
  40 Kinder und Jugendliche, deren Makel darin bestand, dass sie von nationalsozialistisch eingestellten Lehrern und Jugendfürsorgern in Fürsorgeerziehung abgedrängt worden waren und ein Elternteil nach NS-Gesetzen jüdisch war,[50]
  600 bis 700 Zwangsarbeiter/innen,[51] von denen mindestens 126 an psychiatrischen Erkrankungen litten[52] und 583 körperlich (vorwiegend an Tuberkulose) erkrankt waren.[53]

Schluss

Ein Vergleich der ersten und zweiten Tötungsphase in Hadamar offenbart eine Radikalisierung der NS-„Euthanasie"-Verbrechen bezüglich Selektion der Opfer und des eigentlichen Tathergangs. Hatte die „T4" noch 1941 Skrupel bekommen, Kriegsteilnehmer und Alterskranke ins Gas zu schicken, so fielen in der zweiten Phase diese Hemmungen, wenn z. B. Wehrmachtangehörige nach Hadamar verlegt wurden. Auch wurden körperlich Kranke, in der Rekonvaleszenz befindliche Patienten und darüber hinaus gesunde Menschen ermordet. Da es sich bei ihnen um Zwangsarbeiter/innen und so genannte „Mischlingskinder" handelte, manifestiert sich an ihrem Schicksal spätestens ab 1943 auch ein rassenideologisch motivierter Vernichtungswille. Überhaupt waren ab 1942 der Willkür Tür und Tor geöffnet, als Arzt, Oberpfleger und Oberschwester auf „Empfehlung" der Stationspfleger/innen Patient/inn/en auf die Todesliste setzten, während es in der Gasmordphase noch von der „T4"-Zentrale kontrollierte „Normen" der Selektion gab. Wurde der Mord 1941 als ein „Privileg" der Ärzte verstanden, indem nur sie den Gashahn aufdrehen durften, wollte sich der Arzt in der Phase des individuell auszuführenden Mordes nicht mehr selbst die Hände schmutzig machen. Er hatte jetzt in Gestalt der Pfleger/innen Handlanger, die für ihn das Mordgeschäft übernahmen. In der Gasmordphase wurden ahnungslos Patient/inn/en in die Gaskammer gestoßen, und die Ärzte gaben vor, dass sie an einer „Gnadentod"-Aktion „unheilbar Kranker" mitwirken würden. In der zweiten Phase

> **Meldebogen 1**
>
> Lfde. Nr. _____
>
> Name der Anstalt: **Nervenklinik**
> (Psychiatrische und Neurologische Klinik)
> der Städtischen Krankenanstalten in Bremen
>
> in: Bremen, O
>
> Vor- und Zuname des Patienten: **Emil P** geborene: _____
> Geburtsdatum: **29.10.91** Ort: **Bremen** Kreis: _____
> Letzter Wohnort: **Bremen,** Kreis: _____
> ledig, verh., verw. od. gesch.: **gesch.** Konf.: **kath.** Rasse: **d.bltg.** Staatsang.: **deutsch**
> Anschrift d. nächsten Angeh.: **Mutter: Anna P. Bremen,**
>
> Regelmäßig Besuch und von wem (Anschrift): **Alle 14 Tage von seiner Schwester**
>
> Vormund oder Pfleger (Name, Anschrift): _____
>
> Kostenträger: **Wohlf.Amt Bremen** Seit wann in dortiger Anst.: **20.7.1920**
> In anderen Anstalten gewesen, wo und wie lange: **Bremen Nervenkl. 3 Mon.**
> Seit wann krank: **Seit Geburt** Woher und wann eingeliefert: **Bremen, 20.7.20**
> Zwilling: **nein** Geisteskranke Blutsverwandte: **nicht bekannt.**
> Diagnose: **Taubstummheit,** _Schwachsinn_
>
> Hauptsymptome: **Hört und spricht nicht, abweisend, plötzlich impulsiv erregt.** _Kontaktunfähig._
>
> Vorwiegend bettlägerig? **nein** **ja** sehr unruhig? **nein** **nein** in festem Haus? **nein** **nein**
> Körperl. unheilb. Leiden: **nein** **Blind** Kriegsbeschäd.: **nein** **nein**
>   Bei Schizophrenie: Frischfall Endzustand gut remittierend
>   Bei Schwachsinn: debil imbezill Idiot
>   Bei Epilepsie: psych. verändert durchschnittliche Häufigkeit der Anfälle
>   Bei senilen Erkrankungen: stärker verwirrt unsauber
> Therapie (Insulin, Cardiazol, Malaria, Salvarsan usw.): **Arbeitsth.** Dauererfolg: **nein** **nein**
> Eingewiesen auf Grund § 51, § 42b StrGB. usw. _____ durch: _____
> Delikt: _____ Frühere Straftaten: _____
> Art der Beschäftigung: (Genaueste Bezeichnung der Arbeit und der Arbeitsleistung, z.B. Feldarbeit, leistet nicht viel. — Schlosserei, guter Facharbeiter. — Keine unbestimmten Angaben, wie Hausarbeit, sondern eindeutig: Zimmerreinigung usw. Auch immer angeben, ob dauernd, häufig oder nur zeitweise beschäftigt.)
>
> **Hat früher in der Flechterei gearbeitet, es gelingt jetzt schon mehrere Jahre nicht mehr, ihn zur Arbeit heranzuziehen.**
> Ist mit Entlassung demnächst zu rechnen: **nein**
> Bemerkungen: _____
>
> _Dieser Raum ist frei zu lassen._
>
> Bremen Ort, Datum **7.10.1940**
>
> (Unterschrift des ärztlichen Leiters oder seines Vertreters)
>
> ¹) Deutschen oder artverwandten Blutes (deutschblütig), Jude, jüdischer Mischling I. oder II. Grades, Neger (Mischling), Zigeuner (-Mischling) usw.

Meldebogen von Emil F. (LWV-Archiv, Bestand 12, K1376b)

hatte sich die Argumentation geändert. Chefarzt Wahlmann bekannte sich unumwunden zur Mord-Aktion, wenn er im Oktober 1942 feststellte, dass er es mit seiner „nationalsozialistischen Einstellung nicht vereinbaren" könne, „irgend welche medizinischen Maßnahmen anzuwenden, seien sie medikamentöser oder sonstiger Art, damit das Leben dieser für die menschliche Gesellschaft vollkommen ausfallenden Individuen verlängert wird".[54] Und die Patient/inn/en wussten, dass sie sich in einem Todeshaus aufhielten, in dem sie täglich um ihr Leben fürchten mussten. Theophil H. berichtete im Dezember 1942 einem Freund, nachdem er vier Monate zuvor nach Hadamar verlegt worden war: „Von 127 Personen, die von [Bremen, G. L.] Ellen hier angekommen sind, liegen bloß 82 auf dem Anstaltsfriedhof, da kannst Du Dir einen Begriff machen, also noch 45 über bis jetzt, wenn das so weitergeht, kommt kein einziger mehr zurück, es sterben hier bald mehr als Soldaten im Felde." Am 23. Februar 1943 schrieb er: „Der Friedhof wird hier immer voller." Drei Monate später, am 25. Mai, wurde sein angeblich natürlicher Tod durch Schlaganfall in Hadamar beurkundet.[55]

---

[1] Udo Benzenhöfer, Bemerkungen zur Planung der NS-„Euthanasie", in: Arbeitskreis zur Erforschung der nationalsozialistischen „Euthanasie" und Zwangssterilisation (Hg.), Der sächsische Sonderweg bei der NS-„Euthanasie". Fachtagung vom 15. bis 17. Mai 2001 in Pirna-Sonnenstein, Ulm 2001, S. 21–53; Peter Sandner, Die „Euthanasie"-Akten im Bundesarchiv. Zur Geschichte eines lange verschollenen Bestandes, in: Vierteljahrshefte für Zeitgeschichte 47 (1999), S. 385-400, hier S. 385. Zu folgendem siehe auch Georg Lilienthal, Wie die T4-Aktion organisiert wurde. Zur Bürokratie eines Massenmordes, in: Margret Hamm (Hg.), Lebensunwert, zerstörtes Leben. Zwangssterilisation und „Euthanasie", Frankfurt am Main 2005, S. 143–157.

[2] Ernst Klee, „Euthanasie" im NS-Staat. Die „Vernichtung lebensunwerten Lebens", Frankfurt am Main 1983, S. 100 f.

[3] Henry Friedlander, Der Weg zum NS-Genozid. Von der Euthanasie zur Endlösung, Darmstadt 1997, S. 133–139.

[4] Thomas Stöckle, Grafeneck 1940. Die Euthanasie-Verbrechen in Südwestdeutschland, Tübingen 2002.

[5] Tötungsanstalt Hartheim, (Oberösterreich in der Zeit des Nationalsozialismus, Bd. 3), Linz 2005.

[6] Thomas Schilter, Unmenschliches Ermessen. Die nationalsozialistische „Euthanasie"-Tötungsanstalt Pirna-Sonnenstein 1940/41 (= Schriftenreihe der Stiftung Sächsische Gedenkstätten zur Erinnerung an die Opfer politischer Gewaltherrschaft, Bd. 5), Leipzig 1999; Stiftung Sächsische Gedenkstätten (Hg.), Pirna-Sonnenstein. Von einer Heilanstalt zu einem Ort nationalsozialistischer Tötungsverbrechen. Begleitband zur ständigen Ausstellung der Gedenkstätte Pirna-Sonnenstein, Dresden/Pirna 2001.

[7] Ute Hoffmann, Todesursache „Angina". Zwangssterilisation und „Euthanasie" in der Landes-Heil- und Pflegeanstalt Bernburg, Magdeburg 1996; Dietmar Schulz, „Euthanasie" in Bernburg. Die Landes-Heil- und Pflegeanstalt Bernburg/Anhaltinische Nervenklinik in der Zeit des Nationalsozialismus, Essen 1999.

[8] Dorothee Roer/Dieter Henkel (Hg.), Psychiatrie im Faschismus. Die Anstalt Hadamar 1933–1945, 2. Auflage, Frankfurt am Main 1996; Landeswohlfahrtsverband Hessen (Hg.), „Verlegt nach Hadamar". Die Geschichte einer NS-„Euthanasie"-Anstalt, 3. Auflage (= Historische Schriftenreihe des Landeswohlfahrtsverbandes Hessen, Kataloge, Bd. 2), Kassel 2002. Siehe auch Peter Sandners Beitrag im vorliegenden Band.

⁹ Heidi Schmidt-v. Blittersdorf/Dieter Debus/Birgit Kalkowsky, Die Geschichte der Anstalt Hadamar von 1933 bis 1945 und ihre Funktion im Rahmen von T4, in: Dorothee Roer/Dieter Henkel (Hg.), Psychiatrie im Faschismus. Die Anstalt Hadamar 1933–1945, 2. Auflage, Frankfurt am Main 1996, S. 58–120, hier S. 80–84. Zum Personal siehe den Beitrag von Georg Lilienthal im vorliegenden Band.

¹⁰ Friedlander (Anm. 3), S. 128–135.

¹¹ Zur Einrichtung der Zwischenanstalten Andernach und Galkhausen siehe den Beitrag von Wolfgang Werner im vorliegenden Band.

¹² Siehe zu den jüdischen Patienten, die in Hadamar ermordet wurden, den Beitrag von Monica Kingreen im vorliegenden Band.

¹³ Siehe im Einzelnen Schmidt-v. Blittersdorf/Debus/Kalkowsky (Anm. 9), S. 89–92.

¹⁴ Georg Lilienthal, Die Opfer der NS-„Euthanasie"-Verbrechen, in: Peter Sandner/Gerhard Aumüller/Christina Vanja (Hg.), Heilbar und nützlich. Ziele und Wege der Psychiatrie in Marburg an der Lahn (= Historische Schriftenreihe des Landeswohlfahrtsverbandes Hessen, Quellen und Studien, Bd. 8), Marburg 2001, S. 276–304. Siehe auch Peter Sandner, Verwaltung des Krankenmordes. Der Bezirksverband Nassau im Nationalsozialismus (= Historische Schriftenreihe des Landeswohlfahrtsverbandes Hessen, Hochschulschriften, Bd. 2), S. 450–453.

¹⁵ Ebd., S. 467.

¹⁶ Alle Zahlen wurden mit Hilfe der Datenbank „Opferliste" der Gedenkstätte Hadamar ermittelt.

¹⁷ Sandner (Anm. 14), S. 492–494.

¹⁸ Ebd., S. 490.

¹⁹ Aus Privatbesitz.

²⁰ Ebd.

²¹ Hessisches Hauptstaatsarchiv Wiesbaden (HHStA Wi), Abt. 461, Nr. 32061, Bd. 2, S. 810, Formulierung von Hennecke in einer solchen Mitteilung (04. 03. 1941).

²² Friedlander (Anm. 3), S. 183; Schmidt-von Blittersdorf/Debus/Kalkowsky (Anm. 9), S. 96; Klee (Anm. 2), S. 155.

²³ Schmidt-v. Blittersdorf / Debus / Kalkowsky (Anm. 9), S. 95; Friedlander (Anm. 3), S. 183; Sandner (Anm. 14), S. 468.

²⁴ Bundesarchiv, Außenstelle Ludwigsburg (früher Zentrale Stelle der Landesjustizverwaltungen zur Aufklärung nationalsozialistischer Verbrechen), Euthanasie-Ordner Li-Lz, Aussage von Maximilian L. (25. 08. 1965).

²⁵ Vgl. den Fall einer Frau aus Marburg, deren beide Töchter am 13. 06. 1941 und 01. 07. 1941 nach Hadamar verlegt worden waren und dort ermordet wurden. Offiziell waren sie aber am 27. 06. 1941 in der Tötungsanstalt Pirna/Sonnenstein und am 13. 07. 1941 in der Tötungsanstalt Bernburg verstorben. Lilienthal (Anm. 14), S. 284–287.

²⁶ Archiv des Landeswohlfahrtsverbandes Hessen (= LWV-Archiv), Best. 16, Nr. 506. Siehe im Einzelnen dazu Lilienthal (Anm. 14), S. 287–289.

²⁷ Sie ist besser bekannt unter der späteren Bezeichnung „Zentralverrechnungsstelle Heil- und Pflegeanstalten" und wurde im April 1941 gegründet. Klee (Anm. 2), S. 329.

²⁸ Archiv der Heime Scheuern.

²⁹ Stadtarchiv Dortmund, Best. 518–56: Schriftverkehr zu Urnen aus Hadamar.

³⁰ Persönliche Auskunft des damaligen Lehrlings, (07. 04. 2003).

³¹ Götz Aly, Medizin gegen Unbrauchbare, in: Aussonderung und Tod. Die klinische Hinrichtung der Unbrauchbaren (= Beiträge zur nationalsozialistischen Gesundheits- und Sozialpolitik, Bd. 1), Berlin 1985, S. 9–74, hier S. 32 f. Vgl. auch Bernd Walter, Psychiatrie und Gesellschaft in der Moderne. Geisteskrankenfürsorge in der Provinz Westfalen zwischen Kaiserreich und NS-Regime (= Landschaftsverband Westfalen-Lippe, Forschungen zur Regionalgeschichte, Bd. 16), Paderborn 1996, S. 671.

³² Gesetz über die Feuerbestattung vom 15. 05. 1934, in: Reichsgesetzblatt, Teil I, 1934, S. 380–382.

³³ Stadtarchiv Dortmund, Best. 518–56: Urnenversandformular aus Hadamar (27. 05. 1941). Faksimile in Bettina Winter, Die Geschichte der NS-„Euthanasie"-Anstalt Hadamar, in: Landeswohlfahrtsverband Hessen (Hg.), „Verlegt nach Hadamar". Die Geschichte einer NS-„Euthanasie"-Anstalt, (Historische Schriftenreihe des Landeswohlfahrtsverbandes Hessen. Kataloge Bd. 2), Kassel 1991, S. 29–187, hier S. 94.

³⁴ Auskunft der Friedhofsverwaltung Wiesbaden (19. 03. 2003).

³⁵ Andrea Kammerhofer, Die „Hartheimer Statistik". „Bis zum 1. September 1941 wurden desinfi-

ziert: Personen: 70.273 ...", in: Tötungsanstalt Hartheim (= Oberösterreich in der Zeit des Nationalsozialismus, Bd. 3), Linz 2005, S. 27–39.

36 Schmidt-v. Blittersdorf / Debus / Kalkowsky (Anm. 9), S. 98.

37 Sandner (Anm. 14), S. 569.

38 Winfried Süß, Der „Volkskörper" im Krieg. Gesundheitspolitik, Gesundheitsverhältnisse und Krankenmord im nationalsozialistischen Deutschland 1939–1945 (= Studien zur Zeitgeschichte, Bd. 65), München 2003, S. 368.

39 Sandner (Anm. 14), S. 608–610.

40 Berechnet auf der Grundlage der Datenbank „Opferliste" in der Gedenkstätte Hadamar.

41 Schmidt-v. Blittersdorf / Debus / Kalkowsky (Anm. 9), S. 113 f.

42 Sandner (Anm. 14), S. 623 f.; Schmidt-v. Blittersdorf/Debus/Kalkowsky (Anm. 9), S. 114 f.

43 Sterbeverzeichnisbuch Hadamar ab 1. April 1944. Kopie in Gedenkstätte Hadamar.

44 Sandner (Anm. 14), S. 686.

45 LWV-Archiv, Best. 12, K 1141.

46 Ermittelt in der Datenbank „Opferliste".

47 Christine Beil-Felsinger, Soldaten der Wehrmacht als Opfer der nationalsozialistischen „Euthanasie", in: Arbeitskreis zur Erforschung der nationalsozialistischen „Euthanasie" und Zwangssterilisation, Herbsttagung 19.–21.1999 in Gießen, Kassel 2000, S. 19–27.

48 Uta George/Herwig Groß/Michael Putzke, Texttafeln und Kommentare zu den Dokumenten der Ausstellung „Vom Wert des Menschen. Die Geschichte der Heil- und Pflegeanstalt Gießen von 1911 bis 1945", in: Uta George/Herwig Groß u. a. (Hg.), Psychiatrie in Gießen. Facetten ihrer Geschichte zwischen Fürsorge und Ausgrenzung, Forschung und Heilung (= Historische Schriftenreihe des Landeswohlfahrtsverbandes Hessen, Quellen und Studien, Bd. 9), Gießen 2003, S. 485-547, hier S. 524–526; Michael Putzke, Die neurologisch-psychiatrische Beobachtungsstation der Waffen-SS, in: Arbeitskreis zur Erforschung der nationalsozialistischen „Euthanasie" und Zwangssterilisation, Herbsttagung 19.–21.1999 in Gießen, Kassel 2000, S. 12–15.

49 Rainer Scheer, Die nach Paragraph 42 b RStGB verurteilten Menschen In Hadamar, in: Dorothee Roer/Dieter Henkel (Hg.), Psychiatrie im Faschismus. Die Anstalt Hadamar 1933–1945, 2. Aufl., Frankfurt am Main 1996, S. 237–255, hier S. 71.

50 Sandner (Anm. 14), S. 658–663.

51 Georg Lilienthal, Das Schicksal von „Ostarbeiter"-Kindern am Beispiel der Tötungsanstalt Hadamar, in: Thomas Beddies/Kristina Hübener (Hg.), Kinder in der NS-Psychiatrie (= Schriftenreihe zur Medizin-Geschichte des Landes Brandenburg, Bd. 19), Berlin-Brandenburg 2004, S. 167–184, hier S. 167; Sandner (Anm. 14), S. 682–687. Die Zahl 700 ergibt sich aus der Summe von 126 „Ostarbeitern" mit psychischen Diagnosen und 583 körperlich kranken „Ostarbeitern". Die Angaben beruhen auf eigenen Zählungen von Kaufmann und Schulmeyer, ohne dass sie Quellen nennen. Sie sind mit einer gewissen Unsicherheit behaftet. So nennen die Autoren im Fall der ausschließlich tuberkulosekranken „Ostarbeiter" eine Gesamtzahl von 398 Personen (Holker Kaufmann/Klaus Schulmeyer, Die polnischen und sowjetischen Zwangsarbeiter in Hadamar, in: Dorothee Roer/Dieter Henkel (Hg.), Psychiatrie im Faschismus. Die Anstalt Hadamar 1933–1945, 2. Aufl., Frankfurt am Main 1996, S. 256–282, hier S. 268). Wenige Seiten später ergeben aber die Additionen der von den Autoren mitgeteilten Zahlenreihen einmal 405 (ebd., S. 270 f.), ein andermal 412 (ebd., S. 272) tuberkulosekranke „Ostarbeiter". Dagegen kommt Hamann aufgrund der Auswertung von einer „Pflegeliste Ostarbeiter" auf 468 tuberkulosekranke „Ostarbeiter". Matthias Hamann, Die Morde an polnischen und sowjetischen Zwangsarbeitern in deutschen Anstalten, in: Aussonderung und Tod. Die klinische Hinrichtung der Unbrauchbaren, (Beiträge zur Nationalsozialistischen Gesundheits- und Sozialpolitik, Bd. 1), Berlin 1985, S. 121–187, hier S. 166. In der Datenbank „Opferliste" der Gedenkstätte Hadamar konnten bislang nur circa 600 Zwangsarbeiter nachgewiesen werden.

52 Kaufmann/Schulmeyer (Anm. 51), S. 264.

53 Ebd., S. 268.

54 Schreiben von Dr. Adolf Wahlmann (02. 10. 1942), zitiert nach Schmidt-v. Blittersdorf/Debus/Kalkowsky (Anm. 9), S. 112.

55 HHStA Wi, Abt. 461, Nr. 32061, Bd. 6, S. 1892–1895a; LWV-Archiv, Best. 12, K 4407.

Die Opfer der nationalsozialistischen „Euthanasie"-Aktion T4 in der Tötungsanstalt Hadamar

Gerrit Hohendorf, Maike Rotzoll, Petra Fuchs, Annette Hinz-Wessels, Paul Richter

Eigene Wege: Gustav Sievers (1865–1941)

Hadamar war die Endstation auf dem Lebensweg des Webers und Künstlers Gustav Sievers.[1] Am 16. Juni 1941 wurde er, bereits 75 Jahre alt, aus der Zwischenanstalt Herborn in die Tötungsanstalt gebracht. Kurz zuvor war das letzte psychiatrische Urteil über den Langzeitpatienten gefällt worden: „Stumpf, gleichgültig, verschroben, hält sich für sich. Gespräche über die Vergangenheit [...] bewegen ihn nicht mehr. Endzustand. Ungeheilt nach Herborn."[2] Mit dieser Bemerkung gab man Sievers in seiner Stammanstalt, Lüneburg in der Provinz Hannover, zur Ermordung frei.

Indifferenz nach außen, Rückzug nach innen: Dies stand bei Sievers erst ganz am Ende eines jahrzehntelangen Anstaltslebens. Mit fast 70 Jahren war er ein letztes Mal aus der Anstalt ausgebrochen, war einige Monate außerhalb eigene Wege gegangen. Nicht einmal bei seinen Kindern hatte er sich beaufsichtigen lassen, lieber begab er sich auf die Landstraße und versuchte, in Webereien seine alte Erfindung, den automatischen „Fallschützenwebstuhl" an den Mann zu bringen – ohne Erfolg. In dieser Erfindung, die laut Sievers die „3000-jährige Epoche des fliegenden Webschiffs" einleiten sollte, sah er in gewisser Hinsicht auch die Ursache seines Anstaltsaufenthaltes. Neid seiner Feinde, insbesondere der Freimaurer, habe dazu geführt, dass der sozialdemokratisch gesinnte „lästige Erfinder" im Jahre 1900 hinter Anstaltsmauern verschwand.

Rebellisch und eigenwillig war der 1865 Geborene schon zuvor. Sievers berichtete, nach einem siebenjährigen Aufenthalt in Amerika zu seiner Jugendliebe nach Hannover zurückgekehrt zu sein, wo es ihn jedoch trotz der drei Kinder nicht lange hielt. Der Weber fiel strafrechtlich auf, nicht nur durch die „Verbreitung sozialdemokratischer Schriften". 1900 wurde er wegen eines „Sittlichkeitsdeliktes" verhaftet und zwecks Beobachtung seines Geisteszustandes in die westfälische Anstalt Lengerich eingewiesen. Aus der dortigen Wachstation entwich Sievers zuletzt im Herbst 1903, etwa einen Monat später erfolgte die Aufnahme in Lüneburg. Ein geplantes Attentat auf den Anstaltsdirektor, Fluchtdrohungen „und wenn es Menschenleben koste" zeugen von ungebrochenem Freiheitsdrang. Isolierung im Einzelzimmer, tägliche Durchsuchung und Zwangsbad waren zeitweise die Folge. Für die gleiche Zeit berichtet die Krankengeschichte aber auch von geistigen Abenteuern: „Zeichnet und liest viel", heißt es da, oder „erlässt Aufrufe an das hannoversche Volk". Vor allem aber zeichnet Sievers „Neu-Ruppiner-Bilderbogen", humorvoll-satirische Bildergeschichten, von denen einige in der Sammlung Prinzhorn, Heidelberg, erhalten sind.

25 Jahre – zwischen 1909 und 1934 – verbrachte Sievers im „Landes-Verwahrhaus" Göttingen. Auch aus dieser Zeit sind Kunstwerke erhalten – jedoch keine Krankengeschichte. Als alter Mann kehrte Gustav Sievers 1934 nach Lüneburg zurück. Die gelungene Flucht kurz darauf war sein letztes Aufbegehren. Dann lebte er – bis 1941 – „im allgemeinen ziemlich gleichgültig dahin" und lehnte „jede Beschäftigung ab".[3]

Alt, schizophren, männlich, arbeitsunwillig, Straftaten in der Vorgeschichte – auf diese Kriterien mag die Brille der Täter Sievers' eigenwilliges Leben reduziert haben. Doch war er ein typisches Opfer der nationalsozialistischen „Euthanasie", genauer der „Aktion T4", ihrer ersten Phase? Wie lässt sich die Gruppe der über 10.000 in Hadamars Gaskammer im Jahr 1941 ermordeten Psychiatriepatienten insgesamt be-

„Drei Bilder zu einem Bogenendwurfe" (Gustav Sievers, Sammlung Prinzhorn, Heidelberg)

schreiben? Einige erste Antworten auf diese Fragen erlauben Forschungsergebnisse aus einem laufenden Projekt zu den Krankengeschichten der „T4"-Opfer.

Kollektive Biographie

Die Anfang der 1990er Jahre im ehemaligen Zentralarchiv des Ministeriums für Staatssicherheit der DDR (MfS) aufgefundenen etwa 30.000 Krankenakten[4] ermöglichen es, die Perspektiven der bisherigen Forschung zur ersten systematisch durchgeführten Massentötungsaktion im Nationalsozialismus erheblich zu erweitern, nämlich um den Blick auf die Opfer der „Aktion T4" selbst. So können ihre soziale und regionale Herkunft, Anlass und Verlauf ihrer Anstaltsbehandlung, die diagnostische und prognostische Einschätzung durch die Anstaltsärzte, die Bewertung ihres Verhaltens und ihrer Arbeitsleistung, der Kontakt zu den Angehörigen und damit Stigmatisierung und Marginalisierung bereits im Vorfeld der Selektion mit statistischen Mitteln genauer erfasst und näher beschrieben werden.

Das DFG-Projekt[5] zum Krankenaktenbestand der nationalsozialistischen „Euthanasie"-Aktion „T4", der sich mittlerweile im Bundesarchiv Berlin befindet, hat zu diesem Zweck eine zufällig ausgewählte Stichprobe von 3.002 Akten mit einem etwa 90 Variablen umfassenden standardisierten Auswertungsschema untersucht, unter anderem, um den Opfern im Sinne einer kollektiven Biographie ein Gesicht zu geben.[6] Im Gegensatz zu kollektivbiographischen Ansätzen in der Täterforschung zum Nationalsozialismus[7] handelt es sich hier jedoch nicht um ein freiwilliges Kollektiv, das im Hinblick auf die Motivation, einer bestimmten Gruppe anzugehören, untersucht werden könnte.[8] Da alle Krankengeschichten Opfergeschichten sind und in der Regel mit einer mehr oder weniger unfreiwilligen Aufnahme in die Ursprungsanstalt beginnen, lässt sich unsere kollektive Biographie nicht von den Selektionskriterien der Täter beziehungsweise der Krankenmordzentrale in der Berliner Tiergartenstraße 4 trennen. Von daher sind die Opfergeschichten und der Blickwinkel der Täter in unserer Analyse eng miteinander verknüpft. Im Folgenden sollen aus den etwa 3.000 Akten unserer Stichprobe diejenigen herausgegriffen werden, bei denen Hadamar als Tötungsanstalt mit ziemlicher Sicherheit angenommen werden kann. Es handelt sich um 305 Krankenakten von Hadamarer „T4"-Opfern.[9] Hochgerechnet müssten etwa 3535 Akten von in Hadamar getöteten Patienten im Krankenaktenbestand des Bundesarchivs erhalten sein.[10] Das entspricht 35,1 Prozent der in Hadamar entsprechend der „Hartheim Statistik" anzunehmenden Opferzahl von 10.072 Opfern.[11] Damit liegt die Tötungsanstalt Hadamar unter dem Schnitt der insgesamt erhaltenen Opferakten von 41,7 Prozent.[12] Was lässt sich nun über die regionale Herkunft der Hadamarer T4-Opfer anhand unserer Datenauswertung sagen?

Die Opfer der nationalsozialistischen „Euthanasie"-Aktion T4

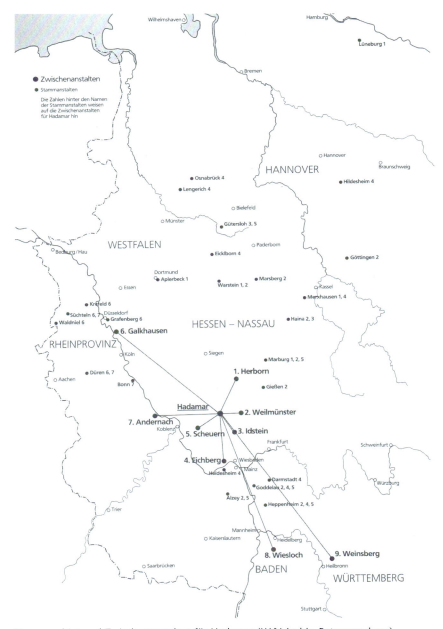

Einzugsgebiet und Zwischenanstalten für Hadamar (LWV-Archiv, Fotosammlung)

Die Opfer stammten, bezogen auf den letzten Wohnort vor der endgültigen Anstaltsaufnahme, aus der Provinz Hessen-Nassau selbst (26,4 Prozent), aus der Rheinprovinz (23,0 Prozent), aus der Provinz Westfalen (12,5 Prozent), aus der Provinz Hannover (12,9 Prozent), aus dem Land Hessen (8,5 Prozent), aus dem Saarland (7,5 Prozent) und nur zu geringem Teil aus Baden (2,7 Prozent) und Württemberg (3,7 Prozent).[13] Die Stammanstalten, das heißt, die Anstalten, in denen die Meldebogen ausgefüllt wurden, reichen von Lüneburg, Wunstorf, Osnabrück und Hildesheim im Norden über Bedburg-Hau, Waldniel-Süchteln, Düsseldorf-Grafenberg und Alzey im Westen, Schwäbisch-Hall, Weinsberg, Emmendingen und Wiesloch im Süden bis Gießen, Marburg und Warstein im Osten. Als Zwischenanstalten fungierten die Anstalten Eichberg (27,5 Prozent), Herborn (19,7 Prozent), Weilmünster (15,7), Idstein (11,8 Prozent), Scheuern (5,6 Prozent), Andernach (7,9 Prozent) und Galkhausen (3,9 Prozent) für die Rheinprovinz sowie Weinsberg (3,9 Prozent) und Wiesloch (3,9 Prozent) für Württemberg und Baden.

Die Hadamarer „T4"-Opfer stammten bezogen auf ihren letzten Wohnort zu einem guten Drittel aus Großstädten mit mehr als 100.000 Einwohnern (36,5 Prozent), ein weiteres knappes Drittel kam aus mittleren und kleinen Städten (5.000 bis 100.000 Einwohnern, = 28,0 Prozent), ein weiteres gutes Drittel stammte aus einem ländlichen Milieu (Städte und Gemeinden kleiner 5.000 Einwohner, = 35,5 Prozent).[14] In der Gesamtstichprobe der „T4"-Opfer, die auch die Opfer aus den Großstädten Berlin und Wien umfasst, sind die Patienten aus Großstädten mit 42,8 Prozent hingegen stärker vertreten. Etwas mehr als die Hälfte der Hadamarer „T4"-Opfer war katholisch (52,2 Prozent), etwas weniger als die Hälfte (47,4 Prozent) evangelisch.

Während Frauen und Männer unter den Anstaltspatienten im Deutschen Reich in etwa gleich vertreten waren[15], überwiegen unter den Hadamarer T4-Opfer die Frauen leicht mit 52,1 Prozent gegenüber den Männern mit 47,9 Prozent, eine Tendenz, die sich in der Gesamtstichprobe der T4-Opfer noch stärker abzeichnet (hier 54 Prozent Frauen und 46 Prozent Männer). Zu diesem geschlechtsspezifischen Aspekt der Selektion lassen sich verschiedene Erklärungen anführen. Zum einen gehörten Männer durch ihren Einsatz in den für die Aufrechterhaltung des Anstaltsbetriebes wichtigen Arbeitsbereichen (Landwirtschaft, Handwerksbetriebe) in weitaus größerem Maße zu den unverzichtbaren Arbeitern. Dies zeigt sich für die Landesheilanstalt Hadamar zum Beispiel darin, dass auf dem Hofgut Schnepfenhausen fast nur Männer gearbeitet haben. Zum Zweiten zeigt unsere Analyse der Verhaltensbewertung der Frauen mit der Diagnose Schizophrenie, dass Frauen auf den Stationen signifikant häufiger als störend beschrieben wurden.[16]

Bei der Altersverteilung der Hadamarer „T4"-Opfer fällt auf, dass sich in unserer Stichprobe der Hadamarer „T4"-Opfer keine Akten von Kindern unter 16 Jahren finden, während die Gesamtstichprobe der „T4"-Opfer 2,9 Prozent Kinder unter 16 Jah-

„Tanz" (Gustav Sievers, Sammlung Prinzhorn, Heidelberg)

ren aufweist. Eine Übersicht über die Verlegung von Kindern in die Gasmordanstalt Hadamar im Jahr 1941 weist 202 Kinder im Alter bis zu 17 Jahren mit einem Durchschnittsalter von 15 Jahren aus.[17] Das würde einem Anteil von etwa 2,0 Prozent der Hadamarer „T4"-Opfer entsprechen. In jedem Falle lässt sich festhalten, dass in Hadamar prozentual gesehen weniger Kinder unter 14 Jahren ermordet wurden als beispielsweise in Grafeneck.[18] Möglicherweise ist dies auf Entscheidungen der „Euthanasie"-Verantwortlichen Bouhler und Brandt zurückzuführen, die Anfang 1941 festgelegten, dass die im Rahmen der „Aktion" erfassten Kinder unter 14 Jahren an den Reichsausschuss abgegeben, das heißt in den Kinderfachabteilungen getötet werden sollten.[19]

Fast drei Viertel der Hadamarer „T4"-Opfer war ledig (74,3 Prozent). 18,8 Prozent waren verheiratet und die übrigen geschieden (4,1 Prozent) beziehungsweise verwitwet (2,7 Prozent).[20] Über vier Fünftel der Hadamarer „T4"-Opfer hatten also zum Zeitpunkt der Selektion, zumindest im rechtlichen Sinne, keinen Lebenspartner, der schützend hätte eingreifen können. Dies spiegelt sich auch in der Variable „Familienzusammenhalt" wider, die natürlich auch andere verwandtschaftliche Beziehungen (Eltern und Geschwister) berücksichtigt. Gut die Hälfte der Akten enthält diesbezüglich leider keine ausreichenden Angaben.[21] In den auswertbaren Akten ist ein enger

Familienkontakt nur bei 17,7 Prozent der Patienten festzustellen. Daraus lässt sich jedoch noch nicht schließen, dass ein enger Angehörigenkontakt oder regelmäßiger Besuch tatsächlich ein schützender Faktor in der Selektion der Opfer gewesen wäre.[22]

Um die soziale Herkunft der „T4"-Opfer zu rekonstruieren, haben wir auf die Berufsangaben der Patienten, bei nicht berufstätigen Ehefrauen auf den der Ehemänner und bei Kindern und Jugendlichen sowie Patienten, die aufgrund ihrer Erkrankung keinen Beruf erlernen konnten, auf den der Eltern zurückgegriffen. Die daraus abgeleitete Schichtzuordnung ergibt in Bezug auf die Hadamarer „T4"-Opfer folgendes Bild: 9,5 Prozent der Patienten kamen aus der unteren Unterschicht, 47,5 Prozent aus der oberen Unterschicht, 39,8 Prozent aus der Mittelschicht und 3,2 Prozent aus der Oberschicht (Tabelle 1).[23] Dabei unterscheiden sich die Hadamarer „T4"-Opfer nicht wesentlich von der Gesamtgruppe der „T4"-Opfer in unserer Hauptstichprobe. Der geringe Anteil von Patienten aus der Oberschicht[24] spiegelt sich auch wider in dem geringen Anteil von Selbstzahlern (4,2 Prozent). Die überwältigende Mehrheit der Patienten war auf Kosten der öffentlichen Fürsorge untergebracht (95,3 Prozent).[25] Auch bei den Verpflegungsklassen findet sich ein entsprechend niedriger Anteil von 4,8 Prozent der Patienten, die in einer höheren Verpflegungsklasse oder in einer Privatklinik untergebracht waren.[26]

Bei der Diagnoseverteilung der Hadamarer „T4"-Opfer fällt, ähnlich wie in der Hauptstichprobe, der mit 60,4 Prozent große Anteil von Patienten mit der Diagnose Schizophrenie auf.[27] Schizophrene Patienten hatten ein deutlich erhöhtes Risiko, zur Ermordung selektiert zu werden. Die Diagnose Schwachsinn wurde bei einem knappen Viertel der Patienten gestellt (22,8 Prozent), die Diagnose Epilepsie bei 8,4 Prozent und die Diagnose Progressive Paralyse bei 3,7 Prozent der Patienten.

Zur Dauer der letzten ununterbrochenen Hospitalisierung lässt sich feststellen, dass sich gut vier Fünftel der Hadamarer „T4"-Opfer länger als vier Jahre in Anstaltsbehandlung befunden haben. Hier unterscheiden sich die Hadamarer T4-Opfer wiederum nicht wesentlich von der Gesamtstichprobe der „T4"-Opfer (81,8 Prozent länger als vier Jahre in Anstaltsbehandlung). 15,2 Prozent der Hadamarer „T4"-Opfer waren demnach kürzer als fünf Jahre hospitalisiert, sie entsprachen also nicht dem Kriterium der Meldebogenerfassung, dass alle Patienten zu melden waren, die sich

Schichtzugehörigkeit nach Beruf	n = 221 von 305 Akten
untere Unterschicht	9,5 Prozent
obere Unterschicht	47,5 Prozent
Mittelschicht	39,8 Prozent
Oberschicht	3,2 Prozent

Tabelle 1: Sozialstatus der Hadamarer T4-Opfer

fünf Jahre und länger in Anstaltsbehandlung befanden. Dieses zeitliche Kriterium galt offensichtlich als Maß für die Unheilbarkeit beziehungsweise therapeutische Unbeeinflussbarkeit des Leidens. Patienten, die sich kürzer als fünf Jahre in Anstaltsbehandlung befunden haben, waren nur dann zu melden, wenn sie nicht oder nur mit „mechanischen Arbeiten" zu beschäftigen waren.[28] Bei dieser Patientengruppe scheint das Kriterium der ökonomischen Brauchbarkeit entscheidend gewesen zu sein.

Zusammengefasst stellen sich die Hadamarer „T4"-Opfer in ihren soziodemographischen Daten wie folgt dar: Die „T4"-Opfer kamen aus allen sozialen Schichten der Bevölkerung, wobei die Patienten aus der Oberschicht unterrepräsentiert sind, sie befanden sich größtenteils seit fünf Jahren und länger in Anstaltsverwahrung, einige länger als 40 Jahre, und wurden zum überwiegenden Teil als schizophren diagnostiziert. Sie waren größtenteils ledig und hatten nur zu einem geringen Teil noch einen engeren Familienkontakt. Die Länge der Anstaltsbehandlung ist also zugleich als ein Prozess deutlicher sozialer Entwurzelung zu deuten.

Regionale Unterschiede im Selektionsprozess

Abschließend soll auf einen bemerkenswerten Befund eingegangen werden. Während sich die Hadamarer „T4"-Opfer in ihren soziodemographischen Daten nicht wesentlich von der Gesamtgruppe der „T4"-Opfer unterscheiden, finden sich bei der Untersuchung der Anwendung der Selektionskriterien deutliche regionale Unterschiede. Die bisherige Auswertung der im Projekt erhobenen Daten hat ergeben, dass die Selektionskriterien Erblichkeit der Erkrankung und soziale Auffälligkeit (also Straftaten, unerwünschtes Sexualverhalten *vor* der Anstaltsaufnahme, gerichtliche Unterbringung) keinen wesentlichen Einfluss auf den Selektionsprozess gehabt haben.[29] Dabei verstehen wir unter Selektionsprozess die komplexen Schritte, die schließlich zur Ermordung in einer der sechs Tötungsanstalten geführt haben, angefangen vom Ausfüllen der Meldebogen in den Stammanstalten, über die Entscheidung der so genannten Gutachter bis hin über Rückstellungsmöglichkeiten beim Abtransport in der Stammanstalt, in der Zwischenanstalt oder in Einzelfällen auch kurz vor der Gaskammer.

Entscheidenden Einfluss auf die Selektion der Opfer haben entsprechend unserer bisherigen Analyse drei Faktoren gehabt, nämlich die Bewertung der Arbeitsleistung und des Verhaltens in der Anstalt und schließlich für die schizophrenen Patienten die Einschätzung als „Endzustand" beziehungsweise „unheilbar".[30] Bei der Arbeitsleistung ging es den Organisatoren der „Aktion T4" darum, diejenigen Patienten zu erfassen, die nicht oder nur mit als mechanisch definierten Arbeiten wie Kartoffelschä-

	Grafeneck n = 246	Brandenburg n = 338	Hartheim n = 576	Sonnenstein n = 419	Hadamar n = 261	Bernburg n = 246
produktiv	11,2 Prozent	9,2 Prozent	7,3 Prozent	16,7 Prozent	7,7 Prozent	9,3 Prozent
mittelmäßig	18,6 Prozent	13,9 Prozent	11,8 Prozent	21,0 Prozent	15,7 Prozent	19,1 Prozent
mechanisch	24,4 Prozent	26,0 Prozent	20,8 Prozent	25,5 Prozent	33,7 Prozent	34,5 Prozent
unbeschäftigt	45,8 Prozent	50,9 Prozent	60,1 Prozent	36,7 Prozent	42,9 Prozent	37,0 Prozent

Tabelle 2: Bewertung der Arbeitsleistung nach Tötungsanstalt

Verhaltensbewertung	n = 277 von 305 Akten
stumpf	30,7 Prozent
störend	31,0 Prozent
potenziell gefährlich	15,2 Prozent
unruhig	4,7 Prozent
ruhig	11,9 Prozent
angenehm	6,5 Prozent

Tabelle 3: Verhaltensbewertung der Hadamarer T4-Opfer

len, Tütenkleben oder Rosshaarzupfen zu beschäftigen waren. Das Selektionskriterium der wirtschaftlichen Brauchbarkeit der Patienten orientierte sich an der selbstständigen Arbeitsleistung Gesunder. Bei der Anwendung des Selektionskriteriums „Arbeitsleistung" zeigen sich nun erhebliche regionale Unterschiede: Während in Grafeneck 11,2 Prozent der getöteten Patienten entgegen den Selektionsvorgaben als „produktive" Arbeiter eingeschätzt worden waren, sind es in Hadamar „nur" 7,7 Prozent.[31] (vgl. Tabelle 2) Dies mag seinen Grund darin haben, dass ab Frühsommer 1940 mit der zweiten Meldebogenversion versucht wurde, die Arbeitsleistung der Patienten genauer zu erfassen und die Anstalten im Laufe des Jahres 1940 über den Sinn der Erhebung nicht mehr im Unklaren sein konnten. Das heißt, eine mögliche Unterbewertung der Arbeitsleistung, um irrtümlicherweise die Patienten vor der Verlegung zu schützen[32], konnte keine Rolle mehr spielen. Auffallend ist weiterhin bei den Tötungsanstalten, die über den gesamten Zeitraum der „Aktion T4" in Betrieb waren, dass im Einzugsgebiet der Tötungsanstalt Sonnenstein 16,7 Prozent der ermordeten Patienten in den Akten als „produktive" Arbeiter eingeschätzt worden waren, in Hartheim jedoch „nur" 7,3 Prozent. Diese Befunde bedürfen weiterer Erklärung und vertiefter regionalgeschichtlicher Forschung.

Insgesamt gilt auch für die Hadamarer „T4"-Opfer, dass die Bewertung der Arbeitsleistung (Tabelle 2) neben der Bewertung des Verhaltens in der Anstalt das entscheidende Selektionskriterium gewesen ist. 76,6 Prozent der Patienten, die in der Gaskammer von Hadamar umgekommen sind, wurden in ihrer Arbeitsleistung als unzureichend angesehen bzw. haben nicht gearbeitet und 81,6 Prozent sind in ihrem Verhalten als störend, gefährlich, unruhig oder abgestumpft bewertet worden (Tabelle 3)[33]. Auch Gustav Sievers fiel unter die Kategorien der ökonomischen Unbrauchbarkeit. Seine Aufmüpfigkeit war in Resignation umgeschlagen. Er galt nach jahrzehntelanger Anstaltsbehandlung als „Endzustand". Ohne Rücksicht auf sein Alter kannte der jede Individualität nivellierende Selektionsapparat keine Gnade.

---

[1] Vgl. auch Monika Jagfeld, Gustav Sievers – Erfinder des „Fallschützenwebstuhls", in: Bettina Brand-Claussen/Thomas Röske/Maike Rotzoll (Hg.), Todesursache: Euthanasie. Verdeckte Morde in der NS-Zeit, Heidelberg 2002, S. 155–163.

[2] Bundesarchiv Berlin (BarchB), R 179/27405, Krankengeschichte der Landes-Heil- und Pflegeanstalt Lüneburg, o. Bl.-Nr. Krankengeschichtseintrag (22. 4. 1941).

[3] Ebd., Krankengeschichtseintrag (25. 3. 1939).

[4] Volker Roelcke/Gerrit Hohendorf, Akten der „Euthanasie"-Aktion T4 gefunden, in: Vierteljahrshefte für Zeitgeschichte, 41. Jg. (1993), S. 479–481. Zur Überlieferungsgeschichte der rund 30.000 Krankenakten vgl. Peter Sandner, Die „Euthanasie"-Akten im Bundesarchiv. Zur Geschichte eines lange verschollenen Bestandes, in: Vierteljahrshefte für Zeitgeschichte, 47. Jg. (1999), S. 385–400 und ders., Schlüsseldokumente zur Überlieferungsgeschichte der NS-„Euthanasie"-Akten gefunden, in: Vierteljahrshefte für Zeitgeschichte, 51. Jg. (2003), S. 285–290. Die Krankenakten sind im Bundesarchiv Berlin unter der Signatur R 179 archiviert. Für die besondere Unterstützung unseres Auswertungsprojektes sei den Mitarbeiter/innen des Bundesarchivs, insbesondere Herrn Archivoberrat Matthias Meissner, herzlich gedankt.

[5] DFG-Förderkennzeichen: HO 2208/2–3. Antragsteller: Dr. Gerrit Hohendorf, Prof. Dr. Christoph Mundt und Prof. Dr. Wolfgang U. Eckart, Klinik für Allgemeine Psychiatrie und Medizinhistorisches Institut der Universität Heidelberg. Bearbeiterinnen: Dr. Maike Rotzoll und Dr. Petra Fuchs. Weitere Mitarbeiter/innen: Dr. Annette Hinz-Wessels, Philipp Rauh (MA), Dr. Paul Richter, Sascha Topp (MA), Dr. Martin Roebel sowie Christine Hoffmann, Babette Reicherdt, Stephanie Schmitt und Nadin Zierau. Externer Kooperationspartner: Dr. Ulrich Müller, Forschungsstelle für Psychiatrische Soziologie, Rheinische Kliniken Düsseldorf/Kliniken der Heinrich-Heine-Universität Düsseldorf. Zusätzliche finanzielle Förderung: Medizinische Fakultät der Universität Heidelberg und Boehringer Ingelheim Stiftung.

[6] Vgl. Gerrit Hohendorf/Maike Rotzoll u. a., Die Opfer der nationalsozialistischen „Euthanasie-Aktion T4". Erste Ergebnisse eines Projektes zur Erschließung von Krankenakten getöteter Patienten im Bundesarchiv Berlin, in: Der Nervenarzt, 73. Jg. (2002), S. 1065–1074 und Gerrit Hohendorf/Maike Rotzoll u. a., Vom Wahn zur Wirklichkeit, Deutsches Ärzteblatt, 100. Jg. (2003), S. A 2626–2630. Eine statistische Auswertung eines Teils der in der Tötungsanstalt Pirna-Sonnenstein ermordeten Patienten (673 Krankenakten, die der Zwischenanstalt Arnsdorf in Sachsen zuzuordnen sind) legte Thomas Schilter 1999 vor, vgl. Thomas Schilter, Unmenschliches Ermessen. Die nationalsozialistische „Euthanasie"-Tötungsanstalt Pirna-Sonnenstein 1940/41 (= Schriftenreihe der Stiftung Sächsische Gedenkstätten zur Erinnerung an die Opfer politischer Gewaltherrschaft, Bd. 5), Leipzig 1999, S. 152–158. Eine Übersicht über Diagnoseverteilung, Lebensalter, Einweisungsmodus und Aufenthaltsdauer der in den Jahren 1940 und 1941 verlegten westfälischen

Patienten findet sich in der umfassenden Studie von Bernd Walter, Psychiatrie und Gesellschaft in der Moderne. Geisteskrankenfürsorge in der Provinz Westfalen zwischen Kaiserreich und NS-Regime (= Forschungen zur Regionalgeschichte, Bd. 16), Paderborn 1996, S. 728 u. 924–929. Eine erste kollektive Biographie zu Opfern und Überlebenden der Anstalt Uchtspringe in der Provinz Sachsen findet sich bei Petra Fuchs/Maike Rotzoll u. a., Die Opfer der „Aktion T4": Versuch einer kollektiven Biographie auf der Grundlage von Krankengeschichten, in: Christfried Tögel/Volkmar Lischka (Hg.), „Euthanasie" und Psychiatrie (= Uchtspringer Schriften zur Psychiatrie, Neurologie, Schlafmedizin, Psychologie und Psychoanalyse, Bd. 3), Uchtspringe 2005, S. 37–68.

[7] Vgl. Jens Banach, Heydrichs Elite. Das Führerkorps der Sicherheitspolizei des SD 1936–1945, Paderborn 1998 und Michael Wildt, Die Generation des Unbedingten. Das Führerkorps des Reichssicherheitshauptamtes, Hamburg 2002.

[8] Zu Theorie und Methodik kollektiver Biographien vgl. Wilhelm Heinz Schröder (Hg.), Lebenslauf und Gesellschaft. Zum Einsatz von kollektiven Biographien in der historischen Sozialforschung (= Historisch-Sozialwissenschaftliche Forschungen, Bd. 18), Stuttgart 1985, insbesondere die Einführung S. 7–17.

[9] Diese Zahl und damit auch die folgenden Berechnungen sind insofern vorläufig, als sich durch die zur Zeit laufende Durchsicht der Verlegungsdaten und Verlegungsorte in unserer Stichprobe die Zuordnung einzelner Akten zu den Tötungsanstalten noch verändern kann.

[10] In unserer Stichprobe sind bezogen auf die Akten, in denen sich die Tötungsanstalt bestimmen lässt, 12,1 Prozent Akten mit der Tötungsanstalt Hadamar enthalten. Der Krankenaktenbestand im Bundesarchiv enthält 30.132 Akten von insgesamt 70.273 „T4"-Opfern. Dabei müssen von der üblicherweise genannten Zahl von etwa 30.000 Opferakten die etwa 821 Akten von den Opfern der „Aktion Lange" in Ostpreußen abgezogen werden. Daraus ergibt sich eine hochgerechnete Zahl von etwa 3535 Akten, die der Tötungsanstalt Hadamar zuzuordnen sind. Für die aufwendige und gründliche Recherche nach den Akten der Opfer der „Aktion Lange", die zum Teil mit XO gekennzeichnet sind, gebührt unser Dank Herrn Sascha Topp MA, Berlin.

[11] Die in der Hartheim-Statistik angegebene Zahl der Hadamarer „T4"-Opfer deckt sich in etwa mit den von Peter Sandner angegebenen Opferzahlen zu den verschiedenen Regionen, in der Summe 10.146 Menschen, die in Hadamar ermordet wurden. Dabei stellt diese Zahl nur einen Näherungswert dar, vgl. Peter Sandner, Verwaltung des Krankenmordes. Der Bezirksverband Nassau im Nationalsozialismus (= Historische Schriftenreihe des Landeswohlfahrtsverbandes Hessen, Hochschulschriften, Bd. 2), Gießen 2003, S. 470.

[12] Die in der Abwicklungsabteilung der Tötungsanstalt Hadamar aufbewahrten Opferakten wurden, wie die Opferakten der anderen Tötungsanstalten auch, in die zuletzt verbliebene Tötungsanstalt in Hartheim bei Linz in Oberösterreich gebracht. Dort wurde im Herbst 1944 ein Teil der Opferakten vernichtet, vgl. Sandner, „Euthanasie"-Akten (wie Anm. 4), S. 396 f. Da die Kriterien beziehungsweise das System der Aktenvernichtung in Hartheim bis heute nicht genau bekannt sind, sind Rückschlüsse von den im Bundesarchiv erhaltenen Opferakten auf die Gesamtzahl der Opfer der „Aktion T4" immer nur mit einem gewissen Vorbehalt möglich.

[13] Baden und Württemberg waren frühzeitig im Oktober 1939 von der Meldebogenaktion erfasst worden. Der größte Anteil der Patienten wurde bereits 1940 in Grafeneck ermordet.

[14] 7,5 Prozent der Akten der Hadamarer „T4"-Opfer enthielten keine ausreichenden Angaben, um die Stadtgröße des letzten Wohnortes zu ermitteln. Sie blieben bei der Auswertung unberücksichtigt.

[15] Die Reichsirrenstatistik weist für Ende 1936 49,5 Prozent Männer und 50,5 Prozent Frauen als Insassen der deutschen Heil- und Pflegeanstalten auf. Vgl. [Hermann Paul] Nitsche, Irrenstatistik der Gesellschaft Deutscher Neurologen und Psychiater (Psychiatrische Abteilung) für das Jahr 1936, in: Allgemeine Zeitschrift für Psychiatrie und ihre Grenzgebiete, 107. Bd. (1938), S. 162 f.

[16] Vgl. Maike Rotzoll/Petra Fuchs u. a., Frauenbild und Frauenschicksal. Weiblichkeit im Spiegel psychiatrischer Krankengeschichten zwischen 1900 und 1940, in: Bettina Brand-Claussen/Viola Michely (Hg.), Irren ist weiblich. Künstlerische Interventionen von Frauen in der Psychiatrie um 1900, Heidelberg 2004, S. 45–52, hier S. 48.

[17] Susanne Scholz/Reinhard Singer, Die Kinder

in Hadamar, in: Dorothee Roer/Dieter Henkel (Hg.), Psychiatrie im Faschismus. Die Anstalt Hadamar 1933–1945, Bonn 1986, S. 214–236, hier S. 222.

[18] In Grafeneck (n = 284 Akten) sind 5,6 Prozent der Opfer Kinder und Jugendliche bis zum 21. Lebensjahr. Sie verteilen sich relativ gleichmäßig auf alle Altergruppen. Unter 14 Jahren liegt der Anteil bei 3,9 Prozent. Zur Einbeziehung von Kindern und Jugendlichen in die „Aktion T4" vgl. Petra Fuchs/Maike Rotzoll u. a., Minderjährige als Opfer der Krankenmordaktion „T4", in: Thomas Beddies/Kristina Hübener (Hg.), Kinder in der NS-Psychiatrie (= Schriftenreihe zur Medizin-Geschichte des Landes Brandenburg, Bd. 10), Berlin 2004, S. 55–70.

[19] Bundesarchiv Berlin (BarchB), Mikrofilm 41151 (= National Archives Washington T 1021 Roll. 12, File 707, Bd. 20, so genannte Heidelberger Dokumente), Bl. 127 400–401, Entscheidungen der beiden „Euthanasie"-Beauftragten hinsichtlich der Begutachtung vom 31. 01. 1941 und Bl. 127 398–399, Entscheidungen der beiden „Euthanasie"-Beauftragten hinsichtlich der Begutachtung unter Einbeziehung der Ergebnisse der Besprechung in Berchtesgaden am 10. 03. 1941.

[20] Der Familienstand ließ sich relativ gut erheben. Hier gibt es nur 4,3 Prozent nicht auswertbare Akten. Diese bleiben unberücksichtigt.

[21] Angaben zum Familienzusammenhalt ließen sich in 46,2 Prozent der Akten der Hadamarer „T4"-Opfer rekonstruieren.

[22] Tatsächlich rettende Interventionen von Angehörigen sind bisher nur in Einzelfällen bekannt geworden. Zur Haltung der Angehörigen gegenüber der „Aktion T4" fehlen bis heute breite empirische Untersuchungen.

[23] 27,5 Prozent der Akten der Hadamarer „T4"-Opfer ließen keine Schichtzuordnung anhand der Berufsangaben zu. Sie mussten bei der Auswertung unberücksichtigt bleiben.

[24] Einen Vergleich mit den Ergebnissen der Volkszählung von 1939 ermöglicht die Variable „Stellung im eigenen Beruf". Hier kann zwar nur gut die Hälfte der Akten der Hadamarer T4-Opfer ausgewertet werden (55,4 Prozent). Im Vergleich zur Klassifizierung der Reichsstelle wird die Selbstständigen in der Hadamarer Opferstichprobe mit 4,7 Prozent gegenüber 16,9 Prozent in der Allgemeinbevölkerung und die Beamtenfamilien mit 0,6 Prozent gegenüber 7,0 Prozent jedoch deutlich unterrepräsentiert. Auffällig ist die relativ hohe Zahl von Angestellten (bzw. Herkunftsfamilien im Angestelltenverhältnis) unter den Hadamarer „T4"-Opfern mit 39,6 Prozent gegenüber nur 13 Prozent in der Allgemeinbevölkerung. Arbeiterfamilien sind mit 47,3 Prozent in der Hadamarer Opfergruppe zu finden, in der Allgemeinbevölkerung sind es 52,8 Prozent. Mithelfende Familienangehörige finden sich in der Hadamarer Opfergruppe mit 7,7 Prozent zu einem etwas geringeren Prozentsatz als in der Allgemeinbevölkerung (10,3 Prozent). Vgl. Anonymus, Die ständige Bevölkerung nach Wirtschaftsabteilungen und nach der sozialen Stellung. Weitere Reichsergebnisse der Volks- und Berufszählung vom 17. Mai 1939, in: Wirtschaft und Statistik 20. Jg. (1940), S. 333–337, hier S. 335.

[25] Zum Kostenträger enthalten zwar 37,7 Prozent der Akten der Hadamarer „T4"-Opfer keine ausreichenden Angaben. Das Ergebnis ist jedoch von der Tendenz her eindeutig.

[26] Auch bei der Variable „Verpflegungsklasse" müssen 31,5 Prozent der Akten aufgrund fehlender Angaben bei der Auswertung unberücksichtigt bleiben.

[27] Die Reichsirrenstatistik (wie Anm. 15) weist demgegenüber für 1936 einen Anteil der Diagnose Schizophrenie unter den Anstaltsinsassen von 47,5 Prozent aus.

[28] Vgl. den Abdruck des Merkblatts in Landeswohlfahrtsverband Hessen (Hg.), „Verlegt nach Hadamar". Die Geschichte einer NS-„Euthanasie"-Anstalt (= Historische Schriftenreihe Landeswohlfahrtsverbandes Hessen, Kataloge, Bd. 2), Kassel 2. Aufl. 1994, S. 74 f.

[29] Zu den Selektionskriterien der „Aktion T4" vgl. Hans-Walter Schmuhl, Rassenhygiene, Nationalsozialismus, Euthanasie. Von der Verhütung zur Vernichtung 'lebensunwerten Lebens', 1890–1945 (= Kritische Studien zur Geschichtswissenschaft, Bd. 75), Göttingen 2. Aufl. 1992, S. 201. Während die Anklageschrift der Generalstaatsanwaltschaft Frankfurt a. M. gegen Werner Heyde u. a. vom 22. Mai 1962 davon ausging, dass die Selektion der Patienten nach reinen Nützlichkeitserwägungen (d. h. nach der ökonomischen Brauchbarkeit des Patienten) erfolgt ist, sieht Henry Friedlander in den erzielten wirtschaftlichen Einsparungen keinen rationalen Grund für

187

das Morden. Vgl. Thomas Vormbaum (Hg.), „Euthanasie" vor Gericht. Die Anklageschrift des Generalstaatsanwalts beim OLG Frankfurt/M. gegen Dr. Werner Heyde u. a. vom 22. Mai 1962 (= Juristische Zeitgeschichte, Abteilung I, Allgemeine Reihe, Bd. 17), Berlin 2005, S. 189 und Henry Friedlander, Der Weg zum NS-Genozid. Von der Euthanasie zur Endlösung, Berlin 1997, S. 120.

[30] Vgl. Gerrit Hohendorf/Petra Fuchs u. a., Krankenmord im Nationalsozialismus. Ergebnisse eines Projektes zu den psychiatrischen Patientenakten von den Opfern der „Aktion T4" (Bundesarchiv Berlin, Bestand R 179), in: Werner Platz (Hg.), Todesurteil per Meldebogen, im Druck und Petra Fuchs/Gerrit Hohendorf u. a., Die NS-„Euthanasie"-Aktion-T4 im Spiegel der Krankenakten. Neue Ergebnisse historischer Forschung und ihre Bedeutung für die heutige Diskussion medizinethischer Fragen, in: Jahrbuch für Juristische Zeitgeschichte 2006, im Druck.

[31] Die entsprechende Variable setzt sich zusammen aus der Bewertung der Arbeit als solcher (z.B.: „fleißig", „brauchbar, „zu keiner Arbeit zu bewegen") und den Arbeitsbereichen (also Hausarbeit, Feldarbeit, Handwerk, Nähstube, als „mechanisch" definierte Tätigkeiten). 14,4 Prozent der Hadamarer Opferakten enthalten keine ausreichenden Angaben und bleiben bei der Auswertung unberücksichtigt.

[32] Vgl. Ernst Klee, „Euthanasie" im NS-Staat. Die „Vernichtung lebensunwerten Lebens", Frankfurt a. M. 1983, S. 99 f.

[33] 9,2 Prozent der 305 Akten von Hadamarer T4-Opfern sind in Bezug auf die Bewertung des Verhaltens nicht auswertbar und wurden nicht berücksichtigt.

Jüdische Kranke als Patienten der Landesheilanstalt Hadamar (1909–1940) und als Opfer der Mordanstalt Hadamar (1941–1945)

Monica Kingreen

Die Situation jüdischer Patienten in der Heil- und Pflegeanstalt Hadamar[1] wird in verschiedenen Zeitabschnitten dargestellt: Zuerst für die Zeit bis 1933 und dann für die Zeit nach 1933 bis 1940. Danach folgt die Betrachtung von Hadamar als Mordstätte für 328 jüdische Patienten aus westlichen Bereichen Deutschlands im Februar 1941. Abschließend wird noch auf die Ermordung von 38 der Fürsorge unterstehenden so genannten jüdischen „Mischlingskinder" hingewiesen.

Im Gegensatz zur allgemeinen Gepflogenheit im Umgang mit den Namen psychisch Kranker werden in diesem Aufsatz die Namen aller jüdischen Patienten und der ihnen nahe stehenden Personen genannt. Ich schließe mich Isidor Kaminer an: „Da ich davon ausgehe, dass sie und die meisten ihrer Angehörigen ermordet wurden, stellt für mich die Wiedergabe ihrer Namen ein Erinnern an sie dar. Dies ist mir auch deshalb so wichtig, weil es für die ermordeten Juden keine Gräber gibt. Insofern verstehe ich diese Arbeit auch als eine Art Mazewa (hebräisch= Grab-, Gedenkstein) für die Ermordeten."[2]

Jüdische Patienten in der Landesheilanstalt Hadamar vor 1933

Jüdische Patienten gehörten seit der Gründung der Anstalt für Geisteskranke in Hadamar 1906 ebenso wie Patienten aus katholischen oder evangelischen Familien zum Alltag der Anstalt. Ihre Zahl entsprach natürlich dem wesentlich geringeren Anteil jüdischer Deutscher an der Gesamtbevölkerung. Die Aufnahme von Betty Berger aus Frankfurt als wohl der ersten jüdischen Patientin in Hadamar ist für 1909 belegt. In Hessen-Nassau gab es 1932 etwa 200 jüdische Gemeinden und einen Bevölkerungsanteil jüdischer Bewohner von 1,2 Prozent, wenn man Frankfurt als Stadt mit dem größten jüdischen Bevölkerungsanteil einmal außer Acht lässt. Er liegt damit deutlich höher als der Reichsdurchschnitt von 0,76 Prozent.

Im Archiv des Landeswohlfahrtsverbandes Hessen sind leider keinerlei einschlägige Verwaltungsunterlagen vorhanden, es liegen aber – wohl nicht ganz vollständig – Akten von circa 60 jüdischen ehemaligen Patienten vor, von denen mehr als die Hälfte in der Zeit vor 1933 angelegt wurde.[3] Auf dieser Basis sollen zuerst für die Zeit vor 1933 Spezifika, die nur jüdische Patienten betreffen, beschrieben werden.

Grundsätzlich muss man sich darüber klar sein, dass im Alltag einer Anstalt für den medizinischen und verwaltungsmäßigen Umgang mit Patienten Aspekte relevant waren wie weiblicher oder männlicher Patient, die in getrennten Abteilungen behandelt wurden, oder ruhige oder unruhige Patienten, arbeitsfähige oder nichtarbeitsfähige, Selbstzahler oder Pflichtzahler, gerichtlich oder durch einen Arzt eingewiesen. Die Konfessionszugehörigkeit spielte bei alledem keinerlei Rolle. Jüdische Familien, die religiös orthodox orientiert waren und es sich finanziell leisten konnten, hatten sich – falls es vom Krankheitsbild möglich war – um die Jacobyschen Anstalten in Bendorf-Sayn[4] bemüht oder um Aufnahme in die „Jüdische Abteilung" des Calmenhofes in Idstein, die eine vom Landesverband der jüdischen Wohlfahrtspflege getragene Abteilung mit koscherer Verpflegung und religiöser Ausrichtung auf jüdische Feiertage hatte.

In den Aufnahmeformularen Hadamars finden sich zum Glaubensbekenntnis die Einträge „israelitisch" oder „jüdisch". Vereinzelt sind in den Akten der Patienten Details zu deren religiös jüdischem Kontext notiert, so 1927 bei der damals 60-jährigen Ricka Hess.[5] Sie bat, wie einem Schreiben des Israelitischen Frauenvereins Frankfurt an die Anstalt in Hadamar zu entnehmen ist, „von dort verlegt zu werden, da sie Wert darauf legt, rituelle Kost zu erhalten. Wie uns bekannt ist, hat schon vor einiger Zeit der Plan bestanden, Rika Hess in die jüdische Abteilung der Anstalt Calmenhof in Idstein unterzubringen. Wegen Platzmangels konnte er nicht ausgeführt werden. Es wäre zu versuchen, jetzt eine Aufnahme dort zu erwirken, falls der Zustand der Ricka Hess sie als geeignet für eine Aufnahme dort erscheinen lässt." Der Calmenhof nahm sie probeweise auf, sie musste dann aber nach Hadamar zurückverlegt werden. Sie „legte besonderen Wert auf rituelle Kost", heißt es in dem Bericht des Calmenhofes. Zu den hohen Jüdischen Feiertagen im Herbst 1929 überbrachte der Lehrer der Jüdischen Gemeinde Hadamar, Adolf Oppenheimer, Pakete mit Lebensmitteln für Rika Hess. „Anbei 2 Pakete Esswaren für Frl. Rika Hess – das große ist von ihrer Schwester in Frankfurt und das kleinere von ihrem Neffen Siegfried Hess. Die Eier sind nicht gekocht. Bitte es Frl. Hess in meinem Namen zu übergeben, damit sie es während der Feiertage (Samstag [und] Sonntag) verzehren kann." Zwei Jahre zuvor hatte man in ihrer Krankengeschichte vermerkt: Die Patientin „erklärt, sie müsse sofort nach Frankfurt, sie hätte in den nächsten Tagen Feiertage, da dürfe sie nicht hier sein." Zwei weitere Eintragungen dort lauten in den nächsten Monaten: Sie „verlangt, in eine jüdische Anstalt verlegt zu werden" und „zerreist Kleider und Wäsche, weil sie nicht entlassen werde, will in ein jüdisches Heim. Wählerisch beim Essen." Im Jahr 1930 bemühten sich die Angehörigen von Rika Hess um ihre Aufnahme in die Israelitischen Kuranstalten in Sayn. Ende 1932 verließ Rika Hess die Anstalt Hadamar. Sechs

Jahre später 1938 charakterisierte der Hadamarer Direktor die ehemalige Patientin allerdings deutlich nationalsozialistisch antisemitisch orientiert als „aufdringlich jüdisch-lästig".

Auch bei der Patientin Helene Heymann[6], die von 1921 bis 1925 in Hadamar war, spielten religiöse Aspekte das Essen betreffend eine Rolle. Den Angehörigen teilte die Anstalt in einem freundlichen einfühlsamen Schreiben 1925 mit, „seit gestern verweigert sie die Nahrung ganz, wobei gewiss auch z.T. ihre religiösen Vorstellungen mitspielen". Sie bat die Angehörigen um Esswaren, „die sie immer gerne aß". Ihre Schwester, die mit ihrem Mann die Metzgerei J. Kahn in Frankfurt Sandweg 37 führte, schickte umgehend Nahrungsmittel. „[Ich, M. K.] hoffe, dass sie davon essen wird, Sie müssen ihr aber besonders erklären, dass das Paket von ihrer Mutter ist. Wenn sie davon nimmt, so lassen Sie mich bitte wissen [und] dann werde ich regelmäßig alle 14 Tage ein Paket senden." Die Familie erhielt als Antwort: „[...] zumal es schwer ist, ihr etwas Nahrung zu bringen, da Frau Heymann aus Wahnvorstellungen religiöser Art bald dies bald jenes nicht essen will. Deswegen wären wir für weitere Sendungen dankbar, da dadurch größere Abwechslung möglich ist." Der Brief schloss mit der Mitteilung, dass sie „nun außer Lebensgefahr" sei.[7]

Margot Cohn[8], die als 20-Jährige 1927 für drei Jahre nach Hadamar kam und zuvor in jüdischen Erziehungsheimen in Berlin und in Neu-Isenburg gewesen war, äußerte „unklare Wünsche in einem jüdischen Heim aufgenommen zu werden", allerdings nicht im Heim des Jüdischen Frauenbundes in Neu-Isenburg, wo sie bereits zuvor gewesen war. Der Direktor schrieb der Großmutter: „Falls Sie es vorziehen sollten, dass Frl. Cohn in einem israelitischen Erziehungsheim unterzubringen sei, stellen wir anheim, die dazu notwendigen Schritte bei der jüdischen Wohlfahrtspflege zu unternehmen, da wir von hier aus dazu nicht in der Lage sind." Der Jüdische Frauenbund, Abteilung Nachgehende Fürsorge für Jugendliche, schrieb der Direktion: „Vielleicht wäre es jetzt möglich, wenn es der Gesundheitszustand von Margot erlaubt, ihr durch den dortigen jüdischen Lehrer eine Stelle zu verschaffen, wie Sie es seinerzeit bei Ihrem Besuch vorschlugen". Hierbei ist zum einen der Hinweis auf die vermittelnde Rolle des bereits erwähnten Adolf Oppenheimer als dem seit 1886 tätigen langjährigen Lehrer und Kantor der Jüdischen Gemeinde Hadamar interessant – hier wohl im Rahmen des Konzeptes der „Familienpflege" bei der Vermittlung eines Pflegeplatzes in einer jüdischen Familie – und zum anderen der Hinweis auf die aktive Rolle der Anstaltsdirektion bei diesem Vorschlag. Ausdrücklich bedankte sich auch die Leiterin des Heimes des Jüdischen Frauenbundes in Neu-Isenburg, Bertha von Pappenheim, bei der Direktion: „Ich freue mich außerordentlich, dass es gelungen ist, die Heirat des Mädchens 'aufzuschieben'. Ich bin sicher, dass das Ihrem nachträglichen Einfluss zu verdanken ist. Alles andere für das arme Mädchen wird man einer günstigen Entwicklung überlassen müssen."

Hinsichtlich der hohen jüdischen Feiertage im Herbst 1929 teilte das Frankfurter Städtische Fürsorgeamt der Anstalt zu Henny Feibelmann mit: „Der Vater hat den dringenden Wunsch, dass Henny zu den Feiertagen in drei Wochen nicht mehr in der Anstalt ist und eventuell die Feiertage mit den Eltern zusammen verbringen kann."[9] Für sie hatte die jüdische Wohlfahrtspflege Frankfurt im Übrigen eine Pflegestelle bei der jüdischen Familie Bronner in Birstein gefunden.[10]

Zur 80-jährigen Lina Davidsohn[11], die nach einigen Wochen Aufenthalt in Hadamar 1932 starb, liegt ein religiöse Unterschiede berücksichtigendes und christliche Übernahmestrategien vermeidendes emphatisches Schreiben des Oberarztes vor: „Sehr verehrte gnädige Frau! Leider muss ich Ihnen mitteilen, dass Ihr Schützling, Frau Davidsohn, heute um die Mittagszeit gestorben ist. Ich glaube, ich habe Ihnen schon damals dazu geschrieben, dass wir sie leider nicht gut in ein Klösterchen tun konnten, wie wir es schon vorhatten, weil sie nachts so unruhig, laut und störend war. Im Laufe der Zeit zeigten sich bei ihr doch starke Zeichen der Arterienverkalkung und in den letzten Tagen hatte sie mehrfach Schlaganfälle, wobei sie dem letzten Insult erlag." Es dürfte mit „Klösterchen" der Altbau der Anstalt mit Einzelräumen gemeint sein, der zuvor Teil des Klosters auf dem Mönchberg gewesen war.

Lina Davidsohn wurde auf dem jüdischen Friedhof in Hadamar beerdigt. Der Vorstand der Jüdischen Gemeinde stellte die Bestattungskosten der Anstalt in Hadamar mit 112 RM in Rechnung. Diese lagen aber deutlich über dem Pauschalsatz der Anstalt von 40 RM für die „Beerdigung von hilfsbedürftigen Kranken". Die Direktion wandte sich an die vorgesetzte Behörde mit der Bitte „um das dortige Einverständnis, dass für verstorbene Patienten jüdischen Bekenntnisses kein höherer Betrag an Beerdigungskosten entstehen darf als bei verstorbenen Patienten anderer Konfessionen." Sie erhielt die entsprechende Bestätigung: „Die Konfession darf keine Rolle spielen". Der relativ hohe Preis der Jüdischen Gemeinde dürfte sich durch höhere Kosten für die Grabstelle für ein Nichtmitglied der Gemeinde erklären. Das Schreiben der Anstalt an den Magistrat der Stadt Hadamar lässt schmunzeln: „Anbei senden wir die Rechnung über die Grabstättengebühren Davidson und Stern[12] zurück, da die Verstorbenen nicht auf dem städtischen Friedhof, sondern auf der jüdischen Gemeinde beerdigt sind und auch die Gebühren bereits an die jüdische Gemeinde bezahlt wurden." Da der Jüdische Friedhof Hadamar in der NS-Zeit massiv zerstört wurde, lassen sich heute keine Grabsteine jüdischer Patienten aus der Anstalt Hadamar mehr finden.[13]

Die Korrespondenzpartner der Anstalt hinsichtlich jüdischer Patienten waren häufig Institutionen der weit gefächerten und auf hohem Niveau stehenden Jüdischen Wohlfahrtspflege in Frankfurt, die auch mit dem Städtischen Fürsorgeamt in Frankfurt eng zusammenarbeitete, wie beispielsweise die Vereine „Weibliche Fürsorge, Israelitischer Frauenverein zur Förderung Gemeinnütziger Bestrebungen. Soziale Krankenhaus-Fürsorge" oder „Jüdischer Frauenbund e. V. Abteilung: Nachgehende

Fürsorge für Jugendliche". So fragte 1929 die Jugendfürsorge der Jüdischen Wohlfahrtspflege Frankfurt in der Langestraße 30 an, „ob die Krankheit so ausgeheilt ist, dass Henny in das Heim des Jüdischen Frauenbundes, Neu-Isenburg, eingewiesen werden kann."[14] Wegen einer anderen Patientin wandte sich der Jüdische Frauenbund, Abteilung: Nachgehende Fürsorge für Jugendliche, an den Direktor: „Anbei erlaube ich mir Ihnen die Copie des letzten Briefes von Margot Cohn zu übersenden und bitte Sie höflichst, mir umgehend zu berichten, auf welche Weise ich derselben antworten soll."[15]

1928 fragte das Heim des Jüdischen Frauenbundes in Neu-Isenburg in einem vertraulichen Rundschreiben nach der Situation der ehemaligen Patientin Margot Cohn und bat um Nennung einer Vertrauensperson. „Wir beabsichtigen auf diese Weise nicht nur mit unseren früheren Pfleglingen in Verbindung zu bleiben, sondern auch ein Material zu schaffen, das für die gesamte jüdische soziale Arbeit von größter Wichtigkeit ist."[16]

Jüdische Patienten in Hadamar nach 1933

Im folgenden Abschnitt geht es um Aspekte von Diskriminierung, Entrechtung und Verfolgung jüdischer Patienten in Hadamar, aber auch ihrer Angehörigen seit 1933, soweit sie sich in den vorhandenen Patientenakten finden lassen. Hinweise auf mögliches direktes diskriminierendes Verhalten von Pflegern, Schwestern oder Ärzten gegenüber jüdischen Patienten liegen allerdings nicht vor. Allgemein lässt sich sagen, dass die oben genannten Kriterien zur Behandlung der Patienten auch in der Zeit des Nationalsozialismus – da berufsimmanent bedeutend – weiter relevant blieben.

Im Dezember 1934 hatte der nassauische Landeshauptmann Traupel zwar angeordnet, dass die „dort untergebrachten Kranken jüdischer Rasse [!] namhaft zu machen seien", um ihre Verlegung in die Jacoby'sche Anstalt für jüdische Patienten in Bendorf-Sayn vorzubereiten.[17] Entsprechend hatte er auch bereits dem Provinzialverband für jüdische Wohlfahrtspflege in Hessen-Nassau am 9. Dezember 1934 mitgeteilt, dass er dazu „entsprechende Schritte unternommen habe."[18] Diese antisemitisch motivierten Planungen aber waren aufgrund der allgemeinen Rechtslage nicht zu realisieren und wären auch wegen der dort begrenzten Aufnahmekapazität und Spezialisierung auf die Behandlung bestimmter Krankheitsbilder grundlegend unmöglich gewesen.

Für das Jahr 1935 waren 21 jüdische Patienten und ein jüdischer Fürsorgezögling in Hadamar gemeldet.[19] Ende 1937 waren 14 jüdische Patienten dort, 12 von ihnen unterstanden der öffentlichen Fürsorge.[20] Im Mai 1939 gab es 27 jüdische Patienten in Hadamar.[21] Nach den vorliegenden Patientenakten erfolgte die letzte Aufnahme 1939,[22] im selben Jahr sind sechs Entlassungen vermerkt.

Monica Kingreen

Zwangssterilisation auch von jüdischen Patienten ab 1934

Jüdische und nichtjüdische Patienten waren gleichermaßen betroffen von Zwangssterilisationen nach dem im Sommer 1933 verkündeten und mit Jahresbeginn 1934 in Kraft getretenen so genannten „Gesetz zur Verhütung erbkranken Nachwuchses".[23] Die Anstaltsleitung in Hadamar stellte bis Anfang 1938 etwa 400 Anträge auf Zwangssterilisation.[24]

Einige Beispiele:

Als der Altwarenhändler Semmi Benjamin aus der Herderstraße 8 in Frankfurt im Februar 1935 erfuhr, dass seine 17-jährige Tochter Johanna[25] zwangssterilisiert werden sollte, wandte er sich an die Direktion: „In meiner Familie sind bis jetzt derartige Erbkrankheiten, welche unter das Sterilisierungsgesetz fallen, noch nicht vorgekommen. Dies war auch bei meiner Frau ihren Eltern und sonstigen Anverwandten nicht der Fall. Ich möchte meine Tochter nicht länger als bis zum 1. April dort lassen". Die Antwort war knapp und eindeutig: „Ihre Tochter muss zur Sterilisation eingegeben werden. Nach Erledigung dieser Angelegenheit kann erst die Frage der Entlassung ins Auge gefasst werden." Herr Benjamin teilte nun mit, dass „ich mit einer Sterilisation meiner Tochter nicht einverstanden bin. Ich muss hiergegen Beschwerde einlegen." Einen Tag nach dem Einspruch des Vaters stellte der Direktor den „Antrag auf Unfruchtbarmachung!" wegen „Manie bei angeborenem Schwachsinn". Aufgrund des Gutachtens des Hadamarer Oberarztes beschloss das „Erbgesundheitsgericht Frankfurt" im März 1935 „Johanna Benjamin [...] ist unfruchtbar zu machen." Gegen diesen Beschluss nutzte der Vater die Möglichkeit des Gesetzes und legte Beschwerde ein, die aber wenige Wochen später von dem „Erbgesundheits-Obergericht" in Frankfurt zurückgewiesen wurde. Gemeinsam mit drei nichtjüdischen Hadamar-Patientinnen wurde Johanna Benjamin dann am 11. Juli 1935 in das Krankenhaus in Diez gebracht und nach 12 Tagen wieder nach Hadamar entlassen. Dem Vater teilte die Anstalt auf seine Nachfrage mit, dass „gegen eine Entlassung Ihrer Tochter, nachdem sie sterilisiert worden ist, keine Bedenken bestehen. Sie hat sich in letzter Zeit ruhig verhalten, so dass man eine Besserung in ihrem Zustand annehmen muss."

Auch der Eierhändler Isaak Klein aus Frankfurt erhob im Juli 1936 gegen die Zwangssterilisation seiner 25-jährigen Tochter Selma[26] Einspruch: „wurde sie [...] jetzt nach Hadamar gebracht, wie ich höre zum steril machen. Ich erhebe dagegen Einspruch. Ich und meine Frau sind weder erblich belastet noch geistig oder geschlechtskrank, noch unsere Eltern. [...] Ich ersuche Sie, meine Tochter Selma Klein in Hadamar zu entlassen". Wenige Monate später erhielt auch er die Mitteilung: „Ihre Tochter Selma wurde heute zwecks Sterilisierung in die Operationsabteilung der Landesheilanstalt Herborn verlegt."

Ein durchaus freundlich klingendes Schreiben – setzt man die Sterilisation als Faktum - erhielt die Mutter von Martha Loewi in Adelsdorf im September 1935[27]: „Ihre Tochter ist nach Ausführung der Sterilisationsoperation, welche im Krankenhaus in Diez vorgenommen wurde, vor einiger Zeit wieder in die hiesige Anstalt zurückgekehrt. Die Operation ist ohne irgendwelche Erscheinungen verlaufen und Ihre Tochter hat keinerlei Beschwerden mehr. In ihrem geistigen Zustand ist eine Änderung nicht eingetreten, die Kranke drängt sehr auf Entlassung. Besuch ist jederzeit gestattet. Bei dieser Gelegenheit kann mit dem Arzt Rücksprache genommen werden."

Den Antrag Hadamars, die 22-jährige Klara Stern aus Gladenbach[28] „wegen angeborenen Schwachsinns" unfruchtbar zu machen, lehnte das „Erbgesundheitsgericht" hingegen ab.

Für den 15-jährigen Max Stabholz stellte die Anstalt 1936 keinen Antrag, „da er an den Folgeerscheinungen einer Encephalitis leidet und damit nicht unter das Gesetz zur Verhütung erbkranken Nachwuchses fällt."[29]

Ende 1938 stellte die Anstalt kurz nach Einlieferung eines Patienten den Antrag auf Sterilisation, die bereits sieben Wochen später realisiert wurde.[30]

Von der gezielten Verringerung und Verschlechterung der Ernährung der Anstaltspatienten wie auch der verschlechterten Heil- und Pflegebedingungen in Hadamar dürften die jüdischen Patienten ebenso wie die nichtjüdischen betroffen gewesen sein.[31]

Finanzielle Diskriminierung durch den Bezirksverband Nassau

Die Angehörigen jüdischer Patienten, die als so genannte Selbstzahler in Hadamar waren, waren betroffen von der antijüdisch diskriminierenden Erhöhung der Pflegesätze durch den Bezirksverband für jüdische Deutsche und Ausländer ab Oktober 1934.[32]

Weitere Orientierung am Wohl der Patienten

Zum kontinuierlich patientenorientierten Verhalten gegenüber jüdischen Patienten gibt es auch im Nationalsozialismus Hinweise:

Zu Johanna Benjamin: „Am Montag und Dienstag, den 10. und 11. September [1934, M. K.] ist das Israelitische Neujahr und am 20. September Versöhnungsfest und bitte Sie, ihr an diesen Tagen freigeben zu wollen. [...]. Ich bitte Sie höflich, wenn meine Tochter an den Feiertagen nicht alleine fortgehen darf, wenn es angebracht sein sollte, jemand in Begleitung mitgeben." Dieses Anliegen wurde „durch fernmündliche Rücksprache mit der Jüdischen Fürsorge erledigt", wie geht aus den Akten allerdings nicht hervor.[33]

Ein Jahr war Auguste Bachmann in Hadamar, bevor sie im Alter von 79 Jahren starb. Zuvor war sie in der Versorgungsanstalt für Israeliten in Frankfurt im Roederbergweg 77 gewesen. Nach dem Tod schrieb ihr Bruder, ein Arzt aus Berlin, im Februar 1935 an den Direktor in Hadamar: „Sehr geehrter Herr Kollege! Es ist mir Herzensbedürfnis, Ihnen, den meine Schwester, Frau Bachmann, behandelnden Kollegen, dergleichen den Krankenschwestern innigsten Dank auszusprechen. Die ärztliche Betreuung und die schwesterliche Pflege waren dermaßen vorzüglich und warmherzig, dass sich meine Schwester nirgends so wohl und heimisch fühlte wie in ihrer Anstalt. Den Schwestern schreibe ich demnächst noch besonders. Mit kollegialer Verehrung Ihr ergebener Levy."[34]

Einige am Wohlergehen von Fanny Nossbaum[35] aus Schlüchtern orientierte Briefe der Anstaltsleitung an die Geschwister liegen vom Mai 1936 vor, die allerdings auf eine seit Jahren bestehende Fehde unter den Geschwistern trafen: „[...] teilen wir Ihnen mit, dass Ihre Schwester im Wesen recht niedergeschlagen ist und viele körperliche Klagen hat. Sie macht sich sehr viele Gedanken über die Differenzen, die wegen des Vermögens zwischen Ihnen und ihr bestehen. Wir haben bereits den Bruder gebeten, einmal zu einer Rücksprache nach hier zu kommen, und es wäre erwünscht, wenn auch Sie bei einem Besuche mit dem behandelnden Arzt sprechen könnten" Einige Wochen später: „Wir wiederholen immer wieder, dass es für den Zustand Ihrer Schwester von großem Vorteil ist, wenn Sie oder andere Verwandte sich hier einfinden könnten, um die verwickelte Vermögenslage, unter der Ihre Schwester schwer leidet, zu besprechen".

Hinweise auf Verfolgungsgefühle von jüdischen Patienten

Während der antisemitischen Verfolgungswelle im Juli 1935 erklärte Grete Grünstein[36], die in Familienpflege war, „dass man ihr auf der Straße ihren jüdischen Glauben vorgehalten habe."

Im Juni 1937 hält die Akte über Klara Neumann[37] fest: „Hatte Termin in Frankfurt in einem Zuhälterprozess wegen Rassenschande. Vor dem Termin sehr lebhaft, glaubte, sie käme in ein Konzentrationslager."

Zu Schiffra Stern[38] wurde im Mai 1938 notiert: „Sie erklärt, sie bekäme keinen Krankenbericht, kein Briefpapier, sie bekäme nicht mal ein Taschentuch, weil sie Jüdin sei. Überall bei Tag und Nacht würde sie belästigt, schief angesehen und dauernd höre sie 'Jud Jud'." Einige Monate zuvor hieß es „[...] tanzte, sprach hebräisch".

Veränderte Kooperationen mit jüdischen Institutionen und Partnern

Jüdische Wohlfahrtsinstitutionen arbeiteten bis zum November 1938 noch relativ unabhängig und waren weiterhin Korrespondenzpartner der Anstalt Hadamar, wenn sich ihr Aufgabenbereiche durch die nationalsozialistische Verfolgung auch grundlegend geändert hatten.[39] In der Korrespondenz mit dem Provinzialverband für die jüdische Wohlfahrtspflege in Hessen-Nassau mit Sitz in Frankfurt schrieb beispielsweise 1936 „in vorzüglicher kollegialer Hochachtung" Dr. med. Ludwig Reinheimer als Stadtarzt im Ruhestand. Er war wegen seiner jüdischen Herkunft einige Monate zuvor als Stadtarzt im Stadtgesundheitsamt in Frankfurt entlassen worden.[40] Der bekannte Frankfurter Rechtsanwalt Max L. Cahn hatte zum Ende des Jahres 1938 aus der Rechtsanwaltschaft ausscheiden müssen und korrespondierte mit der Anstalt in Hadamar als „Konsulent nur zur rechtlichen Beratung und Vertretung von Juden".[41]

Konfrontation mit Verarmung und Verfolgung der Angehörigen

Die Anstalt war sowohl konfrontiert mit Hinweisen auf die Verarmung der Angehörigen der jüdischen Patienten, die durch die nationalsozialistische Verfolgung kein oder nur ein geringes Einkommen hatten, als auch mit der Entrechtung jüdischer Ärzte durch zwangsweise Aufgabe ihrer Praxis.

Der Vater von Selma Klein schrieb, dass er „schwer im Existenzkampf zu kämpfen habe" und „Ich hatte ein Eiergeschäft, welches im Dezember [1935, M. K.] einging."[42]

Der Vater von Johanna Benjamin bat um Entlassung seiner Tochter, die er gerne an einem Sonntag in Hadamar abholen wollte, „weil man doch am Sonntag billiger fahren kann. Da ich nur ein geringes Einkommen habe, kann man sich doch keine große Ausgaben erlauben."[43] Er musste aber erfahren: „Sonntags finden keine Entlassungen statt."

Dr. Hugo Zade in Köln, Hansaring 6, der mit Hadamar wegen seines Neffen Klaus Werner Cohn korrespondiert hatte, benutzte 1939 einen Briefbogen, auf dem im Briefkopf die Bezeichnung „Arzt" von ihm durchgestrichen war. Er führte zwar in Klammern und sehr klein geschrieben seinen Zwangsvornamen an, unterschrieb aber, um sich als medizinischer Kollege zu zeigen, mit „Dr. med. Hugo (Israel) Zade". Im Antwortbrief verwandte die Leitung den Zwangsvornamen allerdings nicht.[44]

Bemühen um Auswanderung aus Nazi-Deutschland

War die Flucht aus Nazi-Deutschland schon allgemein für jüdische Deutsche wegen mangelnder Aufnahmebereitschaft anderer Länder oder auch fehlender finanzieller Mittel, extrem schwierig zu bewerkstelligen, so war sie für kranke jüdische Personen vor allem bei der Diagnose „Schizophrenie" überhaupt nicht möglich.

In der Krankenakte der 78-jährigen Auguste Bachmann[45] ist bereits im April 1934 festgehalten: Die Patientin „fragt, ob sie nach Palästina kommen könne".

Der oben erwähnte Dr. Zade bemühte sich als Onkel des 26-jährigen Klaus Werner Cohn[46] im Frühjahr 1939 intensiv um ein für die Auswanderung nötiges medizinisches Gutachten. Zu diesem Zweck wollte er seinen Neffen von Prof. Karl Kleist[47] in der Nervenklinik Frankfurt erneut untersuchen lassen. In diesem Zusammenhang schrieb er auch den „Herrn Kollegen", den Direktor in Hadamar, an, der sich zunächst übergangen fühlte und entsprechend beleidigt reagierte. Nach einigen Erklärungen unterstütze er aber das Vorhaben. Dr. Zade erläuterte: „Ich tat dies nur, weil sich bei der Korrespondenz mit Prof. Kleist ergab, dass er den Fall gar nicht für eine Schizophrenie, sondern für eine Zwangsneurose hält. [...]. Auf solch ein abgegebenes Urteil würde dem Jungen die Auswanderung nach Palästina meiner Meinung noch möglich werden, woran sonst nicht zu denken ist. [...] ist es für uns und den Jungen von eminent praktischer Wichtigkeit wegen der Auswanderungsfrage. Uns Juden bleibt ja unter den gegebenen Umständen nichts anderes übrig, als so schnell wie möglich aus dem Lande heraus zu kommen, das unsere Muttersprache spricht, wie schwer uns dieser erzwungene Abschied auch werden mag. Mit der Diagnose Schizophrenie dürfte mein Neffe kaum irgendwo aufgenommen werden, auch nicht in Palästina, das einzige Land, das für ihn in Frage kommt, mit einer letztlichen Diagnose Zwangsneurose immerhin aber [...]. Die Unterbringungsfrage ist sehr schwer zu lösen, das Psychopathenheim in Idstein, aus dem er vor Monaten kam, existiert seit dem 10.11.1938 nicht mehr, jüdische Familien, die einen so labilen Menschen allenfalls aufnehmen würden, sind im Aufbruch, wir selbst hoffen, auch nicht mehr lange hier zu sein. Ich bitte Sie also, wenn irgendmöglich, meinen Neffen noch dort zu behalten [...]. Und nach dieser ausführlichen, aber offenbar notwendig gewordenen Schilderung des Tatbestandes aus der Not von Menschen, die seit Jahren in Qualen leben, bitte ich Sie nochmals." Immer noch leicht beleidigt, gegenüber Prof. Kleist übergangen zu sein, antwortete der Direktor dann doch: „Auch von uns werden bei einer Auswanderung Ihres Neffen keinerlei Schwierigkeiten gemacht werden. Wir sind auch der Anschauung, dass [...] es sich um eine Zwangspsychose handelt und werden bei Anfragen betr. Auswanderung auch in diesem Sinne berichten." Klaus-Werner Cohn gelang die Auswanderung nicht, er wurde in Auschwitz vergast.

In einem Schreiben der Jüdischen Wohlfahrtspflege in Frankfurt an den Direktor in Hadamar hieß es im April 1939:[48] „In den letzten Tagen sprach der Vater der Obengenannten [Selma Klein, M. K.] wiederholt hier vor und bat um Entlassung, da er Selma die Möglichkeit einer Auswanderung verschaffen möchte. Er hatte sich auch an die entsprechende Auswandererstelle gewandt, die ihm anheim stellte, ein ärztliches Zeugnis für Selma anzufordern, um die Auswanderungsmöglichkeit festzustellen. Selma ist zwar für Vorbeugungshaft vorgesehen. Wir bitten aber, ein entsprechendes Attest uns übersenden zu wollen." Wenige Wochen später wurde Selma im Mai 1939 aus Hadamar „zur Verbringung in Vorbeugehaft entlassen". Seit Ende 1937 war es unter Ausschaltung der Gerichte möglich, eine Person, die angeblich durch „asoziales Verhalten die Allgemeinheit gefährdet", zu inhaftieren und in ein Konzentrationslager einzuweisen. Für Selma Klein war auch später keine Auswanderung mehr möglich. Sie kam in das Konzentrationslager Ravensbrück und wurde ermordet.

Ausweisung zweier jüdischer Patienten nach Polen

Bei den beiden jüdischen Patienten Max Stabholz und Selma Markise ging es 1937 um die Möglichkeit der Ausweisung nach Polen, das Land, dessen Staatsbürgerschaft beide besaßen.

Bei dem Jugendlichen Max Stabholz[49], der in Deutschland geboren war, ging es vor allem auf Wunsch des Vaters um eine Verlegung in eine jüdische Anstalt – von Paris und von Warschau war die Rede. Das Gutachten aus Hadamar zu Max Stabholz kam sowohl den Wünschen des Vaters entgegen als auch dem Frankfurter Fürsorgeamt, das bestrebt war, Kosten zu sparen. „In dem Zustande [...] ist eine geringe Besserung insofern festzustellen, als es gelingt, ihn zeitweise bei der Gartenkolonne zu beschäftigen, auch hilft er im Hause zuweilen mit. Es kommt aber immer wieder zu Zusammenstößen mit den anderen Patienten, da er recht vorlaut ist und durch seine Neckereien die anderen Kranken immer wieder reizt. Es bestehen aber durchaus keine Bedenken, den Max Stabholz in eine polnische Anstalt zu verbringen. Es könnte aber auch der Versuch gemacht werden, ihn in eine jüdische Anstalt im Inlande unterzubringen. Es ist nicht ausgeschlossen, dass er vielleicht unter gleichaltrigen Genossen weniger Konflikte herbeiführen würde als hier, wo er durch seine Jugend keine rechte Distanz zu den anderen Mitpatienten findet." Der vorgesetzten Behörde übersandte die Anstalt die ausgefüllten „Anträge auf Einleitung von Verhandlungen wegen der Übernahme von Geisteskranken nach dem Heimatstaate." Der Vater wurde in Kenntnis gesetzt „von der geplanten Heimschaffung seines Sohnes". Er antwortete zwei Tage später, dass er allen beteiligten Institutionen erklärt habe, „meinen Sohn Max persönlich nach Polen zu bringen und für seine Unterbringung zu sorgen". Während der Bezirksverband als vorgesetzte Behörde der Anstalt dem zustimmte, legte der Direktor im Interesse des Wohlergehens des Patienten massiven Widerspruch ein: „Wir [haben, M. K.] gegen die Verbringung des P.[atienten, M. K.] Stabholz nach Polen durch seinen Vater ernste Bedenken [...]. Es ist mit großer Wahrscheinlichkeit zu erwarten, dass der Vater seinen Sohn nicht nach Polen bringt, sondern ihn nur nach Frankfurt zu sich in die Wohnung nimmt, wenn ihn keine zuverlässige Person beaufsichtigt und seine Schritte überwacht. Es ist zu befürchten, dass die Schwierigkeiten, welche dadurch entstehen, größere Kosten verursachen, als die Belassung des St.[abholz, M. K.] in der Anstalt, bis die Frage der Heimschaffung behördlich geregelt ist und auch die Heimschaffung behördlich durchgeführt wird." Ablehnend antwortet der Bezirksverband: „Wenn dort Bedenken bestehen, so stelle ich anheim, einen Pfleger mitzugeben. Die Transportkosten für den Pfleger können von hier nicht übernommen werden." In der Akte wird im Februar 1938 vermerkt: „Stabholz ist heute vom Vater abgeholt worden." Die weitere Entwicklung und das Schicksal von Max Stabholz ist nicht bekannt. Seine Eltern wurden im Frühjahr in das besetzte Polen verschleppt und ermordet. Auch Max Stabholz dürfte ein Opfer des Holocaust geworden sein.

Die ins Auge gefasste Ausweisung von Selma Markise,[50] die 1905 in Warschau geboren und „als Gefahr für die öffentliche Sicherheit" in Hadamar per Gerichtsbeschluss zwangseingewiesen worden war, wurde im Einverständnis mit dem Reichsminister der Justiz und dem Reichsführer – SS und Chef der Deutschen Polizei im Februar 1937 zurückgestellt, da die Israelitische Hilfskasse in Offenbach die Finanzierung der Pflegekosten zusagte, was sie aber wenige Wochen später zurückzog, da „die Einnahmen der israelitischen Hilfskasse [wegen Auswanderung, M. K.] so empfindlich zurückgehen werden." Daraufhin bat der Bezirksverband Nassau den Regierungspräsidenten, „die Reichsverweisung beziehungsweise die Heimschaffung auf dem diplomatischen Wege unverzüglich einzuleiten."

Der Oberstaatsanwalt von Frankfurt fragte bei der Anstalt nach, ob sich der Zustand von Selma Markise so gebessert habe, „dass ihre Unterbringung in eine Heilanstalt aus Gründen der öffentlichen Sicherheit nicht mehr erforderlich erscheint", und kündigte seine Bitte an den Bezirksverband an, „auf jeden Fall die Ausweisung der Markise als lästige Ausländerin in die Wege [zu, M. K.] leiten." Hadamar antwortete: „Die psychotischen Erscheinungen sind stark zurückgetreten. Um zu beurteilen, ob die Remission [vorübergehende Rückbildung der Krankheitserscheinungen, M. K.] anhalten wird, bedarf es allerdings noch einiger Beobachtungszeit in der Anstalt. Wir würden jedoch vorschlagen, schon jetzt die Ausweisung in die Wege zu leiten". Ein dreiviertel Jahr später stand fest, dass Selma nach Zurückweisung des Einspruches ihres Rechtanwaltes „auf Anordnung des Herrn Regierungspräsidenten in Wiesbaden [...] nach Polen (Neu-Bentschen) ausgewiesen" werden sollte. Der Bruder aus Leipzig, der sich verabschieden wollte von seiner Schwester, erhielt eine freundliche Antwort mit der genauen Angabe aller Zugzeiten, die der Direktor vorher beim Reise-Verkehrsbüro in Limburg angefordert hatte. Die Anstalt setzte sich auch mit der Gestapo Frankfurt-Oder in

Verbindung, um Informationen zu den Bedingungen des Grenzübertrittes zu erhalten. Der Regierungspräsident fragte in Hadamar nach, ob ein Sammeltransport oder Einzeltransport mit Pflegepersonal nötig und ob die Aufnahme in eine polnische Anstalt erforderlich sei. Gleichzeitig wies er bei der Notwendigkeit eines Einzeltransportes auf folgendes Problem hin: „Ihre Entfernung aus dem Reichsgebiet [wird, M. K.] nicht ohne weiteres möglich sein, da die polnischen Innenbehörden nur solche Geisteskranke übernehmen, die seit mehr als 3 Jahren in Anstaltsbehandlung sind. Dies trifft bei der M.[arkise, M. K.] nicht zu. Ihre baldige Entfernung aus dem Reichsgebiet ist aber auch aus kriminellen und fürsorgerechtlichen Gründen sehr erwünscht." Der Direktor von Hadamar antwortete darauf unter Betrachtung des Wohles der Patientin. „Wie bereits mitgeteilt, kann die Selma Markise als Kranke nicht im Sammelwagen nach Polen abgeschoben werden, da durch die mit der Beförderung verbundenen, seelischen Erregungen möglicherweise ein neuer schizophrener Schub ausgelöst wird." Der abschließende Eintrag in der Akte am 16. Dezember 1937 lautete: „Wird heute von einer Schwester nach Neu-Bentschen (Polen) gebracht. Die Mutter ist mitgefahren. Eine Übernahme der Kranken durch die polnische Staatspolizei ist nicht erfolgt. Die Mutter hat dann die Kranke mit nach Polen genommen." Auch Selma Markise dürfte in Polen ein Opfer des Holocaust geworden sein.

Aus den Schriftwechseln in den beiden Patientenakten gehen keine irgendwie als antijüdisch zu wertenden Aspekte hervor.

„Christliche Fragen" im Intelligenzprüfungsbogen

Interessant im Hinblick auf jüdische Patienten sind die ab 1936 in den so genannten Intelligenzprüfungsbögen benutzten Fragen zur christlichen Religion.[51] Hier finden sich Antworten wie „Was bedeutet die Taufe? Die kirschliche [!] Konfession (Beschneidung)" oder „Was bedeutet Ostern? Auferstehung des Tempels". Bemerkenswert ist immerhin eine 1939 auf die jüdische Religion zielende Frage, die außerhalb des Fragenkatalogs gestellt wurde: „Was bedeutet Sabat?". Als Antwort wurde gegeben, „Das der geheiligt wird". Auf die politisch orientierte Frage, „Was will die Arbeitsfront?" wurde schlicht erwidert: „Weiß ich nicht, bin Jüdin."[52]

Wortwahl bei Markierung von jüdischen Patienten

Auf den Aktendeckeln der Patientenakten findet sich bei Aufnahmen in den Jahren 1933 oder 1934 häufiger der Hinweis „isr" für israelitisch.[53] Bereits 1934 wurde auf einem Kleiderverzeichnis unter der Rubrik des Wohnortes „aus Frankfurt Jüdin" vermerkt.⁵⁴ In einem Aufnahmeformular aus dem Jahr 1936 ist unter Religion die Bezeichnung „Jude" zu finden⁵⁵, ebenso steht in einem Entlassungsformular einer Patientin aus demselben Jahr „ledig, Jude, Modistin".⁵⁶ Ende 1937 wird in der Patientenakte unter der Rubrik Religion „Jüdin" angegeben, bei der Entlassung einige Wochen später hingegen wurde die Patientin als „jüdisch" bezeichnet.⁵⁷ Bei einer anderen Patientin wird notiert „Jude, verh.[eiratet, M. K.] o.[hne, M. K.] Beruf".⁵⁸ Ab und zu ist auch „nicht-arisch" zu lesen. Insgesamt ergibt sich ein uneinheitliches Bild, es ist aber doch interessant, dass in den Akten der Anstalt Hadamar die Religionsbezeichnungen „mosaisch" oder „israelitisch" immer mehr der ausgrenzenden und diskriminierenden NS-Diktion „Jude" oder „Jüdin" weichen.

Als völlige Ausnahme erweist sich der Eintrag auf dem Krankenbogen von Klara Stern aus Gladenbach: „typisch jüdisches Gebahren". Die Patientin „erklärt, dass bei ihr keine Erbkrankheit vorliege und sie die getroffenen Maßnahmen in keiner Weise verstände, außerdem sei ihr von Rassegenossinnen [!] gesagt worden, dass bei ihnen das Gesetz nicht zur Anwendung käme".⁵⁹

Zwangsvornamen und Kennkartenzwang 1938/39

Alle jüdischen Deutschen hatten „unter Hinweis auf ihre Eigenschaft als Jude" bis Ende des Jahres 1938 eine mit einem großen „J" bedruckte Kennkarte zu beantragen. Etwa zeitgleich waren bei den Standesämtern Anträge zum Eintrag der Zwangsvornamen „Sara" oder „Israel" in den Geburtsurkunden zu stellen. So finden wir in den Akten einiger jüdischer Patienten am 01. Dezember 1938 ausgefüllte Formulare mit der Überschrift „Antrag auf Ausstellung einer Kennkarte" und auch die dazu benötigten Fotos, die handschriftlich in der Ecke oben rechts noch den Vermerk „Jude" tragen – im übrigen in der selben Schrift wie bereits auf der Kleiderkarte 1934. Auffällig ist, dass der weibliche Zwangsvorname mit „Sarah" anstelle von „Sara" falsch geschrieben und auch dem Vornamen vorangestellt wurde, obwohl er nachzustellen war. Entsprechend mussten die Patientinnen Selma Klein und Gertrud Maier am 01. Dezember 1938 ihre Unterschriften auf dem Antrag leisten.⁶⁰ Noch mehrere Monate benutzte die Anstaltsleitung diese falsche Variante, schrieb sie auch auf Aktendeckel.⁶¹ Der Bezirksverband Nassau hatte die Anstalt in Hadamar angewiesen, die Kosten für den Eintrag der Zwangsvornamen zu melden und diese auf die jüdischen Selbstzahler umzulegen, was aber wohl nicht realisiert wurde.⁶²

„Sippentafeln" und spezielle Patientenbögen 1938

Ab 1938 füllte die Anstalt in Hadamar für viele Patienten – auch Jahre nach ihrer Entlassung oder nach ihrem Tod – besondere Bögen und Sippentafeln zur „erbbiologischen Bestandsaufnahme" aus, die für die „Abteilung für Erb- und Rassenpflege" des Bezirksverbandes Nassau in Wiesbaden gedacht waren.[63] Für die jüdischen Patienten waren besonders die Rubriken „Religion bei Geburt" relevant, die die jüdische Herkunft bei zum Christentum konvertierten Personen benennen sollte, und die Rubrik „vorwiegender Rassenanteil". Bei letzterer ist des Öfteren „jüdisch" eingetragen, in einem Falle mit der Auflistung von elf Familienangehörigen. In vielen Akten der jüdischen Patienten ist dies allerdings gar nicht ausgefüllt.[64] Es finden sich aber auch Eintragungen wie „nordisch-westisch"[65] oder „jüdisch mit westischem Einschlag".[66] Im Beiblatt zur Sippentafel war häufig „nicht-arisch" unterstrichen worden. Zu einer bereits sechs Jahre zuvor entlassenen Patientin, die besonderen Wert auf koschere Speisen gelegt hatte, notierte der Direktor nun „aufdringlich jüdisch-lästig".[67]

Einweisung während des Novemberpogroms 1938

Mit der Einweisung des 38-jährigen Lorenz Stamm aus Mogendorf am 11. November 1938 war die Anstalt auch mit den massiven Ausschreitung gegen jüdische Bürger während des Novemberpogroms konfrontiert. In seiner Akte notierte man an diesem Tag:[68]
„Kommt in Begleitung 2 Wachtmeister [!] aus dem Judensammellager Kirchähr. Gestern Abend [10. November, M. K.] bei den Vergeltungsmaßregeln [!] sei er nach Montabaur aufs Rathaus gekommen und von dort nach Kirchähr. In Kirchähr habe man ihm gesagt, er werde aufgehängt und da habe er einen Selbstmordversuch gemacht, er habe sich mit der Krawatte aufhängen wollen. Daraufhin sei er in die Landesheilanstalt gekommen. Er habe eine entsetzliche Angst vor dem Tode gehabt, er sei aus Angst plötzlich umgefallen und habe geschrien. Er wisse, dass er zu Hause ein Schächtmesser und ein Seitengewehr versteckt habe und sei sich auch über die Folgen klar, wenn die Gegenstände gefunden würden."

Am Tag zuvor hatten jüngere SA-Leute und Jugendliche die jüdischen Familien in ihren Häusern in Mogendorf, einem 800-Seelen-Dorf im unteren Westerwald überfallen. „Im Hause des Metzgers Abraham Stamm, genannt Afroms, versuchen die unbekannten Täter, den Sohn Moritz umzubringen, was aber durch das Eingreifen eines Mogendorfer Bürgers verhindert werden konnte."[69] Die Juden von Mogendorf wurden verhaftet und später von der Gendarmerie nach Kirchähr gebracht. Das dortige katholische Karlsheim wurde polizeilich beschlagnahmt und fungierte für einige Tage unter SA-Bewachung als Sammellager für verhaftete jüdische Männer, Frauen und Kinder des Unterwesterwalkreises. Von dort wurden die Männer in die Festhalle nach Frankfurt und dann in das Konzentrationslager Buchenwald verschleppt.[70]

Der damalige Sekretär des Jugendpfarrers erinnerte sich an Lorenz Stamm in Kirchähr: „Die Nazis hatten das Jugendheim Kirchähr mit Juden aus Montabaur und Umgebung vollgepropft. Da ich gelernter Koch war, wurde ich dorthin beordert, um die Juden zu verpflegen. Vom 2jährigen Jungen bis zum 86jährigen Greis hatten die Nazis rücksichtslos alle Juden zusammengetrieben. Manche trugen noch Pantoffeln und Schlafröcke, man hatte ihnen keine Zeit gelassen, sich anzuziehen. Auf Hebräisch hielten sie ihre Gottesdienste ab und bedeckten ihr Haupt mit einem Stück Zeitungspapier oder einem Taschentuch [...]. Unter den Gefangenen befand sich auch ein etwa 35jähriger Jude aus Montabaur [gemeint ist Lorenz Stamm aus Mogendorf, M. K.]. Er hatte an der Autobahnbrücke, die über das Lahntal gebaut wurde, gearbeitet und war von der Baustelle weggeholt worden. Plötzlich kamen mehrere Juden zu mir und sagten, dass dieser Mann sich schon einige Zeit im Abort eingeschlossen habe. Ich schlug die Fensterscheiben ein und kletterte in die Toilette. Dort hatte sich der Mann mit einer Schnur an der Türfalle aufzuhängen versucht. Ich schnitt ihn ab, er lebte noch.

Die Schutzpolizei, die das Haus bewachte, erlaubte es den Juden, sich in einem bestimmten Radius um das Haus zu bewegen. Da wurde mir mitgeteilt, dass sich außerhalb des erlaubten Bereichs etwas bewegte. Ich rannte zu der Hecke hin und sah mit Entsetzen, dass der gleiche Mann sich an einer Krawatte zum zweiten Mal aufgehängt hatte. Als er wieder zu sich kam, versuchte er, sich mit der Hand den Kehlkopf zuzudrücken. Zusammen mit der Heimleiterin versuchte ich verzweifelt, den Griff zu lösen. Inzwischen traf ein Wagen ein, um den Mann wegzubringen. Er wurde mit einer Zwangsjacke gefesselt und auf den Rücksitz eines Kübelwagens gesetzt. Beim Wegfahren sah ich noch, wie er versuchte, mit dem Oberkörper auf den Chauffeur einzustoßen, damit der Wagen von der Straße abkam. Das letzte, was ich von ihm hörte, waren seine Schreie in Westerwälder Platt: 'eich han do nit gedau – ich habe doch nichts getan!'"[71]

In Hadamar bewertete man den Zustand von Lorenz Stamm als „infolge äußerer Ereignisse entstanden". Die Fragen des „Intelligenzprüfungsbogens", die er einige Wochen später zu beantworten hatte, standen im zynischen Kontrast zu seinen Erlebnissen in den Tagen der „Kristallnacht". Das Sprichwort „Unrecht Gut gedeiht nicht" erklärte er mit dem Satz „Wenn man einem Unrecht tut, das gedeiht nicht". Hinsichtlich „Sittlicher Allgemeinvorstellungen" wurde die Frage an ihn gerichtet, „Weshalb darf man auch sein eigenes Haus nicht anzünden?" Er antwortete, „weil es straffällig ist". Auf die Frage „Wie denken Sie sich Ihre Zukunft?" entgegnete er: „Ich will auswandern."[72] Doch dazu sollte es nicht mehr kommen. Er kam am 02. August 1942 im Konzentrationslager Majdanek bei Lublin zu Tode.

Anfrage 1939: Ist „Unterbringung im Konzentrationslager" möglich?

Mit dem Vermerk „Geheim!" fragte im April 1939 die Kripo Frankfurt in Hadamar an, ob die „Jüdin Gertrud Maier" auf Antrag des Fürsorgeamtes Frankfurt „in polizeiliche Vorbeugungshaft zwecks Überführung in ein staatliches Konzentrationslager" gebracht werden könne.[73] Man wollte aus Hadamar wissen, ob „ihr Gesundheitszustand eine längere Unterbringung in einem Konzentrationslager zulässt. Ich darf darauf hinweisen, dass eine Unterbringung geisteskranker, an Schwachsinn oder Epilepsie leidender Personen pp in einem Konzentrationslager nicht in Frage kommt. Ich bitte in dieser Hinsicht um ärztliche Stellungnahme im engeren Sinne über den Gesundheitszustand [...] In einem K.-Lager können nur voll lagerhaft- und arbeitsfähige Personen untergebracht werden." Der Direktor bescheinigte, dass die 33-jährige „Sarah Ruth Maier" „wegen haltloser Psychopathie" in Hadamar war. „Ihr Gesundheitszustand lässt eine längere Unterbringung in einem Konzentrationslager zu. Die Patientin Maier ist voll lagerhaft- und arbeitsfähig." So wurde sie wenige Wochen später aus Hadamar „entlassen nach Vorbeugehaft".

Verschleppung zweier jüdischer Patienten im September 1940

Im Kontext der „T4-Sonderaktion" zur systematischen Ermordung jüdischer Patienten aus staatlichen, privaten oder christlich konfessionellen Anstalten – nicht aus jüdischen Institutionen – wurden Ende September 1940 aus Hadamar der 44-jährige Sigmund Auheim aus Eisenbach und der 60-jährige Leopold Fürth aus Romsthal in die Sammelanstalt Gießen verschleppt, wo 123 jüdische Patienten aus insgesamt elf Anstalten zusammengebracht wurden, um am 01. Oktober 1940 in die Mordanstalt Brandenburg verschleppt und dort vergast zu werden. Dazu gehörte auch die 1936 aus Hadamar nach Marburg verlegte Fanni Nossbaum aus Schlüchtern.[74]

Ermordung ehemaliger Hadamar-Patienten und von Angehörigen

Die weiteren Schicksale jüdischer Patienten, die vor dem Krieg aus Hadamar entlassen wurden, lassen sich bisher nur vereinzelt nachvollziehen. Nicht bekannt ist bisher, wem die Flucht in das rettende Ausland möglicherweise geglückt ist. Der Aktion „14f13", in der jüdische, kranke und unliebsame Häftlinge aus Konzentrationslagern in „Euthanasie"-Tötungsanstalten ermordet wurden, fiel Selma Klein im Frühjahr 1942 zum Opfer. Sie wurde aus dem Konzentrationslager Ravensbrück in die „Euthanasie"-Tötungsanstalt Bernburg verschleppt und dort ermordet. Ihr Tod ist für den

26. April 1942 in Ravensbrück registriert. Mit den allgemeinen Massendeportationen von Juden ab Oktober 1941 wurden – soweit bekannt – mindestens elf ehemalige Patienten aus Hadamar verschleppt: so Klaus Werner Cohn 1943 aus Berlin nach Auschwitz,[75] Lorenz Stamm aus Frankfurt in das Konzentrationslager Majdanek bei Lublin,[76] Grete Grünstein und Dora Löwenthal im November 1941 aus Frankfurt in das Ghetto Minsk,[77] Betty Berger aus Frankfurt und Paula Schlesinger aus Wiesbaden wurden im Vernichtungslager Sobibor vergast.[78] Margot Cohn wurde 1942 im Alter von 35 Jahren aus der Israelitischen Kuranstalt in Bendorf-Sayn in die Region Lublin verschleppt und dort ermordet.[79]

Auch die Namen von Angehörigen, deren Korrespondenzen mit der Anstalt in den Patientenakten zu lesen sind, finden sich auf den Namenslisten der 1941/42 aus Frankfurt am Main Deportierten:[80] So wurde Semmi Klein, der so entschlossen gegen die Sterilisation seiner Tochter vorgegangen war, 1942 mit seiner Frau aus Frankfurt in das Ghetto Theresienstadt verschleppt; des Weiteren auch der Bruder von Frieda Calm von Frankfurt in das Ghetto Minsk in Weißrussland sowie die Eltern von Max Stabholz, der nach Polen ausgewiesen werden sollte, ebenso der Vater von Lorenz Stamm aus Mogendorf. Ob der Vater von Selma Klein bereits wusste, dass der Mord an seiner Tochter im Konzentrationslager Ravensbrück im April 1942 registriert worden war, als er wenige Monate später in das Ghetto Theresienstadt verschleppt wurde, ist nicht bekannt.

Hadamar als Mordstätte für jüdische Patienten aus Hessen, dem Rheinland und Südwestdeutschland im Februar 1941

Hadamar fungierte ab Januar 1941 als „Euthanasie"-Mordanstalt. In den Tagen vom 04. bis 15. Februar 1941 wurde sie in der letzten von drei Phasen der systematischen Ermordung jüdischer Patienten[81] Mordstätte für 328 jüdische Patienten aus 41 staatlichen, christlich konfessionellen und auch privaten Anstalten in den westlichen Reichsgebieten. Geplant wurde diese dritte Mordphase vermutlich bereits im Oktober 1940. Der private Taschenkalender des Leiters des Mordzentrums Brandenburg und danach Bernburgs, Dr. Irmfried Eberl, weist im Oktober 1940 den Eintrag „Judentransporte ab 7.II" auf.[82] Organisiert wurde dieser Mord so, dass die jüdischen Patienten in regionale Sammelanstalten, und zwar in die Anstalten Heppenheim[83], Weilmünster[84], Andernach[85] und Düsseldorf-Grafenberg[86] verlegt und für einige Tage dort konzentriert wurden. Anschließend brachte man sie mit den Bussen der Gekrat, der Transportgesellschaft des Mordprogramms, in das Mordzentrum Hadamar.[87] Weilmünster nimmt eine Sonderstellung ein, da hierher lediglich vier Patienten gebracht wurden, während die meisten Patienten aus der Anstalt selbst waren. Ein Augenzeuge berichtete zu der Verschleppung aus der Sammelanstalt Düsseldorf-Grafenberg: „Eine ganze Menge sind weggekommen, Männer, Frauen und Kinder. Jüdische Professoren, die geisteskrank waren, sind dabei gewesen. Die waren am Weinen. Die Kinder hauptsächlich. Ich habe das durch die Fenster der Busse, die nicht verhängt waren, sehen können."[88] Auf diesem Wege gelangten einige ehemalige Hadamarer Patienten zurück in ihre frühere Anstalt: Berta Schmitt aus der Anstalt in Goddelau, die 1919 Patientin in Hadamar gewesen war, oder auch der 17-jährige Max Kahn und die 53-jährige Lina Henlein aus der Anstalt Weilmünster.

Einrichtungen, aus denen jüdische Patienten im Februar 1941 in regionale Sammelanstalten verlegt wurden, bevor diese in Hadamar ermordet wurden

Sammelanstalt Heppenheim vom 01. bis 04. Februar 1941 für 67 jüdische Patienten
Alzey: Heil- und Pflegeanstalt (staatlich) – 2 Patienten
Darmstadt-Eberstadt: Landes-Alters- und Pflegeheim (staatlich) – 3 Patienten
Frankenthal/Pfalz: Kreispflegeanstalt (staatlich) – 1 Patient
Wiesloch: Heil- und Pflegeanstalt (staatlich) – 1 Patient
Nieder-Ramstadt: Nieder-Ramstädter Heime – Innere Mission (evangelisch) – 2 Patienten
Konstanz: Heil- und Pflegeanstalt (staatlich) – 4 Patienten
Fußbach-Baden: Kreispflegeanstalt (staatlich) – 1 Patient
Emmendingen: Heil- und Pflegeanstalt (staatlich) – 5 Patienten
Goddelau: Heil- und Pflegeanstalt Philippshospital (staatlich) – 29 Patienten
Heppenheim: Heil- und Pflegeanstalt (staatlich) – 19 Patienten
Ermordung in Hadamar am 04. Februar 1941

Eichberg: Landes-Heil- und Pflegeanstalt – 19 jüdische Patienten
(geplant für Sammelanstalt Heppenheim, dann aber direkter Transport nach Hadamar)
Ermordung in Hadamar am 05. Februar 1941

Anstalt Weilmünster vom 04. bis 07. Februar 1941 für 92 jüdische Patienten
Weilmünster: Landes-Heilanstalt (staatlich) – 88 Patienten
Katzenelnbogen: Dr. Wolff's Heilanstalt (privat) – 4 Patienten
Ermordung in Hadamar am 07. Februar 1941

Sammelanstalt Andernach vom 08. bis 11. Februar 1941 für 58 jüdische Patienten
Andernach: Heil- und Pflegeanstalt (staatlich) 12 Patienten
Hausen: Heil- und Pflegeanstalt (evangelisch) – 4 Patienten
Lindlar/Köln: Herz-Jesu-Krankenhaus (katholisch)- 3 Patienten
Bonn: Heil- und Pflegeanstalt (staatlich) – 16 Patienten
Waldbreitbach: Marienhaus (katholisch) – 3 Patienten
Saffig: Heil- und Pflegeanstalt (katholisch) – 1 Patient
Bonn: Dr. Hertz'sche Klinik (privat) – 6 Patienten
Ebernach: Heil- und Pflegeanstalt (katholisch) – 5 Patienten
Morsbach-Sieg: Krankenhaus (katholisch) – 1 Patient
Bad Kreuznach: Diakonie-Anstalten (evangelisch) – 3 Patienten

> Bonn-Endenich: St. Paulus-Heilanstalt (katholisch) – 2 Patienten
> Zülpich: Anstalt Kloster Hoven (katholisch) – 2 Patienten
> **Ermordung in Hadamar am 11. Februar 1941**
>
> **Sammelanstalt Düsseldorf-Grafenberg vom 12. bis 14. bzw. 15. Februar 1941 für 92 jüdische Patienten**
> Bedburg-Hau: Heil- und Pflegeanstalt (staatlich) – 7 Patienten
> Düsseldorf-Grafenberg: Heil- und Pflegeanstalt (staatlich) – 6 Patienten
> Düsseldorf-Unterrath: St. Josefs Anstalt (katholisch) – 3 Patienten
> Düren: Heil- und Pflegeanstalt (staatlich) – 15 Patienten
> Essen: Franz Sales Haus (katholisch) – 5 Patienten
> Galkhausen: Heil- und Pflegeanstalt (staatlich) – 15 Patienten
> Hardt (bei Mönchen-Gladbach): St. Josefs Haus (katholisch) – 1 Patient
> Kaiserswerth: Heil- und Pflegeanstalt Johannistal (staatlich) – 15 Patienten
> Krefeld: Alexianer-Anstalt (katholisch) – 2 Patienten
> Krefeld-Königshof: Anstalt Dreifaltigkeitskloster (katholisch) – 3 Patienten
> Mönchen-Gladbach: Hephata-Anstalt (evangelisch) – 3 Patienten
> Mönchen-Gladbach: Alexianer-Anstalt (katholisch) – 2 Patienten
> Neuß: Alexianer-Anstalt (katholisch) – 4 Patienten
> Neuß: St. Josefskloster (katholisch) – 4 Patienten
> Oberhausen: Vincenzhaus der Dominikanerinnen (katholisch) – 1 Patient
> Remscheid- Lüttringshausen: Tannenhof (evangelisch) – 2 Patienten
> **Ermordung von 43 jüdischen Patienten (40 Frauen und 3 Jungen) am 14. Februar 1941 und von 49 jüdischen männlichen Patienten am 15. Februar 1941 in Hadamar**

Der direkte Transport der 19 jüdischen Patienten vom Eichberg nach Hadamar, die anscheinend zunächst in die Sammelanstalt Heppenheim verlegt werden sollten, erklärt sich wohl aus einer Panne der Organisatoren der Mordanstalt. Wochen später bat die Heilanstalt Eichberg die Direktion von Heppenheim um Mitteilung, „ob sich die am 5.2.41 nach dort überführten Juden noch in Ihrer Anstalt befinden oder an welchem Tage dieselben weitergeleitet wurden." Aus Heppenheim kam die Antwort: „Von Ihrer Anstalt wurden keine jüdischen Kranke hierher verlegt." Man verwies auf den „Sammeltransport" von dort am 04. Februar und empfahl, „sich mit der gemeinnützigen Krankentransport G.m.b.H., Berlin [...] in Verbindung zu setzen."[89]

Den weiteren Weg für die jüdischen Patienten in Hadamar muss man sich etwa so vorstellen: Der Bus fuhr auf dem Hof in eine speziell erbaute, von außen nicht einsehbare Holz-Garage, die Kranken stiegen aus und betraten über einen hölzernen Gang – ähnlich einer Schleuse – das Erdgeschoss im östlichen Flügel des Haupthauses. Die Menschen wurden dort nackt ausgezogen, alte Militärmäntel wurden ihnen umgehängt, gegebenenfalls erhielten sie noch eine Beruhigungsspritze. Man sagte ihnen, dass sie in ein Bad gehen sollten. Dann wurden sie die Treppe hinunter in den Keller durch einen Vorraum in einen gekachelten als Duschraum getarnten Raum geführt,

Rosa Weinstein geb. Wolf aus Schlüchtern (sitzend 2. von links) 1912 kurz nach ihrer Heirat mit Leopold Weinstein aus Eschwege (sitzend links) im Kreise ihrer Familien. Rosa Weinstein wurde am 14. Februar 1941 im Alter von 47 Jahren in Hadamar vergast (Privatbesitz Dorothee de Queverain)

in dem maximal 60 Personen Platz hatten. Die gasdichten Türen wurden geschlossen und im Nebenraum der Gashahn aufgedreht. Kohlenmonoxyd strömte durch ein Rohr in die Gaskammer. Nach Minuten des Todeskampfes erstickten die Menschen, durch ein kleines Wandfenster beobachtet von dem verantwortlichen Arzt. Die Leichen wurden im Krematorium verbrannt.[90]

Den Angehörigen war – wie vom Philippshospital in Goddelau – auf ihre Anfragen nach dem Verbleib des Patienten mit einem Standardtext geantwortet worden „[…] ist am 1. des. Mts. in die Landes-Heil- und Pflegeanstalt Heppenheim und von dort am 4. d. Mts. in eine Juden vorbehaltene Anstalt verlegt worden." Für weitere Fragen sollten sie sich an die Transportgesellschaft Gekrat in Berlin wenden.

Todesmeldungen der Ermordeten

Wochen später erhielten die Standesämter der Geburtsorte der Ermordeten von der „T4"-Zentrale in Berlin Sterbeurkunden mit dem falschen Todesort Cholm oder Chelm/Post Lublin und falsch angegebenen Todestagen. Die bisher bekannten gewordenen offiziellen Sterbetage sind alle um mehrere Wochen nach dem tatsächlichen Todestag zwischen März und Anfang Juni 1941 datiert. Diese Rückdatierungen in den Sterbenachweisen erbrachten für die Mord-Organisation auf Kosten der Reichsvereinigung erhebliche Geldgewinne, da für alle Personen von den Kostenträgern der Anstaltsunterbringung die Pflegegelder bis zu dem angeblichen Sterbetag angefordert worden waren. Per Kurier wurden diese Sterbeurkunden nach Polen gebracht und dann auf dem Postweg von dort versandt.[91]

Fünf jüdische Patienten aus dem Landes-Alters- und Pflegeheim Heidesheim in Rheinhessen, die – aus bisher nicht bekannten Gründen – bei den organisatorischen Vorbereitungen nicht „erfasst" worden waren, wurden im Mai und Juni 1941 über die „Zwischenanstalt" Eichberg im Zuge der Transporte der allgemeinen „T 4"-Aktion nach Hadamar gebracht und dort ermordet.[92] Bereits vor Beginn der „Mordaktion" an jüdischen Patienten war ein jüdischer Patient vom Eichberg am 22. Januar 1941 in Hadamar vergast worden. Außerdem enthält die Datenbank „Opferliste" der Gedenkstätte Hadamar noch die Namen von fünf weiteren jüdischen Patienten, die im März und Juni 1941 aus Weilmünster, Weinsberg und Eichberg nach Hadamar kamen.

Das „Erziehungsheim" Hadamar im Jahr 1943 als Mordstätte für Kinder, die als „jüdische Mischlinge" galten

1943 wurden minderjährige so genannte jüdische Mischlinge ersten Grades, die sich in Fürsorgeerziehung befanden und also nicht in familiärer „arischer" Anbindung lebten, nach Hadamar eingewiesen. 38 von ihnen wurden ermordet. Fast alle Kinder waren christlich getauft. Auf Anweisung des Reichsinnenministeriums waren solche Kinder und Jugendlichen „mit Beschleunigung in die Mischlingsabteilung der Landesheilanstalt Hadamar zu überweisen".[93] Sie wurden durch das Spritzen einer Überdosis von Beruhigungsmitteln ermordet. Dazu gehörten auch die beiden evangelischen Brüder Horst und Willi Strauß aus Bad Ems. Sie starben im Alter von 13 und sieben Jahren am 03. und 04. September 1943 in Hadamar.[94] Auch die katholischen Geschwister Amanda, Edeltrut, Alfred und Klara Gotthelf aus Groß-Krotzenburg wurden in Hadamar ermordet.[95] Ihr Vater war jüdisch, ihre Mutter katholisch. Im Sommer 1943 kam diese in das Frauenzuchthaus in Ziegenhain, ihre jüngste Tochter wurde adoptiert, während die älteren vier Kinder mit der Begründung „unsittlicher Lebenswandel der Mutter und Verwahrlosung der Kinder" zur Fürsorgeerziehung in das Landeserziehungsheim in Homberg/Efze gerichtlich eingewiesen wurden. Alle vier Geschwister wurden in Hadamar im Abstand von nur wenigen Tagen im Oktober / November 1943 getötet. Die Mutter schrieb an die Mord-Anstalt: „Am 20.11.1943

Die Geschwister Günther, Willi und Horst Strauß aus Bad Ems im Jahr 1934 (von links) (Privatbesitz Günther Strauß)

erhielt ich die Nachricht von meinen vier verstorbenen Kindern". Sie bat um deren „Kleidungsstücke, Fotografien, Briefe ... Besonders lege ich Wert auf das Teddymäntelchen, das mein sechsjähriges Klärchen trug."[96]

Erinnerung und Gedenken

Bei dem Mord an jüdischen Patienten staatlicher oder christlich-konfessioneller Einrichtungen ist kennzeichnend, dass er unabhängig von irgendwelchen Diagnosen oder der Arbeitsfähigkeit ausnahmslos aufgrund der jüdischen Herkunft verübt wurde. Dieser systematische Mord an jüdischen Behinderten, der im besetzten Polen im Herbst 1939[97] und im Deutschen Reich im Herbst 1940 begann, stellt somit den eigentlichen Beginn des Holocaust dar. Dieses Faktum ist lange Zeit vergessen und verdrängt worden.

Deshalb bleibt es eine wichtige Aufgabe, die persönlichen Schicksale dieser Menschen zu erforschen und auch in lokalen und regionalen Studien zu berücksichtigen. Das 2006 vorgelegte Gedenkbuch der Gedenkstätte Hadamar, ein sehr verdienstvolles Werk, benennt alle jüdischen Opfer, die zwischen 1941 und 1945 in der Tötungsanstalt Hadamar ermordet wurden, mit Geburts- und Sterbedatum. Im neuen Gedenkbuch des Bundesarchivs für die Holocaustopfer sind nun zunehmend auch die Namen der jüdischen „Euthanasie"-Opfer zu finden. Es ist zu hoffen, dass es mehr biographische Recherchen geben wird, die die jüdischen Patienten nicht nur als Insassen von Anstalten, sondern im Zusammenhang ihres privaten und familiären sowie ihres lokalen Umfeldes sehen können. Ihre persönliche Lebens- und Leidensgeschichte gehört zum einen zur Geschichte der jeweiligen Anstalt, in der sie irgendwann waren oder aus der sie verschleppt wurden, zum anderen aber auch zur Identität ihrer jeweiligen Orte, in denen diese Menschen gelebt und mit ihren Familien ihre Heimat hatten.

Vereinzelt gibt es in den Anstalten, aus denen die jüdischen Patienten nach Hadamar verschleppt wurden, Zeichen des öffentlichen Gedenkens. So weist die 1995 enthüllte Gedenktafel im Zentrum für Soziale Psychiatrie Bergstraße (ehemals Landesheil- und Pflegeanstalt Heppenheim) explizit auf die Funktion der Sammelanstalt für jüdische Patienten und deren Verschleppung „in den Tod" im Februar 1941 hin. Auch die Gedenktafel im Klinikum Weilmünster (ehemals Landesheilanstalt Weilmünster) verschweigt diese Opfergruppe nicht: „Die jüdischen Patientinnen und Patienten wurden 1941 deportiert und an unbekanntem Ort ermordet." Während die Homepage der Rheinischen Kliniken die Verschleppung von 15 jüdischen Patienten in die Sammelanstalt Grafenberg und dann „in eine unbekannte Tötungsanstalt" nennt, erwähnt die Homepage der Theodor Fliedner-Stiftung lediglich: „1941 – 8. Februar – Anstalt Hausen: Überstellung von drei jüdischen Patientinnen und einem jüdischen Patienten an die staatliche Sammelanstalt Andernach", ohne jedoch deren weiteres Mord-Schicksal zu erwähnen. Es bleibt so zu hoffen, dass sich auch andere Einrichtungen mit den individuellen Lebens- und Mord-Schicksalen ihrer jüdischen Patienten, die in Hadamar ermordet wurden, beschäftigen, sich erinnern und ihrer gedenken werden.

[1] Verwiesen sei hier auf zwei Aufsätze zur Situation jüdischer Patienten in den hessischen Anstalten Gießen und Goddelau, wo auch zahlreiche Hinweise zu weiterführender Literatur, aber auch zu Aspekten dieses Textes zu finden sind. Monica Kingreen, Jüdische Patienten in der Gießener Anstalt und deren Funktion als „Sammelanstalt" im September 1940, in: Uta George/Herwig Groß u. a. (Hg.), Psychiatrie in Gießen. Facetten ihrer Geschichte zwischen Fürsorge und Ausgrenzung, Forschung und Heilung, (= Historische Schriftenreihe des Landeswohlfahrtsverbandes Hessen, Quellen und Studien, Bd. 9), Gießen 2003, S. 251–289. Monica Kingreen, Jüdische Patienten im Philippshospital und die Ermordung von 29 jüdischen Pfleglingen im Februar 1941, in: Irmtraut Sahmland/Sabine Trosse u. a. (Hg.), „Haltestation Philippshospital". Ein psychiatrisches Zentrum – Kontinuität und Wandel. 1535–1904–2004 (Historische Schriftenreihe des Landeswohlfahrtsverbandes Hessen, Quellen und Studien, Bd. 10), Marburg 2004, S. 202–224.

[2] Isidor J. Kaminer, Psychiatrie im Nationalsozialismus. Das Philippshospital in Riedstadt (Hessen), Frankfurt am Main 1996, S. 13.

[3] So sind beispielsweise Hinweise auf Caecilie Pless, vgl. Archiv des Landeswohlfahrtsverbandes Hessen (= LWV-Archiv), Bestand 12, AN 4513 und Minna Schreiber, vgl. LWV-Archiv, Bestand 12, AN 6367 zu finden.

[4] Siehe dazu Dieter Schabow, Zur Geschichte der Juden in Bendorf, Bendorf 1979, S. 13–17.

[5] LWV-Archiv, Bestand 12, AN 6639.

[6] LWV-Archiv, Bestand 12, AN 6638.

[7] LWV-Archiv, Bestand 12, AN 6367.

[8] LWV-Archiv, Bestand 12, AN 6215.

[9] LWV-Archiv, Bestand 12, AN 6367.

[10] LWV-Archiv, Bestand 12, AN 6367.

[11] LWV-Archiv, Bestand 12, AN 6226.

[12] Hier dürfte Gustav Stern gemeint sein, der im Mai 1932 starb, LWV-Archiv, Bestand 12, AN 7620.

[13] LWV-Archiv, Bestand 12, AN 6620.

[14] LWV-Archiv, Bestand 12, AN 6367.

[15] LWV-Archiv, Bestand 12, AN 6215.

[16] LWV-Archiv, Bestand 12, AN 6216.

[17] Bettina Winter, Die Geschichte der NS-„Euthanasie"-Anstalt Hadamar, in: Landeswohlfahrtsverband Hessen (Hg.), „Verlegt nach Hadamar". Die Geschichte einer NS-„Euthanasie"-Anstalt, (= Historische Schriftenreihe des Landeswohlfahrtsverbandes Hessen, Kataloge, Bd. 2), Kassel 2002, S. 29–187, hier S. 61.

[18] Hessisches Hauptstaatsarchiv Wiesbaden (HHStA Wi), Abt. 430/1–12557 unfol., Schreiben Traupel (09. 12. 1934).

[19] Winter, Geschichte (Anm. 17), S. 61.

[20] Vgl. Peter Sandner, Verwaltung des Krankenmordes. Der Bezirksverband Nassau im Nationalsozialismus, (= Historische Schriftenreihe des Landeswohlfahrtsverbandes Hessen, Hochschulschriften, Bd. 2), Gießen 2003, S. 243.

[21] Bundesarchiv Berlin, Bestand R 1509 (Reichssippenamt), Volkszählung vom 17. Mai 1939. Die Ergänzungskarten für Angaben über Abstammung und Vorbildung sind für diese Personen nicht überliefert.

[22] LWV-Archiv, Bestand 12, AN 1249.

[23] Siehe allgemein zu Sterilisationen in Hadamar Winter, Geschichte (Anm. 17), S. 46–49; vgl. beispielsweise LWV-Archiv, Bestand 12, AN 4003.

[24] Zahlenangabe befindet sich in LWV-Archiv, Bestand 12, AN 1041.

[25] LWV-Archiv, Bestand 12, AN 3549.

[26] LWV-Archiv, Bestand 12, AN 915.

[27] LWV-Archiv, Bestand 12, AN 4003. Auch ein entsprechendes Schreiben in LWV-Archiv, Bestand 12, AN 1041 klingt sehr patientenorientiert.

[28] LWV-Archiv, Bestand 12, AN 1041.

[29] LWV-Archiv, Bestand 12, AN 1031.

[30] LWV-Archiv, Bestand 12, AN 1047.

[31] Vgl. Winter, Geschichte (Anm. 17), S. 56–57.

[32] Vgl. Sandner, Verwaltung (Anm. 20), S. 242.

[33] LWV-Archiv, Bestand 12, AN 3549.

[34] LWV-Archiv, Bestand 12, AN 4513.

[35] LWV-Archiv, Bestand 12, AN 504.

[36] LWV-Archiv, Bestand 12, AN 4218.

[37] LWV-Archiv, Bestand 12, AN 1257.

[38] LWV-Archiv, Bestand 12, AN 1040.

[39] Siehe dazu beispielsweise Hinweise in LWV-Archiv, Bestand 12, AN 701, 714, 4218 und 4513.

[40] LWV-Archiv, Bestand 12, AN 504.

[41] LWV-Archiv, Bestand 12, AN 714.

⁴² LWV-Archiv, Bestand 12, AN 915.
⁴³ LWV-Archiv, Bestand 12, AN 3549.
⁴⁴ LWV-Archiv, Bestand 12, AN 3744.
⁴⁵ LWV-Archiv, Bestand 12, AN 4513.
⁴⁶ LWV-Archiv, Bestand 12, AN 3774.
⁴⁷ Siehe zu Prof. Kleist Stephen Kaendler/Stephan Volk u. a., Karl Kleist und die Frankfurter Nervenklinik während des Nationalsozialismus, in: Hessisches Ärzteblatt, 54. Jg. (1993), S. 141–144.
⁴⁸ LWV-Archiv, Bestand 12, AN 915.
⁴⁹ LWV-Archiv, Bestand 12, AN 1031.
⁵⁰ LWV-Archiv, Bestand 12, AN 1998.
⁵¹ LWV-Archiv, Bestand 12, AN 1998 u. 1047.
⁵² LWV-Archiv, Bestand 12, AN 4054.
⁵³ LWV-Archiv, Bestand 12, AN 4012 u. 4033 beispielsweise.
⁵⁴ LWV-Archiv, Bestand 12, AN 4003.
⁵⁵ LWV-Archiv, Bestand 12, AN 504.
⁵⁶ LWV-Archiv, Bestand 12, AN 504.
⁵⁷ LWV-Archiv, Bestand 12, AN 1998.
⁵⁸ LWV-Archiv, Bestand 12, AN 569.
⁵⁹ LWV-Archiv, Bestand 12, AN 1041.
⁶⁰ LWV-Archiv, Bestand 12, AN 915 u. 4054.
⁶¹ LWV-Archiv, Bestand 12, AN 1249.
⁶² Vgl. Sandner, Verwaltung (Anm. 20), S. 243.
⁶³ Siehe allgemein ebd., S. 245 ff. In LWV-Archiv, Bestand 12, AN 1047 heißt es am 11. 01. 1939: „Die Sippentafel und Karteikarten [...] sind bereits der Abteilung Erb- und Rassenpflege in Wiesbaden übersandt worden."
⁶⁴ Beispielsweise in LWV-Archiv, Bestand 12, AN 4012, 7037 u. 7236.
⁶⁵ LWV-Archiv, Bestand 12, AN 714.
⁶⁶ LWV-Archiv, Bestand 12, AN 1041.
⁶⁷ LWV-Archiv, Bestand 12, AN 6639.
⁶⁸ LWV-Archiv, Bestand 12, AN 1047. Die Akte lautet auf Moritz Stamm, er selbst nannte sich aber Lorenz und wurde auch so in Mogendorf genannt.
⁶⁹ Uli Jungbluth, Zur Synagoge und den Juden von Mogendorf, in: Joachim Jösch u. a., Juden im Westerwald. Leben, Leiden und Gedenken. Ein Wegweiser zur Spurensuche. Montabaur 1998, S.100–110, hier S. 106.

⁷⁰ 1987 wurde am Eingang des Karlsheims in Kirchähr eine Gedenktafel eingeweiht.
⁷¹ Bericht von Carl Benz, persönlicher Sekretär des Jugendpfarrers der Diözese Limburg und späteren Bischofs Dirich, in Heinz G. Huber, Ortenauer Lebensläufe. Zeitgeschichtliche Episoden von der Jahrhundertwende bis in die fünfziger Jahre, Eggingen 1989, S. 111 f.
⁷² LWV-Archiv, Bestand 12, AN 1047.
⁷³ LWV-Archiv, Bestand 12, AN 4054.
⁷⁴ Siehe dazu ausführlich Kingreen, Gießener Anstalt (Anm. 1), S. 265–274.
⁷⁵ Bundesarchiv (Hg.), Gedenkbuch. Opfer der Verfolgung der Juden unter der nationalsozialistischen Herrschaft in Deutschland 1933–1945, Berlin 2006 (CD-ROM).
⁷⁶ Ebd., zu den Deportationen aus Frankfurt siehe Monica Kingreen, Gewaltsam verschleppt aus Frankfurt. Die Deportationen der Juden in den Jahren 1941–1945, in: Monica Kingreen (Hg.), „Nach der Kristallnacht". Jüdisches Leben und antijüdische Politik in Frankfurt am Main 1938–1945, Frankfurt a. M./New York 1999, S. 357-402.
⁷⁷ Bundesarchiv (Hg.), Gedenkbuch.
⁷⁸ Ebd.
⁷⁹ Ebd.
⁸⁰ Datenbank der ermordeten jüdischen Frankfurter im Jüdischen Museum Frankfurt.
⁸¹ Kingreen, Philippshospital (Anm. 1), S. 212 f.
⁸² Dieser Eintrag befindet sich in der Rubrik Notizen auf dem Blatt der zweiten Oktoberwoche. Unter dem 04. 10. 1940 ist eingetragen „Besprechung in Berlin vorm. Direktoren." HHStA WI, Abt. 631a, Verfahren Ks 2/63 GstA Frankfurt gegen Prof. Werner Heyde.
⁸³ Vgl. Kingreen, Philippshospital (Anm. 1), S. 213–218.
⁸⁴ Vgl. LWV-Archiv, Bestand 19, Aufnahmebuch 1937–1941.
⁸⁵ Vgl. Archiv des Landschaftsverbandes Rheinland (ALVR), Nr. 13070, Bl. 102–105, Aufstellung der Anstalt Andernach „Namentliche Liste derjenigen Patienten, die auf Grund der Verfügung vom 31.1.41 VEa Nr. 434 die Anstalt passiert haben" (20. 03. 1941). Die Liste enthält 46 Namen. Die Namen der 12 Patienten aus der Anstalt Andernach selbst sind darin nicht enthalten.

86 Vgl. Hauptstaatsarchiv Düsseldorf, Rep. 372/159, in Düsseldorf-Grafenberg angelegte Namenslisten: „Namentliche Liste der jüdischen Kranken, welche in der Zeit vom 12. bis 15. II. 1941 die hiesige Anstalt passiert haben" und „Namentliche Liste der 43 männlichen jüdischen Kranken, welche am 15. II. 1941 der Gemeinnützigen Krankentransport G.m.b.H. mitgegeben werden". ALVR, Nr. 13070, Bl. 215–223 und Bl. 107–109, zwei Listen (1941). Letztere Liste ist identisch mit der ersten aufgeführten Liste im Hauptstaatsarchiv Düsseldorf. – Zu den beiden Sammelanstalten in der Rheinprovinz siehe Kerstin Griese, Die ersten Opfer. Jüdische Psychiatriepatienten in der Rheinprovinz, in: Frank Sparing/Marie-Luise Heuser (Hg.), Erbbiologische Selektion und „Euthanasie". Psychiatrie in Düsseldorf während des Nationalsozialismus, Essen 2001, S. 141–158, besonders S. 147–149; Uwe Kaminsky, Zwangssterilisation und „Euthanasie" im Rheinland. Evangelische Erziehungsanstalten sowie Heil- und Pflegeanstalten 1933–1945, Köln 1995, insbesondere S. 390–407. Zu jüdischen Patienten in der Rheinprovinz siehe auch Christiane Hoss, Die jüdischen Patienten in rheinischen Anstalten zur Zeit des Nationalsozialismus, in: Matthias Leipert/Rudolf Styrnal/Winfried Schwarzer, Verlegt nach unbekannt. Sterilisation und Euthanasie in Galkhausen 1933–1945, Köln 1997, S. 60–76.

87 Vgl. Heidi Schmidt-von Blittersdorf/Dieter Debus/Birgit Kalkowsky, Die Geschichte der Anstalt Hadamar von 1933–1945 und ihre Funktion im Rahmen von T4, in: Dorothee Roer/Dieter Henkel (Hg.), Psychiatrie im Faschismus. Die Anstalt Hadamar 1933–1945, 2. Auflage, Frankfurt am Main 1996, S. 58–120, hier S. 87–89 und die Rekonstruktion der Transporte nach Hadamar im Dokumentenanhang, S. 367. Den Autoren lagen die Namenslisten der Verlegung jüdischer Patienten aus Heppenheim, Eichberg, Weilmünster und Andernach vor, so dass sie die Anzahl genau angeben konnten. Zu Düsseldorf-Grafenberg lagen ihnen diese Listen nicht vor, so dass sie lediglich für den 14. 02. 1941 einen Transport jüdischer Patienten nach Hadamar benennen. Sie konnten nicht wissen, dass die „Gemeinnützige Krankentransportgesellschaft" („Gekrat") zwei Transporte für den 14. und für den 15. 02. 1941 geplant hatte.

88 Heilen und Vernichten im Nationalsozialismus. Ausstellungskatalog, Köln 1985, S. 93.

89 LWV-Archiv, Bestand 14, Nr. 177 unfol., Schreiben (24. 03. 1941).

90 Vgl. Schmidt-von Blittersdorf, Geschichte (Anm. 87), S. 89 und die Rekonstruktion der Transporte nach Hadamar im Dokumentenanhang, S. 367; Winter, Geschichte (Anm. 17), S. 89; Johannes Cramer, Spuren der „Euthanasie"-Morde. Bauarchäologische Untersuchungen in der Gedenkstätte Hadamar, in: Landeswohlfahrtsverband (Hg.), „Verlegt nach Hadamar" (Anm. 17). S. 199–215.

91 Diverse Nachfragen der Autorin bei Standesämtern.

92 Vgl. Sandner, Verwaltung (Anm. 20), S. 467.

93 Vgl. dazu grundlegend ebd., S. 658–663; Peter Chroust/Herwig Groß u.a., „Soll nach Hadamar überführt werden". Den Opfern der Euthanasiemorde 1939 bis 1945, Frankfurt 1989, S. 96. Dort auch Faksimileabdruck eines Schreibens des Reichsministers des Innern an den Oberpräsidenten in Wiesbaden (15. 04. 1943), S. 95–97.

94 Vgl. Edith Diez, Großmutter und Enkel erzählen. Astrid Pötz, Dokumente eines Leidensweges, (= Bad Emser Hefte, Nr. 136), Bad Ems 1995.

95 Monika Ilona Pfeifer, Familie Sally Gotthelf, in: Arbeitskreis Ehemalige Synagoge Großkrotzenburg (Hg.), Ihre Seele sei eingebunden in das Bündel des Lebens. Die jüdische Gemeinde und der jüdische Friedhof zu Großkrotzenburg, Hanau 2002, S. 54 f.

96 Friedrich Dreytza/Christiane Fäcke, Spuren jüdischen Lebens im Kreis Homberg. Die Geschichte einer verfolgten Minderheit am Beispiel der Familie Heilbronn, Homberg/Efze 2004, S. 153; Unterlagen zu jüdischen Familien in Groß-Krotzenburg in der Sammlung von Monica Kingreen. LWV-Archiv, Bestand 12, AN 5037, 5038, 5039 u. 5040.

97 Siehe beispielsweise zum Warthegau Michael Alberti, Die Verfolgung und Vernichtung der Juden im Reichsgau Wartheland 1939–1945, Wiesbaden 2006, insbesondere das Kapitel „Die 'direkte' Vernichtung bis Mitte 1941: Die Ermordung der Geisteskranken, körperlich Behinderten und Gebrechlichen.", S. 324–337.

Die Rheinischen Zwischenanstalten und die Mordanstalt Hadamar

Wolfgang Franz Werner

Die Provinzial-Heil- und Pflegeanstalten (im Folgenden PHP) Andernach und Galkhausen (heute Langenfeld) wurden am 15. Oktober 1876 bzw. 5. August 1901 eröffnet. Sie dienten, wie der Name besagt, der Heilung und Pflege von Menschen, hier mit psychischen Beschwerden. Betrieben wurden sie vom Provinzialverband der Rheinprovinz, einer regionalen Selbstverwaltungskörperschaft, die zu Beginn der NS-Zeit ihrer parlamentarischen Gremien beraubt, in die staatliche Verwaltung integriert und gleichgeschaltet wurde.[1] Seine Aufgaben nahm der Verband jedoch weiterhin wahr, so

Haus für ruhige Kranke der PHP Galkhausen 1924 (Johannes Horion (Hg.), Die Rheinische Provinzialverwaltung. Ihre Entwicklung und ihr heutiger Stand, Düsseldorf 1925, S. 195)

auch die überregionale Gesundheitspflege, wozu seine psychiatrischen Kliniken gehörten. 1941 mussten die PHPs Andernach und Galkhausen die Funktion von Zwischenanstalten für die Mordanstalt Hadamar übernehmen.

Der Begriff „Zwischenanstalten"

Der Begriff Zwischenanstalten ist nicht erst in der NS-Zeit entstanden. Bereits vor und in der Kaiserzeit war das Wort im Bereich der Fürsorgerziehung und des Gefängniswesens geläufig. Es bedeutete eine Durchgangsstation zwischen schon bestehenden Einrichtungen, also eine Institution mit Übergangscharakter. So plädierte der Geheime Sanitätsrat Neuhaus nach einer Studie über schulentlassene Jugendliche, die wegen ausgeprägter „geistiger Abnormität" besondere Schwierigkeiten in der Erziehung hatten, dafür, diese weder in einer Erziehungsanstalt noch in einer Irrenanstalt unterzubringen, sondern in einer Einrichtung, die „dazwischen" lag.[2] Sein Beitrag belegt auch, dass es in vielen Teilen Deutschlands damals bereits derartige Zwischenanstalten gab. Man wird daraus schließen dürfen, dass der Begriff im Bereich der pädagogischen und psychiatrischen Arbeitsfelder vertraut war und seine Verwendung sicher keinerlei Argwohn hervorrufen würde.

Vorformen der „Zwischenanstalten" in der NS-Zeit

Das Wort „Zwischenanstalten" bekam in der NS-Zeit eine andere Bedeutung. Es handelte sich um Einrichtungen, die vorübergehend Patienten aufnahmen, die später in einer Tötungsanstalt ermordet werden sollten. Dabei fällt auf, dass Zwischenanstalten zunächst überhaupt nicht angedacht waren. Das Grundkonzept der Tötungsanstalten sah vor, dass aus allen psychiatrischen Einrichtungen im Umkreis einer Bustagesreise Patienten abtransportiert und getötet werden sollten. Bei der Umsetzung dieses Konzeptes gab es jedoch Schwierigkeiten, da es zu unvorhergesehenen Abläufen kam.

Dabei handelte es sich um die Räumung der PHP in Bedburg-Hau am Niederrhein Anfang 1940.[3] Die mit über 3.500 Patienten größte der rheinischen PHPs hatte zu Kriegsbeginn nur wenige Verlegungen wegen ihrer Nähe zur Grenze erlebt. Das änderte sich, als Anfang 1940 große Teile der Klinik Ersatzlazarett der Marine werden sollten. Hier schaltete sich die mit der Ermordung von Geisteskranken von Hitler beauftragte Organisation (Tarnname T4) mit einer außerplanmäßigen Aktion ein, die lange vor dem Versand der Erfassungsbögen für Patienten im Rheinland durchgeführt wurde. Innerhalb von einer Woche wurden alle Patienten bzw. alle Patientenakten von einer Ärzte-Kommission überprüft und bereits eine Woche später die Abtransporte durchgeführt. Diese Aktion, die nie Gegenstand eines Prozesses wurde, war die größte Verlegungsaktion, die je im Rahmen der NS-Euthanasie durchgeführt wurde. Über 1.700 Patienten wurden binnen einer Woche verlegt.[4] Dabei vermischten sich drei Aktionen, nämlich die Verlegung von Psychiatriepatienten zur Schaffung von kriegsbedingt benötigtem Lazarettraum, die Verlegung von Psychiatriepatienten aus den kriegsgefährdeten Grenzgebieten zu ihrem eigenen Schutz und die Verlegung von als gefährlich eingestuften Psychiatriepatienten zum Schutz der Bevölkerung vor kriegsbedingt befürchteten Ausbrüchen und Übergriffen, mit dem ideologisch motivierten Patientenmord (NS-Euthanasie).

Für 317 Patienten hieß am 6. März 1940 das Transportziel Grafeneck. An den Zug angekoppelt waren Zugteile mit dem Ziel der Heilanstalt Zwiefalten, die 140 Patientinnen vorübergehend aufzunehmen hatte. Der zuständige Klinikleiter in Grafeneck beschwerte sich über die chaotischen Zustände, die die Anlieferung von so vielen Patienten auf einmal auslöste. Rund einen Monat dauerte die Ermordung der Patienten aus Bedburg-Hau, erst dann wurden die in Zwiefalten untergebrachten Patientinnen nachgeholt und ebenfalls umgebracht. Zwei Patientinnen wurden in Zwiefalten zurückgehalten. Damit gab es faktisch die erste „Zwischenanstalt" im NS-Sinne. Zwiefalten diente der Regelung des Patientenzustroms und funktionierte bereits auch als Nachkontroll-Instanz von Untersuchungsergebnissen der Kommission in Bedburg-Hau. Das für die späteren Zwischenanstalten typische Element der Verschleierung ist hier noch nicht ausgeprägt, denn die Transportziele waren relativ vielen Menschen bekannt, nicht allerdings der eigentliche Zweck der Transporte.

Dieselbe Aussage trifft auch weitgehend für das zweite große Verlagerungsziel zu. Am 8. März 1940 wurden 335 Patienten von Bedburg-Hau aus in die Mordanstalt Brandenburg geschafft, außerdem 282 nach Brandenburg-Görden.[5] Allem Anschein nach funktionierte Brandenburg-Görden wie eine Zwischenanstalt für die Tötungsanstalt Brandenburg.[6] Abweichend von Zwiefalten wurden hier jedoch die Patienten eine ganze Weile von Pflegern mitbetreut, die aus Bedburg-Hau dazu abgeordnet worden waren. Die Quote derjenigen, die nicht in die Tötungsanstalt gebracht wurden, war hier deutlich höher als in Zwiefalten. Görden lässt sich nicht so eindeutig als Zwischenanstalt bezeichnen, war aber sicher eine Vorstufe dazu.

Ebenfalls zur Vorgeschichte der Entwicklung von Zwischenanstalten gehört der zeitlich mit den genannten Transporten zusammenfallende Abtransport von forensischen Patienten, die in den „Festen Häusern" in Düren und Bedburg-Hau untergebracht waren. Sie galten als besonders gefährlich und ihre Verlegung weg von der Westgrenze war schon wegen des Krieges geboten, sie fiel daher nicht weiter auf. Die insgesamt 299 Patienten (ein Patient war bereits zu Transportbeginn ermordet worden) wurden in mehreren Transporten nach Waldheim in Sachsen gebracht. Um

Platz für sie zu schaffen, waren vorhandene Patienten, die man später „Ursprungskranke" nannte, in die Tötungsanstalt Brandenburg gebracht worden. Diese Form, Platz für die vorübergehende Unterbringung von Patienten zu schaffen, wurde dann später auch in den rheinischen Zwischenanstalten angewandt. Von den 299 Patienten, die Anfang März 1940 überwiegend nach Waldheim kamen, überlebten nur zwei. Die übrigen (13 waren zwischenzeitlich in Waldheim verstorben) wurden ab Anfang April 1940 nach Brandenburg gebracht und ermordet.[7]

Das Element der Verschleierung und Tarnung hatte bei all diesen Aktionen keine große Rolle gespielt. Zumindest die Ärzte und die Verwaltungen der Krankenhäuser, die Patienten abgeben mussten, wussten um den Verbleib ihrer Schützlinge und waren auch über deren massenhaftes Ableben informiert. Wirklich geheim war im Rheinland erstmals das Ziel der Aktion, mit der alle jüdischen Patienten erfasst und abtransportiert wurden. Zunächst war festgelegt worden, dass Neuaufnahmen solcher Patienten ab dem 12. Dezember 1940 nur noch in der Israelitischen Anstalt in Bendorf-Sayn stattfinden durften. Im Januar 1941 begann der Abtransport derjenigen jüdischen Patienten, die sich bereits in sonstigen Heil- und Pflegeanstalten befanden. Zur Koordinierung des Weitertransportes wurden die PHPs (Düsseldorf-)Grafenberg und Andernach ausgewählt. Hier liefen die Transporte aus den öffentlichen und privaten Kliniken im Februar 1941 zusammen. Von hier aus wurden die Patienten weiterverlegt, höchstwahrscheinlich in die Mordanstalt Hadamar. Die Verschleierung erfolgte so effektiv, dass bis heute nur Indizien auf die Ermordung in Hadamar verweisen. Die anfängliche, den Verwandten bzw. Vormündern mitgeteilte Version war die, dass die Patienten ins Generalgouvernement in die Gegend von Lublin gebracht worden seien. Bald trafen auch vorgeblich dort ausgestellte Todesurkunden ein. Die PHP Grafenberg ihrerseits nannte nur anfänglich dieses Ziel im Osten und beschränkte sich später darauf, von unbekanntem Verbleib zu schreiben.[8] In Andernach glaubte man angeblich, dass die gesammelten Patienten in die Israelitische Anstalt in Bendorf-Sayn gebracht werden sollten, dürfte sich aber schon bald darüber gewundert haben, warum angesichts der geringen Entfernung von Andernach nach Sayn nicht gleich dieser Ort ausgewählt worden war. Man geht davon aus, dass auch die über Andernach abtransportierten jüdischen Patienten in Hadamar ermordet worden sind.

Die Entstehung der „rheinischen" Zwischenanstalten

Wie es zur Wahl Hadamars als Standort für eine Tötungsanstalt kam, ist nicht genau bekannt.[9] Noch weniger ist nachvollziehbar, wie es genau zur Auswahl der Zwischenanstalten für Hadamar kam, auch wenn hier die Erfahrungen mit Transporten aus dem Rheinland eine große Rolle gespielt haben dürften. Sicher ist, dass auf einer Ta-

Wolfgang Franz Werner

Verwaltungsgebäude der PHP Andernach 1924 (Johannes Horion (Hg.), Die Rheinische Provinzialverwaltung. Ihre Entwicklung und ihr heutiger Stand, Düsseldorf 1925, S. 185)

gung am 27. November 1940 in Berlin die Leiter der Zwischenanstalten auf ihre neue Aufgabe vorbereitet wurden. Nach der Erinnerung von Dr. Friedrich Mennecke (Eichberg) ging es um zwei Tötungsanstalten, Hadamar und Hartheim, in deren Umkreis „Zwischenstationen" vorgesehen waren, für Hadamar „Eichberg, Herborn, Weilmünster, ich glaube Idstein auch".[10] Andernach und Galkhausen erwähnt er nicht, wozu passt, das die Direktoren von Andernach und Galkhausen erst 1941 über ihre neue Funktion in Kenntnis gesetzt wurden.

Welche Entwicklung führte also dazu, dass abweichend vom ursprünglichen Konzept im Februar 1941 plötzlich Zwischenanstalten in der Rheinprovinz eingerichtet werden sollten? Eine der wenigen originären Quellen dieser Zeit aus der Rheinprovinz lässt den Grund nur erahnen. Mit Datum vom 10. Februar 1941 verschickte Landeshauptmann Heinz Haake als Leiter des Provinzialverbandes folgende Anweisung an alle Direktoren der PHPs der Rheinprovinz: „Ich mache besonders darauf aufmerksam, daß Verlegungen von Kranken in eine andere Anstalt nach wie vor nur auf meine ausdrückliche Anordnung oder mit meiner ausdrücklichen Zustimmung erfolgen dürfen. Falls <u>von anderer Seite</u> [Unterstreichung durch den Empfänger] eine

Verlegung von Kranken verlangt wird, ist mir unverzüglich zu berichten und erst auf Grund meiner Entscheidung zu handeln. Das Ausscheiden freiwillig aufgenommener Selbstzahler zum Zweck des freiwilligen Wechsels der Anstalt wird durch diese Verfügung nicht berührt. In Vertretung [Unterschrift: Haake] Landeshauptmann der Rheinprovinz".[11]

Ein Blick auf die Formalien zeigt, dass es sich um eine äußerst eilige Sache handelte. Diese Verfügung wurde im Durchschriftverfahren erstellt, d.h. der Text einschließlich der Adresse „An den Herrn Direktor der Prov.- Heil und Pflegeanstalt in" wurde auf der Schreibmaschine getippt und dabei wurden Durchschläge gefertigt, in die man anschließend den Ort der jeweiligen Anstalt eintrug. Jeder Durchschlag ist von Haake persönlich unterschrieben worden, was die Bedeutung der Sache unterstreicht. Angesichts der Dringlichkeit der Sache hätte Haake seine Direktoren auch telefonisch unterrichten können, aber offenbar war es wichtig, dass diese Direktoren, wem auch immer, die schriftliche Weisung ihres Behördenleiters vorlegen konnten. An sich gehörten Verlegungen von Patienten zum Alltag der Kliniken und wurden normalerweise auf der Sachbearbeiterebene abgehandelt. Auch der Direktor der PHP Bedburg-Hau, Dr. Arthur Trapet, an den die Ausfertigung des überlieferten Schreibens ging, hielt es für sehr wichtig, wie die handschriftlichen Vermerke „Konf[erenz]" und „erl[edigt] am 13. und 14. 2. 41 T[rapet]" zeigen. Er hat wahrscheinlich dem Leitungspersonal an den genannten Tagen Kenntnis von dieser Anweisung gegeben.

Haake weist alle seine Direktoren an, Verlegungen ohne seine Zustimmung zu verweigern. Wahrscheinlich hat es ein solches Ansinnen (vermutlich die Übersendung von Verlegungslisten an eine Klinik) gegeben, das die Reaktion Haakes auslöste, und er rechnete damit, dass ähnliche Ansinnen auch an alle anderen seiner Kliniken gestellt werden würden. Nimmt man die Verfügung beim Wort, fordert Haake sein Entscheidungsrecht ein, schließt aber Verlegungen damit nicht grundsätzlich aus. Ob dahinter der Gedanke stand, die Ermordung von Patienten zu behindern, ist der Verfügung nicht zu entnehmen. Vermutlich versuchte die T4-Organisation Anfang Februar 1941, Patienten aus dem weiteren Einzugsbereich von Hadamar in den Kranz der hessen-nassauischen Zwischenanstalten zu überführen, und Haake war mit diesem Verfahren in der Rheinprovinz nicht einverstanden. Die Ausdehnung der Aktivitäten erscheint plausibel vor dem Hintergrund, dass die Morde in Hadamar am 13. Januar 1941 aufgenommen worden waren und die Zwischenanstalten Eichberg, Idstein, Herborn und Weilmünster Anfang Februar 1941 über Aufnahmekapazitäten verfügten. Ende Januar waren schon fast 600 Patienten aus hessen-nassauischen Zwischenanstalten in Hadamar ermordet worden, am Abend des 7. Februar waren es beinahe 1.000.[12] Wenn diese Annahme richtig ist, verfolgte die T4 zu diesem Zeitpunkt den Plan, Patienten direkt aus rheinischen Heil- und Pflegeanstalten in die hessen-nassauischen Zwischenanstalten zu bringen.

Das Pochen des Landeshauptmannes auf seine Zuständigkeit könnte den Gedanken nahe legen, dass die Gemeinnützige Krankentransport-Gesellschaft (kurz GEKRAT), die die Abtransporte abwickelte, über die Zuständigkeit des Provinzialverbandes nicht informiert war. Das jedoch war sicher nicht der Fall. So schrieb die GEKRAT unter dem 14. Mai 1940 den Chefarzt der Brandenburgischen Landesheilanstalt Neuruppin, eine Einrichtung des brandenburgischen Provinzialverbandes, an, übersandte ihm Transportlisten zur Bearbeitung und kündigte die Abholung von 50 Patientinnen an. Im Schlussteil des Briefes heißt es: „[Erster] Landesrat Ferchow (Verwaltung des Prov[inzial-] Verbandes Potsdam) wird Ihnen nähere Anweisungen zugehen lassen."[13] Die GEKRAT wusste also sehr wohl um die Zuständigkeit der Provinzialverbände und verwies den ärztlichen Direktor an den nach dem Landeshauptmann hochrangigsten Beamten seines Verbandes, den Ersten Landesrat. Unterzeichnet ist das Schreiben mit dem Namen Kraus, und genau dieser Name erscheint auch auf den Schreiben, die die rheinische Provinzialverwaltung ein Jahr später von der GEKRAT erhielt.

Ein zweites Beispiel soll den Sachverhalt verdeutlichen. Friedrich Tillmann, Mitarbeiter von T4 und Bekannter von Landeshauptmann Haake,[14] besuchte am 27. Mai 1940 das in der Rheinprovinz gelegene konfessionelle psychiatrische Krankenhaus Tannenhof bei Remscheid. Vermutlich tat er dies mit dem Auftrag, den Standort für eine Mordanstalt im Westen Deutschlands zu finden. Am 13. Juni 1940 kehrte er in Begleitung des Ersten Landesrates Wilhelm Kitz und des Stellvertreters des Medizinaldezernenten zurück zu einer gemeinsamen Begehung.[15] Die Besichtigung hatte keine weiteren Konsequenzen, zeigt aber deutlich, dass T4 auch mit den Zuständigkeiten in der Rheinprovinz bestens vertraut war und wusste, dass auch die konfessionellen Einrichtungen darunter fielen. Eine völlige Umgehung der Zuständigkeit von Haake ist also unwahrscheinlich.

Allerdings hatte es kurz vorher im Januar 1941 schon Schwierigkeiten gegeben. Der Reichsminister des Innern hatte sich mit zwei Erlassen, datiert vom 10. Januar 1941, an den Oberpräsidenten der Rheinprovinz mit der Weisung gewandt, jüdische Patienten aus in den Erlassen genannten Kliniken in den PHPs in Andernach und Düsseldorf-Grafenberg zusammenzuführen und diese Patienten dort für den Abtransport durch die GEKRAT bereitzuhalten. „Ich ersuche, die vorbezeichneten Anstalten, soweit sie Ihrer Zuständigkeit unterstehen, mit Weisung im Sinne dieses Erlasses zu versehen."[16] Da der Absender nicht mit der rheinischen Besonderheit vertraut war, dass zwar der Oberpräsident in Koblenz residierte, die ihm unterstellte Verwaltung des Provinzialverbandes jedoch in Düsseldorf, wurden die am 23. Januar beim Oberpräsidenten eingegangenen Schreiben erst am 27. Januar weitergeleitet und gingen am 28. Januar bei der Verwaltung des Provinzialverbandes ein. In der Zwischenzeit (15. und 16. Januar 1941) hatte sich bereits die GEKRAT an die Direktoren der Kliniken in Andernach und Düsseldorf gewandt, die Abholung der dort zu sammelnden Patienten angekündigt und die Erstellung von Patientenlisten in vierfacher Ausfertigung verlangt. Die Direktoren waren ratlos und wandten sich an ihren Dezernenten, der ebenfalls keine Kenntnis des Vorganges hatte. Creutz konzipierte eine Anfrage an den Reichsminister des Innern, die Landeshauptmann Haake am 21. Januar unterzeichnete.[17] Am 22. Januar 1941 wandte sich Creutz parallel dazu an die GEKRAT: „Ich bitte, meinen Ausführungen zu entnehmen, daß es eine Erschwerung der Durchführung der von Ihnen beabsichtigten Maßnahmen bedeutet, wenn die hiesige Stelle als Träger der beteiligten Provinzialanstalten nicht von vornherein über die in Aussicht genommenen Einzelmaßnahmen unterrichtet wird. Da die Provinzial-Heil- und Pflegeanstalten nicht imstande sind, selbständig und ohne Unterstützung durch Anordnung meinerseits die bezüglich des Abtransportes der jüdischen Geisteskranken beabsichtigten Maßnahmen durchzuführen, bitte ich, weitere Vereinbarungen in dieser Angelegenheit nur mit mir und nicht mit den Provinzial-Heil- und Pflegeanstalten unmittelbar zu treffen."[18]

Wie wichtig für ihn die Zuständigkeitsfrage ist, zeigt auch seine handschriftliche Anmerkung auf dem Erlass des Reichsministers des Inneren vom 10. Januar 1941. Den Passus „Die vorgenannten Anstalten werden angewiesen werden, die in Frage kommenden Patienten in der Zeit vom 8. bis 10. Februar 1941 nach Andernach zu transportieren" versieht er mit der Frage „von wem?".[19]

Mit Fernspruch vom 24. Januar forderte Dr. Linden vom Reichsminister des Inneren Walter Creutz zum Rückruf in Berlin auf. Hier scheint sich die Angelegenheit geklärt zu haben, noch am selben Tag übersandte Dr. Linden ihm Kopien der Erlasse, die an den Oberpräsidenten gegangen waren. Am folgenden Tag (Sonntag!) befanden sie sich bereits bei der Verwaltung des Provinzialverbandes in Düsseldorf, also noch bevor die Post aus Koblenz eintraf.

Es könnte doch sein, dass das Reichsministerium des Inneren und T4 von dem Zuständigkeitsgerangel nicht angetan waren und auch keinerlei Bereitschaft zeigten, die rheinische Provinzialverwaltung mehr als unbedingt nötig in die Vorgänge einzubeziehen.

Was immer das eigentliche Motiv war, die Weigerung Haakes hatte bereits zwei Tage nach Unterzeichnung seiner Verfügung, am 12. Februar 1941, keinen Bestand mehr. An diesem Tag fand jenes Treffen mit Vertretern von T4 statt, bei dem es zur entscheidenden Weichenstellung kam. Folgt man den Schilderungen der Zeugen in den Nachkriegsprozessen, so versuchten Haakes Mitarbeiter weisungsgemäß, gegen die „Euthanasie" zu argumentieren, was jedoch nichts fruchtete und schließlich dazu führte, dass Professor Werner Heyde als ranghöchstes Mitglied der anwesenden Vertreter von T4 den Landeshauptmann mit einer Kopie von Hitlers Euthanasie-Ermächtigung konfrontierte. Damit sei das Ende des Widerstandes erreicht gewesen und Haake sei „umgefallen" und hätte nur an seiner Weigerung festgehalten, dass in der Rheinprovinz keine Tötungsanstalt entstehen dürfe.[20] Der von Heyde geforderten Einrichtung von Zwischenanstalten in der Rheinprovinz habe er zugestimmt. Als sicher ist anzusehen, dass Haake seinen Widerstand aufgegeben hat. Die Forderung nach einer rheinischen Mordanstalt und deren Ablehnung dürfte ein Element der Legendenbildung sein, denn bekanntlich wurde in der zweiten Jahreshälfte 1941 eine „Kinderfachabteilung" im Zuständigkeitsbereich der PHP Johannistal (heute: Viersen) eingerichtet und das nötige Personal aus den Reihen des Provinzialverbandes rekrutiert. Unklar aber ist, warum Haake der Einrichtung von Zwischenanstalten zustimmen sollte, die T4 bis dahin offenbar nie gefordert hatte. Es gibt auch keinen Hinweis darauf, dass es in den hessen-nassauischen Zwischenanstalten Engpässe gegeben hätte, die die Einrichtung zusätzlicher Zwischenanstalten notwenig gemacht hätten. Die Transporte aus der Provinz Hannover in die hessen-nassauischen Zwischenanstalten begannen erst im April 1941, die aus der Provinz Westfalen erst im Juni 1941.[21] Das Schreiben der GEKRAT vom 6. März 1941 macht das noch einmal ganz klar. „Nach Freiwerden von Betten in diesen beiden Anstalten [gemeint sind Andernach und Galkhausen] könnte dann mit der Verlegung l[au]t den Ihnen übersandten Listen begonnen werden. In den Anstalten Eichberg, Idstein, Herborn und Weilmünster ist aber sofort [!] eine grössere Anzahl von Betten für Verlegungen verfügbar, so dass Sie auch bereits sofort mit Verlegungen von Kranken beginnen könnten."[22]

Die GEKRAT und damit T4 brauchte offensichtlich keine weiteren Zwischenanstalten, sie bot sogar Plätze in gleich vier Zwischenanstalten an, was dann nur den Schluss zulässt, dass rheinische Zwischenanstalten von Landeshauptmann Haake und seinen Mitarbeitern gefordert worden sind. Haake wollte in den Selektionsprozess eingeschaltet werden und so weit wie möglich für den Ablauf zuständig sein. Man darf in der Rückschau nicht vergessen, dass die Beteiligung an der erfolgreichen Abwicklung der NS-Euthanasie beste Aussichten auf einen Karriereschub und Machterwerb versprach.[23] Deshalb mussten die Listen von T4 für die rheinischen Heil- und Pflegeanstalten über die Zentralverwaltung des Provinzialverbandes laufen, ehe sie von den Heil- und Pflegeanstalten „abgearbeitet" wurden; deshalb mussten diese Anstalten die Transporte in die rheinischen Zwischenanstalten selbst organisieren und bezahlen und deshalb lag die „Endkontrolle" dieses Verfahrens in den Zwischenanstalten bei Ärzten des Provinzialverbandes. Erst danach wurden die Patienten den Transportführern der GEKRAT übergeben und aus der Rheinprovinz hinaus nach Hadamar geschafft. Dieser Ablauf entsprach auch und gerade den wirtschaftlichen Interessen des Provinzialverbandes der Rheinprovinz.[24] Wenn die Zwischenanstalten in rheinischen PHPs eingerichtet wurden, bedeutete dies eine bessere Auslastung rheinischer Ressourcen. Der wichtigste Zahler für rheinische Psychiatriepatienten war der Landesarmenverband, und der war identisch mit dem Provinzialverband. Die Forderung nach rheinischen Zwischenanstalten sollte den Abfluss von Finanzmitteln in andere Kassen verhindern. Derartige Wirtschaftlichkeitsüberlegungen spielten später die zentrale Rolle bei den Versuchen des Medizinaldezernenten Creutz, Patienten aus anderen, außerrheinischen Anstalten zurückzuholen bzw. abzuziehen.[25] Dass die T4-Organisation sich dennoch zu Lasten der Kostenträger bereichern würde, konnte man damals noch nicht ahnen. Rheinische Patienten wurden nach ihrer Ermordung in Hadamar noch eine Weile als lebend geführt und Pflegegelder für sie gefordert und vereinnahmt. Schließlich konnte der Provinzialverband darauf verweisen, dass er durchaus fähig war, eine solche Aktion zu bewältigen und auf den zum Zeitpunkt der Verhandlungen ablaufenden Abtransport jüdischer Patienten verweisen.

Der Besprechung mit Heyde scheinen noch weitere Besprechungen gefolgt zu sein. In einem Schreiben vom 5. März 1941 bezieht sich die GEKRAT auf ein am Vortage mit Haake geführtes Gespräch, bei dem man sich darauf geeinigt habe, dass die Direktoren der Zwischenanstalten in Galkhausen und Andernach „nach Möglichkeit in dieser Woche" schon über den von der GEKRAT durchzuführenden Abtransport von Kranken auf Anordnung des Reichsverteidigungskommissars zu informieren seien. Haake antwortet noch am Tag des Eingangs auf dieses Schreiben und betont dabei den Teil der Abmachung, der ihm wichtig ist: „Antwortlich Ihres Schreibens teile ich Ihnen mit, dass abgemacht ist, dass Reichsamtsleiter Pg. Brack die hier zuständigen Reichsverteidigungskommissare von den durch mich [!] zu treffenden Massnahmen unterrichtet, und dass ich von dort ein entsprechendes Formular auf Anordnung des zuständigen Reichsverteidigungskommissars etc. übermittelt erhalte, nach dem dann die Abtransporte veranlasst werden können."[26] Damit hatte der rheinische Provinzialverband, anders als der oben zitierte brandenburgische, sich in den Selektionsprozess eingeschaltet.

Vor diesem Hintergrund wird dann auch der einleitende Satz des schon zitierten Schreibens der GEKRAT vom 06. März verständlich. „Wie mir mitgeteilt wurde, stehen den Verlegungen aus Ihrem Bezirk keine Schwierigkeiten mehr entgegen und ist mit dem Beginn dieser Verlegungen für die nächsten Tage zu rechnen."[27] Im selben Schreiben heißt es am Ende: „Ich werde dafür sorgen, dass Ihnen in den nächsten Tagen weitere Verlegungslisten der Ihnen[!] unterstehenden Anstalten zugehen, so dass für die Verlegungen genügend Namenslisten in Ihrem Besitz sind." Auch hier wird noch einmal ausdrücklich die Zuständigkeit betont.

Der Ablauf der Patientenselektion in den Zwischenanstalten

Es stellt sich nun die Frage, wie der Provinzialverband seine neue Kompetenz genutzt hat und ob er sie möglicherweise zum Wohl seiner Patienten angewandt hat. Dabei muss man allerdings berücksichtigen, dass die T4-Organisation keineswegs bereit war, sich den Ablauf der Dinge vom Provinzialverband diktieren zu lassen. In den bereits erwähnten Schreiben drängte sie auf beschleunigte Abwicklung und Aufholung von verlorener Zeit. Am 29. März 1941, dem Tag der Direktorenkonferenz, bei der Creutz alle Klinikdirektoren des Provinzialverbandes mit dem Verfahren der Krankentransporte vertraut machte, besuchte eine fünfköpfige Ärzte-Kommission unter Leitung von Professor Paul Nitsche unangemeldet Andernach und untersuchte auf der Basis der Meldebögen Patienten, die für den Abtransport in Frage kamen. Wenig später erschienen drei dieser Ärzte, nun unter Führung von Dr. Curt Schmalenbach, in Galkhausen. Sie überprüften auch hier die potentiellen Ursprungskranken. Grundlage der Überprüfungen waren Fotokopien der Meldebögen. Als erstes wurden die Fälle in einer Konferenz besprochen, an der neben den Kommissionsmitgliedern nicht nur die Galkhausener Anstaltsärzte teilnahmen, sondern auch das Oberpflegepersonal. Offenbar reichten die Ergebnisse dieser Konferenz Dr. Schmalenbach in vielen Fällen aus, eine Entscheidung zu treffen. Die behielt er zwar für sich, stempelte aber angeblich ei-

„Pflegerfortbildung 1938" Im Vordergrund der Leiter der PHP Bedburg-Hau Dr. Arthur Trapet (Mitte), zu seiner Rechten Medizinaldezernent Dr. Walter Creutz, zu seiner Linken Dr. Leonard Winkel (der spätere Leiter der PHP Galkhausen und der dortigen Zwischenanstalt) (Archiv des Landschaftsverbandes Rheinland 14854-Foto-9)

ne Todesrune auf die kopierten Meldebögen der Patienten, die er zur Ermordung selektiert hatte. Was danach an Zweifelsfällen noch nicht geklärt war, wurde durch persönliche Inaugenscheinnahme überprüft. Zwei Kommissionsmitglieder übernahmen die Frauenseite, Dr. Schmalenbach mit einem weiteren Arzt die Männerseite. Schmalenbach soll dabei wenig Sorgfalt an den Tag gelegt haben und den Ärzten auf der Frauenseite Vorhaltungen für ihr zu langsames Arbeiten gemacht haben.[28] Solche Kommissionsbesuche waren allerdings nicht nur im Rheinland üblich, sind also kein Indikator dafür, dass hier von T4 besonders widerspenstige Psychiater vermutet wurden. Auch der weitere Ablauf der Aktion wurde von T4 kontrollierend begleitet. Dabei wurde offenbar mehr Sorgfalt verwandt, als bisher angenommen worden ist.[29]

Die Untersuchungen in den beiden Zwischenanstalten führten zu Anforderungslisten, die den Chefärzten zugeleitet wurden. Sie hatten das Recht, Patienten zurückzuhalten und vom Abtransport auszunehmen. Allerdings war dieses kein abschließendes Urteil. So tauchten beispielsweise zehn von elf zurückgestellten Patienten auf der ersten Anforderungsliste der in Andernach zurückgestellten Männer (Transportdatum 23.04.1941) in der sechsten Liste für den Transport am 07. Juni 1941 wieder auf, wurden dann allerdings erneut und auf Dauer zurückgehalten.[30] Das scheint aber auch ein Indiz dafür zu sein, dass T4 mit der Verfahrensweise in Andernach durchaus zufrieden war, weil sich ein derartiger Eingriffsversuch nicht wiederholte. Es war im Gegenteil sogar so, dass von Hadamar aus in Einzelfällen die Andernacher Entscheidungen zugunsten von Patienten revidiert wurden.[31] Dies war übrigens kein unerwarteter, einzigartiger Vorgang, sondern ein durchaus eingeplantes Verfahren.[32]

In der Zwischenanstalt wurde erheblicher Aufwand betrieben. Die fiel zunächst den eingeschalteten Abteilungs-Ärzten zu. Die Listen hatten die Spalten Lfde. Nummer, Name und Vorname, T[agebuch]-Nr., K[ataster]-Nr., Geburtsort und -tag. Bis auf die Tagebuch- bzw. Katasternummer, die offenbar der Anbindung an den bestehenden Aktenzusammenhang dienten, waren alle Spalten ausgefüllt. Spalten für Diagnose, Rückhaltevermerke o. ä. gab es nicht. Die leeren Spalten wurden daher für Diagnosezwecke umfunktioniert oder Diagnosen und Rückhaltevermerke in die ausgefüllten Spalten geschrieben. Die genaue Arbeitsweise war im Formular nicht festgelegt und wurde vom jeweiligen Arzt nach Gutdünken vorgenommen. So enthält die „Transport-Liste Nr. 1" für den Transport vom 23. April 1941 eine zusätzliche handschriftliche Spalte „Diagnose", in die Kennziffern für Krankheitsbilder eingetragen wurden. In der Spalte für die Tagebuchnummern sind die Stationen eingetragen. Mit Bleistift abgehakt sind die Stationen IA, IB und IC, deren Patienten so offenbar als erste „abgearbeitet" worden sind. In die Kataster-Spalte sind für die ersten vier Namen auch die ursprünglichen Aufnahmedaten der Patienten eingetragen, ein Verfahren, das offenbar sofort wieder aufgegeben worden ist. Hinter einigen Namen befinden sich Ausrufezeichen, was nach einer Marginalie von Dr. Johann Recktenwald bedeutet, dass diese Fälle „besonders eingehend besprochen" worden sind. Diese besonders eingehend besprochenen Fälle sind aber nur in Ausnahmefällen identisch mit den zurückgestellten Patienten, bei denen meist der Rückstellungsgrund angegeben ist. Die Namen der Zurückgestellten sind rot durchkreuzt. Auf der ersten Seite der „Transport-Liste Nr. 1" befindet sich der handschriftliche Vermerk: „R[ücksprache] m[it] [Ahlborn]. Die ersten 90 Kranken sind zur Überführung fertig zu machen, 1 – 96 abzüglich der [rot] Durchstrichenen. Dr. R[ecktenwald]". Der Rentmeister Ahlborn erstellte die gewünschte, 90 Patienten umfassende Liste und ließ dabei für die zurückgestellten acht Patienten aus der insgesamt 103 Namen umfassenden Anforderungsliste andere Patienten „nachrücken".[33] Die neue Liste enthielt über Zuname, Vorname, Wohnort hinaus die genaue Anschrift des Zahlenden bzw. der zahlenden Stelle noch das Aktenzeichen (oft unbekannt), den letzten bekannten Pflegesatz, die Summe von angefallenen Überzahlungen, eine Spalte „Besonderes" sowie eine Doppelspalte mit der Rubrik „Nicht ausfüllen". In einer separaten Liste wurden Wertsachen und Geldguthaben der Patienten aufgeführt. Die Wertgegenstände und die Krankenakten wurden mit auf den Transport gegeben, der am 23. April planmäßig Andernach verließ. Den bürokratischen Abschluss bildete die Übersendung von 90 Formblättern als Verlegungsnachweis an die Verwaltung des Provinzialverbandes, die per Vermerk festgehalten wurde. Folgt man den Schilderungen der beiden Abteilungsärzte aus Galkhausen vor Gericht, so fanden auch dort intensive Untersuchungen der Patienten statt. Der Chefarzt verlangte von seinen beiden Abteilungsärzten, dass sie neben der allgemeinen ärztlichen Versorgung der Patienten rasch kurze Gutachten (Umfang jeweils eine halbe Seite) anfertigten, und kontrollierte diese Arbeit auch, indem er unabhängig von seinen Ärzten Erkundigungen einzog und sich bei den Pflegern auf den Stationen informierte. Die Abteilungsärzte machten ihn, der kurz nach Kriegsende den Freitod gewählt hatte, für das rigorose Vorgehen verantwortlich, mit dem er viele ihrer Rückhaltevorschläge abgewiesen hätte.

Die statistische Bilanz der Selektionstätigkeit

Der zahlenmäßige und prozentuale Vergleich spiegelt den Unterschied zwischen der verweigernden Anstalt Andernach und der kooperierenden Anstalt Galkhausen kaum wider.[34] Zwar ist die Rückhaltequote in Galkhausen etwas geringer als in Andernach, wirklich signifikant ist dies aber nicht. Auch die Größenordnung unterscheidet sich nicht von den Rückhaltequoten, wie sie andernorts üblich waren.[35]

Setzt man diese Zahl in Relation zu den Zahlen, die der Medizinaldezernent Creutz am 29. März 1941 seinen Chefärzten genannt hat, wird die Diskrepanz noch deutlicher. Rückhaltequoten von 30 bis 40 % hatte er damals erwähnt, die von den Berliner Stellen als möglich bezeichnet worden seien.[36] Dieser Rahmen ist nicht annähernd

Rückhaltequoten	Andernach	Galkhausen	Insgesamt
Ermordete rhein. Patienten	913	869	1782
Zurückgehaltene und Entlassene	103	62	165
Proz. Relation der geretteten Patienten zu den ermordeten Patienten	11,3	7,1	9,3

Tabelle 1: Rückhaltequoten in Andernach und Galkhausen

ausgeschöpft worden, ein weiteres Indiz dafür, dass die Zahl der Rückhaltungen im Rheinland eindeutig systemkonform war.

Diese Aussage kann man an der Aufschlüsselung der Rückhaltegründe weiter plausibel machen.[37] Von T4 akzeptierte Rückhaltegründe waren Kriegsauszeichnungen, gute Arbeitsfähigkeit, bestimmte Krankheitsbilder oder eine fremde Staatsangehörigkeit. 88% der zurückgehaltenen Männer durften bleiben, weil sie eine Kriegsauszeichnung besaßen oder gute Arbeitskräfte waren. 87 % der zurückgehaltenen Frauen wurden als gute Arbeitskräfte benötigt. Die Arbeitskraft der Patienten war für den Betrieb der Kliniken von elementarer Bedeutung, ohne sie wäre er zusammengebrochen. Deshalb kann davon ausgegangen werden, dass die überwiegende Zahl der so Zurückgehaltenen wirklich benötigt wurde und arbeitsfähig war. Nur der kleinste Teil, wenn überhaupt, kann hier „unberechtigt" zurückbehalten worden sein. Ähnlich eindeutig verhält es sich bei den Kriegsauszeichnungen, sie waren in der Regel eindeutig festzustellen. Die Tatsache, dass in drei Fällen solche Kriegsauszeichnungen in Andernach übersehen wurden und es erst in Hadamar zu Rückstellungen kam, spricht dafür, dass von den Zurückhaltungen in Andernach eher restriktiv Gebrauch gemacht worden ist.

	Anzahl	Entlassene	Kriegsausz.	Arbeit	Krankheit	Staatsangehörigkeit
Männer	50	1	19	25	5	
Prozent		2	38	50	10	
Frauen	53	3	0	46	3	1
Prozent		6		87	6	2

Tabelle 2: Zurückhaltungen in Andernach nach Gründen

Die Verbandsleitung und der Patientenmord

Auch in der Zentralverwaltung des Provinzialverbandes lässt sich kaum etwas finden, was sich als Verzögerungsmaßnahme interpretieren ließe. Die Verantwortlichen bemühten sich nun sehr um die zügige Abwicklung der Transporte. Mit dem folgenden, undatierten Fernschreiben wandte sich Haake an Victor Brack: „Lieber Pg. Brack! Ich bitte um die möglichst baldige Zusendung des versprochenen Musterexemplars für die Anweisungen an die Anstalten zum Abtransport, damit die Transporte beginnen können. Mit den besten Grüßen und Heil Hitler Ihr Heinz Haake." Die GEKRAT übersandte ihm unter dem 8. März 1941 per Einschreiben das gewünschte Formular. Daraus entwickelte der Provinzialverband seine eigenen Vordrucke, die in der Arbeitsanstalt Brauweiler gedruckt wurden und ihre geplante Anwendung fanden.[38]

Die unter dem 06. März angekündigte Übersendung der zusätzlichen Listen muss sehr schnell vonstatten gegangen sein, denn bereits unter dem Datum vom 10. März 1941 machte Walter Creutz in einer inhaltlich nicht genau bekannten Verfügung die Anstaltsdirektoren offenbar mit der Verlegungsaktion vertraut, jedenfalls bezog er sich bei späteren Übersendung von Transportlisten auf diesen Vorgang ebenso wie die Direktoren, die Vollzug der Abtransporte meldeten.[39] Bereits am 12. März 1941 trafen die ersten Listen in der PHP Johannisthal ein. Creutz drängte auf die rasche Bearbeitung und die schnelle Überführung der Patienten in die Zwischenanstalt nicht nur in diesem Fall.[40] Von irgendwelchen Verzögerungen ist keine Rede. Noch im selben Monat nahmen Creutz und die Direktoren der in Aussicht genommenen Zwischenanstalten an einer Besprechung in der Kanzlei des Führers teil, bei der Brack und Prof. Heyde die geplante „Euthanasie"-Aktion vorstellten. Auf der Direktorenkonferenz am 29. März 1941 erläuterte Creutz den Chefärzten der rheinischen PHPs Gegenstand und Verfahren der Verlegungen und wies sie auf Rückhaltemöglichkeiten hin.[41] Parallel liefen, wie geschildert, die Aktionen der Untersuchungskommissionen, deren Ergebnisse noch bürokratisch aufbereitet und dem Provinzialverband zur Weiterleitung an die Zwischenanstalten überstellt werden mussten.

Die gelegentlich anklingenden Hinweise der GEKRAT auf Verzögerungen verstehen sich in Bezug auf das ihr abgerungene Verfahren rheinischer Zwischenanstalten, deren Funktion erst etabliert werden musste. Dies war allerdings eine Verzögerung im Vergleich zum ursprünglich geplanten Verfahren. Andererseits brauchte die rheinische Provinzialverwaltung objektiv Zeit zur Einrichtung. Den Leitern der hessen-nassauischen Zwischenanstalten war immerhin über ein Monat Zeit zugestanden worden, ihre Häuser auf die neue Aufgabe vorzubereiten.

Fazit

Die Frage nach der Entstehungsgeschichte der rheinischen Zwischenanstalten hat gezeigt, dass man keineswegs davon ausgehen kann, dass die rheinische Provinzialverwaltung sich gegen den Patientenmord gesträubt hätte. Sie hat nach aktiver Beteiligung gestrebt, wobei die Quellenlage eine genaue Zuweisung der individuellen Schuld oder Schuldanteile nicht gestattet. Die Untersuchung bestätigt die Ergebnisse von Hermeler, Kaminsky und Sandner und trägt hoffentlich dazu bei, die Legende vom rheinischen Widerstand zu beenden.

Mit dem Stopp der NS-Euthanasie im August 1941 endet auch die Geschichte der Zwischenanstalten als Orte organisierter Selektion. Als unter dem Druck des Krieges die PHPs wieder Patienten auf Transport schicken mussten, von denen viele in Mordanstalten endeten, wurde erneut auf Kliniken zugegriffen, um bestimmte Patientengruppen zu sammeln und weiter zu verlegen. So dienten gegen Kriegsende die PHPs Galkhausen, Bonn und Düren kurz- oder mittelfristig als Zwischenanstalten für psychisch kranke Arbeitskräfte vornehmlich aus Osteuropa, die von hier aus abtransportiert und ermordet wurden.[42] Diese Aktionen lassen sich in Größe und Systematik des Vorgehens jedoch nicht mit denen der T4 Aktion vergleichen.

---

[1] Er firmierte danach unter der Bezeichnung „Der Oberpräsident der Rheinprovinz, Düsseldorf, Landeshaus (Verwaltung des Provinzialverbandes)". Ich bezeichne ihn der Einfachheit halber weiterhin als Provinzialverband.

[2] Neuhaus, Zwischenanstalten und Beobachtungsstationen für schulentlassene männliche Zöglinge, in: Vorträge gehalten beim Fürsorgeerziehungs-Kursus vom 21.–24. Oktober 1912 in Bonn. Düsseldorf 1913, S. 138–181. Vergleiche auch: Franz von Holtzendorff-Vietmansdorf, Das irische Gefängnissystem insbesondere die Zwischenanstalten vor der Entlassung der Sträflinge, Leipzig 1859, sowie: Carl Friedrich Josef Götting, Strafrechtspflege und Gefängnißwesen in England und Irland nach dem Urteil der Howard Association: ein Beitrag zur Beleuchtung der sogenannten Zwischenanstalten und der Gefangenenarbeit im Freien, Hildesheim 1876.

[3] Ludwig Hermeler, Die Euthanasie und die späte Unschuld der Psychiater. Massenmord, Bedburg-Hau und das Geheimnis rheinischer Widerstandslegenden, Essen 2002, S. 49–85.

[4] Archiv des Landschaftsverbandes Rheinland (im folgenden ALVR) 16968, Bl. 154, Creutz meldete in einem abschriftlich erhaltenen Schreiben vom 6. August 1941 1792 Patienten als verlegt. Vgl. zur Gesamtzahl Hermeler, ebd., S. 53, Anm. 9.

[5] Ebd. Danach wären nicht nur 70 Männer, sondern auch statt 111 Frauen 212 Frauen nach Görden gebracht worden.

[6] Beatrice Falk/Friedrich Hauer, Erbbiologie, Zwangssterilisation und „Euthanasie" in der Landesanstalt Görden, in: Kristina Hübener (Hg.): Brandenburgische Heil- und Pflegeanstalten in der NS-Zeit, Berlin 2002, S. 79–104, hier S. 96, gehen davon aus, dass Görden erst ab Herbst 1940 als Zwischenanstalt gedient hat.

[7] Hermeler, Euthanasie (Anm. 3), S. 91 ff. sowie S. 75.

[8] Kerstin Griese, Die ersten Opfer. Jüdische Psychiatriepatienten in der Rheinprovinz, in: Frank Sparing/Marie-Luise Heuser (Hg.), Erbbiologische Selektion und „Euthanasie". Psychia-

trie in Düsseldorf während des Nationalsozialismus, Essen 2001, S. 141–156, hier S. 151 ff.

[9] So Peter Sandner, Verwaltung des Krankenmordes. Der Bezirksverband Nassau im Nationalsozialismus (= Historische Schriftenreihe des Landeswohlfahrtsverbandes Hessen, Hochschulschriften Band 2), Gießen 2003, S. 401.

[10] Ernst Klee, Euthanasie im NS-Staat, Frankfurt/M. (1983) 1985, S. 266.

[11] ALVR 14365.

[12] Vgl. Dorothee Roer/Dieter Henkel (Hg.), Psychiatrie im Faschismus. Die Anstalt Hadamar 1933–1945, Bonn 1986, S. 367.

[13] Ernst Klee (Hg.), Dokumente zur „Euthanasie". Frankfurt/Main 1985, S. 108 f. Die Bezeichnung „Erster" ist mit einer römischen Eins dargestellt.

[14] Ernst Klee, Was sie taten – was sie wurden, Frankfurt/Main 1986, S. 34.

[15] Uwe Kaminsky, Zwangssterilisation und „Euthanasie" im Rheinland, Köln 1995, S. 686 f.

[16] ALVR 13070, Bl. 25.

[17] ALVR 13070, Bl. 29. Creutz wandelte den Schlusssatz „Ich bitte mir bestätigen zu wollen, daß die Gemeinnützige Krankentransport-G.m.b.H., Berlin dortseits beauftragt worden ist, die Verlegung der jüdischen Geisteskranken vorzunehmen [...]" in die schärfere Form „Ich erwarte zunächst eine Bestätigung [...]" um.

[18] ALVR 13070, Creutz an GEKRAT am 22. Januar 1941, Bl. 33v.

[19] ALVR 13070, Bl. 41v.

[20] Justiz und NS-Verbrechen, bearb. von Adelheid Rüther-Ehlermann u.a., Band VI, Amsterdam 1971, Fall 191, S. 13.

[21] Thorsten Sueße/Heinrich Meyer, Abtransport der „Lebensunwerten": die Konfrontation niedersächsischer Anstalten mit der NS-Euthanasie, Hannover 1988, S. 218 und Bernd Walter, Psychiatrie und Gesellschaft in der Moderne. Geisteskrankenfürsorge in der Provinz Westfalen zwischen Kaiserreich und NS-Regime, Paderborn 1996, S. 920.

[22] ALVR 16968, Bl. 121 (Abschrift).

[23] Man denke nur an den erbitterten Machtkampf zwischen Leonardo Conti und Philipp Bouhler um die Führungsrolle bei der Durchführung des Patientenmordes: Henry Friedländer, Der Weg zum NS-Genozid, Berlin 1997, S. 118 f.

[24] Hinweis von Rudolf Kahlfeld.

[25] Vgl. dazu das Kapitel „Die Rückverlegungen" bei Hermeler, Euthanasie (Anm. 3), S. 125–140. Wirtschaftliche Überlegungen sorgten auch dafür, dass die Patienten aus dem konfessionellen Krankenhaus Krefeld-Königshof, die in die Zwischenanstalt Galkhausen gebracht worden waren, auch lange nach den „Euthanasie-Stopp" dort verblieben. Vergleiche dazu den Bericht des Amtsarztes über die Besichtigung vom 15. 12. 1941, in: 100 Jahre Rheinische Kliniken Langenfeld, bearb. von Heike Lützenkirchen, Pulheim 2000, S. 304 ff.

[26] ALVR 16968, Bl. 122 und 123 (Abschriften).

[27] ALVR 16968, Bl. 121 (Abschrift).

[28] Justiz und NS-Verbrechen (Anm. 20), Band III, S. 479 f.

[29] So forderte die Reichsarbeitsgemeinschaft Heil- und Pflegeanstalten am 10. Juli 1941 die leihweise Überlassung von Krankenakten an, offenbar zur Ergänzung der Informationen in den Meldebögen. ALVR 16968, Bl. 146f. (Abschrift).

[30] ALVR 42693 und 42689.

[31] So wurde eine Patientin am 7. Mai aus Hadamar zurückverlegt, weil sie aus Malmedy stammte, das bei Kriegsbeginn noch belgisch war und von der T4-Aktion ausgenommen wurde, ALVR 42685. Am 8. Mai traf die telefonische Mitteilung aus Hadamar ein, dass aus Vortransporten drei Patienten zunächst zurückgestellt worden waren, um zu überprüfen, ob sie nicht doch wegen Kriegsauszeichnungen oder Kriegsverletzungen vom Patientenmord auszunehmen wären, ALVR 42687. Bemerkenswert ist auch, dass vom Transport am 7. Juni eine Patientin auf „Anweisung aus Berlin" zurückgestellt wurde, ALVR 42689, und vom Transport vom 15. August auf telefonische Anweisung aus Hadamar fünf Frauen (eine davon zwischenzeitlich verstorben) von der Transportliste gestrichen wurden, ALVR 42683.

[32] So heißt es in einem Schreiben von Creutz an den Direktor einer PHP: „Werden Kranke durch die Gemeinnützige-Kranken-Transport-G-m-b-H. wieder in die Zwischenanstalt zurückverlegt, so übernimmt die Zwischenanstalt sogleich nach Wiederaufnahme des Kranken die Benachrichtigung der Angehörigen [...]." ALVR 16968, Bl. 129v.

[33] ALVR 42693.

[34] Berechnet nach der Zusammenstellung bei Herbert Heintz, Beitrag zur Geschichte der Psychiatrie am Beispiel der LNK Andernach unter besonderer Berücksichtigung des pädagogisch-therapeutischen Einsatzes von Laienhelfern, Diplomarbeit Universität Köln 1986, S. 131.

[35] Sandner, Verwaltung (Anm. 9), S. 451, Anm. 76.

[36] Kaminsky, Zwangssterilisation (Anm. 15), S. 342.

[37] Zusammengestellt aus den Listen in ALVR 42683 bis 42693.

[38] ALVR 16968, Bl. 120, 124, 125, 129f., 131ff. (Abschriften). Mathias Leipert u.a. (Hg.), Verlegt nach unbekannt. Sterilisation und Euthanasie in Galkhausen, Köln 1987, Dok. 63 und 64, S. 204 f. Für Andernach sind wortgleiche Formulare benutzt worden, vgl. Justiz und NS-Verbrechen (Anm. 20), Band XXII, Amsterdam 1981, Fall 601, S. 595 f.

[39] ALVR 16968, Bl. 128, 134, 136. Hier findet sich der Hinweis, dass die Verfügung Maßgaben für die Zurückstellung („vorläufig zurückbehalten") von Patienten enthielt. Ausdrücklich genannt wird die Möglichkeit, unentbehrliche Arbeitskräfte zurückzuhalten.

[40] Hermeler, Euthanasie (Anm. 3), S. 116 ff., 121 f.

[41] Kaminsky: Zwangssterilisation (Anm. 15), S. 342.

[42] Frank Sparing, Eigendynamik des Tötens. Die Provinzial-Heil- und Pflegeanstalt Düren im Bombenkrieg, in: 125 Jahre Rheinische Kliniken Düren, Erhard Knauer u.a. (Hg.), Köln 2003, S. 108–125, hier S. 117 ff.

„Erholte sich nicht mehr. Heute exitus an Marasmus senilis"
Die Opfer der Jahre 1942–1945 in Hadamar

Uta George

Einleitung

In den Jahren 1941 bis 1945 sind in der Landesheilanstalt (LHA) Hadamar ungefähr 15.000 Menschen von Ärzten, Schwestern und Pflegern ermordet worden.[1] Es waren Menschen mit Behinderungen, mit psychischen Krankheiten und Menschen, die sozial als unangepasst galten. Mehr als 10.000 Menschen wurden im Keller der LHA in einer Gaskammer mit Kohlenmonoxyd ermordet und ihre Leichen anschließend verbrannt. Ab 1942 ermordeten die Täterinnen und Täter weitere circa 4.500 Menschen durch überdosierte Medikamente und gezieltes verhungern lassen.

Gegenstand des folgenden Beitrags ist es, den Lebenslauf einzelner Opfer der Jahre 1942 bis 1945 zu skizzieren. Ein Ziel der nationalsozialistischen Morde war es, die kranken und behinderten Menschen in gewisser Weise unsichtbar zu machen. Ihre Angehörigen wurden über die tatsächlichen Umstände ihres Todes getäuscht, ihr weniges Hab und Gut verschwand durch Bereicherung der „T4" oder der Landesheilanstalt (LHA) Hadamar.[2] Umso wichtiger erscheint es, sie als Subjekte in Erscheinung treten zu lassen und ihren Lebensweg und ihr Leiden in der NS-Psychiatrie nachzuverfolgen. Die Krankenakten enthalten oftmals die einzigen Informationen, die wir heute noch über die Opfer finden können. Die Akten wurden vom Anstaltspersonal geführt, das heißt der Patient beziehungsweise die Patientin selbst tritt dort nur in Einzelfällen als Schreibende auf, beispielsweise wenn abgefangene Briefe enthalten sind. Das Personal war in der Regel vom nationalsozialistischen Gedankengut überzeugt und hatte einen dementsprechend pejorativen Blick auf die Patientinnen und Patienten. Dies ist an der Aktenführung und auch an den externen Dokumenten, wie beispielsweise von Erbgesundheitsgerichten, deutlich nachvollziehbar. Gleichzeitig treten die Patientinnen und Patienten durch die Aktenführung nur als Objekte in Erscheinung. Es gilt jedoch, jenseits dieser teilweise negativen Zuschreibungen den dahinter stehenden Menschen zu sehen.

Der Stand der Forschung und die EDV-Erfassung der Patientenakten erlauben es bis heute kaum, eine Systematik über die Wege der einzelnen Opfer in die ehemalige

Landesheilanstalt Hadamar anzulegen. Zum gegenwärtigen Zeitpunkt lässt sich außerdem nur in Ansätzen eine Statistik erstellen, die aussagekräftig mitteilen könnte, wie viele Menschen aufgrund welcher Diagnose in Hadamar eingeliefert wurden. Zwar befinden sich Angaben über die Diagnosen in der EDV-Erfassung, es gibt aber viele Doppelnennungen. Die daraus gezogenen Schlüsse haben folglich vorläufigen Charakter.

Jede einzelne Akte gründlich durchzusehen, ist ein Forschungsdesiderat der Gedenkstätte für die kommenden Jahre. Bis dato lässt sich nur vom Einzelfall ausgehend auf das Ganze schließen. Die folgenden Biographien von Opfern zeigen folgendes exemplarisch auf:
1. Menschen wurden aufgrund unterschiedlicher Diagnosen nach Hadamar überwiesen.
2. Ihre Verlegung nach Hadamar und die anschließende Ermordung waren willkürliche Akte der jeweiligen Anstaltsleitung beziehungsweise des Hadamarer Personals. Die Opfer selbst hatten auf die Verlegung keinen Einfluss.
3. Ihre Angehörigen wurden durch bewusste Falschinformation oder Kontaktverweigerung daran gehindert, sich um die hospitalisierten Familienmitglieder zu kümmern.[3]
4. Hinter den nüchternen Zahlen verbergen sich genauso viele Lebensläufe von Menschen, mit Hoffnungen, Ängsten und Träumen. Genau diese wurden ihnen genommen.

Die Morde von 1942 bis 1945 in der LHA Hadamar

Die LHA Hadamar wurde im August 1942 von der „T4" an ihren ursprünglichen Träger, den Bezirksverband Nassau, zurückgegeben.[4] Ab diesem Zeitpunkt begann das Personal mit der (erneuten) Ermordung der aufgenommenen Patientinnen und Patienten. Von außen wirkte die Anstalt zunächst, als hätte sie wieder psychiatrische Normalität erreicht. Faktisch war sie aber weiterhin eine Mordanstalt. Die Sterberate der aufgenommenen Patientinnen und Patienten lag bei circa 70%. In der Anstalt lebten mindestens 400 Patientinnen und Patienten, phasenweise bedeutend mehr. Peter Sandner hat in seiner Studie das Interesse des Bezirksfürsorgeverbandes an den Morden herausgearbeitet.[5] Demnach hatte der Bezirksverband Nassau die Anstalt Hadamar dergestalt organisiert, dass überwiegend Patientinnen und Patienten aus außerhessischen [außerhalb Hessen-Nassaus, U. G.] Anstalten nach Hadamar verlegt wurden. Sie stammten aus Anstalten in Westfalen, der Rheinprovinz, Bremen, Hamburg, Brandenburg, Sachsen, Baden und dem Elsass, kamen aber ursprünglich aus einer noch größeren Anzahl von Anstalten, wie beispielsweise aus Ostpreußen.[6]

Sie starben in der Regel innerhalb kürzester Zeit, das heißt sie wurden ermordet. An ihrem Aufenthalt verdiente der Bezirksverband mehr als an dem von hessen-nassauischen Patientinnen und Patienten. Durch das Interesse anderer Anstalten, sich ihrer Patientinnen und Patienten zu entledigen, zum Beispiel um Bombenopfer aufzunehmen, war mittelfristig immer für „Nachschub" gesorgt. Durch dieses System finanzierte sich die Mordanstalt. Das löste das Paradoxon auf, dass Anstalten eigentlich das Interesse haben, sich durch eine gleichmäßige Belegung zu finanzieren. Bei erhöhter Sterberate ist genau diese Belegung nicht mehr gewährleistet.

In der LHA Hadamar war das Morden die Hauptaufgabe; das Versorgen der Pfleglinge spielte eine untergeordnete Rolle. Der (einzige) Arzt, Dr. Adolf Wahlmann (1876–1956), hielt morgens eine Besprechung mit der Oberschwester, Irmgard Huber (1901–1974), und dem Oberpfleger Heinrich Ruoff (1887–1946) ab, bei der entschieden wurde, wer abends zu ermorden sei. Die Nachtschicht erhielt eine Liste mit den Namen der Opfer und verübte den Mord. Dabei wurden entweder Spritzen gesetzt oder aufgelöste Tabletten eingeflößt. Für die in der LHA lebenden Patientinnen und Patienten war nicht absehbar, wer ermordet werden würde, da diese Entscheidungen oft willkürlich waren. „Es wurden täglich mehrere ins Ermordungszimmer nach hinten gebracht. Mir schrie das Herz bei dem Anblick [...]. Nachdem die To[d]geweihten dort hineingebracht waren, erhielten diese zuerst die berüchtigten Tabletten in Wasser aufgelöst [...]", so die Schilderungen Überlebender.[7] Sandner betont, dass das Kriterium für den Mord hauptsächlich in der Arbeitsfähigkeit der Betreffenden zu suchen ist. Einige Patientinnen und Patienten lebten mehrere Jahre in der Mordanstalt, andere mehrere Wochen und Monate. Die im Rahmen einer Sonderaktion ermordeten Zwangsarbeiterinnen und -arbeiter verbrachten in der Regel nur wenige Stunden in der Anstalt.[8] Die Ermordeten wurden von männlichen Mitpatienten auf einem Friedhofshügel hinter dem Hauptgebäude in Massengräbern verscharrt. Beerdigungsfeiern mit den anwesenden Familien gab es nur auf ausdrücklichen Wunsch letzterer. In den Krankenakten vermerkte Dr. Wahlmann nur kurze Eintragungen, die einen natürlichen Tod vortäuschen sollten. Bei der angegebenen Todesursache handelte es sich häufig um Entzündungen, die einen schnellen Tod nach sich ziehen. Dadurch war es den Angehörigen nicht möglich, herauszufinden, ob ihr Verwandter ermordet wurde oder nicht. Für die Forschung stellt sich dasselbe Problem. Im Einzelfall ist ein Mord nicht nachzuweisen, aufgrund der Geständnisse in den Prozessen ist jedoch davon auszugehen, dass die Opfer in der Regel ermordet wurden und eben nicht eines natürlichen Todes starben.

Im Folgenden sollen einige Gründe aufgezeigt werden, die zu einer Ermordung von Patientinnen und Patienten führten. Außerdem soll angesichts der Biographien der Opfer deutlich gemacht werden, dass es sich bei ihnen um Menschen gehandelt hat, die ihrer Individualität, ihrer Lebensperspektive und ihres Lebens beraubt wurden.

Diagnose Epilepsie

Bereits im „Gesetz zur Verhütung erbkranken Nachwuchses" ist Epilepsie (Fallsucht) eine Diagnose, aufgrund derer eine Sterilisation durchgeführt werden konnte beziehungsweise sollte. Ebenso wird diese Diagnose im Merkblatt zum Meldebogen 1 aufgeführt. Mit dem Meldebogen 1 erfasste die „T4" diejenigen Patientinnen und Patienten, die zur Ermordung vorgesehen waren. Dies betraf Patientinnen und Patienten mit bestimmten Diagnosen, diejenigen, die länger als fünf Jahre in Anstalten untergebracht waren, Menschen die als kriminell galten und Menschen, die als nicht deutsch galten. Besonders wurde außerdem auf mangelnde Arbeitsfähigkeit hingewiesen: „[die] nicht oder nur mit mechanischen Arbeiten [...] zu beschäftigen sind".[9] Es nimmt deshalb nicht wunder, dass für viele Patientinnen und Patienten mit der Diagnose Epilepsie ein Meldebogen ausgefüllt wurde. Dieser führte in den meisten Fällen zu ihrer Ermordung. „Schizophrenie, Epilepsie und 'Schwachsinn' waren diejenigen Diagnosen, die den weitaus meisten Euthanasieopfern gestellt wurden", so Schmuhl.[10] Er betont, dass das Merkblatt die in der Ermächtigung Hitlers verwendete offene Formulierung „unheilbar Kranke" einschränkte, denn die Erfassung der Opfer war somit an Bedingungen geknüpft. Auch in der so genannten zweiten Mordphase in Hadamar, in den Jahren 1942 bis 1945, wurden mindestens 315 Menschen mit der Diagnose Epilepsie zu Opfern. Die außerdem in den Akten am häufigsten zu findenden Diagnosen der Opfer der Jahre 1942–1945 sind: Geisteskrankheit (1760 Nennungen), Schwachsinn (534 Nennungen), Lungenentzündung und ähnliches (451 Nennungen), Blödsinn (385 Nennungen), Schizophrenie (273 Nennungen) und Idiotie (269 Nennungen).[11]

Wilhelmine S., genannt Sofie S., geboren am 7. September 1891 in München, war seit dem 23. Februar 1910 in Anstaltsgewahrsam.[12] Die junge Frau war seit ihrem dritten Lebensjahr blind und hatte deshalb bereits einige Jahre in einer Blindeneinrichtung gelebt. Außerdem hatte sie Epilepsie. Im Februar 1910 wurde sie in die Heil- und Pflegeanstalt Wiesloch aufgenommen. Im November 1918 schrieb Frau D., ein Vorstandsmitglied des „Vereins blinder Frauen und Mädchen" an die Direktion der Heil- und Pflegeanstalt Wiesloch: „Vor einigen Tagen wurde mir mitgeteilt, dass sich in Ihrer Anstalt ein erblindetes [!] Mädchen, Sophie S., befindet. Wie ich erfahre, leidet dieselbe an Epilepsie und wünscht, da sich ihr Gesundheitszustand gebessert haben soll, etwas geistige Anregung."[13] Frau D. schlug vor, dass Sofie S. die Blindenschrift erlernen könne oder doch zumindest ein Besuch möglich sein solle. Im Juni 1919 besuchte Sofie S. daraufhin Frau D. in Heidelberg.[14] Im Februar 1919 hatte sich bereits ein ehemaliger Lehrer von Sofie S., Pfarrer A., in Wiesloch gemeldet. Pfarrer A. schlug vor, die Patientin in einem Blindenheim unterzubringen, sofern ihre epileptischen Anfälle dies zuließen.[15] Die Heil- und Pflegeanstalt Wiesloch signalisierte, dass von

Sophie S. (LWV-Archiv, Bestand 12, K 385)

ihrer Seite keine Bedenken gegen eine Verlegung Sofie S.' in ein Blindenheim bestünden. Pfarrer A. verfolgte die Angelegenheit in der kommenden Zeit sehr engagiert, indem er in Einrichtungen für Blinde anfragte, ob Sofie S. dort unterkommen könne. Auch hatte er offensichtlich Kontakt zu der Patientin selbst, wie aus einem Schreiben hervorgeht: „Ich bin selbst blind und kann mich in die Lage der Sophie S., die ja recht unglücklich ist, wohl hineindenken."[16] Auch die Direktion der Anstalt Wiesloch unterstützte den Wunsch der Patientin nach Verlegung in ein Blindenheim: „Wir beabsichtigen die blinde Kranke Sofie S. von Karlsruhe auf ihren Wunsch in ein Blindenheim zu überführen. Sie leidet an Epilepsie; die Anfälle sind aber in den letzten Jahren nur sehr selten aufgetreten und waren nur schwach, weshalb unseres Erachtens ein längerer Aufenthalt der Kranken in hiesiger Anstalt nicht erforderlich ist."[17] Die Patientin wurde jedoch weder in eine Einrichtung für Blinde noch in die „Heil- und Pflegeanstalt für Epileptische" in Kork/Baden aufgenommen. Die Einrichtungen weigerten sich aufgrund der Doppeldiagnose sie aufzunehmen. Am 28. November 1921 wurde sie schließlich doch in das Blindenheim Freiburg verlegt. Aus dem Schriftwechsel kann man den Eindruck gewinnen, dass es zum einen für sehbehinderte Menschen Netzwerke gab, wie den Verein blinder Frauen und Mädchen und Pfarrer A. Zum anderen ist zumindest in diesen Jahren in der Akte von Sofie S. ein freundlicher, wertschätzender Ton vorherrschend.

Am 7. April 1923 verließ Sofie S. auf eigenen Wunsch das Blindenheim in Freiburg – die Gründe werden in der Akte nicht genannt. Sie kam in die badische Kreispflegeanstalt Hub, wo sie bis 1941 blieb. Die Begründung bei der Aufnahme in Hub lautete „Wegen Erblindung anstaltsbedürftig."[18] In Hub meldete sich der Reichsdeutsche Blindenverband e. V. und bot an, dass Sofie S. in das „Blindenerholungsheim auf dem Kniebis" führe. Sie selbst hatte diesen Wunsch offenbar gegenüber dem badischen Landesblindenpfleger geäußert. Die Anstalt stimmte dem zu. In den folgenden Jahren fuhr Sofie S. regelmäßig in das Erholungsheim und schätzte dies sehr.[19] Im Laufe der Jahre musste allerdings die Anstalt Hub die Pflegegelder für die Finanzierung des Aufenthaltes abgeben. Die Verknappung der staatlichen beziehungsweise öffentlichen finanziellen Ressourcen ab der zweiten Hälfte der Weimarer Republik wird daran deutlich.

Im Jahr 1934 hatte Sofie S. angeblich „selbst aufgrund des [...] vorliegenden Gutachtens, in welchem erbliche Fallsucht festgestellt ist, [...] Antrag auf Unfruchtbarmachung gestellt."[20] Außerdem wurde ein Stammbaum erstellt, „wonach auf Vater- und Mutterseite Sehstörungen, beim Vater auch Trunksucht, bei der Mutter Tuberkulose vorlagen."[21] Das Urteil des Erbgesundheitsgerichtes beruhte unter anderem auf sozialen Kriterien. Bereits bei der Aufnahme von Sofie S. in Hub 1923 war die notierte Anamnese eindeutig rassenhygienisch geprägt gewesen. „Vater [...] ist Trinker [...], hat 2 an Tbc. verstorbene Schwestern und 2 Brüder, die ebenfalls stark schielen. [...] Er hat vorehelich mit Mutter Wilhelmine S. [der Mutter von Sofie S., U.G.], die mit 30 Jahren an Tbc. stirbt, ein Kind."[22] Die Mutter von Sofie S. starb bereits 1901, als Sofie S. zehn Jahre alt war. Der Vater starb 1911. Dieser Umstand erklärt, warum Sofie S. bereits seit frühester Jugend in Einrichtungen lebte und selten Besuch von Verwandten erhielt. Erst in späteren Jahren stellten ihre Halbgeschwister einen Kontakt zu ihr her. In der Krankengeschichte wurde Sofie S. als hochbegabt bezeichnet. Diese Einschätzung floss auch in die Zusammenfassung des Stammbaums ein. Dennoch wurde sie am 4. Juli 1934 zwangsweise sterilisiert. Obwohl in der Urteilsbegründung des Erbgesundheitsgerichtes Karlsruhe behauptet wurde, sie selbst habe den Antrag auf Unfruchtbarmachung gestellt, machen die Einträge in der Krankenakte deutlich, dass dies vermutlich gegen ihren Willen geschah: „Durch ihre Sterilisierung hat Pat. seelisch ziemlich gelitten und kommt oft in Händeleien mit anderen Pfleglingen."[23]

Auch in den Jahren in Hub wurde häufig sehr positiv über sie geschrieben. So galt sie als intelligent und arbeitswillig. Beispielsweise las sie den sehenden Mitpatientinnen Texte (in Blindenschrift) vor. „Obengenannte [...] ist ein intelligenter und lebenskluger Mensch, der sich immer selbstständig fortzubilden versucht und vielseitige Interessen hat. Vor etlichen Jahren durfte Frl. S. für Ihre Bücherei Bücher abschreiben und hat sich sehr glücklich dabei gefühlt. [...] Jetzt möchten wir ihre Bitte, wieder für Sie mit der Maschine schreiben zu dürfen, gerne unterstützen. Wir sehen, wie sie nach einer mehr geistigen Arbeit förmlich hungert, können ihr aber von uns aus ähnliches nicht bieten."[24]

Am 31. Juli 1941 wurde Sofie S. in die Heil- und Pflegeanstalt Wiesloch verlegt. Wiesloch war eine Zwischenanstalt für die Mordanstalt Hadamar.[25] Offenbar war Sofie S. vorgesehen zur Ermordung in Hadamar. In der Krankenakte wird die Aufnahme in Wiesloch überhaupt nicht vermerkt; erst im Februar 1944 findet sich dort der nächste Eintrag (nach dem 31. Juli 1941): „Die Pat. wurde s.Zt. als DU-Pat. hierher verlegt. Deshalb keine Krankengeschichte angelegt."[26] Die Bezeichnung „DU-Pat" lässt sich vermutlich mit Durchgangspatientin übersetzen; das mangelnde Anlegen einer Krankengeschichte lässt ebenso darauf schließen, dass ein längerer Aufenthalt von Sofie S. in Wiesloch nicht vorgesehen war. Über die Gründe, sie nicht in der Hadamarer Gaskammer zu ermorden, kann nur spekuliert werden.

Im Mai 1944 schrieb der Verein blinder Frauen Deutschlands e.V. an die Anstalt Wiesloch und berichtete dem Direktor vom Wunsch Sofie S.', in ein Blindenheim verlegt zu werden. „Sie begründete das Gesuch damit, daß seit dem Feindangriff auf die Anstalt in der Abteilung, in der sie selbst sei, unruhige Geisteskranke hätten untergebracht werden müssen. [...] Sie fürchte wohl auch ständig, anderswohin verbracht zu werden, falls die Anstaltsgebäude zur Unterbringung eines Lazaretts beschlagnahmt werden."[27] Obwohl Medizinalrat Dr. W. bereits im Februar dieses Ansinnen verfolgt hatte, wurde dieser Wunsch von Sofie S. nicht erfüllt.

Stattdessen wurde Sofie S. am 6. Juni 1944 nach Hadamar verlegt und verstarb dort am 28. Juni 1944, angeblich an Status epileptikus. Vermutlich wurde sie durch das Hadamarer Anstaltspersonal ermordet. Sofie S. ist ein Opfer der Institutionslogik geworden. Aufgrund ihrer Doppeldiagnose und in Kombination mit ihrer Hochbegabung gab es für sie keinen Platz, so schien es. Obwohl ihr in Hub große Wertschätzung entgegengebracht wurde, wurde sie dennoch verlegt. Nachdem von Wiesloch aus der letzte Versuch, sie in einem Blindenheim unterzubringen, scheiterte, war es der Logik der Psychiatrie im Nationalsozialismus immanent, sie zu ermorden.

Bruder und Schwester in Hadamar

Toni E., geboren 1903 in der Nähe von Rheine/Emsland, stammte von einem Gut.[28] Ihr Beruf wurde als „Gutsbesitzertochter" angegeben. Bereits seit 1930 befand sie sich in Ahrweiler in einer Kuranstalt und kam am 4. Mai 1931 in die Provinzialheilanstalt Münster. Ihr Vater übernahm die Kosten ihrer Unterbringung, sie galt dadurch als

Toni E. (LWV-Archiv, Bestand 12, K 2924)

Selbstzahlerin. Die Diagnose lautete zunächst Jugendirresein, später dann Schizophrenie. Die Anzeige beim Erbgesundheitsgericht ist auf den 9. August 1934 datiert. Darin wurde sie als fortpflanzungsfähig und fortpflanzungsgefährlich eingestuft, eine Entlassung komme nicht in Frage.[29] Offenbar wurde sie nicht sterilisiert, vermutlich weil eine Entlassung sowieso nicht in Erwägung gezogen wurde. Der Gesetzeskommentar des „Gesetzes zur Verhütung erbkranken Nachwuchses" wies ausdrücklich darauf hin, dass Patientinnen und Patienten, die entlassen werden sollten, besonders „gefährlich" seien, da ihnen die „Erbkrankheit" nicht anzumerken wäre. Diejenigen hingegen, die nicht entlassen werden sollten, mussten nicht zwangsläufig sterilisiert werden. Durch die strikte räumliche Trennung von Männern und Frauen in der Unterbringung wurde ein Kontakt zwischen den Geschlechtern innerhalb der Anstalten, und damit eine Schwangerschaft, ausgeschlossen. Jedenfalls befindet sich kein weiterer diesbezüglicher Schriftverkehr in der Akte und auch in der Krankengeschichte weist nichts darauf hin. Im Juni 1937 forderte das Erbgesundheitsgericht Münster bei der Provinzialheilanstalt Münster die Akten von Toni und ihrem Bruder Bernhard E. an. Für einen weiteren Bruder, Josef E., sollte ein „Erbgesundheitsverfahren" angestrengt werden. Während Bernhard E. später den Hof erbte und offenbar nicht mehr Patient einer psychiatrischen Einrichtung wurde, befand sich Josef E. seit dem 20. Januar 1937 ebenfalls als Patient in Münster. Er wurde am 6. April 1904 geboren und arbeitete als Landwirtschaftsgehilfe auf dem elterlichen Hof. Seine Diagnose

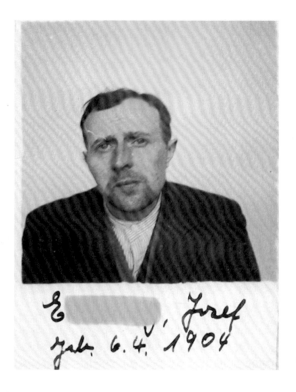

Josef E. (LWV-Archiv, Bestand 12, K 3719)

lautete Schizophrenie („manisches Zustandsbild"). Der Antrag auf Zwangssterilisation ist auf den 20. April 1937 datiert, der Beschluss auf den 17. Juli desselben Jahres. Der Beschluss ist ausnehmend kurz verfasst (circa eine halbe Seite) und begründet den Entscheid zur Sterilisation mit der Diagnose, einer „6-monatige[n] Anstaltsbeobachtung" und dem Verweis darauf, dass „[u]nter den Geschwistern [...] 2 gleichartige Erkrankungen festgestellt" worden seien.[30] Josef E. erhob jedoch Einspruch, sodass sich das Erbgesundheitsobergericht Hamm des Falles annahm und am 2. September 1937 die ursprüngliche Entscheidung bekräftigte, dass „der Kranke unfruchtbar zu machen ist". Am 22. Oktober 1937 wurde Josef E. im Klemenshospital Münster sterilisiert. Er erhielt parallel zum „Erbgesundheitsverfahren" eine Insulinschocktherapie. Insulinschocktherapien wurden seit 1935 bei der Behandlung von Schizophrenie angewandt. Durch Einspritzung von Insulin wurde ein Zuckermangelschock ausgelöst und die Patienten und Patientinnen fielen in ein Koma, welches „Wirkung bei schizophren erkrankten Menschen erziel[e]."[31] Durch Zuführung von Zucker erwachten die Patienten und Patientinnen wieder. Die Insulinschockverfahren führten zu einer relativ hohen Todesrate (0,5% bis 2%).[32] Josef E. bekam in der Zeit vom 9. April bis 5. Juli 1937 fast täglich Insulin verabreicht; in den meisten Fällen wurde er bewusstlos. Die Schilderungen in der Krankenakte über die Insulinschocktherapie sind kurz, lassen aber trotzdem erahnen, was es für den Patienten bedeutet haben muss, mehrere Monate hintereinander fast täglich in ein künstliches Koma versetzt zu werden: „[...] Ab 7 1/2 Uhr [...] wälzte sich im Bett hin und her, um 8 1/2 Uhr allmählich Zittern, ruhig, starker Speichelfluß, bewusstlos [...]."[33]

Für Toni E. wurde der Meldebogen 1 im Oktober 1940 ausgefüllt. Die Meldebogen dienten der „T4" dazu, die Patientinnen und Patienten zu erfassen, die ermordet werden sollten. Dabei kam es den Gutachtern in besonderem Maße darauf an, die Arbeitsfähigkeit und die Heilbarkeit der Betreffenden herauszufinden. Wer als unheilbar und nicht-arbeitsfähig galt, wurde als so genanntes „lebensunwertes Leben" eingestuft und war zur Ermordung vorgesehen. Der Meldebogen von Toni E. vermerkt unter „Art der Beschäftigung: Handarbeit. Brauchbare Arbeiterin".[34] Dies könnte ein Hinweis darauf sein, warum sie die Gasmordphase überlebte.

Toni E. erhielt in den Jahren in Münster mehrfach eine Cardiazolschocktherapie. Patientinnen und Patienten wurde das Krampfauslösende Cardiazol in der (falschen) Annahme verabreicht, dass zwischen Epilepsie und Schizophrenie ein Gegensatz bestehe. „Durch den künstlich hervorgerufenen Krampfanfall werde etwas im Kranken soweit verändert, dass sich die Geisteskrankheit bessert. Ein Krampfanfall wurde durch die schnelle intravenöse Einspritzung von Cardiazol hervorgerufen. Bis der Krampf einsetzte, wurde von den Patienten ein qualvoller Zustand mit Wahrnehmungsstörungen, Vernichtungsangst und heftigen Zuckungen erlebt. Die Zuckungen führten nicht selten zu zum Teil erheblichen Knochenbrüchen."[35] Toni E. bekam insgesamt siebenmal Cardiazol gespritzt, dies löste jedes Mal einen Krampf aus. Therapien wurden prinzipiell nur an die Patientinnen und Patienten verabreicht, von denen angenommen wurde, sie hätten eine heilbare Krankheit. Die letzten Cardiazolschocktherapien bekam sie im Oktober 1942, also genau zwei Jahre nach Ausfüllen des Meldebogens 1, in dem sie als „brauchbare Arbeiterin" klassifiziert worden war.

Ihr Vater schickte beiden Kindern häufig Pakete mit Kuchen, Gebäck, Obst, Schokolade und Kleidung und schrieb ihnen regelmäßig. Nach seinem Tod übernahm der älteste Bruder, Bernhard E., diese Aufgabe. In seinem Testament befreite der Vater seinen Erben davon, die Kosten für die in Anstaltspflege befindlichen Geschwister zu tragen. Bernhard E. zahlte dennoch weiter für seine Geschwister Toni und Josef E. die Unterbringungskosten.

Josef E. wurde am 29. Juni 1943 von Münster in die LHA Eichberg verlegt. Von der LHA Eichberg gibt es in der Akte kein Dokument, nur die Eintragung in die Krankengeschichte, dass Josef E. mit einem Sammeltransport nach dort verlegt wurde. Am 12. Oktober 1943 wurde er weiter nach Hadamar verlegt, wo er wenige Tage später, nämlich am 25. Oktober desselben Jahres, angeblich an Marasmus verstarb. Sein Bruder schrieb der Anstalt am 13. Dezember 1943, „[s]preche Ihnen hierdurch für Pflege des Patienten Jos. E. meinen aufrichtigen Dank aus"[36] nicht ahnend, dass Josef E. mit großer Wahrscheinlichkeit vom Hadamarer Personal ermordet worden war.

Toni E. wurde am selben Tag wie ihr Bruder, am 29. Juni 1943, von Münster wegverlegt und zwar nach Weilmünster. Das Datum ihrer Verbringung nach Hadamar geht aus der Akte nicht eindeutig hervor. Der Tod von Toni E. wurde von der Landesheilanstalt Hadamar mit Datum vom 30. Oktober 1944 beurkundet. Bernhard E. antwortete am 23. November 1944 auf die Mitteilung über ihren Tod und fragte an, „ob ein katholischer Priester anwesend war". Die Anstalt antwortete: „ein katholischer Priester wird nur auf besonderen Wunsch der Angehörigen oder des Verstorbenen selbst beansprucht."[37] Dies ist besonders perfide angesichts eines Vermerks, der sich auf der Deckelinnenseite der Akte befindet: „Ich wünsche seelsorgerische Betreuung durch den zuständigen katholischen Geistlichen und zwar [...] im Todesfall kirchliche Beerdigung. Antonia E."[38]

Ein Teilnehmer des 1. Weltkrieges

Georg P. wurde am 13. Juli 1877 in Potsdam geboren.[39] P. war Soldat im 1. Weltkrieg gewesen und befand sich von 1917 bis 1920 in Kriegsgefangenschaft. Er kam erstmals 1923 mit der Psychiatrie in Berührung: Am 26. Dezember 1923 wurde er in die Universitätsnervenklinik Frankfurt am Main eingewiesen und blieb dort bis zum 18. Februar 1924. Die Diagnose lautete Schizophrenie/progressive Beziehungspsychose. Der arbeitslose Friseur betonte an vielen Stellen in der Akte, dass er durch seine Kriegsteilnahme seinen Friseurladen verloren habe. Seitdem hatte er nur noch Gelegenheitsarbeiten. Nicht zuletzt deshalb lebte er vier Jahre in einem Obdachlosenasyl in der Frankfurter Kaiserhofstraße. Von dort kam er am 1. Februar 1939 erneut in die Frankfurter Universitätsnervenklinik. Am 18. Februar 1939 wurde er in die Landesheilanstalt Hadamar aufgenommen und lebte dort ab dem 29. Juni 1939 auf dem zur Anstalt gehörenden Hofgut Schnepfenhausen. Er arbeitete daselbst in der Gartenkolonne. Die Landesheilanstalt wurde mit Beginn des 2. Weltkriegs zu 50% und ab Januar 1940 zu 100% in ein Reservelazarett umgewandelt. Die bis dahin dort lebenden Patienten und Patientinnen wurden zumeist in andere Anstalten verlegt. Nach der Studie von Bettina Winter verblieben circa 100 als arbeitsfähig eingestufte Patienten in der Anstalt und wurden vermutlich im Reservelazarett und auf dem Hofgut zur Arbeit herangezogen.[40] Georg P. war einer dieser Patienten. Besuch war für die auf dem Hofgut lebenden Patienten auch während der Zeit des Reservelazaretts erlaubt, es gab feste Besuchszeiten.[41]

Georg P. (LWV-Archiv, Bestand 12, K 1200)

Auch während der „T4-Morde" lebte Georg P. auf dem Hofgut. Winter beschreibt, dass die Patienten auch in den Monaten von Januar bis August 1941 Besuch durch die Angehörigen bekommen konnten. Sie geht davon aus, dass am 21. beziehungsweise 22. August 1941 alle auf Schnepfenhausen untergebrachten Patienten in der Gaskammer ermordet wurden.[42] Die Akte von Georg P. belegt, dass im August 1941 auf jeden Fall nicht alle Patienten des Hofgutes ermordet wurden. Sandner beschreibt, dass ungefähr 80 Patienten auf dem Hofgut die Gasmordphase überlebten.[43] Die Tatsache, dass P. nicht ermordet wurde, ist vermutlich auf seine Teilnahme am 1. Weltkrieg zurückzuführen in Kombination mit seiner Arbeitsfähigkeit. Teilnehmer des 1. Weltkriegs hatten während der „T4-Morde" einen gewissen Schutz. So konstatiert Peter Sandner, dass in Hadamar Kriegsteilnehmer von den Morden „zurückgestellt" wurden.[44] Dies bedeutet, dass die Ärzte vor Ort einen Patienten, der bereits mithilfe des Meldebogens 1 von den „T4"-Gutachtern selektiert worden war, zunächst verschonten. In Hadamar wurden 97 Patienten und Patientinnen zurückgestellt.[45] Dies bedeutete aber noch nicht die Rettung; viele von ihnen wurden zu einem späteren Zeitpunkt ermordet.

Die Krankenakte von Georg P. ist in den Monaten während der „Aktion T4" völlig unauffällig, das heißt die (einzige) Eintragung in der Krankengeschichte unterscheidet sich nicht von Eintragungen anderer Monate.[46] Die Tatsache, dass im zwei Kilometer Luftlinie entfernten Hauptgebäude mehr als 10.000 Menschen in nur acht Monaten in einer Gaskammer ermordet wurden, hatte auf die Aktenführung auf dem Hofgut offenbar keinen Einfluss. Am 8. Oktober 1941 fragte die nationalsozialistische Kriegsopfervereinigung – Kameradschaft Minden in Westfalen an, ob P. nach Minden entlassen werden könne, um dort „als Schäfer oder in ähnlicher Stellung" zu arbeiten.[47] Auch könne sich dann sein Bruder besser um ihn kümmern. Der Verwaltungsleiter der Anstalt, Landessekretär Klein, verneinte dies mit der Begründung, dass „unter den derzeitigen Verhältnissen [...] die Unterbringung des P.s in einer Anstalt erforderlich" sei.[48] In der eigentlichen Krankengeschichte finden sich nur zwei Eintragungen aus Hadamar, eine vom 27. August 1939 und eine vom 25. März 1943. Laut dieser Eintragungen wurde P. am 24. März 1943 vom Hofgut in das Hauptgebäude zurück verlegt. „War jahrelang im Hof beschäftigt. Erkrankte an allgemeinem Marasmus: + herzkrank. Mußte gestern in die Abteilung zurückverlegt werden. Erholte sich nicht mehr. Heute <u>exitus</u> an <u>Marasmus senilis.</u>"[49] Bezeichnenderweise schrieb Dr. Wahlmann über die letzte Eintragung das Wort „Hadamar" als sei dies die erste Eintragung seitens der LHA Hadamar. Tatsächlich lebte der Patient zu diesem Zeitpunkt bereits seit fast vier Jahren in Hadamar und es gab einige Eintragungen. Ganz offensichtlich schrieb Dr. Wahlmann ohne Nachzudenken die letzte Eintragung, die über die Ermordung P.s hinwegtäuschen sollte. P. wurde vermutlich ermordet, da er als Arbeitskraft nicht mehr in Frage kam.

Noch heute ein sichtbares Andenken

Sophia D. wurde am 13. Dezember 1885 im Kreis Steinfurt geboren.[50] Von Mai bis Anfang August 1939 war sie in der psychiatrischen Abteilung im Hüfferstift in Münster untergebracht. Im März 1942 wurde sie dort erneut aufgenommen. Die Diagnose lautete „manischer Erregungszustand". Am 27. März 1942 kam sie nach Marienthal und von dort am 21. April 1942 in die Provinzialheilanstalt Münster. Am 23. April war „dürftiger Ernährungszustand" in der Akte vermerkt worden. Sie erhielt in Münster mehrere Cardiazolschocktherapien und Skopolamin (wirkt beruhigend und dämpfend; sorgt für einen Zustand der Willenlosigkeit und Apathie). Vom 1. September bis 22. Dezember 1942 lebte sie aufgrund der Initiative ihres Sohnes wieder zuhause, wurde aber am 22. Dezember 1942 erneut in Münster eingeliefert.[51] Ihr Sohn und ihr Mann schickten ihr viele Päckchen. Am 30. Juni 1943 wurde sie nach Weilmünster verlegt. Dort blieb sie fast zwei Jahre. Am 23. März 1945 kam sie nach Hadamar und verstarb dort wenige Tage später, am 8. April 1945.

Der letzte Eintrag in der Akte gleicht in seiner Kürze und in seinem Aufbau den Einträgen, die Dr. Wahlmann als Tarnung für die Morde stets am Ende der Akte schrieb. Die letzten beiden Einträge in der Akte von Sophia D. wurden allerdings nicht von Dr. Wahlmann, sondern von Irmgard Huber, einer der Haupttäterinnen der beiden Mordphasen in Hadamar, geschrieben, offensichtlich beide am selben Tag. „23. III. Wegen Räumung nach Hadamar verlegt. 9.4.45 Gestern weiter verschlechtert. An Marasmus gest[orben]."[52] Huber meldete den Tod Sophia D.s auch beim Hadamarer Standesamt.[53] Darüber hinaus meldete sie dem Standesamt nach dem 26. März 1945 weitere fünf Frauen und einen Mann.[54] Vier der Frauen und der Mann wurden, genau wie Sophia D., am 23. März 1945 von Weilmünster nach Hadamar verbracht. Entweder hat die LHA Hadamar in diesen Akten keine Eintragungen vorgenommen oder sie beschränken sich auf ausnehmend kurze Notizen: „1. 4. 45 Verstorben: Marasmus."[55] Die Sterbeurkunde unterschrieb jeweils Irmgard Huber, in einem Fall gemeinsam mit Dr. Hermann Bolker, Major der US-Armee. Es ist anzunehmen, dass es kein Zufall war, dass diese sechs Verstorbenen (inklusive Sophia D.) alle am selben Tag aus Weilmünster kamen und alle, wenn auch in unterschiedlicher Form, durch Irmgard Huber betreut wurden. Bislang war die Forschung davon ausgegangen, dass das Morden in Hadamar mit dem Einmarsch der US-Armee beendet war. Nach den nun vorliegenden Erkenntnissen muss dies aber mit einem Fragezeichen versehen werden. Es ist nicht auszuschließen, dass Irmgard Huber oder eine andere Schwester auch diese sechs Menschen ermordet haben. Ob weitere Patientinnen oder Patienten nach dem 26. März 1945 ermordet wurden, muss Gegenstand weiterer Forschung sein.

Der Sohn von Sophia D. hatte vermutlich eine Vorahnung. Er versuchte „am Tage der Besetzung von Hadamar", seine Mutter zu besuchen, geriet jedoch in die Befreiungshandlungen der US-Armee und wurde gefangen genommen. „Ich habe sehr an meiner Mutter gehangen und so immer verhindert, dass meine Mutter von Weilmünster in eine andere Anstalt überführt würde."[56] Der neue Leiter der Anstalt Hadamar, Dr. Altvater (1880–1961), hatte bereits im November 1945 dem Ehemann von Sophia D. mitgeteilt, dass „sie eines natürlichen Todes gestorben ist, kann ich Ihnen versichern, denn der Einmarsch der Amerikaner fand bereits gegen Ende März hier statt. Sie ist mit allen kirchlichen Ehren auf unserem Anstaltsfriedhof begraben worden."[57] Altvater antwortete dem Sohn Mitte Mai 1946 auf dessen Wunsch, die sterblichen Überreste der Mutter überführen zu lassen. Er schrieb zwar, dass „damals in der chaotischen Zeit noch immer die Beisetzung mehrerer Verstorbener zusammen in einem Grab stattfand", beschwichtigte aber an anderer Stelle den Sohn. „Im übrigen sind die Gräber [...] mit Blumen bepflanzt, so dass Sie sich darüber keine Sorgen zu machen brauchen." Weiter antwortete Altvater auf die Frage des Sohnes nach einer Krankenschwester, „so ist diese ausgeschieden, der Aufenthalt ist unbekannt."[58] Bei dem Anstaltsfriedhof handelte es sich um Massengräber, das getarnt wurde durch eine Gestal-

Holzkreuz für Sophia D. (Foto: Uta George)

tung mit Einzelgräbern, aber nicht um einen ganz normalen Friedhof, wie Altvater glauben lassen mochte.[59] Er hätte außerdem wissen können, dass sich die betreffende Schwester in Untersuchungshaft befand. Die Beerdigung fand außerdem vermutlich nicht mit „kirchlichen Ehren" statt. Altvater hat damit zu einer Verschleierung der Morde und zu einer Geschichtsklitterung beigetragen. Die Angehörigen hingegen hofften, bei Nachfrage in der Anstalt eine der Wahrheit entsprechende Auskunft zu erhalten.

Erich D. blieb in seinem Kontakt zur Anstalt hartnäckig. Nachdem ihm verwehrt wurde, die sterblichen Überreste seiner Mutter überführen zu lassen, ließ er ein Holzkreuz anfertigen und auf dem Grab 486 aufstellen.[60] Dieses Grab hatte Altvater als Ort der Beisetzung von Sophia D. angegeben. Dort steht es bis heute. Es ist das einzige persönliche „Denkmal" für eine verstorbene Patientin, das sich auf dem Friedhof befindet.

Eine politisch motivierte Einweisung

Ella S., geboren am 12. Februar 1874 in Speyer, lebte mit ihrem Ehemann in Frankfurt am Main.[61] Sie hatte am 3. November 1941 einen Brief an den Reichspressechef, Dr. Dietrich, geschickt: „[...] anstatt der schon 1848 ersehnten Freiheit herrscht bolschewistischer Terror in Frankfurt, die Geheime Staatspolizei mordet, plündert, schiebt, brandschatzt, es gibt kein Verbrechen, was sie nicht ausführt; wagt es ein Frankfurter nur den Kopf zu schütteln, wird er blutig geschlagen und ins Gefängnis geworfen oder nach Dachau verschickt." Das Landgericht Frankfurt urteilte: „Da sie von der Richtigkeit ihrer Äusserungen völlig überzeugt ist [...]würde sie aber auch bei dritten Personen über das, was sie gehört hat, Klage führen, und hierin liegt eine Gefahr für die öffentliche Sicherheit, die insbesondere in Kriegszeiten untragbar ist. [...] Die Trennung der alten Leute, die in glücklicher Ehe leben, mag für beide Teile schmerzlich sein, aber das Staatsinteresse geht vor und verlangt, dass zum wenigsten in der Kriegszeit die Angeklagte unter Überwachung steht. Dieses kann nur in einer Heil- oder Pflegeanstalt geschehen und ihre Unterbringung in einer solchen war daher nach Paragraf 42 b StGB. anzuordnen."[62] S. wurde am 24. November 1942 in die LHA Eichberg gebracht.[63] Die Diagnose lautete Querulantenwahn, später dann Paranoia und Arterioselerasis cerebri. Nach Rainer Scheer betraf die Verurteilung nach Paragraf 42 b hauptsächlich Menschen, die nach Auffassung des Nationalsozialismus ein sozial deviantes Verhalten an den Tag legten bzw. mit den damals gültigen Gesetzen in Konflikt kamen. Es handelte sich nicht, wie der Name des Gesetzes beziehungsweise die Ausführungen behaupteten, um „gefährliche Gewohnheitsverbrecher" oder „geisteskranke Kriminelle".[64] Menschen, die nach Paragraf 42 (von der Justiz) verurteilt wurden, konnten in eine Heil- und Pflegeanstalt, in ein Arbeitshaus oder in eine Trinkerheilanstalt eingewiesen werden. Über ihre Entlassung wurde anhand von Gutachten entschieden.[65] Der Mann von Ella S., Hans S., schrieb wenige Tage nach ihrer Einweisung einen Brief zum Eichberg und bat um Besuch, der ihm vom (faktischen) Direktor Dr. Walter Schmidt (1911–1970) auch gewährt wurde.[66] Der Ehemann schrieb in regelmäßigen Abständen und bat darum, seine Frau besuchen zu dürfen oder, dass ihr seine Briefe ausgehändigt würden. Dr. Schmidt gewährte diese Bitten anfangs.[67] Ab März 1943 reagierte die Anstaltsleitung auf die Schreiben von Hans S. gereizt und verweigerte ihm die Besuchserlaubnis. Am 14. März 1943 bat Hans S. freundlich aber bestimmt um eine Erklärung, warum er seine Frau nicht mehr besuchen dürfe. Er bat außerdem um ein Gespräch mit der Direktion zur Klärung dieses Umstandes. Dr. Schmidt antwortete ihm: „[...] teilen wir Ihnen mit, das wir aus ärztlichen Gründen einen Besuch bei Ihrer Frau nicht gestattet haben. Aus demselben Grunde senden wir Ihnen anbei den an Ihre Frau gerichteten Brief wieder zurück, da er nicht geeignet ist, der Kranken ausgehändigt zu werden. Aus einer mündlichen Rücksprache mit der Direktion würde sich die Möglichkeit eines Besuches nicht ergeben."[68] Hans S. antwortete Dr. Schmidt und schilderte ihm zunächst seine eigene „political correctness", indem er auf seine Vergangenheit im Wiking Bund verwies. Anschließend bat er erneut, Kontakt mit seiner Frau halten zu dürfen. „Herr Dr. Schmidt jedenfalls habe ich doch das erste Recht darauf, mich nach meiner angeblich kranken Frau immer wieder zu erkundigen, wie es ihr geht. Sie als Arzt müssen doch ermessen können, was das für Qualen sind für einen Menschen, nichts zu wissen von seinen Lieben, wie es ihr geht? [...] Sie wissen ja gar nicht [,] was ich für Sorgen um meine arme Frau habe und wie sie mir in allen Teilen fehlt. [...] Wir [,] meine Frau und ich [,] haben das harte Los wahrhaftig nicht verdient. Warum darf meine Frau meinen Brief nicht erhalten, darf ich das nicht schreiben, was ich auf dem Herzen habe?"[69] Dr. Schmidt zeigte jedoch keine Neigung, auf die Bitten von Hans S. einzugehen. „Wir bemerken noch, dass es sich bei Ihrer Frau um eine Kranke handelt, die aus Gründen der öffentlichen Sicherheit in einer Heil- und Pflegeanstalt untergebracht werden musste und deren geistiger Zustand es z. Zt. nicht zulässt, dass sie mit der Aussenwelt in Verbindung tritt."[70] Hans S. schrieb weiterhin an die Direktion, erhielt aber nur noch die Aufforderung, keine weiteren Briefe zu schreiben und auch keine weiteren Besuchsanträge mehr zu stellen. Am 16. Juni 1943 schrieb Dr. Schmidt, S. solle künftig von Briefen an die Anstaltsleitung Abstand nehmen. Sie würden nicht mehr beantwortet werden.[71] S. schrieb dennoch am 12. Juli 1943 erneut an die LHA Eichberg: „Seit Februar habe ich meine arme Frau nicht wieder gesprochen und ich weis [!] heute nicht mal [,] wie es ihr geht. Haben Sie doch mal Mitleid mit mir, können Sie sich vorstellen [,] wie mir zu Mute ist, da geht man ja vollständig zu Grunde mit seinen Nerven, ich bin ja fast gar kein Mensch mehr."[72] S. erreichte es durch seine Zähigkeit, doch noch einmal einen – viertelstündigen – Besuch bei seiner Frau genehmigt zu bekommen.[73] Trotz seiner Hartnäckigkeit gelang es Hans S. nicht, seine Frau vor der Ermordung in Hadamar zu bewahren. Am 12. Oktober wurde sie nach Hadamar verlegt. Ihr Tod ist auf den 31. Dezember 1943 beurkundet.[74]

Datiert auf den 8. August 1943 hatte der Reichsminister des Innern einen Erlass veröffentlicht, der anordnete, Menschen, die nach Paragraf 42 b verurteilt waren, durch die Polizei übernehmen zu lassen. Faktisch bedeutete dies die Überführung in Konzentrationslager. Scheer konstatiert, dass keine Hadamarer Patientinnen und Patienten, die nach Paragraf 42 b verurteilt waren, von diesem Erlass betroffen waren.[75] Offensichtlich wurden sie als nicht-arbeitsfähig eingestuft und deshalb nicht an ein KZ abgegeben, wo sie als Arbeitskräfte hätten eingesetzt werden sollen. Interessant ist in diesem Zusammenhang, dass Ella S. nicht von dem Erlass betroffen war. Sie war in dieser Zeit noch Patientin des Eichbergs und wurde erst zwei Monate später nach Hadamar verlegt. Unter Umständen hat die Hartnäckigkeit ihres Mannes sie davor bewahrt, in ein KZ oder bereits früher nach Hadamar verlegt zu werden.

Soziale Diagnostik – Diagnose „asozial"

Wie bereits verschiedentlich anklang, mischte auch die Diagnostik der rassenhygienisch basierten Psychiatrie soziale Kriterien mit medizinischen. Der Zusammenhang zwischen Moral und Krankheit war bereits seit der Aufklärung hergestellt worden, rutschte im Nationalsozialismus aber in die Nähe von Kriminalität. Menschen, die gemäß den Vorstellungen des Nationalsozialismus ein sozial abweichendes Verhalten zeigten, wurden als „asozial" oder „gemeinschaftsfremd" bezeichnet. Betroffen waren davon überwiegend Menschen, die den gesellschaftlichen Unterschichten zuzurechnen waren. Das Wort „asozial" hat heute wieder Konjunktur. Längst hat es die Jugendsprache („Assi") verlassen und findet sich auch im Wortschatz Erwachsener. Dabei liegt dem Begriff dieselbe Bedeutung zugrunde, wie während des Nationalsozialismus. Heutzutage wird ebenso jegliches sozial abweichendes Verhalten als „asozial" bezeichnet. Besonders häufig sind davon Menschen betroffen, die der Unterschicht angehören, häufig Nicht-Deutsche. Die Abwertung eines Menschen durch diesen diffamierenden Begriff wird bewusst intendiert. Das Wort „asozial" wird von mir in Anführungszeichen geschrieben, um es eindeutig als Wort der Propaganda kenntlich zu machen. Armut und Bettelei wurden als vorgeschoben gebrandmarkt, und damit wurde unterstellt, wer wirklich arbeiten wolle, der fände sicher eine bezahlte Stelle. Sozialhilfeempfänger galten als Schmarotzer. „Im sozialpolitischen Denken des Nationalsozialismus galt der arbeitsscheue 'Asoziale' als Antityp des für die Volksgemeinschaft wertvollen, produktiven Volksgenossen. [...] Die 'Asozialen' und 'Minderwertigen' bildeten in der rassenhygienischen Theorie den gefährlichen Feind im Innern [!] des Volkskörpers. 'Asozial' wurde als negative Ausgrenzung aus der nationalsozialistischen Volksgemeinschaft definiert. Der 'Asoziale' stand außerhalb des völkischen Rechts."[76] Unter „asoziales" Verhalten fielen Kleinkriminalität, Suchtabhängigkeit und sexuelle Freizügigkeit, letzteres speziell bei Frauen. Bei Menschen, die zu einer als „asozial" bezeichneten gesellschaftlichen Gruppierung gehörten, war Kinderreichtum, ansonsten erklärtes Ziel des Nationalsozialismus, nicht erwünscht. Nur sozial und medizinisch-biologisch erwünschte Familien sollten viele Kinder bekommen.[77] Menschen, die als „asozial" einkategorisiert worden waren, fielen auch unter das Gesetz zur Verhütung erbkranken Nachwuchses. Allerdings wurde „Asozialität" nie als offizielle Diagnose in den Gesetzestext aufgenommen, um die Krankheiten innerhalb des Gesetzes zur Verhütung erbkranken Nachwuchses nicht mit Kriminalität in Verbindung zu bringen.[78] Die sich dahinter verbergenden Werte fanden aber regelhaft, wie bereits oben gezeigt, Eingang in die Gutachten und Urteile, sowohl der Gutachter als auch der Erbgesundheitsgerichte. „Soziale Beurteilung wurde in den Sterilisationsbeschlüssen gegen 'Asoziale' nur notdürftig hinter pseudomedizinischen Diagnosen versteckt. Schulversagen, Vorstrafen, Arbeitsplatzverlust, Wohnungslosigkeit, ja die Armut insgesamt wurde zur Erbkrankheit erklärt. Soziale Zusammenhänge wurden schlichtweg geleugnet. Im Gegenteil: Die 'Minderwertigen' hätten sich ihr deklassiertes Umfeld selbst geschaffen oder regelrecht aufgesucht."[79]

Menschen mit der Klassifizierung „asozial" waren eine soziale Gruppe, die während des Nationalsozialismus sowohl in Konzentrationslager und Arbeitshäuser eingewiesen wurden als auch in die Psychiatrie. In Konzentrationslagern haftete ihnen das Stigma „asozial" an; in der Häftlingshierarchie nahmen sie den untersten Rang ein.[80] Das Stigma wirkt bis heute fort. Es handelt sich bei ihnen um „vergessene Opfer", vergleichbar den Opfern der NS-Psychiatrie. Anders jedoch als die Opfer der Psychiatrie, denen zumindest vereinzelt Sympathie durch Mitleid entgegengebracht wird, finden Menschen mit der Diagnose „asozial" bis heute keine Lobby.

Bei Gertrud M., geboren am 24. Mai 1903 in Frankfurt, wurde am 14. April 1934 von der Städtischen- und Universitätsklinik für Gemüts- und Nervenkranke in Frankfurt am Main Imbezillität diagnostiziert.[81] Der faktische Einweisungsgrund war allerdings nicht-konformes soziales Verhalten. Ayaß betont, dass mangelnde soziale Konformität häufig mit der Diagnose „Schwachsinn" klassifiziert wurde.[82] Von 1921 bis 1923 war sie bereits als Fürsorgezögling im Psychopathinnenheim in Hadamar, da sie als „sittlich haltlos" galt.[83] 1930 war sie im Städtischen Krankenhaus in Frankfurt am Main, um einen Schwangerschaftsabbruch vornehmen zu lassen. Dabei wurde sie, angeblich aufgrund ihres „Schwachsinns", sterilisiert. Es lässt sich nicht klären, ob sie zu dieser Sterilisation, die damals noch auf Freiwilligkeit basierte, genötigt wurde. Sie lebte nach ihrer Scheidung mit ihren drei Kindern weiter in Frankfurt und wurde dort vom Gesundheitsamt „wegen ihres ausschweifenden sexuellen Lebens" beobachtet und untersucht. Wegen einer Geschlechtskrankheit wurde sie Anfang April 1934 im Städtischen Krankenhaus Frankfurt am Main behandelt, dann in die Universitätsnervenklinik überwiesen und anschließend in Weilmünster aufgenommen. Die genauen Daten hierfür lassen sich nicht mehr feststellen. Bevor sie am 8. Juni 1939 in den Kalmenhof verlegt wurde, war sie noch circa ein Jahr im Elisabethenhof in Marburg.[84] Gertrud M. wird in der Akte als gutmütig und unauffällig beschrieben. Gleichzeitig wird eine Entlassung kategorisch ausgeschlossen. Auch wird ihr körperlicher Zustand, der als „zart und anfällig" beschrieben wird, zur Begründung dafür herangezogen.[85]

Im Dezember 1942 wurde vom Amtsgericht Frankfurt beschlossen, dass ihr Sohn, Albert M., in Fürsorgeerziehung kommen solle. Darin monierte das Gericht den „unsoliden Lebenswandel der Mutter mit hemmungsloser Triebhaftigkeit", der Vater sei ein arbeitsscheuer Mensch. Albert selbst wurde als „Duckmäuser, hinterlistig, flatterhaft und faul" geschildert; er müsse „in eine straffe Heimerziehung untergebracht werden."[86] Das dort verwendete Vokabular umschreibt die soziale Diagnose „asozial", auch wenn diese nicht in der Akte erwähnt wird. Über Gertrud M. lässt sich in der Akte nicht viel erfahren. Sie konnte aufgrund ihrer körperlichen Verfassung nur zeitweise zur Arbeit herangezogen werden. Am 25. März 1943 wurde sie in der Heilerziehungsanstalt Scheuern aufgenommen. Am 2. September 1944 wurde sie nach Hadamar verlegt, wo sie am 30. November desselben Jahres angeblich an Marasmus verstarb.

Ein weiteres Opfer sozialer Diagnostik wurde Jakob H., geboren am 29. Februar 1931 in Frankfurt am Main.[87] Jakob H. wurde als uneheliches Kind geboren, seine Mutter war verstorben, über den (jüdischen) Vater gibt die Akte keine Auskunft. Das Amtsgericht Frankfurt entschied am 3. Januar 1942, ihn in Fürsorgeerziehung zu übergeben.[88] Er lebte deshalb seit dem 22. Januar 1942 im Aufnahmeheim Idstein, vorher in einer Pflegefamilie in Frankfurt. Die Pflegemutter war vom Amtsgericht Frankfurt als wankelmütig beschrieben worden, da sie sich offenbar unschlüssig gewesen war, ob sie das Kind in der Familie behalten wollte. Am 30. April 1942 wurde Jakob im Kalmenhof/Idstein aufgenommen. Das Aufnahmegutachten zeigt, dass dem damals 11-jährigen Kind fast keine Empathie entgegen gebracht wurde. „Der Junge ist Vollwaise u. Halbjude, wurde bei Pflegeeltern erzogen, bereitet namentlich in letzter Zeit erhebl. Erziehungsschwierigkeiten, ist störrisch, sehr verlogen, nörgelt u. ist unzufrieden. Dabei sehr unaufrichtig. […] In Erbbiologischer Beziehung besitzt der M[inder]j[ährige]. typisch jüdische Wesenszüge, die sich äussern in seiner Unoffenheit, Verschlagenheit u. Unwahrhaftigkeit. […] lebte sich schwer hier ein, weinte viel u. versuchte anfangs durch Anbringen unwahrer Angaben bei seinen Pflegeeltern deren Mitlied zu erwecken um die Herausnahme aus Idstein [zu be]wirken u. ging sehr raffiniert dabei vor."[89] Die Pflegeeltern schrieben viele Briefe und versuchten häufig, ihn zu besuchen, was oftmals von der Direktion abgelehnt wurde. Auch eine seiner leiblichen Tanten schrieb häufig mit der Bitte, ihn besuchen zu dürfen. „Der Antrag zum Besuch ihres Neffen […] kann leider nicht genehmigt werden. Die Anstalten sind angehalten, eine totale Besuchs- u. Urlaubssperre durchzuführen. Wir bitten dieser Kriegsmaßnahme Verständnis entgegenzubringen, auch im Hinblick darauf, daß unsere Soldaten an der Front auch keinen Besuch empfangen dürfen."[90]

Am Tag darauf schrieb der Direktor an den Bezirksverband Nassau. Die Pflegeeltern hatten die Entlassung des Jungen in ihre Familie beantragt. „Ich kann dem Wunsche der Pflegeeltern, Jakob H. aus der Anstaltserziehung zu entlassen, allein vom rassenpolitischen Standpunkt aus nicht stattgeben. Der Vater des Jungen ist Volljude gewesen und hat seine jüdischen Eigenschaften derart auf den Jungen vererbt, daß derselbe das echt jüdische Aussehen und jüdische Gebaren zeigt. Hinzu kommt eine ausgesprochene Willensschwäche, die den Jungen zum Psychopathen stempelt."[91] Jakob H. wurde wahlweise als sozial auffälliger Mensch oder als „halbjüdisch" beschrieben. Es ist nicht eindeutig zu klären, ob der negative Blick auf seine soziale Situation geprägt war durch rassistische Ansichten, wie „typisch jüdisches Gebaren" et cetera oder ob die soziale Situation des Jungen tatsächlich so problematisch war, wie dargestellt.

Jakob wurde am 8. Juni 1943 im Erziehungsheim Hadamar aufgenommen. Der Einweisung vorausgegangen war ein Schreiben von Landesrat Bernotat vom 19. Mai

1943, in dem er den Kalmenhof aufforderte, Jakob H. nach Hadamar zu verlegen.[92] Das Erziehungsheim Hadamar wurde im Mai 1943 innerhalb der LHA Hadamar eröffnet, zunächst mit eigenen, abgegrenzten Räumlichkeiten. Es bestand in diesen eigenen Räumlichkeiten bis August/September 1943. Ab September 1943 bis 1944/1945 waren die Kinder auf den Stationen mit anderen Patientinnen und Patienten untergebracht.[93] Eingewiesen und ermordet wurden Kinder und Jugendliche mit einem jüdischen Elternteil, die sich in Fürsorgeerziehung befanden. Der Grund für die Fürsorgeerziehung war in der Regel, aber nicht immer, dass sich das jüdische Elternteil in einem Konzentrationslager befand oder deportiert oder ermordet worden war. Fürsorgeerziehung galt für Jugendliche bis 18 Jahren, bei denen Verwahrlosung anzunehmen war. Die Verwahrlosung galt als erblich. Die Fürsorgezöglinge wurden als Träger einer „minderwertigen Erbmasse" betrachtet und mit Titulierungen wie „primitiv", „triebbestimmt", „phantasielos", „schamlos", bedacht, Umschreibungen für so genannte „Asozialität" beziehungsweise „Gemeinschaftsunfähigkeit".

Kinder mit einem jüdischen Elternteil, die christlich getauft waren, wurden in jüdische Heime eingewiesen. Nach der Wannseekonferenz sollten auch sie in die Vernichtungsplanungen mit aufgenommen werden. Die Unterbringung im Erziehungsheim Hadamar ist ein Teil dieser Planungen.[94]

Eine weitere Tante H.s schrieb am 15. Juni 1943 an die Direktion der LHA Hadamar: „möchte hierdurch um Freigabe des Jungens H. bitten. [...] Meine Tanten selbst wollen den Jungen in Pflege nehmen und wir werden selbst für den Jungen aufkommen und auf eigene Verantwortung ihn zu uns nehmen. [...] Bitte Sie doch noch mal um Freigabe des Kindes, da ich keine Ruhe mehr finde [...]."[95] Trotz des Bemühens von zwei Tanten und von den Pflegeeltern, Jakob H. aus Anstaltsgewahrsam zu nehmen, gelang es nicht, das Kind zu retten. Er starb am 20. August 1943, angeblich an Entero Colitis (Darmentzündung). Vermutlich wurde er ermordet.

Insgesamt wurden bis 1945 mindestens 40 so genannte halbjüdische Fürsorgezöglinge ermordet. Oftmals spielte soziale Diagnostik die zentrale Rolle bei der Einweisung.

Schluss

Die nachgezeichneten Lebensläufe der Opfer zeigen, dass Menschen ganz unterschiedlicher sozialer Provenienz, mit unterschiedlichen Diagnosen und mit unterschiedlichen Chancen im Leben in eine psychiatrische Einrichtung eingewiesen werden konnten. Häufig entschieden Zufälle darüber, ob die Menschen nach Hadamar verlegt wurden. Dies kam dann einem Todesurteil gleich. Sobald sie dem Hadamarer Personal als Last erschienen, wurden sie ermordet.

Der individuelle Mensch war angesichts der Unfassbarkeit von 15.000 Opfern der NS-„Euthanasie"-Verbrechen in Hadamar fast unsichtbar. Umso wichtiger ist es, im Laufe der Jahre die Lebensgeschichte von mehr und mehr Opfern darzustellen.

Gerade in Zeiten verstärkten Kosten-Nutzen-Denkens ist es notwendig, herauszustellen, dass ein bedürftiger Mensch ein Recht auf Unterstützung und Förderung hat und dass sich Mensch-sein nicht an wirtschaftlicher Leistung misst. Die Menschlichkeit und die Integrationsfähigkeit einer Gesellschaft misst sich immer am Umgang mit denen, die sich in marginalisierter Position befinden.

---

[1] Archiv des Landeswohlfahrtsverbandes Hessen (= LWV-Archiv), Bestand 12, Datenbank Opferliste Gedenkstätte Hadamar.

[2] Vgl. Annette Hinz-Wessels/Petra Fuchs u.a., Die „Euthanasie"-Aktion im Spiegel neuer Dokumente, in: Vierteljahrshefte für Zeitgeschichte (2005) Nr. 1, S. 79–107, hier S. 82–86; vgl. ebenso Friedrich Stöffler, Gedenkrede anläßlich der Enthüllung eines Gedächtnismals für die Opfer der Euthanasie in der Landesheilanstalt Hadamar am 13. März 1953, in: Landeswohlfahrtsverband Hessen (Hg.), Mensch achte den Menschen. Frühe Texte über die Euthanasieverbrechen der Nationalsozialisten in Hessen. Gedenkstätten für die Opfer, 3. Auflage Kassel 1985, S. 12–22, hier S. 20.

[3] Schicksale der folgenden Opfergruppen (1942–1945) fanden bereits Eingang in die Dauerausstellung der Gedenkstätte Hadamar, oder waren Gegenstand von Publikationen: Bombengeschädigte, behinderte Kinder, Zwangsarbeiterinnen und Zwangsarbeiter, so genannte jüdische „Mischlinge". Ebenso gibt es eine Reihe regionalhistorischer Studien. Vgl. dazu u.a.: Georg Lilienthal, Die Opfer der NS-„Euthanasie"-Verbrechen, in: Peter Sandner/Gerhard Aumüller/Christina Vanja (Hg.), Heilbar und nützlich. Ziele und Wege der Psychiatrie in Marburg an der Lahn (= Historische Schriftenreihe des Landeswohlfahrtsverbandes Hessen, Quellen und Studien Bd. 8), Marburg 2001, S. 276–304; vgl. auch ders., Die Rolle der Heil- und Pflegeanstalt Gießen bei den „T4"-Morden, in: Uta George/Herwig Groß u.a. (Hg.), Psychiatrie in Gießen. Facetten ihrer Geschichte zwischen Fürsorge und Ausgrenzung, Forschung und Heilung (= Historische Schriftenreihe des Landeswohlfahrtsverbandes Hessen, Quellen und Studien Bd. 9), Gießen 2003, S. 291–302; vgl. ebenso ders., Patienten des Philippshospitals als Opfer der NS-„Euthanasie"-Verbrechen in Eichberg, Hadamar und Idstein, in: Irmtraut Sahmland/Sabine Trosse u.a. (Hg.), „Haltestation Philippshospital". Ein psychiatrisches Zentrum – Kontinuität und Wandel. 1535–1904 – 2004 (= Historische Schriftenreihe des Landeswohlfahrtsverbandes Hessen, Quellen und Studien Bd. 10), Marburg 2004, S. 243–264; ders., Das Schicksal von „Ostarbeiter"-Kindern am Beispiel der Tötungsanstalt Hadamar, in: Thomas Beddies/Kristina Hübener (Hg.), Kinder in der NS-Psychiatrie, Brandenburg 2004, S. 167–184; vgl. außerdem Uta George, Von Westfalen zur Tötung nach Hadamar. Menschen aus Lüdenscheid als Opfer der NS-Psychiatrie, in: Der Reidemeister. Geschichtsblätter für Lüdenscheid Stadt und Land, hg. vom Lüdenscheider Geschichtsverein e.V., Nr. 159 (24. 05. 2004), S. 1265–1272; vgl. dies., Polnische und Sowjetische Zwangsarbeitende als Opfer der NS-„Euthanasie"-Verbrechen. Das Beispiel Hadamar, in: Andreas Frewer/Günther Siedbürger (Hg.), Medizin und Zwangsarbeit im Nationalsozialismus. Einsatz und Behandlung von „Ausländern" im Gesundheitswesen, Frankfurt am Main 2004, S. 389–406 und Regine Gabriel, Kinder als Besucherinnen und Besucher der Gedenkstätte Hadamar – Ein Informations- und Materialheft. (= Historische Schriftenreihe des Landeswohlfahrtsverbandes Hessen, Veröffentlichungen der Gedenkstätte Hadamar Heft 1) Hadamar 2002.

[4] Vgl. Peter Sandner, Verwaltung des Krankenmordes. Der Bezirksverband Nassau im Nationalsozialismus (= Historische Schriftenreihe des Landeswohlfahrtsverbandes Hessen, Hochschul-

schriften Bd. 2), Gießen 2003, S. 523; vgl. außerdem die Beiträge von Georg Lilienthal und Peter Sandner in diesem Band.

[5] Vgl. Sandner (Anm. 4), S. 626–651.

[6] Vgl. ebd., S. 627.

[7] HHStAWi, V1, Bd. 45, S. 30, zitiert nach: Monika Daum, Arbeit und Zwang, das Leben der Hadamarer Patienten im Schatten des Todes, in: Dorothee Roer/Dieter Henkel (Hg.), Psychiatrie im Faschismus. Die Anstalt Hadamar 1933–1945, 2. Auflage Frankfurt 1996, S. 173–213, hier S. 202.

[8] Vgl. George, Zwangsarbeitende (Anm. 3), S. 402.

[9] Merkblatt zum Ausfüllen der Meldebogen, abgedruckt in: Landeswohlfahrtsverband Hessen (Hg.), Verlegt nach Hadamar. Die Geschichte einer NS-„Euthanasie"-Anstalt (= Historische Schriftenreihe des Landeswohlfahrtsverbandes Hessen, Kataloge Bd. 2), 2. Auflage Kassel 1994, S. 75; vgl. außerdem den Aufsatz von Georg Lilienthal „Gaskammer und Überdosis" in diesem Band.

[10] Hans-Walter Schmuhl, Rassenhygiene, Nationalsozialismus, Euthanasie. Von der Verhütung zur Vernichtung 'lebensunwerten Lebens', 1890–1945 (= Kritische Studien zur Geschichtswissenschaft), Göttingen 1987, S. 197 f.

[11] LWV-Archiv, Bestand 12; außerdem weitere, weniger häufig auftretende Diagnosen. Häufig sind pro Akte mehrere (Teil-)Diagnosen angegeben. Das behindert die Aussagekraft dieser Zahlen.

[12] LWV-Archiv, Bestand 12, AN 385.

[13] Ebd., Bl. 25, Schreiben Frau D. an Direktion Heil- und Pflegeanstalt Wiesloch (20. 11. 1918).

[14] Ebd., Bl. 29.

[15] Ebd., Bl. 26, Schreiben Pfarrer A. an Direktion Heil- und Pflegeanstalt Wiesloch (01. 02. 1919).

[16] Ebd., Bl. 33 (Rückseite), Schreiben Pfarrer A. an Direktion Heil- und Pflegeanstalt Wiesloch (20. 02. 1920).

[17] Ebd., Bl. 48, Schreiben Direktion Heil- und Pflegeanstalt Wiesloch an Direktion Blindenanstalt Ilvesheim (29. 08. 1921).

[18] Ebd., Bl. 72 (Rückseite), Erkundigungsbogen (29. 01.1923).

[19] Ebd., Bl. 78, Schreiben badischer Landesblindenpfleger an Direktion Kreispflegeanstalt Hub (05. 05. 1924) und weitere Schreiben im Anschluss.

[20] Ebd., Bl. 136, Durchschrift des Urteils des Erbgesundheitsgerichtes Karlsruhe (18. 06. 1934).

[21] Ebd., (Rückseite).

[22] Ebd., Krankengeschichte, Bl. 10.

[23] Ebd., (Rückseite).

[24] Ebd., Bl. 156, Schreiben Direktion Hub an Reichsblindenbücherei Nürnberg (21. 06. 1935).

[25] Vgl. den Aufsatz von Georg Lilienthal „Gaskammer und Überdosis" in diesem Band.

[26] AN 385, Krankengeschichte, Bl. 11.

[27] Ebd., Bl. 184, Schreiben des Vereins blinder Frauen Deutschlands e.V. an die Direktion Heil- und Pflegeanstalt Wiesloch (04. 05. 1944).

[28] LWV-Archiv, Bestand 12, AN 2924.

[29] Ebd., Anzeige (09. 08. 1934).

[30] LWV-Archiv, Bestand 12, AN 3719, Beschluss Erbgesundheitsgericht Münster (17. 07. 1937).

[31] Uta George/Herwig Groß/Michael Putzke, Texttafeln und Kommentare zu den Dokumenten der Ausstellung „Vom Wert des Menschen. Die Geschichte der Heil- und Pflegeanstalt Gießen von 1911 bis 1945", in: George/Groß u.a. (Anm. 3), Psychiatrie in Gießen, S. 537.

[32] Ebd.

[33] AN 3719, Krankengeschichte (12. 06 1937).

[34] Ebd., Meldebogen 1 (31. 10. 1940).

[35] George/Groß/Putzke, Texttafeln und Kommentare (Anm. 30), S. 537 f.

[36] AN 3719, Schreiben von Bernhard E. an die Direktion Hadamar (13. 12. 1943).

[37] AN 2924, Schreiben Bernhard E.s an LHA Hadamar (23. 11. 1944) und Schreiben LHA Hadamar an Bernhard E. (01. 12. 1944).

[38] Ebd. Innenseite Deckblatt.

[39] LWV-Archiv, Bestand 12, AN 1200.

[40] Bettina Winter, Anstaltspsychiatrie im Nationalsozialismus 1933–1939, in: LWV-Hessen (Hg.), Verlegt nach Hadamar (Anm. 9), S. 61. Zum Hofgut vgl. auch den Beitrag von Michael Putzke in diesem Band.

[41] Vgl. AN 1200, Bl. 19.

[42] Bettina Winter, Bürokratie des Massenmordes – die Planung und Durchführung der NS-„Euthanasie"-Aktion 1939–1941, in: LWV-Hessen (Hg.), Verlegt nach Hadamar (Anm. 9), S. 109.

[43] Vgl. Sandner, Krankenmord (Anm. 4), S. 405.

⁴⁴ Vgl. ebd., S. 467.
⁴⁵ Vgl. den Beitrag von Georg Lilienthal „Gaskammer und Überdosis" in diesem Band.
⁴⁶ AN 1200, Bl. 24, Krankengeschichte (10. 06. 1941), (befindet sich in der Akte allerdings im Verwaltungsteil).
⁴⁷ AN 1200, Anfrage der Kriegsopfervereinigung an LHA Hadamar (08. 10. 1941) Bl. 23.
⁴⁸ Ebd., Antwort Kleins an Kriegsopfervereinigung (13. 10. 1941) Bl. 22.
⁴⁹ Ebd. Krankengeschichte, Bl. 10 (25. 03. 1943).
⁵⁰ LWV-Archiv, Bestand 12, AN 3782.
⁵¹ Ebd., Beurlaubungsschein PHA Münster (03. 09. 1942) und Aktennotiz PHA Münster (29. 12. 1942).
⁵² Ebd., Krankengeschichte (23. 03. 1945 u. 09. 04. 1945).
⁵³ Sterbezweitbuch 1945 des Standesamtes Hadamar (Kreis Limburg/Lahn), Nr. 533.
⁵⁴ Ebd., Nr. 521, 522, 523, 524, 530, 532.
⁵⁵ LWV-Archiv, Bestand 12, AN 834, Krankengeschichte Bl. 5 (01. 04. 1945); vgl. außerdem AN 561, 3713 und 3389.
⁵⁶ Ebd., Schreiben des Sohnes Erich D. an die LHA Hadamar (08. 05. 1946); zur Geschichte der Landesheilanstalt Weilmünster vgl. Christina Vanja (Hg.), 100 Jahre Krankenhaus Weilmünster. 1897–1997. Heilanstalt – Sanatorium – Kliniken (= Schriftenreihe des Landeswohlfahrtsverbandes Hessen, Quellen und Studien Bd. 4), Kassel 1997.
⁵⁷ Ebd., Schreiben LHA Hadamar an Wilhelm D. (13. 11. 1945).
⁵⁸ Ebd., Schreiben Dr. Altvater an Erich D. (18. 05. 1946).
⁵⁹ Vgl. den Beitrag von Uta George zu Erinnerung und Gedenken in Hadamar in diesem Band.
⁶⁰ Ebd., Schreiben Erich D. an LHA Hadamar (09. 02. 1948) und Schreiben LHA Hadamar an Erich D. (11. 02 1948).
⁶¹ LWV-Archiv, Bestand 12, AN 1586.
⁶² Ebd., Bl. 8, Gerichtsbeschluss (02. 06. 1942).
⁶³ Ebd., Bl. 12, Schreiben LHA Eichberg an Generalstaatsanwalt Frankfurt/Main (25. 11. 1942).
⁶⁴ Rainer Scheer, Die nach Paragraph 42 RStGB verurteilten Menschen in Hadamar, in: Roer/Henkel (Hg.), Psychiatrie im Faschismus (Anm. 7), S. 237–255, hier S. 245–247.

⁶⁵ Ebd., S. 239.
⁶⁶ AN 1586, Bl. 14, Schreiben Hans S. an LHA Eichberg (01. 12. 1942).
⁶⁷ Ebd., Bl. 24, Bl. 25, Bl. 27. Schreiben von Hans S. (18. 12. 1942; 29. 12. 1942; 27 01. 1943); Bl. 26 (Rückseite), Bl. 28 (Rückseite) Schreiben Dr. Schmidt an Hans S. (02. 01. 1943; 01. 02. 1943).
⁶⁸ Ebd., Bl. 32, Schreiben Dr. Schmidt an Hans S. (18. 03. 1943).
⁶⁹ Ebd., Bl. 34, Schreiben Hans S. an Dr. Schmidt (21. 03. 1943).
⁷⁰ Ebd., Bl. 35, Schreiben Dr. Schmidt an Hans S. (23. 03. 1943).
⁷¹ Ebd., Bl. 44, Schreiben Dr. Schmidt an Hans S. (16. 06. 1943).
⁷² Ebd., Bl. 45, Schreiben Hans S. an Dr. Schmidt (12. 07. 1943).
⁷³ Ebd., Bl. 47, Schreiben Hans S. an Dr. Schmidt (26. 09. 1943) und Bl. 47 (Rückseite), Schreiben Dr. Schmidt an Hans S. (30. 09. 1943).
⁷⁴ Ebd., Bl. 53, Sterbeanzeige.
⁷⁵ Scheer, Paragraph 42 b (Anm. 64), S. 251–253.
⁷⁶ Wolfgang Ayaß, „Asoziale" im Nationalsozialismus, Stuttgart 1995, S. 105.
⁷⁷ Vgl. ebd., S. 109.
⁷⁸ Vgl. Hans-Walter Schmuhl (Anm. 10), S. 168.
⁷⁹ Ayaß, „Asoziale" (Anm. 76), S. 114.
⁸⁰ Vgl. ebd., S. 169.
⁸¹ LWV-Archiv, Bestand 12, AN 1269.
⁸² Wolfgang Ayaß, „Asozialer Nachwuchs ist für die Volksgemeinschaft vollkommen unerwünscht". Die Zwangssterilisationen von sozialen Außenseitern, in: Margret Hamm (Hg.), Lebensunwert – zerstörte Leben. Zwangssterilisation und „Euthanasie" (= Eine Publikation des Bundes der „Euthanasie"-Geschädigten und Zwangssterilisierten e.V. Detmold), Frankfurt 2005, S. 111–119, hier S. 118.
⁸³ Vgl. Gabriele Kremer, „Sittlich sie wieder zu heben …". Das Psychopathinnenheim Hadamar zwischen Psychiatrie und Heilpädagogik (= Historische Schriftenreihe des Landeswohlfahrtsverbandes Hessen, Hochschulschriften Bd. 1), Marburg 2002; vgl. außerdem den Beitrag von Gabriele Kremer in diesem Band; AN 1269, Krankengeschichte, Bl. 15 (Rückseite).
⁸⁴ AN 1269, Krankengeschichte Bl. 16. Zum Kal-

menhof vgl. Christian Schrapper/Dieter Sengling (Hg.), Die Idee der Bildbarkeit. 100 Jahre sozialpädagogische Praxis in der Heilerziehungsanstalt Kalmenhof (= Beiträge zur Geschichte der Sozialpädagogik), Weinheim u. München 1988; vgl. Dorothea Sick, „Euthanasie" im Nationalsozialismus am Beispiel des Kalmenhof in Idstein im Taunus. Materialien zur Sozialarbeit und Sozialpolitik, Frankfurt a. Main 1983.

[85] AN 1269, Bl. 35, Schreiben des Kalmenhofs an das Gesundheitsamt Frankfurt (06. 01. 1942).

[86] Ebd., Bl. 58, Beschluss des Amtsgerichtes Frankfurt (17. 12. 1942).

[87] LWV-Archiv, Bestand 12, AN 5060.

[88] Ebd., Bl. 42, Fürsorgebeschluss (03. 01. 1942).

[89] Ebd., Bl. 5, Personalbogen (07. 05. 1942).

[90] Ebd., Bl. 16, Schreiben des Direktors Kalmenhof an Frau S. (22. 06. 1942).

[91] Ebd., Bl. 18, Schreiben des Direktors Kalmenhof an Bezirksverband Nassau (23. 06. 1942).

[92] Ebd., Bl. 46, Schreiben von Landesrat Bernotat an Kalmenhof (19. 05. 1943).

[93] Vgl. Sandner, Krankenmord (Anm. 4), S. 654-670.

[94] Vgl. ebd.

[95] AN 5060, Bl. 48, Schreiben von Maria H. an Direktion Hadamar (15. 06. 1943).

Elterliches Vertrauen in die Anstalten und die Ermordung von Kindern

Nicholas Stargardt

Von Beginn an gingen die Architekten der medizinischen Morde davon aus, dass die Angehörigen über das Schicksal der Opfer im Dunkeln gelassen werden sollten. Die Direktoren der in das Programm einbezogenen Anstalten nahmen an, dass sogar Eltern, die der Euthanasie positiv gegenüber stünden, bevorzugen würden, nicht vollends über die Vorgänge informiert zu sein. Diese Annahme resultierte aus einem Überblick von Ansichten von Eltern aus den 1920er Jahren, erhoben von Ewald Meltzer, dem Direktor des Katharinenhofs in Sachsen. Meltzers Befunde, besonders die Vorstellung, dass Eltern es bevorzugen würden, mitgeteilt zu bekommen, dass ihre Kinder an einer Krankheit gestorben wären, wurde unterstützt durch die Vorschläge zur Leitung der Euthanasie im Sommer 1939 von Hitlers Arzt, Theo Morrell.[1]

Vertrauen war eindeutig ein wichtiger Faktor in den Köpfen der Architekten dieses Programms der medizinischen Morde. In einem internen Memorandum vom 1. Juli 1940, in dem der Reichsinnenminister das dezentrale System zur Ermordung von Kindern in Heimen, wie der Eichberger Kinderfachabteilung, einführte, sprach er das Problem an, wie man die Eltern davon überzeugen könnte, ihren behinderten Nachwuchs abzugeben. Die vorgeschlagene Lösung beinhaltete, dass die Ärzte die Eltern überreden sollten, indem sie deren Hoffnung nährten, „daß durch die Behandlung bei einzelnen Erkrankungen eine Möglichkeit bestehen kann, auch in Fällen, die bisher als hoffnungslos gelten mussten, gewisse Heilerfolge zu erzielen."[2]

Zu dem Zeitpunkt als ihnen mitgeteilt wurde, dass ihre Kinder gestorben waren, hatten die Eltern längst schon Vertrauen zu den Psychiatern und dem Pflegepersonal aufgebaut. Dies war keine abrupte Entwicklung, deren Ziel schnell erreicht werden konnte. In der Tat, war die allgemeine Angst vor Anstalten und vor der konkreten Möglichkeit, als Familie erbbiologisch erfasst und Opfer von Zwangssterilisationen zu werden, so groß, dass die meisten Familien so lange wie möglich zu verhindern versuchten, dass ihre Kinder in Anstaltspflege kamen. Alle Erzählungen von schwerbehinderten Kindern beinhalten Geschichten von Familientragödien; manchmal Tragödien, die der Geburt eines geschädigten oder stark beeinträchtigten Kindes vorangingen. Während einige alleinerziehende Mütter ihre Kinder direkt nach der Geburt abgaben, haben die meisten Eltern versucht ihre Kinder selbst aufzuziehen, sogar noch nachdem sie feststellten, dass etwas nicht stimmte. Wenn die Kinder zunehmend aggressiver wurden, Sachen demolierten und wild um sich schlugen, kamen Eltern zu dem Schluss, dass die Bedürfnisse der behinderten Kinder nicht länger zu vereinbaren waren mit denen der gesunden Kinder.[3] Der Krieg forderte auch die Familien und belastete die meisten Mütter mit dem Alltag als Alleinerziehende. Diejenigen, die außer Haus arbeiten mussten, wie es in so vielen armen städtischen Haushalten der Fall war, mussten größeren Kraftaufwand auf sich nehmen. Für einige war es ein taktisches Zugeständnis, ein Kind in ein Heim zu geben, ebenso wie arme Leute zeitweilig Waisenhäuser seit dem 18. Jahrhundert genutzt hatten.

Sie waren voller Hoffnung, ihn oder sie am Ende des Krieges dort wieder abholen zu können. Freilich wurde das Vertrauen langsam aufgebaut und war allmählich in den vorangehenden Jahren der Anstaltspflege gewachsen. Um den Weg, wie das Vertrauen aufgebaut worden war, nachzuzeichnen, ist es notwendig, auf die Beziehungen zurückzublicken, die zwischen den Familien und den Anstalten entstanden sind, lange bevor sie einen Brief erhielten, der ihnen eine falsche Todesursache mitteilte. In der dazwischenliegenden Zeit, die oft Jahre dauerte, entwickelte sich der Umgang der Familien mit dem Anstaltspersonal durch gelegentliche Besuche und häufigere Briefe, die eine eigene, vielschichtige Dynamik der Sorge, Hoffnung, Wut und des Vertrauens entstehen ließen. Lange bevor ihre Kinder nach Hadamar verlegt wurden, noch während sie in anderen Anstalten untergebracht waren, hatten die Familien Vertrauen gewonnen. Dieses Vertrauen war die Grundlage für die Täuschung, die letzten Endes an den Familien verübt wurde.

Die Eltern versuchten, so gut sie konnten, den Kontakt aufrecht zu halten. Eine Mutter, die selbst Ärztin war, schrieb ihrem 9-jährigen Sohn in Blockschrift, vermutlich im Sommer 1944: „Liebes Peterle. Wir sind nicht mehr in Hannover. Weil immer die Flieger kommen, sind wir beim Opa in Schrimm. Ich schicke dir eine neue Zahnbürste und Pfefferkuchen. – Ich habe schon solange keine Nachricht von dir. Schreibe mir doch einmal. Herzliche Grüße, Deine Mutti."[4]

Nur wenige Kinder konnten zurück schreiben und noch weniger ihrer Antworten sind erhalten geblieben. Die üblichere Kommunikationsform war es, den Kindern Pakete zu schicken, die oft Kuchen, Süßigkeiten oder andere Leckerbissen enthielten. Zu Alfred K.s zwölftem Geburtstag schickten ihm seine Eltern ein Paket mit Kuchen. Alfred, der Sohn eines Stahlarbeiters, war nahezu stumm, wenngleich er dies durch pantomimische Kommunikation kompensierte. Er begrüßte den Arzt regelmäßig bei der Morgenvisite, indem er seine Ohr- und Herzuntersuchung nachspielte. Bei einer Gelegenheit imitierte er einen epileptischen Anfall, der er miterlebt hatte, so gut, dass das medizinische Personal dachte, dass es die Öffentlichkeit überzeugen würde. Als er zehn Jahre alt war, entwickelte er einen ungewöhnlich großen Appetit. Die Schwestern versuchten ihn daran zu hindern, das Essen zu verschlingen, indem sie seine Rationen einteilten. Bezeichnenderweise gab ihm eine der Schwestern seinen Geburts-

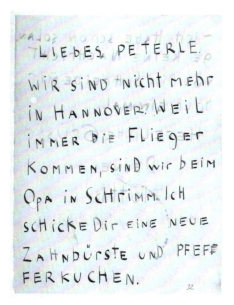
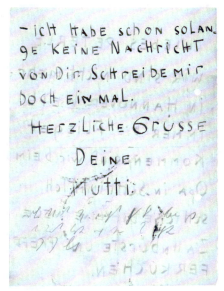

Brief von Frau Ö. an ihren Sohn (LWV-Archiv, Bestand 12, AN 1223)

tagskuchen Stück für Stück. Da Alfred weder lesen noch schreiben konnte, war es die Aufgabe des Anstaltspersonals seinen Eltern zu schreiben, um ihnen mitzuteilen, wie sehr Alfred ihre Bemühungen zu schätzen wusste:

„Ihr Geburtstagspaketchen für Alfred ist am 17., also am Geburtstag, eingegangen. Alfred hat sich sehr darüber gefreut. Er sagte sogar von ‚Papa und Mama'. Frau Schulz gibt ihm jeden Tag von dem Kuchen, auch an der Mundharmonika freut er sich und bläst gerne hinein."[5]

In ihrem Eifer, etwas über ihre Kinder in Erfahrung zu bringen, schrieben viele Eltern direkt an die einzelnen Stationsschwestern, und dies sogar obwohl die Anstaltsdirektoren diese Praxis missbilligten. Während die Eltern die Verwendung von „Heil Hitler", „mit deutschen Grüßen" und „hochachtungsvoll" in ihren Eingaben an die Leitung in einer nervösen Litanei übertrieben, waren sie gleichzeitig in der Lage, den Stationsschwestern in einer warmen und direkten Art und Weise zu schreiben. Diese entstammten in der Regel einem ähnlich bescheidenen sozialen Hintergrund wie sie selbst.

Besonders in den Kriegsjahren war es schwierig, Besuche zu organisieren. Anfragen um Reisegenehmigungen für Eltern blieben zwangsläufig erfolglos (und beinhalteten einen Papierkrieg mit verschiedenen Ämtern); die Behörden schoben häufig Militär-

Den 21. Febr. 1940.

Buch-Nr. _____

Familie
Alfred K   ,
Jömmerda/Thür.

Gartenstrasse 2o.

Sehr geehrter Herr und Frau K   !
Ihr Geburtstagspaketchen für Alfred ist am 17., also am Geburtstag, eingegangen. Alfred hat sich darüber sehr gefreut. Er
sagte sogar von "Papa und Mama". Frau Schulz gibt ihm jeden
Tag von dem Kuchen, auch an der Mundharmonika freut er sich
und bläst gerne hinein. Er ist noch bei Frau Schulz und fühlt
sich wohl unter deren Pflege; auch gesundheitlich ist er gut
durch den kalten Winter hindurch gekommen. Nun wird es hof ntlich endlich bald Frühling werden. Seit einiger Zeit muss die
Abteilung das Zimmer hüten, weil 2 Scharlachfälle darauf vor-
gekommen sind. Die beiden erkrankten Kinder wurden sofort isoliert und wir hoffen, dass weitere Erkrankungen auf der Abteilur
nicht mehr vorkommen.
Bezüglich einer Freifahrt hierher kann ich zu meinem Bedauern
nichts tun, da ich auf die Gewährung von Freifahrtscheinen ohne
Einfluss bin. Sie müssen sich da schon an die zuständige Rück-
wandererstelle wenden.
Ich lege Ihnen eine Bescheinigung hierbei, dass Alfred in der
hiesigen Anstalt untergebracht ist für den Fall, dass Sie diese
Bescheinigung benötigen.
In Alfreds Namen viele Grüsse !

Auszug aus dem Brief der Anstalt Hadamar an die Eltern von Alfred K. (LWV-Archiv, Fotosammlung) transporte vor, um die Eltern zu entmutigen. Sogar wenn sie ihre Kinder sahen, waren die Resultate oft unterschiedlich. Als Alfred K.s Mutter an Weihnachten 1940 kam, um ihren Sohn für das Fest mit nach Hause zunehmen, war sie laut der Leitung „sehr aufgeregt und provozierend und mit nichts zufrieden". Sie hätte gute Gründe gehabt, geschockt zu sein beim Anblick von Patienten, die in ungeheizten Krankenzimmern herumliefen mit nichts bekleidet als einem schmutzigen Nachthemd.[6] Helena D., deren Familie aus Holland kam, konnte nicht sprechen, sabberte ständig und erkannte ihre Mutter nicht als diese sie Mitte Mai 1942 in Scheuern besuchte, ein halbes Jahr nachdem das 6-jährige Mädchen dort eingeliefert worden war. Offenbar war die Mutter „äusserst nervös, äusserte sich entsetzt über den Zustand des Kindes obwohl", wie die Krankenschwester salbungsvoll hinzufügte, das Kind „sich seit der Anstaltsaufnahme in keiner Weise geändert hat."[7] Tatsächlich wurden die Patienten spätestens seit 1937 auf „Hungerkost" gesetzt, indem ihre Kosten auf 45 Pfennig pro Tag herabgesetzt wurden: im ersten Kriegsjahr starben ein Drittel der Patienten in Anstalten der Provinz Hessen-Nassau.[8]

Aber es gab auch noch andere Probleme. Obwohl Alfreds Besuch zuhause offenbar gut verlaufen war und der im allgemeinen fröhliche und gesellige Junge sogar eine Woche länger blieb, hatte er seine Mutter nicht erkannt, als diese kam, um ihn abzuholen, wie eine der Schwestern in seiner Akte vermerkte. „K. zeigte keine besondere Freude über den Besuch der Mutter, kennt diese anscheinend gar nicht mehr richtig."[9]

Weder reagierten alle Eltern auf diese Weise noch machten sie alle die Anstalt für den Zustand ihres Kindes verantwortlich. Die Eltern der 6-jährigen Rosemarie R. besuchten diese gleichfalls im Dezember 1940. Beide machten ebenfalls „einen sehr nervösen Eindruck" auf die Schwestern und der Vater war unglücklich darüber, wie man sich um Rosemarie kümmerte, wobei er fand, dass eher zuviel als zu wenig für seine Tochter getan wurde. Jakob R. sagte den Schwestern, dass sie dem Kind zuhause schlicht „einen nassen Lappen gegeben [hätten] auf dem es den ganzen Tag herumgekaut habe. Es sei darauf erheblich ruhiger gewesen." Rosemaries Vater richtete seinen Ärger nicht gegen die Psychiater und Schwestern, sondern gegen seine Frau. „Der Vater schimpfte in Abwesenheit der Mutter auf diese, das sei nicht die richtige Frau, wenn er eine andere hätte, wäre es auch mit dem Kind anders geworden." Die Familie hatte die Mutter für Rosemaries Behinderung verantwortlich gemacht, da diese während der Schwangerschaft weiterhin Fahrrad fuhr, um das Milchgeschäft aufrecht zu erhalten. Auch die Steißgeburt wurde als Erklärung herangezogen. Wie so oft hatte der behandelnde Arzt diese Geschichte ignoriert und bezeichnete Rosemaries „Schwachsinn" als „angeboren". Nun als der Vater die Mutter in dem trostlosen und kühlen Anstaltszimmer an jenem Dezember beleidigte, richtete Jakob R. das nationalsozialistische und medizinische Besessensein von „Rassenhygiene" und „Erblichkeit" nach innen, nämlich auf das Gezänke und den Kummer in seiner Ehe und in seinem Familienleben. Nichtsdestoweniger schrieben er und seine Frau, er von der Ostfront und sie von zuhause, weiterhin Briefe, in denen sie ihre Zuneigung zu ihrem einzigen Kind und ihren Wissensdurst nach Neuigkeiten über Rosemarie zum Ausdruck brachten. Als Rosemarie starb, konnte es ihre Mutter sogar erreichen, der Beerdigung in Hadamar beizuwohnen.[10]

Während die Kinder in den Schwestern und Hilfskräften der Anstalt Ersatzmütter sahen, lernten ihre wahren Mütter den Stationsschwestern zu schreiben, um Neuigkeiten von ihren Kindern zu erhalten. Zwischen den Eltern und denjenigen, die in der Anstaltshierarchie den untersten Rang einnahmen, wurde ein Vertrauensband geschmiedet. Durch solches Vertrauen lernten die Eltern allmählich dem Anstaltspersonal zu vertrauen, obwohl sie anfangs vor den Konsequenzen, die sich daraus ergaben, ihr behindertes Kind dem öffentlichen Gesundheitssystem zu übergeben, Angst hatten.

Als Frau Wally L. im März 1943 den Erhalt der Sachen ihres toten Sohnes Dietrich bestätigte, zweifelte sie nicht an der gefälschten Sterbeurkunde. Bei dem im Juli 1938 geborenen Dietrich war „Idiotie" diagnostiziert worden und er wurde im Alter von zwei Jahren nach Scheuern eingeliefert. In den darauffolgenden zwei Jahren schrieb seine Mutter regelmäßig dem Direktor, Karl Todt, um Neuigkeiten zu erfahren. Postwendend schickte ihr die Anstalt beruhigende Antworten, um ihr Vertrauen zu gewinnen. Am 5. Mai 1941 schrieb der Direktor: „Geehrte Frau L.! Auf Ihre Anfrage teile ich Ihnen mit, dass Dietrich sich recht gut befindet. Er ist körperlich im allgemeinen durchaus gesund und ist auch im übrigen ganz munter zwischen seinen Kameraden, macht auch weiter kleine Fortschritte im Gehen, wenn er sich am Tisch und Stuhl festhalten kann, läuft er ganz nett umher. Das Essen schmeckt ihm gut. Die Kinderstation bei Schwester Otti, auf der er bisher war, wurde aus organisatorischen Gründen aufgehoben und Dietrich ist infolgedessen bei einer anderen Schwester. Aber auch diese pflegt ihn sehr sorgfältig und mit rührender Liebe. In Dietrichs Namen fr[eun]dl[iche]. Grüße. Heil Hitler! Der Direktor."[11]

Der Brief ist in vielerlei Hinsicht typisch: der fröhliche Ton; die Kinder werden als eine kleine Bande von „Freunden" gesehen, die fast immer „munter" sind; die vielsagenden kleinen Details, die andeuten, dass ihr Sohn weitere Fortschritte macht; vor allen Dingen die tröstliche Bezugnahme auf die direkt für Dietrich zuständigen Krankenschwestern und die bürokratische Genauigkeit, die im Absenden der Antwort einen Tag nach dem Erhalt des Briefes deutlich wurde. Aber möglicherweise wurde das wichtigste Element in diesem Brief mit der abschließenden Redewendung „In Dietrichs Namen" vermittelt. Wie die Behörden bereits in einem früheren Brief bekannt gegeben hatten, konnte Dietrich nicht sprechen: „Ab und zu sagt er Mama; sonst spricht er weiter nichts. In seinem Namen beste Grüße."[12]

Die Klinik musste in seinem Namen sprechen oder zumindest bot sie dies an. Die nicht anwesenden Eltern wollten dringend Neuigkeiten über ihre Kinder erfahren, die meistens nicht direkt mit ihnen kommunizieren konnten. Die Anstaltsleitung schlüpfte deshalb in die tröstende Rolle des Übersetzers. Vermittelt durch den Briefverkehr und einzig unterbrochen durch die immer seltener werdenden sorgfältig überwachten Besuche der Eltern [sie sind meistens die Besucher, N. S.], wurde dieses Vertrauensverhältnis zum generellen Rahmen, in dem elterliche Liebe geäußert konnte. Die Eltern mussten den ihnen übermittelten Informationen Glauben schenken; dies nicht zu tun bedeutete zu wähnen, dass der Kontakt zu ihrem Kind bereits abgebrochen war. Die Familien waren nicht einfach vertrauensselig, wenn ihnen die Behörden glaubwürdig erschienen, sondern sie mussten auch lernen, ihren Argwohn zu überwinden.

Die Eltern wären möglicherweise eher bereit gewesen, einer kirchlichen Anstalt, wie Scheuern, als einer staatlichen Anstalt zu vertrauen, aber es entwickelte sich auch Vertrauen, das durch rasche Antworten auf ihre Post, Besuche und Briefe gefördert wurde, in denen den Eltern berichtet wurde, wie ihre Kinder ihre Weihnachtspakete empfingen. Die Banalitäten des alltäglichen Kontaktes schafften ein gewisses Vertrauen in die Anstalten, die für ihre Kinder sorgten, und unterstützten die medizinischen Täuschungen, die die Tötungen tarnten. Auch die Bürokraten erfüllten ihren Teil indem sie ungenutzte Kleiderkarten gemeinsam mit Kleidungsstücken zurücksandten, die Geschwisterkinder tragen konnten. Schuldgefühle, Erleichterung und Hilflosigkeit waren möglicherweise auch von Bedeutung, aber die Eltern lebten verstreut in einer Gesellschaft in der die Behinderung ihrer Kinder außerhalb der Familie ein Tabuthema blieb. In einer Gesellschaft, die nicht an den Mord an den eigenen Bürgern gewohnt war, konnte sogar der Mord an mehreren Tausend Kindern zum größten Teil verschleiert werden. So ist es kein Wunder, dass so wenige Eltern die falschen Angaben über den Tod ihrer Kinder hinterfragten.

Übersetzung: Uta George, Michael Hollogschwandtner

[1] Michael Burleigh, Death and Deliverance. „Euthanasia" in Germany 1900–1945, Cambridge 1994, S. 21–24 und 98.

[2] Runderlass des Reichsministers des Innen, 1. Juli 1940, zitiert nach: Susanne Scholz/Reinhard Singer, Die Kinder in Hadamar, in: Dorothee Roer/Dieter Henkel (Hg.), Psychiatrie im Faschismus. Die Anstalt Hadamar von 1939–1945, Bonn 1986, S. 214–236, hier S. 218.

[3] Archiv des Landeswohlfahrtsverbandes Hessen (= LWV-Archiv), Bestand 12, AN 3716, Georg E., * 13. 01. 1937, † 18. 11. 1943.

[4] Ebd., AN 1223, Bl. 32. Peter Ö., * 28. 9. 1934, † 27. 9. 1944, Brief von Eva Ö. an ihren Sohn.

[5] Ebd., AN 1848, Alfred K., * 17. 02. 1928, † 11. 03. 1943. Krankengeschichte (25. 03. 1938; 29. 06. 1938; 15. 12. 1938); Schreiben der Direktion Scheuern an seine Familie (21. 02. 1940). Vgl. AN 3866, Gertrud D., * 02. 10. 1928, † 24. 02. 1943. Gertruds Eltern schickten ihr häufig Päckchen. Da sie nicht antworten konnte, schrieben statt ihrer die Schwestern an die Eltern. Schreiben der Eltern (12. 02. 1941), in dem sie ihr für ihre Karte danken. Zu diesem Zeitpunkt hatte die zwölfeinhalbjährige Gertrud D. bereits acht Jahre in der Anstalt Scheuern verbracht.

[6] Ebd., AN 1848, Krankengeschichte (04. 01. 1941).

[7] Ebd., AN 3865, Krankengeschichte (14. 05. 1942), Helena D., * 10. 11. 1935, † 24. 02. 1943.

[8] Vgl. Peter Sandner, Verwaltung des Krankenmordes. Der Bezirksverband Wiesbaden (= Historische Schriftenreihe des Landeswohlfahrtsverbandes Hessen, Hochschulschriften Bd. 2), Gießen 2003, S. 591 u. 724; vgl. außerdem: Heinz Faulstich, Hungersterben in der Psychiatrie 1914 – 1949. Mit einer Topographie der NS-Psychiatrie, Freiburg i. Br. 1998, S. 658.

[9] LWV-Archiv, Bestand 12, AN 1848, Krankengeschichte (04. 01. 1941), Bl. 5.

[10] Ebd., AN 1545, Rosemarie R., * 28. 06. 1934, † 03. 03. 1943. Krankengeschichte (14. 12. 1940). Offenbar ist eine von Rosemaries Großtanten (mütterlicherseits) in der Landesheilanstalt Merxhausen gestorben und ein Vetter der Mutter mit 30 Jahren psychisch erkrankt („irre geworden"). Dieser Umstand genügte für die Diagnose „angeborener" Schwachsinn. Weitere Briefe: Dr. Adolf Wahlmann, Chefarzt, an Soldat Jakob R. (19. 03. 1943), Soldat R. an Anstalt Scheuern (07. 06. 1942; 02. 01. 1943), Schreiben Frau R. an Schwester Anna, Scheuern (21. 12. 1942).

[11] LWV-Archiv, Bestand 12, AN 1864. Dietrich L.* 10. 07. 1938, † 09. 03. 1943. Er kam am 8. August 1940 nach Scheuern. Seine Mutter schrieb mehrere Briefe (05. 09. 1940; 25. 11. 1940; 08. 04. 1941; 01. 5. 1941; 02. 04. 1942).

[12] Ebd., Schreiben Direktion Scheuern an Frau L. (17. 09. 1940).

Personal einer Tötungsanstalt
Acht biographische Skizzen

Georg Lilienthal

Hans-Bodo Gorgass, Arzt:
„Mir oblag lediglich die Durchführung der Tötung".[1] „Die meisten Kranken gingen da friedlich hinein. Ich stand am Hebel. [...] Nach 5–10 Minuten waren sie tot".[2] „Ich bin der Überzeugung, daß dieses [gemeint ist das Leben von „Geisteskranken", G. L.] im wahrsten Sinne ein lebensunwertes Leben, für die Kranken selbst eine schwere Last darstellt. Daß die Erlösung von diesem Leiden eine Gnade bedeutet."[3]

Dr. Adolf Wahlmann, Arzt:
„Für die Euthanasie [...] spricht [...], daß diese Menschen vom Leben gar nichts mehr haben. [...] Sie schlafen, essen, trinken, sind unrein, erschlagen zuweilen Kranke; das ist das einzige, was die Leute vom Leben haben. Und nun muß ich daran denken, diese Leute zu dezimieren, um diejenigen, die heilbar sind, in den Stand zu setzen, nun wirklich auch geheilt zu werden."[4] „Ich stehe wissenschaftlich auf dem Standpunkt, daß das die richtige Lösung für die Beendigung unwerten Lebens war [...] Ich habe das getan, weil das meiner wissenschaftlichen Überzeugung heraus entspricht, daß unwertes Leben in dieser Weise vernichtet wird."[5]

Hubert Gomerski, „Brenner":
„Dann habe ich geholfen Leichen zu verbrennen. [...] Es waren ungefähr 40 bis 60 Stück. Auf einer blechenen Tragbahre wurden sie zum Ofen gebracht. [...] Es dauerte ungefähr 30 bis 40 Minuten bis eine Leiche verbrannt war. Es wurde tags und nachts gearbeitet, bis die Leichen weg waren."[6] „Es wurde gesagt, dass es ein Gesetz wäre vom Führer über geheime Reichssache und dass darüber nichts gesprochen werden darf. Es würde Todesstrafe und KZ darauf beruhen."[7]

Lydia Thomas, Pflegerin:
„Eines [...] Tages kam [...] die Oberschwester zu mir, brachte mir einen Zettel, dass die und die Kranke sterben sollte. Ich sagte: was soll ich machen? Sie: Du gibst ihnen 8–10 Tabletten auf ärztliche Anordnung. Da habe ich das auch getan. Am nächsten Morgen war die Kranke tot. Es ist auch schon vorgekommen, dass einzelne Fälle so nicht tot

waren. Dann habe ich der Oberschwester gesagt, was soll ich machen? Sie: Du gibst 1 ccm den Patienten Spritzen [!]. Das habe ich auch getan. Da trat der Tod ein."[8] „Was [ich, G. L.] dabei gedacht [habe, G. L.]? Es war furchtbar, aber ich habe mich nicht dagegen wehren können. Ich hatte Angst vor den Folgen."[9] „Ich habe die mir vorgehaltene Tätigkeit nicht als Mord angesehen, sondern als eine Erlösung für die Kranken, denn es waren nach meiner Überzeugung wirklich nur unheilbare Kranken [!]."[10]

Heinrich Ruoff, Oberpfleger:
„Sobald die Russen und Polen in die Heilanstalt kamen, gaben Willig und ich ihnen die Einspritzungen. [...] Ich schätze, dass Willig und ich zwei oder dreihundert Polen und Russen Einspritzungen gaben, aber es können auch 400 oder 500 gewesen sein."[11] „I regret that I did not go into the Army at the time. Then I would have been saved great suffering. On the other hand, I would still have my position and my pension; and here I am now a sick man, an aged man, when I have always been honest. I never did anything wrong. You can ask all the patients."[12]

Das Personal 1941 bis 1945

Wenn das Personal von Hadamar in den Blick genommen wird, dann kann keine ausführliche Darstellung im Sinne der modernen Täterforschung geliefert werden. Dazu ist der Raum an dieser Stelle zu schmal bemessen. Vielmehr soll ein knapper Überblick geliefert werden, wie sich das Personal zusammensetzte und in welcher Funktion es tätig war. Biographische Abrisse sollen exemplarisch den Blick vertiefen. Die Frage, die immer hinter dem Bemühen steht, Kenntnisse über das Personal einer verbrecherischen NS-Organisation oder -Institution zu gewinnen, lautet: Wer waren die Täter, wie kamen sie dazu, Gewaltverbrechen zu begehen?

Die Krankenmorde in Hadamar verliefen in zwei zeitlich voneinander getrennten Phasen und mit größtenteils unterschiedlichem Personal. Eine erste Phase, in der die Patienten mit Kohlenmonoxydgas ermordet wurden, erfolgte von Januar bis August 1941 und eine zweite, in der die Menschen vor allem mit Medikamenten getötet wurden, von August 1942 bis März 1945.

Mit Kriegsbeginn wurden 1939 die meisten Patienten aus der Landesheilanstalt Hadamar in andere Anstalten des Bezirksverbandes Nassau verlegt und mit ihnen der größte Teil des Personals, um Platz für ein Reservelazarett zu schaffen. Zurück blieb ein Kontingent von ca. 150 Arbeitspatient/inn/en, um den Anstaltsbetrieb aufrecht zu erhalten und das Hofgut zu bewirtschaften. Nachdem das Lazarett im Laufe des Jahres 1940 wieder aufgelöst worden war und die „T4"-Mordzentrale in Berlin eine Einrichtung suchte, welche die Tötungsanstalt Grafeneck ablösen sollte, stellte der Bezirksverband seine Anstalt in Hadamar zur Verfügung. Infolgedessen musste nicht nur die Tötungsanlage eingebaut werden, sondern es musste auch ausreichend Personal beschafft werden. Dies erfolgte auf unterschiedlichem Wege. Mit Schließung der Tötungsanstalt Grafeneck im Dezember 1940 wurde der größte Teil des Personals von der „T4" nach Hadamar versetzt, darunter auch die beiden Tötungsärzte Dr. Ernst Baumhard und Günter Hennecke. Bei Beginn der Gasmorde im Januar 1941 bildete das Grafenecker Personal den Kern der Tötungsmannschaft.

Darüber hinaus stellte die „T4" weiteres Personal in Hadamar bereit, das zwischen Oktober 1940 und Juli 1941 über die Notdienstverordnung von 1938 verpflichtet worden war. Als Anforderer der Arbeitskräfte trat dabei nicht die „T4", sondern die Frankfurter NSDAP-Gauleitung auf. Die Anwerbung erfolgte vermutlich auf Personalvorschläge aus Parteikreisen vor allem aus Frankfurt. Man hoffte, auf diese Weise Arbeitskräfte zu finden, die mit der Krankentötung einverstanden waren. Eine erste Gruppe von etwa zehn Personen traf Ende Oktober 1940 in Hadamar ein, als die Anstalt zu einem Tötungszentrum umgerüstet wurde. Im März 1941 wurden von der „T4" noch einmal sechs ca. 20 Jahre alte Stenotypistinnen und im Sommer weitere männliche und weibliche Kräfte aus Frankfurt per Notdienstverpflichtung nach Hadamar geschickt. Insgesamt wurden mindestens 20 Arbeitskräfte von der „T4" für die Tötungsanstalt Hadamar dienstverpflichtet. Sie wurden im Büro, in der Verwaltung oder in der Hauswirtschaft eingesetzt. Für ihre Auswahl war nicht allein Parteimitgliedschaft oder Engagement in der NS-Bewegung ausschlaggebend. Mindestens genauso wichtig waren Empfehlungen aus Parteikreisen. Ganz gleich, wie angeworben wurde, der „T4" kam es darauf an, dass sie mit einer Zustimmung der neuen Arbeitskräfte zu den Krankentötungen rechnen konnte.[13]

Aber auch der Bezirksverband trug seinen Teil zum Personal bei. Der Rest des Hadamarer Stammpersonals, das 1939 und 1940 in der Anstalt verblieben war, wurde an die „T4" abgeordnet, das heißt, es wurde vom Bezirksverband der „T4" gegen Übernahme der Lohnkosten zur Verfügung gestellt. Es handelte sich dabei um den Verwaltungsleiter Alfons Klein, sechs Pflegekräfte, drei Handwerker und weiteres Personal, insgesamt 13 Personen. Der Bezirksverband war bestrebt, die Tötungsanstalt Hadamar ausreichend mit Personal zu versorgen. Daher versetzte er bis zum Juli 1941 Mitarbeiter/innen, hauptsächlich Pflegkräfte, von den Anstalten Herborn und Weilmünster nach Hadamar, um sie sogleich an die „T4" abzuordnen. Die Auswahl wurde vermutlich von Verwaltungsleiter Klein und Fritz Bernotat, dem Dezernenten für das Anstaltswesen im Bezirksverband Nassau,[14] vorgenommen. Dabei spielte Parteimitgliedschaft, zumal sie in der Schwesternschaft generell selten war, eine untergeordnete Rolle, eher zählten politische Zuverlässigkeit, Loyalität gegenüber dem Bezirksverband und bei den Pflegekräften eine langjährige Berufserfahrung.[15] In diesem Kontext ist auch der Einsatz der beiden Ärzte Dr. Friedrich Berner und Hans-Bodo Gorgass zu sehen, die im Juni 1941 Dr. Baumhard und Hennecke ablösten. Beide kamen aus Hessen, Gorgass war sogar leitender Arzt im Bezirksverband, und wurden vermutlich von Bernotat an die „T4" vermittelt mit dem Ziel einer Entsendung nach Hadamar.

Der Massenmord erforderte ein arbeitsteiliges Verfahren: Antransport der Patienten, Überprüfung ihrer Identität und Festlegung der fiktiven Todesursache bei einer angeblichen Aufnahmeuntersuchung, Dokumentation jedes einzelnen Falles durch Messen, Wiegen und Fotografieren, Verbringung in die Gaskammer, eventuelle Sektion des Gehirnes, Einäscherung der Leichen, Versendung von „Trostbriefen" an die Angehörigen, Ausfertigung von Sterbeurkunden mit falschen Daten, Korrespondenz mit Kostenträgern. Dies alles geschah unter der Auflage von Geheimhaltung und Täuschung. Entsprechend waren verschiedene Kategorien von Personal in der Gasmordanstalt Hadamar 1941 tätig, insgesamt zwischen 75 und 100 Personen. Sie lassen sich fünf Aufgabengebieten zuordnen:
- Transportabteilung (Transportleiter, Busfahrer, begleitendes Pflegepersonal) mit ca. sieben Personen,
- Aufnahmeabteilung (Pflegepersonal, Fotograf) mit ca. 20 Personen,
- Mordabteilung (leitender Arzt und sein Stellvertreter, so genannte „Brenner") mit sechs Personen,
- Verwaltungsabteilung (Verwaltungsleiter, Standesbeamte, so genannte „Trostbriefabteilung", Urnenversand usw.) mit ca. 20 Personen,
- Wirtschaftsabteilung (Wirtschaftsleiter, Kantine/Küche, Waschküche, Heizung usw.) mit ca. 20 Personen.[16]

Ärztlicher Direktor war seit Januar 1941 Dr. Baumhard. Er wurde im Juni 1941 abgelöst von Dr. Berner. Die Verwaltungsleitung hatte Landessekretär Alfons Klein inne.

Der Tötungsstop vom 24. August 1941 traf die Tötungsanstalten unvorbereitet. Er wurde von der „T4" zunächst für eine taktisch motivierte befristete Unterbrechung der Gasmordaktion gehalten. Daher beließ sie zunächst das gesamte Personal in Hadamar. Die Büro- und Verwaltungskräfte arbeiteten die Mordfälle von Grafeneck und Hadamar auf, indem sie die Aktenführung zum Abschluss brachten und Korrespondenz mit Behörden und Angehörigen führten. Das übrige Personal wurde mit Putz- und Aufräumarbeiten beschäftigt. Mangels konkreter Aufgaben war es aber letzten Endes untätig und täuschte nur Betriebsamkeit vor. Die „T4" war daher bestrebt, vorübergehende Einsatzmöglichkeiten zu finden. So wurde zwischen Dezember 1941 und Juni 1942 ein großer Teil der Hadamarer Büro- und Pflegekräfte in Anstalten des Bezirksverbandes, vor allem nach Eichberg und Weilmünster geschickt. Zu der Überbrückungstätigkeit gehörte auch der so genannte „Osteinsatz". Bei ihm ging es um die Rettung und den Rücktransport verwundeter Soldaten, Aufgaben, mit denen die

Wehrmacht im strengen Winter 1941/42 überfordert war. Die „T4" organisierte im Rahmen der „Organisation Todt" ein Unternehmen, das am 12. Januar 1942 mit eigenem Personal und vermutlich mit Bussen der „Gemeinnützigen Krankentransportgesellschaft"[17] in das Gebiet von Minsk aufbrach, das direkt hinter dem militärischen Operationsgebiet lag. Über 20 Mitarbeiter/innen aus Hadamar waren dem Aufruf der „T4" gefolgt, sich freiwillig zu beteiligen. Nach dem Ende des „Osteinsatzes" im März 1942 kehrten sie nach Hadamar zurück.[18]

Im Laufe des Jahres 1942 zeichnete sich ab, dass nicht mehr mit einer Aufnahme der Gasmordaktion zu rechnen war. Dies hatte für Hadamar nicht nur zur Folge, dass die Tötungsanlage im Keller abgebaut wurde und die „T4" das Anstaltsgebäude dem Bezirksverband zurückgab, sondern es wurden auch personelle Konsequenzen gezogen. Die „T4" beorderte Personal, das sie für die Gasmordaktion nach Hadamar und in andere Tötungsanstalten entsandt hatte, zurück nach Berlin, um es der SS für die „Aktion Reinhard" in Polen, dem Auftakt der Vernichtung der europäischen Juden, zur Verfügung zu stellen. Die Beteiligung der „T4" an Planung und Betrieb der „Aktion Reinhard" beruhte zum einen darauf, dass Krankenmord und Holocaust gleichermaßen Ausfluss der nationalsozialistischen Rassenideologie waren. Zum anderen zogen „T4" und SS voneinander gegenseitigen Nutzen. Die „T4" brachte einen Teil ihres durch den Gasmordstop beschäftigungslos gewordenen Personals unter, etwas mehr als 90 Männer, die in den Vernichtungslagern Belzec, Sobibor und Treblinka eingesetzt wurden. Umgekehrt profitierte die SS von der in den „T4"-Anstalten entwickelten Massenmordtechnik und des darin erfahrenen „T4"-Personals.[19]

Im Frühjahr und Sommer 1942 wurden von dem Hadamarer Personal über 20 Männer, darunter mehrere „Brenner" und Busfahrer, in die Vernichtungslager nach Polen abgeordnet. Zu dieser Gruppe gehörte der „Brenner" Hubert Gomerski, von dem noch zu berichten sein wird, und der Kriminal- und Verwaltungsbeamte Gottlieb Hering. Hering betrieb zunächst die Auflösung der „T4"-Anstalt in Hadamar, bevor er Christian Wirth als Kommandanten des Lagers Belzec vermutlich im August 1942 ablöste.[20] Wirth wurde zu diesem Zeitpunkt Inspekteur der drei Vernichtungslager der „Aktion Reinhard". Während der Gasmordphase hatte er eine ähnliche Funktion für die „T4" innegehabt. Als eine Art „Krisenmanager" war er in den „T4"-Anstalten tätig, um akute Probleme zu beheben. Vor dem Juli 1941 war er auch für eine unbekannte Zeit in Hadamar, um die Verwaltung zu regeln.[21]

Als die Anstalt Hadamar ab August 1942 wieder die Funktion einer Tötungsanstalt übernahm, hatten sich die Bedingungen geändert. Aus einer zentral von der „T4" gesteuerten reichsweiten Aktion, war ein regional, teilweise lokal aufgesplittertes Tötungsunternehmen geworden. Die Selektion der Opfer fand nicht mehr nach einheitlichen von der „T4" festgelegten Kriterien mit Hilfe einer „Gutachterkommission" statt, sondern blieb der Willkür des örtlichen Anstaltspersonals überlassen. Auch gab es keine spezielle Tötungsermächtigung einer zentralen Reichsinstanz mehr, wie sie noch in Form des auf den 1. September 1939 rückdatierten „Führer"-Erlasses für die Gasmordaktion vorgelegen hatte. Die Erlaubnis zur Tötung von Anstaltspatienten wurde jetzt von regionalen Instanzen, Länder- oder Provinzialverwaltungen, erteilt. Der rationalisierte Massenmord durch Gas wurde abgelöst durch den Individualmord, bei dem der Täter seinem Opfer die tödliche Medikamentendosis persönlich verabreichte. Und die Vertuschung dieser Morde, von der Beschaffung der Medikamente über die Beseitigung der Leichen bis zur Ausstellung von Sterbeurkunden mit falschen Daten, musste vor Ort organisiert werden. Für diese neue Form der Vernichtung von Anstaltspatienten setzt sich in der Forschungsliteratur immer mehr der Begriff des „regionalen Krankenmordes" durch.[22]

Wie schon 1941 so musste das Personal auch jetzt für die zweite Mordphase erst wieder mobilisiert werden. Es setzte sich in den Jahren zwischen 1942 und 1945 zusammen aus:
- Angestellten, die während der Gasmordphase an die „T4" abgeordnet waren und jetzt wieder dem Bezirksverband unterstanden wie die Pflegerin Lydia Thomas;
- Mitarbeitern, zum Beispiel Oberpfleger Heinrich Ruoff, die zuletzt auf dem Hofgut Schnepfenhausen eingesetzt waren;
- vom Bezirksverband neu eingestellten Kräften oder aus verbandseigenen Einrichtungen nach Hadamar versetztem Personal.

Ab August 1942 wurden auch zehn Pflegerinnen von der „T4" nach Hadamar abgeordnet, für die der Bezirksverband die Gehälter zahlte. Einerseits wollte sie „T4" nicht entlassen, andererseits fehlten in Hadamar Pflegekräfte. Die Zahl dieser von der „T4" entsandten Pflegerinnen reduzierte sich bis 1944 auf fünf.[23]

Alfons Klein blieb weiterhin der Verwaltungsleiter in der Anstalt, während die ärztliche Leitung Oberarzt Dr. Adolf Wahlmann aus der Anstalt Weilmünster übergeben wurde. Klein hatte allerdings gegenüber Wahlmann eine „faktische Vorrangstellung".[24]

Von den Personengruppen, die an den verschiedenen Phasen des Massenmordes beteiligt waren und im Zentrum der verbrecherischen Taten standen, werden im folgenden Ärzte, Pfleger und Brenner exemplarisch herausgegriffen. Bei der Skizzierung ihrer teilweise bislang unbekannten Biographien sollen Berufsweg, Rekrutierung für die „T4", Tätigkeit in der Tötungsanstalt Hadamar, Haltung zu den „Euthanasie"-Morden und Einstellung zur eigenen Beteiligung in den Blick genommen werden.

Gruppenbild des Anstaltspersonals 1942, Dr. Wahlmann (mittlere Reihe rechts außen), Verwaltungsleiter Klein in der Bildmitte (LWV-Archiv, Fotosammlung)

Ärzte

Zwischen 1941 und 1945 waren in der Tötungsanstalt Hadamar fünf Ärzte tätig, vier während der Gasmordphase und Dr. Wahlmann während der 2. Phase. Als die Gasmordanstalt Grafeneck im Dezember 1940 geschlossen wurde, wechselten der leitende Arzt Dr. Ernst Baumhard und sein Assistenzarzt Günther Hennecke auf Anweisung der „T4"-Zentrale in Berlin in gleicher Funktion nach Hadamar. Baumhard wurde am 3. März 1911 in Ammendorf bei Halle geboren. Nach dem Abitur in Magdeburg begann er 1931 sein Medizinstudium an der Universität Halle.[25] Am 1. September 1939, dem Tag, an dem mit dem Überfall Hitlers auf Polen der 2. Weltkrieg begann, erhielt Baumhard die ärztliche Approbation. Er fand anschließend eine Anstellung als Assistenzarzt im Barbarakrankenhaus in Halle.[26] Politisch aktiv wurde er im Laufe seines Studiums. 1934 trat er dem NS-Studentenbund bei.[27] Von März desselben Jahres bis Juni 1935 war er Gruppenführer und Ausbilder in der SA-Hochschulamtsschule Sandersleben. 1937 wurde er Mitglied in der NSDAP. Den Höhepunkt seiner Parteilaufbahn erreichte er, als er im darauffolgenden Jahr Leiter der Fachschaft Medizin in der NS-Studentenführung der Universität Halle wurde. Vermutlich hinterließ die Begegnung mit Hitler bei ihm einen bleibenden Eindruck, als er ihm als einer der Sieger beim Reichsberufswettkampf am 1. Mai 1938 persönlich vorgestellt wurde.

Am 2. November 1939 wurde Baumhard zum Dr. med. mit dem Gesamtprädikat „sehr gut" promoviert.[28] Mit Wirkung vom selben Tag war er notdienstverpflichtet als ärztlicher Mitarbeiter der „Gemeinnützigen Stiftung für Anstaltspflege"[29]. Er wurde Dr. Horst Schumann, Direktor der Tötungsanstalt Grafeneck, als Assistenzarzt zugeteilt. In dieser Eigenschaft nahm er auch Anfang Januar 1940 an einer Probevergasung an ca. 20 Patienten im ehemaligen Zuchthaus der Stadt Brandenburg/Havel teil. Ihre „erfolgreiche" Durchführung war der Startschuss der „T4"-„Euthanasie"-Morde mit Kohlenmonoxyd in Gasräumen, die als Duschen getarnt waren.[30] Ende Februar/Anfang März selektierte Baumhard als Mitglied einer „T4"-Ärztekommission Patienten der Anstalt Bedburg-Hau, die er dann mit einem Zugtransport nach Grafeneck brachte.[31] Offensichtlich hatte er sich als ärztlicher „T4"-Mitarbeiter in der kurzen Zeit so gut bewährt, dass er im April 1940 zum Nachfolger Schumanns in der Direktion der Tötungsanstalt ernannt wurde, als dieser Grafeneck verließ. Mit dem 1. Januar 1941 übernahm Baumhard die Leitung der Tötungsanstalt Hadamar, die an Stelle von Grafeneck eingerichtet wurde. Er legte sich den Decknamen „Dr. Moos" zu, mit dem er fortan die so genannten „Trostbriefe" an die Angehörigen unterschrieb.[32] Nach Auseinandersetzungen mit Viktor Brack[33], dem Leiter der „T4"-Zentrale in Berlin, schied Baumhard im Juni 1941 auf eigenen Wunsch aus der „T4" aus und ersuchte die Kanzlei des Führers[34] um Einberufung zur Kriegsmarine.[35] Nachdem er im August 1941 zur Kriegsmarine eingezogen wurde, absolvierte er mehrere Ausbildungslehrgänge. Anfang 1943 wurde er als Bootsarzt auf ein Front-U-Boot kommandiert. Auf seiner zweiten Feindfahrt fiel er auf U 449 am 24. Juni 1943, als das Boot mit der gesamten Besatzung von britischen Kriegsschiffen versenkt wurde.[36]

Ein ähnliches Schicksal ereilte seinen Assistenzarzt Günther Hennecke. Genau wie Baumhard in Halle geboren, und zwar am 11. August 1912, begann er sein Medizinstudium 1933 ebenfalls in Halle. Im selben Jahr wurde er Mitglied der NSDAP und trat der SA bei. Nach seiner ärztlichen Approbation am 1. September 1939 wollte er zur Wehrmacht gehen, wurde aber stattdessen zur Übernahme einer Landarztpraxis notdienstverpflichtet.[37] Am 25. April 1940 wurde er aufgrund derselben Notdienstverpflichtung zur „T4" abgeordnet und nach Grafeneck geschickt, wo er als Assistenzarzt Stellvertreter Baumhards war.[38] Mit ihm wechselte er im Januar 1941 nach Hadamar. Hier unterschrieb er die „Trostbriefe" mit dem Decknamen „Dr. Fleck".[39] Mit Ausnahme der Promotion zum Dr. med., die er erst im zweiten Anlauf im November 1942 erreichte,[40] ähneln sich die Lebenswege von Hennecke und Baumhard weiterhin sehr stark. Es ist daher zu vermuten, dass sich die beiden Ärzte nicht nur von Halle her kannten, sondern sich auch in beruflichen Fragen abstimmten. Der Rückzug aus der

Dr. Günther Hennecke
(LWV-Archiv, Fotosammlung)

„T4" im Juni 1941 und die Bewerbung um Aufnahme in die Kriegsmarine erfolgten gemeinsam mit Baumhard. Hennecke wurde im Oktober zur Kriegsmarine einberufen. Nach der Rekrutenausbildung übernahm er verschiedene Schiffskommandos bis er als Bootsarzt zur Feindfahrt auf U–538 befohlen wurde. Hennecke starb am 21. September 1943, als sein U-Boot von britischen Kriegsschiffen südwestlich von Irland versenkt wurde, ohne dass es Überlebende gab.

Die Freigabe von Baumhard und Hennecke als Tötungsärzte in Hadamar war vermutlich nur deswegen möglich, weil es der „T4" gelungen war, zeitgleich Ersatz zu beschaffen. Am 18. Juni 1941 traten Dr. Friedrich Berner als Direktor und Hans-Bodo Gorgass als sein Assistenzarzt ihren Dienst in Hadamar an. Beide kamen aus Hessen. Friedrich Berner wurde am 12. November 1904 in Zwickau als ältester Sohn eines Frauenarztes geboren.[41] Sein Medizinstudium begann er 1925 in München, wechselte dann aber bald nach Rostock. Seine Approbation als Arzt erhielt er am 31. Dezember 1931, zum Dr. med. wurde er ein halbes Jahr später mit der Note „gut" promoviert. Zielstrebig durchlief er seine Ausbildung als Facharzt der Röntgenologie: Seit Januar 1932 war er Assistent in der Röntgenabteilung der Chirurgischen Universitäts-Klinik Rostock, übernahm anschließend die Röntgenabteilung in der Chirurgischen Klinik im Städtischen Krankenhaus Erfurt, um dann als Oberarzt an das Zentral-Röntgen-Institut im Städtischen Krankenhaus Mainz zu gehen. Im Mai 1936 erhielt er seine Facharztanerkennung als Röntgenologe. Im September 1937 wechselte er als 1. Assistent an das Universitäts-Röntgeninstitut im Städtischen Krankenhaus Frankfurt a. M. unter Prof. Holfelder.[42] Im April 1940 habilitierte er sich in Frankfurt und wurde im Oktober vom Reichsminister für Wissenschaft, Erziehung und Volksbildung zum Dozenten ernannt.[43] Berner hatte sich der Forschung verschrieben. Sein Spezialgebiet war die Ent-

Dr. Friedrich Berner
(LWV-Archiv, Fotosammlung)

wicklung der Reihenröntgenuntersuchung mit Hilfe der Kleinbildkamera. Durch die Auswertung von Hunderttausenden von Aufnahmen, die nach seinem Verfahren gemacht wurden, gelang es, tuberkuloseinfizierte Menschen, die noch keine Symptome zeigten, herauszufinden. In 24 Arbeiten, die er meist als Artikel in angesehenen Fachzeitschriften veröffentlichte, machte er seine Forschungsergebnisse bekannt.

Dass Berner 1937 an das Frankfurter Röntgeninstitut gegangen war und Prof. Holfelder sein Förderer wurde, war kein Zufall. Beide waren nämlich engagierte SS-Männer. Holfelder war Gründer und Führer des SS-Röntgensturmbannes beim SS-Führungshauptamt.[44] Berner war im November 1934 zur SS-übergetreten,[45] nachdem er 1½ Jahre der SA angehört hatte.[46] 1937 war er SS-Staffel-Oberscharführer im SS-Sanitäts-Sturm Rhein, SS-Oberabschnitt Rhein in Mainz.[47] Seine frühe Verbundenheit mit der NS-Bewegung zeigte sich auch an anderen Mitgliedschaften: in der NSDAP (seit Mai 1933),[48] im NS-Ärztebund,[49] in der NS-Volkswohlfahrt[50] und im NS-Dozentenbund[51].

Berner war auch in der Wehrmacht aktiv. Seine erste Wehrübung absolvierte er 1935, nachdem er sich ein Jahr zuvor freiwillig zum Militär gemeldet hatte. Kurz vor Kriegsbeginn wurde er am 28. August 1939 zum Heer einberufen. Er leistete Dienst als Abteilungsarzt in einer motorisierten Divisionsabteilung an der Westfront.[52]

Zur „T4" wurde Berner vermutlich durch Dr. Friedrich Mennecke, Direktor der Landesheilanstalt Eichberg,[53] oder Bernotat vermittelt.[54] Er trat dort seinen Dienst am 15. Mai 1941 an. Von Berlin wurde er nach Hartheim geschickt, um in die Arbeitsweise einer Tötungsanstalt eingeführt zu werden.[55] Danach hielt er sich für wenige Tage im KZ Buchenwald auf, um sich zusammen mit Gorgass und Dr. Schumann, zu der Zeit Leiter der Tötungsanstalt Pirna, im Rahmen der Aktion „14f13" an der Selektion kranker und jüdischer Häftlinge zu beteiligen.[56] Am 18. Juni übernahm Berner die ärztliche Leitung der Tötungsanstalt Hadamar. Gleichzeitig gab er sich den Decknamen „Dr. Barth".[57] Er führte ein kasernenhofartiges Regiment und verlangte von seinen Untergebenen militärischen Gehorsam.[58] Auch soll er im August 1941 eine Ansprache anlässlich der 10.000. Tötung in Hadamar vor der versammelten Belegschaft gehalten haben.[59] Nach dem Tötungsstop vom 24. August 1941 war Berner vermutlich noch bis Herbst in Hadamar. Seine formale Zugehörigkeit zur „T4" endete am 31. Dezember 1941. Nachfolger von Berner als ärztlicher Leiter wurde Dr. Curd Schmalenbach, der von der „T4"-Zentrale in Berlin geschickt worden war.[60]

Berner ging zurück an das Röntgeninstitut in Frankfurt. Dort übernahm er Ende 1942 die Vorlesungen des Institutsdirektors Holfelder, der seinen Wehrdienst ableistete. Im Oktober 1943 wurde er von der Universität mit der stellvertretenden Institutsleitung betraut.[61] Im November 1944 wechselte er von der Wehrmacht, der er weiterhin als Stabsarzt der Reserve angehört hatte, mit dem Dienstgrad eines SS-Obersturmführers zur Waffen-SS, und zwar zum Sanitätswesen der Waffen-SS. Am 2. Januar 1945 musste er sich auf seiner neuen Dienststelle in Berlin melden.[62] Er fiel am 2. März 1945 bei Warthestadt (Wronka) als SS-Hauptsturmführer eines SS-Röntgensturmbanns.[63]

Hans-Bodo Gorgass wurde am 19. Juni 1909 in Leipzig geboren. In seiner Heimatstadt studierte er nach dem Abitur seit 1929 Medizin. Die ärztliche Approbation wurde ihm am 31. Januar 1937 erteilt.[64] Ein Promotionsvorhaben bei dem Psychiater

Hans-Bodo Gorgass
(LWV-Archiv, Fotosammlung)

Bürger-Prinz in Leipzig wurde nicht verwirklicht. Anscheinend erhielt Gorgass auch später keinen Doktortitel.⁶⁵ Nachdem er ein halbes Jahr Volontärarzt in den Landesheilanstalten Eichberg und Weilmünster war, wurde er am 1. August 1937 Assistenzarzt in der Landesheilanstalt Eichberg und war damit Angestellter des Bezirksverbandes Nassau. Am 1. Oktober 1938 übernahm er die Stelle eines leitenden Arztes an der Heilerziehungsanstalt Kalmenhof in Idstein. Formal behielt er sie inne bis zum 31. Juli 1945.⁶⁶ Diesen schnellen Aufstieg verdankte er Bernotat, der damit sein Engagement in der NS-Bewegung belohnte. Gorgass war im Juli 1933 in die SA eingetreten, 1938 war er Führer des Sanitäts-Trupps der Standarte 224. Im März 1937 trat er dem NS-Ärztebund, der NS-Volkswohlfahrt und dem Reichsluftschutzbund bei. Mit Wirkung vom 1. Mai 1937 wurde er in die NSDAP aufgenommen.⁶⁷ Am 1. Dezember 1939 wurde er zur Wehrmacht einberufen. Unter anderem nahm er im Frühjahr 1940 am Frankreichfeldzug teil.⁶⁸ Infolge eines Autounfalls mit Schädelbruch im Januar 1941 war er nicht mehr kriegsverwendungsfähig.

Als Bernotat davon Nachricht erhielt, meldete er ihn der Kanzlei des Führers. Gorgass wurde vom Kriegsdienst befreit und war ab 1. Mai 1941 für die „T4" tätig.⁶⁹ Er musste sich bei Brack in der Kanzlei des Führers in Berlin melden. Dieser eröffnete ihm, dass ein Gesetz vorliege, das aus Geheimhaltungsgründen im Augenblick nicht veröffentlicht werden könne. Auch ihm dürfe er es nicht zeigen. Es bestimme, „daß unheilbaren Geisteskranken der Gnadentod gewährt werden darf, und zwar müssen das bestimmte Ärzte tun, die wir als besonders zuverlässig kennen". Gorgass gehöre zu diesem auserwählten Kreis.⁷⁰ Anschließend ging Gorgass für drei bis vier Wochen nach Hartheim, um in die organisatorischen Abläufe einer Tötungsanstalt eingeweiht zu werden.⁷¹ Von dort wurde er mit einem kurzen Zwischenstop in der Tötungsanstalt Pirna/Sonnenstein in das KZ Buchenwald befohlen. Hier selektierte er zusammen mit Dr. Schumann, der ihn von Pirna aus begleitet hatte, Häftlinge für die Gaskammer.⁷² Derart auf seine neue Tätigkeit als Tötungsarzt vorbereitet, begann Gorgass am 18. Juni 1941, am gleichen Tag wie Dr. Berner, seinen Dienst in Hadamar. Sein Deckname war „Dr. Kramer".⁷³

Nach Einstellung der Gasmorde im August 1941 nahm Gorgass Anfang 1942 am „T4"-„Osteinsatz" teil.⁷⁴ Am 30. April 1942 schied er aus der „T4" aus⁷⁵ und meldete sich wieder zur Wehrmacht. Bis 1944 fand er Verwendung als Truppenarzt. Anschließend hatte er bis Februar 1945 die Leitung eines Reserve-Lazaretts in Dossenheim bei Heidelberg inne.⁷⁶ Am 6. Mai 1945 geriet er in Kriegsgefangenschaft.⁷⁷

Die vier Tötungsärzte verrichteten annähernd dieselben Tätigkeiten. Wenn ein Patiententransport eingetroffen war, ließen sie die Patienten einzeln zu sich kommen. Sie legten eine fiktive Todesursache für die später auszustellende Sterbeurkunde fest, die nicht im Widerspruch stehen durfte zu Befunden in der mitgelieferten Krankenakte. Sie markierten die Patienten auf dem Rücken, wenn sie Goldzähne hatten oder ihr Gehirn für Forschungszwecke entnommen werden sollte.[78] Wenn die Patienten in die Gaskammer geführt worden waren, öffneten sie den Gashahn und warteten ihren Tod ab.[79] Auch verschickten sie die so genannten „Trostbriefe", mit denen den Angehörigen der Tod des Patienten mitgeteilt wurde. Die Angaben zu Sterbetag, Todesursache und manchmal auch zum Sterbeort waren dabei falsch.

Vergleicht man die Lebensläufe dieser vier Tötungsärzte von 1941 miteinander, ergeben sich zahlreiche Gemeinsamkeiten: Sie waren zwischen 1904 und 1912 geboren. Sie gehörten damit der Generation an, die am Ersten Weltkrieg nicht teilgenommen hatten, die aber als Kinder die mit ihm verbundenen Nöte und vor allem die Entbehrungen der Nachkriegszeit erlebt hatten. Bis auf Berner hatten sie ihr Medizinstudium zumindest überwiegend in der Zeit des Dritten Reiches absolviert und erhielten ihre Anerkennung als Arzt zwischen 1937 und 1939. Sie waren zwischen 28 (Hennekke) und 37 (Berner) Jahre alt, als sie zur „T4" kamen. Seit 1933 oder 1937 waren sie Mitglied der NSDAP und gehörten alle seit 1933/34 der SA an. Drei von ihnen waren noch verschiedenen anderen Parteigliederungen beigetreten: dem NS-Ärztebund, der NS-Volkswohlfahrt, dem NS-Studentenbund oder wie Berner dem NS-Dozentenbund. Bei Kriegsbeginn wurden die beiden jüngsten Ärzte nicht zur Wehrmacht eingezogen, sondern für die „T4" notdienstverpflichtet mit Einsatzort Grafeneck. Berner und Gorgass hingegen wurden erst einmal zum Fronteinsatz kommandiert, ehe sie im Juni 1941 nach Hadamar befohlen wurden.

Nach den Äußerungen, die von den vier Ärzten überliefert sind, identifizierten sie sich mit der nationalsozialistischen Ideologie der „Starken" und der „Schwachen". Die von Eugenik und Rassenhygiene schon seit der Weimarer Republik beeinflusste Medizinerausbildung gab dieser Anschauung zudem den Anschein wissenschaftlicher Legitimation. Die Ärzte vertraten das Dogma von der „Vernichtung lebensunwerten Lebens" während ihres „T4"-Einsatzes offensiv. Baumhard klärte neu ankommende Bürokräfte über den Zweck von Grafeneck oder Hadamar als Tötungsanstalt auf. Es läge ein „Euthanasiegesetz" des Führers vor, das den „Gnadentod" für „unheilbar Geisteskranke" erlauben würde. Er als Arzt sei zur Tötung verpflichtet. Zur Beruhigung wies er noch darauf hin, dass die Bürokräfte „gesetzlich geschützt" seien und mit den Kranken nicht in Berührung kämen.[80] Auch Berner versuchte, das Personal von der Berechtigung der „T4"-Aktion zu überzeugen. Deshalb hielt er im August 1941 eine Ansprache vor den versammelten Mitarbeitern, als anlässlich der 10.000. Tötung im Krematoriumsraum von Hadamar eine makabre Feier veranstaltet wurde.[81] Gorgass bekannte sich auch noch nach dem Krieg zu der Gasmordaktion, als er vor Gericht als Angeklagter vernommen wurde.[82]

Zur Beschaffung von Personal für die Tötungsanstalten ließ sich die „T4" über Mund-zu-Mund-Propaganda und persönliche Empfehlungen geeignete Personen benennen, so auch im Fall der Hadamarer Ärzte. Gorgass wurde höchstwahrscheinlich von Bernotat der „T4" gemeldet, der damit beabsichtigte, eine ungestörte Fortführung der Mordaktion in Hadamar zu gewährleisten und sich somit als Kooperationspartner zu profilieren.[83] Berner wurde vermutlich entweder von Bernotat oder von Mennecke nach Berlin vermittelt.[84] Es ist davon auszugehen, dass es sich bei Baumhard und Hennecke ebenfalls so verhielt. Wahrscheinlich wurden sie wie Schumann, der ab 1. Dezember 1939 der „T4" für den Aufbau von Grafeneck zur Verfügung stand, über ein Hallenser Netzwerk nach Berlin gemeldet.[85] Nach Ansicht von Prof. Dr. Paul Nitsche, zweiter medizinischer Leiter der „T4",[86] entschied vor allem Brack über die Auswahl der Tötungsärzte „unter stärkster Berücksichtigung politischer Gesichtspunkte".[87] Unter „politischen Gesichtspunkten" ist letztlich die politische Zuverlässigkeit zu verstehen, vor allem wenn sie sich in der Gestalt von Loyalität bzw. Gehorsam ausdrückte und in einem Mindestmaß an Überzeugung, dass die „Vernichtung lebensunwerten Lebens" notwendig sei.

Allem Anschein nach wurde keiner der vier Ärzte aus eigenem Antrieb bei der „T4" tätig, sondern sie wurden von dritter Seite, zum Beispiel von Bernotat, gemeldet. Die „T4" forderte sie dann entweder über die Notdienstverordnung oder auch durch die Freistellung vom Militärdienst an. Von den Meldenden wurde sicherlich ein gewisser Druck ausgeübt oder es wurden von der „T4" Überredungskünste angewandt, wie Gorgass berichtete. Dennoch wurden die Ärzte nicht gezwungen, an der Mordaktion teilzunehmen. Sie bekamen zumindest anfangs wie Schumann bezeugte, eine Bedenkzeit eingeräumt. Spätestens der Dienst in der Wehrmacht hätte ihnen offengestanden, der Ende 1939 und Mai 1941 nicht gleichzusetzen war mit lebensbedrohlichem Fronteinsatz. Dass man auch aussteigen konnte, bewiesen Baumhard und Hennecke.

Und dennoch entschieden sich die vier Ärzte für die Geheime Reichssache und blieben auch bei ihrer Entscheidung, nachdem sie erkannt hatten, was sich hinter der „Gnadentod"-Aktion in Wirklichkeit verbarg. Die Ablehnung aus ethischen Gründen war für sie offensichtlich keine Option. Zu sehr waren sie von der rassenhygienischen Wertung von Menschen und der daraus in der Praxis resultierenden „Vernichtung lebensunwerten Lebens" überzeugt, auch wenn sie nicht immer, wie zum Beispiel Gorgass selbst bekundete, mit der Art der Durchführung einverstanden waren. Die Gewohnheit, als Wehrmachtsangehörige oder als SS/SA-Parteisoldaten ohne nachzudenken Anordnungen zu befolgen, tat ein Übriges. In der SA war den vier Ärzten das Leitbild von Männlichkeit und soldatischem Gehorsam seit Jahren vermittelt worden. Bei Berner kam noch hinzu, dass er sehr schnell, bereits 1934, zur SS wechselte und sich im selben Jahr zum Heeresdienst meldete, als es noch keine allgemeine Wehrpflicht gab. Er und Gorgass waren außerdem im Kriegseinsatz, bevor die „T4" sie anforderte. Dieser Anforderung keine Folge zu leisten, wäre zudem sicherlich nicht vorteilhaft gewesen für die berufliche Karriere, die sie alle hofften, mit Hilfe der Partei zumindest zu beschleunigen.

Der letzte zu betrachtende Tötungsarzt von Hadamar, Dr. Adolf Wahlmann, hebt sich in gewisser Weise von den anderen ab. Dies hat damit zu tun, dass er einer anderen Generation angehörte, Psychiater und Anstaltsarzt war sowie in der zweiten Phase von August 1942 bis März 1945 seine Verbrechen beging. Am 10. Dezember 1876 geboren fand er nach Medizinstudium und Anerkennung als Facharzt für Psychiatrie 1905 schnell den Weg zum Bezirksverband Nassau. Hier war er zunächst in den Landesheilanstalten Weilmünster und Eichberg tätig. Nach seiner Teilnahme am Ersten Weltkrieg kehrte er auf den Eichberg zurück. 1933 wurde er zur Landesheilanstalt Hadamar versetzt. Drei Jahre später begab er sich aus Gesundheitsgründen in den vorzeitigen Ruhestand.

Wahlmann war, bis er aus dem Dienst ausschied, ein Psychiater, der sich um die Besserung seiner Patienten sorgte und von deren Besserungsfähigkeit er auch überzeugt war. Eine erfolgversprechende Therapieform sah er in der Familienpflege. Denn „die Familie gewährt", schrieb Wahlmann 1929, „dem Kranken das, was die prachtvollste und bestgeleitete Anstalt niemals bieten kann, die volle Existenz unter Gesunden, die Rückkehr aus einem künstlichen in ein soziales Milieu, die Wohltat des Familienlebens".[88] Deshalb wurde die Familienpflege in der Anstalt Eichberg unter Direktor Wachsmuths und Wahlmanns Leitung überdurchschnittlich ausgebaut.[89] So günstig Wahlmann die Wirkung der Familientherapie auch einschätzte, sie war letzten Endes eine Form der Sozialtherapie, die nur für einen kleinen Teil der Patienten anwendbar war. Daher war er auf der Suche nach Medikamenten, mit deren Hilfe eine spezifische Behandlung psychischer Erkrankungen vorgenommen werde könne. Wie viele seiner Kollegen in der damaligen Zeit wollte er die therapeutische Hilflosigkeit überwinden. Deshalb sei er „Empiriker" geworden, erklärte er 1947 vor Gericht, und

Dr. Adolf Wahlmann kurz nach seiner Verhaftung 1945 (LWV-Archiv, Fotosammlung)

habe die neuen Heilmethoden mit großem Interesse verfolgt. Er habe daher 1921/22 als erster Arzt in Deutschland die Malaria-Kur bei Schizophrenie nach Wagner-Jauregg durchgeführt. 1936 habe er bei Meduna in Budapest die Cardiazol-Behandlung studiert und sie erstmals in Deutschland in Hadamar angewandt. Außerdem suchte er nach weiteren medikamentösen Behandlungswegen bei Psychosen.[90] In diesem Sinne ist Wahlmann zu den Reformern der Anstaltspsychiatrie zu zählen.

Aufgrund des kriegsbedingten Ärztemangels im zivilen Bereich wurde Wahlmann wieder reaktiviert und trat mit Wirkung vom 28. Juni 1940 seinen Dienst beim Bezirksverband an und zwar als Oberarzt in Weilmünster.[91] Am 5. August 1942 wurde er als Chefarzt in die Landesheilanstalt Hadamar versetzt.[92] Jeden Morgen hielt er mit der Oberschwester Irmgard Huber und dem Oberpfleger Ruoff eine Besprechung ab, bei der abgestimmt wurde, welche Patienten zu töten waren. Deren Namen wurden auf einen Zettel geschrieben, den der Nachtdienst erhielt, um den Patienten die tödliche Dosis in Tablettenform zu verabreichen oder zu injizieren. Das Morden und Sterben in der „Landesheilanstalt Hadamar" endete erst mit dem Einmarsch amerikanischer Truppen im März 1945.

Was machte den ursprünglichen Reformpsychiater Wahlmann zum Mörder? Er wurde zwar 1933 Mitglied in der NSDAP und trat 1934 sogar der SS bei.[93] Doch dies scheinen formale Schritte gewesen zu sein, denn dass er Aktivitäten ausgeübt oder irgendwelche Funktionen übernommen hat, ist nicht nachweisbar. Er selbst behauptete vor Gericht, dass er Ärger mit der Partei bekommen habe, weil er den Kirchenchor in Hadamar geleitet und deswegen auch an Parteiversammlungen nicht teilgenommen habe.[94] Als er der Aufforderung Bernotats nachkam, sich im August 1942 nach Hadamar versetzen zulassen, sicherlich wissend, dass keine normale Heil- und Pflegeanstalt auf ihn wartete, folgte er ihr nicht als Parteisoldat oder Wehrmachtsangehöriger, der Befehl und Gehorsam zu seinem Lebensprinzip gemacht hatte. Es war wohl eher die Aussicht, nach Außen eine berufliche Aufwertung zu erfahren, unverhofft doch noch am Ende seines Berufsweges Chef einer eigenen Klinik zu werden, die ihn veranlasste, den Wechsel nach Hadamar ohne Widerspruch zu vollziehen.

Im Unterschied zu seinen vier jüngeren Hadamarer Kollegen von 1941 wuchs Wahlmann in seine Rolle als Mörder langsam hinein. Es war wohl seine Unzufriedenheit mit der therapeutischen Inaktivität der Psychiatrie, die ihn ab den 1920er Jahren zunächst zum Experimentator machte und ihn nach 1933 die negativen Maßnahmen der rassenhygienischen Politik akzeptieren ließ, indem er sich mit Gutachten an Schwangerschaftsunterbrechungen und Zwangssterilisationen beteiligte, um schließlich in den Kriegsjahren vollends ethische Grenzen zu überschreiten. In Weilmünster wird ihm die ab 1940 steigende Sterbequote nicht entgangen sein, falls er nicht sogar für sie mit verantwortlich war, und ebenso nicht die Funktion von Weilmünster als

Zwischenanstalt, von der Tausende in die Gaskammer von Hadamar geschickt wurden.[95] Spätestens als Chefarzt von Hadamar akzeptierte er die mörderische NS-„Euthanasie", als er im Oktober 1942 die hohe Sterblichkeit eines Transports von Patienten aus dem Rheinland zu rechtfertigen suchte: „Ich kann es [...] mit meiner nationalsozialistischen Einstellung nicht vereinbaren, irgend welche medizinischen Maßnahmen anzuwenden, seien sie medikamentöser oder sonstiger Art, damit das Leben dieser für die menschliche Gesellschaft vollkommen ausfallenden Individuen verlängert wird, ganz besonders in der jetzigen Zeit unseres Existenzkampfes, bei dem jedes Bett für die Wertvollsten unseres Volkes benötigt wird."[96] Auch nach dem Krieg bekannte er sich zu den Krankenmorden, wollte sie aber als wissenschaftlich gerechtfertigte „Euthanasie" verstanden wissen, die notwendig gewesen sei, um wirksamer therapieren zu können.[97] In gewisser Weise schließt sich damit der Kreis: Der Reformpsychiater wird zum Massenmörder, um einer effizienteren Psychiatrie den Weg zu bahnen. Sein Berufsethos war nicht in der Lage, ihm weiterhin die ethischen Grenzen aufzuzeigen, die der NS-Staat inzwischen beseitigt hatte.

„Brenner"

Nur zwei Gruppen des Personals arbeiteten im Keller, in der eigentlichen Tötungsanlage: die Ärzte und die so genannten „Brenner". Von der Arbeitshierarchie her betrachtet waren mit ihnen die höchsten und die niedrigsten Ränge vertreten. Sie vereinigte der Schlussakt des arbeitsteiligen Massenmordes, der ohne persönlichen Kontakt zwischen Opfer und Täter verübt werden konnte. Die Ärzte brachten mit dem Öffnen des Gashahns bis zu hundert Menschen gleichzeitig den Tod, und die „Brenner" beseitigten in den beiden Verbrennungsöfen sofort die Leichen. Das übrige Personal diente der Vorbereitung und der „Nachbereitung" des Verbrechens.

Einer der namentlich bekannten „Brenner" war der 1911 geborene Hubert Gomerski.[98] Den 1927 erlernten Beruf als Eisendreher übte er aus, bis er im November 1939 zur Ableistung des Kriegsdienstes in die 8. SS-Totenkopfstandarte eingezogen wurde. Im Januar 1940 wurde er zur Polizei nach Berlin und wenige Monate später zur „Gemeinnützigen Stiftung für Anstaltspflege" befohlen. Dort wurde er mit Hinweis auf ein Gesetz des „Führers" über eine geheime Reichssache zur Verschwiegenheit verpflichtet unter Androhung von KZ-Haft und Todesstrafe. Er wurde in die Tötungsanstalt Hartheim kommandiert. Dort klärte ihn der Verwaltungsleiter Christian Wirth auf, „dass die unheilbaren Geisteskranken getötet würden".[99] Gomerski war zuerst im Büro tätig, bevor er an den Verbrennungsöfen beim Koksschaufeln aushelfen musste. Wegen seines verletzten Armes, an dem er nach einem Autounfall zwei Jahre zuvor operiert worden war, konnte er keine schweren Arbeiten verrichten. Als er auch Leichen verbrennen musste, wurde ihm schlecht, und er litt an Schlafstörungen. Er teilte dem Verwaltungsleiter Wirth mit, dass er wegen Schmerzen im Arm nicht mehr am Verbrennungsofen arbeiten könne und bat um Rückversetzung zu seinem Truppenteil. Daraufhin wurde er vor dem versammelten Personal von Wirth angeschrieen, der von Arbeitsverweigerung sprach und ihm mit KZ-Haft drohte. Dennoch wurde Gomerski zurück nach Berlin in die „T4"-Zentrale beordert. Nachdem er dort einige Tage unter Hausarrest gestanden hatte, wurde er nach Hadamar geschickt. Dort war er anfangs in der Werkstatt tätig, bis er wieder als „Brenner" eingeteilt wurde, aber „nur vertretungsweise", wie er vor Gericht betonte.

Nach der Einstellung der Gasmorde im August 1941 hatte sich Gomerski wieder bei der „Stiftung" in Berlin zu melden. Sie versetzte ihn zum Höheren SS- und Polizeiführer Lublin und von dort weiter nach Sobibor, eines der drei Vernichtungslager der „Aktion Reinhard". Dort traf er im April 1942 ein, als das Lager noch im Aufbau war. Hier hatte er die Abfertigung der ankommenden Transporte zu beaufsichtigen und für die Weiterbeförderung der Kranken und Gebrechlichen mittels einer Lorenbahn zu den Gaskammern zu sorgen. Gomerski entwickelte sich zum Exzesstäter, der ohne Grund oder Befehl Häftlinge erschoss oder eigenhändig erschlug. Wegen seiner „Euthanasie"-Erfahrungen war er als „Doktor" bekannt.[100] Als das Lager im Herbst 1943 aufgelöst wurde, wurde er wie die meisten anderen „T4"-Mitarbeiter, die in Polen eingesetzt waren, zum „Einsatz R" nach Triest in Italien bis Kriegsende versetzt.

Es stellt sich die Frage, unter welchen Bedingungen Gomerski zum brutalen Mörder wurde. Ein Ansatzpunkt für eine Erklärung ist seine Mitgliedschaft in der NSDAP seit 1929 und in der SS seit 1931. Offensichtlich wurde er von der Herrenmenschen-Ideologie des Nationalsozialismus schon früh angesprochen. Auch war er durch die Einbindung in die NS-Bewegung seit seinem 18. Lebensjahr mit den Prinzipien von Befehl und Gehorsam vertraut. Dies erleichterte es ihm später, Abkommandierungen in die Tötungsanstalten Hartheim und Hadamar oder nach Sobibor zu akzeptieren. Die vergleichsweise lange Zugehörigkeit zum „T4"-Personalstamm erzeugte neben der SS-Zugehörigkeit sicherlich eine eigene Gruppendynamik, die dadurch befördert wurde, dass mindestens 92 „T4"-Mitarbeiter zur Aktion „Reinhard" nach Polen abgestellt worden waren. Den Aufenthalt in Sobibor muss Gomerski als eine Art Bewährungszeit empfunden haben. Denn sein verletzter Arm hatte ihm viel Ärger eingebracht und drohte sein berufliches Fortkommen zu beeinträchtigen. Jetzt konnte er zeigen, dass er trotz dieser Behinderung voll leistungsfähig war im Sinne seiner Vorgesetzten. Auch mag eine Rolle gespielt haben, dass er im Bewusstsein seiner körperlichen Beeinträchtigung glaubte, besonders vor den ihm schutzlos ausgelieferten jüdischen Häftlingen, auffallenderweise gerade auch gegenüber Kranken und Schwachen, sein „arisches" Herrentum zum Ausdruck bringen zu müssen. Sein sadistisches Verhalten in Sobibor trug Züge einer Überkompensierung. Seine Tätigkeit als „Brenner" in den „T4"-Anstalten Hartheim und Hadamar hatte seine Seele abgestumpft und damit den Boden bereitet für seine Unmenschlichkeiten.

Pflegekräfte

Lydia Thomas[101] gehörte zu den Pflegekräften, die in beiden Mordphasen in Hadamar tätig waren. Sie begann ihre Ausbildung mit 18 Jahren als Lernpflegerin in der Landesheilanstalt Herborn und bestand nach zwei Jahren ihr Examen mit der Note „gut". Am 28. Juli 1941 wurde sie nach einem kurzen Aufenthalt in Weilmünster nach Hadamar versetzt und gleichzeitig als Mitarbeiterin des Bezirksverbandes Nassau an die „T4" abgeordnet.[102] Nach eigenem Bekunden wusste sie zu diesem Zeitpunkt noch nicht, dass Hadamar eine Tötungsanstalt war. Dort angekommen wurde sie zunächst von Bernotat und Direktor Dr. Berner mit Handschlag vereidigt. Anschließend musste sie bei dem Verwaltungschef Büngert schriftlich versichern, dass sie unter Androhung der Todesstrafe über die Geschehnisse in der Anstalt schweigen würde. Zuvor hatte Büngert sie in die geheime Aktion eingeweiht: Er führte aus, „dass ein Gesetz vom Führer herausgegeben worden wäre, dass die unheilbaren Geisteskranken auf humane Art durch das Gas hier in Hadamar getötet würden".[103] Thomas wurde zum Reinigen der Räume eingeteilt. Wenn ein Transport ankam, bestand ihre Aufgabe darin, die Patienten aus der Busgarage in den Umkleideraum zu bringen. Sie half ihnen, sich auszuziehen und brachte sie einzeln zum Arzt. Anschließend führte Thomas die Patienten in den Fotoraum, wo sie zu Dokumentationszwecken fotografiert, gemessen und gewogen wurden. Wenn der ganze Transport durchgeschleust war, brachte sie die Patienten an die Kellertür, an der sie von Pflegern in Empfang genommen und in die Gaskammer geschickt wurden.

Als Dr. Schmalenbach, Nachfolger von Dr. Berner als Direktor in Hadamar seit November 1941, im Winter 1941/42 Freiwillige für den „T4"-„Osteinsatz" suchte, meldete sich auch Lydia Thomas. Nachdem sie von diesem Einsatz im März 1942 wieder nach Hadamar zurückkehrte, wollte sie sich nach Weilmünster versetzen lassen, weil sie sich in Hadamar nicht wohl fühlte. Dr. Schmalenbach versprach ihr, sich für sie zu verwenden. Verwaltungsleiter Klein lehnte dies aber ab mit der Begründung: „Bernotat hat mir das Personal zur Verfügung gestellt, und außerdem bist Du dienstverpflichtet."[104] Thomas blieb in der Anstalt Hadamar, auch als sie ab August 1942 zum zweiten Mal als Tötungsanstalt diente. Anfangs hörte die Pflegerin nur davon, dass Tötungen vorgenommen wurden, bis aus ihrer eigenen Abteilung Kranke in ein kleines Zimmer verlegt wurden, die am nächsten Morgen tot waren. Schließlich wurde sie selbst zur Mörderin. Eines Tages kam die Oberschwester und gab ihr einen Zettel mit den Namen der Patienten, die getötet werden sollten. Sie verabreichte ihnen abends die angeordneten Trional- oder Veronal-Tabletten, an denen sie bis zum Morgen starben. In fünf Fällen musste sie am nächsten Tag auch mit Morphium/Scopolamin-Spritzen nachhelfen. Vor Gericht gab sie 1947 zu, 25 Patienten getötet zu haben.

Lydia Thomas trat 1939 in die NSDAP ein, war seit 1937 Angehörige des Frauenwerks und Blockwalterin der Deutschen Arbeitsfront. Bei den polizeilichen Ermittlungen gab sie zu, dem „Euthanasie"-Gedanken positiv gegenüber gestanden zu haben. Sie habe gegen den Auftrag, Patienten zu töten, keinen Einwand erhoben, da ihr „wiederholt von ärztlicher Seite die Notwendigkeit der Beseitigung von unheilbar Kranken verständig gemacht" worden sei. Vor Gericht rechtfertigte sie ihre Mordtaten mit zwei Argumenten, die sich widersprechen: Sie habe unheilbar Kranke von ihren Leiden erlösen wollen,[105] und sie habe Angst gehabt, bei Nichtbefolgung der Tötungsanordnung ins Konzentrationslager zu kommen. Als sie einmal auf das ständige Drängen des Verwaltungsleiters Klein, auch endlich mit dem Töten zu beginnen, antwortete, dass sie dies nicht könne, habe er mit den Worten reagiert: „Du faule Sau, dann kommst Du das nächstemal dran!"[106]

Weshalb Lydia Thomas in Weilmünster für eine Versetzung in die Tötungsanstalt Hadamar ausgewählt wurde, ist nicht ganz ersichtlich. Vermutlich hielten Bernotat oder die Anstaltsleitung in Weilmünster sie allein deswegen für geeignet, weil sie der Partei angehörte. Dass sie in der NS-Bewegung besonders aktiv gewesen sei, ist nicht belegt. Es waren anscheinend weniger ideologische Überzeugungen als die Anordnungen vorgesetzter Stellen, die sie zur Täterin werden ließen. Das damals stärker als heute ausgeprägte hierarchische Verhältnis zwischen Ärzten und Pflegekräften tat ein Übriges, die Pflegerin Thomas gegenüber Überredungskünsten von ärztlicher Seite und Einschüchterungen Kleins widerstandslos zu machen.

Als die „Landesheilanstalt" Hadamar zum zweiten Mal ab August 1942 als Tötungsanstalt diente, wurde der Kreis der zu ermordenden Menschen erweitert. Neben psychisch Kranken und geistig Behinderten wurden zum Beispiel jetzt auch jugendliche Fürsorgezöglinge mit einem jüdischen Elternteil, so genannte „Mischlingskinder", durch Bombenangriffe geistig verwirrte Einwohner großer Städte oder auch Wehrmacht- und SS-Soldaten ermordet. Eine besondere Opfergruppe bildeten die Zwangsarbeiter aus Polen und der Sowjetunion. Als Angehörige von Nationen, die von der NS-Ideologie als rassisch minderwertig betrachtet wurden, waren sie in besonderem Maße Verfolgungen ausgesetzt. Sie stellten neben den Anstaltspatienten mit circa 600 Toten die größte Opfergruppe. Doch nur der kleinere Teil von ihnen hatte an psychischen Erkrankungen gelitten. Circa 500 Zwangsarbeiter wurden nach Hadamar geschickt, weil sie tuberkulosekrank waren. Entweder wurden sie in Sammeltransporten oder in kleineren Gruppen verlegt. Sie wurden Opfer einer speziellen

Mordaktion, die im Juli 1944 begann und erst mit dem Einmarsch amerikanischer Truppen in Hadamar endete.

Für die tuberkulosekranken Zwangsarbeiter wurden in der Tötungsanstalt spezielle Stationen, getrennt nach Frauen und Männern, eingerichtet, um mehr Raumkapazitäten für die zahlreichen Einzelmorde zu schaffen. Bestimmte Pflegerinnen und Pfleger waren diesen Stationen zugeteilt, unter ihnen Heinrich Ruoff. Er trat 1926 mit 39 Jahren in die Landesheilanstalt Hadamar als Pfleger ein. 1936 wurde er Oberpfleger und blieb in dieser Position bis Kriegsende in Hadamar. Mit Beginn der zweiten Mordphase im August 1942 erteilte Verwaltungsleiter Klein im Auftrag von Bernotat Oberpfleger Ruoff und seinem Vertreter Karl Willig die Weisung, männliche Patienten mit Morphium-Scopolamin-Spritzen oder Veronal- und Chloral-Tabletten zu töten. Zu ihren Opfern zählten höchstwahrscheinlich auch die männlichen Jugendlichen aus dem „Erziehungsheim",[107] das im Frühjahr 1943 aus Tarnungsgründen als Abteilung der Anstalt für kurze Zeit eingerichtet worden war, um Kinder und Jugendliche zu ermorden, die sich in Fürsorgeerziehung befanden und die als „halbjüdisch" galten. An der morgendlichen Konferenz mit Dr. Wahlmann und Oberschwester Huber, auf der abgesprochen wurde, welche Patienten sterben sollten, nahm Ruoff teil. Als die Zwangsarbeiter-Mordaktion im Sommer 1944 anlief, beauftragten Dr. Wahlmann und Klein Ruoff und den stellvertretenden Oberpfleger Willig, die Morde durchzuführen, und zwar an Männern, Frauen und Kindern.

Am 28. Juli 1944 trafen spät abends die ersten tbc-infizierten Zwangsarbeiter in Hadamar ein, insgesamt 92 Männer, Frauen und Kinder.[108] Die Kranken wurden sofort am Tag ihrer Ankunft ermordet. Nachdem sie zu Bett gebracht worden waren, verabreichten ihnen Ruoff und Willig überdosierte Beruhigungsmittel mittels aufgelöster Tabletten oder durch Injektionen.[109] Auf dem Transport vom 28. Juli befanden sich auch zwei Frauen mit ihren ein- bis vierjährigen Kindern. Pflegeschwestern berichteten als Zeugen vor dem amerikanischen Militärgericht im Oktober 1945, wie die beiden Kinder am Tag ihrer Ankunft in Hadamar in dem Schlafraum herumliefen. Spät am Abend kam dann Oberpfleger Ruoff. Er sprach freundlich mit den Müttern und gab ihnen und ihren Kindern Injektionen mit der Bemerkung, dass sie geimpft würden. Innerhalb von zwei Stunden waren alle tot.[110] Im Gegensatz zu ihren Müttern waren die beiden Kleinkinder nicht krank. Sie mussten sterben, weil ihre Eltern von der NS-Rassenideologie als „Untermenschen" diffamiert wurden und sie nach dem Tod ihrer Mütter ihres einzigen Schutzes beraubt waren. Wie wenig ihr Leben damals galt, ist daran zu erkennen, dass sie auf der Transportliste vom 28. Juli nicht mit eigenem Namen genannt wurden, sondern nur mit der Bemerkung „mit Kind" neben den Namen ihrer Mütter beiläufig erwähnt wurden. Auch wurden für sie vom Standesamt Hadamar keine Sterbeurkunden ausgestellt, im Gegensatz zu ihren Müttern, deren „Sterbefälle" wie die aller anderen in der Anstalt Ermordeten vom Standesamt – natürlich mit falschen Angaben zur Todesursache und teilweise auch zum Todesdatum – beurkundet wurden.[111] Ruoff mordete, bis er am 15. März 1945 mit 58 Jahren zum Volkssturm eingezogen wurde.

Heinrich Ruoff war ein langjähriger erfahrener Pfleger, der nach dem Krieg zugab, bis zu 500 Menschen ermordet zu haben. Wie sich der Wandel vom Pfleger zum Mörder vollzog und wann ist aufgrund des wenigen Quellenmaterials, das zu seiner Biographie vorliegt, schwer nachzuvollziehen. Ergebenheit gegenüber seinen Vorgesetzten Klein und Bernotat und Gefolgsbereitschaft gegenüber der NS-Bewegung werden ihm diesen verhängnisvollen Schritt erleichtert haben. Schließlich war er seit 1926 treuer Mitarbeiter des Bezirksverbandes Nassau und seit der Machtergreifung engagierter Anhänger Hitlers: 1933 schloss er sich der SA an und wurde Mitglied in der NS-Betriebszellenorganisation (1941 Betriebsobmann) und der Deutschen Arbeitsfront, 1937 wurde er Mitglied in der NSDAP und in der NS-Volkswohlfahrt. Allerdings gehörte schon ein Maß an Gefühlsarmut dazu, den arglosen kleinen Kindern und ihren Müttern die Todesspritzen zu setzen, und dabei freundlich zu erklären, es sei eine vorbeugende Maßnahme gegen Ansteckungen. Dies veranlasste den Kläger in seinem Schlussplädoyer vor dem amerikanischen Militärtribunal gegen den Angeklagten Ruoff zu der Bemerkung, dass es zu der Ermordung dieser Kleinkinder eines „Herzens aus Stein" bedurft hätte.[112] Offensichtlich waren Ruoff und Willig in Hadamar bekannt „als brutale, herzlose Menschen".[113] In seinem Schlusswort vor Gericht zeigte Ruoff keine Einsicht in seine Verbrechen, sondern erging sich in Selbstmitleid.[114]

Schluss

Die acht biographischen Beispiele zeigen, dass die Auswahl des Personals für eine Tötungsanstalt, an der unmittelbare Vorgesetzte, Parteifunktionäre und „T4"-Verantwortliche beteiligt waren, wohl durchdacht war. Die Kandidaten sollten die benötigte fachliche Qualifikation mitbringen, aber auch aufgrund ihrer Persönlichkeitsstruktur geeignet sein, sich manipulieren zu lassen. Politische Zuverlässigkeit, Ideologietreue, blinder Gehorsam, Karrierestreben und Vorteilsnahme waren dabei die Ansatzpunkte. Zweifler wurden entweder mit dem Argument überredet, dass das Töten von Kranken durch Geheimgesetz erlaubt sei, oder sie wurden eingeschüchtert durch ein Klima abverlangter Loyalität oder persönlicher Bedrohung. Die Täter ließen ihr Gewissen betäuben und mit ihm ihr Mitgefühl für ihre Opfer. Sie glaubten, morden zu können, ohne dafür Verantwortung tragen zu müssen. Vor Gericht offenbarte sich ihr folgenschwerer Irrtum und das ganze Ausmaß ihrer Verbrechen.

Von dem Hadamarer Personal mussten sich 30 Personen in zwei Gerichtsverfahren für ihre Taten verantworten. Das amerikanische Militärgericht verurteilte Alfons

Klein, Heinrich Ruoff und Karl Willig am 15. Oktober 1945 zum Tode und Dr. Adolf Wahlmann zu lebenslänglich Zuchthaus. Die Todesurteile wurden am 14. März 1946 vollstreckt. Drei weitere Angeklagte wurden zu langjährigen Haftstrafen verurteilt.[115] Das Landgericht Frankfurt a. M. verhängte über Hans Bodo Gorgass und Dr. Wahlmann[116] am 21. März 1947 ebenfalls die Todesstrafe. Die Urteile wurden nicht vollstreckt, sondern mit Gründung der Bundesrepublik Deutschland und Aufhebung der Todesstrafe in lebenslängliche Haftstrafen umgewandelt. Eine stufenweise Begnadigung führte 1953 zur Entlassung von Wahlmann und 1958 zur Entlassung von Gorgass. Das Frankfurter Gericht sprach neun Mal mehrjährige Haftstrafen aus, darunter fünf Jahre Zuchthaus für Lydia Thomas. 1950 wurde sie auf Bewährung entlassen. Hubert Gomerski zählte zu den 14 Angeklagten, die 1947 vom Mord oder von der Beihilfe zum Mord freigesprochen wurden.[117] Ihn erwarteten aber Gerichtsverfahren wegen der Verbrechen, die er in den Vernichtungslagern der „Aktion Reinhard" begangen hatte.

---

[1] Ernst Klee, „Den Hahn aufzudrehen war ja keine große Sache". Vergasungsärzte während der NS-Zeit und danach, in: Dachauer Hefte, 4. Jg. H. 4 (1988), S. 1–21, hier S. 2.

[2] Hessisches Hauptstaatsarchiv Wiesbaden (HHStA WI), Abt. 461, Nr. 32061, Vernehmung Hans-Bodo Gorgass, S. 19, 1. Verhandlungstag (24. 02. 1947).

[3] Ebd., S. 4.

[4] Ebd., Vernehmung Dr. Adolf Wahlmann, S. 9, 1. Verhandlungstag (24. 02. 1947).

[5] Ebd., Vernehmung Dr. Adolf Wahlmann, S. 18, 9. Verhandlungstag (13 .03. 1947).

[6] Ebd., Vernehmung Hubert Gomerski, S. 22, 3. Verhandlungstag (27. 02. 1947).

[7] Ebd., S. 21.

[8] Ebd., Vernehmung Lydia Thomas, S. 14, 2. Verhandlungstag (25. 02. 1947).

[9] Ebd., S. 15.

[10] Ebd., Bd. 2, S. 2 f., Aussage Lydia Thomas (08. 03. 1946).

[11] National Archives and Record Administration, Washington D. C. (NARA), M–1078, Roll 2, S. 246 (Standort Bundesarchiv Koblenz (BAK), All.Proz. 7), Erklärung Heinrich Ruoff (29. 08. 1945).

[12] Vernehmung Heinrich Ruoff, 5. Verhandlungstag (12. 10. 1945) in: Kintner, Earl, W. (Hg.), Trial of Alfons Klein, Adolf Wahlmann [...] (= War Crimes Series, Vol. IV), London/Edinburg/Glasgow 1949, S. 180.

[13] Peter Sandner, Verwaltung des Krankenmordes. Der Bezirksverband Nassau im Nationalsozialismus, (= Historische Schriftenreihe des Landeswohlfahrtsverbandes Hessen, Hochschulschriften Bd. 2), S. 421–425.

[14] Zur Biographie siehe ebd., S. 726.

[15] Ebd., S. 426–432.

[16] Heidi Schmidt-v. Blittersdorf/ Dieter Debus/ Birgit Kalkowsky, Die Geschichte der Anstalt Hadamar von 1933 bis 1945 und ihre Funktion im Rahmen von T4, in: Dorothee Roer/Dieter Henkel (Hg.), Psychiatrie im Faschismus. Die Anstalt Hadamar 1933–1945, 2. Aufl., Frankfurt a.M. 1996, S. 58–120, hier S. 84. Die Autor/inn/en sprechen allerdings nur von vier Abteilungen, weil sie das Personal der Aufnahme- zur Mordabteilung zählen.

[17] Tarnbezeichnung für eine Abteilung der „T4".

[18] Sandner (Anm. 13), S. 522–527.

[19] Ebd., S. 528 f. Siehe ausführlicher Patricia Heberer, Eine Kontinuität der Tötungsoperationen. T4-Täter und die „Aktion Reinhard", in : Bogdan

Musial (Hg.), „Aktion Reinhardt [!]". Der Völkermord an den Juden im Generalgouvernement 1941–1944, Osnabrück 2004, S. 285–308.

[20] Bettina Winter, Die Geschichte der NS-„Euthanasie"-Anstalt Hadamar, in: Landeswohlfahrtsverband Hessen (Hg.), „Verlegt nach Hadamar". Die Geschichte einer NS-„Euthanasie"-Anstalt (= Historische Schriftenreihe des Landeswohlfahrtsverbandes Hessen, Kataloge Bd. 2), S. 29–188, hier S. 113 f.; Thomas Schilter, Unmenschliches Ermessen. Die nationalsozialistische „Euthanasie"-Tötungsanstalt Pirna-Sonnenstein 1940/41 (= Schriftenreihe der Stiftung Sächsische Gedenkstätten zur Erinnerung an die Opfer politischer Gewaltherrschaft, Bd. 5), S. 172.

[21] Winter (Anm. 20), S. 113 f.; Volker Rieß, Christian Wirth – der Inspekteur der Vernichtungslager, in: Klaus-Michael Mallmann/Gerhard Paul (Hg.), Karrieren der Gewalt. Nationalsozialistische Täterbiographien, 2. Aufl., Darmstadt 2005, S. 239–251.

[22] Vgl. Sandner (Anm. 13), S. 568 f. Süß sieht gleichfalls die Verantwortung für die Morde auf der Landes- und Provinzialebene, ohne aber den Begriff des „regionalen Krankenmords" zu benutzen. Winfried Süß, Der „Volkskörper" im Krieg. Gesundheitspolitik, Gesundheitsverhältnisse und Krankenmord im nationalsozialistischen Deutschland 1939–1945 (= Studien zur Zeitgeschichte, Bd. 65), München 2003, S. 319––350, besonders S. 325.

[23] Sandner (Anm. 13), S. 616–619.

[24] Ebd., S. 615.

[25] Universitätsarchiv Halle (= UAH), Matrikelschein Ernst Baumhard.

[26] Frank Hirschinger, „Zur Ausmerzung freigegeben". Halle und die Landesheilanstalt Altscherbitz 1933–1945 (= Schriften des Hannah-Arendt-Instituts für Totalitarismusforschung, Bd. 16), Köln/Weimar/Wien 2001, S. 237.

[27] Ernst Klee, Das Personenlexikon zum Dritten Reich. Wer war was vor und nach 1945? Frankfurt a. M. 2003, S. 32.

[28] UAH, Rep. 29D Nr. 3, Bd.1, Promotionsurkunde.

[29] Tarnbezeichnung für eine Abteilung der „T4".

[30] Ernst Klee, „Euthanasie" im NS-Staat. Die „Vernichtung lebensunwerten Lebens", Frankfurt a. M. 1983, S. 110–112.

[31] Hirschinger (Anm. 26), S. 238; Ludwig Hermeler, Die Euthanasie und die späte Unschuld der Psychiater. Massenmord, Bedburg-Hau und das Geheimnis rheinischer Widerstandslegenden (= Rheinprovinz. Dokumente und Darstellungen zur Geschichte der rheinischen Provinzialverwaltung und des Landschaftsverbandes Rheinland, Bd. 14), Essen 2002, S. 63 f.

[32] Bundesarchiv Berlin (= BAB), R 9345/2; HHStA WI, Abt. 461, Nr. 32061, Vernehmung Paula S., S. 18, 4. Verhandlungstag (03.03.1947); Hirschinger (Anm. 26), S. 238; Klee, Personenlexikon (Anm. 27), S. 32.

[33] Henry Friedlander, Viktor Brack. Parteimann, SS-Mann und Mordmanager, in: Ronals Smelser/Enrico Syring (Hg.), Die SS: Elite unter dem Totenkopf. 30 Lebensläufe, 2. Auflage, Darmstadt 2003, S. 88–99.

[34] In der Kanzlei des Führers liefen die Fäden zur Organisation der „Euthanasie"-Morde zusammen. Um nicht selbst in Erscheinung treten zu müssen, schuf die Kanzlei des Führers mit Tarnnamen versehene Abteilungen, die unter der Bezeichnung „T4" (nach ihrem Sitz in der Berliner Tiergartenstr. 4) zusammengefasst werden.

[35] Hirschinger (Anm. 26), S. 111 f. und 238.

[36] Ebd., S. 112, Anm., S. 133, S. 238.

[37] UAH, Rep. 29D Nr. 6, Bd.1, Lebenslauf (1940); Schreiben Henneckes an den Dekan der Medizinischen Fakultät der Universität Halle (22.06.1942).

[38] Ebd., Lebenslauf (1940).

[39] Klee, Personenlexikon (Anm. 27), S. 245.

[40] UAH, Rep. 29D Nr. 6, Bd.1, Promotionsurkunde.

[41] Universitätsarchiv Frankfurt a. M. (= UAF), Abt., 4/Nr. 1054, Lebenslauf (12.01.1940).

[42] Ebd., und von Berner zusammengestellte Liste seiner Assistenzarzt-Zeiten (01.05.1940).

[43] UAF, Abt., 4/Nr. 1054, Schreiben und Ernennungsurkunde des Reichsministers für Wissenschaft, Erziehung und Volksbildung (21.10.1940).

[44] Klee, Personenlexikon (Anm. 27), S. 267.

[45] BAB, BDC, SSO 062; UAF, Abt., 4/Nr. 1054, Lebenslauf (12.01.1940).

[46] BAB, BDC, SSO 062; BAB, BDC, SS-Stammrolle; UAF, Abt., 4/Nr. 1054, Lebenslauf (12.01.1940).

47 BAB, BDC, RS A 426.
48 BAB, BDC, SSO 062; BAB, BDC, SS-Stammrolle.
49 BAB, R 9345/3.
50 UAF, Abt., 4/Nr. 1054, Fragebogen (01. 02. 1940).
51 Ebd.
52 Ebd.; BAB, R 9347.
53 Zu seiner Biographie siehe Sandner (Anm. 13), S. 736 f.
54 Ebd., S. 437.
55 HHStA WI, Abt. 461, Nr. 32061, Vernehmung Hans-Bodo Gorgass, S. 16, 1. Verhandlungstag (24. 02. 1947).
56 Ebd., S. 15; Sandner (Anm. 13), S. 436.
57 Ebd., S. 726.
58 HHStA WI, Abt. 461, Nr. 32061, Vernehmung Hans-Bodo Gorgass, S. 30, 1. Verhandlungstag (24. 02. 1947); HHStA WI, Abt. 461, Nr. 32061, Vernehmung Maximilian L., S. 7 und 10, 4. Verhandlungstag (03. 03. 1947).
59 Sandner (Anm. 13), S. 465.
60 Ebd., S. 523 und 726.
61 UAF, Abt., 4/Nr. 1054, Schreiben (23. 11. 1942) und Vermerk des Dekans.
62 Stadtarchiv Frankfurt a. M., Personalakten, Zugang 11/61, Doz. Dr. med. habil. Friedrich Berner, Schreiben des SS-Führungshauptamtes (02. 12. 1944).
63 Klee, Personenlexikon (Anm. 27), S. 42.
64 BAB, R 9345/13.
65 Sandner (Anm. 13), S. 435 und 728 f.
66 Archiv des Landeswohlfahrtsverbandes Hessen (= LWV-Archiv), Best. 100, Personalakte Gorgass, Bogen Beschäftigungszeiten ausgefüllt von Gorgass (17. 01. 1954); Sandner (Anm. 13), S. 728 f.
67 LWV-Archiv, Best. 100, Personalakte Gorgass, Meldung über die Tätigkeit in der NSDAP, ausgefüllt von Gorgass (08. 02. 1938).
68 Ebd., Bogen Beschäftigungszeiten ausgefüllt von Gorgass (17. 01. 1954).
69 BAB, R 9345/2; BAB, R 96 I/1 nach Faksimile in Peter Chroust/Herwig Groß u.a. (Hg.), „Soll nach Hadamar überführt werden". Katalog, Hadamar 1989, S. 28; HHStA WI, Abt. 461,

Nr. 32061, Vernehmung Hans-Bodo Gorgass, S. 1 f. und 36, 1. Verhandlungstag (24. 02. 1947).
70 Ebd., S. 10 f.
71 Ebd., S. 11 f.; HHStA WI, Abt. 461, Nr. 32061, Vernehmung Hans-Bodo Gorgass, S. 1, 3. Verhandlungstag (27. 02. 1947).
72 HHStA WI, Abt. 461, Nr. 32061, Vernehmung Hans-Bodo Gorgass, S. 15, 1. Verhandlungstag (24. 02. 1947).
73 Ebd., S. 21; Klee, Personenlexikon (Anm. 27), S. 192 f.; Sandner (Anm. 13), S. 728 f.
74 Ebd., S. 728 f.
75 BAB, R 9345/2; BAB, R 96 I/1 nach Faksimile in Chroust/Groß u.a. (Anm. 69), S. 28.
76 Sandner (Anm. 13), S. 728 f.
77 LWV-Archiv, Best. 100, Personalakte Gorgass, Bogen Beschäftigungszeiten ausgefüllt von Gorgass (17. 01. 1954).
78 Henry Friedlander, Der Weg zum NS-Genozid. Von der Euthanasie zur Endlösung, Darmstadt 1997, S. 165 f. und S. 170.
79 Siehe zu Gorgass das Zitat zu Beginn des Aufsatzes!
80 HHStA WI, Abt. 461, Nr. 32061, Vernehmung Elise F., S. 23, 9. Verhandlungstag (13. 03. 1947); Vernehmung Elisabeth U., S. 29, 4. Verhandlungstag (03. 03. 1947).
81 Sandner (Anm. 13), S. 465.
82 Siehe Zitat zu Beginn des Aufsatzes!
83 Sandner (Anm. 13), S. 435 f.
84 Ebd., S. 437.
85 Hirschinger (Anm. 26), S. 85.
86 Zur Biographie siehe Klee, Personenlexikon (Anm. 27), S. 437.
87 Klee, Euthanasie (Anm. 30), S. 230.
88 Adolf Wahlmann, Die Familienpflege der Landes-Heilanstalt Eichberg (Rheingau), in: Die Irrenpflege. Monatszeitschrift für Irren- und Krankenpflege 33 (1929), S. 11–15, hier, S. 15 nach Matthias Hamann/Herwig Groß, Der Eichberg in der Zeit der Weimarer Republik, in: Christina Vanja/Steffen Haas u.a. (Hg.), Wissen und Irren. Psychiatriegeschichte aus zwei Jahrhunderten – Eberbach und Eichberg (= Historische Schriftenreihe des Landeswohlfahrtsverbandes Hessen, Quellen und Studien Bd. 6), Kassel 1999, S. 142–163, hier S. 156.

[89] Ebd., S. 155.
[90] HHStA WI, Abt. 461, Nr. 32061, Vernehmung Dr. Adolf Wahlmann, S. 7, 1. Verhandlungstag (24. 02. 1947).
[91] LWV-Archiv, Best. 100, Personalakte Wahlmann, Schreiben (08. 07. 1940); Sandner (Anm. 13), S. 744.
[92] Ebd.
[93] Ebd.
[94] HHStA WI, Abt. 461, Nr. 32061, Vernehmung Adolf Wahlmann, S. 6, 1. Verhandlungstag (24. 02. 1947).
[95] Sandner (Anm. 13), S. 614.
[96] Adolf Wahlmann, Schreiben (02. 10. 1942) zitiert nach Schmidt-v. Blittersdorf/Debus/Kalkowsky (Anm. 16), S. 58–120, hier S. 112.
[97] Siehe Zitat zu Beginn des Aufsatzes!
[98] Zu seiner Biographie siehe HHStA WI, 461, Nr. 32061, Vernehmung Hubert Gomerski, S. 21–23, 3. Verhandlungstag (27. 02. 1947); Urteil im Hadamar-Prozess vor dem Landgericht Frankfurt a. M. am 21. 03. 1947 in: Adelheid Rüter-Ehlermann / C. F. Rüter (Bearb.), Justiz und NS-Verbrechen. Sammlung deutscher Strafurteile wegen nationalsozialistischer Tötungsverbrechen 1945–1966, Bd. 1, Amsterdam 1968, S. 323 und 334. Urteil im Sobibor-Prozess vor dem Landgericht Frankfurt a. M. am 25. 08. 1950 in: ebd., Bd. 7; Heberer (Anm. 19), S. 301–303.
[99] HHStA WI, Abt., 461, Nr. 32061, Vernehmung Hubert Gomerski, S. 22, 3. Verhandlungstag (27. 02. 1947).
[100] Reinhard Henkys, Die nationalsozialistischen Gewaltverbrechen. Geschichte und Gericht, Stuttgart/Berlin 1964, S. 107.
[101] Zur Biographie siehe das Urteil im Hadamar-Prozeß vor dem Landgericht Frankfurt a. M. 1947 in: Rüter-Ehlermann/Rüter (Anm. 98), S. 321 und 328 f. sowie Sandner (Anm. 13), S. 743.
[102] Zur Bedeutung der Abordnung an die „T4" siehe Sandner (Anm. 13), S. 426–428 und den Beitrag Sandner in vorliegendem Band.
[103] HHStA WI, Abt. 461, Nr. 32061, Vernehmung Lydia Thomas, S. 12, 2. Verhandlungstag (25. 02. 1947).
[104] Ebd., S. 14.
[105] Siehe Zitat zu Beginn des Aufsatzes!
[106] HHStA WI, Abt. 461, Nr. 32061, Vernehmung Lydia Thomas, S. 15, 2. Verhandlungstag (25. 02. 1947).
[107] HHStA WI, Abt. 461, Nr. 32061, Bd. 2, S. 2, Aussage Ottilie V. (09. 02. 1946); ebd., S. 5, Aussage Margarethe Borkowski (13. 02. 1946); HHStA WI, Abt. 461, Nr. 32061, Vernehmung Irmgard Huber, S. 5, 2. Verhandlungstag (25. 02. 1947).
[108] Chroust/Groß u. a. (Anm. 69), S. 101; Holker Kaufmann/Klaus Schulmeyer, Die polnischen und sowjetischen Zwangsarbeiter in Hadamar, in: Roer/Henkel (Hg.), Psychiatrie im Faschismus. (Anm. 16), S. 256–282, hier S. 272.
[109] Matthias Hamann, Die Morde an polnischen und sowjetischen Zwangsarbeitern in deutschen Anstalten, in: Aussonderung und Tod. Die klinische Hinrichtung der Unbrauchbaren (= Beiträge zur nationalsozialistischen Gesundheits- und Sozialpolitik, Bd. 1), Berlin 1985, S. 121–187, hier S. 161.
[110] Ebd., S. 161 f.
[111] Georg Lilienthal, Das Schicksal von „Ostarbeiter"-Kindern am Beispiel der Tötungsanstalt Hadamar, in: Thomas Beddies/Kristina Hübener (Hg.), Kinder in der NS-Psychiatrie (= Schriftenreihe zur Medizin-Geschichte des Landes Brandenburg, Bd. 19), Berlin-Brandenburg 2004, S. 167–184, hier S. 182 f.
[112] Kintner (Anm. 12), S. 213.
[113] HHStA WI, Abt. 461, Nr. 32061, Bd. 2, S. 2, Aussage Ottilie V. (09. 02. 1946).
[114] Siehe Zitat zu Beginn des Aufsatzes!
[115] Kintner (Anm. 12), S. 247.
[116] Wahlmann stand deshalb zweimal vor Gericht, weil vor dem amerikanischen Militärtribunal nur die Morde an den Zwangsarbeitern verhandelt wurden, während bei dem Prozess vor dem Frankfurter Landgericht sämtliche zwischen 1941 und 1945 begangenen Morde Gegenstand der Anklage waren.
[117] Rüter-Ehlermann/Rüter (Anm. 98), S. 362–365.

Eine „reichlich einsichtslose Tochter"
Die Angehörigen einer in Hadamar ermordeten Patientin

Petra Lutz

Wer heute nach der Rolle bestimmter gesellschaftlicher Gruppen bei der Vernichtungspolitik fragt, bezieht sich auf ein durch die historische Forschung immer weiter ausdifferenziertes Kategorienspektrum von Tätern und Opfern.[1] Das gilt auch für Forschungen zur NS-„Euthanasie". Dort wurde in den letzten Jahren und Jahrzehnten ein breites Spektrum an Beteiligten untersucht, das von Universitäts- und Anstaltsmedizinern über Verwaltungen und Pflegepersonal bis hin zu den Leitungen konfessioneller Anstalten reicht. Auch die Rolle der Bevölkerung, zum Beispiel in Orten mit Tötungsanstalten, wurde in diesem Zusammenhang thematisiert.[2] Im Zentrum steht dabei die Frage nach Formen der (Mit-)Verantwortung für die Ermordung von über 200.000 Anstaltspatienten und -patientinnen,[3] nach Handlungsspielräumen und konkretem Verhalten.

Bei der Ermordung von Anstaltspatienten tritt über die bereits genannten Beteiligten hinaus ein Personenkreis ins Bild, der für diese Opfergruppe spezifisch ist, nämlich ihre Angehörigen.[4]

Diese sind bislang kaum Gegenstand eigener Studien geworden,[5] werden aber in vielen Arbeiten berücksichtigt, die sich allgemein oder regionalspezifisch mit der NS-„Euthanasie" befassen. Wie die Angehörigen auf die Gefährdung der Patienten reagierten, konnte für deren Leben oder Tod entscheidend werden. In der Mehrzahl der Fälle sind allerdings keine Reaktionen dokumentiert. So liegt es nahe, die Frage zu stellen, warum so wenige Patienten durch ihre Angehörigen gerettet worden sind.[6] Allerdings erweisen sich generalisierbare Aussagen über deren Haltung, Kenntnisstand und Handlungsspielraum als ausgesprochen schwierig, und der Versuch, sie in ein System von Opfern und Tätern einzufügen, wird ihrer historischen Situation nicht gerecht. Das hat damit zu tun, dass ihre Rolle – vielleicht im Unterschied zu der der professionell Beteiligten – nicht ausschließlich unter politikgeschichtlichen Aspekten analysiert werden kann. Eine solche Zugangsweise nämlich würde diejenigen Anteile der Geschichte vernachlässigen, die sich der Generalisierbarkeit entziehen oder zumindest nicht mit Kategorien wie Zustimmung, Billigung oder Widerstand zu fassen sind.

Aus den unterschiedlichsten und zum Teil hochgradig persönlichen Faktoren ergibt sich für die Angehörigen eine Gemengelage, die sich der Verallgemeinerung verweigert. Dieser Befund macht es notwendig, zumindest in einem ersten Herangehen die Verflechtung unterschiedlichster Lebensbereiche kenntlich zu machen, die im Verhalten der Angehörigen gegenüber Anstalten und ihren Patienten eine Rolle spielten. Das Segment der Psychiatrie- und Alltagsgeschichte, in dem die Angehörigen handelten, kann also nicht nach ausschließlicher Maßgabe des Politischen beschrieben werden. Auch ist das verfügbare Quellenmaterial für im engeren Sinne politikgeschichtliche Fragestellungen nur begrenzt aussagefähig. Was die von den Angehörigen erhaltenen Dokumente hingegen ermöglichen, ist genau das, um was es geht: die Erschließung der Kontexte, in denen diese handelten. Im Folgenden soll daher unter Rückgriff auf alltagsgeschichtliche und mikrohistorische Zugangsweisen ein einzelnes von vielen „Gesichter[n] in der Menge" identifiziert werden, ohne dabei die vielfältigen Beziehungen, in denen es stand, aus dem Auge zu verlieren.[7]

Die wichtigsten zeitgenössischen Quellen für die Reaktionen der Angehörigen sind deren Korrespondenzen mit leitendem Personal unterschiedlicher Anstalten, vor allem mit Ärzten, Theologen oder auch Pädagogen. Solche Korrespondenzen sind Bestandteil der Patientenakten. Allerdings wurden die Akten der in der ersten „Euthanasie"-Phase (bis August 1941) Ermordeten von der „T4"-Zentrale gesammelt. Sie sind nur zum Teil und überwiegend unvollständig überliefert,[8] oft sind keine Angehörigenkorrespondenzen erhalten.

Besonders wichtig sind daher Patientenakten aus der zweiten „Euthanasie"-Phase. Der – nach bisherigem Kenntnisstand – größte und wichtigste geschlossene Bestand ist der aus der Tötungsanstalt Hadamar, in der zwischen 1942 und 1945 etwa 5.000 Patienten ermordet wurden. Deren Akten und die in ihnen erhaltenen Briefwechsel beziehen sich allerdings nur selten explizit und oft noch nicht einmal indirekt auf die Tötungen oder andere Maßnahmen der NS-Psychiatrie. Ein Grund liegt darin, dass in vielen Fällen gar keine Angehörigen mehr schrieben. Für die meisten kann man annehmen, dass sie weder in Kontakt zu den jeweiligen Patienten noch zur Anstaltsleitung standen. Ein anderer Grund ist, dass die herkömmliche Funktion dieser Korrespondenzen auch zwischen 1940 und 1945 bestehen blieb. Es ging darum, sich über die Abwicklung des Alltags zu verständigen, über Diagnosen und Prognosen, über Besuche und Rentenansprüche, nicht aber darum, die nationalsozialistische Anstaltspolitik oder gar die Ermordung von Patienten explizit zum Thema zu machen. In frappierender Differenz zu heutigen Erwartungen wie zu akzidentiell veröffentlichten Dokumenten wurden viele Akten bedrohter Patienten bis zu deren Ermordung weiter geführt, als sei alles normal – einschließlich der Korrespondenz mit den Angehörigen, die oft ganz den Fragen der Verwaltung gewidmet war. Wenn Anstalten und Angehörige kommunizierten, dann nach Maßgabe bestimmter Argumentationsmuster und formaler Gepflogenheiten oder, indem sie diese bewusst durchbrachen. Dies gilt im wesentlichen auch für die Zeit, in der die Patienten ermordet wurden, mit Ausnahmen vor allem in konfessionellen Anstalten.

Bei aller Zufälligkeit der Überlieferung und scheinbaren Kontingenz der jeweils verhandelten Themen: Die Korrespondenzen zwischen Angehörigen und Anstalten sind eine wichtige Quelle zur Geschichte der NS-Psychiatrie, denn die Reaktionen der Angehörigen auf die NS-„Euthanasie" sind nicht zuletzt Teil einer in diesen Briefen und den Akten, zu denen sie gehören, vorgefundenen diskursiven Praxis. Schon ihr Äußeres verweist auf Charakteristika dieser Kommunikation. Die Schreiben der Anstalten entstanden als Routine-Vorgänge. Meist handelt es sich um handschriftliche, schnell verfasste Vorlagen der Ärzte und getippte Durchschläge mit Bearbeitungsvermerken. Auf der anderen Seite stand keine Institution, sondern eine Familie: mit Briefkopf oder ohne, auf aufwendigem oder billigem Papier, handschriftlich oder selten maschinengeschrieben, in flüssigen oder häufig ungeübten Formulierungen.

Der Status dieses Materials kann weder eindimensional noch eindeutig sein. Wenn im folgenden ein Einzelfall auf der Grundlage einer in Hadamar erhaltenen Akte ausführlich dargestellt wird, gilt die Aufmerksamkeit einer Komplexität, die sich in vielen Korrespondenzen findet. Gerade die Mehrdeutigkeit, die aus vielen Äußerungen von Angehörigen spricht, die Gleichzeitigkeit von Widersprüchlichem, gelegentlich in ein- und demselben Satz, sind zentraler Bestandteil dieser Aussageformen, die sich um Vernunft und um Unvernunft drehen, staatliches und eigenes Handeln interpretieren, sich zu Rassenhygiene und Massenmorden in Position bringen oder eben all dies nicht tun. In den jahrelangen Versuchen von Ria M. (spätere Ria K.), die Entlassung ihrer Mutter zu erreichen, verband sich weitgehende Akzeptanz der NS-Psychiatrie und ihrer rassenhygienischen Grundlagen mit entschiedenen Bemühungen um die Rettung der Patientin. Diese Bemühungen begannen – wie in vielen anderen Fällen auch – nicht erst in zeitlichem Zusammenhang mit den „Verlegungen" von Patienten in Tötungsanstalten.

Die Zigarettenfabrikarbeiterin Maria M. war seit 1925 wiederholt für kurze Zeit wegen „Schizophrenie" in der Psychiatrischen Klinik Heidelberg und in der Heil- und Pflegeanstalt Wiesloch in Behandlung. Auf Veranlassung ihres Ehegatten, des Chauffeurs Karl M., wurde sie immer wieder entlassen. Karl M. starb 1929. Die 1920 geborene Tochter Ria M. wurde fortan von dessen Schwester Sophie R. erzogen, die auch die Pflegschaft für Maria M. innehatte.

Nach fünf Jahren in der Heil- und Pflegeanstalt Wiesloch wurde Maria M. 1935 auf Drängen ihres Vaters, Xaver E., entlassen und lebte zunächst für zwei Jahre bei diesem. Dann zog sie nach Mannheim zu ihrer Tochter. In Baden begannen „Verlegungen" von Patienten in Tötungsanstalten im Rahmen der „Aktion T4" bereits im Februar 1940 und wurden bis zum Sommer 1941 fortgesetzt.[9] Sie erregten teilweise beträchtliches Aufsehen und wurden so in großen Teilen der Bevölkerung bekannt. Ende April 1941 brachten Vater und Tochter Maria M. wieder in die Heil- und Pflegeanstalt Wiesloch. Es sei lange gut mit ihr gegangen, fasst das bei der Einweisung ausgestellte ärztliche Zeugnis zusammen, seit drei Wochen aber sei sie wieder verwirrt, leide an Schlaflosigkeit, höre Stimmen. Die Tochter glaube, so die Krankengeschichte, „die erneute Erkrankung könne nur durch den dauernden Lärm von der Bauerei der Luftschutzunterstände in Mannheim hervorgerufen worden sein." Die Kranke müsse immer beaufsichtigt werden und könne daher „jetzt nicht mehr länger zu Hause behalten werden, da die Tochter ihrem Beruf als Kontoristin nachgehen muß."[10]

Knapp sechs Wochen später schrieb Ria M. erstmals nach Wiesloch, um die erneute Entlassung ihrer Mutter „in absehbarer Zeit" zu erreichen, dies unter Auflistung aller Argumente, die dafür in Frage kamen. Einerseits sei Eile geboten, da sonst ihre nicht genutzten Zimmer an „Fliegerbeschädigte" vergeben würden, andererseits habe sie bei ihrem letzten Besuch den Eindruck gewonnen, dass bald eine völlige Genesung zu erwarten sei, und drittens sei es „doch durchaus begreiflich und auch menschlich, daß man seine Lieben, zumal es sich hier um meine liebe Mutter handelt, gern wieder daheim haben möchte."[11]

Das Schreiben aus der Heil- und Pflegeanstalt Wiesloch riet, „mit der Abholung der Pat. noch etwas zu warten."[12] Kurz darauf bat Ria M. erneut um die Entlassung, da sie zu der Ansicht gekommen sei, „daß die Umgebung und auch der fortgesetzte Angst-Zustand um mich bei der vollkommenen Heilung meiner Mutter viel ausmacht", und da sie „um das Wohl meiner lieben Mutter sehr besorgt" sei.[13] Die Anstalt erhob „ernsthafte Bedenken" und stellte auch die Fähigkeit der Mutter in Frage, eine Bindung an ihre Tochter aufrechtzuerhalten:

„Ihre Mutter [...] steht immer noch unter dem Einfluß von Sinnestäuschungen u. Wahnideen, durch die sie bald mehr bald weniger in ihrem Tun geleitet wird u. oft sehr gereizt u. erregt werden kann. [...] Um die Umgebung hier kümmert sich Pat. im Ganzen recht wenig, auch die Sorge um Sie bewegt sie nicht sehr."[14]

Dass Ria M. gleichzeitig auch mit ihrer Mutter in Briefkontakt stand, wird immer nur dann aktenkundig, wenn die Anstalt solche Schreiben als ungeeignet zurückschickte, so erstmals einen Brief von Ende Juli 1941, der „ganz ungeeignet für die Patientin" war, wie das Begleitschreiben der Anstalt befand:

„Ihre Mutter hört dauernd Stimmen, ist verstimmt u. leicht gereizt, dringt einsichtslos auf Entlassung, die aber z. Zt. noch gar nicht in Frage kommen kann. Es hat also keinen Wert u. schadet der Pat. nur, wenn Sie in Ihrem Brief bei ihr falsche Hoffnungen erwecken u. sie in ihrem Wunsch auf Entlassung, der eben noch nicht erfüllbar ist, bestärken.

Es ist besser, Sie warten mit Ihrem Besuch noch, bis Ihre Mutter wieder eine bessere Zeit hat."[15]

Auf dieses Schreiben und den zurückgesandten Brief reagierte zunächst nicht Ria M., sondern ihre Tante Sophie K., die sie aufgezogen hatte und neben dem Vater der Patientin als einzige Verwandte nachweisbare Kontakte in die Anstalt hatte.[16] Während der Großvater der 21-jährigen Ria K. wie diese versuchte, die Entlassung ihrer Mutter zu erreichen, wollte Sophie K., die Schwägerin der Patientin, genau das verhindern. Die Begründung leitete sie aus der Abwägung der Interessen der Kranken gegen die der Gesunden ab. Am 31. Juli 1941 schrieb sie nach Wiesloch:

„Ich bin die Pflegerin der Maria M. [...]. Heute kam der Brief deren Tochter an Obengenannte zurück + will ich Ihnen meinen Dank aussprechen, dass Sie der Tochter den Brief zurückgesandt haben + den Besuch verboten haben. Sie glauben nicht, wie viel Unheil die Kranke in unsere Familie gebracht hat; auch wenn sie nicht in der Anstalt war hat sie immer die Familie durcheinander gebracht weil sie katholisch ist und ihr Mann evangelisch. Das ist immer ein Zeichen ihrer Krankheit gewesen. Jetzt ist die Tochter von ihr unglückseliger Weise mit einem evangelischen Mann verlobt der zur Zeit im Osten kämpft + die Frau M. setzt Alles in Bewegung um die Tochter von diesem Mann zu bringen. Die Tochter erst 21jährig lässt sich sehr beeinflussen von ihr und glaubt an das Unglück das ihr bevorsteht wenn sie diesen Mann heiratet. Der junge Mann ist [ein] ordentlicher Mann von 26 Jahren + wäre es sehr schade wenn die beiden Menschen auseinanderkämen.

Frau M. ist die Frau meines verstorbenen Bruders und ich habe das Mädchen nachdem sie nach Wiesloch kam erzogen. Ich bitte sie daher die Briefe zu öffnen wenn nicht geeignet retour zu schicken + die Besuche solange die Kranke nicht gesund ist zu verbieten. Das Mädchen ist selbst sehr nervös + ist sie nach einem Besuch bei ihrer Mutter einige Tage vollständig erledigt. Ich bin der Ansicht dass das Wohl der beiden jungen Menschen wichtiger ist als der Egoismus der Kranken die ja doch immer wieder nach einiger Zeit in ihr Krankheitsstadium verfällt. Ich bitte Sie von diesem Brief nichts den Angehörigen zu erzählen es ist aber die reine Wahrheit die ich Ihnen berichten muß."[17]

Die unterschiedlichen Interessenlagen generierten ein System von Heimlichkeiten zwischen den Angehörigen, aber auch gegenüber der Anstalt. Dass Ria M. gegenüber den Wieslocher Ärzten keineswegs offen operierte, wird spätestens in ihrem nächsten Anlauf deutlich, die Entlassung der Mutter zu erreichen. Deutlich wird zugleich, dass ihr Misstrauen sich zunächst nur gegen diese Anstalt richtete. Am 2. November 1941 wandte sie sich mit ihrem Großvater erneut dorthin, um die Entlassung zu erreichen. Sie verwies auf ein Telefonat mit der Anstaltsverwaltung, „wonach das Befinden meiner Mutter sich so weit gebessert hat, daß sie wieder nach Hause kommen kann", reichte das „schriftliche Entlassungsgesuch ein" und bat „höflichst mir genaue Auskunft zu übermitteln."[18] Die Anstalt teilte aber mit, man glaube nicht, „daß Ihnen von unserer Verwaltung telefonisch mitgeteilt wurde, daß Sie Ihre Mutter nach Hause holen können. Erstens ist die Verwaltung gar nicht in der Lage, über Pat. Auskunft zu geben, u[nd] zweitens ist Ihre Mutter auch noch nicht für eine Entlassung geeignet."[19]

Ein Brief an Ria M.s Mutter kam wieder zurück, „da sie sich nur darüber aufregen würde, wenn Ihre Versprechungen nicht [in] Erfüllung gingen."[20]

Am 29. Januar 1942 wurde Maria M. – im Zustand laut Krankengeschichte „ganz unverändert" – auf „Drängen der Tochter nach Hause entlassen."[21] Gesund war sie auch nach Einschätzung Ria M.s nicht, aber dies gab sie gegenüber der Wieslocher Anstalt nicht zu erkennen.[22] Sie setzte nun ihre Hoffnungen auf die Heidelberger Universitätspsychiatrie unter dem führenden „Euthanasie"-Psychiater Prof. Carl Schneider.[23] Bereits vier Tage nach der Entlassung wandte man sich von dort an die Wieslocher Direktion und teilte mit, Ria M. habe vorgesprochen und gebeten, „[...] ihre Mutter, die sie gegen Ihren ausdrücklichen Rat mit nach Hause genommen habe, und mit der es zu Hause doch nicht ginge, bei uns einer Insulinbehandlung unterziehen zu wollen. Wir haben diese Zusage von einer Anfrage bei Ihrer Anstalt abhängig gemacht und bitten Sie uns mitzuteilen, um was es sich bei der Obengenannten handelt, wie lange die Erkrankung dauert und ob der Zustand so ist, dass man sich von einer Insulinkur noch Erfolg versprechen könnte."[24]

In Wiesloch versprach man sich „von einer Insulinkur bei der Pat. nicht viel, doch müssen wir es der Klinik überlassen, auch um die reichlich einsichtslose Tochter zu beruhigen."[25] In Heidelberg sah man aber von einer Behandlung ab, „allein schon, weil wir uns wegen der Platzknappheit einen Versuch der wenig Erfolg verspricht, nicht gestatten können."[26]

Gut sechs Wochen nach ihrer Entlassung wurde Maria M. „wegen akuter Verschlimmerung mit Erregungszuständen" durch einen Mannheimer Nervenarzt wieder in die Wieslocher Anstalt eingewiesen. Laut Krankengeschichte berichtete das begleitende Sanitätspersonal, „die Tochter habe ihnen mitgeteilt, [die] Patientin habe zu Hause in einem plötzlichen Erregungsanfall die Fensterscheiben und die Scheiben an einem Küchenschrank zusammengeschlagen."[27]

Nachdem der zweite Versuch, Maria M. aus der Anstalt zu holen, ebenso schnell wie dramatisch gescheitert war, gab es keinen erneuten Versuch mehr – obwohl die Anstalt zeitweise ihre Zustimmung signalisierte, so als die Patientin im Mai 1942 nach einer Azomankur[28] gebessert schien.[29] 1943 schrieb die Tochter nur noch einmal nach Wiesloch, von wo ihr mitgeteilt wurde, dass „keine beachtliche Änderung" eingetreten sei.[30] Sie war inzwischen verheiratet und hatte damit auch den Namen gewechselt. Ob sie den Mann geheiratet hatte, den ihre Mutter offenbar abgelehnt hatte, ist nicht festzustellen. Weitere Schreiben der jetzigen Ria K. sind erst wieder im Zusammenhang mit der Verlegung in die Tötungsanstalt Hadamar am 6. Juni 1944 in der Akte enthalten, obwohl Maria M. auch weiterhin bat, ihre Entlassung durchzusetzen.[31]

Am 6. Juni 1944 wurde Ria K. durch ein formalisiertes Schreiben der Tötungsanstalt Hadamar über die Verlegung ihrer Mutter nach dort informiert. Besuche könne man „infolge der schwierigen Verkehrsverhältnisse nur in besonders dringenden Fällen" gestatten und bitte, „zuvor die Genehmigung der Anstaltsleitung einzuholen."[32] Am 26. Juni 1944 übersandte Ria K. die angeforderten Dokumente, nach dem Befinden ihrer Mutter fragte sie nicht. Am 13. Juli 1944 wurde sie telegraphisch über deren Erkrankung an „Rippenfellentzündung" informiert, am 15. Juli ist Maria M. laut Sterbeurkunde gestorben. Am 18. Juli fuhr Ria K. nach Hadamar und quittierte den Empfang der Kleider, des Sparkassenbuches und des Trauringes der Verstorbenen.

Viele Angehörige, die persönlich in Hadamar oder einer anderen Tötungsanstalt waren, beschrieben in Nachkriegsprozessen Verdachtsmomente, die sie in der Anstalt oder auf dem Weg dorthin wahrnahmen. Ria K. sagte nie in einem Prozess aus. Dass sie keine Hinweise auf die Tötungen hatte, macht jedoch der weitere Verlauf der Korrespondenz unwahrscheinlich. Die Hadamarer Bevölkerung jedenfalls war über die Tötungen auch in der zweiten Phase im Bilde.[33] Einen Monat nach ihrem Besuch suchte Ria K. den medizinischen Rat des Arztes, der für die Ermordung ihrer Mutter verantwortlich war:

„Sehr geehrter Herr Rat! [...] Ich nehme höflich Bezug auf die Unterhaltung, die ich anläßlich des Todes meiner Mutter mit Ihnen hatte.

Wie Sie aus der Akte ersehen, hat meine Mutter an Schizophrenie gelitten, und da ich nun weiß, daß diese Krankheit unter die Erbkrankheiten fallen [!], möchte ich Sie, geehrter Herr Rat, um eine Auskunft bitten.

Da ich selbst wieder Mutter eines Söhnchens bin, möchte ich gerne wissen, wie es sich mit der Erbmasse verhält, ob die Vererbung sozusagen in jedem Falle stattfindet, sei es erst im 3. oder 4. Glied, und wenn ja, es nicht besser wäre, ich würde mich auch sterilisieren lassen, und späterhin auch mein[en] Sohn, damit die Vererbung im Keim erstickt bliebe. Da ich unter der Krankheit meiner Mutter sehr gelitten habe, möchte ich dieses Unglück meinem Kinde unter allen Umständen ersparen. [...]"[34]

Der Provinzial-Obermedizinalrat Dr. Adolf Wahlmann hatte in seiner ausführlichen Antwort keinen Grund, vom Duktus der ärztlichen Konsultation abzuweichen: „Die Fragen, die Sie mir [...] vorlegen, sind erbwissenschaftlich insoweit beantwortet, daß körperlich + geistig gesunde + unauffällige Kinder von Schizophrenen heiraten können + auch Kinder haben, falls der Ehepartner selbst gesund ist + aus einer psychisch unbelasteten Familie stammt. Sie werden also die Pflicht haben, den Sippenbefund Ihres Gatten heranzuziehen. Die Erkrankungswahrscheinlichkeit für Ihren Sohn, also das Enkelkind der Schizophrenen ist nur dann erhöht, wenn eben einer der Eltern psychisch auffällig, insbesondere schizophrenieähnlich erkrankt ist. Da Sie das Gefährdungsalter der Schizophrenie [...] bereits durchlaufen haben, ohne zu erkranken, könnte wohl die Gefahr der Erkrankung für Ihre zukünftigen Nachkommen

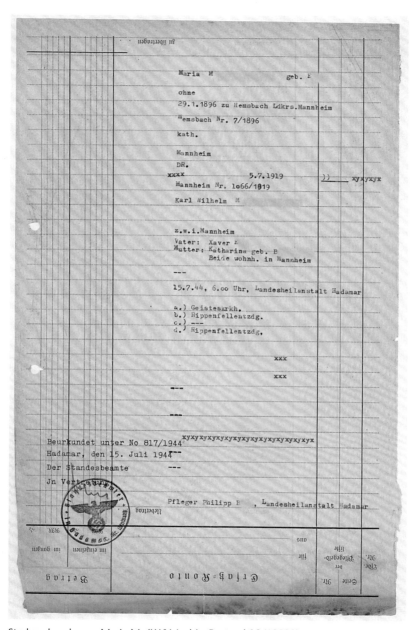

Sterbeurkunde von Maria M. (LWV-Archiv, Bestand 12 K 2581)

als überwunden angesehen werden. Immerhin möchte ich vor einem zu reichen Kindersegen warnen."[35]

Nach 1945 geriet Ria K. erneut in die Situation, dass sie ohne ausreichende Unterstützung für ein krankes Familienmitglied sorgen musste. So kam es in den 1970er Jahren zu einem weiteren Kontakt mit der Anstalt Hadamar, da sie im Rahmen eines Entschädigungsverfahrens für die Ermordung ihrer Mutter eine Sterbeurkunde benötigte. Mit der erhofften Entschädigung wollte sie eine finanzielle Grundlage für die Versorgung ihres kranken Sohnes schaffen:

„Wie Sie aus beiliegendem Schreiben entnehmen können, lehnt es die Regierung ab, in diesem Falle für nationalsozialistisches Unrecht eine Abfindung zu zahlen. Gibt es irgendeine andere Einrichtung, die hierfür zuständig ist. Bitte verstehen Sie mich recht, ich will aus diesem Elend kein Kapital schlagen. Ich habe aber durch Geburtsschaden (keine Erbkrankheit) einen Sohn, der wiederum geisteskrank ist, und damit dieses Kind ja nicht mehr in eine Anstalt muß, habe ich hier [...] ein kleines Einf. Haus gebaut, und mein Sohn geht nur in die Werkstatt zum arbeiten [!], tagsüber.

Die Zinsen für die Hypotheken sind aber derart hoch und werden immer noch höher, daß ich es bald nicht mehr verkraften kann, obwohl ich auch noch den ganzen Tag arbeiten gehe.

Wenn ich nun Geld bekäme vom Staat, daß ich etwas von den Hypotheken ablösen kann, dann wäre mir geholfen."[36]

Aus Hadamar wurde ihr mitgeteilt, man könne ihr nicht weiterhelfen. Ein Ablehnungsschreiben vom Bayerischen Landesentschädigungsamt hatte sie beigelegt. Von dort war beanstandet worden, ihr Antrag komme zu spät. Auch ermögliche das Bundesentschädigungsgesetz Entschädigung nur für Verfolgung aufgrund von „Rasse", des „Glaubens", der „Weltanschauung" oder „politischer Gegnerschaft". „Nach Ihrem Schreiben liegen diese Voraussetzungen nicht vor."[37]

Keine der Äußerungen, die in Maria M.s Akte von ihren Angehörigen überliefert ist, argumentiert auf politischer oder ethischer Ebene für oder gegen ihre Entlassung – stattdessen geht es um persönliche Bindungen, um Wünsche der Kranken wie der anderen Familienmitglieder, um wirtschaftliche Lebensumstände, um private Lebensentwürfe und um medizinische Entwicklungen. Damit steht die Akte exemplarisch für den größten Teil der Äußerungen der Familien von Ermordeten, soweit diese dokumentiert sind. Es zeigt sich, dass die Angehörigen von Psychiatriepatienten zwischen 1933 und 1945 zwar in einem hochgradig politisierten Kontext handelten, aber deswegen handelten sie nicht zwangsläufig nach Maßgabe des Politischen, sondern oft aus „privaten Gründen". Ein zweiter wichtiger Aspekt ist, dass ihre Handlungsmöglichkeiten und -formen in vielen Bereichen an die Anstalten gebunden waren, mit denen sie zu verhandeln hatten. Was also in Form der Reaktionen der Angehörigen auf die NS-„Euthanasie" geschichtsmächtig wurde, waren einerseits die Formen, in denen Angehörige und leitendes Anstaltspersonal miteinander kommunizierten; und dies geschah normalerweise weder auf gleicher Ebene noch im offenen Austausch. Es waren andererseits die privaten Bindungen der Angehörigen, ihre Lebensentwürfe und ihre persönlichen Lebensumstände. Dennoch ist zumindest im historischen Abstand ablesbar, wie sich die Politik in den Äußerungen der Angehörigen spiegelt. Sie wurden nicht außerhalb der Gesellschaft formuliert, sondern konstituierten diese mit. Was Alf Lüdtke aus seiner Analyse der Erfahrungen von Fabrikarbeitern ableitet, gilt auch hier: Die unterschiedlichsten Äußerungen und noch das Schweigen „zeigten niemals bloß individuelle Bedürfnisse. In Frage stand und steht immer die Organisation sozialer Beziehungen; es geht um 'Politik'".[38]

[1] Vgl. exemplarisch: Norbert Frei, 1945 und wir. Das Dritte Reich im Bewußtsein der Deutschen, München 2005; Götz Aly, Hitlers Volksstaat. Raub, Rassenkrieg und nationaler Sozialismus, Frankfurt a.M. 2005; Robert Gellately, Hingeschaut und weggesehen. Hitler und sein Volk, München 2004.

[2] So etwa von Winfried Süß, „Dann ist keiner von uns seines Lebens mehr sicher". Bischof von Galen, der katholische Protest gegen die „Euthanasie" und der Stopp der „Aktion T4", in: Martin Sabrow (Hg.), Skandal und Diktatur. Formen öffentlicher Empörung im NS-Staat und in der DDR, Göttingen 2004, S. 102–129.

[3] Heinz Faulstich geht von rund 216.000 „Euthanasie"-Opfern unter den deutschen oder in deutschen Anstalten befindlichen Patienten aus: Heinz Faulstich, Die Zahl der „Euthanasie"-Opfer, in: Andreas Frewer/Clemens Eickhoff (Hg.), „Euthanasie" und die aktuelle Sterbehilfe-Debatte. Die historischen Hintergründe medizinischer Ethik, Frankfurt a.M./New York 2000, S. 218–229, hier S. 227.

[4] Familiäre Verbindungen zu Verfolgten bestanden zwar auch innerhalb der jüdischen „Mischehen", für die die Frage nach Solidarisierung und Widerstand vor allem am Beispiel des „Rosenstraßen-Protests" breit diskutiert wurde. Vgl. Beate Meyer, The Mixed Marriage. A Guarantee of Survival or a Reflection of German Society during the Nazi Regime?, in: David Bankier (Hg.), Probing the Depths of German Antisemitism. German Society and the Persecution of the Jews, 1933–1945, New York/Jerusalem 2000, S. 54–77; Nathan Stoltzfus, Widerstand des Herzens. Der Aufstand der Frauen in der Rosenstraße, München 1999; Ursula Büttner, „Bollwerk Familie". Die Rettung der Juden in „Mischehen", in: Günther B. Ginzel (Hg.), Mut zur Menschlichkeit, Köln 1993, S. 59–77. Diese Verbindungen sind aber in den meisten Fällen kaum mit denen zu Anstaltspatienten zu vergleichen, unter anderem unterschieden sie sich durch die Form ihres Entstehens und die Möglichkeit, sie zu verändern.

[5] Siehe aber Götz Aly, Dokumentation. Mitmachen, Zustimmen, Hinnehmen, Widerstehen. Die Krankenmorde zwischen „Geheimer Reichssache" und Privatangelegenheit, in: Ders. (Hg.), Aktion T4 1939–1945. Die „Euthanasie"-Zentrale in der Tiergartenstraße 4., 2. erw. Aufl. Berlin 1989, S. 47–73; Kurt Nowak, Widerstand, Zustimmung, Hinnahme. Das Verhalten der Bevölkerung zur „Euthanasie", in: Norbert Frei (Hg.), Medizin und Gesundheitspolitik in der NS-Zeit. München 1991, S. 235–252, beide in Zusammenhang mit der Gesamtbevölkerung; Petra Lutz, NS-Gesellschaft und „Euthanasie": die Reaktionen der Eltern ermordeter Kinder, in: Christoph Mundt/Gerrit Hohendorf/Maike Rotzoll (Hg.), Psychiatrische Forschung und NS-„Euthanasie". Heidelberg 2001, S. 96–113; Dies., Hans M. – Ein Opfer der nationalsozialistischen „Euthanasieaktion", in: Barbara Danckwortt/Thorsten Querg/Claudia Schöningh (Hg.), Historische Rassismusforschung. Ideologen – Täter – Opfer, Hamburg 1995, S. 54–77.

[6] Vgl. u.a. Götz Aly, Medizin gegen Unbrauchbare, in: Ders./Jochen August u.a. (Hg.), Aussonde-

rung und Tod. Die klinische Hinrichtung der Unbrauchbaren (= Beiträge zur nationalsozialistischen Gesundheits- und Sozialpolitik, Bd. 1), Berlin 1985, S. 9–74; Nowak (Anm. 5), S. 235–252; Peter Delius, Im Schatten der Opfer. Die Bewältigung der NS-Gewaltmaßnahmen gegen psychisch Kranke durch deren Angehörige, in: Eckhard Heesch (Hg.), Heilkunst in unheilvoller Zeit. Beiträge zur Geschichte der Medizin im Nationalsozialismus, Frankfurt a. M. 1993, S. 65–84; Ernst Klee, „Euthanasie" im NS-Staat. Die „Vernichtung lebensunwerten Lebens", Frankfurt a. M. 1985, S. 307–317.

[7] Vgl. Hans Medick, „Missionare im Ruderboot"? Ethnologische Erkenntnisweisen als Herausforderung an die Sozialgeschichte, in: Alf Lüdtke (Hg.), Alltagsgeschichte. Zur Rekonstruktion historischer Erfahrungen und Lebensweisen. Frankfurt a. M./New York 1989, S. 48–83, hier S. 64, siehe auch Alf Lüdtke, Einleitung: Was ist und wer treibt Alltagsgeschichte, in: Ders. (Hg.), Alltagsgeschichte. Zur Rekonstruktion historischer Erfahrungen und Lebensweisen, Frankfurt a. M./New York 1989, S. 9–47; Ute Daniel, Kompendium Kulturgeschichte. Theorien, Praxis, Schlüsselwörter, 4. erw. Aufl. Frankfurt a. M. 2004, S. 298-313.

[8] Zu diesem Bestand siehe Peter Sandner, Die „Euthanasie"-Akten im Bundesarchiv. Zur Geschichte eines lange verschollenen Bestandes, in: Vierteljahrshefte für Zeitgeschichte, 47. Jg. (1999), 385–400; Ders., Schlüsseldokumente zur Überlieferungsgeschichte der NS-„Euthanasie"-Akten gefunden, in: Vierteljahrshefte für Zeitgeschichte, 51. Jg. (2003), S. 285–290.

[9] Vgl. Heinz Faulstich, Von der Irrenfürsorge zur „Euthanasie". Geschichte der badischen Psychiatrie bis 1945, Freiburg 1993, S. 277 u. S. 282.

[10] Archiv des Landeswohlfahrtsverbandes Hessen, Bestand 12 (LWV-Archiv, Best. 12), Krankenakte Nr. K 2581, Eintrag in die Krankengeschichte (April 1941).

[11] LWV-Archiv, Best. 12 Nr. K 2581, Ria M. an Heil- und Pflegeanstalt Wiesloch (09. 06. 1941).

[12] Ebd., Heil- und Pflegeanstalt Wiesloch an Ria M. (16. 06. 1941), handschriftliche Verfügung.

[13] Ebd., Ria M. an Heil- und Pflegeanstalt Wiesloch (28. 06. 1941).

[14] Ebd., Heil- und Pflegeanstalt Wiesloch an Ria M. (01. 07. 1941), handschriftliche Verfügung.

[15] Ebd., Heil- und Pflegeanstalt Wiesloch an Ria M. (29. 07. 1941), handschriftliche Verfügung.

[16] Maria M. hatte neun Geschwister, von denen 1942 mindestens sechs noch lebten. Hatte es bei ihrem Anstaltsaufenthalt bis 1935 noch vereinzelte Besuche gegeben, so wurde sie 1941 fast nur noch von ihrem bereits alten Vater und ihrer Tochter besucht.

[17] LWV-Archiv, Best. 12 Nr. K 2581, Sofie K. an Heil- und Pflegeanstalt Wiesloch (31. 07. 1941).

[18] Ebd., Ria M. und Xaver E. an Heil- und Pflegeanstalt Wiesloch (02. 11. 1941).

[19] Ebd., Heil- und Pflegeanstalt Wiesloch an Ria M. (05. 11. 1941).

[20] Ebd., Heil- und Pflegeanstalt Wiesloch an Ria M., zwei handschriftliche Verfügungen (05. 11. 1941).

[21] Ebd., Ärztliches Zeugnis (14. 03. 1942).

[22] Dorthin schrieb sie noch am 11. 02. 1942 in einem Brief, der um die Übersendung der Entlassungspapiere bat, der Gesundheitszustand ihrer Mutter könne als gut bezeichnet werden: Ebd.

[23] Zur Rolle Carl Schneiders siehe Christine Teller, Carl Schneider – Zur Biographie eines deutschen Wissenschaftlers, in: Geschichte und Gesellschaft, Jg. 16 (1990), S. 464–478.

[24] LWV-Archiv, Best. 12 Nr. K 2581, Schreiben (02. 02. 1942).

[25] Ebd., Heil- und Pflegeanstalt Wiesloch an Universitätsklinik Heidelberg (05. 02. 1942), handschriftliche Verfügung.

[26] Ebd., Psychiatrisch-Neurologische Klinik der Universität Heidelberg an Heil- und Pflegeanstalt Wiesloch (09. 02. 1942).

[27] Ebd., Eintrag in die Krankengeschichte (14. 02. 1942).

[28] Die Substanz Azoman wurde neben dem bekannteren Kardiazol in der Therapie von Schizophrenie eingesetzt, um Krampfanfälle zu erzeugen.

[29] Vgl. LWV-Archiv, Best. 12 Nr. K 2581, Ria M. an Heil- und Pflegeanstalt Wiesloch (19. 05. 1942); ebd., Direktion der Heil- und Pflegeanstalt Wiesloch an Ria M., Verfügung (22. 05. 1942).

[30] Vgl. ebd., Ria K. an Heil- und Pflegeanstalt Wiesloch (18. 05. 1943); ebd., Heil- und Pflegeanstalt Wiesloch an Ria K. (19. 05. 1943).

[31] Vgl. ebd., Xaver E. an Direktion der Heil- und Pflegeanstalt Wiesloch (08. 07.1943).

[32] Ebd., Landesheilanstalt Hadamar an Ria K. (06. 06. 1944).

[33] Vgl. Bettina Winter, Die Geschichte der NS-„Euthanasie"-Anstalt Hadamar, in: Landeswohlfahrtsverband Hessen (Hg.), Verlegt nach Hadamar. Die Geschichte einer NS-„Euthanasie"-Anstalt, Kassel 1991, S. 29–188, hier S. 158–165.

[34] LWV-Archiv, Best. 12 Nr. K 2581, Ria K. an den ärztlichen Leiter der Heil- und Pflegeanstalt Hadamar (14. 08. 1944).

[35] Ebd., Landesheilanstalt Hadamar an Ria K. (16. 08. 1944).

[36] Ebd., Ria K. an Heil- und Pflegeanstalt Hadamar (22. 05. 1973).

[37] Ebd., Bayerisches Landesentschädigungsamt an Ria K. (17. 05. 1953) (Kopie).

[38] Alf Lüdtke, Einleitung: Was ist und wer treibt Alltagsgeschichte, in: ders. (Hg.), Alltagsgeschichte. Zur Rekonstruktion historischer Erfahrungen und Lebensweisen; Frankfurt/Main; New York 1989, S. 9–47, hier: S. 25.

Die strafrechtliche Verfolgung der Hadamarer „Euthanasie"-Morde

Matthias Meusch

In den Jahren 1945 bis 1948 fanden in Wiesbaden und Frankfurt drei Prozesse gegen Teile des Personals der Landesheilanstalt Hadamar wegen der dort verübten Verbrechen im Rahmen des von den Nationalsozialisten euphemistisch „Euthanasie"- oder „Gnadentod"-Aktion genannten Mordprogramms statt.

Der Wiesbadener Prozess

Am Anfang der strafrechtlichen Verfolgung der Anstaltsmorde stand ein Prozess gegen sieben Angestellte vor einem amerikanischen Militärgericht in Wiesbaden vom 8. bis zum 15. Oktober 1945.[1] Einziger Anklagepunkt war die Ermordung von über 400 polnischen und sowjetischen Zwangsarbeitern, die als Verstoß gegen das Völkerrecht („Violation of International Law") angesehen wurde. Der Verwaltungsleiter Alfons Klein und zwei Pfleger wurden zum Tode verurteilt und ein halbes Jahr später hingerichtet, der Chefarzt Adolf Wahlmann erhielt lebenslängliche Haft, die anderen Angeklagten, darunter auch die Oberschwester Irmgard Huber, wurden zu Haftstrafen zwischen 25 und 35 Jahren verurteilt. Sieben weitere Schwestern und ein Kraftfahrer waren zwar festgenommen, jedoch nicht unter Anklage gestellt worden, obwohl sie zum Teil zugegeben hatten, deutsche Patienten getötet zu haben.

Ermittlungen und Anklageerhebung

Ihre Freilassung veranlasste den stellvertretenden Hadamarer Bürgermeister einen Tag nach dem Urteil des Militärgerichts, Anzeige bei der Staatsanwaltschaft Limburg zu erstatten, da er der Meinung war, die Entlassenen würden durch die von ihnen gemachten Aussagen „schwer des Mordes oder der Teilnahme am Mord von unzähligen deutschen Anstaltsinsassen" belastet.[2] In seinem Bericht an den Hessischen Justizminister vom 25. November 1945 fragte der Limburger Oberstaatsanwalt zunächst nach, ob er die Strafverfolgung überhaupt fortführen solle, da „unter der Naziherrschaft diese Mordtaten von oben angeordnet und sanktioniert waren".[3] Im weiteren Verlauf

Die Angeklagten vor dem Militärgericht in Wiesbaden: 1. Reihe links Dr. Wahlmann, ganz rechts Pfleger Philipp B., dahinter vorgebeugt Verwaltungsleiter Klein und hinter diesem die Oberschwester Irmgard H. (LWV-Archiv, Fotosammlung)

Verwaltungsleiter Klein bei seiner Vernehmung (LWV-Archiv, Fotosammlung)

seines Berichts offenbarte er eine für diese frühe Zeit bemerkenswerte Einsicht in Wesen und Umfang des Mordprogramms: „Dieselben Vorfälle haben sich nicht nur in Hadamar, sondern auch in anderen Anstalten abgespielt. Bekannt ist dies von der Anstalt 'Kalmenhof' bei Idstein [...], auch in Weilmünster [...] sollen Insassen der Anstalt getötet worden sein. Vermutlich ist dies noch in mehreren anderen, hier aber nicht bekannten Anstalten in Deutschland der Fall gewesen. Auch in den Konzentrationslagern wurden die gleichen Vernichtungsmethoden angewandt. Schuldig sind auch alle die Anstaltsleiter, die die Patienten nach Hadamar überwiesen haben. Es würde sich daher empfehlen, alle diese Verbrechen von einer Sonderstaatsanwaltschaft untersuchen und aufklären zu lassen."[4] Am 14. Dezember 1945 entschied das Justizministerium dieser Anregung folgend, die Ermittlungen zu den Morden in nassauischen Anstalten sollten zentral bei der Staatsanwaltschaft Frankfurt geführt werden.[5]

Eine im April 1946 vom Ersten Staatsanwalt Hans Tomforde[6] vorgelegte Anklageschrift gegen lediglich vier Hadamarer Schwestern lehnte das Ministerium unter dem Hinweis ab, der „Kreis der zur Rechenschaft zu ziehenden Personen" sei erheblich zu erweitern. Die „Gemeinnützige Stiftung für Anstaltspflege" sei zu dem alleinigen Zweck geschaffen worden, Kranke zu Tausenden unauffällig zu beseitigen, worüber sämtliche Angehörige der „Stiftung" Bescheid gewusst hätten. Jeder von ihnen, ob Arzt, Pfleger oder Büroangestellter, habe, so das Ministerium weiter, zu seinem Teil an einem organisierten Massenmord mitgewirkt und sei des gemeinschaftlichen Mordes schuldig: „Die Tätigkeit keines einzigen kann hinweg gedacht werden, ohne dass damit die Vernichtungsaktion in der geplanten Form unmöglich würde." Ob die betreffenden Bediensteten die Kranken im einzelnen Falle angefasst, bis in den Gasraum geführt oder der Vergasung zugesehen hätten, sei dabei völlig unerheblich, da jedem der Beteiligten klar gewesen sei, dass die ihnen gegebenen Befehle ein Verbrechen darstellten. Es solle daher nach allen bisher bekannten Angehörigen der „Stiftung" landesweit gefahndet werden. Auch die schon durch das amerikanische Militärgericht verurteilten Wahlmann und Huber seien noch einmal anzuklagen, da beide bisher „nur zu Freiheitsstrafen verurteilt" worden seien und sie sich auch gegenüber deutschen Patienten „des vielfachen Mordes bzw. Anstiftung dazu schuldig gemacht" hätten.[7] Das hessische Justizministerium behielt sich ausdrücklich die letzte Entscheidung in allen dieses Verfahren betreffenden Fragen vor.[8] Wie schon der Limburger Oberstaatsanwalt erkannte auch der im Ministerium für die Ermittlungen zuständige Ministerialrat Adolf Arndt, der spätere Bundestagsabgeordnete und „Kronjurist" der SPD, eine weitere Besonderheit der nationalsozialistischen Gewaltverbrechen: die „Atomisierung" des Tatgeschehens in kleinste Einzeltaten, die die Verantwortlichkeit des Einzelnen hinter die Tatbeiträge anderer zurücktreten ließ.[9]

Den Vorgaben des Justizministeriums folgend erstreckten sich die Ermittlungen nun nicht nur auf unmittelbar in nassauischen Anstalten tätig gewordene Personen, sondern auch auf solche Täter, die in der Berliner „T4"-Zentrale an der „Aktion" teilgenommen oder als Gutachter die berüchtigten Meldebogen ausgefüllt hatten.[10] Unter den Beschuldigten, gegen die ein Ermittlungsverfahren eröffnet wurde, befanden sich zum Beispiel die Gutachter und Leiter von „Euthanasie"-Anstalten Paul Nitsche, Carl Schneider, Hermann Pfannmüller und Valentin Faltlhauser, die Organisatoren der „T4"-Aktion Herbert Linden, Hans Hefelmann, Dietrich Allers, Richard von Hegener, Friedrich Tillmann und Werner Blankenburg[11] sowie der Begleitarzt Hitlers und Mit-Initiator der „Euthanasie"-Aktion, Karl Brandt, um dessen Auslieferung durch die Amerikaner sich das Justizministerium jedoch vergeblich bemühte.[12] Auch Werner Heyde, den Obergutachter und zeitweiligen medizinischen Leiter der „T4"-Zentrale, wollte man schon 1946 in Frankfurt vor Gericht stellen, da man nur so „eine völlige Klärung des Sachverhalts und des Grades der Beteiligung der einzelnen Beschuldigten" gewährleistet sah.[13]

Schließlich jedoch wurde nur gegen die tatsächlich in den nassauischen Anstalten tätig gewordenen Beschuldigten verhandelt. Weitere Ermittlungen, zum Beispiel gegen Beamte des Hessischen Landesarbeitsamtes, das die in Hadamar ermordeten Zwangsarbeiter überstellt hatte,[14] gegen den Oberpräsidenten Prinz Philipp von Hessen, der die Anstalt Hadamar an die „T4" vermietet hatte,[15] oder gegen den Leiter der Heilanstalt Weilmünster wegen der Abgabe von Patienten nach Hadamar[16] wurden aus Mangel an Beweisen eingestellt. Andere Ermittlungen scheiterten an der Nichtauffindbarkeit der Beschuldigten.[17] Eine Reihe von Verfahren gab man an andere Staatsanwaltschaften ab, wie beispielsweise die Verfahren gegen Pfannmüller und Faltlhauser nach Bayern oder das Verfahren gegen Allers nach Niedersachsen.[18]

Der Eichberg-Prozess

Bevor das Gericht sich mit den in Hadamar begangenen Verbrechen beschäftigte, wurden zwei weitere Tatkomplexe, die Tötungen in den Anstalten Eichberg im Rheingau[19] und Kalmenhof bei Idstein,[20] in eigenen Prozessen verhandelt. Am 21. Dezember 1946 verurteilte das Landgericht Frankfurt den Direktor der Anstalt Eichberg Friedrich Mennecke wegen Mordes an einer unbestimmten Anzahl von Menschen zum Tode.[21] Bei dem zweiten Eichberger Arzt Walter Schmidt erkannte das Gericht wegen Mordes in 70 Fällen auf lebenslanges Zuchthaus. Die Richter verneinten niedere Beweggründe und hielten Schmidt zugute, dass er die Aktion innerlich abgelehnt und sein ärztliches Berufsethos nicht völlig aufgegeben habe, was sein Engagement in der Erprobung neuer Therapiemethoden zeige.[22] Eine Schwester und ein Pfleger wurden wegen Beihilfe zum Mord zu acht beziehungsweise vier Jahren Zuchthaus verurteilt, zwei weitere Schwestern freigesprochen.[23] Das Oberlandesgericht Frankfurt folgte in der von der Staatsanwaltschaft eingelegten Revision gegen das Strafmaß im Fall Schmidt der Auffassung der Frankfurter Strafkammer nicht und verhängte auch bei Schmidt die Todesstrafe,[24] die 1948 durch Begnadigung wieder in eine lebenslange Haftstrafe umgewandelt wurde.[25]

Der Kalmenhof-Prozess

Der zweite Frankfurter Prozess gegen Personal der Heil- und Erziehungsanstalt Kalmenhof richtete sich gegen den Verwaltungsleiter Wilhelm Großmann, den Arzt Hermann Wesse, die Ärztin Mathilde Weber, die Oberschwester Wrona und einen Pfleger sowie einen weiteren Angestellten.[26] In der ersten Instanz wurden am 30. Januar 1947 der Verwaltungsleiter und die zwei Ärzte zum Tode, die Oberschwester Wrona zu acht Jahren Zuchthaus sowie die zwei restlichen Angeklagten wegen Misshandlungen zu zehn und vier Monaten Gefängnis verurteilt.[27] Mit Ausnahme des Pflegers gingen alle Verurteilten in die Revision. Das Oberlandesgericht Frankfurt bestätigte am 16. April 1948 lediglich das Urteil gegen Hermann Wesse und stellte das Verfahren gegen den Angestellten ein. Alle anderen Urteilssprüche wurden aufgehoben und die Fälle an das Landgericht zurückverwiesen.[28] Am 9. Februar 1949 verurteilte das Schwurgericht Frankfurt die 1947 noch zum Tode verurteilten Wilhelm Großmann und Mathilde Weber zu 4,5 und 3,5 Jahren Zuchthaus, die Oberschwester Wrona wurde von der Beihilfe zum Mord freigesprochen.[29] Dieser Freispruch wurde in einer weiteren Revisionsverhandlung zwar wieder aufgehoben und die Oberschwester wegen Beihilfe zum Mord zu drei Jahren Zuchthaus verurteilt. 1953 wandelte der Bundesgerichtshof diese Verurteilung jedoch wieder in einen Freispruch um.[30]

Die Hadamar-Prozesse

Wegen der in der Anstalt Hadamar begangenen Verbrechen wurden zwei Verfahren angestrengt. Das erste richtete sich gegen die beiden Ärzte Adolf Wahlmann und Bodo Gorgass sowie 23 weitere Angeklagte, neben den zwei Ärzten elf Schwestern und Pfleger, zwei Angehörige des technischen und zehn Angestellte des Büropersonals.[31] Die Anklageschrift lag bereits im August 1946 vor.[32] Erst nachdem der Hauptangeklagte Adolf Wahlmann und die Oberschwester Irmgard Huber, die sich in amerikanischer Haft befanden, im Dezember 1946 von den Amerikanern ausgeliefert worden waren, konnte der Prozess am 24. Februar 1947 eröffnet werden.[33]

Adolf Wahlmann war im August 1942 als ärztlicher Leiter nach Hadamar gekommen und hatte jeden Morgen in Zusammenarbeit mit Oberschwester und Oberpfleger die zu tötenden Patienten ausgewählt. Eigenhändig hatte er, so das Gericht, keine Tötungen vorgenommen. Bodo Gorgass hatte am 18. Juni 1941 seinen Dienst in Hadamar angetreten. Nach Beendigung der ersten Phase der „T4"-Aktion im August 1941 war er auf eigenen Wunsch an die Front zurückgekehrt. Von den elf angeklagten Schwestern und Pflegern hatten zehn schon vor 1939 in Anstalten der Provinz Hessen-Nassau gearbeitet, eine Schwester war aus Berlin gekommen. Zwei Schwestern und drei Pfleger waren an beiden Phasen der Tötungen beteiligt, eine Schwester und ein Pfleger waren nur in der ersten Phase, vier Angehörige des Pflegepersonals nur während der zweiten Phase tätig geworden.[34]

Der SS-Mann Hubert Gomerski war 1941 zur „T4" kommandiert und nach Hartheim, einer weiteren „T4"-Anstalt, abgeordnet worden, wo er als Leichenverbrenner tätig gewesen war. Schließlich kam er nach Hadamar, wo er, wie er selbst aussagte, nur den Ofen bedient hatte.[35] Der zweite Angeklagte des technischen Personals hatte als Schlosser Ende 1940 an den Umbaumaßnahmen im Keller der Anstalt mitgewirkt.[36] Von den zehn Angeklagten des Büropersonals waren neun dienstverpflichtet, eine von der Gauleitung Frankfurt, bei der sie beschäftigt war, zur „T4" abgeordnet worden. Acht waren nur während der ersten Phase in Hadamar tätig geworden, eine Angeklagte war bis 1943, eine weitere bis Kriegsende dort geblieben.[37] Das Verfahren endete nach 14 Verhandlungstagen am 26. März mit Todesurteilen gegen die Ärzte Gorgass und Wahlmann, Haftstrafen für neun Angehörige des Pflegepersonals und Freisprüchen für eine Schwester, einen Pfleger sowie das gesamte technische und das Büropersonal.[38]

Die ersten drei Frankfurter „Euthanasie"-Prozesse fanden alle vor der gleichen Strafkammer unter Vorsitz des Landgerichtsrats Alexander Wirtzfeld mit den Beisitzern Kurt Winden und Otto Ortweiler statt.[39] Die Anklage wurde nicht nur durch zwei Frankfurter Staatsanwälte, sondern auch durch zwei Beamte des Ministeriums vertreten, darunter der maßgeblich an den Ermittlungen beteiligte Adolf Arndt, was die Bedeutung zeigt, die das Ministerium diesen Prozessen beimaß.[40] Auch die amerikanische Militärregierung in Hessen (OMGH) zeigte großes Interesse.[41] Während des Hadamar-Prozesses wollte sie zweimal wöchentlich vom Ministerium über den Fortgang des Verfahrens unterrichtet werden.[42]

Der Hadamar-Prozess war nach Zahl der Angeklagten wie auch der Verhandlungstage das umfangreichste der Frankfurter „Euthanasie"-Verfahren. Mit Ausnahme des Kalmenhof-Prozesses, in dem mit Großmann ebenfalls ein Verwaltungsbeamter vor Gericht stand, war er außerdem der einzige, in dem auch Büro- und technisches Personal angeklagt wurde.[43]

Die „Gesetzmäßigkeit" der Tötungen

Es waren vor allem drei Aspekte, die im Zentrum der Verhandlung standen: die angebliche „Gesetzmäßigkeit" der Tötungen, die Kenntnis der Bevölkerung über die Geschehnisse in der Anstalt und die Frage, ob es sich bei den Morden, wie von den Angeklagten behauptet, tatsächlich um Euthanasie gehandelt habe. Die Verteidigung wollte sowohl die Gesetzeskraft des Hitlerschen „Euthanasie"-Erlasses vom September/Oktober 1939 beweisen als auch die Existenz eines Gesetzes, das die Tötungen legalisiert habe. Die Tötungen seien im Auftrag der Regierung durchgeführt worden, in einem Tyrannenstaat sei der Wille des Despoten Gesetz, was auch durch die Untätigkeit der Staatsanwaltschaften bewiesen worden sei, so die Verteidiger in ihren Plädoyers.44 Gorgaß meinte dazu in seinem Schlusswort vor Verkündung des Urteils: „Ich war überzeugt, ein Gesetz zu erfüllen."45 Der ehemalige Wiesbadener Oberstaatsanwalt Hans Quambusch, nach dem Krieg zeitweise Vorsitzender der Spruchkammer Darmstadt-Lager, wie auch der ehemalige Hadamarer Amtsrichter Eduard Kuhl sagten demgegenüber aus, sie hätten die Maßnahmen für ungesetzlich und verbrecherisch gehalten.46 Das Gericht glaubte zwar schließlich der Behauptung des Zeugen Werner Heyde, es habe ein ordentlich verabschiedetes Gesetz gegeben,47 sprach einem solchen Gesetz jedoch jegliche Gültigkeit ab. Unter Berücksichtigung der „damaligen staatspolitischen Machtverhältnisse" müsse, so das Gericht, einem solchen Gesetz und auch dem „Euthanasie"-Erlass „eine rein formelle Gesetzeskraft möglicherweise zuzubilligen sein". Der Staat könne jedoch nicht die einzige Quelle des Rechts sein und willkürlich bestimmen, was Recht und Unrecht sei. Die Gesetze Hitlers „über die so genannte Euthanasie" hätten, so die Richter, „in krasser Form [...] gegen alle Grundsätze von Gerechtigkeit, Sittlichkeit und Moral" verstoßen und „das Recht von der Heiligkeit des menschlichen Lebens" missachtet.48 Damit folgten sie der Auffassung des Anklagevertreters Adolf Arndt, der an das Gericht appelliert hatte: „Über dem Befehl eines Tyrannen stehen die ewig gültigen Gesetze der Ethik. Wenn es keine unwandelbare Ethik und Moral gibt, dann, meine Herren Richter, zerreißen Sie Ihre Roben, dann hat es keinen Zweck mehr, hier zu sitzen."49 Die Taten der Angeklagten, so stellte das Gericht fest, seien selbst bei Annahme eines von den Nationalsozialisten erlassenen „Euthanasie"-Gesetzes objektiv rechtswidrig gewesen.50

Das Wissen in der Bevölkerung

Hinsichtlich der Frage nach der Kenntnis über das Geschehen auf dem Hadamarer Mönchsberg, auf dem die Anstalt auch heute noch steht, wurden einige Bürger aus Hadamar und der Umgebung vernommen. Eine Zeugin, die selbst bis 1937 in der An-

Aufnahme der Exhumierung von Ermordeten als Beweisstück für den Militärgerichtsprozess (LWV-Archiv, Fotosammlung)

stalt tätig gewesen war und danach weiter in Hadamar gewohnt hatte, sagte aus: „Man wusste, da oben geschieht etwas ganz Entsetzliches. In Hadamar schwieg man aus Angst. Heimlich hat man darüber gesprochen und war entsetzt. [...] Man hat es lange nicht geglaubt, dass es wirklich so war."[51] Der schon erwähnte ehemalige Wiesbadener Oberstaatsanwalt Quambusch wurde noch deutlicher: „Ich habe Kenntnis davon bekommen zur selben Zeit, als die übrigen Behörden und das deutsche Volk Kenntnis erhielt. Kenntnis auf dem Wege der Gerüchte, die man auf jeder Straßenecke hören konnte. [...] Als ich es erfuhr, war die Sache in Hadamar bereits im Gange. Alle Verwaltungs-, Justiz-, Polizeistellen, die Bevölkerung, jedermann wusste es, dass in Hadamar Kranke getötet wurden."[52] Im Zusammenhang mit den in einigen Aussagen behaupteten Sabotageakten sah sich das Gericht zu der Schlussfolgerung veranlasst, die Empörung in der Bevölkerung sei so groß gewesen, „dass trotz erheblicher Gefahren immer wieder Menschen sich bereit fanden, die 'Aktion' zu sabotieren".[53]

Die Frage der Euthanasie

Auch die Zulässigkeit der Euthanasie an sich und der NS-„Euthanasie" im speziellen wurden ausführlich erörtert. Explizit legten die Richter in ihrem Urteil dar, warum sie dies für wichtig hielten: „Das, was unter diesem Namen wirklich geschehen ist, festzustellen und von dem, was die Wissenschaft mit 'Euthanasie' – auch im weiteren Sinne – bezeichnet, klar und endgültig zu trennen, war deshalb nicht allein die erste Rechtsaufgabe des Gerichts in diesem Verfahren der letzten Gerechtigkeit wegen, sondern war auch geboten, um der historischen Wahrheit willen."[54] Werner Heyde, einer der Obergutachter der „T4"-Aktion, sollte sich auf Antrag der Verteidigung als „Sachverständiger" dahingehend äußern, dass die „Vernichtung lebensunwerten Lebens" in der medizinischen Wissenschaft stets ein hervorragendes Problem gewesen sei, dass sich eine große Anzahl von Fachleuten dafür ausgesprochen habe, und dass auch von Gegnern der Zulässigkeit die „Vernichtung lebensunwerten Lebens" niemals als unmoralisch oder unsittlich empfunden worden sei.[55] Bei seiner Aussage meinte Heyde dann zur „Euthanasie": „Ich habe sie aus vollem Herzen bejaht und tue das auch heute noch. Ich habe mich überzeugt, dass es praktisch im bestorganisierten Staate nicht durchführbar ist."[56]

Der Sachverständige Karl Kleist, Professor für Neurologie und Psychiatrie an der Universität Frankfurt, sollte zu der Frage Stellung nehmen, wie viele Geisteskranke als „lebensunwert" anzusehen seien. Betrachtete er auf der einen Seite den von ihm referierten Standpunkt eines Schweizer Anstaltsleiters, der nicht einen seiner Patienten als „lebensunwert" ansehe, als extrem, gab er andererseits an, er persönlich lehne den Begriff des „Lebensunwerten" ab. Nichtsdestotrotz könne man die Frage aufwerfen, ob es Sinn mache, das Leben solcher Menschen zu erhalten, „wenn sie tatsächlich so tief verblödet sind, dass sie in gar keiner Weise einen Nutzen mehr darstellten." Die Zahl dieser „schwer defekten Menschen" sei jedoch gering. Durch die Gesundheits- und Sozialpolitik der Nationalsozialisten aber sei sie durch Unterversorgung und das Abstellen jeglicher Therapie künstlich hochgetrieben worden.[57] Zum Problem der Zulässigkeit der Euthanasie an sich führte er weiter aus, die Schrift von Binding und Hoche aus dem Jahr 1920 über „Die Freigabe der Vernichtung lebensunwerten Lebens" sei unter dem Eindruck der wirtschaftlichen Krise und vor dem Bekanntwerden irgendwelcher therapeutischer Heilmethoden geschrieben worden. Hätten die beiden Autoren diese Methoden gekannt, hätten sie ihre Schrift, so Kleist, nicht verfasst. Überhaupt sei die Euthanasie innerhalb der Psychiatrie 1933 kein Thema mehr gewesen.[58]

In seinem Urteil bestritt das Gericht nicht die Zulässigkeit der Euthanasie oder der „Vernichtung lebensunwerten Lebens" an sich. Wenn in Hadamar auch alle „sogenannten 'Endzustände' und körperlich und geistig völlig zerfallene[n] Menschen" getötet worden seien, habe hier jedoch nicht der eigentliche Zweck des Programms gelegen: „'Euthanasie' entfällt, und was übrig bleibt, ist die Massentötung solcher Menschen, die vom Standpunkt der rein materiellen Nützlichkeit oder aus rassischen oder auch aus politischen Gründen der damaligen politischen und staatlichen Führung nicht erwünscht waren. Nicht um 'Euthanasie' im engern oder weitern Sinne, nicht um Durchführung einer von ethischem Verantwortungsbewußtsein und ernster Wissenschaftlichkeit getragenen Aufgabe, sondern um eine planmäßige, ebenso brutal wie hemmungslos durchgeführte Massenvernichtung ganzer Gruppen unerwünschten Lebens hat es sich gehandelt."[59] Viele Zeugen hätten ausgesagt und auch die Angeklagten hätten es immer wieder erlebt, dass „in Hadamar viele Menschen durch Vergasung oder Injektionen getötet wurden, die keineswegs in ihrer Persönlichkeit völlig zerfallen waren oder sich in ihrer Daseinsform nicht mehr von der eines Tieres unterschieden, oder denen das schon begonnene Sterben erleichtert werden sollte".[60]

Die Urteile

Zum objektiven Tatbestand stellte das Urteil fest, „dass der Angeklagte Gorgass in mindestens 1000 und der Angeklagte Wahlmann in mindestens 900 Fällen bewusst Menschen getötet und hierbei als Täter gehandelt" hätten. Auch das gesamte restliche angeklagte Personal habe „an der Durchführung des so genannten 'Euthanasie'-Programms [...] in irgendeiner Weise mitgewirkt".[61] Im Unterschied zu den Ärzten allerdings wurde hier nicht Täterschaft angenommen, sondern nur Beihilfe, da die Angeklagten die Tötungen nicht „als eigene gewollt" und nach eigener unwiderlegbarer Aussage die Aktion „innerlich abgelehnt und nur widerstrebend mitgearbeitet" hätten. Trotzdem seien ihre jeweiligen Tatbeiträge unverzichtbarer Teil der Tötungsaktion gewesen, denn die „T4"-Aktion sei, so die Richter, „wie eine Maschine, deren Einzelteile zwar selbständig sind, deren wohlgeordnetes Zusammenwirken jedoch notwendig ist."

Hinsichtlich der Frage der strafrechtlichen Schuld der Angeklagten wies das Gericht darauf hin, dass zu einer Verurteilung die Feststellung eines Tatbestandes und seiner objektiven Rechtswidrigkeit allein noch nicht ausreichten. Hinzukommen müsse, dass sich die Angeklagten auch bewusst gewesen seien, Unrecht zu tun. Alle Angeklagten hatten sich darauf berufen, durch Drohungen zur Mitarbeit gezwungen worden zu sein. Einen tatsächlichen oder vermeintlichen Nötigungsstand erkannte das Gericht jedoch nicht an. Es stellte fest, dass ein Zwang zur Teilnahme an den Tötungen außer bei dem dienstverpflichteten Büropersonal nicht bestanden habe, vielmehr seien von vornherein Mitarbeiter ausgesucht worden, die eine „innere Bereitschaft" mitgebracht hätten. Daneben ließen die Richter allenfalls noch einen Mangel

Dr. Wahlmann im Militärprozess (LWV-Archiv, Fotosammlung)

an Mut oder einen „gewissen Untertanengeist" gelten.⁶² Auch die Verteidigung der Angeklagten, sie hätten auf Befehl gehandelt, akzeptierten die Richter nicht. Entgegen der Behauptung, ihnen habe „wegen der bestehenden Gesetze" das Bewusstsein der Rechtswidrigkeit gefehlt, sah das Gericht es als erwiesen an, dass sie den Unrechtsgehalt der „Euthanasiegesetze" erkannt und somit gewusst hätten, auch bei Befolgung des Gesetzes und der ihnen gegebenen Befehle Unrecht zu tun. Dies gehe aus ihren eigenen Aussagen hervor. So hatte zum Beispiel Gorgass erklärt, er sei dem Selbstmord nahe gewesen, und alle anderen Angeklagten hatten von schlaflosen Nächten, Nervenzusammenbrüchen oder Gewissensbissen berichtet. Als entscheidend sah das Gericht in diesem Zusammenhang nochmals die Tatsache an, dass es sich nicht um „wirkliche Euthanasie" gehandelt habe. Die Angeklagten hätten gewusst, dass es hier nicht mehr um Sterbehilfe oder die, wie die Richter formulierten, „Vernichtung von Menschen, die auf oder gar unter der Stufe des Tieres standen", gegangen sei. Es sei für sie offenbar gewesen, dass auch Menschen ermordet worden seien, „die aus den verschiedensten – immer aber verachtenswerten – Gründen unerwünscht waren". So habe sich auch Wahlmann dahingehend geäußert, dass die Geschehnisse in Hadamar mit Euthanasie nichts mehr zu tun gehabt hätten. Hätte es sich um „wirkliche Euthanasie" gehandelt, sei die Schuld der Angeklagten, so die Richter wörtlich, „mehr als fraglich". Unabhängig von all diesen Erörterungen stellte das Gericht zusätzlich fest, auch ein fehlendes Unrechtsbewusstsein könne die Angeklagten nicht entschuldigen: „Darüber hinaus ist das Gericht der Auffassung, dass die Angeklagten, hätten sie ein solches Unrechtsbewusstsein nicht gehabt, sich hierauf nicht berufen könnten, weil der Unrechtsgehalt des so genannten Euthanasie-Programms auch für den einfachsten und geistig nicht voll ausgereiften Menschen klar erkennbar war." Dieses Unrecht nicht als solches zu erkennen, laufe „allen herkömmlichen Begriffen von Recht und Unrecht" zuwider.

Lediglich dem Büro- und dem technischen Personal sowie einem Pfleger gestanden die Richter ein fehlendes Unrechtsbewusstsein zu. Diesen Angestellten habe keine „genaue Kenntnis der 'Aktion' und der wahren Bedeutung ihrer Arbeit" nachgewiesen werden können. Ihre rein mechanische und stark spezialisierte Tätigkeit habe einen tieferen Einblick nicht ermöglicht. Damit hätten sie nicht das Bewusstsein des Unrechts und der Rechtswidrigkeit gehabt und seien freizusprechen gewesen. Der Frankfurter Generalstaatsanwalt Georg Quabbe empfand diese Freisprüche angesichts der, wie er meinte, „gefühlsrohen und gewissenlosen Tätigkeit dieser Angeklagten" als höchst unbefriedigend, hielt es aber für unmöglich, diese „Hilfestellung" als Beihilfe zum Mord zu werten.[63]

Die schließlich ausgesprochenen Strafen begründeten die Richter wie folgt. Gorgass und Wahlmann seien wegen Mordes zum Tode zu verurteilen, da sie vorsätzlich und überlegt gehandelt hätten. Von den damals geltenden drei Mordmerkmalen des Paragrafen 211 Strafgesetzbuch, Heimtücke, niedere Beweggründe und Grausamkeit, wurde jedoch nur die Heimtücke anerkannt. Die „Aktion" sei insgesamt auf „Unaufrichtigkeit, Verschlagenheit und Hinterhältigkeit" aufgebaut gewesen, und Angehörige und Opfer seien „in schwerstem Maße getäuscht" worden.[64] Niedere Beweggründe hielten die Richter nicht für gegeben, obwohl sie die „absolute[n] Einmaligkeit" der Verbrechen betonten, die „die Taten in ihrer ganzen Verwerflichkeit und das Ausmaß der Schuld in seinem wahren Umfang" zeige. Das Gericht konnte aber weder bei Wahlmann noch bei Gorgass „sittlich verachtenswerte" Vorstellungen oder Motive feststellen, die „verabscheuungswürdig", „gemein" oder „in besonderem Maße verwerflich" seien. Vielmehr habe es sich bei beiden um eine „gewisse menschliche Schwäche" und eine „gewisse Trägheit des Willens" gehandelt. Dies konnte das Gericht aber nicht dazu verleiten, bei diesen Angeklagten einen besonderen Ausnahmefall anzunehmen, der die Verhängung der Todesstrafe ausgeschlossen hätte.[65] Die Grausamkeit der Tötungen ignorierten die Richter in ihrem Urteil, obwohl sie die Massenvernichtung zuvor als „brutal und hemmungslos" charakterisiert hatten. Während der Sachverständige Kleist im Prozess ausgesagt hatte, die Kohlenmonoxydvergiftung sei eine milde Todesart, aber einräumte, die Wirkung sei eine andere, wenn man Menschen in größerer Zahl zusammendränge, hatte der zweite Gutachter,

Josef Strüder vom Städtischen Gesundheitsamt Frankfurt, lapidar festgestellt: „Es ist kein Leiden bei diesem Tod."[66] Bei der Tötung durch Luminal, wie sie in der zweiten Phase durch das Pflegepersonal vorgenommen worden war, könne es, so ein als Experte hinzugezogener Lebensmittelchemiker, zu „krampfartigen, tetanusartigen Zuständen" kommen.[67] Dessen ungeachtet wurde dem Pflegepersonal „eine gewisse Milde" zugestanden. Vor allem menschliche Schwäche, die Gewohnheit, dem Arzt und der Staatsführung zu gehorchen, in Verbindung mit einer „verwirrenden Propaganda" hätten die Angeklagten verleitet, so die Richter wörtlich, „die Stimme der Natur oder die des Gewissens zu überhören und willensschwach den Weg zu beschreiten, auf dem ihnen Menschen vorangingen, denen sie zu gehorchen gewohnt waren".[68] Die Oberschwester Huber wurde zu acht Jahren Zuchthaus, acht weitere Angehörige des Pflegepersonals zu Haftstrafen zwischen zweieinhalb und fünf Jahren verurteilt.[69]

Im Januar 1948 fand schließlich der zweite Prozess gegen fünf Schwestern und einen Pfleger statt, die in Hadamar Dienst getan hatten.[70] Das Verfahren, nun vor einem Schwurgericht, endete am 28. Januar 1948 mit zwei Freisprüchen und Haftstrafen zwischen drei Jahren und einem Monat und vier Jahren.[71] Eine Revision gegen das Urteil lehnte das Ministerium ab, da vor allem bezüglich des Strafmaßes die Gründe überzeugend seien. Die Punkte, in denen man nicht mit dem Urteil übereinstimme, seien zu geringfügig, um eine erneute Verhandlung anzustrengen.[72]

Das Frankfurter Oberlandesgericht verwarf nach zwei Verhandlungstagen am 20. Oktober 1948 zwar die von fast allen Verurteilten des Hadamar- und des Schwestern-Prozesses eingelegten Revisionen, änderte aber in den meisten Fällen den Strafausspruch.[73] Wahlmann und die Oberschwester Huber wurden nun wegen Anstiftung zum Mord verurteilt, was an der Höhe der Strafen jedoch nichts änderte. Alle Angeklagten, die während der zweiten Phase die Opfer durch tödliche Medikamentendosen oder Giftspritzen getötet hatten, wurden nun nicht wegen Beihilfe zum Mord, sondern wegen Mordes verurteilt. Die Richter des Oberlandesgerichts akzeptierten die „überspitzte subjektive Theorie" der ersten Instanz nicht, auch eine eigenhändige Tötung könne als Beihilfe gewertet werden. Die Anforderung, dass die Verurteilten die Tat auch „als eigene gewollt" haben müssten, sei hier überzogen. Das Gericht war der Auffassung, wer einen anderen mit eigener Hand töte, den tödlichen Schuss abgebe oder Gift in die Speisen mische, sei ein Mörder.[74] Dies war vor dem Hintergrund der schon zu dieser Zeit, aber vor allem in späteren Prozessen exzessiv gehandhabten Gehilfenrechtsprechung eine bemerkenswerte Aussage.[75] Da die Staatsanwaltschaft jedoch auf Anweisung des Ministeriums und des Generalstaatsanwalts auf eine Revision verzichtet hatte, und sich die Anfechtung des Urteils durch die Angeklagten nicht zu deren Nachteil auswirken durfte, konnten keine höheren Strafen ausgesprochen werden.

Frühzeitige Entlassungen aus der Haft

Alle in den beiden Hadamar-Prozessen Verurteilten kamen zwischen 1949 und 1958 wieder auf freien Fuß, entweder durch Begnadigung oder durch Aussetzung des Strafrests auf Bewährung.[76] Die Umwandlung der Todesstrafen in lebenslange Haftstrafen wurde nach Inkrafttreten des Grundgesetzes durch den Hessischen Ministerpräsidenten Christian Stock vorgenommen.[77] Wahlmann war im Februar 1948 wieder nach Landsberg überführt worden, um seine von dem amerikanischen Militärgericht ausgesprochene lebenslange Haftstrafe abzusitzen.[78] Ein Antrag Wahlmanns im Jahr 1952, seine deutsche Strafe nach seiner Entlassung aus Landsberg aus gesundheitlichen Gründen wenigstens aufzuschieben, wurde zunächst abgelehnt.[79] Nach seiner Begnadigung und Entlassung aus amerikanischer Haft im Dezember 1952 wurde er in ein deutsches Gefängnis überführt, im Oktober 1953 jedoch entlassen,[80] zum Teil wahrscheinlich im Zusammenhang mit einem Erlass des Bundesjustizministers an alle Landesjustizminister, die Fälle doppelter Verurteilung durch amerikanische und deutsche Gerichte auf unbillige Härten zu überprüfen, zum Teil wohl aber auch wegen seines hohen Alters: Wahlmann war bei seiner Entlassung 77 Jahre alt.[81] Bodo Gorgass kam im Januar 1958 auf freien Fuß.[82] Da die Entlassung bei Teilen der Öffentlichkeit und der Presse ein sehr kritisches Echo fand,[83] sah sich Ministerpräsident Georg-August Zinn genötigt, in einem offenen zwölfseitigen Brief sein Vorgehen zu rechtfertigen, indem er vor allem auf die bereits 1953 erfolgte Begnadigung des Eichberger Arztes Schmidt hinwies, die im Sinne der Gleichbehandlung auch die Begnadigung von Gorgass erforderlich gemacht habe.[84]

Bilanz und Würdigung

Die Frankfurter „Euthanasie"-Prozesse gehörten mit sechs Todesurteilen[85] und drei achtjährigen Zuchthausstrafen zu den letzten Verfahren der ersten Phase der strafrechtlichen Verfolgung von NS-Verbrechen, in denen relativ harte Strafen ausgesprochen wurden, die mit wenigen Ausnahmen auch in der Revision bestehen blieben.[86] Dies bestätigte auch Ministerpräsident Zinn in seiner Stellungnahme zur Entlassung von Bodo Gorgass, in der er festhielt, ähnlich harte Strafen wie in Hessen in den Jahren 1946 bis 1948 habe es in anderen Bundesländern nicht gegeben. Mehrheitlich seien an der NS-„Euthanasie" beteiligte Ärzte wegen Beihilfe zu Zuchthausstrafen verurteilt oder gar freigesprochen worden. In einigen Fällen sei es noch nicht einmal zur Eröffnung eines Verfahrens gekommen.[87]

Kam es nach 1947 tatsächlich noch einmal zu langjährigen Freiheitsstrafen, wurden diese nach Aufhebung durch die Revisionsinstanz und Zurückweisung an die

Landgerichte fast ausnahmslos in Freisprüche umgewandelt.[88] Anders als noch in den Frankfurter Prozessen wurde nun auch gegen Täter in leitenden Positionen vermehrt auf Totschlag statt Mord, auf Beihilfe statt Täterschaft erkannt, und in fast jedem Urteil spielten Rechtfertigungs- und Schuld- oder Strafausschließungsgründe eine gewichtige Rolle.[89] Dazu zählten Notstand und Nötigung, fehlendes Unrechtsbewusstsein und der unvermeidbare Verbotsirrtum oder – vor allem bei leitenden Ärzten und Verwaltungsbeamten der Zwischenanstalten – eine angebliche Pflichtenkollision.[90] Man glaubte ihnen ihre Einlassung, sie hätten bei der „Aktion" mitgemacht, um Schlimmeres zu verhüten, das heißt, sie hätten einige Patienten „geopfert", um viele zu retten, was von den Gerichten mitunter sogar als aktiver Widerstand ausgelegt wurde.[91]

Gegenüber späteren Verfahren, vor allem auch mit Blick auf das Ergebnis des Frankfurter Ärzte-Prozesses der Jahre 1967 bis 1989/90,[92] gehören die Frankfurter „Euthanasie"-Prozesse der vierziger Jahre sicherlich zu den ernsthaftesten Versuchen der juristischen Aufarbeitung nationalsozialistischer Tötungsverbrechen. Offensichtlich noch beeindruckt von der Ungeheuerlichkeit und dem Ausmaß der Verbrechen rückten die Richter die Tat in den Vordergrund. Die Täter und ihre Motivation wurden gewürdigt, wenn auch mit einer für den Leser der Urteile mitunter teils unverständlichen, teils widersprüchlichen Argumentation. Keinesfalls aber suchte das Gericht nach allerlei Rechtfertigungen und Entschuldigungen für die Täter, um sie freisprechen zu können – ein Eindruck, der sich bei zahlreichen späteren Prozessen aufdrängt. Jedoch verzichteten auch die Frankfurter Richter darauf, die „Vernichtung lebensunwerten Lebens" als solche zu verurteilen.[93] Wie auch die Beibehaltung der überlieferten diskriminierenden Bezeichnungen für Kranke und Behinderte im Prozess und im Urteil zeigt, gelang es ihnen noch nicht, sich aus den überkommenen – in diesem Falle nicht per se nationalsozialistischen – Denkschemata herauszulösen.[94]

Zu der vor allem vom Hessischen Justizministerium ursprünglich intendierten umfassenden Aufarbeitung der „T4"-Aktion kam es nicht. Ablauf, Umfang und die ungeheure Diskrepanz zwischen der theoretischen und propagandistischen Verbrämung der NS-„Euthanasie" und ihrer tatsächlichen Durchführung wurden zwar herausgearbeitet. Trotz umfangreicher Ermittlungen musste man sich jedoch auf das regionale Tatgeschehen beschränken, was allerdings nicht ausschließlich den ermittelnden Beamten angelastet werden kann. Die Weigerung der amerikanischen Militärregierung, Karl Brandt an die deutschen Behörden auszuliefern, die Flucht Werner Heydes, die Unauffindbarkeit vieler Täter, denen es gelang, in den Nachkriegswirren unterzutauchen, die Kompetenzstreitigkeiten innerhalb der amerikanischen Militärregierung in Auslieferungsfragen oder durch die Zonenaufteilung Deutschlands bedingte Probleme verhinderten eine umfassende überregionale Verfolgung dieser Verbrechen. Aber auch innerhalb der hessischen Justiz gab es genügend Stolpersteine.

Genannt seien hier nur die wiederholten, aber letztlich vergeblichen Versuche der Staatsanwaltschaft Frankfurt, einen Haftbefehl gegen Dietrich Allers zu erwirken, den 1948 von den Amerikanern festgenommenen und an die deutsche Justiz ausgelieferten Geschäftsführer der „T4"-Dienststelle. Das Verfahren musste schließlich an die Staatsanwaltschaft Hannover abgegeben werden.[95]

Zur NS-„Euthanasie" gehörende Tatkomplexe wie die Selektion und Tötung von Konzentrationslagerhäftlingen, die so genannte „Sonderbehandlung 14f13", fanden in den Verfahren nur am Rande Erwähnung,[96] die Freimachung von Krankenbetten in stark vom Bombenkrieg geschädigten Städten wie Hamburg durch Verlegung von Patienten in Tötungsanstalten, wo diese zu einem großen Teil getötet wurden („Aktion Brandt") und die Verwicklung der „T4" in die „Endlösung der Judenfrage" in Polen und Italien wurden gar nicht verhandelt.[97] Die unrühmliche Rolle der Justiz des „Dritten Reichs", die die Morde auf Anweisung aus Berlin vertuschte, kam zwar in der Presse wie auch in internen Erörterungen der Staatsanwaltschaft während des Verfahrens zur Sprache, wurde aber ansonsten nicht weiter thematisiert.[98]

Der angesichts des spezifischen Charakters der nationalsozialistischen Verbrechen sinnvolle Ansatz der hessischen Strafverfolgungsbehörden, nicht einzelne Verbrechen, sondern ganze Tatkomplexe überregional zu ermitteln und vor Gericht zu bringen, konnte unter den unmittelbar nach dem Krieg herrschenden Bedingungen nur unvollkommen verwirklicht werden. Erst in den sechziger Jahren wurde diese Strategie in mehreren Verfahren wieder aufgegriffen. In Frankfurt war es der hessische Generalstaatsanwalt Fritz Bauer, der mit dem Auschwitz-Prozess und den „Euthanasie"-Prozessen wieder an dieses Konzept anknüpfte.[99] 1960 übernahm Bauer von der Generalstaatsanwaltschaft Berlin das Verfahren gegen Blankenburg u. a. nach Frankfurt. Dabei handelte es sich um genau jenes Verfahren gegen 29 nicht auffindbare Beschuldigte, das nach Abschluss der Frankfurter „Euthanasie"-Prozesse 1950 nach Berlin abgegeben worden war.[100] Somit schloss sich der Kreis und der zweite Versuch einer umfassenden Aufklärung der NS-„Euthanasie"-Verbrechen begann.

[1] Vgl. Michael Burleigh, Death and Deliverance. „Euthanasia" in Germany, c. 1900–1945, Cambridge 1994, S. 271–276, und Earl W. Kintner (Hg.), The Hadamar Trial. The War Crimes Trials Vol. IV, London, Edinburgh, Glasgow 1949. Siehe auch die Memoiren des amerikanischen Anklägers: Leon Jaworski, Confession and Avoidance. A Memoir, New York 1979. Das Urteil ist mit Anmerkungen im Internet nachzulesen unter: http://www.ess.uwe.ac.uk/WCC/hadamar.htm (22. 02. 2006).

[2] Vgl. Hessisches Hauptstaatsarchiv Wiesbaden (HHStA Wi), Abt. 461 Nr. 32061, 1, Anzeige bei der Staatsanwaltschaft (StA) Limburg (16. 10. 1945).

[3] HHStA Wi, Abt. 461 Nr. 32061, 14, Bericht StA Limburg an den Hessischen Minister der Justiz (HMJ) (25. 11. 1945).

[4] Ebd.

[5] Ebd., Erlass HMJ (14. 12. 1945).

[6] Ab 1939 zunächst Kriegsgerichtsrat, dann Oberstabsrichter, war Tomforde im Juli 1945 mit Genehmigung der Amerikaner wieder eingestellt worden. Das Spruchkammerverfahren wurde am 04. 12. 1947 wegen fehlender Belastung niedergeschlagen. Mehrere Zeugen belegten seine Gegnerschaft zum Nationalsozialismus wie auch seine Hilfe für holländische jüdische Flüchtlingskinder oder französische KZ-Insassen. Der NS-Rechtswahrerbund schloß Tomforde 1939 aus, da er sich „unbelehrbar interesselos gezeigt" habe. Vgl. HHStA Wi, Abt. 520, F, AZ, Tomforde, Hans.

[7] Vgl. HHStA Wi, Abt. 461 Nr. 32061, 13, Erlass HMJ an StA Frankfurt (09. 05. 1946). Dieses Vorgehen deckte sich auch mit den Wünschen der Militärregierung, die das Justizministerium bat, „mit allen Mitteln zu versuchen, die genauen Personalien der als Hauptschuldige in Betracht kommenden Personen, insbesondere der früheren Angehörigen des Reichsinnenministeriums und der ihm unterstellten Anstalten, Stiftungen usw. zu ermitteln." Vgl. HHStA Wi, Abt. 461 Nr. 32061, 14, Erlass HMJ an StA Frankfurt (26. 07. 1946).

[8] Vgl. HMJ, Az. IV–143/49 gegen Dr. Friedrich Mennecke u. a., Bericht Hessischer Generalstaatsanwalt (GStA) an HMJ (06. 06. 1947). Die Berichtshefte zu den Verfahren befinden sich noch im Hessischen Justizministerium, wurden dem Verfasser aber dankenswerterweise zur Verfügung gestellt. Diese Akten werden mit dem jeweils vom Ministerium vergebenen Aktenzeichen sowie dem auf dem Aktendeckel befindlichen Namen des Hauptbeschuldigten zitiert.

[9] Siehe dazu Adolf Arndt, Das Verbrechen der Euthanasie (1947), in: ders., Gesammelte juristische Schriften. Ausgewählte Aufsätze und Vorträge 1946–1972, hg. von Ernst Wolfgang Böckenförde und Walter Lewald, München 1976, S. 269–284, hier S. 278.

[10] „T4" ist eine Nachkriegsbezeichnung für den zur Durchführung des NS-„Euthanasie"-Programms geschaffenen, aus mehreren Tarnorganisationen bestehenden Apparat in der Berliner Tiergartenstraße 4. Vgl. Hans-Walter Schmuhl, Rassenhygiene, Nationalsozialismus, Euthanasie. Von der Verhütung zur Vernichtung „lebensunwerten Lebens", Göttingen 1987, S. 194 f.; Peter Sandner, „Die 'Euthanasieakten' im Bundesarchiv. Zur Geschichte eines lange verschollenen Bestandes", in: Vierteljahreshefte für Zeitgeschichte, 47 (1999), S. 385–400.

[11] Vgl. HHStA Wi, Abt. 461 Nr. 32061, 14, Bericht StA Frankfurt an HMJ (17. 08. 1946).

[12] Der Hessische Justizminister Georg August Zinn hatte sich Ende Oktober 1946 an die amerikanische Militärregierung in Hessen (OMGH) mit der Bitte gewandt, Brandt in Frankfurt anklagen zu dürfen, da er es für untragbar hielt, nur untergeordnete Chargen, nicht aber die Haupttäter durch ein deutsches Gericht aburteilen zu lassen. Vgl. HMJ, Az. IV–155/49 gegen Dr. Adolf Wahlmann u. a., Schreiben Zinn an OMGH (25. 10. 1946). Brandt wurde im Nürnberger Ärzte-Prozess zum Tode verurteilt und hingerichtet.

[13] Vgl. HMJ, Az. IV–143/49 gegen Dr. Friedrich Mennecke u. a., Schreiben Zinn an den Justizpräsidenten in Hamburg (04. 12. 1946). Heyde wurde im Februar 1947 an die deutschen Behörden ausgeliefert. Im Sommer 1947 gelang ihm jedoch bei einem Gefangenentransport die Flucht. Nach seiner erneuten Verhaftung 1959 beging er 1964 Selbstmord.

[14] Vgl. HHStA Wi, Abt. 461 Nr. 32061, 21 und Abt. 770 Nr. 1 gegen den Präsidenten des Landesarbeitsamtes sowie HHStA Wi, Abt. 461 Nr. 31584 gegen den leitenden Arzt des Durchgangslagers Kelsterbach und Amtsarzt des Hessischen Landesarbeitsamtes.

[15] Noch im Dezember 1946 plante die Frankfur-

ter Staatsanwaltschaft, auch Prinz Philipp von Hessen unter Anklage zu stellen, wie aus einem Bericht an das Justizministerium vom 17. 12. 1946 hervorgeht. Bereits am 14. 01. 1947 heißt es dann allerdings, von einer Anklageerhebung verspreche man sich keinen Erfolg, da man Philipp eine Kenntnis der wahren Absichten der „T4" bei der Vermietung der Anstalt nicht nachweisen könne. Am 16. 05. 1947 wurde das Verfahren eingestellt. Vgl. HMJ, Az. IV-149/49 gegen Philipp von Hessen u. a., passim.

[16] Vgl. HHStA Wi, Abt. 461 Nr. 32061, 3. Nach einer Reihe von Freisprüchen in ähnlichen Verfahren setzte das Landgericht Limburg den Anstaltsleiter Dr. S. am 14. 11. 1953 außer Verfolgung. Vgl. HHStA Wi, Abt. 463 Nr. 1157, Beschluss des Landgerichts (LG) Limburg (14. 11. 1953).

[17] So etwa in den Fällen des Wiesbadener Landesrats Bernotat oder Werner Blankenburgs. Beide konnten untertauchen und lebten unbehelligt bis zu ihrem Tod 1951 bzw. 1957. Vgl. Ernst Klee, Was sie taten, was sie wurden. Ärzte, Juristen und andere Beteiligte am Kranken- und Judenmord, Frankfurt/M. 1986, S. 15–17 und 84.

[18] Vgl. HMJ, Az. 149/47 gegen Prof. Karl Brandt u. a., passim. Faltlhauser wurde 1949 zu drei, Pfannmüller 1951 zu fünf Jahren Freiheitsentzug verurteilt. Vgl. Urteile vom 30. 7. 1949 und vom 15. 3. 1951, in: Justiz und NS-Verbrechen. Sammlung deutscher Strafurteile wegen nationalsozialistischer Tötungsverbrechen 1945–1966, 22 Bde., bearb. von C. F. Rüter u. a., Amsterdam 1968–1981, Bd. V, Nr. 162b und Bd. VIII, Nr. 271a. Allers wurde schließlich 1968 in Frankfurt zu acht Jahren Zuchthaus verurteilt. Vgl. HHStA Wi Abt. 631a Nr. 189, Urteil LG Frankfurt (20. 12. 1968).

[19] Die Heil- und Pflegeanstalt Eichberg fungierte zunächst als Zwischenanstalt für Hadamar. Zwischen Januar und August 1941 wurden insgesamt 2271 Personen nach Hadamar verlegt und dort mit wenigen Ausnahmen ermordet. Anfang 1941 wurde auf dem Eichberg außerdem eine so genannte „Kinderfachstation" eingerichtet, in der im Rahmen der „Kindereuthanasie" behinderte Kinder ermordet wurden. Schließlich wurden ab 1941/42 auch auf dem Eichberg Patienten im Rahmen der „dezentralen" Tötungen durch Spritzen oder Medikamente ermordet. Vgl. Urteil vom 21. 12. 1946, in: Rüter u. a. (Anm. 18), Bd. I, Nr. 11a.

[20] Zwischen Januar und April 1941 wurden 232 der 600–700 Kinder des Kalmenhofs nach Hadamar verlegt und dort getötet. Außerdem fungierte der Kalmenhof als Zwischenanstalt für Hadamar; 1942 richtete man eine „Kinderfachstation" ein, in der bis Kriegsende nachweislich 359 Kinder umkamen. Vgl. Urteil vom 30. 01. 1947, in: Rüter u. a. (Anm. 18), Bd. I, Nr. 14a.

[21] Vgl. Urteil vom 21. 12. 1946, in: Rüter u. a. (Anm. 18), Bd. I, Nr. 11a. Mennecke verstarb vier Wochen nach dem Urteil im Gefängnis an Tuberkulose, vgl. HHStA Wi, Abt. 461 Nr. 32442, 7, Bericht StA Frankfurt an HMJ (03. 02. 1947).

[22] Vgl. Urteil vom 21. 12. 1946, in: Rüter u. a. (Anm. 18), Bd. I, Nr. 11a, S. 163 f.

[23] Gegen einen zweiten Pfleger war nicht mehr verhandelt worden, da Kompetenzstreitigkeiten innerhalb der amerikanischen Militärregierung eine rechtzeitige Auslieferung aus der Internierungshaft verhindert hatten. Siehe dazu HMJ, Az. IV-143/49 gegen Dr. Friedrich Mennecke u. a., Schreiben HMJ an den Hessischen Befreiungsminister (04. 12. 1946).

[24] Vgl. Urteil vom 12. 8. 1947, in: Rüter u. a. (Anm. 18), Bd. I, Nr. 11b.

[25] 1951 wurde er zu zehn Jahren begnadigt und 1953 freigelassen; die anderen Verurteilten kamen 1949 und 1951 auf freien Fuß. Vgl. HHStA Wi, Abt. 461 Nr. 32442, 8, Beschluss der Hessischen Landesregierung (29. 12. 1948); Erlasse HMJ (20. 01. 1949 und 20. 02. 1951).

[26] Vgl. HHStA Wi, Abt. 461 Nr. 31526, 8, Anklage gegen Großmann u. a. (12. 11. 1946).

[27] Vgl. ebd., Vermerke StA Frankfurt (27. und 30. 01. 1947) sowie Urteil vom 30. 01. 1947, in: Rüter u. a. (Anm. 18), Bd. I, Nr. 14a.

[28] Vgl. Urteil vom 16. 4. 1948, in: Rüter u. a. (Anm. 18), Bd. I, Nr. 14b. Wesse wurde wegen der von ihm in der Kinderfachabteilung Waldniel verübten Verbrechen in einem weiteren Prozess in Düsseldorf am 24. November 1948 zu lebenslangem Zuchthaus verurteilt und erst im September 1966 wegen Haftunfähigkeit entlassen. Vgl. Klee (Anm. 17), S. 207 f. Die Todesstrafe war 1949 nach Verabschiedung des Grundgesetzes in eine lebenslange Haftstrafe umgewandelt worden. Vgl. HHStA Wi, Abt. 461 Nr. 31526, 9, Presseerklärung HMJ (20. 07. 1949).

[29] Beantragt hatte die Staatsanwaltschaft neun

[29] Jahre für Großmann, sechs Jahre für Weber und drei für die Oberschwester Wrona. Vgl. ebd., Bericht StA Frankfurt an HMJ (09. 02. 1949). Das Urteil ist nachzulesen in Rüter u. a. (Anm. 18), Bd. IV, Nr. 117.

[30] Vgl. HHStA Wi, Abt. 461 Nr. 31526, 9, Revisionsbegründung StA Frankfurt (08. 04. 1949); Berichte StA Frankfurt an HMJ (02. 09. 1949, 07. 10. 1952, 13. 11. 1953).

[31] Vgl. Urteil vom 21. 03. 1947, in: Rüter u. a. (Anm. 18), Bd. I, Nr. 17a. Das Urteil erging am 26. 03., die schriftliche Ausfertigung trägt aber das Datum vom 21. 03.

[32] Vgl. HHStA Wi Abt. 461 Nr. 32061, 12, Anklageschrift gegen Adolf Wahlmann u. a. (02. 08. 1946). Gegen den erst im Januar 1947 nach umfangreichen Fahndungsmaßnahmen verhafteten Arzt Bodo Gorgaß und vier weitere ehemalige Bedienstete Hadamars wurden Nachtragsklagen erhoben.

[33] Vgl. HHStA Wi, Abt. 461 Nr. 32061, 5 und 14, Vermerk HMJ (18. 11. 1946); Bericht StA Frankfurt an HMJ (19. 12. 1946).

[34] Vgl. Urteil vom 21. 03. 1947, in: Rüter u. a. (Anm. 18), Bd. I, Nr. 17a, S. 321–323.

[35] Gomerski wurde im Hadamar-Prozess freigesprochen, 1950 allerdings von einem Frankfurter Schwurgericht wegen Mordes im Vernichtungslager Sobibor zu lebenslangem Zuchthaus verurteilt. Vgl. Klee (Anm. 17), S. 317.

[36] Vgl. Urteil vom 21. 03. 1947, in: Rüter u. a. (Anm. 18), Bd. I, Nr. 17a, S. 323 und 334. Ende 1940 waren im Keller eine als Duschraum getarnte Gaskammer und zwei Krematoriumsöfen eingebaut worden.

[37] Zwei der nur in der ersten Phase Tätigen wirkten, nachdem sie Hadamar verlassen hatten, an anderer Stelle an der „Euthanasie" weiter mit. Vgl. ebd., S. 323 f.

[38] Vgl. ebd. S. 308 f. Beantragt hatte die StA Todesstrafen für Wahlmann und Gorgass. Für die restlichen Angeklagten forderte sie Haftstrafen zwischen anderthalb und elf Jahren sowie zwei Freisprüche. Die Verteidiger hatten ausnahmslos auf Freispruch plädiert. Siehe HHStA Wi, Abt. 461 Nr. 32061, 7, Protokolle des 11.–13. Verhandlungstages.

[39] Der Vorsitzende Richter Wirtzfeld war vor 1933 ebenfalls als Richter tätig gewesen und stieg in den fünfziger Jahren bis zum Richter am Bundesgerichtshof auf. Siehe Personalverzeichnis des höheren Justizdienstes, Berlin 1938 und Deutscher Richterbund (Hg.), Handbuch der Justiz, 3. Jahrgang 1956. Von den zwei Beisitzern war der eine rassisch verfolgt, der andere Kriegsrichter gewesen. Unter den Ermittlern der Staatsanwaltschaft und des Justizministeriums befanden sich neben zwei politisch oder rassisch Verfolgten ebenfalls mindestens drei ehemalige Wehrmachtsrichter. Aus den herangezogenen Spruchkammer-Akten (HHStA Wi, Abt. 520) war ersehbar, dass von drei Wehrmachtsrichtern einer als Mitläufer und zwei als entlastet eingestuft worden waren.

[40] Vgl. HHStA Wi, Abt. 461 Nr. 32061,7, Schreiben HMJ an LG Frankfurt (19. 03. 1947).

[41] Nach dem Abschluss des Eichberg-Prozesses mahnte der Frankfurter Generalstaatsanwalt eine möglichst schnelle Ausfertigung des Urteils an, da die Militärregierung dieses für den Nürnberger Ärzteprozess benötige. Vgl. Vgl. HMJ, Az. IV–143/49 gegen Dr. Friedrich Mennecke u. a., Bericht GStA an HMJ (03. 02. 1947).

[42] Vgl. HHStA Wi, Abt. 461 Nr. 32061, 8, Vermerk HMJ (5. 2. 1947). Die Besatzungsbehörde war offenbar zufrieden mit dem Ergebnis der Verfahren: Schon im Anschluss an den Eichberg-Prozess berichtete der Generalstaatsanwalt, die Justiz habe sich voll bewährt, was auch die „amerikanischen Herren" ihm bestätigt hätten. Vgl. HMJ, Az. IV–143/49 gegen Dr. Friedrich Mennecke u. a., Bericht GStA an HMJ (02. 01. 1947).

[43] Insgesamt wurden in allen „Euthanasie"-Prozessen in den Westzonen bzw. der Bundesrepublik Deutschland zwischen 1945 und 1966 17 Bedienstete des Verwaltungs- und Bürobereichs angeklagt, davon allein zehn im Hadamar-Prozess. Vgl. Karl Teppe, „Bewältigung von Vergangenheit? Der westfälische 'Euthanasie'-Prozess", in: Franz –Werner Kersting/Karl Teppe/Bernd Walter (Hg.), Nach Hadamar. Zum Verhältnis von Psychiatrie und Gesellschaft im 20. Jahrhundert, Paderborn 1993, S. 202–252, hier S. 231.

[44] Vgl. Frankfurter Neue Presse (FNP) vom 21. 03. 1947. Die acht Verteidiger, die die 25 Angeklagten vertraten, waren alle auch vor 1945 als Rechtsanwälte tätig gewesen. Alle hatten bis spätestens Anfang 1946 Beschäftigungsgenehmigungen der Frankfurter Militärregierung erhalten,

politisch hatten sie sich während des „Dritten Reiches" nicht exponiert. Vier Verteidiger waren vom Befreiungsgesetz nicht betroffen, einer wurde als „entlastet", zwei wurden als „Mitläufer" eingestuft. Bei einem Rechtsanwalt wurde das Verfahren nach Erlass des 1. Abschlussgesetzes vom 30. 11. 1949 eingestellt. Vgl. HHStA Wi, Abt. 520.

[45] HHStA Wi, Abt. 461 Nr. 32061, 7, Protokoll des 13. Verhandlungstages.

[46] Tatsächlich hatten beide Berichte über die Vorgänge in Hadamar an ihre vorgesetzten Dienststellen geschickt, die jedoch zu nichts geführt hatten. Siehe dazu HHStA Wi, Abt. 461 Nr. 32061, 7, Aussage Kuhl am 6. Verhandlungstag. Siehe dazu auch HHStA Wi, Abt. 461 Nr. 32061, 2, Bericht StA Frankfurt (11. 02. 1946).

[47] Vgl. HHStA Wi, Abt. 461 Nr. 3206, 7, Protokolle des 8. und 9. Verhandlungstages.

[48] Vgl. Urteil vom 21. 3. 1947, in: Rüter u.a. (Anm. 18), Bd. I, Nr. 17a, S. 342–344.

[49] Zitiert nach Frankfurter Rundschau (FR) vom 22. 03. 1947. Die Anklage hatte dem Erlass bzw. dem Gesetz auch formell jegliche Gültigkeit abgesprochen. Siehe dazu die Ausführungen bei Arndt (Anm. 9), S. 273.

[50] Vgl. Urteil vom 21. 03. 1947, in: Rüter u.a. (Anm. 18), Bd. I, Nr. 17a, S. 344.

[51] HHStA Wi, Abt. 461 Nr. 32061, 7, Protokoll des 7. Verhandlungstages.

[52] Ebd. Auch der stellvertretende Landeshauptmann der Bezirksverbände Kassel und Wiesbaden, Landesrat Otto Schellmann, der ab Sommer 1941 den eingezogenen Landeshauptmann Traupel vertrat, hatte während der Ermittlungen ausgesagt, die Geschehnisse in Hadamar seien „ja gewissermaßen als öffentliches Geheimnis überall besprochen" worden. Vgl. HHStA Wi, Abt. 461 Nr. 32061, 3, Aussage Schellmann (04. 07. 1946).

[53] Urteil vom 21. 03. 1947, in: Rüter u.a. (Anm. 18), Bd. I, Nr. 17a, S. 349. Zu Sabotageakten zählte das Gericht die von einzelnen Anstaltsleitern und Bediensteten der Bezirksverbände in ihren Zeugenaussagen behauptete „passive Resistenz" wie das fehlerhafte Ausfüllen von Meldebögen und das Zurückhalten oder Entlassen von Patienten vor der Abgabe nach Hadamar. Einer der angeklagten Pfleger hatte zudem die Verwandten eines Patienten vor dessen Tötung benachrichtigt, so dass diese ihn rechtzeitig abholen und retten konnten.

[54] Ebd., S. 320.

[55] Vgl. HHStA Wi, Abt. 461 Nr. 32061, 7, Antrag Verteidigung Gorgass (13. 03. 1947).

[56] Ebd., Protokoll des 10. Verhandlungstages.

[57] Karl Kleist war in den dreißiger Jahren für die jährlichen Inspektionen der hessischen Heilanstalten verantwortlich gewesen und hatte sich 1938 über den schlimmen Zustand beklagt, in dem sich Anstalten und Kranke befänden, woraufhin er abgelöst und durch den späteren „Euthanasie"-Protagonisten Carl Schneider ersetzt worden war. Vgl. Alice Platen-Hallermund, Die Tötung Geisteskranker in Deutschland, Repr. der Erstauflage von 1948, 2. Aufl., Bonn 1993, S. 42.

[58] Vgl. HHStA Wi, Abt. 461 Nr. 32061, 7, Protokoll des 9. Verhandlungstages.

[59] Urteil vom 21. 03. 1947, in: Rüter u.a. (Anm. 18), Bd. I, Nr. 17a, S. 319.

[60] Ebd., S. 316–320 und 350.

[61] Vgl. auch für das Folgende ebd., S. 339–359.

[62] Einer Schwester wurde zugestanden, dass sie nur deshalb beim Auskleiden der Opfer geholfen habe, weil sie sich durch Drohungen genötigt gefühlt habe; zudem sei es ihr gelungen, durch eine vorgetäuschte Schwangerschaft entlassen zu werden. Sie wurde freigesprochen. Vgl. ebd., S. 355.

[63] Vgl. HMJ, IV-155/49 gegen Dr. Wahlmann u.a., Bericht GStA Frankfurt an HMJ (03. 04. 1947). Besonders unverständlich erscheint die Auffassung des Gerichts hinsichtlich des Schlossers, der im Keller die Vorrichtungen für die als Duschraum getarnte Gaskammer anbrachte, aber angeblich nicht erkennen konnte, was er dort tat.

[64] Vgl. Urteil vom 21. 03. 1947, in: Rüter u.a. (Anm. 18), Bd. I, Nr. 17a, S. 358.

[65] Vgl. ebd., S. 357–359.

[66] HHStA Wi, Abt. 461 Nr. 32061, 7, Protokoll des 9. Verhandlungstages. Strüder war 1936 aus politischen Gründen aus dem öffentlichen Dienst entlassen und 1942 von der Gestapo für drei Wochen inhaftiert worden. Die Spruchkammer Frankfurt stufte ihn am 16. 05. 1947 als nicht vom Befreiungsgesetz betroffen ein. Vgl. HHStA Wi, Abt. 520 Nr. F NB 130087.

[67] Vgl. HHStA Wi, Abt. 461 Nr. 32061, 7, Protokoll des 9. Verhandlungstages.

[68] Vgl. Urteil vom 21. 3. 1947, in: Rüter u.a. (Anm. 18), Bd. I, Nr. 17a, S. 362.

⁶⁹ Vgl. ebd., S. 307 f.

⁷⁰ Vgl. Urteil vom 28. 01. 1948, in: Rüter u. a. (Anm. 18), Bd. II, Nr. 42.

⁷¹ Beantragt hatte die Staatsanwaltschaft nach Absprache mit dem Ministerium Haftstrafen zwischen 3 Jahren und 2 Monaten und 8 Jahren. Vgl. HMJ, Az. IV–145/49 gegen Kneissler u. a.

⁷² Vgl. HMJ, Az. IV–145/49 gegen Kneissler u. a., Vermerk HMJ (07. 05. 1948).

⁷³ Vgl. Urteil vom 20. 10. 1948, in: Rüter u. a. (Anm. 18), Bd. I, Nr. 17b.

⁷⁴ Vgl. ebd., S. 371–373.

⁷⁵ Siehe dazu Michael Greve, Der justitielle Umgang mit den NS-Gewaltverbrechen in den sechziger Jahren, Frankfurt/M./Berlin u. a. 2001.

⁷⁶ Vgl. HHStA Wi, Abt. 461 Nr. 32061, 14 und 15. Eine Krankenschwester wurde bereits im August 1948 auf Weisung der GStA Frankfurt entlassen und verstarb 2 Monate später. Vgl. HHStA Wi, Abt. 461 Nr. 32061, 14, Bericht StA Frankfurt an HMJ (16. 08. 1950).

⁷⁷ Siehe beispielsweise HHStA Wi, Abt. 461 Nr. 32061, 14, Erlass Stock über die Umwandlung der Todesstrafe Wahlmanns in eine lebenslange Haftstrafe (05. 07. 1949).

⁷⁸ Vgl. HHStA Wi, Abt. 461 Nr. 32061, 9.

⁷⁹ Vgl. HHStA Wi, Abt. 461 Nr. 32061, 13, Beschluss LG Frankfurt (13. 09. 1952).

⁸⁰ Vgl. HHStA Wi, Abt. 461 Nr. 32061, 38, Gnadenheft Wahlmann.

⁸¹ Zu dem Erlass des Bundesjustizministers siehe HHStA Wi, Abt. 463 Nr. 931, Erlass HMJ (29. 06. 1953).

⁸² Vgl. HMJ, Az. IV–4612/48 gegen Bodo Gorgass und HHStA Wi, Abt. 461 Nr. 32061, 42, Gnadenheft Gorgass.

⁸³ Die FNP titelte in ihrer Ausgabe vom 07. 02. 1958 „Zinn entlässt 1000fachen Mörder". In den Kommentaren war von „Vergesslichkeit" und „unangebrachter Milde" die Rede. Vgl. FNP vom 08./09. 02. 1958.

⁸⁴ Vgl. HHStA Wi, Abt. 1201/142, Offener Brief Zinns an den Koordinierungsrat der Gesellschaften für christlich-jüdische Zusammenarbeit (12. 02. 1958). Zu den auch danach noch kritischen Stellungnahmen in der Presse siehe FNP vom 15./16. 02. 1958, FR vom 15./16. 02. 1958 sowie ausführlich Benno Reifenberg/Dolf Sternberger, Gerechtigkeit? Zur Begnadigung des Gorgass, in: Die Gegenwart, Nr. 307 (08. 03. 1958), S. 138–143.

⁸⁵ Nach einer Berechnung auf Grundlage der in Rüter u. a. (Anm. 18) veröffentlichten Urteile wurden zwischen 1945 und 1966 sieben Ärzte und eine Pflegerin rechtskräftig zum Tode verurteilt. Vgl. Teppe (Anm. 43), S. 233.

⁸⁶ Es sei allerdings daran erinnert, dass bereits im zweiten Hadamar-Prozess, der nur ein Jahr nach der Verhandlung gegen Wahlmann u. a. stattfand, sehr viel mildere Urteile gegen das angeklagte Pflegepersonal ausgesprochen wurden. Dies führte auch in der Presse zu Verwunderung und Kritik. Siehe FR vom 29. 01. 1948.

⁸⁷ Vgl. HHStA Wi, Abt. 1201 Nr. 142, Offener Brief Zinns an den Koordinierungsrat der Gesellschaften für christlich-jüdische Zusammenarbeit (12. 02. 1958).

⁸⁸ Siehe dazu auch Matthias Meusch, Die Frankfurter „Euthanasie"-Prozesse 1946–1948. Zum Versuch einer umfassenden Aufarbeitung der NS-„Euthanasie", in: Hessisches Jahrbuch für Landesgeschichte 47 (1997) S. 254–286, hier S. 276–282, sowie Heinz Boberach, Die strafrechtliche Verfolgung der Ermordung von Patienten in nassauischen Heil- und Pfleganstalten nach 1945, in: Christina Vanja/Martin Vogt (Hg.), Euthanasie in Hadamar. Die nationalsozialistische Vernichtungspolitik in hessischen Anstalten, Kassel 1991, S. 165–174.

⁸⁹ Vgl. Susanne Benzler, Justiz und Anstaltsmord nach 1945, in: Kritische Justiz (1988), S. 137–158, hier S. 145 und Teppe (Anm. 43), S. 240 ff. Benzler/Perels schreiben, viele Urteile hätten sich nicht weniger mit den Verbrechen selbst als mit der Gesinnung der Täter beschäftigt. Vgl. Susanne Benzler/Joachim Perels, Justiz und Staatsverbrechen. Über den juristischen Umgang mit der NS-Euthanasie, in: Hanno Loewy/Bettina Winter (Hg.), NS-„Euthanasie" vor Gericht. Fritz Bauer und die Grenzen juristischer Bewältigung, Frankfurt/M., New York 1996, S. 15–34, hier S. 31.

⁹⁰ Nach Benzler/Perels enthalten etwa die Hälfte aller seit 1947/48 ergangenen „Euthanasie"-Urteile die Anerkennung dieses Straf- oder Schuldausschließungsgrundes. Vgl. Benzler/Perels (Anm. 89), S. 27 f.

⁹¹ Vgl. Benzler (Anm. 89), S. 150. Die Zahl der

„geopferten" Patienten belief sich beispielsweise hinsichtlich der Anstalt Scheuern bei Nassau auf 1323 in die Tötungsanstalten abgegebene Patienten. Gerettet wurden in Scheuern nach Berechnungen des LG Koblenz ca. 20 Prozent der Patienten. Vgl. Urteil vom 04. 10. 1948, in: Rüter u. a. (Anm. 18), Bd. III, Nr. 88, S. 266. Beide Angeklagten, der Direktor und der Anstaltsarzt, wurden freigesprochen. Auch im westfälischen „Euthanasie"-Prozeß in Münster wurden am 20. 10. 1948 zwei Ärzte der Anstalten Warstein und Niedermarsberg und ein Verwaltungsbeamter vom Vorwurf der Beihilfe zum Mord freigesprochen, da ihre Mitwirkung die Rettung vieler Patienten ermöglicht habe. Gegenüber den Erretteten sei nur das „weniger wertvolle Menschenmaterial" – so das Urteil – abgegeben worden. Zitiert nach Teppe (Anm. 43), S. 212.

[92] Das Verfahren richtete sich gegen vier Ärzte, die – wie Gorgaß – in „T4"-Anstalten den Gashahn betätigt und so Tausende ermordet hatten. 1967 und 1972 kam es zunächst zu Freisprüchen, von denen drei vom Bundesgerichtshof aufgehoben wurden. Die erneute Verhandlung verzögerte sich jedoch wegen Verhandlungsunfähigkeit der Angeklagten. Gegen einen der drei verbliebenen Beschuldigten wurde das Verfahren 1986 vorläufig und 1990 endgültig eingestellt, die anderen zwei wurden 1987 in Frankfurt zu vier Jahren Haft verurteilt, die Strafe vom Bundesgerichtshof 1989 aber auf drei Jahre herabgesetzt, da Urlaubszeiten der Ärzte nicht berücksichtigt und die Opferzahlen so zu hoch angesetzt worden seien. Vgl. HHStA Wi, Abt. 631a Nr. 1800–1855, passim. Siehe auch Klee (Anm. 17), S. 113–128.

[93] Aufschlussreich sind in diesem Zusammenhang die Äußerungen des Senatspräsidenten des OLG, Dr. Sachs, und des Vorsitzenden Richters des Frankfurter Schwurgerichts, Wirtzfeld, hinsichtlich der Frage, ob die Todesurteile gegen Wahlmann und Gorgass auf dem Gnadenwege in eine lebenslängliche Haftstrafe umgewandelt werden könnten. Entscheidend für die Befürwortung war für beide die Tatsache, dass Wahlmann und Gorgass ausschließlich zweifellos unheilbare Geisteskranke getötet hätten. Bei dem Kalmenhofer Arzt Wesse, der nachgewiesenermaßen auch nicht unheilbare Geisteskranke getötet habe, habe man aus eben diesem Grund einen Gnadenerweis nicht befürworten können. Vgl. HHStA Wi, Abt. 461 Nr. 32061, 10, Schreiben OLG Frankfurt an HMJ mit Stellungnahme LG Frankfurt (19. 11. 1948).

[94] Darin bilden die Frankfurter Richter allerdings keine Ausnahme, wie in den anderen bei Rüter u. a. (Anm. 18) abgedruckten Urteilen nachgelesen werden kann.

[95] Siehe dazu HMJ, Az. IV–147/49 gegen Prof. Dr. Karl Brandt u. a.

[96] Vgl. Urteil vom 21. 12. 1946, in: Rüter u. a. (Anm. 18), S. 143 f. und Urteil vom 21. 03. 1947, in Rüter u. a. (Anm. 18), S. 318. Zur „Aktion 14f13" siehe Schmuhl (Anm. 10), S. 217–219.

[97] Siehe dazu Burleigh (Anm. 1), S. 231 ff. und 259 ff. Die Morde der „T4"-Männer in Istrien blieben unbekannt, bis in den sechziger Jahren ein Frankfurter Untersuchungsrichter auf diese Mordaktion stieß. Vgl. HMJ, IV–1554/60 gegen Blankenburg u. a., Bericht GStA an HMJ (08. 02. 1966).

[98] Es sei sinnlos, so der Generalstaatsanwalt in einem Bericht an das Ministerium, „auch die Bestrafung der Tätigkeit oder Untätigkeit der hohen Justizbeamten der damaligen Zeit zu verlangen". Vgl. HMJ, Az. IV–155/49 gegen Dr. Wahlmann u. a., Bericht GStA an HMJ (03. 04. 1947).

[99] Siehe dazu Matthias Meusch, Von der Diktatur zur Demokratie. Fritz Bauer und die Aufarbeitung der NS-Verbrechen in Hessen (1956–1968), Wiesbaden 2001.

[100] Vgl. HMJ, Az. 149/47 gegen Prof. Karl Brandt u. a., Bericht StA Limburg an HMJ (03. 09. 1949) und Schreiben HMJ an die GStA und die Justizverwaltung in Berlin (29. 03. 1950) sowie HHStA Wi, Abt. 631a Nr. 1239, Schreiben StA Limburg an die GStA bei dem Kammergericht Berlin (07. 06. 1950).

Die Landesheilanstalt Hadamar in den ersten Nachkriegsjahren

Franz-Werner Kersting

Ausgangslage

„Als die Siegermächte im Frühjahr 1945 Deutschland besetzten, waren [auch] die [hessischen] Krankenanstalten total heruntergewirtschaftet. Sie waren fast restlos ausgeplündert, nachdem sie in den letzten Jahren des Krieges zum großen Teil von Truppen der Wehrmacht und von Truppenverbänden der SS in Anspruch genommen worden waren. Die Besetzung Deutschlands durch die Siegerstaaten gab zunächst nicht die Möglichkeit, bestehende Mißstände zu beseitigen, da die Krankenanstalten zum Teil als Unterkünfte für Besatzungstruppen und ehemalige Lagerhäftlinge, zum Teil noch als Lazarette für Kriegsgefangene benutzt wurden. Als schließlich die Krankenanstalten wieder uneingeschränkt den zuständigen Behörden zur Verfügung standen, waren Inventar und Wäsche zum großen Teil verschwunden, Kleider und Schuhwerk für die Insassen sowie Teller, Tassen und Bestecke nicht oder nur unzureichend vorhanden. Der Linoleumbelag der Böden war größtenteils entfernt, Dächer, Dachrinnen und Abfallrohre waren undicht, die Hauswände feucht, die Heizungsanlagen veraltet, defekt oder völlig unbrauchbar, die elektrischen Anlagen oft nicht mehr verwendungsfähig [...]. Das Holzwerk der Fenster und Türen hatte zum großen Teil keinen Anstrich mehr, oft war es völlig verfault; die Betten waren für Krankenzwecke nicht geeignet, Matratzen durch Einnässen völlig verschmutzt, die Wasserversorgung vielfach unzureichend, die Kläranlagen veraltet, die Wege und Straßen der meisten Anstalten nicht mehr befahrbar; es fehlte an Arzneimitteln und ärztlichen Geräten.

Der Innenanstrich, den man in manchen Krankenanstalten seit 50 Jahren nicht erneuert hatte, war verbraucht und häßlich. Lebensmittelbestände waren nicht vorhanden, die zugeteilten Rationen für Kranke nicht ausreichend. Es mangelte auch nach Beendigung des Krieges noch jahrelang an allem, insbesondere an Seife, Wäsche, Kleidung und Schuhen sowie an Kohlen für eine ausreichende Beheizung der Krankenräume. Das war das Bild, das sich dem Besucher der Krankenanstalten in den Jahren nach 1945 bot. [...]

Wer das Grab eines im Kriege verstorbenen, vielleicht ums Leben gebrachten Angehörigen besuchen wollte, fand einen Friedhof vor, der einer Wüste glich und auf dem mit Nummern bezeichnete Pflöcke den Platz anzeigten, wo ein Mensch bestattet lag, der auch im Leben nur eine Nummer gewesen war. Die Gräber des Friedhofs der ehemaligen Landesheilanstalt Hadamar waren Massengräber. Erschütternd ist der Bericht der ehemaligen Landesheilanstalt Eichberg über die ersten Jahre nach dem Kriege; er zeigt das ganze Elend und die ganze Trostlosigkeit des damaligen Zustandes. [...] Derartige Zustände fanden sich in allen Krankenanstalten, und es ist müßig, sich heute darüber zu streiten, welche von den früheren hessischen Heilanstalten am meisten mitgenommen war [...]."

Diese Bilanz entstammt einem „Bericht über die Fürsorge für psychisch Kranke im Bereich des Landes Hessen in Vergangenheit und Gegenwart" aus dem Jahre 1957. Verfasser der von der Pressestelle des Landeswohlfahrtsverbandes Hessen (LWV) veröffentlichten Dokumentation war der gelernte Pädagoge und damalige Anstalts- und Psychiatriedezernent sowie Zweite Landesdirektor des LWV, Dr. Friedrich Stöffler (1894–1982).[1] Stöffler hatte zur Weimarer Zeit schon der Vorgängerorganisation des (1953 neu gegründeten) LWV, dem Bezirksverband Nassau, angehört. Er war hier bis zu seinem zwangsweisen Ausscheiden 1933/34 (aufgrund des bekannten NS-„Gesetzes zur Wiederherstellung des Berufsbeamtentums") Dezernent für die Fürsorgeerziehung und das Landesjugendamt gewesen.[2] Zwar war Stöffler im Krieg noch NSDAP-Mitglied sowie unter anderem auch Mitarbeiter beim „Chef der Zivilverwaltung Luxemburg" geworden; doch stand er dann nach seiner „Entlastung" in einem Spruchkammerverfahren der „Entnazifizierung" sowie seinem Wiedereintritt in den Verband Ende 1947 für einen „demokratischen Neuanfang"[3] auch auf dem Feld der „mental health".

Er beleuchtete eher als andere die NS-Geschichte der eigenen Kliniken, erhob seine Stimme gegen die fortdauernde Benachteiligung und Diskriminierung der psychisch Kranken und machte sich für eine innere Modernisierung der alten Anstalten sowie einen Rückgewinn von öffentlichem Vertrauen in die Psychiatrie stark.[4] Stöffler begriff „Psychiatriereform" und „Vergangenheitsbewältigung" im Grunde von Anfang an als zwei Seiten ein und derselben Medaille. Schon 1953 hatte er sich maßgeblich mit engagiert, als in Hadamar eine Gedenktafel zur Erinnerung an die Opfer des NS-Krankenmords angebracht wurde – „wohl das erste derartige Mahnmal in Deutschland".[5]

Forschungssituation

Am Beispiel Hadamars sowie der übrigen hessischen Landesheilanstalten (ab Juli 1957: „Psychiatrische Krankenhäuser") hatte Stöffler 1957 schon vergleichsweise früh und (selbst)kritisch festgehalten, was in der zeithistorischen (Psychiatrie-)Forschung erst seit kurzem auch für die west- und ostdeutsche Geisteskrankenfürsorge insgesamt genauer in den Blick genommen und dokumentiert wird: die Überlagerung der politischen Zäsur des 8. Mai 1945 durch eine Kontinuität der NS-bedingten katastrophalen Versorgungssituation im Anstaltsalltag.[6] Die Anstaltspsychiatrie blieb noch lange Zeit im Schatten ihres „ruinösen Zustandes bei Kriegsende".[7] Vielfach verschärfte sich diese Situation gar ein weiteres Mal, denn es begannen die bekannten „Hungerjahre" der „Zusammenbruchgesellschaft". Ihre Ernährungsengpässe schlugen in Verbindung mit dem Kohlenmangel während der beiden extremen Winter zwischen 1945 und 1947 wiederum vor allem auf die Anstaltspatientinnen und -patienten durch. Es kam zu Sterberaten, die die Vergleichsquoten der NS-Kriegs- und „Euthanasie"-Phase oftmals noch weit übertrafen![8]

Zwar fehlt für Hessen eine genauere vergleichende Statistik der damaligen durchschnittlichen regionalen Sterblichkeit,[9] doch immerhin zitierte Stöffler ausführlicher aus dem erwähnten Bericht der Anstalt Eichberg,[10] in dem von „497 Sterbefällen im Rechnungsjahr 1945/46" die Rede war. Das waren schätzungsweise 38 % des Gesamtkrankenbestandes! Der Bericht selbst führte diese Zahl überwiegend auf ein verhängnisvolles Zusammenwirken von Kälte, Unterernährung, Warmwassermangel sowie epidemieähnlichen „entzündlichen Erkrankungen der Haut" („Krätze") zurück. Allerdings sei es dann schon bald gelungen, diese extremen Rahmenbedingungen und Krankheitsbilder wenigstens abzumildern, so dass 1946/47 „nur" noch 214 Eichberger Kranke (= 16,5 %) gestorben seien.[11]

Auch die hessische Anstaltspsychiatrie erlebte also eine Art „Nachkrieg". Dessen empirisch fundierte Ausleuchtung als besonders dunkle und bedrückende Schattenzone der beiden deutschen „Kriegsfolgegesellschaften" und des allgemeinen Wiederaufbaus steckt allerdings erst in den Anfängen.[12] Die differenzierte Nachzeichnung des Weges der deutschen Psychiatrie von der NS-„Euthanasie" zu dem Reformaufbruch der 1960er und 70er Jahre („Psychiatrie-Enquete" und „1968") sowie zur heutigen Erinnerungskultur auf diesem Feld hat die Forschung noch weitgehend vor sich.[13] Es mangelt an einer systematischen Fortführung der zahlreichen (vor allem auf die NS-Medizinverbrechen fokussierten) Schwerpunktstudien zur Geschichte der Geisteskrankenfürsorge zwischen Kaiserreich und Hitlerdiktatur über die Zäsur von 1945 hinaus.

Das Desiderat spiegelt auch eine generelle Vernachlässigung speziell der gesellschaftlichen „Randgruppen" und Minderheiten durch die Sozialgeschichte der Bundesrepublik. Sie muss sich, um ein treffendes Bild von Wilfried Rudloff aufzunehmen, mehr als bisher in das „Untergeschoss des Sozialstaatsgebäudes"[14] hinunterwagen: „Nichtsesshafte und Obdachlose, Strafgefangene und Haftentlassene, Homosexuelle und Prostituierte, Alkohol- und Drogenabhängige, Behinderte und psychisch Kranke, Heimkinder und Fürsorgezöglinge, Gastarbeiter und Aussiedler, mitunter auch alleinerziehende Mütter und manchmal sogar alte Menschen" gilt es hier aufzuspüren und gesellschafts- wie lebensgeschichtlich zu beleuchten.[15]

Die genannten Defizite gelten in besonderer Weise auch für die Psychiatrie in Hadamar. Ein deutlicher Schwerpunkt der bisherigen Forschung und Dokumentation lag und liegt – natürlich – in dem „braunen" Kapitel ihrer Anstaltsgeschichte als eine der zentralen Mordstätten der NS-„Euthanasie"-Aktion.[16] Ansätze zu einer systematischen Verlängerung der Perspektive über 1945 hinaus in die Geschichte der Bundesrepublik hinein, wie es sie für andere hessische Fürsorgeeinrichtungen durchaus gibt,[17] sucht man im Falle Hadamars bislang vergeblich.

Diese Forschungslücke hängt aber auch mit einer schwierigen Quellenlage zusammen. Die relevante Nachkriegsüberlieferung der Landesheilanstalt (LHA) Hadamar und ihres Trägers, des Bezirksverbandes Nassau in Wiesbaden[18] beziehungsweise dann ab 1953 des LWV Hessen in Kassel, lagert an zwei Orten des LWV-Archivs: in der Kasseler Archivzentrale[19] und in der Gedenkstätte Hadamar als Archivaußenstelle.[20] Das dortige Material ist durch kriegs- und besatzungsbedingte Verluste für die (ersten) Jahre nach 1945 im Bereich der Verwaltungs- und Personalakten sehr lückenhaft; und die massenhaft erhaltenen Akten der Hadamarer Patientinnen und Patienten dieses Zeitraums harren noch einer systematischen archivischen Aufbereitung und seriellen Auswertung. Da die wenigen Verwaltungsakten und -berichte zudem durch einen mehr betriebswirtschaftlich-funktionalen und teilweise auch „camouflierenden" Akteursblick „von oben" geprägt sind, also die leidvollen Alltagserfahrungen von Kranken, Opfern und betroffenen Familien wenn überhaupt nur mehr indirekt widerspiegeln, kann diese wichtige psychiatriegeschichtliche Dimension auch in der folgenden ersten Annäherung an die Nachkriegsverhältnisse Hadamars nur unzureichend eingefangen werden.

„Nachkrieg" in Hadamar

Einerseits bestätigen die Hadamarer Verwaltungsunterlagen aus der unmittelbaren Nachkriegszeit auch für diese Anstalt die spätere übergreifende Gesamtbilanz Stöfflers. Andererseits verweisen sie auf einige lokale Besonderheiten. Zudem spiegeln sie eine Sicht auf die harte Wirklichkeit vor Ort, die doch noch weit entfernt war von der klaren vergangenheitskritischen Perspektive und Diktion Stöfflers von 1957. Erste Situationsberichte für die Jahre 1945–1950 stammen aus dem Wiesbadener Landesprüfungsamt (LPA).[21] Beamte dieser Behörde inspizierten seit November 1945 in größeren Abständen auch die LHA Hadamar. Diese „Prüfungen" hatte der in der NS-Zeit aus politischen Gründen entlassene sowie verfolgte und nach Kriegsende wieder in sein Amt zurückgekehrte sozialdemokratische Erste Landesrat und spätere (ab 1946) Landeshauptmann Otto Witte (1884–1963)[22] angeordnet.

Hauptansprechpartner vor Ort in Hadamar war der Psychiater Dr. William Altvater (1880–1961). Altvater war kein Mitglied der NSDAP gewesen und 1941 während der „T4"-Verlegungen als Oberarzt und stellvertretender Direktor der Anstalt Herborn „in einen gesundheitsbedingten Vorruhestand gegangen".[23] Nach Kriegsende hatte die Verbandsspitze den erfahrenen, mittlerweile bereits 65 Jahre alten Mediziner als „Unbelasteten" reaktivieren können und mit Wirkung vom 3. Mai 1945 auf den Hadamarer Direktorposten berufen – unter den Bedingungen von Besatzung, Entnazifizierung und Personalmangel nicht nur in Hessen ein typisches Rekrutierungsmuster für neues Führungspersonal der „Stunde Null".

Altvater stand der LHA bis zum 1. Oktober 1948 vor. Anschließend übernahm sein bisheriger, seit Anfang Dezember 1946 in Hadamar beschäftigter Oberarzt und Stellvertreter, Dr. Wilhelm Köster (1893–1982), faktisch die Leitung der Klinik. Mit seiner offiziellen Ernennung zum Direktor am 1. April 1949 wurde Köster in Personalunion zusätzlich noch die Leitung des Altersheims Hadamar (St. Josephshaus) sowie des im Aufbau befindlichen, „vorwiegend für ostvertriebene Frauen" bestimmten Altersheims Schloss Dehrn bei Limburg übertragen.[24] Nach Kösters Wechsel an das Kindersanatorium Weilmünster zum 1. Juli 1950 war dann der Herborner Anstaltsarzt Dr. Kurt Langer bis zum 1. April 1954 Chef der Hadamarer Psychiatrie.[25]

Kurz nach seiner Verabschiedung schrieb der erste Nachkriegsdirektor Altvater rückblickend, er sei im Frühjahr 1945 „auf Bitten der Behörde in die Bresche gesprungen und habe trotz schwerer Bedenken" die neue Funktion übernommen. Gleichzeitig nahm er für sich „ein gewisses Verdienst […] in Anspruch, die Anstalt nach dem Zusammenbruch unter größten, besonders personellen, Schwierigkeiten aus einer jahrelang vernachlässigten Vernichtungsanstalt wieder zu einer Heil- und Pflegeanstalt gemacht zu haben".[26]

Im Anschluss an seine erste Inspektion in Hadamar vom 13.–15. November 1945 hatte das LPA die Gebäude der Einrichtung sowie des anstaltseigenen, etwa 55 ha Acker- und Weideland bewirtschaftenden „Gutshofs Schnepfenhausen" als „durchwegs instandsetzungsbedürftig" bezeichnet. Zum Anstaltsfriedhof dagegen hieß es, die dortigen Anlagen seien „gepflegt und in Ordnung"! Mehrere „Beamtenhäuser" und Dienstwohnungen standen leer. Auf dem Gutshof, dessen Verwalterposten seit Kriegsende unbesetzt war und jetzt vorübergehend nur von einem Pfleger notdürftig ausgefüllt wurde, hatte man insbesondere die „Gemeinschaftsräume" der hier untergebrachten und beschäftigten Kranken ungeheizt vorgefunden. Und in der Anstalt selbst, wo die Heizungsanlage wegen Brennstoffmangel und technischer Schäden auch „nur z.T. in Betrieb" war, ging dieser Mangel zweifellos ebenfalls vor allem auf Kosten der Kranken.[27]

Denn bereits einen Tag vor der offiziellen Inspektion hatte Direktor Altvater in einem Brief an das zuständige Kreiswirtschaftsamt in Limburg geschrieben: „Ich bitte dringend um Zuteilung von genügend Mengen groben Koks für Koch- und Heizungszwecke. Der Koks für die Koch- und Waschküche reicht nur noch für einige Tage. Infolge der Höhenlage der Anstalt [sic!] ist die Kälte in den Krankenräumen allmählich so stark geworden, dass an Heizung gedacht [sic!] werden muss." Die alternative Aufstellung von holzbetriebenen „Notöfen" sei für die Kranken und die Anstalt insgesamt zu gefährlich.[28] Schon Anfang Juni 1945 war „durch Unachtsamkeit eines Kranken" – der reguläre Dienstposten des Anstaltsheizers war damals ebenfalls verwaist – „einer der beiden dauernd für die Koch- und Waschküche in Gang befindlichen Heizkessel [...] geborsten".[29]

Kontinuität des „Hungersterbens"?

Die aktuelle Verpflegungssituation dagegen hatten die Beamten des LPA in ihrem Bericht überraschend gut beurteilt:[30] „Die Küche und die Vorratsräume waren bei ihrer Überprüfung sauber und in Ordnung.[31] [...] Das verabfolgte Essen war schmackhaft zubereitet und ausreichend." Speziell die verteilten, „ausschließlich aus eigenen Schlachtungen des Gutshofs" stammenden Fleischrationen, so hieß es weiter, hätten im Vormonat Oktober sogar über den „Mengen" gelegen, „die gemeinhin auf Lebensmittelkarten bezogen werden" könnten. Gleiches gelte für zurückliegende Lieferungen von Eiern aus den Beständen des Gutshofs an die Anstaltsküche.

Im übrigen attestierten die Beamten der Hadamarer Verpflegung dann auch bei ihren beiden folgenden Inspektionen Anfang Juni und Ende Oktober 1946 ein vergleichsweise gutes Niveau. Wieder hieß es, das Essen sei „abwechslungsreich, gut zubereitet und ausreichend" und der Fleisch- und Brotbedarf werde durch den eigenen Betrieb „in guter Qualität" gedeckt. Der Oktoberbericht vermerkte ferner, dass die Hadamarer Kranken „zu den Rationen für Normalverbraucher" jene Kalorienzulagen erhielten, wie sie auch somatisch Erkrankten an Allgemeinkrankenhäusern gewährt würden: „je Tag" 50 g Brot (Kranke über 60 Jahre: 100 g), 30 g Fleisch, 30 g Fett, 20 g Käse, 10 g Zucker, 0,4 Lt. Vollmilch, 20 g Weizenmehl, 36 g Nährmittel, 10 g Marmelade sowie monatlich 8 Eier.[32] Begriffe wie „Unterernährung" oder „erhöhte Sterblichkeit" finden sich in den Lagebeschreibungen des LPA nicht.

In der Tat scheint Hadamar zumindest partiell aus dem katastrophalen Versorgungsbild, das andere (hessische) Anstalten damals auf dem Höhepunkt von Kälte, Kohlenmangel, Ernährungskrise, Hunger und (wieder) ansteigenden Mortalitätsraten boten, herauszufallen. Das extreme Vergleichsbeispiel einer weiteren hessischen Tötungsanstalt (Eichberg) wurde eingangs bereits erwähnt. Ging es den Kranken in Hadamar also hinsichtlich ihrer Ernährungslage tatsächlich „besser"? Oder profitierte während der größten Hungerzeit 1945/47 „unter der Hand" nicht doch eher das

Anstaltspersonal von der offenbar ausreichenden Grundversorgung, den Kalorienzulagen und jenen Produkten, die – neben dem Schwarzmarkt der Zeit – das Anstaltsgut Schnepfenhausen abwarf?

Immerhin monierte das LPA unter anderem die tägliche außerplanmäßige Zuteilung von zwei Litern frischer „Vollmilch [...] unmittelbar von dem Gutshof" an die in einem Teil der Anstaltsdirektorenwohnung untergebrachte Familie eines noch nicht aus Krieg und Gefangenschaft zurückgekehrten Oberarztes.[33] Auch registrierte es Fälle „privater Inanspruchnahme der Anstaltsbäckerei" durch „Anstaltspersonal oder Familienangehörige".[34] Ferner mahnte es eine Aufklärung über Ergebnisse der „Schlachtkontrolle" an, die ein überdurchschnittliches Gefälle zwischen dem „Lebend- und Schlachtgewicht" bei Tieren angezeigt hatten! Wenn die Behörde schließlich beklagte, dass die Anstalt leider „nach aussen nur zum Teil abgeschlossen" sei und daher „jetzt noch des öfteren Personen", die man „wegen ihrer früheren Mitwirkung in der Anstalt, während der Kriegsjahre [sic!], entlassen" habe, „unter den verschiedensten Vorwänden die Anstaltsgebäude" betreten würden, dürfte dieser Missstand zweifellos ebenfalls auch handfeste materielle Ursachen gehabt haben.[35]

An dieser Stelle sei kurz an die Struktur und Tradition der früheren Heilanstalten als „kleine autarke Welten für sich" erinnert. Sie bestanden eben nicht nur aus den Verwaltungs- und Krankengebäuden im engeren Sinne (inkl. Festsaal und Anstaltsbibliothek). Hinzu kamen eigene Häuser für das beamtete Führungspersonal (Direktoren, sonstige Ärzte, Oberpfleger, Rendanten, Gutsverwalter), ferner die großen landwirtschaftlichen Betriebe sowie viele andere Einrichtungen und Werkstätten. Diese dienten einerseits der umfassenden materiellen Selbstversorgung der Anstalt – Sonderbezüge von Sachleistungen wie etwa Gemüse oder Brennholz durch das Führungspersonal mit eingeschlossen. Andererseits waren sie Orte der Arbeitstherapie für zahlreiche Frauen und Männer aus dem jeweiligen Krankenbestand. So verfügte die Anstalt Hadamar neben dem Gutsbetrieb, der Koch- und Waschküche sowie der Bäckerei noch über eine eigene Wäscherei, Bügelstube, Nähstube, Fleischerei, Schlosserei, Anstreicherei, Schreinerei, Schumacherei, Korbmacherei und Weberei. Das Personal konnte Patienten auch im eigenen Haushalt und Garten beschäftigen.

Diese Anstaltstradition des „ganzen Hauses" (Heinrich Wilhelm Riehl/Otto Brunner) bestand in der Nachkriegszeit zunächst fort. Sie spiegelte sich etwa noch 1951 in dem besonderen Tarifvertrag des damals vom Bezirkskommunalverband auf dem Schnepfenhof neu eingestellten Gutsverwalters Josef Hermes. Denn neben „den tariflichen Dienstbezügen" erhielt Hermes noch „folgendes Naturaldeputat: 1. Jährlich 2 1/2 Zentner Kartoffeln pro Kopf der Familie, 2. jährlich ein fettes Schwein im Lebendgewicht bis zu 2 1/2 Zentnern, 3. täglich ein Liter Milch pro Familie, ferner zusätzlich ein Liter Milch für jedes Kind unter 14 Jahren, das in seinem Haushalt lebt (z. Zt. fünf Kinder!)".[36]

Belegungs- und Sterbezahlen aus der „Stunde Null"

Doch zurück zur allgemeinen Versorgungslage in der unmittelbaren Nachkriegszeit. Erste Belegungs- und Sterbezahlen auch aus diesem Abschnitt der Hadamarer Anstaltsgeschichte (Tab. 1) deuten tatsächlich auf eine insgesamt relativ bessere Konstitution sowie Ernährung der dortigen Patientinnen und Patienten hin.

Zwar sind die Daten und die Analyse der offiziellen Statistik aus dem Kommunalverband Wiesbaden mit einigen Problemen behaftet: Vor allem hat die Verbandsstatistik (trotz ihres Beginns am 1. Januar 1945) ganz offensichtlich die ungeheure, in kalkuliertem Morden und „Hungersterben" begründete Mortalität noch des letzten Kriegsquartals nicht (hinreichend) berücksichtigt; diese ist von Faulstich immerhin auf 52,2 % beziffert worden![37] Anders ist der enorme „Abfall" auf eine Gesamtsterberate für 1945 von „nur" 12,2 % nicht zu erklären. Doch wurde selbst diese 45er Quote damals in vielen anderen Anstalten überschritten.[38] Vor allem jedoch fallen die vergleichsweise niedrigen und untypischen Sterberaten für 1946 und 1947 aus dem Rahmen. Sie liegen mit 3,3 und 3,7 % praktisch schon auf einem „günstigen Friedensniveau".

Jahr	Kranken-stand am 1. Januar	Zugänge	Gesamt-krankenzahl	Sterbefälle	Sterberate
1945	381	36	417	51	12,2 %
1946	250	110	360	12	3,3 %
1947	195	182	377	14	3,7 %
1948	337	97	434	31	7,1 %
1949	314	185	499	37	7,4 %
1950	382	129	511	27	5,3 %

Tabelle 1: Gesamtkrankenzahl, Sterbefälle und Sterberaten in der Landesheilanstalt Hadamar 1945–1950[39]

Eine erste Interpretation wird sicher folgende lokale Besonderheiten in Rechnung stellen müssen: Die Anstalt war nach einem deutlichen Rückgang der Krankenzahl und zahlreichen Entlassungen im Personalbereich gerade 1946/47 stark unterbelegt, was auch den verfügbaren Ernährungshaushalt entlastete. Hatte der Anteil unbelegter Kranken- und Personalbetten am Gesamtbestand aller verfügbaren Betten 1945 immerhin schon bei 31 % gelegen, so war er 1946 noch weiter auf 54 % gestiegen, um dann – über 38 % 1947 – erst 1948 wieder auf 9 % zu sinken.[40] Wer als Insasse die Kriegs- und „Euthanasie"-Zeit in der Mordanstalt überlebt hatte, verdankte dies in der Regel seiner „Arbeitsfähigkeit" und einer entsprechend besseren Ernährung, war also auch gegenüber Kälte und Krankheiten resistenter. Das dürfte insbesondere für die auf dem Anstaltsgut beschäftigten Kranken gelten; ferner für jene Patientinnen und Patienten, die auf der Grundlage eines im Krieg aufgebauten lokalen „Systems von Leiharbeit"[41] und Ausbeutung teilweise auch jetzt noch „sowohl der Stadtgemeinde Hadamar wie auch Privaten zu Arbeitsleistungen gegen Vergütung von täglich 3,– RM zur Verfügung gestellt"[42] wurden.

Schließlich erlebte Hadamar nicht jene Kontinuität umfangreicher Fremdbelegungen von Anstaltsraum durch Lazarette, städtische Ausweichkrankenhäuser oder andere nicht-psychiatrische Einrichtungen, wie sie im Umbruch zwischen Hitler- und Nachkriegsdeutschland sonst vielerorts anzutreffen war.[43] Auch dieser Umstand dürfte die Verpflegungssituation entlastet und verbessert haben. Für den leichten vorübergehenden Wiederanstieg der Sterberate 1948/49 auf 7,1 beziehungsweise 7,4 % könnte eine vorangegangene vermehrte Unterbringung speziell älterer Patientinnen und Patienten zur besseren Auslastung der freien Raum- und Bettenkapazitäten verantwortlich sein.[44]

Erste Reforminitiativen auf materiellem und therapeutischem „Brachland"

Das Ernährungs- und Kälteproblem war damals zentral. Gleichwohl kamen ja die übrigen, bereits beschriebenen eklatanten Missstände in der materiellen Grundversorgung der Kranken (Wäsche, Bekleidung etc.) sowie der baulichen Infrastruktur der Anstalt noch hinzu. Schließlich schränkten diese ruinösen materiellen Hinterlassenschaften des Nationalsozialismus in Verbindung mit extremen Engpässen und/oder Fluktuationen im Personalbereich natürlich auch alle medizinisch-therapeutischen Maßnahmen massiv ein. Dabei galt es nach dem Krieg gerade auch in der vormaligen Mordanstalt Hadamar, praktisch ein „therapeutisches Brachland" komplett neu zu „bestellen"! Wenn auch die zügige Beseitigung oder wenigstens Abmilderung der Versorgungsmängel durch die Trümmerzeit vielfach blockiert wurde, so gab es doch schon früh zumindest Ansätze in diese Richtung.

Erste Initiativen zu einer Konsolidierung und inneren Modernisierung der Anstalts- und Krankenverhältnisse gingen wiederum von Landesrat Otto Witte aus. Er ließ im September 1945 auch in der LHA Hadamar eine technische Betriebs- und Sicherheitsüberprüfung durch Beamte des Wiesbadener Gemeindeunfallversicherungsverbandes durchführen.[45] William Altvater wurde aufgefordert, die zahlreich festgestellten Mängel möglichst bald beheben zu lassen und bis Jahresende über die getroffenen Maßnahmen zu berichten. Am 24. Januar 1946 folgte dann eine Rundverfügung Wittes, in der es hieß: „*Damit die Bezirksanstalten ihren früheren Ruf wieder bekommen und ihren eigentlichen Zweck erfüllen können, sollen auch die in den letzten Jahren in den Anstalten entstandenen sachlichen Schäden an Gebäuden, Inventar und Einrichtungen sobald als möglich wieder behoben werden.*" Der Erste Landesrat forderte detaillierte Berichte über diese Schäden und den voraussichtlichen (Kosten-)Aufwand der notwendigsten Reparaturen. Vermutlich war seiner Verfügung auch bereits eine Konferenz mit den amtierenden Anstaltsdirektoren vorausgegangen. Denn Witte drängte: „Wo es sich jetzt schon durchführen lässt, sind alle Erneuerungsarbeiten und Beschaffungen, wie mündlich besprochen [sic!], sofort in Angriff zu nehmen."[46]

Der entsprechende Schadens- und Arbeitsbericht aus Hadamar liegt nicht vor. Allerdings ist eine Antwort Altvaters an den Gemeindeunfallversicherungsverband überliefert. Sie zeigt gleichermaßen exemplarisch wie anschaulich die Probleme, die sich selbst punktuellen Renovierungsarbeiten damals in den Weg stellten. Denn Altvater schrieb am 29. März 1946: „Der Deckenanstrich [in der Küche] würde übrigens, falls man ihn überhaupt fertig bekäme, nach einigen Tagen wieder zerstört sein infolge des Küchendunstes bzw. des entweichenden Kesseldampfes. Letzterer ist bereits durch unsere Reparaturen nach Möglichkeit eingeschränkt, kann aber nicht vollständig behoben werden, weil die Kesselabdichtungen nicht zu beschaffen sind. Wenn die Reparaturen erledigt sind und die Kessel einwandfrei arbeiten, würde sich erst ein Anstrich lohnen, falls Material- und Arbeitermangel, die jetzt noch bestehen, fortfielen."[47]

Zum Teil waren die Verzögerungen aber auch „hausgemacht", weil anstalts- und „menschenökonomisch" motivierte Prioritätensetzungen aus der NS-Zeit offenkundig lange fortwirkten. Während man beispielsweise im Winter 1948/49 in der Schneiderei damit begonnen hatte, die Erledigung „privater" Arbeitsaufträge aus der Stadt zugunsten der dringenden „Instandsetzung von Anstaltsbekleidung" zurückzustellen, liefen die „Privatarbeiten in der Schuhmacherei", wie das LPA Ende Februar 1949 monierte, uneingeschränkt weiter – und dies, obwohl zu diesem Zeitpunkt „noch über 500 Paar Arbeitsschuhe für Anstaltsinsassen zu reparieren" waren![48]

Ein „neuer Umgang" mit psychisch Kranken?

Die beginnende materielle Konsolidierung der Hadamarer Versorgungsverhältnisse konnte dann im Übergang zu den 1950er Jahren unter dem Einfluss der Währungsreform, des allgemeinem Wiederaufbaus sowie der Festigung des Anstaltsträgers (LWV-Gründung von 1953) intensiviert werden. In der offiziellen Bilanz des LWV von 1957 über die in seinen psychiatrischen Krankenhäusern „nach dem 2. Weltkrieg

Ansicht der Landesheilanstalt Hadamar in den 1950er Jahren (LWV-Archiv, Fotosammlung)

ausgeführten Erneuerungsarbeiten" schnitt jedenfalls auch Hadamar nicht schlecht ab: „Generalinstandsetzung der Frauen- und der Männerabteilungen, Umbau eines Beschäftigungstherapieraums in der Männerabteilung, Umbau des Eingangs zum Krankenhaus, Errichtung [... des eingangs erwähnten] Gedächtnismales [...], Umbau des Männerschlafsaals, Einbau einer Zentralheizung im Männerbau, Erneuerung der Dächer, Neubau eines Krankenpavillons auf dem Gutshof, Umbau des Gutshofs, Instandsetzung des Friedhofs und Neubau einer Friedhofskapelle, Einbau einer Röntgenanlage und eines Labors, Vergrößerung und Umbau der Heizung [...], Verbesserung der Wasserversorgung [...], Neubau eines Schwesternhauses einschließlich Einrichtung[49] [...], Erweiterung des Rinderstalles auf dem Gutshof [...], Einbau einer Ölheizung [...], Umbau einer Wachstation".[50]

Von diesen Initiativen nicht zu trennen sind natürlich die frühen Ansätze zu einer Wiederbelebung und Verbesserung der medizinisch-therapeutischen Infrastruktur. Auch sie waren zunächst äußerst begrenzt, wenn man nur bedenkt, dass vermutlich noch bis 1949/50 neben dem durch die Verwaltungsgeschäfte weitgehend absorbierten Direktor zumeist lediglich ein weiterer Arzt Stationsdienst versah.[51] Hinzu kamen (wohl überwiegend entnazifizierungsbedingte) personelle Lücken im Pflegebereich, die erst nach und nach – unter anderem durch neue, aber eben noch unerfahrene „Lernpfleger bzw. Lernpflegerinnen" – geschlossen werden konnten.[52]

Richtung und Spielraum erster Bemühungen um eine bessere Krankenbetreuung deutete erstmals schon im November 1945 (ausgerechnet) das LPA an, als es nämlich am Beispiel der auf dem Gutshof Schnepfenhausen beschäftigten und untergebrachten Kranken beklagte, dass den Insassen „in keiner Weise irgendwelche Annehmlichkeiten für ihre Freizeit geboten" würden: „Durch die Wiederinstandsetzung der Radioanlage und durch die Beschaffung von Lesestoff – Zeitung und Zeitschriften – könnte den Patienten etwas Abwechslung und Erholung geboten werden."[53] Altvater antwortete: „Der [auf dem Gutshof] vorhandene Radioapparat ist zur Bedienung zweier Lautsprecher zu klein und kann nur noch den Lautsprecher im Personalzimmer in Betrieb setzen. Die Beschaffung von Zeitungen und Zeitschriften wird große Schwierigkeiten machen, weil es bis jetzt kaum gelingt, eine Zeitung frei zu bekommen. Es soll aber versucht werden. Außerdem hat die Mehrzahl der dort wohnenden Patienten keinerlei Interesse für Zeitungen, dagegen würde es meiner Ansicht nach wünschenswert sein, wenn wieder Gesellschaftsspiele angeschafft werden könnten."[54]

Im übrigen hatte es vor 1945 auch in der Anstalt selbst schon Rundfunk und eine Lautsprecheranlage gegeben. Ja sogar eine „Kinomaschine" gehörte zum Inventar![55] Nach Anschaffung der ersten beiden Radioapparate vermutlich 1934, waren dann bis Mitte 1942 immerhin „21 Rundfunkanlagen" angemeldet gewesen, zweifellos aber in erster Linie für das Anstaltspersonal. Von diesen war jedoch bis August 1945 schließlich nur noch ein einziges regulär angemeldetes Gerät übriggeblieben.[56] Ob die Hadamarer Patientinnen und Patienten überhaupt jemals zuvor zumindest über die zentrale Lautsprecheranlage von dem modernen Medium profitieren konnten, lässt sich nicht sagen. Doch war diese Anlage jetzt ebenfalls defekt und konnte schließlich erst im Sommer 1948 wieder in Betrieb genommen werden – „um den Patienten Unterhaltung zu bieten", wie Altvater damals schrieb. Eigene Radios dürften die einzelnen Krankenstationen auch in Hadamar erst in den 50er Jahren bekommen haben, gefolgt von den ersten Fernsehern.[57] Parallel wurde die „Freizeitgestaltung" seit Anfang der 50er Jahre auch durch erste „Omnibusfahrten in das Lahntal, an den Rhein und in den Taunus sowie durch Kinovorstellungen und Tanzveranstaltungen vielgestaltiger".[58]

Dieser Medien- und Freizeitaspekt mag mit Blick auf den damaligen Anstalts- und Krankenalltag insgesamt eher marginal erscheinen. Doch war er eben auch Spiegelbild eines ganz allmählichen Umdenkens: Weg von der Tradition eines naturwissenschaftlich verengten ärztlich-hierarchischen Blicks auf den Kranken als „Fall" und Objekt, hin zu seiner Wahrnehmung und Anerkennung als Subjekt und Individuum mit lebensweltlichen Bezügen und Bedürfnissen. Gleiches gilt für die Nachkriegsentwicklung der von ihrem alltäglichen Stellenwert und Umfang her natürlich wesentlich bedeutsameren „Arbeitstherapie" der Patientinnen und Patienten. Auch in Hadamar wurde sie jetzt in bewusster Anknüpfung an Hermann Simons Konzept der „aktiveren Krankenbehandlung"[59] wieder intensiver und systematischer betrieben – unter schrittweiser Zurückdrängung ihres „Wirtschaftlichkeitsfaktors" bei gleichzeitiger Öffnung und Erweiterung hin zu Formen einer moderneren individuelleren „Beschäftigungstherapie".[60] Freilich wurden die neuen Therapieansätze dann noch lange durch die Fortdauer der traditionellen somatischen Behandlungsmethoden (Insulin-, Cardiazol- und Elektroschock-Therapie, Badbehandlung, Fixierungen usw.) überlagert und vielfach „konterkariert".

Ausblick

Die frühe Nachkriegsgeschichte der Psychiatrie in Hadamar bedarf noch einer weiteren Aus- und Binnendifferenzierung. Gleichzeitig ist ein stärkerer Vergleich mit der Nachkriegsentwicklung der übrigen hessischen Anstalten „angesagt".[61] Der vergleichende Ansatz wäre ferner auch über- und interregional zu erweitern. Schließlich sollten noch stärker längere systematische Linien von dem radikalen „Absturz" der Psychiatrie im „Dritten Reich" über ihre Situation in der „Zusammenbruchsgesellschaft" und den 1950er und 60er Jahren („Reform vor der Reform") bis hin zu dem tiefgreifenden Klima- und Strukturwandel psychiatrischer Versorgung seit den 70er Jahren gezogen werden. Solcherart Perspektiven könnten auch zu einer professions- und gesellschaftsgeschichtlichen Profilierung und Standortbestimmung speziell vormaliger NS-Mordanstalten in dem besonderen Reformstau und -prozess der deutschen Nachkriegspsychiatrie beitragen.

[1] Vgl. Friedrich Stöffler, Die Psychiatrischen Krankenhäuser des Landeswohlfahrtsverbandes Hessen. Bericht über die Fürsorge für psychisch Kranke im Bereich des Landes Hessen in Vergangenheit und Gegenwart (= Schriften des Landeswohlfahrtsverbandes Hessen, Nr. 4), Kassel 1957, S. 22 f. (als Teil des Eingangskapitels „Das Erbe"). Stöfflers Dokumentation konnte unter anderem auf frühe Verwaltungsberichte aus der Nachkriegszeit aufbauen, die auch für unsere Themenstellung wichtig sind – nicht zuletzt weil sie die großen Überlieferungslücken in den relevanten archivischen Aktenbeständen (s. unten) etwas schließen helfen. Vgl.: 80 Jahre Kommunalverband des Regierungsbezirks Wiesbaden. Hg. vom Landeshauptmann, Wiesbaden 1948; ferner die 4 „Berichte über die Verwaltung des Kommunalverbandes des Regierungsbezirks Wiesbaden" für die Jahre 1948/49, 1950, 1951, 1952.

[2] Diese und die folgenden biografischen Daten nach dem Standardwerk von Peter Sandner, Verwaltung des Krankenmords. Der Bezirksverband Nassau im Nationalsozialismus (= Historische Schriftenreihe des LWV Hessen, Hochschulschriften Bd. 2), Gießen 2003, S. 709 f. u. 743.

[3] Ebd., S. 709.

[4] Dieses empathische Engagement Stöfflers durchzieht seine Bestandsaufnahme von 1957 (Anm. 1) wie ein roter Faden. Vgl. jedoch bes. ebd., S. 93.

[5] Ebd., S. 710. Stöfflers Engagement ist dokumentiert in: MENSCH – ACHTE DEN MENSCHEN. Frühe Texte über die Euthanasieverbrechen der Nationalsozialisten in Hessen. Gedenkstätten für die Opfer. Eine Dokumentation des Landeswohlfahrtsverbandes Hessen, Kassel 1985. Vgl. hier, S. 23 ff., auch den Wiederabdruck seines Textes „Das Erbe" aus der Dokumentation von 1957. Zur frühe (kritische) Historisierung bundesdeutscher Gedenkformen und -orte im Psychiatriebereich (die allerdings das Hadamar-Mahnmal von 1953 übersieht) vgl. Bernd Eichmann, Es fehlt an Bildern wie an Sprache. Gedenkstätten zur NS-Psychiatrie, in: Franz-Werner Kersting/Karl Teppe/Bernd Walter (Hg.), Nach Hadamar. Zum Verhältnis von Psychiatrie und Gesellschaft im 20. Jahrhundert (= Forschungen zur Regionalgeschichte, Bd. 7), Paderborn 1993, S. 309–317.

[6] Grundlegend für diese Perspektive: Heinz Faulstich, Hungersterben in der Psychiatrie 1914–1949. Mit einer Topographie der NS-Psychiatrie, Freiburg i. Br. 1998; vgl. ferner ders., Die Anstaltspsychiatrie unter den Bedingungen der „Zusammenbruchgesellschaft", in: Franz-Werner Kersting (Hg.), Psychiatriereform als Gesellschaftsreform. Die Hypothek des Nationalsozialismus und der Aufbruch der sechziger Jahre (= Forschungen zur Regionalgeschichte, Bd. 46), Paderborn u. a. 2003, S. 21–30; Sabine Hanrath, Zwischen 'Euthanasie' und Psychiatriereform. Anstaltspsychiatrie in Westfalen und Brandenburg: Ein deutsch-deutscher Vergleich (1945–1964) (= Forschungen zur Regionalgeschichte, Bd. 41), Paderborn u. a. 2002, bes. S. 43 ff., 149 ff.

[7] Faulstich, Anstaltspsychiatrie (Anm. 6), S. 21.

[8] Vgl. insbes. Faulstich, Hungersterben (Anm. 6), S. 671 ff.

[9] Ansätze (mit Zahlen für die Anstalten Herborn, Merxhausen und Goddelau 1945–49) ebd., S. 689.

[10] Vgl. Stöffler, Krankenhäuser (Anm. 1), S. 23. Der Bericht war vermutlich Teil der Nachkriegs-„Chronik des Psychiatrischen Krankenhauses Eichberg", o. J., die Faulstich, Hungersterben (Anm. 6), S. 690 u. 694, erwähnt und ebenfalls zitiert (allerdings mit anderen Passagen).

[11] Die beiden Prozentwerte gehen (in Anlehnung an ebd., S. 560 u. 694) von einer geschätzten Eichberger Jahresanfangsbelegung von 800 Kranken sowie 500 jährlichen Neuzugängen aus.

[12] In Anlehnung an die weiterführende Begrifflichkeit und Perspektive bei Klaus Naumann, Einleitung, in: ders. (Hg.), Nachkrieg in Deutschland, Hamburg 2001, S. 9–26.

[13] Eine exemplarische Zusammenstellung erster grundlegender (epochenübergreifender) Ansätze und Literatur bei Franz-Werner Kersting, Der lange Schatten des NS-Krankenmords. Psychiatriereform und „Vergangenheitsbewältigung" in der Bundesrepublik 1955–1975, in: Sigrid Oehler-Klein/Volker Roelcke (Hg.), Die universitäre Medizin nach 1945: Institutionelle und persönliche Strategien im Umgang mit der Vergangenheit (= Pallas Athene – Jahrbuch für Universitätsgeschichte), (erscheint Stuttgart 2007). Die *internationale* Psychiatriehistoriographie für die Zeit nach 1945 ist schon weiter fortgeschritten. Vgl. jetzt Marijke Gijswijt-Hofstra/Harry Oosterhuis u. a. (Hg.), Psychiatric Cultures Compared.

Psychiatry and Mental Health Care in the Twentieth Century: Comparisons and Approaches, Amsterdam 2005.

[14] Wilfried Rudloff, Im Souterrain des Sozialstaates: Neuere Forschungen zur Geschichte von Fürsorge und Wohlfahrtspflege im 20. Jahrhundert, in: Archiv für Sozialgeschichte, 42. Jg. (2002), S. 474–529, hier S. 474.

[15] Ders., Sozialstaat, Randgruppen und bundesrepublikanische Gesellschaft. Umbrüche und Entwicklungen in den sechziger und frühen siebziger Jahren, in: Kersting (Hg.), Psychiatriereform (Anm. 6), S. 181–219, hier S. 193. Aus dem genannten Gruppen- und Problemspektrum hat in jüngster Zeit v. a. die Geschichte von „Heimkindern" breitere Aufmerksamkeit gefunden – angestoßen durch das (allerdings mehr „tribunalisierende" als „historisierende") Buch von Peter Wensierski, Schläge im Namen des Herrn. Die verdrängte Geschichte der Heimkinder in der Bundesrepublik, München 2006. Einen reflektierten biographischen Zugang zur Geschichte „totaler Institutionen" zwischen Hitler- und Nachkriegsdeutschland bietet: Lebensunwert. Paul Brune. NS-Psychiatrie und ihre Folgen. Ein Film von Robert Krieg und Monika Nolte. DVD-Produktion (mit Begleitheft) des Westfälischen Landesmedienzentrums, Münster 2005.

[16] Neben den Beiträgen im vorliegenden Band seien hier hervorgehoben: Sandner (Anm. 2); Christina Vanja/Martin Vogt (Bearb.), Euthanasie in Hadamar. Die nationalsozialistische Vernichtungspolitik in hessischen Anstalten. Begleitband zu einer Ausstellung des LWV (= Historische Schriftenreihe des LWV Hessen, Kataloge, Bd. 1), Kassel 1991.

[17] Vgl. u.a. Irmtraut Sahmland/Sabine Trosse u.a. (Hg.), „Haltestation Philippshospital". Ein psychiatrisches Zentrum – Kontinuität und Wandel 1535–1904 – 2004. Eine Festschrift zum 500. Geburtstag Philipps von Hessen (= Historische Schriftenreihe des LWV Hessen, Quellen und Studien Bd. 10), Marburg 2004; Uta George/Herwig Groß u.a. (Hg.), Psychiatrie in Gießen. Facetten ihrer Geschichte zwischen Fürsorge und Ausgrenzung, Forschung und Heilung (= Historische Schriftenreihe des LWV Hessen, Quellen und Studien Bd. 9), Gießen 2003; Christina Vanja (Hg.), 100 Jahre Krankenhaus Weilmünster 1897–1997. Heilanstalt – Sanatorium – Kliniken (= Historische Schriftenreihe des LWV Hessen, Quellen und Studien Bd. 4), Kassel 1997; Peter Eller/Christina Vanja (Bearb.), Psychiatrie in Heppenheim. Streifzüge durch die Geschichte eines hessischen Krankenhauses 1866–1992 (= Historische Schriftenreihe des LWV Hessen, Quellen und Studien Bd. 2), Kassel 1993. Speziell zur Heimerziehung jetzt: Christina Vanja, Kontinuität und Wandel – die öffentliche Heimerziehung in Hessen vom Kaiserreich bis zur Bundesrepublik der 50er und 60er Jahre, in: LWV Hessen (Hg.), Aus der Geschichte lernen – die Heimerziehung in den 50er und 60er Jahren, die Heimkampagne und die Heimreform. Dokumentation einer Veranstaltung des LWV Hessen mit der Internationalen Gesellschaft für erzieherische Hilfen (IgfH) und dem SPIEGEL-Buchverlag bei DVA am 9. Juni 2006 in Idstein, Kassel 2006, S. 12–25.

[18] Nach 1945: „Bezirkskommunalverband Wiesbaden".

[19] Archiv des Landeswohlfahrtsverbandes Hessen (LWV-Archiv), Bestand 3: Bezirkskommunalverband Wiesbaden (mit den Unterbeständen „Allgemeine Verwaltungsakten" und „Personalakten"/PA), Bestand 100: LWV-Hauptverwaltung, Personalverwaltung.

[20] Vgl. LWV-Archiv, Bestand 12 (Verwaltungsakten und Patientenakten).

[21] Vgl. LWV-Archiv, Bestand 12, Nr. K 323, o. Bl.-Nr., Berichte des Landesprüfungsamtes Wiesbaden (20. 11. 1945, 12. 06. 1946, 22. 10. 1946, 15. 03. 1047, 23. 02. 1949, 27. 01. 1950).

[22] Vgl. Sandner (Anm. 2), bes. S. 745.

[23] Vgl. ebd., S. 479 f. (auch zu der Frage, inwieweit Altvaters damalige Krankmeldung und Frühpensionierung tatsächlich primär auf einer dezidierten Verweigerungshaltung gegenüber der „T4-Aktion" beruhte).

[24] Vgl. LWV-Archiv, Bestand 100, PA Dr. Wilhelm Köster, Bd. 1, Bl. 71 ff., in Verb. mit: Verwaltungsbericht 1948/49 (Anm. 1), S. 48 u. 73 (Zit.). Das Altersheim Schloss Dehrn wurde in dem vormaligen „Landesaufnahmeheim" untergebracht.

[25] Eine PA Langers konnte bisher nicht gefunden werden. Nachfolger Langers wiederum war vom 01. 04. 1954–01. 07. 1965 Dr. Vitus Jaschke (1900–1969). Vgl. LWV-Archiv, Best. 100, PA Dr. Vitus Jaschke.

[26] LWV-Archiv, Bestand 100, PA Altvater, Teil 2,

Bl. 38, Brief Altvaters an LH Witte „persönlich!" (13. 09. 48). Seine Arbeit in Hadamar und sein Ruf als strikter Gegner des „Euthanasie"-Programms hatten auch zur Folge, dass man 1956 im LWV den Vorschlag des Rates der Stadt Hadamar, Altvater das Bundesverdienstkreuz zu verleihen, befürwortete. Vgl. den Vorgang ebd., Bl. 111 ff.

[27] Vgl. Bericht LPA v. 20. 11. 1945 (Anm. 21).

[28] Vgl. LWV-Archiv, Best. 12 Nr. K 461 I, o. Bl.-Nr., Brief Altvater an Kreiswirtschaftsamt (12. 11. 1945). Es war nicht der erste „Brandbrief" dieser Art. Vgl. ebd., Altvater an Landrat Dannhausen (04. 06. 1945).

[29] LWV-Archiv, Best. 12 Nr. K 462, o. Bl.-Nr., Brief Altvater an Verwaltung Bezirksverband Nassau (12. 06. 1945). Altvater wies anlässlich des Unfalls darauf hin, dass ohnehin „fast alle Kesselanlagen der Anstalt entweder entzwei oder veraltet" waren!

[30] Vgl. Bericht LPA v. 20. 11. 1945 (Anm. 21).

[31] Vgl. dagegen aber: LWV-Archiv, Best. 12, Nr. K 486, o. Bl.-Nr., Bericht Gemeindeunfallversicherungsverband für den Reg.-Bez. Wiesbaden (08. 09. 1945). In diesem Besichtigungsbericht aus der Anstalt Hadamar war ein techn. Aufsichtsbeamter/Ingenieur allerdings gerade mit Blick auf die dortige Küche zu etwas anderen Ergebnissen gekommen: „Der Wand- und Deckenanstrich in der Kochküche ist infolge ungeeigneten Farb-Materials sehr schlecht, sodass Teile abfallen und Pilzbildung festzustellen ist. Eine Erneuerung ist dringend geboten."

[32] Vgl. Berichte LPA vom 12. 06. u. 22. 10. 1946 (Anm. 21); ferner LWV-Archiv, Best. 12, Nr. K 660, o. Bl.-Nr., Landrat/Ernährungsamt Limburg an LHA Hadamar (09. 09. 1946), wo die gleichen Zahlen genannt werden. Die Einbeziehung auch der hessischen Anstalten in die allgemeine Krankenhauszulage etwa ab Mitte 1946 ging nicht zuletzt auf nachhaltige „Hilferufe" des Eichberger Direktors Dr. Wilhelm Hinsen zurück. Vgl. Faulstich, Hungersterben (Anm. 6), S. 690 ff.

[33] Vgl. Bericht LPA v. 20. 11. 1945 (Anm. 21).

[34] Vgl. Bericht LPA v. 22. 10. 1946 (ebd.).

[35] Vgl. Bericht LPA v. 20. 11. 1945 (ebd.).

[36] LWV-Archiv, Best. 100, Nr. 424, Josef Hermes, Bl. 2, Bezirksverband/Personalabteilung an LHA Hadamar (21. 05. 1951). Hermes trat seinen Dienst als Gutsverwalter am 16. 04. 1951 an und hatte diesen Posten bis zur regulären Pensionierung am 30. 06. 1969 inne.

[37] Vgl. Faulstich, Hungersterben (Anm. 6), S. 544.

[38] Vgl. die vielen Vergleichszahlen, ebd., S. 671 ff.

[39] Zahlen (berechnet) nach dem Verwaltungsbericht 1950 (Anm. 1), S. 28.

[40] Zahlen (berechnet) nach den Berichten des LPA (Anm. 21).

[41] Faulstich, Hungersterben (Anm. 6), S. 546.

[42] Bericht LPA v. 20. 11. 1945 (Anm. 21). Der Bericht enthielt folgende aufschlussreiche Angaben zu den Einnahmen der Anstalt aus diesen externen Arbeitsleistungen: April 1945: 1262,– RM, Mai: 962,– RM, Juni: 668,– RM, Juli: 544,– RM, August: 524,– RM und September 1945: 487,50 RM. Die Zahlen spiegeln den Rückgang der Leiharbeit, verweisen aber auch noch einmal auf ihren Höhepunkt während des Krieges!

[43] Für Beispiele etwa aus Westfalen vgl. jetzt Franz-Werner Kersting/Hans-Walter Schmuhl (Hg.), Quellen zur Geschichte der Anstaltspsychiatrie in Westfalen. Bd. 2: 1914–1955 (= Forschungen zur Regionalgeschichte, Bd. 48), Paderborn u. a. 2004, S. 49 f.

[44] Im Bericht des LPA vom 15. 03. 1947 (Anm. 21) hieß es: „Die in dem Altbau der Anstalt befindlichen Räume sind neu hergerichtet und erscheinen zur Unterbringung alter Leute jetzt besonders geeignet. Mit Rücksicht darauf, dass die Anstalt zur Zeit stark unterbelegt ist, dürfte sich die Aufnahme alter Leute auch im Interesse der Wirtschaftlichkeit der Anstalt empfehlen." Und in dem Verwaltungsbericht für 1948/49 (Anm. 1), S. 47, wurde dann ein „Ausgleich" des spürbaren „Rückgangs in der Belegungsstärke" durch „Überführungen aus der Universitäts-Nervenklinik in Frankfurt a. M." vermerkt. Schließlich lag der Schwerpunkt unter hier (S. 48) erwähnten – allerdings von den Werten in Tabelle 1 abweichenden – 57 Todesfällen mit insgesamt 81% eindeutig in der Krankengruppe der über 60-jährigen Kranken, und unter diesen wiederum vor allem bei den 71–81-Jährigen! U. a. wäre also noch die Altersstruktur der Verlegten aus Frankfurt genauer zu überprüfen.

[45] Vgl. erneut Anm. 31.

[46] LWV-Archiv, Best. 12, Nr. K 486, o. Bl.-Nr., Witte an LHA Hadamar (24. 01. 1946). Herv. v. Verf.

⁴⁷ Vgl. ebd., Altvater an Gemeindeunfallversicherungsverband (29. 03. 1946).

⁴⁸ Vgl. Bericht LPA v. 23. 02. 1949 (Anm. 21).

⁴⁹ Vgl. auch LWV-Archiv, Best. 12 Nr. K 164, o. Bl.-Nr., Protokoll einer von Dir. Jaschke einberufenen Betriebsratssitzung (08. 03. 1956), auf der dieser über die Bauplanung für das Schwesternhaus informierte.

⁵⁰ Vgl. Stöffler, Krankenhäuser (Anm. 1), S. 97. Hingewiesen sei an dieser Stelle noch an die 1948 vorgenommene „Versetzung" jenes „Schuppens", der während der „T4"-Verlegungen als Garage für die berüchtigten Busse der „Gekrat" gedient hatte, von seinem ursprünglichen Platz am Altbau der Anstalt auf den Gutshof Schnepfenhausen. Diese Aktion wird auch in dem Verwaltungsbericht 1948/49 (Anm. 1), S. 47, erwähnt. 2006 ist der Schuppen nach einer „Rückversetzung" Teil der Gedenkstätte Hadamar geworden.

⁵¹ Hier folge ich den Angaben in den Berichten des LPA (Anm. 21). Die Verwaltungsberichte (Anm. 1) geben jeweils 3 bzw. (ab 1951) 4 Ärzte (inkl. Direktor) an, womit aber sehr wahrscheinlich *Plan*stellen gemeint sind.

⁵² Vgl. Verwaltungsbericht 1948/49 (Anm. 1), S. 48.

⁵³ Vgl. Bericht LPA v. 20. 11. 1949 (Anm. 21).

⁵⁴ LWV-Archiv, Best. 12, Nr. K 323, o. Bl.-Nr., Altvater an Kommunalverwaltung betr. LPA-Bericht (03. 01. 1946).

⁵⁵ Vgl. LWV-Archiv, Best. 12, Nr. K 417, o. Bl.-Nr., Brief Direktor LHA Hadamar (Wilhelm Köster) an Firma Zeiss Ikon A.G. Stuttgart (24. 08. 1950); Zeiss Ikon an LHA Hadamar (30. 08. 1950). Danach handelte sich um eine „Hahn-Goerz-Kinomaschine" (Baujahr circa 1928), die aber mittlerweile laut Zeiss als technisch völlig überholt galt, zumal sie „für die Vorführung von Tonfilmen nicht geeignet" war.

⁵⁶ Vgl. ebd., Nr. K 422, o. Bl.-Nr., LHA Hadamar an Postamt Hadamar (28. 05. 1934); Postamt an LHA (10. 06. 1943); LHA an Postamt (27. 07. 1945).

⁵⁷ Vgl. LWV-Archiv, Best. 12, Nr. K 422, o. Bl.-Nr., LWV/Abt. VI a an Hessischen Rundfunk/Abt. Verteilungsausschuss der Funklotterie (11. 01. 1955); LHA Hadamar (Direktor Jaschke) an Hessischen Rundfunk (09. 11. 1955).

⁵⁸ Vgl. Verwaltungsbericht 1952 (Anm. 1), S. 50.

⁵⁹ Vgl. Hermann Simon, Aktivere Krankenbehandlung in der Irrenanstalt, Berlin 1929 (Nachdruck: Gütersloh 1969 und Bonn 1986); Bernd Walter, Hermann Simon – Psychiatriereformer, Sozialdarwinist, Nationalsozialist, in: Der Nervenarzt, 73. Jg. (2002), S. 1047–1054.

⁶⁰ Vgl. die Verwaltungsberichte (Anm. 1), hier: 1948/49, S. 47; 1950, S. 27 f.; 1951, S. 40 ff.; 1952, S. 49 ff. Den Beginn der Veränderung in Blickrichtung und Praxis markiert recht genau folgende Bemerkung aus dem Verwaltungsbericht für 1950, S. 27: „Es sind rund 90 % der Anstaltsinsassen arbeitstherapeutisch beschäftigt. Die Arbeitstherapie der Anstalt ist somit weitgehend ausgebaut worden. In Zukunft wird es lediglich darauf ankommen, einige Patienten je nach Veranlagung noch mit individuellerer Arbeit (Zeichnen, Malen usw.) zu beschäftigen [sic!], sofern Möglichkeiten dafür gegeben sind."

⁶¹ Dafür bietet gerade Stöffler, Krankenhäuser (Anm. 1), viele (auch statistische) Anknüpfungspunkte.

Psychiatriereform und Enthospitalisierung in der Bundesrepublik – Ein Überblick

Manfred Bauer, Renate Engfer

Graham Thornicroft und Michele Tansella, Engländer der eine, Italiener der andere, haben in ihrem 1999 erschienenen Buch „The mental health matrix"[1] drei Phasen der Entwicklung psychiatrischer Versorgungssysteme unterschieden, die man ziemlich uniform in allen westlichen Industrieländern wiederfindet: Die erste Periode nennen sie „The rise of the asylum" (Der Aufstieg der psychiatrischen Heil- und Pflegeanstalten), die sich etwa zwischen 1880 und 1950 festmachen lässt. Die zweite Periode ist für sie die Zeit der Kritik an der Anstaltspsychiatrie und der Enthospitalisierung der psychisch Kranken („The decline of the asylum"), die sie auf etwa 1950–1980 terminieren. Als dritte Phase schließlich sehen sie die Zeit seit etwa 1980 an, in der eine neue Pluralität der Versorgungsinstitutionen sich florierend entfaltet, aber auch neu justiert, reformiert und ausbalanciert werden muss („Re-forming mental health services").

In Deutschland ist die erste Periode bis in die 20er Jahre des letzten Jahrhunderts die Blütezeit der Anstaltspsychiatrie gewesen, die mit dem aufkommenden Nationalsozialismus und der späteren Tötung der so genannten chronisch Geisteskranken im Rahmen der „Euthanasieaktion T4" ein abruptes Ende fand. Was nach dem Zweiten Weltkrieg als psychiatrische Anstalt noch existierte, war heruntergekommen, verwahrlost, trotz der Ermordung von über 200.000 Kranken überfüllt und personell ausgeblutet. Daran sollte sich bis zum Ende der 60er Jahre auch nicht viel ändern. Als einer der Autoren (M. B.) zum ersten Mal als junger Assistenzarzt im Jahr 1966 eine so genannte unruhige Männerstation in einer südhessischen Anstalt betrat, verschlug es ihm beinahe den Atem. Etwa 40 oder 50 Männer jeglichen Alters hingen mehr als sie saßen auf ihren Stühlen im Aufenthalts- und Essraum, manche lagen auch auf Bänken oder – mangels Sitz- und Liegemöglichkeiten – einfach auf dem Boden. Man hatte ihnen bei der Aufnahme die Kleider abgenommen und sie in einheitsgraue Hosen und Jacken aus festem Drillich, einem Stoff für die Ewigkeit, gesteckt. Die meisten von ihnen waren unförmig dick, kein Wunder, bei dem Bewegungsmangel in dem kleinen Raum wo sie zusammengepfercht ihr Leben fristeten. Nahezu alle rauchten unmäßig viele selbstgedrehte Zigaretten und jedes Mal, wenn das mittägliche Essen in großen Kübeln auf die Station kam und von den Pflegern portioniert wurde, kam es zu angespannten und nicht selten auch gewalttätigen Szenen unter den Patienten, weil jeder zuerst an den Essenstopf wollte. Gelegentlich konnten die Pfleger den Saal nur mit vorgehaltener Matratze betreten, vor allem dann, wenn sie körperliche Auseinandersetzungen zwischen den Patienten zu schlichten hatten.

Eine nahezu identische Situation beschreibt Heinz Häfner, der 1949 als Doktorand und Famulus in die Münchener Psychiatrische Universitätsklinik eingetreten war.[2] Es hatte sich in 20 Nachkriegsjahren demnach nichts geändert, weder in der „Versorgungspsychiatrie" noch an den Universitäten.

Die Missstände waren gleichmäßig über das Land verteilt. Der Abstand zwischen dem Lebensstandard der Bevölkerung und den Lebensumständen der Kranken hatte sich zunehmend vergrößert, was schließlich auch der Öffentlichkeit und der Politik nicht verborgen bleiben konnte. Stellvertretend für die „Öffentlichkeit" sei in diesem Zusammenhang das 1969 publizierte und in der Wochenzeitschrift „Die Zeit" vorab gedruckte Buch von Frank Fischer „Irrenhäuser – Kranke klagen an" erwähnt,[3] für die „Politik" steht der CDU-Abgeordnete Walter Picard, der 1965 in den Bundestag gewählt wurde und seit 1958 dem Hessischen Landtag angehörte. In dieser Funktion war er zugleich Mitglied der Verbandsversammlung des Landeswohlfahrtsverbandes, kannte also die Verhältnisse vor Ort, die es jetzt bundesweit zu verbessern galt.

Die Psychiatriereform in Westdeutschland steht nicht nur in einem zeitlichen sondern auch in einem inhaltlichen Zusammenhang mit der Protest- und Bürgerrechtsbewegung der späten 60er Jahre. Die „68er"-Studentenrevolte verbreitete ein kritisches Bewusstsein gegenüber dem Althergebrachten, stellte die Hierarchien und direktorale Macht in Frage, entwickelte Sympathien für Randgruppen und schuf alles in allem den gesellschaftlichen Resonanzboden, von dem auch die Psychiatrie profitieren sollte.[4]

Am 17. April 1970 war es so weit. Zum ersten Mal in der Geschichte der Bundesrepublik Deutschland beschäftigte sich der Deutsche Bundestag im Plenum mit der Lage der Psychiatrie im damaligen Westdeutschland und Walter Picard hielt seine viel beachtete Rede.[5] Er begründete, weswegen sich der Deutsche Bundestag mit den nicht mehr hinzunehmenden, im Enquête-Zwischenbericht 1973 als „menschenunwürdig" bezeichneten Verhältnissen, die einer Kulturnation Hohn sprächen, beschäftigen müsse, und zwar schnell und umfassend.[6] Dies war die Geburtsstunde der Psychiatrie-Enquête,[7] die zwischen August 1971 und Herbst 1975 von einer Sachverständigenkommission, die mit ihren Arbeitsgruppen und Expertenteams insgesamt 150 Personen umfasste, erarbeitet wurde. Rückblickend ist festzustellen, dass wohl keiner der zahlreichen vom Deutschen Bundestag in Auftrag gegebenen Enquêten ein so nachhaltiger Erfolg beschieden war, wie gerade der Psychiatrie-Enquête. Den vielfältigen Gründen hierfür soll an dieser Stelle nicht nachgegangen werden. Fest steht jedoch, dass die gesellschaftliche Großwetterlage für soziale Reformvorhaben jeglicher Art günstig war, und dass die Psychiatrie von diesem Umstand erheblich profitierte.

Sie hatte auch den größten Nachholbedarf. Ein Weiteres kam hinzu. Mit der bereits 1971 erfolgten Gründung der „Aktion Psychisch Kranke" (APK), einer Vereinigung reformbereiter Bundestagsabgeordneter aller Parteien und reformorientierter Psychiater, war es nicht nur gelungen, eine Verbindung zwischen Politik und Psychiatrie herzustellen, was einen regelmäßigen Informationsaustausch ermöglichte, sondern wichtiger noch, das Thema Psychiatriereform für lange Zeit auf der politischen Agenda zu halten. Die nachfolgende Liste der von der APK initiierten und betreuten Projekte spiegelt die wichtigsten Kapitel der Psychiatriereform auf Bundesebene wieder:

1. Sachverständigenkommission zur Erarbeitung eines Berichtes über die Lage der Psychiatrie in der Bundesrepublik Deutschland (Zwischenbericht 1973; Abschlussbericht Psychiatrie-Enquête 1975)
2. Beraterkommission zur Begleitung und Evaluierung des Modellprogramms Psychiatrie (1980 bis 1986)
3. Expertenkommission der Bundesregierung zur Reform der Versorgung im psychiatrischen und psychotherapeutischen/psychosomatischen Bereich (Empfehlungen der Expertenkommission 1988)
4. Bericht der Lage der Psychiatrie in der ehemaligen DDR; Bestandsaufnahme und Empfehlungen (1991)
5. Projektgruppe Qualitätssicherung der stationären Psychiatrie (Bericht und Leitfaden zur Qualitätssicherung in Psychiatrischen Kliniken 1996)
6. Kommission Personalbemessung im komplementären Bereich (1997)
7. Implementationsprojekt (2000)

Darüber hinaus hat die Aktion Psychisch Kranke maßgeblichen Anteil an der Erstellung und Einführung der Personalverordnung Psychiatrie (PsychPV) im Jahre 1990, die die Personalausstattung psychiatrischer Kliniken innerhalb von fünf Jahren erheblich verbesserte und erstmals auf das Niveau der körpermedizinischen Fächer anhob. Auch die im Januar 2000 in Kraft getretene Gesetzesänderung zur Einrichtung von so genannten Institutsambulanzen an psychiatrischen Abteilungen an Allgemeinkrankenhäusern (Paragraf 118, Abs. 2 SGB V) wäre ohne eine kontinuierliche Politikberatung durch die APK sicherlich nicht zustande gekommen.

Strukturreformen im Gesundheitswesen durchzuführen ist nicht nur eine Angelegenheit des Bundes, ihre Umsetzung und Ausgestaltung ist im Wesentlichen Ländersache. Dies gilt in ganz besonderem Maße für die Psychiatrie. Zwar gab der Schlussbericht der Enquête-Kommission im Jahre 1975 den entscheidenden Anstoß zu einer tiefgreifenden Wende in Struktur und Funktion des psychiatrischen Versorgungssystems, die Entwicklungsschritte im Einzelnen erfolgten jedoch auf Länderebene und nicht zuletzt im kommunalen Raum.

B. 31. 145

Deutscher Bundestag
7. Wahlperiode

Drucksache 7/**4200**

Unterrichtung
durch die Bundesregierung

Bericht über die Lage der Psychiatrie in der Bundesrepublik Deutschland
– Zur psychiatrischen und psychotherapeutisch/psychosomatischen
Versorgung der Bevölkerung –

Bericht über die Lage der Psychiatrie, so genannte Psychiatrieenquete, Titelseite der Broschüre 1975 (LWV-Archiv, Bibliothek)

Die in der Psychiatrie-Enquête formulierten Leitempfehlungen waren klar, einfach und für Jedermann nachvollziehbar. Sie lauten wie folgt:

- Auf- und Ausbau eines bedarfsgerechten, gemeindenahen Versorgungssystems mit ambulanten und komplementären Diensten
- Koordination und Zusammenarbeit innerhalb der Versorgungssysteme mit ambulanten und komplementären Diensten
- Koordination und Zusammenarbeit innerhalb der Versorgungssysteme und Standardversorgungsgebiete
- Aus- und Aufbau ambulanter Dienste sowie psychiatrischer Abteilungen an Allgemeinkrankenhäusern („wo immer möglich")
- Förderung der Aus- und Weiterbildung
- Vorrangige Verbesserung der Versorgung psychisch kranker Kinder und Jugendlicher sowie Alkohol- und Suchtkranker
- Gleichstellung körperlich und seelisch Kranker in rechtlicher, finanzieller und sozialer Hinsicht

Nimmt man die Enquête-Empfehlungen beim Wort, so sollte damit die über 150-jährige gesellschaftliche Ausgrenzung psychisch Kranker rückgängig gemacht und ihre rechtliche und soziale Gleichstellung mit körperlich Kranken vorangetrieben werden. Damit orientierte sich die Bundesrepublik zwar verbal an der Deinstitutionalisierungs- und Dezentralisierungspolitik der international fortschrittlichen Länder, faktisch suchte (und fand) sie jedoch den Kompromiss zwischen der so genannten Anstaltsfraktion, den Direktoren der damaligen Großkrankenhäuser und ihrer Trägerverbände, die verständlicherweise vehement die bauliche Sanierung ihrer Häuser forderten, und denjenigen, die die stationäre Psychiatrie an den Allgemeinkrankenhäusern das heißt gemeindenah besser aufgehoben sahen. Im Grunde stehen sich diese beiden „Lager" (Anstalt versus Abteilung) heute noch immer, wenn auch inzwischen etwas versöhnlicher, gegenüber.

Psychisch Kranke sollten mit körperlich Kranken gleichgestellt werden. Demnach hätte die stationäre Versorgung in Form psychiatrischer Fachabteilungen an Allgemeinkrankenhäusern reorganisiert werden müssen, die psychiatrischen Anstalten (Sonderkrankenhäuser für Psychiatrie) hätten Zug um Zug ihre Funktion verloren und wären der Schließung anheim gefallen, wie dies beispielsweise in Schweden und zum Teil auch in Großbritannien, Italien und den USA der Fall war. Stattdessen flossen die durch die Reformbewegung für die Modernisierung der Psychiatrie mobilisierten Finanzmittel (zunächst) zu einem großen Teil in die traditionellen Anstalten. Damit konnten die Zustände dort zwar nachhaltig verbessert werden, gleichzeitig aber wurde die Fortexistenz dieser Häuser zementiert. Deswegen hat bis heute die Deinstitutionalisierung zwar zur Verkleinerung, nicht aber zur Schließung der alten Einrichtungen geführt. Folglich begann sich ein duales System stationärer Versorgung zu entwickeln, von dem sich aus heutiger Sicht absehen lässt, dass es zumindest weitere zwei Generationen überdauern wird.

Hinzu kommt, dass die durch die Verkleinerung der psychiatrischen Anstalten frei gewordenen Betten zu einem guten Teil zu Wohnheimplätzen für chronisch psychisch Kranke auf dem Anstaltsgelände umgewidmet wurden, so dass zumindest optisch der Eindruck entsteht, es hätte sich dort nicht viel geändert. Nicht ganz zu unrecht darf deshalb nicht nur von Enthospitalisierung, sondern muss im gleichen Atemzug auch von Transhospitalisierung gesprochen werden. Diese Entwicklung ist regional allerdings sehr unterschiedlich verlaufen, was hier lediglich für das Land Hessen etwas ausführlicher dargestellt werden soll.

Im Jahre 1993 beschloss die Verbandsversammlung des Landeswohlfahrtsverbandes Hessen (LWV), dass alle in seinen Einrichtungen befindlichen, aber nicht mehr Krankenhaus-behandlungsbedürftigen Personen „enthospitalisiert" werden sollten. In insgesamt sieben Psychiatrischen Krankenhäusern des LWV wurde ein Enthospitalisierungsbeauftragter benannt, der für den Ablauf dieses Prozesses verantwortlich

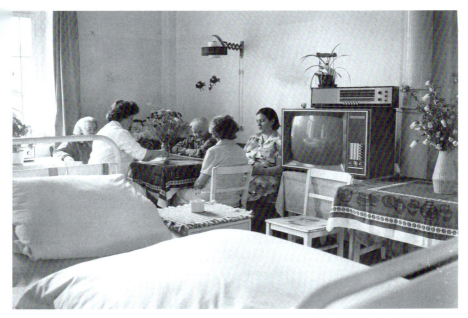

Frauenstation im Psychiatrischen Krankenhaus Hadamar, vor 1980 (Pressestelle des LWV Hessen)

war. Die Auswahl der zur Enthospitalisierung anstehenden Patienten erfolgte nach rein „klinischen" Gesichtspunkten, wobei die allgemeine Einschätzung des Personals leitend war, ob der oder die Betreffende „draußen", wenn auch mit Hilfen, zurechtkommen würde.

Als dieser Beschluss gefasst wurde, war in Hessen die Enthospitalisierung von über 6.000 Patienten nahezu abgeschlossen, gleichwohl befanden sich auch 1993 noch einige hundert chronisch Kranke, überwiegend Schizophrene, seit mehr als zwei Jahren in stationärer Behandlung. Aus welchen Gründen bei ihnen eine Entlassung nicht geglückt war, galt es zu klären. Darüber hinaus war von Interesse, ob es den Betreffenden (objektiv) „draußen" besser ging als zuvor „drinnen" und ob sie mit ihrem jetzigen Leben (subjektiv) zufriedener waren.

Viele angloamerikanische Studien hatten gezeigt,[8] dass die allermeisten Patienten mit schweren psychischen Erkrankungen, auch solche, die zum Teil mehrere Jahrzehnte in psychiatrischen Kliniken verbracht hatten, in die Gemeinde entlassen werden konnten und dass ihr Gesundheitszustand darunter nicht litt. Sofern Aspekte der Lebensqualität mit untersucht wurden, waren die gefundenen Veränderungen fast ausnahmslos positiv. Auch die zu diesem Zeitpunkt vorliegenden deutschen Untersuchungen zum Thema (Bremen, Bedburg-Hau, Bielefeld, Gütersloh, Berlin) wiesen in die gleiche Richtung. Warum also konnte die „vollständige Enthospitalisierung", wie vom LWV gefordert, nicht erreicht werden?

Die Arbeitsgruppe um Franz von der Universität Gießen ging dieser Frage zwischen 1994–1997 anhand einer Stichprobe von 266 schizophrenen Patienten, dem so genannten „harten Kern" der Gesamtpopulation von mehreren hundert Kranken nach.[9] Von den 266 Patienten konnten im genannten Zeitraum lediglich 60 Personen aus langjährig stationärer Behandlung entlassen werden, während die Restgruppe von 206 Personen weiterhin im Krankenhaus verblieb. Eine schlüssige Begründung dafür, dass in Hessen die Enthospitalisierung nicht mehr stationär behandlungsbedürftiger chronisch psychisch Kranker nur rudimentär gelungen ist, bleiben die Autoren allerdings schuldig.

Sicher ist, dass nicht primär die Ausprägung der individuellen Psychopathologie entscheidend ist, auch körperliche Erkrankungen oder Verhaltensauffälligkeiten stellen kein Kriterium für den Erfolg einer Entlassung dar. Wichtiger als das aktuelle Zustandsbild der Patienten scheinen die vom betreuenden Personal ihnen zugeschriebenen Fähigkeiten, ein vergleichsweise selbstständiges Leben in der Gemeinde zu führen. Insbesondere in der Bremer Studie,[10] der die in den 90iger Jahren gemachten Erfahrungen mit der Auflösung der Klinik Kloster Blankenburg zugrunde liegen, verweisen die Autoren auf „harte Schalen personeller und institutioneller Verkrustungen", deren Auflösung oder Veränderung schwieriger als die Eingliederung der Langzeitpatienten selbst sei.

Selbstverständlich muss der Ausbau gemeindepsychiatrischer Strukturen zwingend mit der Enthospitalisierung chronischer Patienten einhergehen, wenn das Unterfangen Erfolg haben soll. Dies bedeutet, dass das Bett in der Gemeinde gemacht sein muss, bevor die tatsächliche Entlassung aus der Klinik erfolgen kann. Erst dann hat die Psychiatriereform ihre Adressaten erreicht.

Ist die Psychiatriereform auf halbem Wege stecken geblieben, wie unlängst das Deutsche Ärzteblatt titelte?[11] Das würde den tatsächlich in den letzten 30 Jahren erreichten Veränderungen nicht gerecht. Festzustellen ist jedoch, dass die deutsche Psychiatriereform, sieht man sie im internationalen Vergleich, einen gemäßigteren, zeitlich auch verzögerten Verlauf genommen hat als in den europäischen Nachbarländern.[12] Das anhand vor allem der englischen und italienischen Entwicklung aufgestellte Stufenmodell von Thornicroft und Tansella, das für die Zeitperiode 1950 bis 1980 „The decline of the asylum", den Niedergang der Anstaltspsychiatrie vorsieht, hat sich in Deutschland nicht verwirklichen lassen. Als einziges Bundesland hat lediglich das Saarland die landeseigene Anstalt Merzig im Jahre 2000 geschlossen und die Betten auf insgesamt sechs psychiatrische Abteilungen an Allgemeinkrankenhäusern in unterschiedlicher Trägerschaft verteilt.[13] Die „chronischen" Patienten waren schon in den Jahren zuvor in unterschiedliche Heime „enthospitalisiert" worden.

Die Etablierung psychiatrischer Abteilungen an Allgemeinkrankenhäusern mit regionaler Versorgungsverpflichtung ist nach wie vor der Königsweg zur Auflösung psychiatrischer Anstalten. Aber nicht nur das. Die Psychiatrie wird hierdurch zu einem selbstverständlichen Teil der allgemeinen Medizin und über wechselseitige Konsiliardienste eng mit dieser verknüpft. Darüber hinaus hat sich gezeigt, dass überall dort, wo derartige Einrichtungen neu geschaffen wurden, beziehungsweise schon vor der Reformperiode vorhanden waren, gemeindepsychiatrische Verbünde besonders rasch und besonders gut entwickelt werden konnten und die „psychiatrischen Betten" hier an den Rand des Geschehens rückten.[14] Schließlich kann durch keine andere Maßnahme der Stigmatisierung psychisch Kranker besser entgegen gewirkt werden, als wenn jedermann öffentlich wahrnimmt, dass alle Patienten eines Krankenhauses den selben Ein- und Ausgang benutzen, gleichgültig an welcher Erkrankung sie leiden.

Fragt man nach Indikatoren der Veränderung der psychiatrischen Versorgungssituation nach der Enquête und beginnt mit dem stationären Bereich, so zeigt sich, dass die Gesamtheit psychiatrischer Betten seit Anfang der 70er Jahre von damals 1,8 Betten pro 1.000 Einwohner auf derzeit 0,6 pro 1.000 drastisch zurückgegangen ist. Gleichzeitig ist die Bettenauslastung von über 100 Prozent auf im Mittel 87 Prozent zurückgegangen und die mittlere Aufenthaltsdauer von früher 210 Tagen auf jetzt etwa 27 Tage abgesunken.[15] Die Psychiatrie hat damit ihren Beitrag zu einem der prioritären Ziele deutscher Gesundheitspolitik bereits geleistet. Ein weiteres Absenken der Bettenmessziffer wäre allenfalls dann erreichbar, wenn es gelänge, integrierte Versorgungsmodelle zu etablieren, in die alle regionalen Anbieter stationär, teilstationär, komplementär und ambulant versorgungsverpflichtend einbezogen wären. Hiervon ist Deutschland mit seinem komplizierten Finanzierungssystem psychiatrischer Dienste und Einrichtungen allerdings meilenweit entfernt,[16] weil die Interessenlagen der Akteure allzu divergierend sind. Hinzu kommt, dass „psychiatrische Betten" dem jeweiligen Träger das meiste Geld bringen.

Die genannte Bettenreduktion ist auf Kosten der psychiatrischen Anstalten gegangen. Sie ist, genauer gesagt, sowohl auf den Rückgang langzeithospitalisierter Patienten als auch auf den Ausbau psychiatrischer Abteilungen an Allgemeinkrankenhäusern zurückzuführen. Letztere haben sich in den vergangenen 30 Jahren von etwa 20 auf jetzt über 200 verzehnfacht, verfügen im Mittel über 80 Betten, eine Tagesklinik mit 20 Plätzen[17] sowie eine Institutsambulanz und sind in einem eigenen „Arbeitskreis der Chefärzte und Chefärztinnen psychiatrischer Abteilungen an Allgemeinkrankenhäusern" (siehe: www.ackpa.de) zusammen geschlossen. Psychiatriepolitisch vertritt der Arbeitskreis die Auffassung, dass dieses Versorgungsmodell – in dem derzeit schon die Hälfte aller stationär therapiebedürftigen Patienten behandelt werden – weiterhin ausgebaut werden sollte, auch wenn psychiatrische Anstalten deswegen geschlossen werden müssten. Die umgekehrte Position findet man bei der Mehrzahl der Anstaltspsychiater und den Landschafts- und Landeswohlfahrtsverbänden als den Trägern psychiatrischer Fachkliniken, die sich in den zurückliegenden Jahren zum Teil erheblich verkleinert, über die Personalverordnung Psychiatrie (PsychPV) personell besser ausgestattet und baulich saniert haben. Wie bereits ausgeführt bedeutet dies Fortschritt und Festschreibung überholter Strukturen zugleich, ist alles in allem jedoch auf der Positivseite der bundesdeutschen Psychiatriereform zu verbuchen. Nicht zuletzt auch deswegen, weil der Mentalitätswandel von einer hilflosen, vernachlässigten und schließlich der Barbarei verfallenen Verwahrpsychiatrie zu einer offenen, hilfsbereiten und auf persönlichen Beziehungen basierenden Psychiatrie alle institutionellen Teilbereiche durchdrungen hat, selbstverständlich auch die psychiatrischen Fachkrankenhäuser.

Der Ausbau der ambulanten Versorgung hat sich in der Periode der Dehospitalisierung expansiv entwickelt, sowohl was die Anzahl der niedergelassenen Psychiater (circa 5.000) der ärztlichen und nicht ärztlichen Psychotherapeuten (je 10.000) und der Institutsambulanzen an den Krankenhäusern (circa 400) betrifft. Zur Zeit der Enquête kam in der Bundesrepublik ein Psychiater auf circa 70.000 Einwohner, empfohlen wurden von der Enquête 1:50.000, inzwischen beträgt die Relation 1:17.000. Hinzu

Patienten in der Werkhalle, 1990er Jahre (Aufnahme Franz Raab, Pressestelle des LWV Hessen)

kommen die damals nicht existenten sozialpsychiatrischen Dienste an Gesundheitsämtern, die heute bundesweit flächendeckend etabliert sind, so dass es nach einer Zusammenstellung von Becker und Vazquez-Barquero aus dem Jahre 2000 kein europäisches Land gibt, das auch nur näherungsweise derartige Zahlen aufweisen kann.[18]

Inzwischen gibt es auch in fast jeder Versorgungsregion ein gut ausgebautes Netz von komplementären Diensten auf den Achsen Wohnen, Arbeiten und Teilhabe am gesellschaftlichen Leben sowie regionale Hilfs- und Trägervereine, die sich vor Ort vor allem um chronisch Kranke kümmern. Angehörige und die Betroffenen selbst haben sich im Zuge des Reformprozesses zunehmend zu Wort gemeldet und nehmen auf regionaler und überregionaler Ebene Einfluss auf die inhaltliche Gestaltung von Therapieprogrammen. Dies alles hat sich seit der Enquête entscheidend zum Besseren hin gewandelt, lokal sicher unterschiedlich, unter dem Strich auf jeden Fall ein Positivum. Dies gilt auch für die Bundesländer auf dem Gebiet der ehemaligen DDR.

Was also steht der Bewertung der Psychiatriereform als rundum gelungen noch entgegen? Im Modell von Thornicroft und Tansella definieren diese Autoren die Phase 3 der Reform als eine Periode, in der sich eine neue Pluralität der Versorgungsinstitutionen entfaltet, diese aber auch neu justiert, reformiert und ausbalanciert werden muss. Sie sprechen deshalb auch von „Balancing community – based mental health care". Will man jedoch die Vielfalt der gemeindepsychiatrischen Einrichtungen und Dienste neu gewichten und noch enger miteinander verzahnen, so bedarf es eines funktionierenden Steuerungsmechanismus, da alles mit allem koordiniert und abgestimmt werden muss. Genau hieran aber krankt unser Versorgungssystem, indem sich erst einmal jeder selbst der Nächste ist und auf die Interessen eines anderen Mitspielers nur dann Rücksicht nimmt, wenn er auch davon profitieren kann. Dies verleitet dazu, am ehesten Patienten mit niedrigen Gesundheitsrisiken in Behandlung und Betreuung zu nehmen, da man auf diese Weise auf der – finanziell – sicheren Seite ist. Die schwerer Kranken, die Chronischen zumal, kommen da leicht unter die Räder.

Dann, wenn der Patient zum Kunden und seine Krankheit zur Ware wird, wenn die Administration vorwiegend daran interessiert ist, dass die Kasse stimmt und die Behandlungsinhalte sekundär werden, ist Gefahr in Verzuge, gegen die es sich zu wehren gilt. Heinz Häfner, einer der psychiatrischen Pioniere der Psychiatriereform schloss seinen Vortrag, den er anlässlich der Jubiläumsveranstaltung „25 Jahre Psychiatrie-Enquête" im Jahre 2000 in Bonn hielt, mit den mahnenden Worten, vor allem an die Jüngeren unter uns: „Das Erreichte und mit ihm der Geist der Humanität und Partnerschaft in Behandlung und Versorgung bleiben jedoch in Gefahr, bei knappen Ressourcen und bei einem Wandel des Zeitgeistes zu einer härteren, egoistischeren Mentalität wieder in Frage gestellt zu werden. Dagegen werden wir auch in Zukunft einzutreten haben".[19]

Dem ist nichts hinzuzufügen.

[1] G. Thronicroft/M. Tansella, The mental health matrix. A manual to improve services, Cambridge 1999.

[2] Heinz Häfner, Die Psychiatrie-Enquete – historische Aspekte und Perspektiven, in: Aktion psychisch Kranke (Hg.), 25 Jahre Psychiatrie-Enquete, Bd. 1, Bonn 2001, S. 72–102.

[3] Frank Fischer, Irrenhäuser. Kranke klagen an. München 1969.

[4] Franz Kersting, Psychiatriereform und '68, in: Westfälische Forschungen, 48 (1998), S. 283–295.

[5] Walter Picard, Deutscher Bundestag, 6. Wahlperiode, 44. Sitzung, Drucksache VI/474 (17. 04. 1970).

[6] Enquete über die Lage der Psychiatrie in der Bundesrepublik Deutschland, hier: Zwischenbericht der Sachverständigenkommission. Deutscher Bundestag. Drucksache 7/1124 (1973).

[7] Bericht über die Lage der Psychiatrie in der Bundesrepublik Deutschland (Psychiatrie-Enquete) – Zur psychiatrischen und psychotherapeutisch-psychosomatischen Versorgung der Bevölkerung. Deutscher Bundestag. Drucksache 7/4200 und 7/4201, Bonn 1975.

[8] S. Priebe, Haben Enthospitalisierungsstudien ihren Zweck erfüllt? Psychiatrische Praxis 28 (2001), S. 207 f.

[9] M. Franz/Th. Meyer u. a., Schizophrene Patienten, die trotz Dekaden der Enthospitalisierung in den psychiatrischen Krankenhäusern verblieben sind. Teil 1 der Hessischen Enthospitalisierungsstudie, in: Psychiatrische Praxis 29 (2002), S. 245–250; Th. Meyer/M. Franz u. a., Subgruppen und Prognose besonders schwer zu enthospitalisierender schizophrener Langzeitpatienten: Eine Differenzierung des „harten Kerns". Teil 2 der Hessischen Enthospitalisierungsstudie, in: Psychiatrische Praxis 29 (2002), S. 301–305; M. Franz/Th. Meyer u. a., Subjektive Lebensqualität schwer chronifizierter schizophrener Langzeitpatienten, in: Psychiatrische Praxis 29 (2002), S. 306–310; M. Franz/Th. Meyer u. a., Schwer chronisch kranke schizophrene Langzeitpatienten. Welche Merkmale beeinflussen den Prozess der Enthospitalisierung? Teil 4 der Hessischen Enthospitalisierungsstudie, in: Krankenhauspsychiatrie, Sonderheft 2 (2001), S. 95–100.

[10] P. Kruckenberg/AS Fabian u. a., Modellprojekt Integration von Patienten einer psychiatrischen Langzeitklinik in dezentrale gemeindenahe Versorgungseinrichtungen – Endbericht des Evaluationsprojektes zur Entwicklung der psychiatrischen Versorgungsstruktur in Bremen im Zuge der Auflösung der Klinik Kloster Blankenburg. Bd. 47 der Schriftenreihe des BMG, Baden-Baden 1995.

[11] Psychiatriereform – auf halbem Wege stecken geblieben? Deutsches Ärzteblatt, (2001) Nr. 6.

[12] M. Bauer/H. Kunze u. a., Psychiatric reform in Germany, Acta Psychiatrica Scandinavica 104 (2001), Suppl 410, S. 27–34; Manfred Bauer/Renate Engfer, Versorgungseinrichtungen für psychisch kranke erwachsene Menschen, in: K. Hurrelmann/U. Laaser/O. Razum (Hg.), Handbuch Gesundheitswissenschaften, Weinheim/München 2006.

[13] W. Werner (Hg.), Auflösung ist machbar – vom Großkrankenhaus zur Dezentralisierung, Bonn 1998.

[14] Manfred Bauer/H. Berger, Kommunale Psychiatrie auf dem Prüfstand. Forum der Psychiatrie Band 30, Stuttgart 1988.

[15] M. Berger/J. Fritze u. a., Die Versorgung psychischer Erkrankungen in Deutschland. Aktuelle Stellungnahme der DGPPN 2000–2004, Heidelberg 2005.

[16] Ch. Roick/A. Deister u. a., Das regionale Psychiatriebudget: Ein neuer Ansatz zur effizienten Verknüpfung stationärer und ambulanter Versorgungsleistungen, in: Psychiatrische Praxis 32 (2005), S. 177–184.

[17] Renate Engfer, Die psychiatrische Tagesklinik. Kontinuität und Wandel, Bonn 2004.

[18] T. Becker/J. Vazquez-Barquero, The European perspective of psychiatric reform, in: Acta Psychiatrica Scandinavica, 104 (2001) (Suppl. 410), S. 8–14.

[19] Häfner, Die Psychiatrie-Enquete (Anm. 2), S. 72 f.

Von der Heil- und Pflegeanstalt Hadamar zum Zentrum für Soziale Psychiatrie – Entwicklung des Zentrums für Soziale Psychiatrie Hadamar in Trägerschaft des Landeswohlfahrtsverbandes Hessen seit 1953

Jutta Schmelting, Astrid Briehle

Die heutige Struktur und Aufgabenstellung des Zentrums für Soziale Psychiatrie Hadamar ist geprägt durch die Trägerschaft des Landeswohlfahrtsverbandes Hessen (LWV), der seit 1953 das Haus führt. Die Entwicklung der Einrichtung ist daher eng an die Entwicklung und Zielsetzungen des LWV geknüpft.

1953 wird der Landeswohlfahrtsverband Hessen auf der Grundlage des hessischen Mittelstufengesetzes gebildet. Er erhält vom Land Hessen einen Teil der Aufgaben der ehemaligen Bezirkskommunalverbände Wiesbaden und Kassel, die gleichzeitig aufgelöst werden. Die Heil- und Pflegeanstalt Hadamar ist eine von insgesamt zehn psychiatrischen Einrichtungen, deren Trägerschaft der LWV Hessen übernimmt. Zum Zeitpunkt der Übernahme befinden sich ca. 380 Patienten im Krankenhaus. Davon sind zwei Drittel Männer und ein Drittel Frauen. Der bauliche Zustand der Heil- und Pflegeanstalt Hadamar war nach dem Zweiten Weltkrieg wie in allen hessischen Landesheilanstalten sehr schlecht. Der Landeswohlfahrtsverband beginnt mit der staatlich geförderten Instandsetzung und Modernisierung der Krankenstationen und der Wirtschaftsgebäude. In den Jahren 1953 bis 1957 werden hierfür erhebliche Mittel bereitgestellt. Neben der Sanierung von Stationen werden Heizungsanlagen erneuert und Medizintechnik, wie Röntgenanlage und Labor neu geschaffen. Medizinische Ausrichtung ist das Ziel, die Namensänderung in Psychiatrisches Krankenhaus Hadamar 1957 konsequent.

In Hadamar werden 1957 419 Betten vorgehalten. Außerdem gibt es ein Altersheim mit einer psychiatrischen Abteilung. Die Belegung mit suchtkranken Rechtsbrechern, die nach §42c Strafgesetzbuch (heute § 64 StGB) eingewiesen sind, spielt 1955 noch eine untergeordnete Rolle: Acht Personen weist die Statistik aus. Ihre Zahl wird auch in den nächsten 15 Jahren nur geringfügig auf zwölf bis 15 Patienten steigen. Es handelt sich ausschließlich um alkoholabhängige Männer, das Problem des Konsums illegaler Drogen gibt es zu dieser Zeit im Krankenhaus noch nicht. Der Pflegesatz richtet

Bau von Haus „D", Foto 1973 (LWV-Archiv, Fotosammlung)

sich nach den Selbstkosten und liegt mit 6,50 DM pro Patient und Tag im Jahre 1954 am unteren Ende der Psychiatrischen Einrichtungen des LWV.

Der baulichen Verbesserung folgen Aktivitäten zum inhaltlichen Strukturwandel. Zielvorstellung war „die Heil- und Pflegeanstalten alter Prägung in eine moderne Fachklinik umzuwandeln". Am 6. Juni 1964 leitet der damalige Landesdirektor Leimbach mit einer Grundsatzrede vor der Verbandsversammlung des LWV eine grundlegende Strukturuntersuchung der Psychiatrischen Krankenhäuser ein, die 1969 zu dem Grundsatzbeschluss führte, die Lage der geistig und seelisch behinderten und suchtkranken Menschen in Hessen zu verbessern. Darin wurde zur Reform der Psychiatrie in Hessen erklärt, einer möglichst großen Anzahl von Patienten durch eine individuelle therapeutische und sozialpsychiatrische Behandlung die Rückkehr in Gesellschaft und Beruf zu ermöglichen. Eingeleitet wird eine inhaltliche Neugliederung der Psychiatrischen Krankenhäuser nach Diagnose und Behandlungsbedarf. Zur gemeindenahen Versorgung von Kranken werden Aufnahmebezirke zugeordnet. Innerhalb und außerhalb der Krankenhäuser werden sozialpsychiatrische Dienste aufgebaut. Der Landeswohlfahrtsverband Hessen bekennt sich somit bereits 1969 zu Maßstäben, die später, 1975, durch die Empfehlungen der Psychiatrieenquete bestätigt und weiterentwickelt werden.

Haus 2 im heutigen ZSP Hadamar, Foto 2006 (Aufnahme Frank Mihm)

Die Umsetzungen der Modernisierungsziele in den Psychiatrischen Kliniken werden unterstützt durch die Verabschiedung des Krankenhausfinanzierungsgesetzes 1972 und des Hessischen Krankenhausgesetzes 1973. Beide Gesetze schaffen die Anerkennungs- und Finanzierungsgrundlagen für den laufenden Krankenhausbetrieb und die erforderlichen baulichen Investitionen. Das Psychiatrische Krankenhaus Hadamar wird – wie die übrigen Krankenhäuser des LWV Hessen – in den Bettenbedarfsplan des Landes Hessen aufgenommen und erhält den Sicherstellungsauftrag für psychisch Kranke und Suchtkranke.

Damit beginnt eine zweite Ausbauwelle, die noch heute die Ansicht und die Struktur des Krankenhauses Hadamar prägen. Zwei selbstständige Kliniken sollen für die Zukunft entstehen, ein Psychiatrisches Krankenhaus mit 252 Betten für die psychiatrische Grundversorgung des ehemaligen Landkreises Limburg und eine Suchtkrankenklinik mit 210 Betten mit einem überregionalen Aufnahmebereich für Südhessen bis zum ehemaligen Landkreis Biedenkopf. Neue Stationsgebäude, moderne medizinisch-technische Einrichtungen, ein Therapiegebäude und ein neues Wirtschaftsgebäude entstehen. Das ehemalige Klostergebäude wird zum Sozialzentrum umgebaut. Fast 40 Millionen DM werden zu diesem Zweck, vornehmlich aus Landesmitteln, zur Verfügung gestellt. 1974 gehen die neuen Einheiten in Betrieb. Der LWV sorgt mit seinen 1974 beschlossenen „Grundsätzen zur inneren Neugliederung" für neue Strukturen in seinen Krankenhäusern, mit überschaubaren medizinisch selbstständig geleiteten Einheiten. Dem Krankenhaus ist eine Krankenpflegeschule angegliedert zur Ausbildung von Pflegepersonal.

Der Reformprozess wird durch die 1975 veröffentlichte Psychiatrieenquete bestätigt und fortgeführt. Die folgenden Jahre stehen ganz im Zeichen der Umsetzung von Vorgaben dieser Untersuchung. Der Ausbau der Gemeindepsychiatrie wird konsequent vorangetrieben; differenzierte Angebote für psychisch kranke und behinderte Menschen werden geschaffen. Die psychiatrischen Aufnahmebezirke werden verkleinert, Behandlungsketten in Form von ambulanten, teilstationären und Rehabilitations-Angeboten aufgebaut. Stationäre Behandlung versteht sich nur noch als ein Baustein dieses Versorgungsnetzes. In allen Psychiatrischen Kliniken des LWV – so auch in Hadamar – werden Institutsambulanzen und Tageskliniken eröffnet. Die Ambulanz in Hadamar geht 1986 in Betrieb, und Fachpersonal hält Sprechstunden auch außerhalb des Klinikstandortes in Limburg ab. Zunächst eingerichtete integrierte Tagesklinikplätze in Hadamar werden durch eine Tagesklinik in Limburg im Jahr 2004 ergänzt. Eine Rehabilitationseinrichtung für Suchtkranke wird von den Rehabilitations-Trägern anerkannt, für chronisch mehrfachgeschädigte Suchtkranke (Korsakow-Patienten) wird ein spezielles Behandlungsprogramm entwickelt. Bis in die 90er Jahre beteiligt sich das Psychiatrische Krankenhaus Hadamar an der Versorgung psychisch Kranker aus Frankfurt/M. bis dort regionale Versorgungsstrukturen aufgebaut sind.

Die bereits vom Grundsatz 1969 angelegten differenzierten Behandlungs- und Betreuungsformen für psychisch Kranke und für Menschen mit Behinderungen werden weiter verfolgt: 1989 werden über 750 Menschen mit geistiger Behinderung aus den Psychiatrischen Krankenhäusern ausgegliedert und erhalten eine neue Wohn- und Lebensform; 1992 folgt die Ausgliederung von Menschen mit seelischer Behinderung. Der LWV Hessen vollzieht damit die Abkehr von der Jahrzehnte alten falschen Annahme, die behinderten Menschen seien krank. Auf dem Klinikgelände Hadamar wird infolgedessen 1997 ein Wohn- und Pflegeheim für Menschen mit seelischer Behinderung mit 34 Plätzen eingerichtet. Eine Station und das ehemalige Schwesternhaus werden für insgesamt mehr als eine Million DM für diesen Zweck umgebaut.

Die Grundsatzbeschlüsse zur Psychiatriereform des LWV Hessen sehen 1969 Hadamar als Standort für eine Maßregelvollzugsklinik für suchtkranke Rechtsbrecher vor. In den 1970er Jahren steigt die Patientenzahl deutlich an. 1978 sind 43 Maßregelvollzugspatienten in Hadamar untergebracht. Hierbei handelt es sich hauptsächlich um Drogenabhängige mit langjähriger Kriminalitätskarriere und aggressivem Verhalten, das mit Klinikstrukturen nicht beherrschbar ist. Deshalb müssen die Sicherheitsvorkehrungen zu Beginn der 1980er Jahre stufenweise ausgebaut und die Zahl der Maßregelvollzugsbetten erweitert werden.

Derzeit erarbeitet das Controlling zusammen mit der Finanzabteilung den Wirtschaftsplan für das Zentrum. Ziel ist es, die Leistungsbereiche in die Budgetplanung immer mehr einzubeziehen. Hierzu zählen wir vor allem die Koordination der Pläne und die Informationsversorgung der mit der Planung vertrauten Stellen.

Selbstverständlich eröffnen finanzielle Fragestellungen immer Reibungspotentiale, da sie die Handlungsspielräume von Akteuren mitunter entscheidend beeinflussen können. Hinzu kommt der Umstand, dass auf der einen Seite Medizinern das betriebswirtschaftliche und auf der anderen Seite Kaufleuten das medizinische Verständnis fehlt. Dies kann zu Missverständnissen und Akzeptanzproblemen führen. Dieser Gefahr ist hauptsächlich durch eine rege Kommunikation zu begegnen. Ein steter Austausch von unterschiedlichen Ansichten ist daher geboten. Ein wichtiges Instrument stellt deshalb in unserem Haus das monatlich stattfindende Budgetkosten-Überwachungsgespräch dar. An diesem festen Gespräch nehmen grundsätzlich die Betriebszweigleitungen, die abteilungsleitenden Ärzte sowie der Betriebsleiter, der Leiter der Finanzabteilung und der Leiter der Personalabteilung und grundsätzlich der Controller teil.

Die Leistungserbringer im Gesundheitswesen sind dazu verpflichtet worden, bis zu einem Prozent ihrer Kostenabrechnung den Krankenkassen für Projekte der integrierten Versorgung wieder zur Verfügung zu stellen. Faktisch können somit nur noch bis zu 99 Prozent der mit den Krankenkassen abzurechnenden Kosten auch tatsächlich in der Erlösplanung angesetzt werden. Ziel des Gesetzes ist es, finanzielle Starthilfe für den Aufbau eines integrierten Versorgungsnetzwerkes zu leisten. Derzeit sind alle psychiatrischen Institutionen im Rahmen von einigen wenigen Projekten an dieser Initiative beteiligt. Folglich tritt auch unser Haus bis dato lediglich als Zahler auf, ohne zusätzliche Einnahme an der integrierten Versorgung realisieren zu können.

Kostendruck entsteht besonders aufgrund des Spannungsverhältnisses zwischen den von unserem Haus zu erbringenden „Soll-Leistungen" und der hierfür erzielbaren Vergütung. In jährlichen Gesprächen haben wir mit den Krankenkassen sowohl die Belegung des Hauses als auch die Patientenstruktur auf Basis der gesetzlich festgelegten Psychiatrie-Personalverordnung abzustimmen. Basierend auf diesen Daten wird dann der Personalschlüssel bestimmt. Diese Regelung zielt auf die Sicherstellung der Qualität der Patientenversorgung ab. So werden etwa zur Ermittlung des Personalbedarfes die Patienten nach Art und Schwere der Krankheit sowie nach den Behandlungszielen und -mitteln in Behandlungsbereiche eingeteilt. Für jeden Behandlungsbereich ist hierbei genau festgelegt, wie viele Minuten die verschiedenen Personalgruppen mit diesen Patienten verbringen. Der auf diese Weise ermittelte Personalbesatz für das direkt am Patienten arbeitende Personal bedeutet für uns de facto eine Soll-Leistung. In Anbetracht der Tarifbindung entwickeln sich die hieraus resultierenden Personalkosten gemäß den Tarifabschlüssen. Diese lagen in den letzten Jahren meist zwischen drei bis fünf Prozentpunkten. Dem gegenüber steht die vom Gesetzgeber durchgesetzte so genannte Budgetdeckelung. Diese bedingt, dass wir keine freien Verhandlungen mehr mit den Kassen führen können. Vielmehr werden die Budgets mit den entsprechenden Steigerungsraten von Jahr zu Jahr angepasst, wobei die Budgetfortschreibung in den letzten Jahren meist unter einem Prozentpunkt lag. Somit können die tatsächlich angefallenen Kosten nicht mehr mit den Kassen abgerechnet werden. Die Schere zwischen Kostenerstattung und tatsächlich verursachten Kosten wird demnach von Jahr zu Jahr größer. Ein Einwirken auf diese Faktoren ist für unser Haus nur sehr bedingt möglich. Dem zusätzlichen Kostendruck muss durch das konsequente Aufdecken und Umsetzen von Kostensenkungspotentialen an dieser Stelle begegnet werden, was wiederum eine gründliche Kostenartenanalyse voraussetzt.

Über 80 Prozent der in unserer Klinik auftretenden Kosten sind Personalkosten. Diese hängen zum Großteil direkt mit den medizinischen Leistungserstellungen zusammen. Allerdings sind auch die in der Vergangenheit oft unterschätzten Personalaufwendungen in nicht unmittelbar mit der psychiatrischen Behandlung in Zusammenhang stehenden Bereichen zu beachten. Exemplarisch zu nennen sind etwa die Kosten für die Gebäudereinigung, die Wäscherei oder den Küchen- und Verpflegungsbereich.

Darüber hinaus sind auch die notwendigen Medikamente sowie das medizinische Zubehör als wichtigster Kostenfaktor aufzuführen. Im Rahmen der psychiatrischen Behandlung, bei Untersuchung und für die Tätigkeiten des Labors verbrauchen wir bedeutende Mengen an Medikamenten und sonstige medizinische Bedarfsartikel. Zu dem haben wir stets eine gewisse Menge an Vorräten bereitzustellen, um auf einen möglichen Sonderbedarf hin schnell und flexibel reagieren zu können. Aufgrund der hohen Preise für viele Medikamente hat die notwendige Lagerhaltung in der Vergangenheit ebenfalls erhebliche Mittel gebunden. Kosten fallen zunehmend für die Instandhaltung unserer Einrichtung an. Der Großteil unser Bausubstanz ist weit über 30 Jahre alt. Folglich sind ständige Reparaturen und Instandhaltungsarbeiten notwendig. Anschließend ist auch auf die zunehmende Bedeutung der Informationstechnologie und deren anfallende Kosten einzugehen. So wurde vor einiger Zeit SAP eingeführt, um die Verwaltungsarbeit zu verbessern und zu erleichtern. Auch arbeiten wir augenblicklich an der Implementierung eines eigenen Intranets. Dieses soll in einer weiteren Planung das Führen digitaler Patientenakten sowie die Durchführung belegloser Anforderung ermöglichen.

Personalbedingte Einsparungsmöglichkeiten ergeben sich am ehesten jenseits der Psychiatrie-Personalverordnung. Hinweisen kann man in diesem Zusammenhang auf die realisierten Einsparungen im Bereich der Gebäudereinigung. Im Rahmen eines Benchmarking unserer Einrichtung mit den Personalbemessungsgrundlagen anderer Krankenhäuser, haben wir die Produktivität unserer Reinigungskräfte mit der von anderen Einrichtungen verglichen. Basierend auf den hierbei erzielten Ergebnissen konnten wir anschließend die Umrechnungsschlüssel pro Quadratmeter und Person verbessern. Dabei wurden unter anderem die bisherige Reinigungsfrequenz und der tatsächlich notwendige Reinigungsbedarf kritisch betrachtet. Hierbei haben wir festgestellt, dass der bis dato existierende Reinigungszyklus für viele in unserem Haus vorhandene Flächen erheblich weiter gefasst werden konnte, was zu einer Reduktion des Arbeitsaufwandes und des damit vorzuhaltenden Personals geführt hat.

Kostensenkungen haben zudem in der Wäscherei sowie dem Küchenbereich stattgefunden. Aus Effizienzgründen haben wir vor einiger Zeit unsere Wäschereinigung komplett an ein anderes Krankenhaus abgegeben und die anfallenden laufenden Kosten reduziert. Außerdem haben wir erhebliche Mittel einsparen können, die ansonsten für den Ersatz von veralteten Reinigungsmaschinen notwendig gewesen wären. Ebenfalls ausgelagert wurde das Management des Küchenbereiches. Der Einkauf, die Abrechnung und die Küchenverwaltung wurden mittlerweile von einem externen Dienstleistungsunternehmen übernommen. Allerdings findet die Speisenzubereitung nach wie vor durch eigene Mitarbeiter unserer Klinik statt. Anfallende Reparaturen, Instandhaltungsarbeiten werden ebenfalls durch eigene Kräfte vorgenommen. Eine vollständige Auslagerung dieser Aktivitäten an externe Unternehmen erscheint uns vor allem aufgrund der Unvorhersehbarkeit und Dringlichkeit vieler Reparaturen als schwierig. Zudem führte in der Vergangenheit der gelegentliche Einsatz zeitlich befristeter Externer Auftragnehmer zu höheren Kosten für unsere Einrichtung. Deshalb wurde entschieden, diese Leistung lieber durch eigene Kräfte zu erbringen. Allerdings besteht auch hier Raum für Überlegungen, ob Tätigkeiten zukünftig in Kooperation mit anderen Institutionen erbracht werden können.

Wesentliche Einsparpotentiale konnten durch eine Umstellung unseres Bestellwesens realisiert werden. Seit einiger Zeit kooperieren wir – wie andere Krankenhäuser der Region auch – mit einer Zentralapotheke. Im Rahmen dieser Zusammenarbeit finden regelmäßige Arzneimittelkonferenzen statt, auf denen unter anderem eine einheitliche und für alle Stationen verbindliche Medikamentenliste erstellt wird. Diese Liste dient als Orderbasis für alle Stationen. Bedarfe werden dann an die Zentralapotheke kommuniziert, die für alle angeschlossenen Krankenhäuser Bestellungen aufgibt und den Transport regelt. Durch dieses Arrangement haben sich unsere Einkaufskonditionen erheblich verbessert.

Neben Einsparungen im Rahmen der Beschaffung haben wir auch beim Verbrauch von medizinischem Zubehör erhebliche Verbesserungen erzielen können. In diesem Zusammenhang sind insbesondere Kostensenkungen im Laborbereich aufzuführen. Der dort in der Vergangenheit anfallende hohe Verbrauch veranlasste uns zu einer kritischen Durchsicht der durchgeführten Analysen. Unsere Auswertungen ergaben, dass viele der im Labor getätigten Analysen von den Stationen tendenziell zu häufig angefordert wurden. Abgesehen von einem geringeren Verbrauch im Labor ergab sich auch ein positiver Effekt im Rahmen der Lagerhaltung für Labormaterialien. Laborbedarf, wie Reagenzien im Bereich Sucht und Drogen, sind zumeist sehr teuer. Durch den geringeren Verbrauch konnten wir gleichzeitig die Lagermengen und damit unsere Kapitalbindung deutlich reduzieren.

Die organisatorische Gestaltung der psychiatrischen Behandlung hat sich grundlegend gewandelt. In der Vergangenheit wurden unsere Patienten, bei denen es sich zum größten Teil um langfristig betreuungsbedürftige Personen handelte, fast ausschließlich vollstationär behandelt. Die Patienten genossen eine, auch über das psychiatrische Spektrum hinausgehende Rundumbetreuung. Seit einigen Jahren hat hier ein Paradigmenwechsel stattgefunden. Ein Großteil unserer Patienten wird heute nur noch teilstationär oder ambulant behandelt. Hier suchen die Betroffenen im Rahmen ihrer Behandlung tagsüber unsere eigens zu diesem Zweck errichtete Tagesklinik auf. Übernachtungen erfolgen jedoch innerhalb ihres heimischen Umfeldes. Durch diese Regelungen entfallen für unser Haus die Kosten der Vollversorgung. Zudem hat sich auch die durchschnittliche Verweildauer der verbliebenen vollstationären Patienten drastisch reduziert. Waren in der Vergangenheit in der Mehrzahl Langzeitpatienten in unserer Psychiatrie untergebracht, so liegt aufgrund der verstärkten Anwendung teilstationärer und ambulanter Behandlungskonzepte die gegenwärtige Verweildauer nur noch bei etwas mehr als 20 Tagen. Auch hat sich das von der Psychiatrie selbst angebotene Leistungsspektrum vermindert. Wurden früher neben dem Aufenthalt und der psychiatrischen Behandlung auch zahlreiche Facharztleistungen direkt von der Psychiatrie aus in die Wege geleitet, so finden sich hierzu heute lediglich Empfehlungen in den Arztbriefen, die anfallenden Kosten sind somit nicht mehr durch unsere Einrichtung zu tragen.

Einen wichtigen Meilenstein in den kommenden Geschäftsjahren wird die elektronische Datenverarbeitung der Kostenträgerrechnung darstellen. Dies scheint insbesondere vor dem Hintergrund einer vom Gesetzgeber angestrebten pauschalen Vergütung in psychiatrischen Einrichtungen sinnvoll. Die Umsetzung dieses Vorhabens wird eine ressourcenbindende Aufgabe sein, die wohl am besten in Kooperation mit anderen Häusern angegangen werden sollte. Strategische Partnerschaften aufzubauen, wird demnach ebenso ein wichtiger zu verfolgender Erfolgsfaktor sein, wie das schrittweise schaffen von geeigneten Rahmenbedingungen innerhalb des Unternehmens.

Als Stichwort kann hier beispielhaft nochmals auf die digitale Krankenakte und das „Denken in Prozessen" verwiesen werden. Durch die auch für unseren Bereich zunehmende Komplexität und Dynamik der entscheidungsrelevanten Umwelt, treten

Blick auf das Wirtschaftsgebäude, Foto 2006 (Aufnahme Frank Mihm)

immer mehr Unsicherheitsfaktoren auf. Diese können im Extremfall die Existenz der Einrichtung bedrohen. Deshalb wird dem nachhaltigen Ausbau des Risikomanagements in unserem Haus hohe Bedeutung beigemessen. Entsprechend wurde bereits in den vergangenen Jahren eine systematische Identifikation, Analyse, Beurteilung und Kommunikation bekannter Risiken vorangetrieben. Im hierzu angelegten Handbuch werden die Risiken den entsprechenden Budgetverantwortlichen zugeordnet und klar strukturierte Meldewege beschrieben. Künftig wird insbesondere eine Verfeinerung der Ablaufstrukturen des Risikomanagements, eine verstärkte Koppelung an das monatliche Betriebswesen sowie eine verstärkte Integration des Risikomanagements in bestehende elektronische Datenverarbeitungssysteme vonnöten sein. Dies ist allerdings auch mit einer verstärkt zu leistenden Überzeugungsarbeit verbunden. Eine verbesserte Akzeptanzschaffung durch höhere Transparenz wird hierbei ein wichtiger Baustein sein.

---

[1] Vgl. auch Jörg Bühring/Detlef Meuser, Kostendruck im Gesundheitswesen am Beispiel der Klinik für Psychiatrie und Psychotherapie des Zentrums für soziale Psychiatrie Am Mönchberg in Hadamar, in: Controlling und Management, Sonderheft 1, 49. Jg. (2005), S. 6–10.

Mein Weg

Gerhard Fischer

Ich habe mich entschlossen, keine sorgfältig recherchierte und faktenreiche Geschichte des Maßregelvollzuges in Hadamar zu schreiben. Stattdessen möchte ich aus eigener Erfahrung darüber berichten. Wenn man als langjähriger leitender Arzt und anschließend als ärztlicher Direktor über den Maßregelvollzug schreiben soll, so ist das nicht ganz einfach. Es verführt zunächst dazu, die Rückschau so zu beginnen, als habe man den Maßregelvollzug erst begründen müssen. Das würde aber so nicht zutreffen. Deshalb setzt mein Bericht damit ein, wie ich als Assistenzarzt im damaligen Psychiatrischen Krankenhaus Hadamar 1984 mit dem Maßregelvollzug in Berührung kam. Damals sah man einen Bau mit Zäunen und Stacheldraht gesichert, in dem angeblich merkwürdige Menschen untergebracht waren. Die Mitarbeiter galten als suspekt und die Patienten als unbekannt und gefährlich. Man hörte finstere Geschichten von Fernsehgeräten, die aus Fenstern flogen, Gewalttätigkeiten und ähnlichem mehr. Außerdem hieß es, dass man still sein solle, denn der Chef habe ein besonderes Auge auf diesen Bereich geworfen. Zunächst hatte ich nur als diensthabender Arzt mit dem Maßregelvollzug zu tun, das heißt, immer wenn ich dort erscheinen musste, beschlich mich die bange Frage, ob etwas passieren würde, es zu Gewalttätigkeiten oder Schlimmeren kommen würde.

Irgendwann kam ich dann als Arzt in den Maßregelvollzug und zwar auf die geschlossene Station für Alkoholabhängige 4. 2. Das Klima fand ich merkwürdig, und was mir sofort auffiel, war die Resignation, die in diesem Bereich herrschte. Das Personal war der Meinung, dass jede Mühe, die man sich mit den Patienten gebe, sowieso umsonst sei, man darüber aber nicht sprechen dürfe und man eh am Fünfzehnten sein Geld bekomme. Irgendwie gefiel mir das zwar nicht, aber ich dachte bei mir, du absolvierst deine Assistentenzeit hier und dann ist es gut. Trotz dieser allgemeinen resignativen Stimmung war man stark engagiert bei der Behandlung der Patienten und machte sich viele Gedanken über sie. So besprach man beispielsweise morgens beim Kaffee, bei dem vor allem die tägliche Arbeit der Station abgestimmt wurde, auch eigentlich so belanglose Fragen von Patienten, an welcher Körperseite der römische Legionär sein Schwert trug und warum. Desgleichen wurde erörtert, dass der Nachfolger von Kaiser Heinrich V. eben nicht Heinrich VI. war. Die Atmosphäre war irgendwie doch ganz entspannt.

Nachdem ich mein Neurologiejahr an einem anderen Krankenhaus verbracht hatte und wieder nach Hadamar zurückkam, wurde ich ohne mein Zutun erneut im Maßregelvollzug eingesetzt. Inzwischen war der Stacheldraht von den Zäunen entfernt worden, und die Patienten verschwanden immer häufiger über den nur noch symbolischen Zaun. Dies schien zunächst auch Keinen zu interessieren, machte aber die Arbeit letztlich nicht leichter. Die resignative Stimmung hielt an, und man glaubte, es sei alles unsinnig und vergebens. Das Gefühl der Ohnmacht stand im Kontrast zu den Träumen von der großen Freiheit, die man auf der 68er Haschwiese geträumt hatte und die noch nicht so ganz verflogen waren. Man glaubte, Therapie müsse und könne nur freiwillig sein. 1989, nachdem ich Arzt für Psychiatrie geworden war, wurde ich Bereichsleiter im Maßregelvollzug, weil eine entsprechende Stelle anderweitig zu der Zeit nicht frei war. Ich stand nun vor der Frage, ob ich die Mitarbeiter/innen in ihrem demotivierten Zustand belassen oder doch versuchen sollte, irgendetwas aus dem Maßregelvollzug zu machen. Ich entschloss mich dann zu letzterem, denn ich sagte mir, was die freien Bereiche in der Psychiatrie können, können wir auch: Wir betrieben also Therapie im Maßregelvollzug, auch wenn wir dabei das hohe Ideal der Freiwilligkeit weitgehend aufgeben mussten. Die Therapie blieb zunächst Programm, wurde dann aber Schritt für Schritt umgesetzt. Anfänglich war der Kontakt zu den Patienten insofern schwer herzustellen, als sie pausenlos aus dem Maßregelvollzug ausbrachen. Eine Flucht war für sie fast schon Pflichtprogramm, da es im Vergleich zu Gefängnissen kaum Sicherungsmaßnahmen gab. Einige Patienten brachen ständig aus, während andere blieben; mit diesen konnte man therapeutisch arbeiten. Das Betriebsklima blieb auch weiterhin locker. So habe ich mich einmal mit einem Mitarbeiter über die Größe des Bamberger Reiters gestritten, bis uns die übrigen Mitarbeiter des Pflegepersonals daran erinnerten, dass die Visite anstand.

Ende 1993/Anfang 1994 sollte aufgrund der vielen Entweichungen ein sicherer Zaun gebaut werden. In der Planungsphase kam es zu weiteren Ausbrüchen, die in den Medien spektakulär aufgemacht wurden. Nachdem gegen politisch Verantwortliche in Wiesbaden Rücktrittsforderungen erhoben worden waren und mir eine Mitschuld an den Ausbrüchen gegeben worden war, wurde schnell gehandelt. Es wurde nun über Sicherheit geredet. Es gelang, mit den politisch Verantwortlichen ein tragfähiges Sicherheitskonzept herzustellen, so dass die Entweichungen, deren Zahl sich etwa aus der Durchschnittsbelegung mal zwei errechnen ließ, massiv reduziert werden konnten. Für die Freunde der politischen Delikatesse muss gesagt werden, dass der Zaun unter einer CDU-Regierung abgebaut und unter Rot-Grün wieder aufgebaut wurde. Nachdem wir den Zaun und bald auch unseren Sicherheitsdienst bekommen hatten, waren die Ausbrüche kaum noch ein Thema. Aufgrund der neuen Sicherheitseinrichtungen gelangen so gut wie keine Fluchtversuche mehr. Es kam allerdings zu Lockerungsmissbräuchen, deren Anzahl das Dreifache der Durchschnittsbelegung betrug. Aber auch die Lockerungsmissbräuche reduzierten sich stetig. Durch dieses Mehr an Sicherheit kam es nicht, wie befürchtet, zu einem Mehr an Gewalttaten. Diese Befürchtungen wurden intensiv besprochen. Zusätzlich wurden wir geschult, wie

Gerhard Fischer

Blick in die Außenanlagen von Haus 2 (Maßregelvollzug), Foto 2006 (Aufnahme Frank Mihm)

wir uns bei Geiselnahmen zu verhalten hätten. Die Gewalttätigkeiten, die früher häufig waren, nahmen an Zahl immer mehr ab, so dass sie heute so gut wie nicht mehr vorkommen, obwohl die Patienten nicht umgänglicher geworden sind. Dafür mag es viele Ursachen geben. Eine davon ist auf jeden Fall die gesteigerte Professionalität unserer Mitarbeiter/innen, die sich im Umgang mit den Patient/inn/en immer mehr zutrauten und ihnen bestimmter und angstfreier gegenüber traten. Auch gab der Sicherheitsdienst durch seine Präsenz das Gefühl, in schwierigen Situationen nicht allein zu stehen. Dadurch gewannen therapeutisches Denken und Handeln immer mehr an Gewicht. Von der ursprünglichen resignativen Haltung war nichts mehr zu spüren. Es setzte sich die Überzeugung durch, dass man hier eine sinnvolle Arbeit leistet, und dass es sich lohnt, sich entsprechend Mühe zu geben. Alle Teams waren und sind hochmotiviert und innovationsfreudig.

Wenn ich mich frage, worin für mich das Reizvolle am Maßregelvollzug liegt, so ist es der Umstand, dass es hier keine festen Regeln gibt, keine festgeschriebenen Konzepte und Behandlungsstrategien, sondern dass es immer wieder notwendig ist, den Anforderungen des Stationsalltages kreativ zu begegnen. Dies zu können, ist eine besondere Fähigkeit der Mitarbeiterinnen und Mitarbeiter. Ihnen gelingt es, den Patient/inn/en eine Therapie mit viel Zuwendung innerhalb akzeptierter Grenzen anzubieten. Von ihr profitieren leider nicht alle Patient/inn/en, weil die Behandlung doch bei vielen aussichtslos ist. Zur Qualitätssicherung der Therapie trägt in den letzten Jahren die feste Implantation der Supervision bei, deren Einführung ein schwerer Akt war. Ein immer wieder zu neuen Lösungen herausforderndes Problem ist die Überbelegung. Ihr begegneten wir, indem wir Stationen immer weiter vergrößerten. Als ich in Hadamar begann, hatten wir im Haus 2 eine einzige Station mit neun Betten. Es war nun meine Aufgabe, immer wieder neue Unterbringungsmöglichkeiten für unsere Patient/inn/en zu gewinnen. Zu diesem Zweck wurden im Laufe der Zeit zusätzliche Stationen geschaffen, bestehende Stationen vergrößert und zuletzt Doppelstockbetten aufgestellt. Erstaunlich war, dass die Patient/inn/en die Überbelegung besser tolerierten als die Mitarbeiter/innen, die ihr wegen des Mehraufwandes an Arbeit und größerer psychischer Belastung äußerst skeptisch gegenüber standen. Doch aufgrund ihrer gewachsenen Professionalität bewältigte das Personal auch dieses Problem.

Bedeutsam für die Entwicklung des Maßregelvollzugs war auch die Einrichtung einer Ambulanz. Lange Zeit musste um sie gekämpft werden. Zunächst wurde sie nur probeweise genehmigt. Wie immer ging es dabei nur um Kosten und wer für sie aufkommen sollte. Das Argument, dass die Ambulanz äußerst kriminalitätspräventiv wirken könne, wurde kaum akzeptiert. Dies hat sich mittlerweile massiv geändert. Nachdem die Einsicht wuchs, dass eine ambulante Weiterbehandlung unserer Patient/inn/en vorteilhaft ist, und es uns gelang, ein fähiges Team zusammenzustellen, entwickelte sich die Ambulanz zu einem großen Erfolg. Sie betreut Patient/inn/en, die vor der Entlassung stehen, im Rahmen von Beurlaubungen oder auch danach noch. Durch die Anbindung einer offenen Station können Patient/inn/en kurzfristig hier auch stationär behandelt werden, wenn dies erforderlich ist.

Zurzeit sind wir dabei, unsere Sicherungsmaßnahmen zu verstärken und unsere Belastungserprobungspraxis zu verändern mit dem Ziel, die Zahl der Entweichungen zu senken. Inzwischen haben wir die notwendigen Konzepte entwickelt und hoffen, dass sie Früchte tragen.

Zum Schluss möchte ich noch auf drei Dinge hinweisen, die mir viel Freude bereiten und die mich – obwohl ich wenig zu ihrem Entstehen und Gelingen beigetragen habe – stolz auf unsere Patient/inn/en machen: Es gibt seit einigen Jahren eine Patientenzeitung, die bewundernswert ist. Es macht Freude zu sehen, mit welchem Engagement, welchem Einsatz und mit welchem Ergebnis hier von den Patient/inn/en etwas auf die Beine gestellt wird.

Durch das Engagement unserer Mitarbeiter/innen und des Sporttherapeuten vermochten wir eine Fußballmannschaft aufzustellen, die dreimal hintereinander die Meisterschaft für Maßregelvollzugseinrichtungen in Deutschland gewann. Dafür gab es einen Pokal, der nun in unserem Hause verbleiben kann.

Eine weitere sportliche Attraktion wird mit dem Tischtennisverein „TTC-Mönchberg" geboten. Seine Gründung gelang nur durch die freundliche Unterstützung der

Gerhard Fischer

Tischtennis im Krankenhaus 1980er Jahre (Pressestelle des LWV Hessen)

Tischtennisverbände. Er ist ein regelrechter Tischtennisverein, der an den Ausscheidungen und Meisterschaften in seiner Klasse teilnimmt. Seine Besonderheit besteht darin, dass seine Mitglieder aus Sicherheitsgründen nur in unserem Hause spielen dürfen. Wir sind den anderen Vereinen dankbar, dass sie auf dieses „Handicap" Rücksicht nehmen und in unser Haus kommen. Unterdessen sind wir von einer Klasse in die nächste aufgestiegen.

Auf Initiative eines Mitarbeiters und der evangelischen Klinikseelsorgerin entstand auch ein Gospelchor in unserem Hause. Er wird von einem hoch qualifizierten Chorleiter dirigiert. Der Chor hat inzwischen ein derart hohes musikalisches Niveau erreicht, dass er schon des Öfteren öffentlich auftrat. Auch pflegt er Kooperationen mit anderen Chören aus der Region.

Unser Haus unterstützt solche Aktivitäten, da die Patient/inn/en ein Gruppengefühl, ein Wir-Gefühl entwickeln, Anerkennung gewinnen und stolz auf ihre Leistungen sein können. Dies macht ihnen Freude, zumal sie in ihrem Leben nicht oft auf dem Siegertreppchen gestanden haben. Außerdem bieten diese Aktivitäten die Gelegenheit, dass unsere Patient/inn/en und Menschen außerhalb des Zaunes miteinander in Kontakt kommen. Wir glauben, dass damit einiges an Ängsten und Vorbehalten abgebaut werden kann.

Dies sind Entwicklungen, die mich besonders freuen. Ich wünsche mir, dass wir diese Aktivitäten fortsetzen und vielleicht auch durch weitere ergänzen können.

Zur Entwicklung des Maßregelvollzugs in Hadamar

Ralf Wolf

Grundlage für die Behandlung von straffällig in Erscheinung getretenen Patienten sind die am 1. Januar 1975 in Kraft getretenen Paragrafen 63 Strafgesetzbuch (StGB) (Unterbringung in einem psychiatrischen Krankenhaus) und 64 StGB (Unterbringung in einer Entziehungsanstalt), welche die bis dahin geltenden Paragrafen 42 b und 42 c StGB-Gewaltverbrechergesetz ablösten. Für deren Umsetzung wurde in Hessen dafür die bereits vorhandene Trägerstruktur des Landeswohlfahrtsverbandes Hessen (= LWV) genutzt und die beiden Kliniken in Haina und Hadamar als zukünftige Standorte zur Behandlung psychisch kranker beziehungsweise suchtabhängiger Straftäter eingesetzt. Es erfolgte eine klare Trennung der Patienten je nach der Art der Unterbringung. In Hadamar wurden nur Patienten untergebracht, die nach Paragraf 64 StGB verurteilt waren, nach Haina wurden nur Patienten mit dem Unterbringungsmodus nach Paragraf 63 StGB eingewiesen.

Betrachtet man die Entwicklung des Maßregelvollzugs in den letzten 30 Jahren, so spiegelt sich darin natürlich auch ein Teil der gesellschaftlichen Einstellungen. Bei den Maßregeln der Besserung und Sicherung lag der Schwerpunkt bis zum Ende der 1980er Jahre auf der Seite der Besserung. 1977 wurden die ersten Maßregelvollzugspatienten in Hadamar auf einer geschlossenen Station der Allgemeinpsychiatrie aufgenommen. Die Erfahrung im Umgang mit diesen Patienten und die dafür notwendigen Therapieoptionen und Sicherungsstrukturen mussten erst über die Jahre entwickelt werden, und sie waren mannigfaltigen Veränderungen unterworfen. Die auftretenden Probleme führten zu der Notwendigkeit eigener Stationen für den Maßregelvollzug. Die Abteilung versuchte hauptsächlich durch therapeutische Interventionen und weniger durch gleichzeitige Sicherungsmaßnahmen den „Untergebrachten von seinem Hang zu heilen und die zugrunde liegende Fehlhaltung zu beheben."[1] Das war allerdings leichter gesagt als getan. Die Patienten wollten zumeist nicht so wie sie sollten. Es kam zu Auseinandersetzungen zwischen den alkohol- und den drogenabhängigen Patienten wie auch zwischen den Patienten und dem Personal. Auf dem Höhepunkt der Konflikte wurde sogar das gesamte Stationsmobiliar von den Patienten aus der fünften Etage auf die Straße geworfen.

Es bestand also ein grundsätzlicher Regelungsbedarf für den Umgang mit diesen Patienten, dem mit Beschluss der LWV-Verbandsversammlung vom 15. März 1983, genehmigt vom Hessischen Sozialminister vom 25. Mai 1983 durch die Ausführungsbestimmungen zu Paragraf 39 Maßregelvollzugsgesetz, Rechnung getragen wurde. In der

Folge wurden die Patienten des Maßregelvollzugs getrennt nach Alkohol- und Drogenabhängigen auf eigenen Stationen untergebracht. Die Sicherungsmaßnahmen wurden intensiviert, schließlich war die Zaunanlage sogar mit „Natodraht" gesichert. Aber vor dem historischen Hintergrund der Ermordung tausender Patienten in Hadamar im Rahmen des Euthanasieprogramms des Dritten Reichs wurde in der Öffentlichkeit landesweit die Meinung vertreten, dass in Hadamar nicht wieder Patienten eingesperrt werden dürften. In Hadamar wurde demonstriert, Patienten wurden aus Sicherheitsgründen an einen anderen Ort verlegt, das Klinikgelände und Teile der Stadt wurden für die Demonstranten gesperrt. Die Demonstration gipfelte in der Verbrennung einer lebensgroßen Puppe, die an der Eisenbahnbrücke aufgehängt worden war. Auf diesen öffentlichen Druck hin wurde der „Natodraht" von den Zäunen wieder zurückgebaut, so dass sie nun von Patienten leichter überwunden werden konnten, was natürlich auch geschah und wovon in der Zukunft reger Gebrauch gemacht wurde. Zwar bewegte sich die Belegung im Maßregelvollzug damals noch auf einem relativ niedrigen Niveau, 1987 wurden im Psychiatrischen Krankenhaus Hadamar im Jahresdurchschnitt 37 Patienten behandelt, aber infolge der im Vergleich zu heute nur rudimentären baulichen Sicherungsmaßnahmen flüchteten oder entwichen 1987 insgesamt 71 Patienten, bei steigender Tendenz in den Folgejahren.

Der Schwerpunkt der Behandlung lag wesentlich auf der Seite der Therapie, ein Ansatz, der sich im Laufe der Entwicklung noch deutlich verschieben sollte. Waren 1987 noch durchschnittlich 37 Patienten untergebracht, so waren es 1994 bereits 93 Patienten im Jahresdurchschnitt mit insgesamt 159 Entweichungen und im Jahr 2004 war eine Durchschnittsbelegung von 226 Patienten erreicht – bei dann 16 Entweichungen – wobei die Planbettenzahl regelmäßig durch die tatsächliche Belegung überschritten wurde. Mit den immer weiter zunehmenden Entweichungszahlen rückte die Klinik gerade im Zusammenhang mit als gefährlich eingestuften Patienten in die negativen Schlagzeilen. Als 1994 in einer Woche vier Patienten flüchteten, erregten sich die Gemüter. Es wurde nach Verantwortlichen gesucht und politische wie auch personelle Konsequenzen gefordert. Als Ursache wurden in der damaligen Presse die unterschiedlichsten Faktoren wie Fehleinweisungen, Fehlbelegung mit Schwerstkriminellen, Überbelegung, Vollstreckungsreihenfolge, unzureichende Sicherungsmaßnahmen, die gesetzlichen Gegebenheiten usw. diskutiert.

So wurden 1994 in Zusammenarbeit mit dem Hessischen Landeskriminalamt die Sicherungsmaßnahmen gravierend verändert. Die Zäune wurden wieder mit „Natodraht" verstärkt, eine Videoüberwachungsanlage installiert, Fenster wurden vergittert, wovon 1988 wegen einer erfolgten Geiselnahme noch abgesehen worden war. Ein (zunächst) privater Wachdienst wurde eingesetzt und später durch einen hauseigenen Sicherheits- und Wachdienst ersetzt, der spezifische Sicherungsaufgaben übernahm, wodurch die Krankenpflege entlastet wurde. Es ging darum, ein „neues

Gleichgewicht zwischen Therapie und Sicherheitsbedürfnis" zu finden, und schließlich sollten die 75 Arbeitsplätze des damaligen Maßregelvollzugs nicht in Frage gestellt werden. Die Veränderung des Sicherungskonzeptes führte unmittelbar zu einem Rückgang der Entweichungen 1995 auf 36 Fälle, knapp ein Fünftel der 175 entwichenen oder geflüchteten Patienten von 1992, wobei die Durchschnittsbelegung inzwischen um 10 Patienten auf 92 gestiegen war.

Nach einer kurzen Stagnation der Aufnahmezahlen in 1996 kam es in den Folgejahren zu einem als exorbitant zu bezeichnenden Anstieg der Durchschnittsbelegung mit einem Zuwachs von bis zu 27 Patienten pro Jahr. Das hat die Klinik vor außerordentliche Probleme gestellt, da sie für eine solche Entwicklung nicht konzipiert war und ist. Bewältigt werden konnte diese Herausforderung durch die hohe Flexibilität und Improvisationsfähigkeit aller Mitarbeiterinnen und Mitarbeiter und die Tatsache, dass im Zusammenhang mit der Entwicklung der gemeindenahen Psychiatrie Betten im allgemeinpsychiatrischen Bereich abgebaut wurden. Diese Stationen, die sich nun nicht mehr „hinter dem Zaun" befanden, wurden fortan mit „forensischen" Patienten belegt. Nur so und natürlich durch eine massive Überbelegung der einzelnen Stationen des Maßregelvollzugs ließ sich der dort aufgetretene Mehrbedarf notdürftig kompensieren. Der Behandlungsansatz, der bis zum Jahr 2002 Lockerungen großzügiger als heute gewährte, gestattete die Errichtung „offener beziehungsweise halboffener" Stationen auch außerhalb des „gesicherten" Bereiches. Trotz dieser erheblichen strukturellen und durch das Krankenhaus nicht zu beeinflussenden externen Faktoren stiegen die Entweichungszahlen im Verhältnis zu der Durchschnittsbelegung nicht an und bewegten sich bis 2002 zwischen 24 und 41 Entweichungen im Jahr, bei einer Durchschnittsbelegung von 192 Patienten in 2002.

1999 ging im Rahmen der Umstrukturierung des LWV das Zentrum für Soziale Psychiatrie (ZSP) Am Mönchberg nunmehr als Eigenbetrieb aus dem vorherigen PKH Hadamar hervor. Gleichzeitig wurde aus der bisherigen Abteilung Maßregelvollzug die „Klinik für Forensische Psychiatrie". Das Psychiatrische Krankenhaus wurde zur „Klinik für Psychiatrie und Psychotherapie".

Die weiter steigenden Patientenzahlen machten es erforderlich, dass auch außerhalb des durch Zaunanlagen gesicherten Bereiches des Hauses 4 eine weitere gesicherte Station im Haus 2 geschaffen werden musste. Dazu wurde die oberste Etage des Hauses 2, die Station 2.4, nach modernen Sicherheitsstandards umgebaut, ein eigener kleiner Hofgangsbereich wurde auf dem Dach geschaffen, da eine Anbindung an den Hofgangsbereich des Hauses 4 nicht bestand. So konnten fortan auch auf dieser Station Patienten, die noch keinen Lockerungsstatus erreicht hatten, ab September 2002 untergebracht werden.

Gleichzeitig wurde auf der Station 4.1 eine reine Frauenstation eröffnet. Die gemischtgeschlechtliche Unterbringung von Patienten und Patientinnen auf einer Station hatte zu der Erkenntnis geführt, dass darin insbesondere für die Frauen keine Therapieperspektive bestand, weil sich „alte" pathologische Verhaltensmuster zwischen Männern und Frauen wiederholten. Das führte zu hohen Therapieabbruchraten wegen Schwangerschaft oder Retraumatisierung und erforderte den besonderen Schutz unserer Patientinnen, dem durch eine reine Frauenstation Rechnung getragen wurde. Bis heute gibt es außer im Bezirkskrankenhaus Taufkirchen in der forensischen Kliniklandschaft der Bundesrepublik keine weitere nach Geschlechtern getrennte Unterbringung.

In den neunziger Jahren rückte der bundesdeutsche Maßregelvollzug aufgrund spektakulärer Straftaten in den Fokus der besonderen Aufmerksamkeit von Öffentlichkeit und Politik. In der Folge artikulierte sich in der Öffentlichkeit ein erhöhtes Sicherheitsbedürfnis. Dies führte zu gesetzgeberischen Konsequenzen, die nicht ohne Auswirkungen auf den Maßregelvollzug blieben. Auch intensivierte sich die Forschung auf dem Gebiet der forensischen Psychiatrie ab dem Ende der achtziger Jahre erheblich, so dass wesentliche Erkenntnisse für Prognose und Therapie gewonnen werden konnten, die in die Behandlung einflossen.

Die gesellschaftliche Erwartungshaltung und ihr Anspruch an forensische Kliniken, so auch an die hiesige forensische Klinik, waren Anfang des neuen Jahrtausends in keiner Weise mehr vergleichbar mit der Situation zwanzig Jahre zuvor. Zwar waren die baulichen und organisatorischen Sicherheitsstandards angehoben, die baulich heterogene Struktur der Klinik verhinderte aber eine Konzentration forensischer Stationen und die Eingrenzung zum Beispiel durch eine Mauer. Der damit verbundene Zwang zur Improvisation stellt nach wie vor eine hohe Belastung dar und barg nicht zuletzt Sicherheitsrisiken. Wiederum in der Folge von Fluchten, die ein entsprechendes Echo in den Medien nach sich zogen, wurde Ende des Jahres 2002 zusammen mit dem Hessischen Sozialministerium und dem LWV ein neues Konzept mit der Implementierung restriktiverer Lockerungsstandards und einer Erhöhung der Sicherungsmaßnahmen umgesetzt.

Gleichzeitig flossen in die Therapie zur Behandlung der verschiedenen Krankheitsbilder weitere differenzierte spezifische Behandlungsmodule ein, um die neben der Abhängigkeitserkrankung bestehenden psychiatrischen Begleiterkrankungen (Komorbiditäten) beziehungsweise deliktrelevanten Aspekte einer effektiven Intervention zuzuführen. Parallel dazu wurden die Entscheidungsgrundlagen zur Therapieprognose und zukünftigen Straffreiheit (Legalbewährung) kontinuierlich verbessert.

In prognostische Entscheidungen waren von je her die Stationsteams eingebunden. Prognosen werden seit Anfang 2003 bereits in der gesicherten Therapiephase erstmals mit Hilfe unterschiedlicher international anerkannter Instrumente erstellt. Sowohl die Prognose des zu erwartenden Therapieverlaufs wie auch die Prognose zur Straffreiheit stellen einen zentralen Teil der Gesamtbehandlung dar. Lockerungen kommen nur bei günstiger Risikobeurteilung gegen Ende der Behandlungsphase in Betracht.

Aufgrund der weiter gestiegenen Durchschnittsbelegung auf 226 Patienten im Jahr 2004 wurde die Belegungsobergrenze in Abstimmung zwischen dem LWV, dem Hessischen Sozialministerium und der Stadt Hadamar auf 235 angehoben und gleichzeitig endgültig auf dieses Niveau begrenzt. Ebenso wurde eine Machbarkeitsstudie zum Ausbau der forensischen Klinik in Auftrag gegeben. Sie sieht neben zusätzlichen neuen Stationen den Umzug von Stationen sowohl der Klinik für Psychiatrie und Psychotherapie wie auch der Klinik für forensische Psychiatrie vor, womit der Vorteil einer Konzentration der bisher verstreut liegenden einzelnen forensischen Bereiche verbunden wäre. Dadurch könnte die forensische Klinik auch durch die dringendst benötigte Mauer begrenzt werden, was mit einer erheblichen logistischen Entlastung der Sicherung von Transport- und Arbeitswegen und damit einer Erhöhung der Sicherheit der Öffentlichkeit verbunden wäre. Derzeit gestaltet sich die Situation so, dass Patienten und Patientinnen infolge der fehlenden baulichen Eingrenzung in der Regel in Fesselung und in Begleitung des Sicherheits- und Wachdienstes in die Arbeits- und Sporttherapie gebracht und von dort wieder abgeholt werden müssen. Therapiefreie Zeiten können von den fünf Stationen des Hauses 2 mit wenigen Ausnahmen nur innerhalb des Gebäudes verbracht werden. Der personelle Aufwand für die Sicherung der Patienten außerhalb des Gebäudes ist erheblich.

Wegen der intensiveren Sicherungsmaßnahmen, den verbesserten und differenzierteren Therapieangeboten und nicht zuletzt der umfassenden prognostischen Beurteilung und hohen Standards sind die Fluchten beziehungsweise Entweichungen im Jahr 2005 auf sieben zurückgegangen. Die Durchschnittsbelegung lag bei 214 Patienten. Aufgrund der hohen Belegung der Klinik in Hadamar und der limitierten baulichen Ressourcen, wurde 2005 zur Entlastung im Zentrum für Soziale Psychiatrie Marburg eine Zweigstelle mit 20 Patienten und besonderen Belegungsvoraussetzungen eröffnet. Ebenso wird ab Mitte 2007 im nordhessischen ZSP Kurhessen in Merxhausen eine weitere forensische Klinik mit 84 Planbetten Patienten, die nach Paragraph 64 StGB untergebracht sind, aufnehmen. Perspektivisch ergeben sich damit Spielräume für den dringend benötigten Umbau der hiesigen Klinik für forensische Psychiatrie.

Es ist sowohl dem LWV, dem Hessischen Sozialministerium wie auch der Klinik für forensische Psychiatrie ein besonderes Anliegen, mit den politischen Gremien wie auch mit der Bevölkerung in einem engen Kontakt und Austausch zu stehen. Eine hohe Transparenz erleichtert das gegenseitige Verständnis, die Zusammenarbeit und, wo notwendig, die Konfliktlösung. Vor diesem Hintergrund wurden an den verschiedenen Standorten forensischer Kliniken „Forensik-Beiräte" gebildet, so auch in Hadamar, in denen Bürger der Stadt Hadamar, politische Gremien, das Hessische Sozialministerium, der LWV und die Klinik vertreten sind. Aus der Vergangenheit wird

Sportplatz, Foto 2006 (Aufnahme Frank Mihm)

deutlich, dass nur durch eine enge und kontinuierliche Zusammenarbeit versucht werden kann, krisenhaften Entwicklungen im Maßregelvollzug vorzubeugen. Treten diese dennoch auf, so ist es von zentraler Bedeutung, schnell und in kooperativer Zusammenarbeit darauf zu reagieren. Die Kommunikation der verschiedenen Verantwortungsträger, die Information und der Austausch mit der Öffentlichkeit und die Entwicklung der notwendigen Strukturen bieten damit die Chance, deren Auswirkungen zu reduzieren. Abschließend bleibt festzustellen:

Trotz aller immer wieder vernehmbarer Unkenrufe: der Maßregelvollzug produziert Sicherheit. Es bedarf eines ausgewogenen Verhältnisses zwischen Sicherheit und Therapie. Nur durch die Therapie kann die zu Beginn der Behandlung ohne Frage notwendige und auch therapeutisch angezeigte „externe Sicherheit und Kontrolle" durch Zäune, Videoüberwachung, Sicherheits- und Wachdienst usw. sich zu einer „inneren Kontrolle" und damit „verinnerlichten Sicherheit" durch den Patienten selbst entwickeln. Nur diese Sicherheit kann sowohl die Allgemeinheit wie auch die Patienten langfristig vor weiteren Straftaten und neuem Alkohol- und Drogenkonsum schützen. Denn spätestens bei Erreichen der Endstrafe ist der Patient zu entlassen, gleichgültig, ob er über sozial verträgliche Verhaltensweisen und innere Normen und Werte verfügt oder nicht.

Ergotherapie in der Werkhalle 2, Foto 2006 (Aufnahme Frank Mihm)

Zäune und Mauern lösen das Sicherheitsproblem allenfalls bis zur Entlassung. Wenn dem Sicherheitsbedürfnis der Bevölkerung aber auch darüber hinaus Rechnung getragen werden soll, dann bedarf es solcher Ansätze, die eine Entwicklung des Patienten möglich machen, neues sozial verträgliches Verhalten zu erlernen und das Erlernte auch auszuprobieren. Ob er dazu schon in der Lage ist, bedarf der verantwortungsvollen und sehr gründlichen therapeutischen und prognostischen Überprüfung. Bei positivem Ergebnis liegt der nächste Schritt in der Erprobung des Gelernten, wenn Lockerungen anstehen. Leider gibt es für das Gelingen keine Garantie, aber eine sehr gute Chance.

Was also können wir tun?

Natürlich werden wir unsere Diagnose- und Therapiemethoden weiterentwickeln und unsere prognostischen Beurteilungen auf dem neuesten wissenschaftlichen Stand halten, um die Deliktprophylaxe weiter zu verbessern. Parallel dazu ist der Umbau der forensischen Klinik voranzutreiben, damit die bereits vorhandenen personellen und organisatorischen Sicherungsmaßnahmen nunmehr auch durch eine bauliche Absicherung erhöht werden. Neben der besseren Sicherung der Klinik werden dadurch auch innerklinische Resozialisierungsmöglichkeiten wie zum Beispiel Erweiterung der schulischen und beruflichen Ausbildung möglich, die die angestrebte Integration der

Patienten in die Gesellschaft erleichtern. Die nachstationäre ambulante Behandlung, als wesentlicher Baustein in der Entlassungsvorbereitungsphase wie auch danach, wird ihr Kontroll- und Betreuungskonzept weiter ausbauen. Dazu gehört ebenso die Intensivierung der Zusammenarbeit mit anderen Einrichtungen und Funktionsträgern, um die soziale Integration nach der Entlassung zu begleiten und zu unterstützen.

Da die Klinik ein integraler Bestandteil der Gesellschaft mit einem entsprechenden Auftrag ist, bedarf es der engen Zusammenarbeit und Kommunikation sowohl innerhalb der Klinik als auch – und das ganz besonders – nach außen. Es ist für uns von zentraler Bedeutung, dass die Menschen verstehen, was in unserem Haus geschieht und wie wir zu Entscheidungen kommen. Nur so werden die Bürger vor Ort, Politiker und Medien in die Lage versetzt, sich mit Inhalten, Zielen und Aufgaben aber auch Grenzen des Maßregelvollzugs vertraut zu machen, um zu einer eigenen kompetenten Beurteilung kommen zu können.

Noch ein Wort zum Schluss: Es ist nur zu natürlich und verständlich, dass Sicherheit für Menschen ein hohes Gut ist und sie einen berechtigten Anspruch darauf haben. Diesem Anspruch fühlen wir uns verpflichtet. Ebenso sicher ist es aber auch, dass es eine vollkommene Sicherheit nicht geben kann. Ein Restrisiko bleibt, in jedem Bereich unseres Lebens. Selbst bei dem, was uns das Liebste und Wertvollste ist, bei unseren Kindern, stoßen wir bei allem Bemühen an unsere Grenzen. Auch für sie gibt es diese vollständige Sicherheit nicht. Und wie schützen wir sie und damit uns? Wir versuchen sie so zu erziehen, dass sie ihr Leben meistern. Nicht immer gelingt uns das so, wie wir es uns wünschen.

Bei der Therapie in einer forensischen Klinik geht es viel um Erziehung, um „Nacherziehung". Damit Menschen etwas selbstständig leisten können, müssen sie es selbst tun, in eigener Entscheidung, auf ihre eigene Weise, in eigener Verantwortung. Auch einen Fahrschüler wird man nicht sofort alleine in das Zentrum einer Großstadt schicken. Wenn er aber genug geübt hat an der Seite seines Fahrlehrers und er die Prüfung besteht, er also eine gute Prognose erhält, dann darf er alleine fahren, auch mitten in das Zentrum und wohin immer er will. Und er muss beweisen, dass er den Anforderungen gerecht wird. Wir alle wissen: auch das geht nicht immer gut. Werfen wir deshalb den Schlüssel weg?

Nur wenn forensische Kliniken als ein Bestandteil der Gesellschaft mit einer der Gesellschaft dienenden Aufgabe verstanden und empfunden werden, nur dann werden auch die Patienten, die sie durch die Behandlung gemäß ihres gesetzlichen Auftrags zu einer Wiedereingliederung in die Gesellschaft vorbereiten sollen, angenommen werden können.

---

[1] Paragraf 137 StrafvollzugsGesetz.

Entwicklungen in der Psychiatrie der letzten 20 Jahre am Beispiel der Tagesklinik des Zentrums für Soziale Psychiatrie Am Mönchberg in Hadamar

Heinz Leising

Seit 100 Jahren existiert die Anstalt auf dem Berg in Hadamar. Der Name wandelte sich zunächst von „Landes-Pflegeanstalt" (1907)[1] über „Landes-Heil- und Erziehungsanstalt" (1920)[2] zu „Landes-Heilanstalt" (1933)[3]. Nach dem Zweiten Weltkrieg führte sie die Bezeichnung Psychiatrisches Krankenhaus. Heute heißt sie Klinik für Psychiatrie und Psychotherapie, die als Betriebszweig des Zentrums für Soziale Psychiatrie Am Mönchberg in Hadamar geführt wird. Auch heute noch wird sie zuweilen einfach „die Anstalt" oder „der Berg" genannt.[4] Die unterschiedlichen Namensgebungen weisen auf die unterschiedlichen Vorstellungen zur Behandlung psychisch Kranker hin. Die Pflegeanstalt war eine Verwahranstalt, das psychiatrische Krankenhaus rückte näher an die somatische Medizin heran, man versuchte, eine Gleichstellung zu anderen, somatischen Krankheitsbildern herzustellen, auch um der Stigmatisierung psychisch Kranker entgegen zu wirken. Mit dem Begriff „Zentrum für Soziale Psychiatrie" kommt der sozialpsychiatrische Aspekt zum Tragen: weg von der Langzeithospitalisierung der Heil- und Pflegeanstalten hin zu gemeindenahen Systemen mit einer Reintegration der Patienten in die Kommunen.

Exemplarisch soll am Aufbau der Tagesklinik des Zentrums für Soziale Psychiatrie Am Mönchberg in Hadamar dargestellt werden, wie sich Psychiatrie in den letzten 20 Jahren, dem Zeitraum, den der Autor überblickt, hier vor Ort gewandelt hat.

Den Landeswohlfahrtsverband Hessen habe ich am 2. Mai 1974 als Medizinalassistent im Psychiatrischen Krankenhaus Marburg Süd kennen gelernt. Die damaligen täglichen Unkosten für einen Patienten lagen bei lediglich 60,– DM, dank der hauseigenen Landwirtschaft und der vielen Regiebetriebe (Bäckerei, Wäscherei, Küche) im Sinne einer weitgehenden preiswerten Selbstversorgung. Nach der Facharztausbildung an der Universitätsnervenklinik Marburg auf dem Ortenberg und wieder im Psychiatrischen Krankenhaus Marburg Süd war ich anderthalb Jahre an das Städtische Krankenhaus nach Fulda delegiert zum Aufbau einer psychiatrischen Behandlungseinheit mit Ambulanz, Tagesklinik und stationärem Bereich. Es war die Zeit der Außenstellen der größeren psychiatrischen Krankenhäuser, um die Wege für den jeweiligen Patienten in ihrem Einzugsgebiet zu verkürzen (Gemeindenähe!). Mein Aufenthalt in Fulda bot Gelegenheit, neue Konzepte in neuen Räumen zu installieren, in

Eingang zum Zentrum für Soziale Psychiatrie, Foto 2006 (Aufnahme Frank Mihm)

Seitenansicht des renovierten alten Krankengebäudes in Hadamar, Foto 2006 (Aufnahme Frank Mihm)

unserem Fall eine kleine stationäre Einheit mit 34 Betten im ehemaligen Schwesternwohnheim und eine Ambulanz und Tagesklinik im ehemaligen Kindergarten der Städtischen Kliniken.

Mit diesen Vorerfahrungen kam ich am 10. März 1986 als Ärztlicher Direktor in das damalige Psychiatrische Krankenhaus Hadamar. Tagesklinisches Arbeiten und Institutsambulanzen waren hier noch nicht etabliert. Tagesbehandlungen muss man sich so vorstellen, dass ein Patient, wenn es ihm besser geht, tagsüber auf seiner Station weiter betreut wird, aber abends nach Hause in sein intaktes Umfeld zurückkehrt. Das waren und sind Überlegungen, stationäre Behandlungen kostengünstiger zu gestalten, im Verhältnis 2/3 zu 1/1, das heißt, baut man drei stationäre Betten ab, gewinnt man dafür vier tagesklinische Plätze. Mit diesem Vorgehen wurde eine 24-stündige, vollstationäre, überfürsorgliche Rundumversorgung aufgegeben. Solange der Patient auf der Station verbleibt, auf der er initial stationär behandelt wurde, nennt man seinen Status „integriert teilstationär", er ist ein so genannter Halbtagspatient. Solche Behandlungsplätze wurden hier vereinzelt auf offenen psychiatrischen Allgemeinstationen eingerichtet. Anfänglich gelang das natürlich nur holprig, bruchstückweise, weil Mitarbeiter aus dem Mutterhaus nur zu geringen Anteilen in der Tagesklinik mitarbeiteten. Die Tagesklinik konnte sich erst richtig etablieren, als die Patienten immer zahlreicher wurden und sich um sie herum ein regelrechtes multiprofessionelles Team formierte mit therapeutischen Wochenplänen. Die Tagesklinik wurde immer selbstständiger, der Platzbedarf wurde naturgemäß auch immer größer und eben deshalb musste die Tagesklinik einige Male umziehen: zuerst ins Klostergebäude auf circa 190 Quadratmeter, dann ins Haus 5, ins erste und zweite Obergeschoss, auf 350 Quadratmeter und schließlich in die Stadt Limburg auf 450 Quadratmeter. Das korrelierte mit einer durchschnittlichen Patientenzahl von fünf bis zehn, letztlich 15 Patienten.

Anfang 2003 ist die selbstständige Tagesklinik nach Limburg umgezogen in die dritte Etage eines Geschäftshauses im Stadtzentrum. Neben der Einrichtung in Limburg gibt es nach wie vor integrierte tagesklinische Plätze auf den jeweiligen Stationen des Mutterhauses als Anhängsel der Suchtstation und der offenen allgemeinpsychiatrischen Station. In der Tagesklinik Limburg liegt das Selbstverständnis in der Möglichkeit zu Krisenintervention, um eine vollstationäre Behandlung zu vermeiden. Das Angebot kann auch zu einer weiteren Stabilisierung einer vollstationären Behandlung genutzt werden. Die Tagesklinik bietet alle diagnostischen und therapeutischen Möglichkeiten einer vollstationären Behandlung, auch im Rückgriff auf das Hadamarer Mutterhaus (acht Kilometer entfernt) mit seinen verschiedenen Angeboten wie Bewegungstherapie, Krankengymnastik, medizinische Bäder oder Sport auf einer eigenen Sportanlage.

Die medizinisch-diagnostischen Aspekte werden dort ergänzt durch ein modernes klinisches Labor und eine EEG- / EKG-Abteilung. Die Ziele der Behandlung orientieren sich an der aktuellen Lebenssituation der Patienten und beziehen diese in die Behandlung mit ein. Die Eigenverantwortlichkeit und Selbstbestimmung der Patienten soll im direkten psychosozialen Umfeld gefördert werden. Die Aufnahme erfolgt in einem Vorstellungsgespräch nach Einweisung durch Haus- oder Facharzt. Zu Beginn der Behandlung können Probetage vereinbart werden, um herauszufinden, ob die tagesklinische Behandlung das geeignete Therapieangebot darstellt. Aggressivität, Abhängigkeitsproblematik und Selbstmordgefährdung sind Ausschlusskriterien.

Das Team setzt sich multiprofessionell zusammen entsprechend den Möglichkeiten der Personalverordnung in der Psychiatrie (Fachärzte, Psychologen, Sozialarbeiter, Fachkrankenpfleger, Beschäftigungs-, Kunst- und Sporttherapeuten) und bietet für psychisch kranke Patienten ab dem 18. Lebensjahr folgende Hilfen an:

Medizinisch-psychiatrische Diagnostik und Therapie einschließlich eventuell notwendiger medikamentöser Behandlung; Gruppen- und Einzelpsychotherapie; Psychoedukation, das heißt, Vermittlung von Informationen über die Erkrankung; soziotherapeutisches Training; Beratung und Hilfestellung bei sozialen und beruflichen Problemen; Freizeitgestaltung; alltagspraktische Trainingsmaßnahmen für eingebüßte Fähigkeiten; Ergotherapie; Kunsttherapie, Körper- und Bewegungstherapie; Kognitives Training, das heißt, Förderung der geistigen Funktionen; Familienaufstel-

Kunst vor dem Klostercafé, Foto 2006 (Aufnahme Frank Mihm)

lungen; Entspannungsverfahren; Angehörigenarbeit; Angehörigentreffen; Ehemaligentreffen.

Das Behandlungsangebot orientiert sich an einem multifaktoriellen Krankheitsgeschehen mit biologischem Schwerpunkt. Bei einer psychopharmokotherapeutischen Basisbehandlung werden psychotherapeutische Verfahren wie Tiefenpsychologie und Verhaltenstherapie angewendet. Dazu kommen die soziotherapeutischen Maßnahmen. Diese Konstrukte beruhen auf dem Konzept, die jeweiligen Behandlungsstränge als Teile eines Ganzen zu sehen. Am Anfang steht eventuell ein stationäres Bett, dann folgt eine tagesklinische Behandlung zur Verkürzung oder auch als Ersatz für den stationären Aufenthalt und dann eine ambulante Weiterbetreuung. An jedem Punkt kann man in der Behandlung ein- oder aussteigen. Um die in der Psychiatrie so wichtige Behandler-Kontinuität zu wahren, sind alle Mitglieder des multiprofessionellen Teams an allen Stellen mit eingebunden, das heißt, ein leitender Arzt in der Suchttherapie kennt die Patienten als stationären, teilstationären oder ambulanten Patienten, da er in allen drei Behandlungsschwerpunkten anteilig arbeitet. Das ist für alle Abteilungen in der Allgemeinpsychiatrie realisiert, so für die Erwachsenenpsychiatrie, die Suchttherapie und die Gerontopsychiatrie.

Die Entwicklung der Tagesklinik spiegelt die Wandlungen der Psychiatrie seit den 1970er Jahren in vielen Belangen wider. Erste Anfänge soll es bereits in den 1930er Jahren in der Sowjetunion gegeben haben. Mitte der 1940er wurden in Nordamerika erste Tageskliniken eröffnet, die gruppen- und milieuorientiert waren und auch versuchten, akut psychisch-kranke Menschen teilstationär zu behandeln. Grundgedanke war, ambulante Behandlungen tagesklinisch so zu intensivieren, dass stationäre Behandlung verzichtbar wurde. In Deutschland wurden in den 1960er Jahren die ersten Tageskliniken eröffnet für Kinder- und Jugendpsychiatrie und für chronisch Kranke. Chronisch psychisch Kranke gab es kaum im öffentlichen Bewusstsein. Die deutsche Psychiatrie war rückständig. Erst Anfang der 1970er Jahre wurden durch Enthospitalisierung von chronisch Kranken frühe Tageskliniken notwendig. Dies waren erste Initiativen einer Reintegration chronisch psychisch Kranker in die Gemeinden und der Anfang einer modernen zeitgemäßen Psychiatrie. Dies wiederholte sich noch einmal in einer zweiten Enthospitalisierungswelle Anfang der 1990er Jahre.

Einem Sachverständigen-Bericht im Jahre 1975[5] zufolge ist Tagesbehandlung hinreichend für die meisten psychischen Störungen. Der Wert des klinischen Bettes nimmt ab, die familiäre Umgebung wird zunehmend wichtiger und in die Behandlung mit einbezogen. Nach wie vor dominiert aber der Betten- und Krankenhaus-Zentrismus, nicht zuletzt, weil Ärzte, Patienten und Angehörige diese Behandlung vorziehen. Die mit tagesklinischer Behandlung wenig Vertrauten misstrauen immer noch deren Effektivität. Schwerkranke fühlen sich bisweilen überfordert, schon wegen ihrer Ambivalenz der Therapie gegenüber. Verständlich ist auch der Standpunkt mancher Angehöriger, die durch lange Krankheit ihrer Familienmitglieder erschöpft sind und eine Auszeit brauchen. Uns erscheint tagesklinische Behandlung für psychisch Kranke als Modell einer zeitgemäßen psychiatrischen Organisationsform. Auf den Punkt gebracht wird sich künftig die Frage stellen, geht das Allermeiste teilstationär und ambulant, das Notwendige und Beschwerliche stationär?

Chronologisch stellt sich die Verbreitung des Tagesklinik-Konzeptes etwa wie folgt dar:

1933 wird in Moskau das erste Krankenhaus ohne Bett eröffnet. 1946 wird in Montreal eine Tagesklinik gegründet. 1946 entsteht in London eine Tagesklinik mit Einzel- und Gruppenbehandlung. 1961 nimmt eine Tagesklinik für Kinder- und Jugendpsychiatrie in München ihren Betrieb auf. 1962 entsteht eine Tagesklinik der Frankfurter Universität als Teil eines sozial psychiatrischen Systems. 1967 werden Tageskliniken an der Landesklinik Düsseldorf und der Universität Heidelberg eröffnet, 1968 entstehen Tageskliniken in Hannover, Stuttgart und Tübingen. 1970 bis 1980 werden doppelt so viele Tageskliniken gegründet wie in den Jahren von 1962 bis 1969. 1977 wird eine Tagesklinik der Psychiatrischen Universitätsklinik Münster angegliedert. 1980 bis 1983 sind so viele Neueröffnungen zu verzeichnen wie im Jahrzehnt zuvor. 1986 bestehen geschätzte 120 bis 150 Tageskliniken mit 2400 bei 3000 Plätzen. 1995 verfügt beinahe jedes psychiatrische Krankenhaus über eine Tagesklinik. 1998 wird zwischen Sucht-, gerontopsychiatrischen und allgemeinpsychiatrischen Tageskliniken unterschieden.[6]

Das wichtigste Argument für eine tagesklinische Behandlung besteht für die Patienten darin, dass sie jederzeit über sich selbst verfügen können. Dann sind sie mit der Behandlung zufrieden. Die moderne Psychiatrie erkennt die Vorteile der sich selbstbestimmenden mündigen Patienten, die sich in die Therapie aktiv einbringen. Angehörige haben das Familienmitglied gerade bei positivem Therapieverlauf lieber bei sich als in den wenig durchlässigen Klinikabteilungen. Mitte des 19. Jahrhunderts hielt man es noch für gut und richtig, den Patienten im Grünen und in ruhiger, reizarmer Umgebung unterzubringen. Damals wurde kontrovers diskutiert, ob die weit entfernt liegende Anstalt oder das Stadtasyl die richtige Form der Unterbringung sei. Heute kehrt das „Asyl" gemeindenah in die Stadt zurück, wenn denn nicht längst die Stadtentwicklung die psychiatrischen Krankenhäuser am Stadtrand eingeholt hat oder dies in Form von Tageskliniken geschieht.

Ende der 1970er gab es neben den großen psychiatrischen Kliniken eine wenig differenzierte psychiatrische Versorgung und wenig niedergelassene Fachkollegen. Es bedurfte einer strukturellen Reform. Ein wesentlicher Grundsatz war die Gemeindenähe. Längere Hospitalisierung bedeutete den Verlust an sozialen Kontakten mit einer großen Distanz zur Familie und zur Herkunftsgemeinde. Es war die Zeit der Dezentralisierung, die zu kleineren Diensten und Institutionen führte. Man wollte weg von den großen Formen, in denen der einzelne Patient kaum vorkam, zu wenig Rechte erhielt und zu wenig Einfluss hatte auf seine Milieu- und Therapiegestaltung. Das Leben hatte man für die Patienten regelrecht veranstaltet.

Tageskliniken sind heute kleine Einheiten in manchmal großen Gebäuden. Sie bleiben aber dennoch sehr überschaubar. Die Behandlung ist im Grunde näher an den Patienten herangerückt. Patienten und Familie stehen mehr im Fokus der Psychiatrie. Wochenpläne weisen aus, dass der Trend psychiatrischer Behandlung immer stärker in Richtung Tageskliniken geht. Dabei hält die Psychotherapie Einzug in Form von Verhaltenstherapie. Moderne Psychopharmaka verhindern die kognitive Einengung, die motorische Inaktivierung. Solches trägt zum therapeutischen Milieu bei, ebenso neue Konzepte, die dem Patienten eine aktive Rolle in seiner Therapie einräumen, z. B. durch Psycho-Edukation, die den Patienten zum Kenner seiner Erkrankung macht. So erfährt er alles über seine Krankheit, deren Frühsymptome, seine eigenen aktiven therapeutischen Möglichkeiten, die medikamentöse Behandlung mit ihren Risiken und den Verlauf der Erkrankungen.

Einige Parameter illustrieren den strukturellen Wandel hier in Hadamar in den letzten 20 Jahren. So haben wir die Bettenzahl um die Hälfte auf circa 100 reduziert, die mittlere Verweildauer im stationären Bereich ist von 50 auf 20 Tage gesunken. Die Zahl der Ambulanzpatienten ist von 0 auf 1300 gestiegen, die der Tagesklinik von 0 auf durchschnittlich 20.

Die Tagesklinik in Limburg pflegt rege Kontakte zu komplementären Einrichtungen (zum Beispiel zu Diakonie, Caritas u.a.).[7] Sie unterstützt auch den psychosozialen Dienst beim Gesundheitsamt Limburg personell durch Fachärzte.[8] Zu ihren Aufgaben gehört u.a. die fachpsychiatrische Beratung von Ämtern und Behörden, die Mitwirkung bei planerischen und koordinatorischen Maßnahmen des Gesundheitsamtes auf dem Gebiet der psychiatrischen Versorgung et cetera.[9]

Qualitätsaspekte greifen, es steht dem Patienten frei, in die Tagesklinik zu gehen oder auch nicht, was naturgemäß seine Zufriedenheit beeinflusst. Von der Gesundheitspolitik wird derzeit erwartet, dass circa 20 Prozent der Behandlungsplätze in einem psychiatrischen Krankenhaus für die Tagesklinik zur Verfügung stehen.[10] Dieses Zwischenziel haben wir bis dato erreicht. Gegenwärtig findet bei uns eine Differenzierung der Tagesklinik in einen sucht-, geronto- und allgemeinpsychiatrischen Bereich statt.

Waren es 1975 die Enquete-Kommission[11] und 1988 die Empfehlung der Expertenkommission der Bundesregierung[12], welche die Entwicklung bestimmten, so übernimmt heute betriebswirtschaftliches Denken die Rolle des Motors. Die Ressourcen im Gesundheitswesen sind knapp, die stationäre Psychiatrie konkurriert mit anderen Fachrichtungen, mit ambulanten Anbietern, niedergelassenen Ärzten oder mit Apothekern um die begrenzten Mittel. Spürbar ist der Druck der Kostenträger auf die stationäre Behandlung von Suchtkranken und chronisch-psychisch Kranken, weil die Verweildauer im Krankenhaus so kurz wie irgend möglich gehalten werden soll. Psychiatrische Tageskliniken stellen nach unserer Überzeugung einen Teil der Lösung des Problems dar. Sie nehmen angemessen an der Versorgung psychisch Kranker teil. Sie sollten kundenorientiert weiterentwickelt werden.

---

[1] Vgl. Verhandlungen des 41. Kommunallandtags des Regierungsbezirks Wiesbaden vom 27. Mai bis 4. Juni 1907, Wiesbaden 1907, S. 158.

[2] Bettina Winter, Die Geschichte der NS-„Euthanasie"-Anstalt Hadamar, in: Landeswohlfahrtsverband Hessen (Hg.), „Verlegt nach Hadamar". Die Geschichte einer NS-„Euthanasie"-Anstalt, (= Historische Schriftenreihe des Landeswohlfahrtsverbandes Hessen, Kataloge, Bd. 2), Kassel 2002, S. 31.

[3] Heidi Schmidt-von Blittersdorf/Dieter Debus/Birgit Kalkowsky, Die Geschichte der Anstalt Hadamar von 1933–1945 und ihre Funktion im Rahmen von T4, in: Dorothee Roer/Dieter Henkel (Hg.), Psychiatrie im Faschismus. Die Anstalt Hadamar 1933–1945, 2. Auflage, Frankfurt am Main 1996, S. 58–120, hier S. 59.

[4] Karl-Joseph Stahl, Hadamar, Stadt und Schloss. Eine Heimatgeschichte anlässlich der 650-Jahrfeier der Stadtrechteverleihung an die Stadt Hadamar 1974, Hadamar 1974, S. 110.

[5] Deutscher Bundestag (Hg.), Psychiatrie-Enquete-Kommission. Bericht über die Lage der Psychiatrie in der Bundesrepublik Deutschland. Zur psychiatrisch und psychotherapeutisch/psychosomatischen Versorgung der Bevölkerung, Drucksache 7/4200 (25. 11. 1975), Bonn 1975.

[6] Bernd Eickelmann (Hg.), „Die psychiatrische Tagesklinik", Stuttgart 1999.

[7] Gesundheits- und Umweltamt Limburg-Weilburg, Abteilung Gesundheit (Hg.), Psychiatrieplan des Landkreises Limburg-Weilburg, veröffentlicht am 03. 07. 1998, S. 36.

[8] Kooperationsvereinbarung zwischen dem Landeswohlfahrtsverband Hessen, Verwaltungsausschluss „Institutsambulanz" (15. 05. 1987) und dem Landkreis Limburg-Weilburg, Kreisausschuss „Sozialpsychiatrischer Dienst" (26. 03. 1987).

[9] European Foundation of Quality Management (EFQM), Selbstbewertung – Richtlinien für den öffentlichen Sektor, Brüssel 1996.

[10] Hessisches Sozialministerium Wiesbaden, Krankenhausplan des Landes Hessen, Feststellungsbescheid vom 20. 12. 2005, AZ: VII 5 A – 18 h 28 09.

[11] Deutscher Bundestag (Hg.), Psychiatrie-Enquete-Kommission (Anm. 5).

[12] Deutscher Bundestag (Hg.), Empfehlungen der Expertenkommission der Bundesregierung zur Reform der Versorgung im psychiatrisch und psychotherapeutisch/psychosomatischen Bereich (11. 11. 1988), Bonn 1988.

Ein persönlicher Rückblick auf die Entwicklung der Krankenpflege in Hadamar

Rainer Hönig

Mit dem Moped bin ich als 17jähriger im vernebelten Morgen des 15. Oktober 1971 zum Psychiatrischen Krankenhaus nach Hadamar gefahren. Ein paar Wochen zuvor war ich diese Strecke schon einmal gefahren. Damals war es sonnig, und ein netter ärztlicher Direktor mit beinahe väterlichen Zügen führte das Bewerbungsgespräch mit mir. Gesehen hatte ich nicht viel und schon gar keine Station. An diesem Morgen bildete ich mir ein, neugierig zu sein, aber wahrscheinlich war mir einfach nur bange. Ich hatte eine Vorstellung davon, wie eine „normale" Krankenstation aussieht, aber eine Station in der Psychiatrie? Wenn ich das Moped wieder starte, habe ich den ersten Arbeitstag hinter mir und werde sehen, worauf ich mich eingelassen habe, dachte ich mir.

Zunächst wurde ich ganz in Weiß eingekleidet, Jacke und Hose und erhielt einen riesigen Schlüssel. Im Laufe des Tages begegnete mir ein Mann, der genau so gekleidet war wie ich und auch auf mich so wirkte, wie alle meine Bekannten. Diesmal war aber die Kleidung die eines Malers und der Mann war ein Patient und hatte auch keinen riesigen Schlüssel. Riesig war auch mein Arbeitsplatz – der Wachsaal! Damals trafen Bezeichnungen noch zu. Der Saal reichte vom Ende der heutigen Ambulanz bis zur Eingangstür der Cafeteria. Dort, wo heute der schöne Erker ist, befand sich damals durch eine Zwischenwand getrennt links das Badezimmer mit zwei Wannen, die am Badetag einmal pro Woche jeweils von zwei Patienten gleichzeitig benutzt wurden und rechts die immer übel riechende Toilette. Durch die Geschlechtertrennung gab es keine Verwicklungen – zumindest nicht mit dem weiblichen Geschlecht. Die heutige Raucherzone war seinerzeit durch eine Wand abgetrennt und bildete den Tagesraum, der voller Rauchschwaden war und in dem ein abschließbarer Fernseher stand. Dort waren die Patienten unter Beaufsichtigung einer Pflegeperson stundenlang eingesperrt. Mit Ausnahme von einem Arztzimmer, einem Büro des Pflegedienstleiters und einem Behandlungszimmer sowie einer kleinen Küche, die vom Innenhof auch durch das Fenster betreten werden konnte, war die übrige riesige Fläche voll gestellt mit Betten.

Die Patienten wurden immer wieder durch die wenigen Ärzte in das Arztzimmer zu Gesprächen geführt. Ansonsten sprach der Pflegedienst mit den Patienten. Diese Gespräche begannen oftmals in einem vorwurfsvollen Ton, was ich sofort nachmachte. Sie gaben mir das Gefühl, von einem Tag auf den anderen ein erwachsener Mensch geworden zu sein, der älteren Menschen sagte, wo es lang ging. Wenn sich dann die Patienten nach einigen Tagen wieder besser fühlten, teilten sie mir in dem einen und anderen Fall schon mit, dass ich ja wohl noch zu jung für diese Erwachsenenrolle sei, man aber dennoch froh gewesen ist, dass sich jemand mit ihnen unterhalten habe. So was! Sollten die Patienten vernünftiger als ich sein?

In dieser Zeit wurde mehr oder weniger über eine merkwürdig klingende Wortschöpfung geredet: „Psychiatrie-Enquete-Kommission". Donnerwetter! Das Aussprechen dieses „Wortes" im Bekanntenkreis sorgte schlagartig für Aufmerksamkeit und tumultartige Diskussionen. Vier Jahre später legte diese Kommission ihren Hauptbericht vor, und wir in Hadamar hatten das Gefühl, schon vorher im Sinne des Hauptberichtes reformerisch vorgegangen zu sein.

Gemeindenahe Versorgung: Wir sind tatsächlich schon vereinzelt mit Patienten, die wenig oder gar keinen Kontakt zu Angehörigen hatten und so genannte Langzeitpatienten waren, mit dem eigenen PKW in deren Heimat gefahren und haben sie sich erinnern lassen.

Bedarfsgerechte und umfassende Versorgung: Neben der ärztlich-pflegerischen Versorgung kam psychologische und sozialarbeiterische Betreuung hinzu. Veraltete Medikamente (die zum Teil durch verheerende Duftströme gleich auf das Pflegepersonal mit wirkten) wurden durch moderne ersetzt. Die Beschäftigungs- und Arbeitstherapien außerhalb der Stationen sowie die Außenaktivitäten in die Stadt und die Umgebung von Hadamar wurden erweitert. Die Angehörigen wurden auch vom Pflegedienst in Gespräche mit einbezogen. Die katholische Kirche stellte eine Laienhelfergruppe zusammen.

Was hatte uns so weit gebracht? Ein Reporter hatte sich 1973 verdeckt unter den Pflegedienst einer LWV-Einrichtung (nicht Hadamar) eingeschlichen und seine Erlebnisse im „Stern" unter dem Titel „Als Pfleger in der Schlangengrube" veröffentlicht. Dieser Artikel wurde gemeinsam mit dem damaligen ärztlichen Direktor von Hadamar, Dr. Groneberg, den Ärzten und dem Pflegedienst in den gerade bezogenen Neubauten besprochen. Schockierend und an alltägliche Situationen erinnernd nahm wohl jeder für sich etwas aus diesen „Rückmeldungen" mit. Hinzu kam, dass bereits 1969 der LWV Veränderungen der psychiatrischen Versorgung gefordert hatte.

Lag es an der Geschlechtertrennung oder waren die damaligen Leute einfach nur gut? Die Frauenstationen bastelten mit neu hinzugekommenen Berufsgruppen an Stationskonzepten, und wir in den Männerstationen, gerade befreit von den täglichen Reinigungsarbeiten durch die Einstellung von Reinigungskräften, wollten auch nicht mit leeren Händen da stehen. Es gab gemeinsame Besprechungen zwischen den Männer- und Frauenstationen, da wollte man schon imponieren. Ich wollte besonders gut sein und habe dabei gleich meine spätere Frau kennen gelernt.

Die Neubauten – damals schon hässliche Klötze mit verfluchten Flachdächern und dann auch noch die beiden nicht zu übersehenden Schornsteine vor der Küche – waren ein Segen für die Klinik. Mit der Inbetriebnahme der neuerrichteten Gebäude Mitte der 70er Jahre zog ein neuer Geist ein. In dem Durcheinander der monatelangen Umzüge hatte man festgestellt, dass der Aktivismus und die logistischen Fähigkeiten der Patienten unterschätzt worden waren. Wir hatten plötzlich Funktionsräume, die der gemeinsamen Begegnung von Patienten und Personal dienten. Manch ein Mitarbeiter war darüber so sprachlos, dass er die Patienten reden ließ und sich dann wunderte, dass das Patientengerede ernst genommen und in die Behandlung mit aufgenommen wurde. Ja, einige der Kollegen standen der rasanten Entwicklung gar fassungslos mit beiden Händen in den Hosentaschen „gegenüber". Ich glaube, damals lernte die Psychoedukation das Laufen.

Ab Mitte der siebziger Jahre sollten die Langzeitpatienten aus den Krankenhäusern entlassen und in Heime verlegt werden. Es sollte in den Krankenhäusern nicht mehr *gewohnt* werden. Das Ganze hatte natürlich auch einen knackigen Begriff: „Enthospitalisierung". Ich habe noch die Sätze wie „einen alten Baum verpflanzt man nicht" im Ohr. Grundsätzlich ist diese Entscheidung nicht zu kritisieren. Aber die Tatsache, dass

Teambesprechung im Funktionsbereich zwischen medizinischen, therapeutischen und pflegerischen Mitarbeitern in Hadamar 1977 (Aufnahme Franz Raab, LWV Pressestelle)

mit dieser Umsetzung zu einem Zeitpunkt begonnen wurde, da viele, sehr viele, Patienten schon seit Jahren und Jahrzehnten in Krankenhäusern wohnten und jetzt um der Systematik willen verlegt werden sollten, traf dann doch recht viele Patienten sehr hart. Daher wurde dieses Vorgehen erst einmal in Hadamar gestoppt. Ich bin nach wie vor davon überzeugt, dass es richtig gewesen ist, rund zehn Jahre später einen eigenen Wohn- und Pflegebereich für die ehemaligen Patienten in eigener Regie anzubieten. Dass diese Entscheidung richtig gewesen ist, zeigt sich auch daran, dass solch namhafte Anbieter wie die Lebenshilfe oder der Internationale Bund in unseren Räumlichkeiten mit Übernahme unserer Mitarbeiterinnen und Mitarbeiter einen eigenen Wohn- und Pflegebereich aufbauen und betreiben wollten.

Kommen wir noch einmal zurück in die 70er Jahre. Männer und Frauen sollten gemeinsam mit getrennten Schlaf- und Sanitärräumen auf einer Station behandelt werden, um somit ein Stück weit „Normalität" zu schaffen. Dies zerrte schon an manchen Kollegennerven. Als dann auch noch Anfang der 80er Jahre die ersten Fachkrankenschwestern und -pfleger mit stolzgeschwellter Brust nach zweijähriger Weiterbildung und Entwicklung eines gewissen Korpsgeistes auftraten, da war es an der Zeit, mehrmals über den Eigensinn von Behandlungskonzepten und vor allen Dingen über die Stationsordnungen zu reden. Vielleicht begann zu dieser Zeit die Unsitte, sich von Zeit zu Zeit mit sich selbst mehr als mit den Patienten zu beschäftigen. Jedenfalls hat unser Haus auch diese Zeiten gut überstanden, und heute ist es selbstverständlich, weitergebildetes Pflegepersonal in den eigenen Reihen zu haben.

Aus dieser Mischung ergibt sich jährlich ein Fortbildungskatalog speziell für den Pflegedienst, erstellt vom Pflegedienst in Zusammenarbeit mit anderen Berufsgruppen. Auf jeden Fall sollten Sie, verehrte Leserin und verehrter Leser, im Anhang das vom Pflegepersonal entwickelte „Pflegeleitbild" näher betrachten. Auch wenn Sie vielleicht an den Aussagen den einen oder anderen Zweifel haben sollten, wir arbeiten tatsächlich nach diesen Leitsätzen, an manchen Tagen besser wie an anderen Tagen. Und sollte es Ihnen zu textlastig sein, so schreiben Sie uns, wir freuen uns über jede Anregung.

Zuvor lassen Sie mich aber noch etwas zu dem Thema Langzeitpatienten und „Enthospitalisierung" sagen. Trotz aller guten Absichten, dass Kranke und Behinderte nicht in einem Krankenhaus wohnen sollten, benötigen einige von diesen Menschen nach wie vor Unterstützung. Es kann nicht sein, wie vor über 20 Jahren in Norditalien geschehen, dass die psychiatrischen Einrichtungen aufgelöst werden mit der Absicht, dass sich die „Nicht-psychisch-Kranken" vor Ort um die bisherigen Patienten kümmern sollen. Im Nachhinein stellte sich heraus, dass dies so nicht funktionierte und manch ein „Ehemaliger" auf der Straße oder gar nach einem Marsch über die Alpen in der Münchner Fußgängerzone landete. Mittlerweile dürfte unbestritten sein, dass für einzelne Problemgruppen außerhalb von psychiatrischen Kliniken nicht genügende beschützende Lebensformen angeboten werden. Diese psychisch Kranken und auch Suchtabhängige fal-

Hinweis auf die Krankenpflegeschule in Hadamar, Foto 2006 (Aufnahme Frank Mihm)

len irgendwann kriminell auf und landen in forensischen Kliniken. Hier könnten wir mit Zustimmung der Kostenträger unser Behandlungsangebot erweitern.

1977 behandelten wir die ersten suchtabhängigen „Maßregelvollzugs-Patienten" auf einer geschlossenen Station in der Allgemeinpsychiatrie. Wir waren neugierig und mutig, wussten wir doch über Suchtbehandlung Bescheid (schließlich stand jahrelang an der Hundsanger Straße ein großes Schild mit der Aufschrift, dass hier der LWV eine Suchtklinik baut). Die kriminellen Drogenabhängigen hatten die Angewohnheit, viele Dinge selbst in die Hand zu nehmen und gleichzeitig die Alkoholiker als phantasielose Säufer anzusehen. Die Alkoholiker wurden hierüber wütend und beschimpften die Drogenabhängigen wegen ihrer körperlichen Symptomatik als „Klappstühle". Es galt jeden Tag für den Pflegedienst, bei diesen Streitigkeiten einzuschreiten, und somit wurden wir mit der Zeit zu „Experten des Reagierens". Mit dem Ergebnis, dass der Stationsschwester von den Drogenabhängigen gedroht wurde, sie aus dem Fenster zu schmeißen – was dann aber doch nicht geschah. Stattdessen wurde fast das gesamte Stationsmobiliar aus dem 5. Stock auf die Straße geworfen.

Da lag die Station nun im Freien und wurde von der Presse bestaunt. Wohin mit den Patienten? Wir konnten sie ja nicht vor die Tür setzen. Es musste also eine eigene Station für den Maßregelvollzug her. Und es musste von der Politik gesagt werden, nach welchen Vorgaben denn eigentlich diese Patienten zu behandeln seien. Hastig wurde eine vorläufige Hausordnung vom LWV und dem Ministerium erarbeitet. 1983 wurden dann Ausführungsbestimmungen zum Paragraph 39 des Maßregelvollzugsgesetzes mit Geschäftsordnung und Hausordnung beschlossen.

Zu diesem Zeitpunkt wurden ein Gebäude mit zwei Stationen, ein denkmalgeschütztes Gebäude mit einer Station für Aufnahmen und sanktionierte Patienten sowie eine weitere Station in einem Gebäude der Allgemeinpsychiatrie für die Maßregelvollzugspatienten eingerichtet. Wir konnten jetzt Drogenabhängige und Alkoholabhängige von einander trennen und waren mächtig stolz auf unsere Arbeit und Erfolge. Wir erfuhren auch Anerkennung durch den Träger und die Politik sowie uns besuchende Einrichtungen aus anderen Bundesländern.

Doch in der Öffentlichkeit sah man das in weiten Teilen anders. Es wurde daran erinnert, das Hadamar im Dritten Reich eine Tötungsanstalt mit rund 15.000 Morden gewesen war. Es sollte nicht sein, dass hier wieder Menschen gegen ihren Willen eingesperrt werden. Landesweit und auch teilweise über die Landesgrenzen hinweg wurde Stimmung gegen Hadamar gemacht. In Hadamar sollte demonstriert werden! Daraufhin beschloss die Polizei zusammen mit der Klinik und der Stadt, das Klinikgelände und Teile der Stadt abzuriegeln. Hubschrauber kreisten, Wasserwerfer wurden postiert, und meine Station wurde aus Sicherheitsgründen in das Schloß nach Dehrn evakuiert. Beschämender Höhepunkt der Demonstration war eine dem damaligen ärztlichen Direktor ähnlich sehende lebensgroße Puppe, die am Geländer der Eisenbahnbrücke aufgehängt und dann verbrannt wurde.

Daraufhin wurde unter der damaligen CDU-Regierung die bestehende Zaunanlage um das Haus 4 zu einem Stück heruntergebaut. Von nun an gehörte es zum Muss eines jeden Patienten, mindestens einmal den Zaun zu Fluchtzwecken zu überwinden. Trotz Meldungen unsererseits tat sich aber nicht viel. Zwar gab es immer wieder Begehungen durch den Träger und das Ministerium, die mit Anweisungen und Empfehlungen einhergingen. Nur hatten wir keine Fachleute, die sich hundertprozentig mit dem Thema Sicherheit auskannten.

Dies sollte sich 1994 ändern. Mit der Einstellung eines Sicherheitsbeauftragten und der Zusammenarbeit mit dem Hessischen Landeskriminalamtes wurden Zaunanlage und weitere Sicherheitsvorkehrungen professionell ausgebaut. Und noch etwas sollte für zusätzliche Sicherheit sorgen: die Einstellung eines hauseigenen Sicherheitsdienstes! Die Mitarbeiterinnen und Mitarbeiter wurden und werden durch die Hessische Justizschule und zwei hauseigene Mitarbeiter geschult und übernehmen die Aufgaben, die früher vom Pflegedienst mitzumachen waren. Von nun an konnte sich der Pflegedienst auf seine eigentlichen Aufgaben konzentrieren. Seitdem können sich die Kolleginnen und Kollegen ohne Unterbrechung um das soziotherapeutische Milieu und die organisatorischen Arbeitsabläufe ihrer Stationen kümmern. Daher ist es mir unbegreiflich, dass Kollegen in anderen Bundesländern einen hauseigenen Sicherheitsdienst verteufeln und stattdessen vom Pflegedienst verlangen, weiterhin in der ambivalenten Rolle eines „Behandelnden" einerseits und eines „Schließers" andererseits tätig sein zu müssen. Wie hat unser ärztlicher Direktor einmal gesagt: „Selbst wenn die Jungs nur sitzen und Karten spielen würden, so hat sich ihre Präsenz schon längst in therapeutischer Hinsicht ausgezahlt."

Zusätzliche Baumaßnahmen waren erforderlich. Immer wieder mussten wegen steigender Patientenzahlen neue Stationen eröffnet werden. Hätten wir jedes Mal Richtfest gefeiert, wären wir aus dem Feiern gar nicht mehr herausgekommen. Ich hätte mir früher gar nicht vorstellen können, an welchen abenteuerlichen Bauplänen ich eines Tages mitwirken würde. Wir haben in über 20 Meter Höhe den wohl höchsten Hofgang Deutschlands gebaut, und ein Großteil unserer Patienten liegt in Doppelstockbetten.

Der Erfolg gibt uns Recht. In einem von der Landesregierung in Auftrag gegebenen Gutachten wird uns bestätigt, dass wir mit unseren Behandlungskonzepten auf dem richtigen Weg sind. Heute denken wir darüber nach, einen Teil unseres Gebäudekomplexes mit einer Mauer einzufrieden, vorhandene Gebäudeteile auszubauen und neue Gebäude zu errichten, um so der ständigen Überbelegung entgegenzuwirken.

Wenn ich an anderer Stelle darauf hingewiesen habe, dass wir männliche und weibliche Patienten gemeinsam in den Stationen behandeln, so gilt dies heute nicht mehr für den Maßregelvollzug, also für die Klinik für forensische Psychiatrie. Aufgrund unserer gemachten Erfahrungen haben wir bundesweit als zweite Sucht-Einrichtung eine separate Frauenstation eröffnet. Durch diese Geschlechtertrennung erreichen wir die Patientinnen, die mit rund fünf Prozent aller Patienten eine deutliche Minderheit darstellen, wesentlich wirkungsvoller.

Wir stehen weiterhin vor neuen Aufgaben. Unser Zentrum für Soziale Psychiatrie Hadamar, bislang in der Trägerschaft des Landeswohlfahrtsverbandes Hessen, soll in diesem Jahr zu einer gemeinnützigen GmbH umgewandelt werden. Dies ist politisch so gewollt und bei allen Vorbehalten vor dem Hintergrund der gesundheitsreformerischen Auswirkungen sicherlich auch richtig. Wir kennen riesige Krankenhausketten um uns herum in ganz Deutschland und europaweit. Da gilt es schon Vorsorge zu treffen, damit man nicht eines Tages unter die Räder kommt, sprich von einem Krankenhauskonzern geschluckt wird. Wer heute noch denkt, dass das Hadamarer Psychiatriezentrum dazu nicht attraktiv genug ist, der irrt gleich mehrfach. Die Klinik für Psychiatrie und Psychotherapie genießt einen ausgezeichneten Ruf über die Landesgrenzen hinweg. Vollstationäre, teilstationäre und ambulante Angebote sorgen für ein umfangreiches Versorgungsnetz. Welche Facharztpraxis bietet mit Fachärzten und Fachkrankenpflegepersonal Hausbesuche an? Für uns ist dies Alltag. Wir haben ein Wohn- und Pflegeheim für Menschen mit seelischer Behinderung. Es sollte ursprünglich nur für zehn Jahre gedacht sein. Nach über zehnjährigem Angebot ist es einfach nicht mehr wegzudenken. Und die Klinik für forensische Psychiatrie ist ein wirtschaftliches Standbein, um das uns viele Kliniken beneiden.

Für die Zukunft sind wir sicherlich gut aufgestellt. Gelassenheit ist trotzdem nicht angesagt. Wir müssen in unserer Ausstattung besser werden und können uns da noch einiges von psychotherapeutischen Kurkliniken abschauen. Und vor allem brauchen wir viel mehr Gemeinsamkeiten mit der Stadt Hadamar. Nur schimpfen, wenn in der „Bild-Zeitung" über unseren „Psychoknast" hergezogen wird, ist falsch. Fast 700 Mitarbeiterinnen und Mitarbeiter haben ein Recht darauf, in ihrer Arbeit anerkannt zu werden. Gehen wir also aufeinander zu, um uns besser kennen zu lernen.

Leitbild der Gesundheits- und Krankenpflegeschule
Zentrum für Soziale Psychiatrie Am Mönchberg Hadamar

Wir sind eine Gesundheits- und Krankenpflegeschule und bilden Gesundheits- und KrankenpflegerInnen aus.

Die Leitidee unseres Hauses ist uns dabei Auftrag und Verpflichtung: „Mensch, achte den Menschen".

Unser Handeln wird von den uns anvertrauten SchülerInnen bestimmt.

Gesundheits- und Krankenpflege stehen im Mittelpunkt der Ausbildung und werden im Rahmen des Krankenpflegeprozesses unter Einbeziehung der Bezugswissenschaften unterrichtet.

Dabei wollen wir die individuellen Fähigkeiten und Begabungen unserer SchülerInnen fördern.

Die Führung der Schule ist so gestaltet, dass sie Kooperation, Kommunikation, Entwicklung und Veränderung ermöglicht und fördert.

Eine offene und wertschätzende Atmosphäre ist uns dabei eine wichtige Basis.

Die Begleitung und Beratung der SchülerInnen auf dem Weg zum Berufsziel sind Teil unseres Bildungsauftrages und ist für alle Lehrkräfte bindend.

Neben traditionellem Unterricht werden Workshops, Projekte und Seminare durchgeführt. In einer modernen Lernwerkstatt mit freiem Zugang zu allen Medien arbeiten wir mit der Methode des problemorientierten Lernens (POL), welche den SchülerInnen ein eigenverantwortliches Lernen und Begreifen von komplexen Zusammenhängen ermöglicht.

Wir sehen uns in der Lehrerrolle als Moderator und fachlicher Berater innerhalb der Lernprozesse, wollen Neugierde wecken und aktive Mitarbeit fördern.

Wir wollen, dass Unterricht Spaß macht, und geben Raum für Lebendigkeit und Humor.

Krisen sehen wir als Chance für Veränderungen und unterstützen die Betroffenen, diese wahrzunehmen und zu nutzen.

Wir erwarten von den SchülerInnen aktive Mitarbeit und Mitgestaltung, eigenverantwortliches Handeln, Offenheit für Veränderungsprozesse sowie konstruktive Kritikfähigkeit.

Das Wohn- und Pflegeheim heute – ein Auslaufmodell?

Heiko Schmidt

Die vollstationäre psychiatrische Heimeinrichtung im Zentrum für Soziale Psychiatrie (ZSP) in Hadamar hat ihre geschichtliche Grundlage in der Psychiatrie-Enquête aus dem Jahr 1975. In dem „Bericht über die Lage der Psychiatrie in der Bundesrepublik Deutschland zur psychiatrischen Versorgung der Bevölkerung" vom September 1975 wurden vier Hauptempfehlungen definiert:

„– eine gemeindenahe Versorgung
 – eine bedarfsgerechte und umfassende Versorgung aller psychisch Kranken und Behinderten
 – eine Koordination aller Versorgungsdienste und
 – eine Gleichstellung von psychisch und somatisch Kranken."[1]

Eine Expertenkommission arbeitete in den folgenden Jahren zusammen mit der „Prognos AG"[2] in Köln „Empfehlungen zur Reform der Versorgung im psychiatrischen und psycho-somatischen Bereich"[3] aus. In 14 Modellregionen wurde eine wissenschaftliche Begleitforschung zum Modellprogramm Psychiatrie durchgeführt. 1988 wurden diese Empfehlungen der Öffentlichkeit vorgestellt. Seit der Psychiatrie-Enquête bestand die Forderung, alle diejenigen Kranken soweit als möglich in gemeindenahe Betreuungsformen zu entlassen, die der besonderen Behandlungsform des Krankenhauses nicht mehr bedürfen und in anderer Umgebung angemessener betreut werden können. In den psychiatrischen Krankenhäusern auch in Hessen war noch immer eine große Zahl an Langzeitpatienten untergebracht, die als so genannte Pflegefälle nicht mehr krankenhausbehandlungsbedürftig waren. Es wurde der Begriff „Enthospitalisierung", das heißt, die Rückführung von Langzeitpatenten in die Gemeinde geprägt.

Durch den Enthospitalisierungsbeschluss der Verbandsversammlung des Landeswohlfahrtsverbandes Hessen (LWV) vom 13. Oktober 1993 sollten chronisch psychisch Kranke, die nicht krankenhausbehandlungsbedürftig waren, in komplementäre Wohnformen in der Gemeinde entlassen werden. Dazu wurden ab diesem Zeitpunkt alle Krankenakten überarbeitet und neue Epikrisen angefertigt. Die Justus-Liebig-Universität in Gießen wurde vom LWV beauftragt, im Rahmen einer Studie den Prozess zu untersuchen. Die Ergebnisse wurden in der „Hessischen Enthospitalisie-

Heiko Schmidt

Patienten am Kiosk 1977 (Aufnahme Franz Raab, LWV Pressestelle)

rungsstudie"[4] für den Untersuchungszeitraum 1994 bis 1997 vorgelegt. Zur Koordinierung der Entlassungsvorbereitungen wurde auch in Hadamar ab 1994 eine „Enthospitalisierungsbeauftragte" eingesetzt, die für konzeptionelle Fragen und die Umsetzung des Beschlusses mitverantwortlich war.

Bereits ab 1989 wurden unter Supervision aus dem Psychiatrischen Krankenhaus Hadamar Entlassungen von Patienten in Alten-, Pflege- und Behindertenwohnheime, in ambulantes Betreutes Wohnen und zu Angehörigen nach Hause vorgenommen. Seit 1991 hatten sich wirtschaftlich selbständige und auf der Grundlage der Heimgesetzgebung geführte Heimbereiche in den psychiatrischen Krankenhäusern gebildet. Mit den Bewohnern wurden ab Ende 1994 vorläufige Heimverträge abgeschlossen. Von ursprünglich 110 Patienten auf vier Stationen waren am 1. Oktober 1995 noch 77 Langzeitpatienten bei uns auf verschiedenen Stationen und Wohnbereichen im Haus in Behandlung. Die Zahl reduzierte sich weiter bis April 1997 auf 50 Bewohner, die auf zwei Stationen im Haus 5 versorgt wurden. Es stellte sich heraus, dass für die verbliebenen Bewohner eine weitere Enthospitalisierung nur noch sehr begrenzt zu verwirklichen war. Das Ziel einer Verbesserung der Lebensqualität der Bewohner konnte aber in vielen Fällen erreicht werden.

Das Wohn- und Pflegeheim heute – ein Auslaufmodell?

Geistig behinderte Bewohner beim Ballspiel (LWV Pressestelle)

Zur Verdeutlichung der damaligen Situation sollen einige Ergebnisse aus der Hessischen Enthospitalisierungsstudie zitiert werden: „Die Enthospitalisierungsaktivitäten bis in die 90er Jahre haben die Anzahl der chronisch psychisch Kranken auf die heutige Größenordnung reduziert. Bei den Mitarbeitern fand sich eine hohe Motivation, qualitativ hochwertige sozialpsychiatrische Arbeit durchzuführen. Wesentlichstes Ziel ihrer Bemühungen war die Verbesserung der Lebensqualität der Betroffenen."[5] Gleichzeitig wurde festgestellt, dass für Problemgruppen mit Doppeldiagnosen, geriatrische Patienten und langzeithospitalisierte Problempatienten gemeindepsychiatrische Angebote fehlten. Der Versorgungsbedarf der noch zu enthospitalisierenden Bewohner konnte durch die vorhandene gemeindepsychiatrische Versorgung nicht gedeckt werden. „Der Enthospitalisierungsprozess wird neuerdings vor Ort in einem gewissen Maß als konflikthaft und stockend erlebt. Die auf dem Betriebsgelände der jeweiligen Krankenhäuser verbliebene Restgruppe ist alt und krank und weist besondere Probleme auf. Die Orientierung an sozialpsychiatrischen Grundprinzipien, dass ein normales Leben nur in der Gemeinde möglich sei und dort das größere Entwicklungspotential liege, befindet sich im Konflikt mit der Anerkennung des 'Heimatrechtes', des hohen Problempotentials und der besseren Versorgungsqualität des

Krankenhauses. Statt der vollständigen Ausgliederung wird zunehmend die Versorgung der Restgruppen und eine früher abgelehnte Heimbildung auf dem Gelände des ehemaligen Psychiatrischen Krankenhauses diskutiert."[6]

Von den in Hadamar zu enthospitalisierenden Patienten blieben bis Ende 1997 noch etwa 40 Personen aus dem Langzeitbereich übrig, denen aufgrund ihres langen Aufenthaltes und ihres chronischen Krankheitsverlaufs eine Art Heimatrecht eingeräumt wurde. Eine Krankenstation auf dem Betriebsgelände im Haus 5 und das ehemalige Schwesternwohnheim in der Konviktstraße wurden komplett renoviert und für einen Heimbereich umgebaut. Im April 1998 wurde der Betrieb in der Konviktstraße mit 16 Heimplätzen und im Laufe des Jahres 1999 im Haus 5 mit einer Pflegeabteilung für 18 Bewohner aufgenommen. Die beiden Abteilungen sind geprägt durch einen stark familiären Charakter, der viel Individualität und Freiraum zulässt.

Anhand der Biografie eines Bewohners soll beispielhaft gezeigt werden, um welchen Personenkreis es sich in dem neu entstandenen Heimbereich damals handelte: Herr A. (Name geändert) wurde im Juni 1927 in Berlin/Neukölln als uneheliches Kind geboren. Seine Mutter war von Beruf Arbeiterin. Sie wurde 1939 wegen einer geistigen Behinderung zwangssterilisiert. Der Vater sei mehrmals wegen Eigentumsdelikten vorbestraft gewesen und als aktives Mitglied der Kommunistischen Partei nach der Machtergreifung der Nationalsozialisten bereits 1933 verfolgt und inhaftiert worden. Über einen Bruder, der 1929 geboren wurde, gibt es keine weiteren Informationen. Spätere Nachforschungen ergaben, dass er wahrscheinlich nach Kanada ausgewandert ist.

A. wurde bereits nach dem ersten Jahr in einer Hilfsschule wegen Bildungsunfähigkeit vom Unterricht ausgeschlossen. 1936 beklagte sich die Mutter, dass sie mit der Erziehung des Kindes überfordert sei. Das Jugendamt Berlin machte verschiedene Versuche, den Jungen in der Familie zu belassen. So wurde er vorübergehend bei den Großeltern untergebracht. Dort nahm er, wenn auch sehr eingeschränkt, am Konfirmandenunterricht teil. Aber auch die Großeltern wurden nicht mit ihm fertig, bei der Mutter drohte er danach angeblich zu verwahrlosen. Die Schulbehörde teilte mit, A. sei eine sittliche Gefahr für die anderen Kinder. Er wurde daraufhin in die Heil- und Pflegeanstalt für Kinder und Jugendliche in Berlin-Wittenau eingewiesen, wo er sich von Oktober 1939 ab fast zwei Jahre aufhielt. Der aufnehmende Arzt schilderte ihn als einen Jungen mit dem Entwicklungsstand eines fünf- bis sechsjährigen Kindes. Er zeigte eine geringe Konzentrationsfähigkeit, war aber für einfache Hilfeleistungen gut zu gebrauchen. Sprachlich konnte er sich allerdings kaum artikulieren. Im Sommer 1941 wurde A. in die brandenburgische Landesanstalt „Görden" verlegt, wo man ihn mit Arbeiten im Kartoffelkeller beschäftigte. Auch hier wurde in der Krankenakte vermerkt, dass er einer ständigen Anleitung bedürfe und sich lediglich selbständig an- und ausziehe.

Am 18. November 1943 kam A. mit einem Sammeltransport mit 100 anderen Patienten nach Hadamar. Er überlebte die zweite „Euthanasie"-Phase in Hadamar, weil er als Hilfskraft auf dem Gelände der Anstalt in der Hofkolonne beschäftigt wurde und beim Ausheben von Massengräbern mithelfen musste. Nach dem Krieg arbeitete Herr A. fast 40 Jahre auf dem Hofgut Schnepfenhausen in der Landwirtschaft. Er ist durch die Ereignisse im Krieg stark traumatisiert und braucht auch heute noch eine Beschäftigung, um die Bestätigung zu bekommen, dass er nicht unnütz ist. Für Herrn A. kam nie eine Enthospitalisierung in Betracht. Er ist in Hadamar in der Klinik und heute im Wohnheim zu Hause. Zu den Pflegekräften, die ihn zum Teil schon Jahrzehnte betreuen und Bürgern aus Hadamar, denen er im Haus geholfen hat, gibt es auch private Kontakte. Herr A. ist sicher ein typisches Beispiel für die Heimbewohner auf dem Gelände des ZSP, die hier ihre Heimat gefunden haben und nicht mehr in die Gemeinde verpflanzt werden können.

Das Wohn- und Pflegeheim ist heute ein Betriebszweig des ZSP, eines Eigenbetriebs des LWV. Das ZSP wird im Laufe des kommenden Jahres in eine gemeinnützige GmbH umgewandelt werden. Das Betreute Wohnen, eine ambulante Form gemeindepsychiatrischer Arbeit, ist dem Wohnheim organisatorisch angegliedert. Hier finden auch ein Austausch und eine Zusammenarbeit statt, da je nach Betreuungsintensität die eine oder andere Wohnform für unsere Bewohner in Betracht kommt. Unsere Wohn- und Pflegeeinrichtung liegt ca. fünf bis zehn Minuten Fußweg vom Stadtzentrum Hadamar auf dem Klinikgelände und in einem etwa 200 Meter entfernten Wohngebiet. Die Stadt Hadamar bietet eine komplette Infrastruktur mit verschiedenen Einkaufsmöglichkeiten, Banken, Cafes, Restaurants, Ärzten, Apotheken und vieles mehr. Vom Stadtkern aus verkehren regelmäßig auch am Wochenende öffentliche Busse und Bahnen in die zehn Kilometer entfernte Kreisstadt Limburg und in Richtung Westerwald. Das auf dem Gelände des ZSP gelegene „Klostercafe" ist auch für gehbehinderte Bewohner leicht zu Fuß zu erreichen und wird auch gerne besucht.

Unsere offene Heimeinrichtung verfügt in zwei örtlich getrennten Wohnbereichen über 34 Wohn- und Pflegeplätze sowie drei eingestreute Kurzzeitpflegeplätze. Der erste Wohnbereich ist in Haus 5, einem zweigeschossigen denkmalgeschützten Gebäude auf dem Betriebsgelände, eingerichtet. Es bietet einen Innenhof mit Rasenflächen, Bäumen und im Sommer Sitzgruppen zum Entspannen und Ausruhen. Vor dem Haupteingang befindet sich eine Grünanlage mit Ruhebänken. Rollstuhlfahrer können selbständig den behindertengerechten Zugang hinter dem Haus nutzen. In sieben Doppel- und vier Einzelzimmern leben hier überwiegend ältere Bewohner/innen ab 65 Jahren mit einem hohen Bedarf an einer ganzheitlichen psychiatrischen Pflege, mit körperlichen Beeinträchtigungen und täglicher Unterstützung bei Grund- und Behandlungspflege. Alle Zimmer sind mit einer Nasszelle mit WC, Waschbecken und behindertengerechter Dusche, mit Notrufanschluss für bettlägerige Bewohner und

Anschluss für Telefon und Fernseher ausgestattet. Eigene Möbel können nach Absprache mitgebracht werden. Die Zimmer im Obergeschoss sind entweder mit einem Aufzug oder über das Treppenhaus zu erreichen. Neu aufgenommen werden hier nach Sozialgesetzbuch (SGB) XI schwer pflegebedürftige chronisch kranke Menschen, die für ein Altenheim aufgrund ihrer psychischen Auffälligkeiten nicht geeignet sind, oder für die eine Betreuung zu Hause nicht mehr ausreicht. Neben extrem dissozialen Verhaltensauffälligkeiten kommt es bei diesen Menschen zu selbst- oder fremdgefährdendem Verhalten, körperlichen Einschränkungen der Mobilität und Kontinenz, zu Orientierungsstörungen und Non-Compliance. Langfristiges Ziel unserer Betreuung ist außer der psychiatrischen Pflege auch eine Stabilisierung und Verbesserung des psychischen Allgemeinzustandes und Begleitung bei seelischen Krisen. Neben dieser aktivierenden Pflege werden die Bewohner durch kognitive Angebote, Beschäftigung mit aktuellen Zeitungsberichten und Gesprächen, Teilnahme an Gottesdiensten, Feiern von Geburtstagen und jahreszeitlichen Festen, Gymnastik und Spielen, gemeinsamen Besuch der Cafeteria und je nach Gesundheitszustand auch gelegentlichen kleineren Ausflugsfahrten bei der Tagesstrukturierung unterstützt und begleitet. Anfragen kommen aus dem geriatrischen stationären Bereich der Klinik, von Angehörigen und Betreuern.

Der zweite Wohnbereich in der Konviktstraße bietet in dem als Heim umgebauten ehemaligen Schwesternwohnheim in 16 Einzelzimmern Platz auch für jüngere Bewohner ab etwa 40 Jahren mit zum Teil erheblichen psychischen Defekten, ausgeprägten Wahnideen und paranoider Symptomatik. Aufgrund langjähriger psychiatrischer Behandlung kommt es zu Hospitalisierungsschäden mit medikamentösen Dyskinesien (Bewegungsstörungen), aber auch zu aggressiven psychomotorischen Unruhezuständen und Rückzugstendenzen. Wir bieten hier unter Berücksichtigung von Würde, Individualität und Persönlichkeit der bei uns lebenden Menschen eine qualifizierte Förderung und Hilfe zur Selbsthilfe an.

Das Haus hat in beiden Stockwerken einen großen Aufenthaltsraum, der als Speise- beziehungsweise Fernseh- oder Veranstaltungsraum dient. Die Küche im Erdgeschoss kann für Selbstversorgung und zum Anrichten von Frühstück, Zwischenmahlzeiten und Abendessen genutzt werden. Vor dem Gebäude befindet sich eine kleine Grünfläche und Terrasse mit Sitz-, Aufenthalts- und Grillmöglichkeiten im Sommer. Therapie- und Freizeitangebote sind zu Fuß in weniger als zehn Minuten zu erreichen, wie zum Beispiel die Cafeteria, Arbeits-, Ergo- und Kunsttherapie, ein kleiner Park und Einkaufsmöglichkeiten im Stadtzentrum. Durch eine individuelle Hilfeplanung wird für jeden Bewohner ein passendes tagesstrukturierendes und therapeutisches Angebot erarbeitet und evaluiert. So konnte zum Beispiel für eine stark gehbehinderte jüngere Bewohnerin durch eine Reittherapie in einem Reitstall in unmittelbarer Nähe des Wohnheims eine erhebliche Stabilisierung ihres Gesundheitszustandes erreicht werden. Sie kann sogar die wöchentlichen Reitstunden durch eine Beschäftigung in unserer Arbeitstherapie selbst finanzieren, was auch wesentlich zur Motivation und Gesundung beiträgt. Mit einer jährlichen Ferienfreizeit für alle Bewohner werden neue positive Erlebnisse außerhalb der Heimeinrichtung vermittelt. Aber auch innerhalb der Wohngruppe finden viele gemeinsame Veranstaltungen statt: Feier der jahreszeitlichen Feste wie Fasching, Ostern, Advent und Weihnachten, Geburtstage der Mitbewohner, Besuch ökumenischer Gottesdienste in der Kirche auf dem Klinikgelände und in der Innenstadt, Ausflüge mit öffentlichen Verkehrsmitteln in die Umgebung, Besuch von kulturellen Veranstaltungen, Einkäufe und sonstige Angebote wie zum Beispiel Zeitungsgruppe, Gymnastik, Spaziergänge, Spiele im Haus und Gespräche. Wichtig ist für uns eine gute Beziehungsarbeit mit unseren Bewohnern und gerade bei den Jüngeren eine Hinführung zu einer selbständigen Lebensführung in der Gemeinde.

Neben den noch verbliebenen ehemaligen Langzeitpatienten leben hier zur Zeit jüngere chronisch Kranke mit Krankheitsbildern aus dem schizophrenen Formenkreis, zum Teil auch mit einer zusätzlichen Suchtproblematik, die wegen fehlender Nachsorgeeinrichtungen und schwieriger Familienverhältnisse oft schon langjährige stationäre Behandlungen hinter sich haben. Eine gemeindenahe Versorgung wird an-

Sommerfest in Hadamar 1986 (Aufnahme Michel, LWV Pressestelle)

gestrebt. Ziel des Aufenthaltes ist zunächst eine Stabilisierung des Bewohners im psychischen und auch im körperlichen Bereich und eine langsame Heranführung an eine geregelte Tagesstruktur. Die Förderung und Erhaltung der Selbst- und Eigenständigkeit steht im Vordergrund, um die Bewohner im Laufe des Aufenthaltes in eine weniger betreute, selbständige Wohnform einzugliedern. Deshalb arbeiten wir auch eng mit dem ambulant Betreuten Wohnen zusammen. Aber auch umgekehrt ist eine Verlegung in den Pflegebereich des Wohnheims bei einer dauerhaften Verschlechterung des Gesundheitszustandes einzelner Bewohner möglich.

Der Prozess der Enthospitalisierung von Langzeitpatienten dauert auch heute noch an. In dem Beschluss der Verbandsversammlung vom 13. Oktober 1993 wurde festgelegt, dass die Aufgabenstellung der Heime in Trägerschaft der psychiatrischen Kliniken auslaufen soll. Auch für die vollstationäre Pflegeeinrichtung in Hadamar wurde im Versorgungsvertrag mit den Verbänden der Pflegekassen die Auflage verbunden, keine neuen Bewohner mehr aufzunehmen. Es handle sich hier um ein Auslaufmodell. Eine Aufnahme neuer Bewohner im Wohnheim sollte nur unter der Bedingung möglich sein, wenn nach Abschluss einer Krankenhausbehandlung trotz intensivster Bemühungen des Sozialdienstes aufgrund fehlender adäquater Möglichkeiten eine erforderliche komplementäre Unterbringung dieser Patienten nicht möglich war.

Eine Arbeitsgruppe Sozialpsychiatrie an der Justus-Liebig-Universität Gießen veröffentlichte im Auftrag des Hessischen Sozialministeriums im November 2001 eine Studie zur Lebenssituation von Menschen mit chronisch psychischen Erkrankungen.[7] Gegenstand der Untersuchung waren die Lebensumstände von 113 Personen, die zum Untersuchungszeitpunkt (Oktober 2001) als „Neue Langzeitbewohner/innen" nach der Enthospitalisierung in krankenhausnahe Heimbereiche längerfristig aufgenommen worden waren. Die Studie kommt zu dem Ergebnis, dass nicht die psychische Erkrankung selbst, sondern Besonderheiten der Symptomatik, die zu Verhaltensauffälligkeiten oder hohem Betreuungs- beziehungsweise Kontrollaufwand führen, der Hauptgrund für die Aufnahme in die Heime waren.

Zu dissozialen Verhaltensweisen kommen bei den schizophrenen Bewohnern in vielen Fällen noch selbst- oder fremdgefährdendes Verhalten, körperliche Einschränkungen der Mobilität, Non-Compliance (Unwilligkeit zur Zusammenarbeit mit dem Arzt), sexuelle Übergriffe, aber auch Orientierungsstörungen, schwere Negativsymptomatik und desorganisiertes Verhalten hinzu. Die neuen Bewohner brauchen aufgrund ihrer Verhaltensauffälligkeiten ein hohes Maß an Betreuung, Kontrolle und Pflege. Hauptaufgabe der Mitarbeiter in den Heimen ist neben der pflegerischen Betreuung eine Förderung der Selbständigkeit und des Sozialverhaltens und eine Strukturierung des Tagesablaufs der Bewohner mit Beschäftigungsmöglichkeiten im Heim oder durch Nutzung der Angebote der benachbarten psychiatrischen Klinik. Ein weiterer Grund für die Aufnahme ist das Fehlen alternativer Einrichtungen in der Gemeindepsychiatrie. Für viele Patienten, die immer wieder längere Krankenhausbehandlungen in Anspruch nehmen (Drehtüreffekt), gibt es in der Gemeinde kein regionales komplementäres Angebot. Hier haben die Wohnheime auf dem Klinikgelände sicher eine Lücke in der regionalen Versorgung geschlossen.

Wir haben in Hadamar in den letzten fünf Jahren 17 neue Heimbewohner ab etwa 40 Jahren aufgenommen, für die nach einer stationären Behandlung in der psychiatrischen Klinik aufgrund ihrer sozial auffälligen Verhaltensweisen ein selbständiges Leben noch nicht möglich war und für die kein alternatives regionales Angebot gefunden werden konnte. Auch vereinzelte ältere Menschen, die im Altenheim wegen ihrer psychischen Auffälligkeiten fehlplatziert waren, fanden bei uns Aufnahme. Im Rahmen des Aufenthaltes konnten wir aber auch Bewohner in komplementäre Wohnformen wie Betreutes Wohnen oder in eine eigene Wohnung entlassen. Deshalb wird in der Zielplanung für das ZSP Hadamar festgehalten, dass auch in Zukunft ein Bedarf an Heimplätzen für Menschen mit einer seelischen Behinderung besteht. Es ist eine dauerhafte Versorgungsaufgabe geplant, wobei das Angebot in beiden Wohnbereichen auf 34 Plätze reduziert werden soll. Neben den bereits bestehenden Pflegeplätzen nach SGB XI im Haus 5 sind im Wohnbereich Konviktstraße etwa acht bis neun Plätze für Eingliederungsfälle nach Paragraph 53 SGB XII vorgesehen. Mit die-

Blick über die Stadt Hadamar, Foto 2006 (Aufnahme Frank Mihm)

sem Betreuungsangebot soll psychisch behinderten Menschen eine Lebensperspektive in der Gemeinde eröffnet werden.

Wichtig für unsere Arbeit im Wohnheim ist die enge Zusammenarbeit mit dem ambulant Betreuten Wohnen in Hadamar. Hier werden seit 1989 psychisch kranke Menschen von Sozialarbeitern und -pädagogen in Wohngemeinschaften und in der eigenen Wohnung gemeindenah sozialpsychiatrisch ambulant betreut. Zurzeit haben wir 43 vom LWV genehmigte Plätze, davon sechs für Suchtkranke. Den Klienten wird Hilfe und Unterstützung bei der Alltagsbewältigung geboten. Sie sind weitgehend selbständig, brauchen aber Beistand bei der Regelung sozialer und lebenspraktischer Angelegenheiten, bei der Suche von Arbeits- und Beschäftigungsmöglichkeiten, in der Tagesstrukturierung und bei der Freizeitgestaltung. Die Hilfe erfolgt in Form von Beratung und Begleitung bei persönlichen Problemen, Unterstützung bei der Organisation im Haushalt, in Einzel- und Gruppengesprächen mit Angehörigen oder sonstigen Kontaktpersonen. Aufgenommen werden Erwachsene im Alter von 18 bis 65 Jahren mit Wohnsitz im Landkreis Limburg-Weilburg. Mit Beginn des Jahres 2005 wurde die Trägerschaft und Verantwortung des Betreuten Wohnens in einer neuen Vereinbarung dem LWV bis zum Jahr 2008 übertragen. Die vereinbarten Betreuungsleistungen werden jetzt nach Fachleistungsstunden abgerechnet. Die betreuten Bewohner werden mit ihrem Vermögen und Einkommen zu den Betreuungskosten mit herangezogen. Dadurch hat sich die Betreuung erheblich erschwert, denn eine nicht unbedeutende Zahl von bisher ambulant betreuten Bewohnern hat wegen der Kostenbeteiligung eine weitere Betreuung abgelehnt. Es wird sich in Zukunft noch zeigen, ob es dadurch wieder zu vermehrten stationären Behandlungen und Krisensituationen kommt. Trotzdem wird das Betreute Wohnen auch in den kommenden Jahren ein wichtiger Baustein in der Versorgung psychisch kranker Menschen bleiben.

Für das Wohnheim sehen wir ebenfalls einen weiteren Bedarf, da der Grundsatz „ambulant vor stationär" sicher nicht für alle Klienten umzusetzen ist. Gerade für die „Neuen Langzeitbewohner" wird in vielen Fällen eine Stabilisierung nur über einen vollstationären Wohnheimplatz möglich sein. Die größte Chance für psychisch behinderte Menschen sehen wir in einem „Wohnen im Verbund"[8], wie es vom LWV im November 2001 konzeptionell vorgeschlagen wurde. Die Hilfen bei chronisch seelisch Kranken müssen personenzentriert umgebaut werden. Dabei sollte berücksichtigt werden, dass eine Veränderung des Hilfebedarfs nicht zwingend mit einem Wechsel der Wohnung und der Betreuungsperson verbunden ist. Eine Vernetzung des ambulant Betreuten Wohnens mit der vollstationären Heimeinrichtung bietet sich bei uns in Hadamar an, da beides in einer Trägerschaft vorhanden ist. Auch können wir mit unserem multiprofessionellen Team eine qualifizierte Betreuung gewährleisten. Es gibt sicher noch viele Gründe, warum unsere Heimeinrichtung in Hadamar auch in Zukunft nicht als „Auslaufmodell" gesehen werden darf. Wir wollen kundenorientiert eine qualifizierte psychiatrische Versorgung sicherstellen. Dazu gehört vor allem die Umsetzung eines Qualitätsmanagements, das die Zufriedenheit unserer Bewohner und Mitarbeiter zum Maßstab hat.

---

[1] „Psychiatrie-Enquête-Kommission", Bericht über die Lage der Psychiatrie in der BRD zur psychiatrischen und psychotherapeutisch/psychosomatischen Versorgung der Bevölkerung (Bundestag Drucksache 7/4200 und 7/4201) Bonn 25.11.1975, S. 15 aus: Empfehlungen der Expertenkommission zur Reform der Versorgung im psychiatrischen und psychotherapeutischen/psychosomatischen Bereich, Bonn 1988

[2] Wilhelmine Stürmer, Rudolf Schmid, Jörg Steinhausen (Projektleitung) „Modellprogramm Psychiatrie" im Auftrag des Bundesministers für Jugend, Familie, Frauen und Gesundheit, Bonn, Empirische Grundlagen: „Prognos AG" Köln, Köln/Bonn, November 1988.

[3] Ebenda.

[4] Michael Franz/Frauke Ehlers/Thorsten Meyer, Hessische Enthospitalisierungsstudie. Bericht für den Landeswohlfahrtsverband über den Untersuchungszeitraum 1994–1997, Kassel 1998, S. 373.

[5] Ebenda S. 373.

[6] Ebenda S. 373–374.

[7] Michael Franz/Thorsten Meyer/Minja Matheis, Lebenssituation von Menschen mit chronisch psychischen Erkrankungen als „Neue Langzeitbewohner/innen" in zentralen psychiatrieangegliederten Heimen in Hessen (Abschlußbericht der Arbeitsgruppe Sozialpsychiatrie, Klinikum der Justus-Liebig-Universität Giessen), Wiesbaden 2002, S. S. 9–11.

[8] Konzeption des Landeswohlfahrtsverbandes Hessen „Wohnen im Verbund", (November 2001).

Klinikseelsorge am Zentrum für Soziale Psychiatrie in Hadamar

Klaudia Ehmke-Pollex, Inge Orglmeister-Durlas, Günter Zang

Jeder Mensch, dem ich begegne, jeder
ist ein gewordenes, gewachsenes Ganzes.
Und wo immer ich Menschen begegne, versuche ich,
den Menschen als dieses Ganze zu erkennen und mir bewusst zu bleiben,
dass er dieses Ganze geworden ist, geworden ist im Laufe von vielen Jahren,
bis hin zum Augenblick unserer Begegnung.
Das nicht nur zu erkennen, sondern anzuerkennen und zu achten
ist lebenswichtig, in jeder Beziehung, in jeder Beziehung.

Verfasser unbekannt

Arbeitsalltag

Ein Anruf. Die Mutter eines Patienten aus dem Maßregelvollzug sieht mit Unbehagen einer Familienfeier entgegen. Sie erinnert sich noch gut an das letzte Zusammentreffen mit den „lieben Verwandten": „Unser Sohn ist das schwarze Schaf – und wir haben es nicht geschafft, ihn auf der rechten Bahn zu halten." Das sagen die Blicke, das zeigen die Bemerkungen. „Das tut weh!", fährt sie fort, „als ob man nicht schon genug zu tragen hätte." Dabei ist sie im Moment richtig stolz auf ihren Sohn. „So lange hat er noch nie durchgehalten. Wir haben das Gefühl, er hat hier in der Therapie endlich etwas begriffen, und wir sind alle auf einem guten Weg [...]". – Eine Stationsandacht ist vorzubereiten. Auf dem Anrufbeantworter fragt ein Mitarbeiter des Hauses an, ob er später kurz vorbeikommen könne, „zum Sortieren [...]". Jemand anderer bittet um ein Gebet für die Station. Eine Patientin der geschlossenen Akut-Station lässt anrufen. Was ist der Grund, es ging ihr doch beim letzten Besuch schon ganz gut? Oder gab es wieder etwas, was sie in ihr psychotisches Erleben zurückgeworfen hat? Freudestrahlend empfängt sie die Seelsorgerin, berichtet von der anstehenden Entlassung. Sie bedankt sich für die erfahrene Zuwendung, die menschliche Nähe und Wärme. „Das hat mir geholfen und Mut gemacht, das Leben, wie es ist, wieder zuzulassen.

Krankenhausseelsorge im Haus 125, Foto 2006 (Aufnahme Frank Mihm)

Hier, für sie." Sie überreicht ein kleines Geschenk, das sie in der Beschäftigungstherapie angefertigt hat. Stolz und Freude spiegeln sich in ihrem Gesicht.

„Was besprechen sie eigentlich in ihren Seelsorgegesprächen?" ist ein Patient aus dem Haus gefragt worden. „Alles zwischen Himmel und Erde" war seine Antwort. „Wie, nicht nur Glaubenssachen?" die erstaunte Rückfrage. „Manchmal sprechen wir auch darüber", hat er gemeint, „aber nicht nur. Es ist ein zusätzlicher Raum, wo ich über das sprechen kann, was mich beschäftigt und umtreibt. Das kann ein Stück aus meiner Lebensgeschichte sein oder aus dem Alltag auf der Station. Das kann ein Gedicht sein, das ich gerade gelesen habe, oder ein Gespräch über unsere Lieblingsteesorte. Ich weiß, da interessiert sich jemand für mich, und es bleibt vertraulich. Da guckt jemand mit mir zusammen, was mir jetzt Kraft geben und weiterhelfen kann." Besser könnten wir unsere Gespräche auch nicht umschreiben.

Seelsorge ist für uns nicht nur Krisen- sondern auch Lebensbegleitung. Es geht uns um die aufmerksame, würdigende und achtsame Begleitung eines Menschen in seinem jeweiligen Erleben, seiner jeweiligen Befindlichkeit und Landschaft – in aller Bruchstückhaftigkeit. Als Seelsorger/innen interessieren wir uns für Alltäglichkeiten genauso wie für Höhen- und Tiefpunkte, für Geglücktes und Freude ebenso wie für Nichtgeglücktes und Konflikte. Wir versuchen, das zu sehen und zu würdigen, was

Menschen uns von sich zeigen und was wir wahrnehmen. Dabei haben wir die spirituelle Dimension im Blick. Wir versuchen, ihr Gestalt und Sprache zu geben, und sie mit dem Alltäglichen in Beziehung zu setzen.

Seelsorge im Wandel

Ursprünglich wurde Klinikseelsorge als ein Zweig der gemeindlichen Seelsorge verstanden. Der Gemeindepfarrer besuchte seine Gemeindeglieder in der Klinik. Auch die wenigen hauptamtlichen Klinikseelsorger/innen galten als verlängerter Arm der Gemeindeseelsorge. Sie sprachen die Patient/inn/en als vermeintliche Gemeindeglieder an, hielten Gottesdienste, und gingen mit Gebet und Bibel von Zimmer zu Zimmer. Zwar interessierte sich der Seelsorger auch für die Person des Patienten oder der Patientin, für seine/ihre Nöte und Erfahrungen; die Besuche waren jedoch eher der Anlass, um mit einer vorgegebenen Verkündigung und mit religiös-ritualisierten Handlungen zu trösten. Oft war ein missionarisches Anliegen unverkennbar.

Aus einer Reihe von Gründen hat sich im Laufe der Zeit das Selbstverständnis der Klinikseelsorge gewandelt. Deutlicher als in der Gemeinde wurde spürbar, dass eine so verstandene Seelsorge an der komplexen Realität einer Klinik sowie den Belangen der Menschen, die dort leben und arbeiten, vorbeigeht. Wir können nicht mehr selbstverständlich von einer kirchlichen Verbundenheit ausgehen. Wir leben in einer multi-kulturellen Gesellschaft mit ganz unterschiedlichen Deutungsmustern.

Das Aufgabenfeld der Seelsorge ist daraufhin neu beschrieben worden. Seelsorge soll ein Angebot für die Patient/inn/en sein, sowie für deren Angehörige und die Mitarbeitenden des Hauses. Hinzu kommen Öffentlichkeitsarbeit und Vernetzung mit den jeweiligen kirchlichen und kommunalen Einrichtungen vor Ort. Es reicht deshalb für diese Arbeit nicht aus, gelegentlich als Besucher/in zu kommen. Die Seelsorge muss partiell mit und in dem Funktionsgefüge Klinik leben und verortet sein.

Die Ausbildung für Klinikseelsorger/innen hat sich entsprechend verändert. Seit vielen Jahren werden psychotherapeutische und psychologische Konzepte als Arbeits- und Verstehenshilfen mit einbezogen. Heute lassen sich die verschiedenen Modelle von Klinikseelsorge unter dem Stichwort „Begleitung" zusammenfassen. Es geht dabei, ganzheitlich betrachtet, um den Leib, den Geist, die Seele. Regelmäßige Supervision sowie Weiterbildungsangebote und -auflagen sollen für die Qualität der Angebote sorgen sowie für die Gesundheit der in der Seelsorge Tätigen.

Am Zentrum für Soziale Psychiatrie in Hadamar wurde von der Evangelischen Kirche in Hessen und Nassau (EKHN) erstmalig zum 1. Februar 1982 eine Pfarrstelle für Krankenhausseelsorge errichtet. Kurze Zeit später folgte die Katholische Kirche mit einer Seelsorgestelle. Rechtliche Grundlage für die Arbeit der Seelsorge sind Artikel

141 der Weimarer Verfassung sowie der Artikel 16 der Staatskirchenverträge mit dem Land Hessen. Daraus leitet sich das Recht der Patientinnen und Patienten auf Ausübung ihrer Religion und auf seelsorgerliche Begleitung ab. Den Seelsorger/innen garantieren diese Bestimmungen den ungehinderten Zugang zu Patient/inn/en. Die Seelsorge im Maßregelvollzug ist in den §§ 30 und 31 des Maßregelvollzugsgesetzes geregelt. Darin heißt es, dass den „Untergebrachten" die religiöse Begleitung durch einen Seelsorger ihrer Religionsgemeinschaft nicht versagt werden darf. Sie haben das Recht, innerhalb der Einrichtung des Maßregelvollzugs an Gottesdiensten und religiösen Veranstaltungen teilzunehmen. Von der Teilnahme ausgeschlossen werden dürfen sie nur, wenn dies aus zwingenden Gründen der Sicherheit und Ordnung geboten erscheint. Seelsorger oder Seelsorgerin sind jedoch vorher zu hören.

Dienstaufsicht der Seelsorge haben die jeweiligen Kirchen unter Mitwirkung des entsprechenden Seelsorge-Kompetenz-Zentrums. Büros, Gesprächsräume auf den Stationen sowie den Kirchenraum stellt das Zentrum. Für die Stellung bedeutet dies: Wir kommen von „außen", unsere Arbeit ereignet sich aber überwiegend innerhalb und als ein Teil des Systems Klinik.

Gottesdienste und Andachten

Viele Patientinnen und Patienten spüren das Bedürfnis, einen Ort zu finden, der sie entlastet und trägt. Dafür gestaltet die Klinikseelsorge Gottesdienste in der Ägidienkirche und Andachten unterschiedlicher Form auf den Stationen. Auf besonderen Wunsch bietet sie Taufen und Trauungen an, gestaltet Trauer- und Abschiedsgottesdienste sowie Segnungsfeiern und andere religiöse Veranstaltungen. Die liturgische Form würdigt in besonderer Weise das Angenommensein von Gott her und das Geschenk des Lebens – gerade in seiner Zerbrechlichkeit und in allem Fragmentarischen. In einem Psalmwort heißt es: „Du stellst meine Füße auf weiten Raum". Uns geht es darum, Menschen zu unterstützen, diesen Raum für sich zu entdecken und zu gestalten – mit den Möglichkeiten, die sie in ihrer besonderen Lage haben.

Auf der Internetseite des Hauses stellen wir uns so vor:

„Seelsorge ist ein Angebot der Evangelischen und Katholischen Kirche für Patientinnen und Patienten, deren Angehörige sowie für Mitarbeiterinnen und Mitarbeiter der Einrichtung. Sie arbeitet überkonfessionell und kann unabhängig von einer kirchlichen Zugehörigkeit in Anspruch genommen werden. Wir verstehen Seelsorge als Raum für Begegnung und Spiritualität, Ansprache und Stille, Vertrauen und Verschwiegenheit [...]".

Wir bieten an: Seelsorgerliche Einzelgespräche, Gesprächskreise, Gruppenveranstaltungen, meditative Andachten auf den Stationen, Abendmahl oder Kommunion

Ehemalige Franziskanerkirche, die als Versammlungsort bis heute genutzt wird, Foto 2006 (Aufnahme Frank Mihm)

auf Wunsch sowie Gottesdienste mit anschließendem Kirchenkaffee in der Ägidienkirche. Wir stehen auch für Besucher-, Gemeinde-, und Jugendgruppen zur Verfügung, die unsere Arbeit kennen lernen möchten, das Zentrum oder die Gedenkstätte. Wir unterliegen der seelsorgerlichen Schweigepflicht.

100 Jahre Psychiatrie auf dem Mönchberg – 24 Jahre Klinikseelsorge

Als Klinikseelsorger/innen kommen wir immer wieder in Kontakt mit der wechselvollen und zu manchen Zeiten sehr schmerzlichen Geschichte, die Patient/inn/en auf dem Mönchberg durchlebt und durchlitten haben. „Wie konnte man nach dem Krieg einfach so weitermachen mit der Psychiatrie", fragt ein Patient, „wo doch im Dritten Reich psychisch Kranke hier massenhaft umgebracht worden sind?" Wir begegnen in unserer Arbeit Opfern und Tätern. Zu unserer Klinikgemeinde zählen Menschen, die während des Dritten Reiches zwangssterilisiert wurden oder nur knapp der Euthanasie entgangen sind. – Eine junge Frau in der Ägidienkirche. Sie hält eine Kerze in der Hand. „Ich komme gerade aus der Gedenkstätte und war auch im Keller. Unfassbar! Ich bin noch ganz durcheinander. Ich muss erst einmal durchatmen und zur Ruhe kommen." Es sind vier Kerzen, die sie schließlich aufstellt. Eine ist für sie selbst. „Ich bin so dankbar, dass ich in einer guten Zeit leben darf." Eine Kerze ist für die Mitarbeiter/innen der Gedenkstätte und ihre schwierige Arbeit – „dass sie genug Kraft haben und alle Menschen richtig aufklären über das Ganze damals, damit so etwas nie wieder passiert". Eine Kerze ist für die Opfer – „für diese vielen unschuldigen Menschen, für ihre Qualen und Leiden. Ich bete für ihren Seelenfrieden." Etwas abseits stellt die Frau eine vierte Kerze auf: „Ich bete auch für die Täter und Täterinnen, für all' die Schuldigen und vertraue sie der Gerechtigkeit Gottes an". Die Gedenkstätte leistet wichtige Aufarbeitungs- und Aufklärungsarbeit. Wir versuchen, die Arbeit der Gedenkstätte auf unsere Weise zu begleiten.

Begegnungen mit der Seelsorge sollen mit dazu beitragen, lebensfördernde Kräfte zu stärken, einem Erlebnis oder der persönlichen Lebensgeschichte eine eigene, manchmal auch neue Deutung und Bedeutung zu geben. Aus unserer Sicht haben wir alle als Geschöpfe Gottes einen bleibenden und unvergänglichen Wert. Es geht uns darum, miteinander herauszufinden, was der Körper, die Seele, der Geist gerade brauchen, heilsame Bilder und Gedanken zu finden, um sich neu auszurichten.

Wir stehen dabei unter der Zusage Gottes: Suchet, so werdet ihr finden. Siehe, ich bin bei Euch alle Tage, bis an der Welt Ende.

Meine Chance
Bericht eines Patienten aus dem Maßregelvollzug

Duran Y.[1]

Ich bin am 18. August 2004 von der Justizvollzugsanstalt (JVA) Butzbach aus, wo ich eine Reststrafe verbüßt habe, mit einer neuen Verurteilung zu vier Jahren und Paragraf 64, hier in den Maßregelvollzug verlegt worden.

Schon in der JVA habe ich durch Erzählungen von Hadamar erfahren. Man berichtete teils positiv und auch negativ über den Vollzug. Ich dachte, ich mache mir ein eigenes Bild. Hier kam ich zuerst in eine Zelle auf der Station 7.1. Ich dachte, na super – von einem „Loch", bist du jetzt im anderen. Am nächsten morgen wurde ich auf die Motivationsstation 4.3 verlegt. Ich wurde freundlich vom Pflegeteam empfangen. Man zeigt mir die Station und wies mich in ein Zimmer mit fünf anderen Patienten. Da ich vorher noch keine Therapie gemacht habe, wusste ich auch nicht, was mich hier erwartet. Auf dieser Station sind drei Kategorien von Patienten. Die einen, wie ich, die gerade angekommen sind und keine Ahnung haben, wie es hier ist, andere, die nur einen „lockeren Knast" schieben und dann noch die „Aussichtslosen", die zurück in die JVA gehen. Die „Aussichtslosen" berichteten nur Negatives, wie es hier sei und überhaupt wäre hier alles nur „Scheiße." Ich ließ mich nicht beeinflussen, denn ich hatte mein Ziel: Ich will mich verändern. Die Atmosphäre auf der Station war zwar nicht besonders gut, aber es liegt an einem selbst und der Einstellung zur Sache. Nach circa vier Monaten wurde ich dann auf die Station 2.1 verlegt. Hier bin ich nach 16 Monaten Aufenthalt noch und bin der Meinung, dass ich mich richtig entschieden habe. Natürlich gibt es hier auf der Station auch manchmal Spannungen, aber im Ganzen ist die Atmosphäre gut und ich konnte viel Neues über mich und mein Drogenproblem lernen. Wie gesagt, ich habe mich richtig entschieden. Die Therapeuten und auch das Pflegeteam sind sehr hilfsbereit und unterstützen einen. Das einzige ist: Man muss es einfach zulassen und auch lernen mit Kritik umzugehen. Ich fühle mich recht wohl hier und bin auch froh darüber, die Chance bekommen zu haben, mein Leben und meine Einstellung zu verändern. Ich bin seit März 2005 als Redakteur von der Klinikzeitung „Bergblättchen"[2] tätig, und kann mich neben meiner Therapie auch kreativ weiter entwickeln, was mir besonders viel Spaß macht.

Eingangsbereich mit Wegweisern, Foto 2006 (Aufnahme Frank Mihm)

Ich möchte auf diesem Weg eine Botschaft an alle weitergeben, die sich nicht gewiss sind: Es liegt bei euch selber, euer Leben wieder in den Griff zu bekommen. Die Therapeuten und Pfleger unterstützen uns und geben auch Hilfe, aber es liegt an einem selber etwas daraus zu machen. Ich wünsche allen, die es auch wollen, eine erfolgreiche Therapie!!!

---

[1] Der Name wurde von der Redaktion anonymisiert.

[2] Zeitschrift, die von Patienten des Maßregelvollzugs erstellt wird.

Mein bisheriger Therapieverlauf und Empfinden in Hadamar Erfahrungen im Maßregelvollzug

Sascha M.[1]

Als ich am 12. 08. 2004 nach Hadamar verlegt worden bin, kam ich mit einem schlechten Gewissen hierher, da ich im Gefängnis viel Schlechtes von ehemaligen Patienten über das ZSP Hadamar gehört habe. Ich wollte mir dennoch ein eigenes Bild von Hadamar machen. Ich kam erst mal auf die Aufnahmestation 7.1 in den Zellenbau, dort dachte ich mir „Oh Gott, wo bin ich hier gelandet, was hat das hier mit Therapie zu tun." Mein erster Gedanke war, dass ich vom Regen in die Traufe gekommen bin. Das Pflegepersonal trat mir sehr freundlich und respektvoll gegenüber auf, was mich ziemlich gewundert hat. So freundlich empfangen zu werden, war ich aus dem Gefängnis gar nicht gewöhnt. Sie teilten mir auch gleich mit, dass ich am nächsten Tag auf eine andere Station verlegt werde und dort meine eigentliche Therapie erst anfangen würde. Das war für mich ein kleiner Lichtschein am dunklen Horizont. Am nächsten Tag wurde ich auf die Motivationsstation ins Haus 4 verlegt – ich kam auf die Station 4.2. Das Pflegepersonal empfing mich auch hier sehr freundlich – ich wurde in das Büro gerufen und wir stellten uns gegenseitig vor. Mir wurde alles sehr ausführlich erklärt, danach wurde mir die Station gezeigt und ein Zimmer zugeteilt. Mein Tagesablauf sah folgendermaßen aus: Morgens mussten alle Patienten um 6:30 Uhr aufstehen und sich für die Morgenrunde fertig machen. Um 7:00 Uhr wurden alle Termine bekannt gegeben, was am Tag anstand und es wurden Patienten für die Arbeitstherapie eingeteilt. Danach gab es Frühstück. Patienten, die Gruppe hatten, hielten ihre Gruppe ab, andere gingen Arbeiten oder hatten Sport im Freistundenhof, wo Fußball oder Volleyball gespielt wurde. Es gab einen sehr strukturierten Tagesablauf. Um 11:30 Uhr gab es Mittagessen, danach war von 12:00 bis 13:00 Uhr Mittagspause. Ab 13:00 Uhr gingen Patienten, die keine Gruppe hatten, wieder zur Arbeitstherapie und die, die Gruppe hatten, begaben sich zu ihrer Gruppe – die von einer Therapeutin geleitet wurde. Ab 16:30 war Therapie freie Zeit, wo sich die Patienten selber beschäftigt haben. Sie spielten Gesellschaftsspiele, schauten fern oder zogen sich zurück, um nachzudenken. Ich hatte jede Woche zwei mal Gruppe, wo über eigene Probleme gesprochen wurde, über die Suchtproblematik allgemein, aber auch über die Delinquenz. Ich versuchte mich so gut es ging an die Stationsregeln zu halten, dennoch fiel ich immer wieder durch mein impulsives Verhalten auf der Station 4.2 auf. Nach circa vier Monaten wurde mir durch den leitenden Oberarzt und meiner zuständigen Therapeutin mitgeteilt, dass ich zu einem neuen Therapieansatz auf die Station 4.3 wechseln sollte, um ein anderes Therapiekonzept kennen zu lernen. Das geschah dann auch noch am selben Tag. Ich verstand die Welt nicht mehr, ich war darüber sehr verärgert und verletzt, ich wollte wieder zurück ins Gefängnis. Mir wurde ein Therapeut zugeteilt, mit ihm zusammen gingen wir einige Optionen durch. Mit der Zeit fasste ich Vertrauen zu ihm. Mir gefiel es hier sehr gut und ich kam sehr gut zurecht. Dennoch fiel ich immer wieder durch kleinere Regelverstöße und mein impulsives Verhalten auf. Nach etlichen Gesprächen mit meinem Therapeuten, machte er einen (A.D.S.) Test mit mir und es wurde ein Aufmerksamkeitsdefizitsyndrom (Hyperaktivitätsstörung) festgestellt. Ich weiß zwar, dass ich von klein auf hyperaktiv bin, konnte damit aber nichts anfangen, da ich nicht wusste, was das überhaupt ist. Ich ging immer davon aus, dass ich nur etwas nervös war, aber ansonsten normal. Erst hier in Hadamar habe ich mich genauer damit befasst und erlernen können, mit der Krankheit umzugehen. Ich wurde auf Ritalin[2] eingestellt und nach zwei Wochen legte sich die Grundspannung, die mich etliche Jahre stark belastet hat. Ich konnte mich endlich auf eine Sache konzentrieren und war nicht ständig abgelenkt. Zu diesem Zeitpunkt lief es echt gut und ich machte weitere Fortschritte und setzte mich allmählich mit meinem Einweisungsdelikt und meiner Sucht auseinander. Auch welche Probleme dazu geführt haben, warum ich überhaupt Drogen genommen habe. Nach circa sechs Wochen musste das Ritalin durch meine Grunderkrankung Hepatitis C abgebrochen werden, da meine Leberwerte in die Höhe geschossen und aus ärztlicher Sicht nicht mehr vertretbar waren. Nach einer Woche merkte ich, dass die Grundspannung wieder da war. Ich war sehr gereizt und leicht impulsiv. Ich sprach mit meinem Therapeuten darüber, da ich kurz vor der Verlegung ins Haus 2 gestanden habe. Ich schilderte ihm meine Bedenken, da ich gerne eine Interferontherapie[3] machen wollte, damit meine Hepatitis C ausheilen kann, die Therapie aber viele Nebenwirkungen mit sich bringt. Ich erklärte ihm, wenn ich auf eine andere Station ins Haus 2 verlegt werde, kann mich das Team, da ich neu wäre, nicht einschätzen. So würde ich mit meinem impulsiven Verhalten in die Aussichtslosigkeit rennen. Es gab ein Klärungsgespräch mit meinem Therapeuten, dem leitenden Oberarzt und dem gesamten Team. Ich erklärte ihnen meine Befürchtungen, da ich so drüben im anderen Haus nicht zurecht kommen würde. Es wurde darüber ausführlich gesprochen, da ich jetzt schon zwölf Monate im Haus 4 war, konnten sie mich sehr gut einschätzen. Sie stimmten meinem Antrag zu. Zwei Monate später fuhr ich nach Limburg ins Krankenhaus zur Leberblindpunktion. Mir wurde mit einer ganz feinen Nadel ein winziges Stück Leber entnommen, um später den Genotyp zu bestimmen. Wie sich herausstellte, hatte ich Glück und hatte den 2B Virus.

Sascha M.

Blick auf die Aufnahmestation des Maßregelvollzuges im ehemaligen Franziskanerkloster, Foto 2006 (Aufnahme Frank Mihm)

Die Behandlungsdauer für diesen Typen beträgt 24 Wochen, anstatt 48 Wochen. Eine Woche später habe ich mit der Interferonbehandlung begonnen. Für mich, aber auch für das Team, war klar, dass es keine leichte Zeit wird, da ich manchmal sehr aggressiv wurde und einige Regelverstöße hatte. Ich hatte mich aber immer wieder gefangen. Nach vier Monaten waren meine Leberwerte wieder so gut, dass das Ritalin wieder angesetzt werden konnte. Ich merkte sofort die Veränderung an mir, ich wurde kritikfähiger und konnte in Gesprächen wieder zuhören ohne meine Gegenüber ständig zu unterbrechen. Zwischendurch kam eine Verordnung vom Sozialministerium und dem Landeswohlfahrtsverband, dass alle Patienten die Freiheitsstrafen über fünf Jahre, Straftaten gegen das Leben oder Straftaten gegen die sexuelle Selbstbestimmung, nur noch bis zur Lockerungsstufe 5 in Begleitung eines Pflegers Ausgänge machen können.[4] Ich bin davon zwar nicht betroffen, da ich eine Strafe von einem Jahr habe, aber die Ausmaße, Ängste und Verstimmung der Patientenschaft konnte ich gut verstehen, da diese Patienten sich nicht mehr in der Dauerbelastung von sechs Monaten erproben können, sondern gleich nach Abschluss der Therapie entlassen werden. Kurz nach der Bekanntgabe gab es in der Klinik mehrere „Anabolika"-Rückfälle, worauf der Kraftsport, der jeden Tag stattfand, abgeschafft wurde. Das konnte ich bis heute nicht nachvollziehen. Denn sechs Patienten waren damals beteiligt, aber alle hatten darunter zu leiden.

Im August 2005 wurde ich endlich nach 15 Monaten in's Haus 2 verlegt. Hier kam mir alles so groß vor, es gab zwei Küchen, drei Flügel und drei Gruppen beziehungsweise Fernsehräume. Auch die Zimmer waren nur mit drei Patienten belegt und nicht mit sechs, wie im Haus 4. Auf der Station 2.1 habe ich vier Gruppen, darunter sind zwei psychotherapeutische Gruppen, in denen über die Sucht, Delinquenz sowie Beziehungsbiografien gesprochen wird. Hier soll ein Patient sich mit seiner Problematik auseinandersetzen und von seinen Mitpatienten Rückmeldungen erhalten und auf Fehlverhalten aufmerksam gemacht werden. Des weiteren findet einmal die Woche das Forum statt, wo alle Patienten, Pfleger sowie Therapeuten teilnehmen. In der Sitzung werden Konflikte besprochen, Mitteilungen bekannt gegeben und Abschlußberichte vorgelesen. Sofern ein Patient in absehbarer Zeit entlassen werden soll, muss der Patient allen anderen mitteilen, was er für sich erreicht hat und wie er künftig in Problemsituationen damit umgeht. Dann gibt es noch die Rückfallprophylaxe-Grup-

Hallensport im Psychiatrischen Krankenhaus Hadamar (Aufnahme Franz Raab, LWV Pressestelle)

pe, hier werden Patienten mit Rückfallsituationen konfrontiert: wie gehe ich mit einem Rückfall um und welche Strategien kann ich dafür entwickeln, um Risikosituationen frühzeitig zu erkennen? Ich nehme alle zwei Wochen zusätzlich an einer (ADHS) Selbsthilfegruppe teil, dort tausche ich mich mit Gleichgesinnten über diese Störung aus, wie zum Beispiel, was ist überhaupt ADHS? Wie gehe ich damit um, wie gehen meine Mitmenschen damit um? Ich finde es toll, dass es so eine Gruppe gibt und man weiß, dass man nicht alleine dasteht. Ich kann von mir sagen: Wenn ich mich heute sehe, wie ich jetzt bin und wie ich vor zwei Jahren war, erkenne ich mich überhaupt nicht wieder. Hadamar hat mir wirklich die Augen geöffnet, ich habe mich intensiv mit meiner Suchtproblematik auseinander gesetzt. Die Interferontherapie habe ich erfolgreich beendet und bin wieder gesund und ich freue mich auf meine Zukunft. Wenn ich heute darüber nachdenke, was mir damals ehemalige Patienten, die zurück ins Gefängnis gegangen sind, alles über das ZSP Hadamar erzählt haben, bin ich froh darüber, dass ich mir ein eigenes Bild von der Klinik gemacht habe. Jemand, der seine Therapie nicht durchzieht, ist in meinen Augen ein Versager, oder er hat es noch nicht verstanden und ist noch nicht so weit. Vielleicht muss derjenige erst noch ein paar Runden drehen und so tief im Dreck stehen, bis er es verstanden hat. Ich für meine Person habe es kapiert, ich bin mittlerweile 24 Jahre alt, habe drei gescheiterte Therapien und über sechs Jahre Haft hinter mir. Ich bin sehr froh darüber, dass ich mich für ein weiteres Leben ohne Drogen entschieden habe.

---

[1] Der Name wurde von der Redaktion anonymisiert.

[2] Ritalin erhöht die Konzentration, der Patient wird ruhiger.

[3] Nebenwirkungen von Interferon können sein: Schüttelfrost, Schlafstörungen, Kopfschmerzen, Reizbarkeit, Müdigkeit, Vergesslichkeit, Gewichtsverlust. Nach Abschluss der Interferon-Behandlung war die Erkrankung an Hepatitis C nicht mehr nachweisbar.

[4] Der Maßregelvollzug arbeitet mit Lockerungsstufen. Lockerungsstufe 5 bedeutet, dass die PatientInnen nur in Begleitung (durch Pflegepersonal) in die Arbeitstherapie gehen können oder Ausgang haben. In Lockerungsstufe 6 können sie in Patientengruppen zwei- bis dreimal in der Woche das Klinikgelände verlassen. In Lockerungsstufe 8 können sie sich am Wochenende zuhause aufhalten.

Das Zentrum für Soziale Psychiatrie Mönchberg aus Sicht eines Patienten

Klaus W.[1]

Seitens der Institutsambulanz wurde ich gebeten einen Bericht über das ZSP (Zentrum für Soziale Psychiatrie) Hadamar aus der Sicht eines betroffenen Patienten zu schreiben. Zu meiner Person: bin 52 Jahre alt, männlich, verheiratet, habe einen erwachsenen Sohn und bin berentet. Zuvor war ich lange Jahre im kirchlichen Dienst als Leiter von mehreren Sozialeinrichtungen beschäftigt.

Den ersten Kontakt zum ZSP hatte ich 1997. Wegen schweren Depressionen und Suizidalität suchte ich die Institutsambulanz auf. Nach einem längeren Gespräch wies mich die behandelnde Ärztin in das PKH[2] Gießen ein. Vor einer Einweisung ins damalige PKH Hadamar hatte ich Angst, da das Krankenhaus durch eigene Ängste und Vorurteile meines Bekanntenkreises negativ besetzt war.

In den Jahren 1997 und 1998 war ich zweimal stationär im PKH Gießen und jeweils im Anschluss daran in einer psychosomatischen Klinik in Prien, Chiemsee. In letzterer Klinik wurde ich zusätzlich wegen einer langjährigen Essstörung (Bulimie) behandelt. Am Ende des letzten Aufenthaltes in Prien kam es zu einer Manie. Entlassen wurde ich mit der Diagnose bipolare Störung. Die Manie wurde leider dadurch mit verursacht, weil die Ärzte in Prien meine von der Institutsambulanz verordneten Medikamente absetzten. In den Zeiten zwischen den Klinikaufenthalten war ich weiterhin in der Institutsambulanz in Behandlung.

Im Jahre 1999 brachte mich meine Frau auf Grund einer akuten Psychose erstmals zur stationären Aufnahme in das ZSP Hadamar. Mit eigener Zustimmung wurde ich in der geschlossenen Abteilung aufgenommen. Es folgte ein mehrwöchiger Aufenthalt mit einer Medikamentenumstellung. Diesem ersten Aufenthalt folgten noch zwei weitere Aufenthalte auf der geschlossenen Abteilung. Einmal wegen Medikamentenintoxikation und dann wegen einer Psychose mit Halluzinationen. In meiner Wirrheit wurde ich in Hamburg aufgefunden und nach Behandlung in einer dortigen psychiatrischen Klinik nach Hadamar ins ZSP verlegt.

Der Aufenthalt in einer geschlossenen Abteilung ist zuerst schon ein kleiner Schock, ist doch ein Ausgang in der Regel nur in Begleitung von Pflegemitarbeitern möglich. Anderseits ist durch die hochdosierte Medikation doch eine starke Sedierung herbeigeführt, sodass der Wunsch nach Bewegung reduziert ist. Der Tagesablauf auf Station ist ziemlich klar strukturiert. Es gibt einen Wochenplan auf dem alle the-

Klaus W.

Platz mit Gedenkglocke vor dem Klostercafé, Foto 2006 (Aufnahme Frank Mihm)

Eingang zum Klostercafé, oben Jahreszahl 1602, Foto 2006 (Aufnahme Frank Mihm)

rapeutischen Angebote festgehalten sind. Zu Tagesbeginn stand ein zehnminütiges Wassertreten auf dem Plan. Die jeweiligen Mahlzeiten strukturieren den weiteren Tagesablauf. Überhaupt empfand ich die Mahlzeiten als unangenehm, da es aufgrund der verschiedenen Mitpatienten und ihren Erkrankungen (Unruhezuständen) in einem gemeinsamen Speisesaal doch öfters zu Streit innerhalb der Patienten kam. Auch die aus früheren Kasernenzeiten übliche Ausgabe der Mahlzeiten – Patienten stehen Schlange vor einem Essenswagen – wäre veränderungswürdig. Jeweils nach dem Frühstück und dem Abendessen findet eine so genannte Morgen- beziehungsweise Abendrunde statt, an der alle Patienten teilnehmen müssen. In diesen Runden wird die Tagesplanung nochmals besprochen. Wünsche und Probleme können gegenüber den Pflegemitarbeitern angesprochen werden

Jeder Patient erhält ein Therapieblatt, worauf er alle Therapien und Pflegeangebote abzeichnen lassen muss. Hierdurch wird sichergestellt, dass an den angeordneten Therapien und Aktivitäten auch teilgenommen wird. Die kontrollierte Medikamentengabe ist auch ein wichtiger Tagesfixpunkt. Jeder Patient hat seinen so genannten Bezugspfleger oder eine Bezugsschwester, die besonders für einen zuständig ist. Bei meinen drei Aufenthalten machte ich hierzu unterschiedliche Erfahrungen. Mit einer Bezugsschwester konnte ich gute Gespräche führen, bei einem anderen Aufenthalt stand die Bezugsperson nur auf dem Papier. Mit der ärztlichen Behandlung war ich zufrieden. Neben der wöchentlichen Visite im Arztzimmer mit Ärzten, Pflegern, Sozialdienst wäre ein wöchentliches Einzelgespräch mit dem behandelnden Arzt wünschenswert. Bei der Oberarztvisite sollte der Mitpatient, wie in anderen Kliniken üblich, nicht dabei sein.

Die weiteren Angebote während meiner stationären Aufenthalte waren die Gesprächsrunden mit der Psychologin, hier waren auch Einzelgespräche vereinbar, sowie Ergotherapie und Kunsttherapie. Kunst- und Ergotherapie fanden nicht so meinen Zuspruch, was aber an meiner Interessenslage und nicht an den Angeboten und Therapeuten lag. Mitpatienten gingen gerne zu diesen Angeboten. Mehr Interesse hatte ich an der Sporttherapie in der großen Turnhalle. Seitens des Pflegepersonals wurden auch noch einige Aktivitäten und Therapieangebote gemacht (Medikamentengruppe, Gruppe vor der Entlassung, Grillfest, Spaziergänge et cetera). Beim Sozialdienst fanden die Mitpatienten auch einen kompetenten Ansprechpartner. Die Möglichkeit mit einem Seelsorger beider großen Konfessionen zu sprechen wurde angeboten, sowie ein sonntäglicher Gottesdienst in der Kapelle auf dem Klinikgelände. Nachdem ich von Station aus freien Ausgang hatte, nutzte ich die Gelegenheit, das Klostercafé aufzusuchen, ein wichtiger Kommunikationstreffpunkt des ZSP.

Neben dem stationären Aufenthalt kann ich auch über einen fünfmonatigen Aufenthalt in der Tagesklinik berichten. Im Jahr 2002 ereilte mich eine heftige Psychose mit Stimmenhören und Verfolgungswahn. Ich wähnte mich vom tschechischen Geheimdienst verfolgt und irrte ziellos mehrere Wochen an den verschiedensten Orten, polizeilich gesucht, umher. Nur durch einen Zufall traf mich ein Bekannter im Rheingau, dem ich durch mein wirres Auftreten auffiel. Dieser brachte mich dann ins Valentinushaus nach Kiedrich. Hier blieb ich sechs Wochen stationär und besuchte nach dem stationären Aufenthalt sofort die Tagesklinik des ZSP Hadamar. Vergleichbar mit den stationären Abläufen gibt es in der Tagesklinik einen gut strukturierten Tagesplan. Nachdem gegen neun Uhr alle Patienten eingetroffen sind, beginnt der Tag in der Tagesklinik mit einer Morgenrunde, wobei jeder Patient kurz über sein Befinden spricht. Anschließend stehen die verschiedenen therapeutischen Angebote auf dem Programm, die sich über den ganzen Tag hinziehen (Kunsttherapie, Schwimmen, Sporttherapie, Medikamentengruppe, Antidepressionstraining, Gesprächsgruppen, Entspannungsübungen). Einmal wöchentlich Freitags wird in der Tagesklinik selbst von den Patienten gekocht. Auch die benötigten Lebensmittel werden von den Patienten eigenverantwortlich eingekauft. Am Donnerstag steht immer eine Aktivität außerhalb der Klinik auf dem Programm. In Absprache mit dem Pflegepersonal finden Ausflüge in die nähere Umgebung statt oder andere Aktivitäten. Gefahren wird mit Kleinbussen der Klinik.

Einmal wöchentlich findet die Visite mit Stationsarzt, Oberarzt und Pflegepersonal statt. Diese Visite empfand ich als wohltuend, da sehr intensiv auf die jeweiligen Probleme und Bedürfnisse des Patienten eingegangen wurde. Da ich aufgrund der Medikation Sehprobleme bekam, wurde behutsam auf ein anderes Medikament umgestellt. Leider kam es aufgrund des neuen Medikamentes zu einer erheblichen Gewichtszunahme. Auch die Gesprächstherapiegruppe mit Arzt und Psychologin tat mir gut. Im Gegensatz zum vollstationären Aufenthalt empfand ich die pflegerische Betreuung intensiver. Auf Anregung des Oberarztes beantragte meine Ehefrau eine gesetzliche Betreuung, wobei ein ehemaliger Arbeitskollege zum Betreuer bestellt wurde. Gleichzeitig wurde ein Antrag auf Rente gestellt. Ehe ich aus der Tagesklinik entlassen wurde, nahm ich an einer Therapiegruppe teil, die sich Pegasusgruppe nennt. Diese „Psychoeducation" hat circa zehn Einheiten und soll Psychosekranken helfen mit ihrer Krankheit besser klar zu kommen: Sie wird geleitet von einer Fachkrankenschwester und einem Sozialarbeiter. Es werden eine Vielzahl von Hilfestellungen und Prophylaxen aufgezeigt, damit der Alltag außerhalb der Klinik gemeistert werden kann.

Auf Letzteres zielen die gesamten Therapien des Tagesklinikaufenthaltes. Auch die Medikamenteneinnahme und wöchentliche Bevorratung erfolgt eigenverantwortlich. In der Tagespflege gibt es auch einen Ruheraum in den man sich bei Bedarf zurückziehen kann.

Während meines Aufenthaltes in der Tagesklinik wurde eine Therapiefreizeit in einem Feriendorf an der holländischen Nordseeküste durchgeführt. Dort hatten sich Patienten und drei Pflegekräfte samt Psychologin in zwei Ferienhäuser eingemietet. Die Verpflegung erfolgte in Eigenregie, und jeden Tag standen Ausflüge und Spaziergänge auf dem Programm. In den folgenden drei Jahren nahm ich mit der Freizeitgruppe der Institutsambulanz an drei Therapiefreizeiten teil. Unter der Leitung von einer Fachkrankenschwester und einem Sozialarbeiter fanden Freizeiten auf der Insel Kos, in der Bispinger Heide und in Captat/Dubrovnik statt.

Seit der Entlassung aus der Tagesklinik Ende 2002 bin ich in regelmäßiger Behandlung in der Institutsambulanz. Bei diesen Arztterminen wird ausgiebig über mein Befinden und auftretende Probleme gesprochen und Lösungswege werden gesucht. In regelmäßigen Zyklen werden Laboruntersuchungen und andere Untersuchungen (EEG, EKG, Sehkontrollen und ein Computertomogramm des Kopfes) veranlasst. Auf meinen Wunsch hin wurde eine Medikamentenumstellung vorgenommen, da ich unter erheblichen Gewichtsproblemen aufgrund des Medikamentes litt. Leider musste das neu verordnete Medikament wegen Dyskinesien[3] wieder abgesetzt und auf das altbewährte zurückgegriffen werden.

Mit der Situation als psychisch Kranker und der Behandlung durch das ZSP gehe ich inzwischen in meinem Umfeld offensiv um und stehe zu Krankheit und Behandlungsort. Zum Schluss möchte ich noch anmerken, dass das Einbeziehen der Angehörigen verbessert werden könnte.

[1] Der Name wurde anonymisiert.

[2] Psychiatrisches Krankenhaus. Dies war die Bezeichnung für die Zentren für Soziale Psychiatrie in Hessen von 1957 bis 1998.

[3] Dyskinesien sind ein Syndrom, das aus den Spätfolgen von Behandlungen mit Neuroleptika und Psychopharmaka resultiert; zumeist sind es Bewegungsstörungen im Gesichtsbereich (Zuckungen, Schmatz- und Kaubewegungen) oder Hyperkinesen (unwillkürliche Bewegungsabläufe) der Extremitäten, vgl. http://de.wikipedia.org/wiki/Tardive_Dyskinesie (24. 04. 2006).

Erinnerung und Gedenken in Hadamar

Uta George

Einleitung

In der ehemaligen Landesheilanstalt Hadamar (= LHA) wurden von 1941 bis 1945 ungefähr 15.000 Menschen ermordet. Im Jahr 1941 wurden im Keller des Hauptgebäudes in einer Gaskammer mehr als 10.000 Menschen im Rahmen der so genannten „Aktion T4" mit Kohlenmonoxyd erstickt und ihre Leichen anschließend verbrannt. Ab 1942 bis zur Befreiung im März 1945 wurden weitere 4.500 Menschen durch gezieltes verhungern lassen und überdosierte Medikamente ermordet. Die Opfer waren Menschen mit psychischen Erkrankungen, mit (geistigen) Behinderungen und diejenigen, die sozial als unangepasst galten.[1] Die Täterinnen und Täter waren Ärzte, Krankenschwestern und -pfleger, sowie Verwaltungskräfte.[2] Die Anstalt wurde am 26. März durch die US-Armee befreit, in der Folgezeit gab es zwei Prozesse, einen in US-amerikanischer Zuständigkeit (1945), einen in deutscher Zuständigkeit (1946/47).[3]

Hadamar als historischer Ort

Vor dem Beginn der Gasmorde (13. Januar bis 21. August 1941) baute das „T4"-Personal im Keller des Hauptgebäudes eine Gaskammer, einen Sezierraum, zwei Krematoriumsöfen und einen Kamin ein. Diese baulichen Veränderungen wurden im Frühjahr 1942 rückgängig gemacht, als endgültig feststand, dass mit Gas nicht weiter gemordet werden würde. Im Erdgeschoss des Hauptgebäudes befand sich während der „T4"-Morde die Aufnahmestation. Im Innenhof der Anstalt stand eine Busgarage, in die drei Busse, in denen Opfer saßen, einfahren konnten. Die Opfer mussten in dieser Garage aussteigen, damit sie ohne gesehen zu werden und ohne die Möglichkeit zur Flucht zu haben, in das Gebäude geführt werden konnten. Die Busgarage ist das einzige noch existierende Exemplar und steht seit 2006 wieder in der Nähe ihres einstigen Standortes. Während der Morde ab 1942, der so genannten 2. Mordphase in Hadamar, lebten und starben Patientinnen und Patienten im gesamten Hauptgebäude und phasenweise auch im ehemaligen Klostergebäude, welches Teil der Anstalt war.[4] Die Toten der Jahre 1942 bis 1945 wurden überwiegend auf einem Anstaltsfriedhof, der sich hinter dem Hauptgebäude auf einem Hügel befand, verscharrt. Damit sind das

Hauptgebäude, die ehemalige Busgarage und der Friedhof als historische Orte zu bezeichnen.

Die Bedeutung des historischen Ortes ist erst in den vergangenen Jahren in das Bewusstsein gerückt: Heute gilt es prinzipiell als unzweifelhaft, dass ein historischer Ort schützenswert ist. In den ersten Jahrzehnten der Bundesrepublik war dies aber nicht selbstverständlich. So wurde beispielsweise in Grafeneck, einer der sechs Gasmordanstalten der „Aktion T4", 1965 der Schuppen abgerissen, in dem sich die Gaskammer befunden hatte.[5] Doch auch die prinzipielle Übereinkunft, dass der historische Ort zu schützen ist und dass Rekonstruktionen weitestgehend vermieden werden,[6] befreit nicht davon im Einzelfall zu entscheiden, wie mit den bauarchäologischen Spuren umgegangen werden soll.[7]

In Hadamar wurden die Tötungsräume nach der Befreiung überwiegend wieder ihrer ursprünglichen Bestimmung, nämlich der eines Kellers, zugeführt. Die Bauarbeiter der „T4" hatten bereits im Frühjahr 1942 die Krematoriumsöfen, sowie die Gasanlage und die Originaltüren der Gaskammer wieder abgebaut, vermutlich um den im Überlassungsvertrag zwischen der „T4" und dem Bezirksverband Wiesbaden eingeforderten „ursprünglichen Zustand" des Gebäudes wieder herzustellen.[8] Dass die Rückbaumaßnahmen hauptsächlich als Tarnung gedacht waren, kann ausgeschlossen werden: Sowohl in Pirna/Sonnenstein als auch in Hartheim war fast bis Kriegsende gemordet worden. Die dann anschließenden Rückbaumaßnahmen wurden derart gründlich vorgenommen, dass es bei der Einrichtung der Gedenkstätten nur schwer gelang, die Räumlichkeiten und ihre Nutzung eindeutig zuzuordnen.

Mündlichen Überlieferungen zufolge lebte nach dem Krieg parallel zur Nutzung als Keller eine Patientin mit ihren Katzen zeitweise in der Hadamarer Gaskammer, ebenso fanden im Sezierraum und auch in der Gaskammer weiterhin Sektionen statt. Außerdem diente der Vorraum zur Gaskammer, in dem sich die Opfer 1941 entkleiden mussten, einige Zeit als Leichenaufbewahrungsraum. Dieser vergleichsweise sorglose Umgang mit dem baulichen Erbe der Morde führte dazu, dass die bauarchäologische Substanz fast völlig erhalten blieb. So wurde nach dem Krieg offenbar nur eine Türöffnung der Gaskammer vergrößert. Die Wiedereingliederung der Kellerräume in den Alltag der Landesheilanstalt führte dazu, dass die Morde mit der Zeit aus dem kollektiven Gedächtnis der Belegschaft des Hauses fielen. So waren einzelne Beschäftigte überrascht beziehungsweise entsetzt, feststellen zu müssen, dass einer ihrer Vorfahren Tatbeteiligter gewesen war oder dass sie Sektionen in der ehemaligen Gaskammer vorgenommen hatten.[9]

Frühes Gedenken – das Relief im ehemaligen Haupteingang

Am 13. März 1953 enthüllte der Bezirksverband Wiesbaden im Hauptgebäude der Landesheilanstalt Hadamar ein Relief. Auf diesem ist eine gebeugte, unbekleidete Person vor einer Feuerschale zu sehen. Der Text darauf lautet „1941–1945. Zum Gedächtnis". Die Gedenkrede wurde von Landesrat Friedrich Stöffler (1894–1982) gehalten, der Initiator einer Auseinandersetzung des Verbandes mit der eigenen NS-Geschichte gewesen war und auch die Anbringung des Reliefs in die Wege leitete.[10] Stöffler war bereits vor dem Nationalsozialismus beim Bezirksverband Wiesbaden angestellt gewesen und wurde 1934 aus politischen Gründen entlassen. Von 1947 bis Juni 1953 war er in der Kommunalverwaltung Wiesbaden tätig und wurde im Oktober 1953 stellvertretender Landesdirektor des am 1. April 1953 gegründeten Landeswohlfahrtsverbandes Hessen (im folgenden LWV). Stöffler nannte eine moralische Ver-

Relief in der Eingangshalle des ZSP Hadamar (LWV-Archiv, Fotosammlung)

pflichtung seitens der Kommunalverwaltung Wiesbaden als Begründung für die Aufhängung des Reliefs. „Sie [die Kommunalverwaltung, U. G.] hat sich aber auch verpflichtet gefühlt, den zahllosen, in der Anstalt Hadamar ums Leben gebrachten Opfer der vergangenen Periode in der neu hergerichteten Eingangshalle der Anstalt ein Gedächtnismal zu setzen."[11] Stöffler schilderte in seiner Rede grob die Geschehnisse in Hadamar. Daraus geht hervor, dass im Jahr 1953 ein verglichen mit heute zwar begrenztes aber doch solides Wissen über die Morde bestand. Nach der Einweihung, an der auch ein Chor und ein Orchester des Gymnasiums Hadamar beteiligt waren, legte Direktor Dr. Langer auf dem Friedhof einen Kranz nieder.[12]

Stefanie Endlich beschreibt das Relief als „antikisierendes Motiv", das sich „der Rodin-Schule zuordnen lässt. Der linke Teil des Bildes wiederum mit Flammenschale und prononcierten Buchstaben und Jahreszahlen in Hochrelief könnte unmittelbar einem der zahlreichen in der NS-Zeit für die Gefallenen des Ersten Weltkrieges errichteten Kriegerdenkmale entsprungen sein."[13] Bei dieser Einordnung wird deutlich, dass das Relief für uns heute schwer verstehbar ist. Frühe Formen des Gedenkens in der Bundesrepublik waren häufig Sarkophage, Obelisken und Stelen, „weil sie eine

Gelände des Gräberfeldes (LWV-Archiv, Fotosammlung)

jahrhundertelang bewährte, gesellschaftlich anerkannte, auch ohne Worte verständliche Trauersprache verkörpern, die gerade angesichts der 'Bodenlosigkeit' der Ereignisse als würdig und angemessen empfunden wird."[14] Für die Opfer von „Euthanasie"-Verbrechen findet sich diese Denkmalform relativ selten, da ein breiteres Gedenken faktisch erst in den 80er Jahren begann. Das Hadamarer Relief ist als frühes Denkmal jedoch in diese Gedenkkultur einzuordnen. Einschränkend wäre zu sagen, dass die Wahl des Motivs weder heute noch vermutlich in den fünfziger Jahren des letzten Jahrhunderts, eine eindeutige Botschaft sendet. Unabhängig davon bedeutet es den Betrachtenden, inne zu halten, wie der Text auch verbalisiert. Es handelt sich dabei unseres Wissens um das früheste Gedenken an „Euthanasie"-Opfer.

Der Friedhof auf dem Mönchberg

Im Jahr 1941 wurden die Leichen der Opfer der Gasmordphase im Keller des Hauptgebäudes in zwei Krematoriumsöfen verbrannt; der Rauch war weithin sichtbar und riechbar. Damit war die geforderte Geheimhaltung der Morde fast obsolet geworden, zumindest im Umkreis der Gasmordanstalt. Die Asche wurde anschließend den Angehörigen zugesandt, an andere Friedhöfe übermittelt oder anderweitig entsorgt. Anfang August 1942 begann die so genannte zweite Mordphase in Hadamar. Um das auffällige Verbrennen künftig zu umgehen, sollten Erdbestattungen stattfinden.

Im August 1942 ermordete das Personal 33 Menschen.[15] Die ersten Toten ließ die Anstalt auf dem Alten Friedhof in der Stadt Hadamar beerdigen. Laut dem Beerdigungsbuch der Stadt wurden 20 Opfer der NS-„Euthanasie"-Verbrechen auf dem Alten Friedhof beerdigt, und zwar im Zeitraum vom 15. bis 28. August 1942.[16] Der erste Mord ist auf den 15. August beurkundet: Ernst O. wurde am selben Tag auf dem Hadamarer Friedhof beerdigt, wie im Schreiben an die Angehörigen vermerkt ist: „Die Beerdigung fand auf dem städtischen Friedhof in Hadamar statt. Sie können jederzeit das Grab besuchen."[17] Dieses freundliche Angebot seitens der Hadamarer Direktion wurde vermutlich nicht allzu oft wiederholt. Vielmehr war es ja das Interesse der Anstaltsleitung, dass möglichst wenig Besucherinnen und Besucher sich für die Vorgänge in der Anstalt interessierten. Den Angehörigen von Agnes K. jedenfalls schrieben die Büroangestellten, „[d]ie Beerdigung findet am Montag, den 31. 8. 1942 um 16:30 Uhr auf dem hiesigen Friedhof statt."[18] In Wahrheit allerdings war Agnes K. bereits am 28. August 1942 auf dem städtischen Friedhof beerdigt worden. Ganz offensichtlich wurden hier bewusst falsche Informationen an die Angehörigen geschickt, die heute nicht logisch erscheinen.[19] Interessant ist in diesem Zusammenhang auch, dass nicht alle in der Zeit vom 15. bis 28. August 1942 in der Anstalt Verstorbenen auf dem städtischen Friedhof beerdigt wurden. Es wäre möglich, dass einige Leichen in einem

Krematorium einer anderen Stadt verbrannt wurden und die Urne den Familien zugesandt wurde. Insgesamt wurden im Jahr 1942 nur 28 Menschen aus Hadamar auf dem städtischen Friedhof beerdigt, einschließlich der Ermordeten. Dieses Zahlenverhältnis macht deutlich, dass es mittelfristig sehr auffällig gewesen wäre, eine große Anzahl von Opfern der NS-„Euthanasie"-Morde auf dem städtischen Friedhof zu beerdigen. Niemand hätte geglaubt, dass in der Anstalt in drei Jahren ungefähr 4.500 Menschen „eines natürlichen Todes" gestorben wären, bei einer Gesamteinwohnerzahl der Stadt von circa 3.000 Personen im Jahr 1942.[20] Das Streben nach Verschleierung der Morde führte dazu, ein Grundstück auf dem Hügel hinter dem Hauptgebäude der LHA Hadamar als Friedhof einzurichten. In vielen Schreiben an die Angehörigen ging die Anstaltsleitung allerdings überhaupt nicht auf den Ort der Beerdigung ein.[21] Dies lag unter anderem daran, dass viele Angehörige sich nach der Sterbenachricht aus Hadamar niemals bei der Anstaltsleitung meldeten, um den Ort der Beerdigung zu erfahren.

In der Regel wurden die Toten auf dem Mönchberg in Massengräbern verscharrt, etwa zwischen zehn und 20 Leichen in einem Grab.[22] Die Toten wurden stets ohne Sarg begraben, in der Regel nur dürftig bekleidet.[23] Aus Zwecken der Tarnung wurden diese Massengräber als Einzelgräber gestaltet. Stöffler beschrieb hingegen 1961, dass die Anstaltsleitung erst im Jahr 1945 die Massengräber mit der Tarnung als Einzelgräber versehen hätte. Weiter berichtete er, dass ebenfalls 1945 ein Holzkreuz in der Mitte des Friedhofs errichtet worden sei, welches 1958 durch ein „Kreuz aus Kunststein" ersetzt wurde.[24]

Der Friedhof wurde offensichtlich im Laufe der Jahre mehrfach verändert. Fotos zeigen beispielsweise 1949 Einzelgräber, bepflanzt mit Bäumen.[25] Auf einer Luftaufnahme aus den 1960er Jahren ist erkennbar, dass der Friedhof mit steinernen Einzelgrabplatten versehen war.[26] Im Jahr 1964 wurde die rechte Seite des Friedhofs ein letztes Mal umgestaltet und zwar in eine „Gedenklandschaft". Die scheinbaren Einzelgräber wurden eingeebnet, stattdessen wurden symbolische Grabsteine und eine Stele errichtet, sowie Büsche und Bäume gepflanzt. Die Grabsteine symbolisieren vier Religionen, Christentum, Islam, Judentum und Orthodoxes Christentum. Die Stele ist mit der Inschrift „Mensch achte den Menschen" versehen. Der umgestaltete Friedhof wurde am 18. September 1964 eingeweiht. In der Einladung schrieb der LWV: „Der Friedhof, auf dem die Opfer des NS-Regimes in der damaligen Heilanstalt Hadamar bestattet wurden, ist vom Landeswohlfahrtsverband Hessen mit Unterstützung der Bundesregierung und der Hessischen Landesregierung zum ehrenden Gedächtnis an die Toten und zur ernsten Mahnung für unser Volk neu gestaltet worden."[27] Die Gedenkrede hielt der Kirchenpräsident Dr. Martin Niemöller (1892–1984) aus Frankfurt am Main. Niemöller war selbst mehrere Jahre Häftling im Konzentrationslager Sachsenhausen gewesen. Das Denkmal gestaltete der Kasseler Bildhauer Max Eichler nach einem Entwurf des Gartenarchitekten Günther Vogel. Die Gesamtkosten beliefen sich auf etwa 117.000 D-Mark.[28] Die Gestaltung mit den bereits erwähnten symbolischen Grabsteinen soll daran „erinnern [...], daß hier in der nationalsozialistischen Terrorzeit Menschen verschiedenen Glaubens und verschiedener Nationen den Tod gefunden haben."[29] Auch an dieser Gedenkfeier war ein Chor des städtischen Gymnasiums beteiligt.

Links der Hauptachse befindet sich ein einzelnes Kreuz, das einer Patientin gedenkt. Es wurde 1948 von ihrem Sohn aufgestellt.[30] Weiter links befindet sich eine Geländevertiefung. Vermutlich handelt es sich dabei um Gräber von Kindern, die Opfer der NS-„Euthanasie"-Verbrechen wurden.

Aus der Rede Niemöllers geht ebenso hervor wie aus der Inschrift der Stele, dass der Friedhof hauptsächlich zur Mahnung dienen sollte. „An die 5.000 Opfer des Nazi-Systems, also 5.000 menschliche Wesen, oder was von ihnen übrig blieb, ruhen auf diesem Friedhof. Sie sind nur ein Teil von all denen, die hier ihres angeblich lebensunwerten Lebens beraubt wurden, weil man es für nichts achtete. [...] Doch hier das Mahnmal des Künstlers mahnt uns, tiefer zu blicken und daran zu denken, daß der Mensch keine Zahl ist. [...] diese Mahnung ist die frohe Botschaft. MENSCH – ACHTE DEN MENSCHEN."[31] Der Friedhof liefert keine Informationen über Opfer, Täterinnen und Täter oder die Verbrechen selbst. Wer in den siebziger Jahren diesen Friedhof besuchte, konnte kaum erahnen, wer dort begraben lag. Damit ist der Friedhof in einer Reihe mit anderen Denkmalen zu sehen, die in den fünfziger und sechziger Jahren vor allem mahnen wollten. Auch Endlich ordnet die Gestaltung des Friedhofs in die „traditionelle Denkmalskunst" ein, wie an der Stele deutlich wird.[32]

Die Gedenkstätte Hadamar

Knapp 20 Jahre nach der Einweihung des Friedhofs wurde 1983 die Gedenkstätte Hadamar eröffnet. Dieser Öffnung vorausgegangen war im Jahre 1979 die Ausstrahlung des Spielfilms „Holocaust" im deutschen Fernsehen. In diesem Film erkrankt die Tochter der Familie Weiß psychisch und wird in der Hadamarer Gaskammer ermordet. Dieser Film und die sich daran anschließenden Diskussionen führten zu ersten Recherchen innerhalb des psychiatrischen Krankenhauses Hadamar. Nach Kriegsende war die Landesheilanstalt nicht geschlossen worden, unter anderem, da das Gebäude unversehrt war. 1953 übernahm der Landeswohlfahrtsverband die Einrichtung, 1957 wurde sie in „Psychiatrisches Krankenhaus" umbenannt. Ende der 60er Jahre wurden zahlreiche neue Gebäude errichtet.

Initiiert durch den Spielfilm begannen in Hadamar die Recherchen. Bereits Stöffler hatte 1961 darauf verwiesen, dass sich die Akten der so genannten zweiten Mordphase

Gedenkstein für die jüdischen Opfer, Foto 2006 (Aufnahme Frank Mihm)

noch in Hadamar befanden.[33] Der damalige Chefarzt und ein Sozialarbeiter sichteten die Akten und die bauarchäologische Substanz des Kellers.[34] Eine Gruppe Gießener Studenten erarbeitete die erste Ausstellung.[35] Die Gedenkstätte wurde 1983 eröffnet. Sie war auf die historischen Kellerräume begrenzt, in denen auch die Ausstellung hing. Parallel arbeitete eine Frankfurter Studierendengruppe an der Auswertung der Akten.[36] Im November 1983 fand das „1. Hadamarer Psychiatrie-Symposium" statt, bei dem unter anderem der Landesdirektor des Landeswohlfahrtsverbandes Hessen, Dr. Tilmann Pünder (*1932), Prof. Dr. Dr. Klaus Dörner (*1933) und mehrere Ärzte des Psychiatrischen Krankenhauses Hadamar als Referenten auftraten.[37] Im Rahmen dieses Symposiums wurde auch die Ausstellung eröffnet.[38]

Die neue Gedenkstätte befand sich zunächst in faktischer Trägerschaft des Psychiatrischen Krankenhauses Hadamar. Kurz nach der Eröffnung der Gedenkstätte berief der Landeswohlfahrtsverband einen Beirat zur „Geschichte der Rechtsvorgänger des

Stele „Mensch achte den Menschen" auf dem Friedhof, Foto 2006
(Aufnahme Frank Mihm)

LWV-Hessen und ihrer Einrichtungen in der Zeit des Nationalsozialismus" unter Leitung des Landesdirektors ein. Mitte der 1980er Jahre übernahm der Landeswohlfahrtsverband Hessen als überörtlicher Sozialhilfeträger die Verantwortung für die in seinen Einrichtungen begangenen Verbrechen. In Zusammenhang damit wurde 1986 das Archiv des Landeswohlfahrtsverbandes gegründet und diesem anschießend die Zuständigkeit für die Gedenkstätte Hadamar übertragen.[39] Darüber hinaus sorgte der LWV dafür, dass in den Einrichtungen, sofern in ihnen gemordet worden war, Gedenksteine aufgestellt und Ausstellungen erarbeitet wurden. Die Gedenkstätte Hadamar institutionalisierte sich Ende der 1980er Jahre: im Parterre des rechten Seitenflügels des Hauptgebäudes wurden Büros, Seminarräume, eine Bibliothek und ein Archiv eingerichtet, erste Mitarbeiterinnen und Mitarbeiter wurden eingestellt. Anfang der 1990er Jahre begann die Entwicklung eines pädagogischen Konzeptes.[40] 1991 wurde die Dauerausstellung eröffnet. Im selben Jahr wurde die Wanderausstellung des LWV „Euthanasie in Hadamar" fertiggestellt, die an vielen Orten innerhalb Deutschlands und auch im Ausland die Thematik NS-„Euthanasie"-Verbrechen bekannt machte.[41] Diese Institutionalisierung fiel in eine Phase, in der bundesweit viele Gedenkstätten gegründet wurden.[42]

Die Gründung der Gedenkstätte war weder in der Stadt Hadamar noch innerhalb des Psychiatrischen Krankenhauses unumstritten und führte des öfteren zu Konfrontationen. Die Gründung von Gedenkstätten hatte auch an anderen Orten Konflikte mit sich gebracht. Die Gründe waren, dass zum einen die deutsche Bevölkerung sich schwer tat mit dem Anerkennen, dass in ihrem Namen Verbrechen gegen die Menschlichkeit begangen worden waren; zum anderen wollten die Bewohnerinnen und Bewohner von „belasteten" Orten nicht, dass ihre Stadt zu einem Synonym für ein Verbrechen wurde.

Die Gedenkstätte professionalisierte sich im Laufe der Jahre. So gründete sich 1998 ein Förderverein für die Gedenkstätte.[43] Ehrenamtliche Mitarbeiterinnen und Mitarbeiter dieses Vereins sind mittlerweile hauptsächlich für die Führungen zuständig, während die hauptamtlichen Mitarbeiterinnen die ein- beziehungsweise mehrtägigen Studientage durchführen.[44] Im Jahr 2005 besuchten erstmals fast 15.000 Menschen die Gedenkstätte, fast 90 % wurden dabei im Rahmen historisch-politischer Bildung betreut. Die Gedenkstätte bietet darüber hinaus in ihrem Jahresprogramm kulturelle, historische und pädagogische Veranstaltungen an. Themen sind zum Beispiel die zweite und dritte Generation der Tätergesellschaft, die Rolle von Frauen im Nationalsozialismus, aber auch künstlerische Auseinandersetzung mit dem Thema Verantwortung und Zivilcourage. Die Mitarbeiterinnen und Mitarbeiter arbeiten außerdem forschend und konzeptionell. Im Jahr 2001 eröffnete der Internationale Bund, Träger der Jugend-, Sozial-, und Bildungsarbeit e. V., Behindertenhilfe Hessen, eine Jugendbegegnungs- und Bildungsstätte mit 36 Betten in den Räumen oberhalb der Gedenkstätte.[45] Im Dachgeschoss befindet sich seit einigen Jahren die Kunsttherapie des Zentrums für Soziale Psychiatrie. Dadurch leben im rechten Seitenflügel des ehemaligen Hauptgebäudes, dem Haupttrakt der Morde, keine Patientinnen und Patienten mehr. Dies war stets eine Forderung seitens kritischer Stimmen. Die Jugendbegegnungsstätte ermöglicht es der Gedenkstätte, mehrtägige Veranstaltungen durchzuführen. Ihr eigener Schwerpunkt sind internationale Austauschmaßnahmen, überwiegend mit Osteuropa.

Die archäologische Bausubstanz der Gedenkstätte wird durch Konservierung erhalten; es wird fast gänzlich auf Rekonstruktionen verzichtet. Das dahinter stehende denkmalpflegerische Konzept geht davon aus, dass der Verfall der historischen Substanz gestoppt werden muss, dass aber nichts rekonstruiert wird. So wurde die wiedererrichtete Busgarage nicht am Originalstandort aufgebaut, sondern um einige Meter nach hinten verschoben. Die im Laufe der Jahre verfaulten Holzplanken wurden durch neue ersetzt, die aufgrund ihrer Farbe aber deutlich zu unterscheiden sind.

Neue Formen des Gedenkens

In den vergangenen Jahren ist eine Reihe von Gedenkritualen entstanden, die teilweise durch die Mitarbeiterinnen und Mitarbeiter initiiert wurden, und teilweise im Zusammenspiel mit Besucherinnen und Besuchern entwickelt wurden. Eine besondere Gedenkfeier wurde am 1. September 1994, dem 55. Jahrestag der so genannten „Euthanasie"-Ermächtigung Hitlers, vom Bund der „Euthanasie"-Geschädigten und Zwangssterilisierten (Opferverband) durchgeführt: Der Bund gedachte aller Opfer der NS-„Euthanasie"-Verbrechen, und wählte dafür die Gedenkstätte Hadamar. Dazu wurde der damalige hessische Ministerpräsident, Hans Eichel, eingeladen. Am 13. Januar 1997 ließ man 10.000 schwarze Luftballons aufsteigen, um die Zahl der während der Gasmordphase ermordeten Opfer zu symbolisieren. Vorausgegangen war ein Projekt der Hadamarer Fürst-Johann-Ludwig-Schule (ehemaliges Gymnasium Hadamar).

Die meisten Gedenkformen erreichen nicht diesen Bekanntheitswert, da sie mit einzelnen Gruppen anlässlich eines Gedenkstättenbesuchs durchgeführt werden. So ist verstärkt zu beobachten, dass Besuchsgruppen kleine Zeremonien abhalten, bevorzugt im Keller, in dem die Tötungen stattfanden, und auf dem Friedhof. Manche Gruppen gedenken dabei vor allem der Opfer ihrer Heimatstadt. Anlässlich mehrtägiger Aufenthalte von Gruppen werden häufig Gegenstände hergestellt, die bei Gedenkzeremonien niedergelegt werden. Außerdem arbeiten Gruppen gelegentlich während der Studientage zum Thema Gedenken. Dabei beschäftigen sie sich mit einzelnen Opfern und gestalten Bilder/Collagen zum Gedenken beziehungsweise halten kleine Ansprachen. Auch bietet die zurückhaltende Gestaltung des Friedhofs die Möglichkeit, dass Gruppen dort in Absprache mit der Gedenkstätte eine Blume oder Staude einpflanzen. Letztlich hat sich bei vielen Gruppen herausgestellt, dass es ein großes Interesse gibt, den Besuch durch einen Gedenkmoment abzurunden.

Seitens der Gedenkstätte selbst wird am Jahrestag der ersten Tötung mit Gas (13. Januar) eine kleine Zeremonie im Keller abgehalten. Damit hat die Gedenkstätte die Entscheidung getroffen, den internationalen Tag des Erinnerns an die Opfer des Nationalsozialismus, den 27. Januar, um zwei Wochen vorzuverlegen. Dabei werden in der Regel Biographien von Opfern vorgestellt. Anschließend findet häufig ein Vortrag oder eine kulturelle Veranstaltung, wie beispielsweise die Eröffnung einer Ausstellung statt, dann allerdings in den anderen Räumlichkeiten der Gedenkstätte. Im Jahr 2005 waren bei dieser Veranstaltung erstmals gezielt Angehörige von Opfern der NS-„Euthanasie"-Morde eingeladen worden. Die 2006 fertig gestellte Datenbank „Opferliste", in der die Namen aller in Hadamar ermordeten Opfer verzeichnet sind, ermöglicht den Angehörigen, Gewissheit über das Schicksal ihres Familienmitglieds zu bekommen. Die Gedenkveranstaltung im Keller steht dabei, zumindest in Einzelfällen, stellvertretend für die – nicht stattgefundene – Beerdigung.

Am 9. November, dem Jahrestag der Pogromnacht lädt die Gedenkstätte regelmäßig zu einer größeren kulturellen Veranstaltung ein (Theateraufführung oder Konzert). Mit der Wahl dieses Datums wird versinnbildlicht, dass der Kranken- und Behindertenmord ein Teil der Verbrechen gegen die Menschlichkeit im Nationalsozialismus war.

Die wiederaufgebaute historische Busgarage wird vermutlich gelegentlich als Ort von Gedenkfeiern genutzt werden. Im Außenbereich der Busgarage wurden sechs Tafeln aufgestellt, auf denen die Funktion der Garage kurz erläutert wird, unter anderem in englischer, russischer und leichter Sprache.[46] Ein Gedenkbuch, basierend auf der Opferliste, ist in der Gedenkstätte einsehbar.

Die Erinnerungsgemeinschaft bezüglich der NS-„Euthanasie"-Verbrechen setzt sich aus Angehörigen, Beschäftigten in den Einrichtungen der Psychiatrie und Behindertenhilfe, der lokalen Bevölkerung und Mandatsträgern zusammen. In den vergangenen Jahren gedenken außerdem verstärkt Menschen, die im Nationalsozialismus zu Opfern hätten werden können. So gibt es zunehmend mehr Kooperationen mit Selbstvertretungsorganisationen von Menschen mit Behinderungen, die die Gedenkformen entscheidend mit prägen.

[1] Vgl. die Beiträge von Georg Lilienthal „Gaskammer und Überdosis", Peter Sandner und Uta George in diesem Band.

[2] Vgl. den Beitrag von Georg Lilienthal zu Personal in diesem Band.

[3] Vgl. den Beitrag von Matthias Meusch in diesem Band.

[4] Zum Kloster vgl. den Beitrag von Matthias Kloft in diesem Band.

[5] Vgl. Stefanie Endlich, „Das Gedenken braucht einen Ort." Formen des Gedenkens an den authentischen Orten, in: Kristina Hübener (Hg.), Brandenburgische Heil- und Pflegeanstalten in der NS-Zeit (= Schriftenreihe zur Medizin-Geschichte des Landes Brandenburg, Bd. 3), Berlin 2002, S. 341–388, hier S. 372.

[6] Vgl. ebd., S. 350.

[7] Vgl. die Gedenkstätte Hartheim. Dort wurden die historischen Räumlichkeiten, in denen sich der Mordtrakt befand, stark verändert, indem z. B. Durchbrüche durch bestehende Wände vorgenommen wurden.

[8] Vgl. Abschrift des Vertrags des Bezirksverbandes mit der „Stiftung" (eine Tarnabteilung der „T4"), Hessisches Hauptstaatsarchiv Wiesbaden (HHStA Wi), Abt. 461, Nr. 32061, Bl. 1 abgedruckt in: Landeswohlfahrtsverband Hessen (Hg.), „Verlegt nach Hadamar." Die Geschichte einer NS-„Euthanasie"-Anstalt (= Historische Schriftenreihe des Landeswohlfahrtsverbandes Hessen, Kataloge Bd. 2), 3. Auflage Kassel 2003, S. 81.

[9] Bei einer Führung durch die Gedenkstätte äußerten einige Teilnehmerinnen und Teilnehmer, dass sie in der ehemaligen Gaskammer an Sektionen beteiligt gewesen waren. Schilderung eines Mitarbeiters der Gedenkstätte, circa 1995.

[10] Friedrich Stöffler, Die „Euthanasie" und die Haltung der Bischöfe im hessischen Raum 1940–1945, in: Archiv für mittelrheinische Kirchengeschichte, 13. Jg. (1961), S. 301–325, wieder abgedruckt in: Landeswohlfahrtsverband Hessen (Hg.), Mensch achte den Menschen. Frühe Texte über die Euthanasieverbrechen der Nationalsozialisten in Hessen. Gedenkstätten für die Opfer, 3. Auflage Kassel 1989, S. 35–65.

[11] Friedrich Stöffler, Gedenkrede anläßlich der Enthüllung eines Gedächtnismals für die Opfer der Euthanasie in der Landesheilanstalt Hadamar am 13. März 1953, in: LWV, Mensch (Anm. 10), S. 12–22, hier S. 21 f.

[12] Einladung zur Feierstunde anlässlich der Enthüllung des Reliefs durch Landeshauptmann Witte, Ablauf, Archiv des Landeswohlfahrtsverbandes Hessen (= LWV-Archiv), Bestand 12, Gedenkstätte Hadamar.

[13] Endlich, Gedenken (Anm. 5), S. 355.

[14] Ebd., S. 356.

[15] LWV-Archiv, Bestand 12.

[16] Beerdigungsbuch Alter Friedhof (Stadt Hadamar) 1934–1950. Dank an Frau Kaiser vom Friedhofsamt der Stadt Hadamar für die freundliche Unterstützung.

[17] LWV-Archiv, Bestand 12, AN 485, Bl. 3, Schreiben Chefarzt Hadamar an Frau H. (17. 09. 1942).

[18] AN 1828, Bl. 34, Schreiben der Direktion Hadamar an Jean P. (29. 08. 1942).

[19] Vgl. Beerdigungsbuch (Anm. 16).

[20] Auskunft des statistischen Landesamtes Hessen (12. 05. 2006).

[21] Untersucht wurden circa 20 Akten von Opfern, die zwischen dem 15. August und dem 31. Oktober 1942 verstorben sind. Keine Erwähnung des Friedhofs: vgl. z.B. AN 143, 210. Erwähnung Anstaltsfriedhof, vgl. AN 96, 1238, 1828.

[22] Vgl. Bettina Winter, Das Morden geht weiter – die zweite Phase der „Euthanasie" 1942–1945, in: LWV, „Verlegt nach Hadamar" (Anm. 8), S. 118–154, hier S. 122; vgl. außerdem Peter Sandner, Verwaltung des Krankenmordes. Der Bezirksverband Nassau im Nationalsozialismus (= Historische Schriftenreihe des Landeswohlfahrtsverbandes Hessen, Hochschulschriften Bd. 2), Gießen 2003, S. 623.

[23] Vgl. Earl W. Kintner, The Hadamar Trial, London/Edinburgh/Glasgow 1949. Darin: Aussage von Frederick Dickmann, S. 56 f.

[24] Friedrich Stöffler, Die Haltung der Bischöfe (Anm. 10), S. 47.

[25] Vgl. Stadtarchiv Hadamar, Fotosammlung (1949). Dank an Herrn Will für freundliche Beratung.

[26] Fotografie im Seminarraum Gedenkstätte Hadamar, vermutlich Anfang der 1960er Jahre.

[27] Einladung zur „Einweihung der Gedenkstätte und des Friedhofs beim Psychiatrischen Kranken-

haus Hadamar, Kreis Limburg/Lahn". LWV-Archiv, Bestand 12, Gedenkstätte Hadamar.

[28] Vgl. Nassauische Landeszeitung, Gedenkstätte für Opfer der Euthanasie. Niemand vor Versuchung sicher. Worte der Mahnung und Besinnung bei der feierlichen Einweihung (19. 09. 1964).

[29] Nassauische Landeszeitung, Mensch – achte den Menschen! Kirchenpräsident Niemöller spricht bei der Einweihung des Ehrenhaines (17. 09. 1964).

[30] Vgl. den Beitrag von Uta George zu Opfern der Jahre 1942–1945 in diesem Band.

[31] Martin Niemöller, Ansprache zur Einweihung der Gedenkstätte für die Opfer der nationalsozialistischen Euthanasieverbrechen am 18. [September] 1964 im Psychiatrischen Krankenhaus Hadamar, in: LWV, Mensch (Anm. 10), S. 7–11, hier S. 10 f.

[32] Endlich (Anm. 5), S. 356.

[33] Vgl. Stöffler, Die Haltung der Bischöfe (Anm. 10), S. 46.

[34] Vgl. Gerhard Kneuker/Wulf Steglich, Begegnungen mit der Euthanasie in Hadamar, Rehburg-Loccum 1985; außerdem Uta George, Die Gedenkstätte Hadamar, in: Günther Morsch/Sylvia de Pasquale (Hg.), Perspektiven für die Dokumentationsstelle Brandenburg. Beiträge der Tagung in der Justizschule der Justizvollzugsanstalt Brandenburg am 29./30. Oktober 2002 (= Materialien der Stiftung Brandenburgische Gedenkstätten Bd. 2), S. 147–156, hier S. 148–150.

[35] Es handelte sich dabei um Peter Chroust, Herwig Groß, Matthias Hamann und Jan Sörensen, vgl. Peter Chroust/Herwig Groß u.a. (Hg.), „Soll nach Hadamar überführt werden". Den Opfern der Euthanasiemorde 1939 bis 1945. Gedenkausstellung in Hadamar. Katalog, Frankfurt 1989.

[36] Dorothee Roer/Dieter Henkel (Hg.), Psychiatrie im Faschismus. Die Anstalt Hadamar 1933–1945, 2. Auflage Frankfurt am Main 1996.

[37] Einladung zum „1. Hadamarer Psychiatrie-Symposium" (15.–19. 11. 1983), LWV-Archiv, Bestand 12, Gedenkstätte Hadamar.

[38] Vgl. Chroust/Groß u. a., (Anm. 35). S. 2.

[39] In den LWV gingen der Bezirksverband Wiesbaden, der Bezirksverband Kurhessen und die Abteilung III der Landesregierung Hessen auf.

[40] Vgl. den Beitrag von Regine Gabriel u. Uta George in diesem Band.

[41] Vgl. den Beitrag von Bettina Winter in diesem Band.

[42] Vgl. Uta George, Psychiatriegeschichte der NS-Zeit als Thema in der historisch-politischen Bildung, in: Uta George/Herwig Groß u.a. (Hg.), Psychiatrie in Gießen. Facetten ihrer Geschichte zwischen Fürsorge und Ausgrenzung, Forschung und Heilung (= Historische Schriftenreihe des Landeswohlfahrtsverbandes Hessen, Quellen und Studien Bd. 9), Gießen 2003, S. 475–484, hier S. 475.

[43] Vgl. den Beitrag von Bettina Winter in diesem Band.

[44] Vgl. den Beitrag von Regine Gabriel und Uta George in diesem Band.

[45] Vgl. den Beitrag von Michael Statzner in diesem Band.

[46] Leichte Sprache verwendet keine Schachtelsätze und keine Fremdwörter oder Anglizismen.

Lernen aus der Geschichte?
Die pädagogische Arbeit
in der Gedenkstätte Hadamar

Regine Gabriel, Uta George

Aus der Geschichte Lehren ziehen

Der folgende Beitrag beschreibt die pädagogische Arbeit der Gedenkstätte Hadamar und reflektiert diese. Im Jahr 2005 hatte die Gedenkstätte fast 15.000 Besucherinnen und Besucher; 80 Prozent von ihnen besuchten die Gedenkstätte im Rahmen eines pädagogischen Angebotes der Gedenkstätte. Damit nimmt die Pädagogik innerhalb der Gedenkstättenarbeit eine wichtige Stellung ein: die meisten Informationen über die Gedenkstätte werden folglich mündlich kommuniziert und nicht schriftlich, beispielsweise durch Texte in der Ausstellung.

Pädagogische Arbeit meint hier hauptsächlich Wissensvermittlung, sowie Betreuung von und Auseinandersetzung mit Besucherinnen und Besuchern. Sie verortet sich innerhalb der historisch-politischen Bildung und schließt ein Gedenken an die Opfer ein. „Bezüglich des Themas (Nationalsozialismus/Holocaust) gibt es einige solcher Konsense, die ich hier 'öffentlich' nennen möchte. Ein erster besteht in der negativen Bewertung des Geschehens, ein zweiter darin, dass aus dieser Geschichte gelernt werden kann, sonst gäbe es schließlich nicht die Gedenkstätten als 'Lernorte' und auch keine Gedenkstättenpädagogik. [...] Ein dritter Konsens, der mit dem Topos der 'Authentizität' verbunden ist, besteht darin, identifizierbare Orte nationalsozialistischer Verbrechen zu bewahren und mit Deutungen zu versehen."[1] Auch die Gedenkstätte Hadamar ist unter diesen Prämissen gegründet und aufgebaut worden. So ist der historische Ort der Ausgangspunkt für Forschung und Pädagogik. Er gilt als schützens- und erhaltenswert.

Im Alltag sind Gedenkstättenpädagoginnen und -pädagogen häufig damit konfrontiert, dass Leiterinnen und Leiter von Besuchsgruppen mit dem Ansinnen kommen, einzelne Gruppenmitglieder von rechten Tendenzen „heilen" zu lassen. Gegen diese „Heilserwartungen" wehren sich die pädagogischen Kräfte zunehmend, weil sie ihre Arbeit nicht so funktionalisieren lassen wollen. Gerade wenn sich die pädagogische Arbeit im Rahmen historisch-politischer Bildung verortet, ist eine hauptsächlich emotionalisierte und moralische Herangehensweise nicht angezeigt. Vielmehr geht es

R. Gabriel, U. George

Besucher in der Ausstellung
(Verein zur Förderung der Gedenkstätte
Hadamar e. V., Foto: Uta George)

auch in der Gedenkstätte Hadamar zunächst um die Information über das Thema NS-„Euthanasie"-Verbrechen, um den historischen Ort und darauf aufbauend um eine ethisch-moralische Auseinandersetzung. Das Thema NS-„Euthanasie"-Verbrechen bietet darüber hinaus verschiedentliche Möglichkeiten, einen konkreten Bezug zur Aktualität herzustellen.

Pädagogische Arbeit in Gedenkstätten beinhaltet die Schwierigkeiten einer Gradwanderung: weder darf sie den Eindruck erwecken, dass das erörterte Thema unbedeutend wäre, noch darf sie zuviel moralische Imperative enthalten. Besucherinnen und Besucher kommen in der Regel mit unausgesprochenen aber trotzdem vorhandenen Erwartungen in die Gedenkstätte, wie zum Beispiel eine angemessene Sprachweise und Darstellung des Geschehens durch die pädagogische Fachkraft. Diese unausgesprochenen Erwartungen resultieren unter anderem aus der Rolle der Gedenkstätten in der Gesellschaft: nicht nur symbolisieren sie den Umgang mit der NS-Vergangenheit, sondern erfüllen auch noch die Funktion des moralischen Wächters. Das heißt, sie sind moralische Instanzen.

In diesem Spannungsfeld befindet sich auch die pädagogische Arbeit der Gedenkstätte Hadamar. Das Gedenken an die Opfer, einst zentraler Ansatz für die Gründung der Gedenkstätte, fließt heute in die pädagogischen Angebote ein.[2] Der folgende Beitrag schildert diese Angebote, wie Führungen, Studientage und Tagungen/Seminare und die inhaltliche Verortung der Gedenkstätte. Außerdem wird die Arbeit mit „neuen" Zielgruppen vorgestellt. Abschließend geben wir eine Einschätzung, welche Voraussetzungen unseres Erachtens bei zukünftiger Gedenkstättenpädagogik in Hadamar beachtet werden sollten.

Die Entwicklung der pädagogischen Arbeit in Hadamar

Die sich seit den 80er Jahren in der alten Bundesrepublik etablierende Gedenkstättenlandschaft wurde durch die Gedenkstätten der ehemaligen DDR ab 1989 erweitert. Diese Entwicklung ist eine gesellschaftspolitische Erfolgsgeschichte. Bedenkt man, welchen Widerständen sich anfangs viele Enthusiasten gegenüber sahen, die einen Gedenkort gründen wollten (ob an der Stelle eines ehemaligen Konzentrationslagers, eines Außenlagers oder einer ehemaligen NS-„Euthanasie"-Anstalt), so ist es erfreulich zu sehen, wie Gedenkstätten heute arbeiten. Die Veränderungen im Verlauf der

Arbeit mit Jugendlichen (Foto: Regine Gabriel)

Jahre sind daran abzulesen, dass viele authentische Orte sich aus ihrer „Friedhofsruhe" zu „Lernorten" entwickelt haben.[3] Historische Ausstellungen wurden dem Bedürfnis der Betrachtenden, in der Regel junge Menschen, angepasst und verändert. Künstlerische Gestaltungsformen haben ebenso ihren Platz in der Gedenkstättenarbeit gefunden. Einhergehend mit der Institutionalisierung der Gedenkstätten wurde der pädagogischen Arbeit zunehmend Bedeutung beigemessen. Es entwickelten sich neben den klassischen Führungen durch die ehemaligen Tatorte oder durch Ausstellungen, spezialisierte thematische und zielgruppenorientierte Angebote. Die Pädagoginnen und Pädagogen in den verschiedenen Gedenkstätten werden nicht müde, neue Wege der Vermittlung zu beschreiten oder neue/andere Zielgruppen für ihre Arbeit zu gewinnen. Die Vermittlung der NS-Geschichte erfordert „ein hohes Maß an didaktischen Fähigkeiten, emotionaler Zuwendung und konzeptioneller Kompetenz. [...] Leider werden aber nach wie vor die besonderen Herausforderungen, die die Gedenkstättenpädagogik sowohl in quantitativer wie in qualitativer Hinsicht an die Mitarbeiter stellt, nicht adäquat gewürdigt und unterstützt."[4]

Die Gedenkstätte Hadamar hat ihr Profil bis vor kurzem überwiegend durch die pädagogische Arbeit erhalten. Darin unterscheidet sich die Entwicklungsgeschichte der Hadamarer Gedenkstätte deutlich von der anderer Gedenkstätten in der Bundesrepublik. Bei anderen Einrichtungen wurde auch nach ihrer Gründung der historischen Forschung weiterhin breiter Raum zugestanden. Nicht so in Hadamar. Die ersten Forschungsergebnisse, Anfang der 80er Jahre, führten zur Einrichtung der Gedenkstätte. Schnell wurde allerdings deutlich, dass die pädagogische Arbeit am Ort Vorrang vor der Forschung hatte. Erst seit 2002 ist der Bereich der Forschung (hier die Erstellung einer vollständigen Opferliste[5] und eines Gedenkbuchs) in die tägliche Arbeit einbezogen worden.

Der Aufbau der Gedenkstätte vollzog sich in kleinen Schritten. Im Jahr der Gründung des Landeswohlfahrtsverbandes Hessen (LWV) 1953, des Trägers der Gedenkstätte, wurde eine Gedenktafel im ehemaligen Haupteingang (heutiges Haus 5) eingeweiht. Es handelt sich um ein Relief, das eine nackte, gebeugte Figur zeigt mit der Inschrift: „1941–1945 – Zum Gedächtnis".[6] 1964 wurde der Friedhof, auf dem sich die Massengräber der 2. „Euthanasie"-Phase[7] befinden, in eine Gedenklandschaft umgewandelt, indem das Gräberfeld eingeebnet wurde. Es entstand ein parkähnliches Gelände. Am Rande dieses Parks wurden symbolische Grabsteine für die verschiedenen Religionsgemeinschaften der ermordeten Opfer aufgestellt. Der zentrale Ort ist gekennzeichnet durch eine Stele mit der Inschrift: „Mensch achte den Menschen". Dieser Ort birgt gewisse Probleme für die pädagogische Arbeit. Denn er ist in der heutigen Architektur insbesondere für Einzelbesucherinnen und -besucher, die ohne fachliche Begleitung kommen, nicht zwangsläufig als Friedhof erkennbar. Darüber hinaus bietet er für Angehörige nicht die erwartete Aura eines Gedenk-Friedhofs. Nur durch

Beschreiben der Ereignisse und durch das Erzählen von Lebensgeschichten erschließt sich für die Besucherinnen und Besucher dieser Gedenkort.

Seit 1983 sind die authentischen Kellerräume (ehemalige Gaskammer, Standort der Krematorien und Sezierraum mit originalem Seziertisch) der Öffentlichkeit zugänglich. 1983 wurde die erste Ausstellung erstellt und in den Kellerräumen aufgehängt; 1985 und 1986 erschienen die ersten Publikationen über Hadamar.[8] Führungen durch die aus den Kellerräumen und dem Friedhof bestehende Gedenkstätte gab es nur sporadisch, hauptsächlich durch Beschäftigte des Psychiatrischen Krankenhauses. Erst mit der Einstellung einer Leiterin für die Gedenkstätte im Frühjahr 1987 und einem Mitarbeiter für die Katalogisierung der Krankenaktenbestände der Jahre 1942 bis 1945 begann langsam eine kontinuierliche pädagogische Arbeit. Erste zaghafte Versuche waren, neben Führungen, zwei Schulprojektwochen, die im Mai 1988 mit der ortsansässigen Fürst-Johann-Ludwig-Schule und im Juni 1988 mit der Bad Camberger Taunusschule durchgeführt wurden.[9]

Ein Symposium im Psychiatrischen Krankenhaus Merxhausen am 7. November 1987 zum Thema: „Psychiatrie im Nationalsozialismus" befasste sich erstmals auch mit der Arbeit der Hadamarer Gedenkstätte. Hier wurden Überlegungen öffentlich gemacht, die eine Einbindung des Themenkomplexes „Euthanasie"-Verbrechen im Nationalsozialismus für den Schulunterricht vorsahen.[10]

Im November 1989 fand das bundesdeutsche Gedenkstättenseminar[11] in Hadamar statt. Hier wurden die Konzepte für die neue Dauerausstellung mit viel Engagement und konstruktiver Kritik diskutiert. In diesem Jahr wurde auch die pädagogische Arbeit auf breitere Schultern verteilt, um Kontinuität zu ermöglichen. Eine ABM-Stelle, deren Ziel die Entwicklung eines pädagogischen Konzeptes und die Erarbeitung von Unterrichtsmaterialien[12] war, wurde eingerichtet. Unterstützt wurden diese Belange durch eine freie Mitarbeiterin und durch einen freigestellten Lehrer der hiesigen Gesamtschule. In dieser Zeit wurden erste Konzepte für Führungen entwickelt. Ganztägige Studientage wurden als besondere Angebote eingeführt. Insbesondere Schulen im Landkreis Limburg-Weilburg wurden beworben.

Führungen und Studientage in der Gedenkstätte

Die Führungen dauern circa drei Stunden und beginnen in aller Regel mit einem Einführungsvortrag. Es schließt sich ein begleiteter Rundgang, der so genannte „Weg der Opfer" an. Dieser beinhaltet verschiedene Stationen, an denen erklärt wird, welchen Weg die Opfer bis zu ihrer Ermordung in der Gaskammer gehen mussten. Seit Mitte 2006 beginnen die Führungen in der wiederaufgebauten ehemaligen T4-Busgarage, in der die Opfer in Bussen ankamen. Anschließend gehen die Gruppen in die Keller-

R. Gabriel, U. George

Ausstellungstafeln an der Busgarage, Foto 2006 (Aufnahme Frank Mihm)

Ausstellungstafel in „Leichter Sprache", Foto 2006 (Aufnahme Frank Mihm)

räume, wo sie die ehemalige Gaskammer, den Sezierraum und die Standorte der Krematoriumsöfen ansehen können. Weitere Bestandteile der Führung sind ein Gang zum Friedhof, auf dem die Toten der Jahre 1942–1945 begraben sind, sowie ein Ausstellungsbesuch. Gut vorbereiteten und motivierten Gruppen wird ein abschließendes Gespräch angeboten. Parallel zu diesem Modell wird inzwischen verstärkt die Form des entdeckenden Lernens auch für Führungen gewählt. Oftmals werden die Gruppen mit einer konkreten Aufgabe in die Ausstellung geschickt, um sich diese selbstständig zu erschließen. Die Arbeitsergebnisse werden dann im Plenum zusammengetragen und durch die Mitarbeiterinnen und Mitarbeiter der Gedenkstätte ergänzt. Manchmal wird der Rundgang so organisiert, dass die Teilnehmenden Fotos von Opfern erhalten. Auf der Rückseite der Fotos (in Postkartenformat) gibt es kurze biografische Daten. Diese Form bietet eine persönliche, auf ein Opferschicksal fokussierte Möglichkeit der Annährung an die Ereignisse der „Euthanasie" in Hadamar. Diesem selbstständigen Rundgang schließt sich ein ausführliches Gespräch über Erfahrungen und Fragen an.

Im Jahr 2005 besuchten fast 15.000 Menschen die Gedenkstätte. Seit Jahren ist ein wachsendes Interesse an der Arbeit der Gedenkstätte zu verzeichnen. Diese steigende Nachfrage von Gruppen an Führungen und Studientagen führte unter anderem zur Gründung des Fördervereins der Gedenkstätte. Der Verein zur Förderung der Gedenkstätte Hadamar e. V. organisiert seit 1998 neben der Gedenkstätte und in Zusammenarbeit mit ihr pädagogische Fachkräfte, die Besuchsgruppen im Rahmen von Führungen begleiten. Diese ehrenamtlichen Mitarbeiterinnen und Mitarbeiter, häufig Studierende, werden individuell eingearbeitet. Zunächst hospitieren sie bei den hauptamtlichen Pädagoginnen oder erfahrenen Ehrenamtlichen, anschießend erarbeiten sie ein eigenes Konzept und wenden es in einer ersten Führung an. Danach hospitieren die hauptamtlichen Mitarbeiterinnen in regelmäßigen Abständen und geben eine inhaltlich-didaktische Rückmeldung. Zusätzlich werden zweimal jährlich interne Fortbildungen angeboten, in denen aktuelle Entwicklungen innerhalb der Gedenkstätte und offene inhaltliche oder pädagogische Fragen besprochen werden. Dabei sollen nicht nur Wissen und Erfahrungen weitergegeben, sondern auch die vermittelten didaktisch-methodischen Vorgehensweisen transparent gemacht und der Kritik unterzogen werden. Zur Erleichterung dieser Vermittlungsarbeit wurde im Rahmen eines Praktikums eine Methodenmappe erstellt, in der alle bisherigen Modelle zusammengetragen, kommentiert und an manchen Stellen ergänzt sind.[13] Es gibt allerdings keine Musterführung; das pädagogische Konzept beinhaltet vielmehr eine selbstständig erarbeitete Herangehensweise.

Die Studientage bieten auf Grund der längeren Zeit, die der Gruppe zur Verfügung steht (viereinhalb bis sechs Stunden), die Chance, sich intensiver mit einem Thema zu beschäftigen. Dies ist beispielsweise über einen persönlichen Einstieg (wie über eigene Erfahrungen und Begegnungen mit Menschen mit Behinderungen) möglich. Studientage beinhalten die Arbeit über aktuelle Diskussionen (über die Bio-Ethik-Debatte) oder auch über die Täterinnen und Täter. Zu den Tatbeteiligten zu arbeiten, zu ihren Motiven und ihren nachträglichen Rechtfertigungen, ablesbar an ihren Aussagen, die sie im Rahmen des 2. Hadamar-Prozesses 1947 machten, bietet sich unseres Erachtens in Hadamar besonders an: Das Personal der Mordanstalt rekrutierte sich aus Berufsgruppen, die allgemein in der Gesellschaft positiv konnotiert sind: Ärzte, Krankenschwestern und -pfleger und Verwaltungsangestellte. Gleichzeitig werden NS-„Euthanasie"-Opfer weiterhin stigmatisiert und marginalisiert. So scheuen sich Familien noch immer, sich als Angehörige von NS-„Euthanasie"-Opfern erkennen zu geben, weil sie Diskriminierungen fürchten. Denn oftmals besteht die vor 1945 geschürte Angst in der Öffentlichkeit auch heute noch, dass die unheimliche Krankheit oder Behinderung vielleicht doch erblich und auch die aktuelle Generation betroffen sei.[14] Gruppen, die an einem Studientag zur Täter-Thematik teilnehmen, entwickeln häufig viel Empathie für die Angeklagten. In ungefähr 70% der Studientage zu diesem Thema vermuten sie einen massiven Befehlsnotstand, der faktisch dazu führte, dass die Täterinnen und Täter sich in einer ausweglosen Situation befanden und keine Handlungsoptionen gehabt hätten.[15] Damit werden regelmäßig die Täterinnen und Täter zu den ersten Opfern in Hadamar „gemacht". Diese Positionen bieten viele Möglichkeiten, über Fragen von Gehorsam, Anpassung und Zivilcourage zu sprechen. Vermutlich wird den Tatbeteiligten unter anderem deshalb soviel Empathie entgegengebracht, weil die Opfer wiederum so wenig gesellschaftliche Lobby haben.[16]

Die Studientage ermöglichen es außerdem, künstlerisch-kreativ zu arbeiten. Dies geschieht zum Beispiel durch das Erarbeiten von Klangcollagen, deren Grundlage die lebensgeschichtlichen Daten von Opfern und Tätern sind. Aber auch Frottagen/Collagen[17], kreatives Schreiben, Arbeit an und mit Ytong-Steinen können bei diesen methodischen Vorgehensweisen ein vertiefendes Verständnis für die Ereignisse in Hadamar bewirken, da hierbei ganzheitliches Lernen stattfinden kann.

Die Ausrichtung auf unterschiedliche Zielgruppen

Speziell Studientage wurden auch für bestimmte Zielgruppen entwickelt. So zum Beispiel in Kooperation mit der Hessischen Landesärztekammer, für Ärztinnen und Ärzte, die immer auf großes Interesse stoßen. Die Einbindung von Kooperationspartnern eröffnete den Zugang zu neuen Besuchsgruppen. Die wiederholten Bemühungen, Lehrerinnen und Lehrer auf die inzwischen vielfältigen Formen pädagogischer Arbeit in der Gedenkstätte hinzuweisen, tragen Früchte. Lehrerfortbildungen gehören zum festen Bestandteil der pädagogischen Arbeit der Gedenkstätte. Der Kooperationspartner „Volksbund Deutsche Kriegsgräber Fürsorge" bietet seit vielen Jahren schulformübergreifende zweitägige Veranstaltungen in der Gedenkstätte an.[18] Aber auch Studienseminare der Region nutzen das Angebot, Referendarinnen und Referendaren in der Ausbildung bereits die Möglichkeiten der Gedenkstätte als außerschulischen Lernort nahe zu bringen. Die Zusammenarbeit mit dem Fachbereich Geschichtsdidaktik der Universität Gießen hat sich merklich verstärkt, um bereits Studierende für das Lehramt auf die Lernmöglichkeiten in und mit der Gedenkstätte aufmerksam zu machen. Seit Beginn der 1990er Jahre bietet die Gedenkstätte regelmäßig Studientage im Rahmen des LWV-Fortbildungsprogramms an. Angesprochen werden damit die Mitarbeiterinnen und Mitarbeiter des Trägers der Gedenkstätte. Der LWV hat seine Verwaltungen in Kassel, Darmstadt und Wiesbaden. Darüber hinaus ist er der Träger einer Vielzahl psychiatrischer Krankenhäuser (Zentren für Soziale Psychiatrie) und Betreuungseinrichtungen. Die Fortbildungen richten sich demnach an Interessierte aus der Verwaltung und dem psychiatrischen Bereich. Beide Berufsgruppen waren in die NS-„Euthanasie"-Verbrechen verwickelt, so dass sich mit den Teilnehmenden zur Geschichte der Einrichtungen und des Verbandes, aber auch zu aktuellen Tendenzen, beispielsweise zum Kosten-Nutzen-Denken arbeiten lässt. Darüber hinaus wurden viele Jahre Fortbildungsangebote zu einzelnen Einrichtungen, deren Geschichte bearbeitet worden war, angeboten. Veranstaltungen gab es zu den ehemaligen Heil- und Pflegeanstalten Gießen, Kalmenhof/Idstein und Weilmünster.[19] Dies stellte für die dort arbeitenden Mitarbeiterinnen und Mitarbeiter eine Möglichkeit informierter Identifikation dar.

Ein weiterer inhaltlicher Schwerpunkt der Gedenkstättenpädagogik ist die Zusammenarbeit mit Einrichtungen der Behindertenhilfe. Besonders zu nennen sind in diesem Zusammenhang unterschiedliche Gruppen der Lebenshilfe und des Internationalen Bundes. Die Mitarbeiterinnen und Mitarbeiter beschäftigen sich dabei mit dem Thema Menschenbild im Nationalsozialismus und heute. In Kooperation mit der Katharina-Kasper-Stiftung[20] ist es gelungen, angehende Hebammen, Theologiestudentinnen und -studenten, sowie Heilerziehungspflegerinnen als Zielgruppe zu gewinnen. Die Stiftung führte mehrere zwei- bis dreitägige Seminare zum Thema Lebensrecht und Pränataldiagnostik durch. Ein Tag fand jeweils in der Gedenkstätte statt. Schwerpunkt dabei war die Vermittlung der historischen Ereignisse in Hadamar sowie beispielsweise die Rolle von Hebammen im Nationalsozialismus.

Das pädagogische Angebot der Gedenkstätte sah von Anfang an auch frei ausgeschriebene Seminarveranstaltungen vor. Hier seien nur einige der Themenbereiche genannt: Frauen im Nationalsozialismus, Die Denunziantin, Frauen im Widerstand, Die deutsche Frauenbewegung bis zu ihrer Auflösung 1933, Gedenken und Rituale, Psychische Spätfolgen von Krieg und Verfolgung, Das Erbe der NS-Täter – Kinder von Tätern erzählen und Literaturseminare.

Öffentliche pädagogische Veranstaltungen und Sonderausstellungen

Von der Gedenkstätte werden regelmäßige Gedenkfeiern, aber auch größere Veranstaltungen aus speziellem Anlass durchgeführt. Auf diesem Weg gelang es auch, die Einwohnerinnen und Einwohner Hadamars anzusprechen und sie ab und an dort abzuholen, wo sie bereit sind, über die Geschehnisse in ihrer Stadt während der NS-Herrschaft zu kommunizieren. Hilfreich waren dabei die vielfältigen von der Gedenkstätte durchgeführten und inzwischen institutionalisierten Veranstaltungen zu Gedenktagen wie dem 9. November und dem 13. Januar. Die Veranstaltung zum 50. Jahrestag der Befreiung Hadamars (schon dieser Titel wurde heftig diskutiert und war umstritten) ließ eine Gesprächsbereitschaft unter den Generationen entstehen, die es bis dahin noch nicht gegeben hatte. Es gelang für einen Nachmittag, eine Gesprächsatmosphäre zu schaffen, die frei war von Vorwürfen und stattdessen forschende Neugierde signalisierte nach dem Motto „Wie war das damals?"[21] Dass es dazu kommen konnte, hatte sicher mit den Erfahrungen zu tun, die im Laufe der Jahre mit den Besuchsgruppen gemacht worden waren. Mit der Zeit entwickelten die Pädagoginnen und Pädagogen auch gegenüber den Bürgerinnen und Bürgern der Stadt Hadamar eine größere Sensibilität. So gelang es im Jahr 2000, die Stadt zur Kooperation im Rahmen des internationalen Projektes „Karawane 2000" als Mitveranstalterin zu gewinnen. Hierbei handelte es sich um eine Initiativveranstaltung des „Internationalen Bundes. Freier Träger der Jugend-Sozial- und Bildungsarbeit e. V. – Behindertenhilfe Hessen" (IB), des LWV und der Stadt Hadamar zur Gründung eines offenen Netzwerkes von behinderten und sozial benachteiligten Menschen, von deren Angehörigen, Organisationen und Verbänden. Bei diesem Projekt ging es vorrangig um das Zusammenführen internationaler Behinderteneinrichtungen. Inhaltliches Ziel war es, die Integration und Selbstbestimmung von Menschen mit Behinderungen zu unterstützen und sie an einem europäischen Dialog zu beteiligen. Man machte sich von Hadamar aus über verschiedene europäische Länder bis Assisi auf den Weg, um miteinander ins Gespräch zu kommen, aber auch um öffentlichkeitswirksam auf die Situation von Menschen mit Behinderungen aufmerksam zu machen und über Standards der Behindertenpädagogik in Europa zu diskutieren. Darauf aufbauend gibt es mittlerweile eine permanente Kooperation mit der Stadt. Einzelne Honoratioren der Stadt sind Vorstandsmitglieder des Fördervereins.

Ein Ziel der Karawane 2000 war es, in Hadamar eine Jugendbegegnungsstätte zu eröffnen. Seit 2001 gibt es in den Räumen oberhalb der Gedenkstätte die Internationale Jugendbegegnungs- und Bildungsstätte des Internationalen Bundes. Inhaltliche Zielsetzung ist es, vor dem Hintergrund der historischen Ereignisse in Hadamar zu aktuellen Fragen von Demokratieerziehung und Kosten-Nutzen-Debatten zu arbeiten. Gleichzeitig ermöglicht die Jugendbegegnungsstätte der Gedenkstätte, mehrtägige Veranstaltungen durchzuführen.[22]

Für die Gedenkstätte hat die Karawane 2000 auch vermehrte internationale Kontakte zur Folge gehabt. Die Wanderausstellung des LWV „Euthanasie in Hadamar" wurde im Rahmen eines EU-Projektes des Fördervereins in mehreren europäischen Ländern gezeigt, begleitet von Mitarbeiterinnen und Mitarbeitern des Vereins oder der Gedenkstätte.[23] Auf diesem Wege haben sich einige feste Kontakte etabliert, vor allem zu Norwegen. Die Gedenkstätte ist damit auch an einem interkulturellen Austausch über Fragen von Lebensrecht und Kosten-Nutzen-Denken beteiligt.

Sonderausstellungen, oftmals mit pädagogischem Rahmenprogramm, gehören ebenfalls zum Angebot der Gedenkstätte. Exemplarisch sei auf drei hingewiesen: Im Jahr 1991 wurde die erste selbst erstellte Ausstellung: „Zwangsarbeiter: Angeworben – Zwangsverpflichtet – Getötet" gezeigt. Mit ihr wurde das Schicksal der ausländischen, zumeist polnischen und russischen Zwangsarbeiterinnen und Zwangsarbeiter, die in Hadamar ermordet worden waren, thematisiert.

Mit der Ausstellung „Papa Weidt" gelang es, Kinder ab dem vierten Grundschuljahr auch mit einer solchen Präsentationsform vertraut zu machen. Die Ausstellungseröffnung wurde von Schülerinnen und Schülern einer Grundschule getragen.

Einen Einschnitt in der pädagogischen Arbeit bedeutete die Ausstellung „Anne Frank – eine Geschichte für heute". Mit dieser vierwöchigen Sonderausstellung ging die Gedenkstätte Hadamar an die Grenzen ihrer personellen und räumlichen Kapazitäten. In dieser Zeit besuchten mehr als 2.500 Menschen die Ausstellung und mehrheitlich auch die Gedenkstätte. Alle Gruppenbesucherinnen und -besucher (vorwiegend Schulklassen) wurden von zuvor eigens geschulten Oberstufenschülerinnen und -schülern betreut. Das heißt: die Organisation, die Finanzierung, die Suche, Auswahl und Schulung der Begleiterinnen und Begleiter, vorbereitende Lehrerfortbildungen sowie ein breit gefächertes Rahmenprogramm wurden von den Pädagoginnen erarbeitet und organisiert. Das erstmals für diese Ausstellung entworfene und in die Praxis umgesetzte Konzept „SchülerInnen begleiten SchülerInnen" wurde auf zwei Ebenen in die alltägliche Arbeit der Gedenkstätte integriert: Zum einen bildete dieser pädagogische Ansatz die Grundlage dafür, dass sich Gruppen bei Studientagen die Dauerausstellung der Gedenkstätte selbstständig erschließen lernen. Zum anderen wurde die Gedenkstätte durch die positiven Erfahrungen mit außenstehenden Betreuerinnen und Betreuern bestärkt, regelhaft im Rahmen des Fördervereins ehrenamtliche Mitarbeiterinnen und Mitarbeiter anzuwerben.

Neue Projekte – besondere Zielgruppen

Das Rahmenprogramm zur Anne-Frank-Ausstellung umfasste auch einen Kindertag. Die Erfahrung mit dieser außergewöhnlichen Veranstaltung und die didaktisch-methodische Auseinandersetzung mit der Arbeit im Kindermuseum Yad Lajeled im Museum Lochhamai Haghetaot (Ghetto Fighter's House) in Israel gaben die letzten Anstöße, einen schon länger gehegten Gedanken in die Tat umzusetzen. Seit 1999 wurde eine Konzeption für den Besuch der Gedenkstätte für Kinder ab zehn Jahren entwickelt und mit verschiedenen Gruppen erprobt.[24] Inzwischen gehören Angebote für Kinder zum festen Bestandteil der pädagogischen Arbeit der Gedenkstätte. Mit ihnen ist die Gedenkstätte Hadamar wegweisend in der bundesdeutschen Gedenkstättenlandschaft. Nur die Mahn- und Gedenkstätte Düsseldorf sowie die Alte Synagoge Wuppertal bieten ähnlich differenzierte Veranstaltungen für Kinder.

Die Schwierigkeiten in der Vermittlung dessen, was den authentischen Ort im historischen Sinne ausmacht, nehmen mit zeitlichem Abstand immer mehr zu. Sie stellen für die Pädagoginnen eine große Herausforderung dar. Eine Möglichkeit, ihnen zu begegnen, liegt im Einsatz von Methoden aus der Theaterpädagogik.[25] Hierbei werden die Vorteile ganzheitlichen Lernens und die Übertragbarkeit auf heutiges politisches Geschehen befördert.[26]

Eine weitere neue Zielgruppe der Gedenkstätte Hadamar sind Menschen mit geistigen Behinderungen beziehungsweise Menschen mit Lernschwierigkeiten. Dieses Angebot wurde vom Förderverein der Gedenkstätte in Zusammenarbeit mit dem Netzwerk „Mensch zuerst" People First Deutschland e. V. entwickelt. „Mensch zuerst" ist eine Selbstvertretungsorganisation von Menschen mit Lernschwierigkeiten. Sie kämpfen für eine gleichberechtigte Teilhabe an der Gesellschaft.[27] Das Angebot in der Gedenkstätte geht von der Prämisse aus, dass historisch-politische Bildung für alle Menschen zugänglich sein sollte, und verortet sich im Rahmen von Normalisierung. Ein Bildungsangebot für diese Zielgruppe muss ihren Fähigkeiten angemessen und barrierefrei sein. Für Menschen mit geistigen Behinderungen bedeutet Barrierefreiheit unter anderem die Verwendung von leichter Sprache. Leichte Sprache heißt, dass keine Schachtelsätze, keine Anglizismen und keine Fremdwörter Verwendung finden. Ausgangspunkt der Überlegungen war, dass Menschen mit Lernschwierigkeiten ein Recht darauf haben, sich mit der Geschichte ihrer sozialen Gruppe zu beschäftigen: Menschen mit vergleichbaren Behinderungen wurden im Nationalsozialismus zwangssterilisiert und ermordet. In der Regel finden sich in Gedenkstätten keine Angebote für diese Zielgruppe. Seit 2003 wurden drei Tagungen in Kooperation mit „Mensch zuerst" durchgeführt, Teilnehmende waren Menschen mit Lernschwierigkeiten. Bei diesen Tagungen sind ein Faltblatt, ein Katalog und eine Hörversion in leichter Sprache erarbeitet und publiziert worden.[28]

Das Angebot, an einem Studientag in der Gedenkstätte teilzunehmen ist im Laufe der Jahre von vielen Gruppen von Menschen mit geistigen Behinderungen wahrgenommen worden, häufig organisiert von Wohneinrichtungen oder Werkstätten. Insgesamt ist festzustellen, dass es bislang sehr wenig Angebote historisch-politischer Bildung für diese Zielgruppe gibt, trotz des großen Interesses.

In den vergangenen Jahren gab es darüber hinaus eine Zusammenarbeit mit Protagonisten der Selbstbestimmt-Leben-Bewegung. In dieser Bewegung haben sich Menschen mit Behinderungen zusammengefunden, um für ihre Rechte zu kämpfen. Die Gedenkstätte arbeitete mit internationalen Gruppen aus den USA, Kanada und Norwegen zusammen. Besonders wichtig an dieser Kooperation ist uns, so die Perspektive derjenigen zu hören, die damals hätten Opfer werden können.

Ausblick

Die pädagogische Arbeit der Gedenkstätte Hadamar hat eine Dynamik entwickelt, welche die Außenwahrnehmung der Gedenkstätte stark beeinflusst. Sie hat sich in den etwas mehr als zwanzig Jahren ihres Bestehens etabliert und ist anerkannt im Reigen der Tatorte und Gedenkstätten in der Bundesrepublik. Aber auch in der Region gilt die Gedenkstätte als Ort, an dem nicht nur wissenschaftliche Informationen eingeholt werden können, sondern an dem auch beispielhafte Arbeit mit Gruppen in der außerschulischen Bildung geleistet wird. Die Gedenkstätte Hadamar wurde wie die meisten Gedenkstätten der alten Bundesrepublik gegründet, um einen Ort des Gedenkens einzurichten und die Geschichte der NS-„Euthanasie"-Verbrechen wissenschaftlich aufzuarbeiten. Doch hat sich schnell gezeigt, dass dies nicht ausreicht, will man mit der Gedenkstätte mehr erreichen als „stumme Zeugen" zu installieren. Erst die fundierte pädagogische Arbeit, die durch den außerschulischen Lernort eine eigene Chance für Lernende bietet, hat dazu beigetragen, dass die Gedenkstätte Hadamar als eine begehrte Gesprächspartnerin und Beraterin für die pädagogische Vermittlung des Themas „Euthanasie"-Verbrechen gefragt ist.

Will eine Gedenkstätte wie Hadamar auch zukünftig als Stätte der historisch-politischen Bildung am authentischen Ort anerkannt sein, kann dies nur im Einklang mit veränderten pädagogischen Vorgehensweisen geschehen. Sie muss neue Zielgruppen in den Blick nehmen und neue Wege der Vermittlung beschreiten, die es den Besucherinnen und Besuchern ermöglichen, die historischen Ereignisse mit ihrem eigenen Alltag in Verbindung zu bringen. Nicht mehr die als „Betroffenheitspädagogik" bezeichnete, noch vor Jahren favorisierte, Umgangsweise mit Besucherinnen und Besuchern in Gedenkstätten ist heute das erklärte Ziel der pädagogischen Arbeit. Es geht vielmehr darum den Besucherinnen und Besuchern die Möglichkeit einer eigenen

Urteilsbildung[29] zu eröffnen. Dies kann durch ganzheitliches Lernen und den Einsatz von künstlerisch-kreativen Methoden erleichtert werden. Die Gedenkstätte Hadamar hat sich mit ihren kreativen Angeboten, die sich von „normalen" Führungen oder Studientagen deutlich unterscheiden, neu positioniert. Geschieht dies, werden notwendige Historisierungen und Musealisierungen der Aura des authentischen[30] Ortes nicht zuwider laufen.

In diesem Zusammenhang wird in den letzten Jahren häufiger die Forderung laut, die Gedenkstätten sollten sich im Rahmen der Menschenrechtsbildung verorten.[31] In Gedenkstätten für Opfer der NS-„Euthanasie"-Morde wird dies unseres Erachtens bereits praktiziert. So führen Diskussionen bei Studientagen in der Regel zu Aktualisierungen, wie dem Pflegenotstand in Altenheimen und Krankenhäusern oder zu Fragen der Biomedizin (Spätabtreibungen, Gentests), die nicht als unzulässig vereinfachte Analogien geäußert werden. Anhand dieser Themen lassen sich problemlos Fragen nach der Würde des Menschen, nach Meinungsfreiheit, Informationsfreiheit et cetera stellen. Die gesellschaftlichen Entwicklungen, besonders auch die Kosten-Nutzen-Diskussionen der letzten Jahre, führen bei vielen Besucherinnen und Besuchern zu Verunsicherungen. Ein Ort wie die Gedenkstätte Hadamar bietet ihnen Gespräche darüber vor dem Hintergrund der Geschichte an. Auch wenn viele Besuchende keine direkten Lehren aus der Geschichte ziehen wollen oder können, so geht das Konzept der Gedenkstätte Hadamar doch davon aus, dass eine Informiertheit über Geschichte unter Umständen davor bewahrt, alte Fehler zu wiederholen.

---

[1] Christian Gudehus, Dem Gedächtnis zuhören. Erzählungen über NS-Verbrechen und ihre Repräsentation in deutschen Gedenkstätten, Essen 2006, S. 21.

[2] Vgl. hierzu den Beitrag von Uta George „Erinnerung und Gedenken in Hadamar" in diesem Band.

[3] Vgl. hierzu Angela Genger, Methoden und Formen der Geschichtsarbeit in Gedenkstätten, in: Standbein/Spielbein: Pädagogik in Gedenkstätten – Museumspädagogik Aktuell, No. 72 (2005), S. 4–7.

[4] Günter Morsch, Perspektiven und Entscheidungslagen, Chancen und Risiken der Entwicklung der Deutschen NS-Gedenkstätten in Zeiten des Wandels, Referat auf dem 44. Gedenkstättenseminar in der KZ-Gedenkstätte Neuengamme (24. 09. 2005).

[5] Die Gedenkstätte Hadamar verfügt seit Dezember 2005 über eine vollständige edv-gestützte Namensliste aller Opfer, erarbeitet von Georg Lilienthal.

[6] Ausführlichere Überlegungen zur Gestaltung von Stefanie Endlich, „Das Gedenken braucht einen Ort." Formen des Gedenkens an den authentischen Orten, in: Kristina Hübner (Hg.), Brandenburgische Heil- und Pflegeanstalten in der NS-Zeit (= Schriftenreihe zur Medizin-Geschichte des Landes Brandenburg, Bd. 3), Berlin-Brandenburg 2002, S. 341–388; vgl. auch den Aufsatz von Uta George „Erinnerung und Gedenken in Hadamar" in diesem Band.

⁷ Wir sprechen von der 1. Phase der „Euthanasie"-Verbrechen in Hadamar, in der die Patientinnen und Patienten mit Kohlenmonoxydgas ermordet und die Leichen anschließend verbrannt wurden. Sie dauerte vom 13. Januar bis 24. August 1941. In einer 2. Phase wurden die Opfer von 1942 bis 1945 mit überdosierten Medikamenten und durch gezieltes Verhungernlassen ermordet und die Leichen in Massengräbern verscharrt. Vgl. auch hierzu den Beitrag von Uta George „Erinnerung und Gedenken in Hadamar" in diesem Band.

⁸ Vgl. Gerhard Kneuker/Wulf Steglich, Begegnungen mit der Euthanasie in Hadamar, Rehburg-Loccum 1985 u. Dorothee Roer/Dieter Henkel (Hg.), Psychiatrie im Faschismus. Die Anstalt Hadamar 1933–1945, 2. Auflage Frankfurt 1996. Die Ausstellung erarbeiteten Peter Chroust, Herwig Groß, Matthias Haman u. Jan Sörensen.

⁹ Über Inhalte, Konzeptionen und Ergebnisse liegen allerdings keine Berichte vor.

¹⁰ Vgl. Ingrid Krupp/Gunnar Richter, Gedenkstätten stellen ihre Arbeit vor, in: Landeswohlfahrtsverband Hessen (Hg.), Psychiatrie im Nationalsozialismus. Ein Tagungsbericht des Landeswohlfahrtsverbandes Hessen, Kassel 1989, S. 107–116.

¹¹ Seit 1983 werden zweimal jährlich MitarbeiterInnen von Gedenkstätten und Initiativen zu einem viertägigen Seminar eingeladen. Dieses dient dem Informationsaustausch, dem Kennenlernen anderer Gedenkstätten und dem Vorstellen neuerer Forschungen. Inzwischen sind die Gedenkstätten der neuen Bundesländer ebenfalls vertreten. Heute gibt es ein eigenes Gedenkstättenreferat, das bei der Stiftung Topografie des Terrors angesiedelt ist.

¹² Landeswohlfahrtsverband Hessen (Hg.), Informations- und Arbeitsmaterialien für den Unterricht zum Thema „Euthanasie"-Verbrechen im Nationalsozialismus (= Historische Schriftenreihe des Landeswohlfahrtsverbandes Hessen, Unterrichtsmaterialien Bd. 1), 3. Auflage Kassel 2005.

¹³ Sabine Müller, Methodensammlung zur pädagogischen Arbeit in der Gedenkstätte Hadamar, Hadamar 2003 (unveröffentlicht).

¹⁴ So erhielt die Gedenkstätte im Frühjahr 2006, anlässlich der Präsentation der Opferliste, den Brief einer Angehörigen, die sich verbat, dass der Name ihres Verwandten im Gedenkbuch erscheint. Sie begründete dies mit ihren Ängsten. Diese bezogen sich auf die von den NS-Rassehygienikern aufgestellten Behauptungen zur Erblichkeit von psychiatrischen Krankheiten, von denen sie in ihrem Brief überzeugt ist, dass sie den heute noch aktuellen medizinischen Wissensstand darstellen.

¹⁵ Beobachtung von Uta George.

¹⁶ Vgl. Uta George, Die Gedenkstätte Hadamar in: Günter Morsch/Sylvia de Pasquale (Hg.), Perspektiven für die Dokumentationsstelle Brandenburg, Beiträge der Tagung in der Justizschule der Justizvollzugsanstalt Brandenburg am 29./30. Oktober 2002 (= Materialien der Stiftung Brandenburgische Gedenkstätten Bd. 2), Münster 2004, S. 147–156, hier S. 153–156.

¹⁷ Bei der Erstellung von Frottagen suchen Besucherinnen und Besucher für sie eindrucksvolle bauarchäologische Orte in der Gedenkstätte, legen darauf Papier und reiben dieses mit Wachsmalkreiden. Auf dem Papier entsteht dann eine Abbildung der jeweiligen Spur. Diese Frottagen können dann in einer Collagetechnik „weiterverarbeitet" werden.

¹⁸ Bereits Anfang der 1990er Jahre fanden Jugendcamps in der Gedenkstätte Hadamar statt.

¹⁹ In Gießen wurde 1998 die Ausstellung „'Vom Wert des Menschen'. Die Geschichte der Heil- und Pflegeanstalt Gießen 1911 bis 1945" eröffnet. 2003 erschien dazu ein Begleitband: Uta George/ Herwig Groß u.a. (Hg.), Psychiatrie in Gießen. Facetten ihrer Geschichte zwischen Fürsorge und Ausgrenzung, Forschung und Heilung (= Historische Schriftenreihe des Landeswohlfahrtsverbandes Hessen, Quellen und Studien, Bd. 9), Gießen 2003; vgl. außerdem Christina Vanja (Hg.), 100 Jahre Krankenhaus Weilmünster. 1897–1997. Heilanstalt – Sanatorium – Kliniken (= Schriftenreihe des Landeswohlfahrtsverbandes Hessen, Quellen und Studien Bd. 4), Kassel 1997. Diese Arbeiten entstanden in Zusammenarbeit mit der Gedenkstätte Hadamar beziehungsweise dem Bereich Archiv, Gedenkstätten, Historische Sammlungen des Landeswohlfahrtsverbandes Hessen.

²⁰ Vgl. www.katharina-kasper-stiftung.de

²¹ Vgl. Regine Gabriel (Hg.), Befreiung für Hadamar – Ende der NS-Herrschaft, Ende der „Euthanasie"-Aktionen. Dokumentation der Erinnerungsveranstaltung zum 50. Jahrestag, Hadamar 1995.

²² Vgl. www.internationaler-bund.de

²³ Siehe dazu auch den Beitrag von Bettina Winter in diesem Band.

²⁴ Vgl. Regine Gabriel, Kinder als Besucherinnen und Besucher der Gedenkstätte Hadamar, Ein Informations- und Materialheft (= Historische Schriftenreihe des Landeswohlfahrtsverbandes Hessen, Veröffentlichungen der Gedenkstätte Hadamar, H. 1), Hadamar 2002.

²⁵ Vgl. Regine Gabriel, TatOrt Gedenkstätte. Kunstpädagogisches Arbeiten mit Kindern und Erwachsenen in der Euthanasie-Gedenkstätte Hadamar, in: Birgit Dorner/Kerstin Engelhardt (Hg.), Arbeit an Bildern der Erinnerung. Ästhetische Praxis, außerschulische Jugendbildung und Gedenkstättenpädagogik (= Dimensionen Sozialer Arbeit und der Pflege, Bd. 9), Stuttgart 2006, S. 159–169.

²⁶ Vgl. Regine Gabriel/Gabriele Knapp/Simone Maaß, Theaterarbeit und Musik in der Gedenkstättenpädagogik, in: Standbein/Spielbein: Pädagogik in Gedenkstätten – Museumspädagogik Aktuell, No. 72 (2005), S. 37–41.

²⁷ U.a. kämpfen sie dafür, dass der Begriff „Menschen mit geistigen Behinderungen" ersetzt wird durch „Menschen mit Lernschwierigkeiten" und für die Verwendung von leichter Sprache; vgl. www.peoplefirst.de

²⁸ Vgl. Uta George/Bettina Winter, Wir erobern uns unsere Geschichte. Menschen mit Behinderungen arbeiten in der Gedenkstätte Hadamar zum Thema NS-„Euthanasie"-Verbrechen, in: Standbein/Spielbein Museumspädagogik Aktuell, No. 69 (2004), S. 50–56; Uta George/Bettina Winter, Geschichte verstehen. Menschen mit Lernschwierigkeiten arbeiten mit leichter Sprache in der Gedenkstätte Hadamar, in: Kursiv. Journal für politische Bildung Nr. 1 (2006), S. 64–69; Uta George/Stefan Göthling (Hg.), „Was geschah in Hadamar in der Nazizeit?" – Ein Katalog in leichter Sprache, (= Schriftenreihe „Geschichte verstehen" des Vereins zur Förderung der Gedenkstätte Hadamar e.V. und des Netzwerkes People First Deutschland e.V., Heft 1), Kassel 2005; „Was geschah in Hadamar in der Nazizeit?" Hörversion in leichter Sprache. Dauerausstellung der Gedenkstätte Hadamar. Redaktion: Uta George/Susanne Göbel, © Verein zur Förderung der Gedenkstätte Hadamar e.V. und Netzwerk People First Deutschland e.V. 2005, Tonaufnahmen: S.P.O.T. Medien GmbH, Sprecherin: Gabi Franke.

²⁹ Vgl. dazu: Annegret Ehmann/Wolf Kaiser u.a. (Hg.), Praxis der Gedenkstättenpädagogik. Erfahrungen und Perspektiven, Opladen 1995.

³⁰ Angela Genger spricht hier davon, dass diese Orte „alle nicht mehr als authentische Orte erhalten [sind], sie befinden sich aber am authentischen Ort. Daran ändert auch eine spätere Nutzung nichts.", in: Methoden und Formen (Anm. 3), S. 5.

³¹ Vgl. z.B. die Tagung „Menschenrechtserziehung – eine Perspektive für die Gedenkstätten?" Bundesweite Tagung aller Landeszentralen und der Bundeszentrale für politische Bildung vom 29. bis 30. Mai 2006 in Saarbrücken.

Als Gedenkdiener in Hadamar

Martin Hagmayr

Was ist ein Gedenkdiener?

Wenn Sie diesen Artikel lesen, werden Sie sich die berechtigte Frage stellen, was denn eigentlich ein „Gedenkdiener" ist. In Österreich gibt es seit 1994 die Möglichkeit, anstelle von Zivil- oder Wehrdienst im Inland, einen Ersatzdienst im Ausland zu leisten, den sogenannten „Auslandszivildienst". Eine Form dieses Auslandsdienstes ist der „Gedenkdienst". Hier arbeiten die Gedenkdiener an NS-Gedenkstätten und Einrichtungen, die sich mit dem Nationalsozialismus beschäftigen, wie zum Beispiel am „Holocaust Memorial Museum" in Washington. Die Einsatzstellen sind vorwiegend in Deutschland, Polen, Israel, aber auch in den USA oder Kanada. Der Auslandszivildienst ist in Österreich weitgehend unbekannt und wird dementsprechend wenig genutzt. In Österreich gibt es mehrere private Vereine, die den Auslandszivildienst in Kooperation mit dem Innenministerium organisieren. Diese Vereine stellen den Kontakt zu Arbeitsstätten im Ausland her, wählen die Bewerber aus und kümmern sich um die Versicherung und die Abwicklung der Bezahlung der Auslandszivildiener. Besoldet werden die Auslandszivildiener vom Österreichischen Innenministerium. In Deutschland gibt es keinen Auslandszivildienst, aber hier gibt es die Möglichkeit, sich den Dienst bei verschiedenen Organisationen, wie zum Beispiel bei der „Aktion Sühnezeichen" oder beim „Freiwilligen Sozialen Jahr", als Ersatz für den Zivildienst anrechnen zu lassen. Wen nun alle Hürden nicht abgeschreckt haben und wer sich durch die Bürokratie gekämpft hat, der kann seinen Dienst in der von ihm gewählten Stelle antreten.

Für mich selbst stand schon seit Jahren fest, dass ich den Gedenkdienst absolvieren will. Erstens sehe ich im Zivildienst eine nützliche Alternative zum Militärdienst und zweitens war ich schon immer sehr stark geschichtlich interessiert. Darüber hinaus konnte ich durch die Möglichkeit des Gedenkdienstes auch das nahe Ausland kennen lernen. Kurz nach meiner Musterung setzte ich mich mit dem Verein „Niemals Vergessen" in Wien in Verbindung. Dieser gehört zu den Vereinen, die den Auslandszivildienst organisieren. Ich hatte keinen bestimmten Einsatzort im Kopf und fragte daher, wo man denn zur Zeit am dringendsten Hilfe benötige. Die Antwort war: in Hadamar. So trat ich meinen Dienst in der NS-„Euthanasie"-Gedenkstätte Hadamar am 1. November 2003 an.

Die Gedenkstätte Hadamar arbeitet schon seit mehreren Jahren mit dem Verein „Niemals Vergessen" zusammen. Dieser Verein wurde 1994 gegründet und konnte in den ersten zehn Jahren seines Bestehens immerhin 140 junge Österreicher an Gedenkstätten in Deutschland und Polen entsenden. Ich war der sechste Gedenkdiener, der vom Verein „Niemals Vergessen" nach Hadamar vermittelt wurde.

Meine Tätigkeiten in Hadamar

In den ersten Wochen meiner Dienstzeit in Hadamar musste ich erst einmal die Gedenkstätte, ihre Geschichte und die Arbeitsabläufe kennen lernen. Ich las mehrere Bücher zum Thema und hospitierte bei Führungen und Studientagen. Erfreulicherweise wird die Gedenkstätte Hadamar in den letzten Jahren von immer mehr Personen besucht, und viele Schulen aus der nahen und fernen Umgebung planen jährlich einen festen Besuch in Hadamar ein. Aus diesem Grund benötigt die Gedenkstätte vor allem Führungskräfte, welche die Besucher/innen durch die Räumlichkeiten begleiten. Deswegen war eine meiner Hauptaufgaben das Betreuen von Gruppen. In meiner 14monatigen Dienstzeit habe ich mehr als 100 Gruppen begleitet. Auch wenn es vielleicht für einen Ort wie einer Gedenkstätte etwas seltsam klingt, muss ich sagen, dass ich großen Spaß an den Führungen hatte und mich über jede Gruppe, die ich begleiten konnte, gefreut habe. Etwa 75 Prozent dieser Gruppen waren Schulklassen. Da ich erst 18 Jahre alt war, als ich in Hadamar anfing, fiel es mir besonders leicht, Kontakt mit den Schüler/inne/n, herzustellen, da diese etwa so alt wie ich waren. Das ermöglichte mir, mit ihnen über die Geschehnisse und die für uns zu ziehenden Lehren zu diskutieren, ohne zu sehr als Lehrmeister zu wirken. Besonders positiv überrascht waren auch Gruppen von Senior/inn/en, wenn ihnen ein Jugendlicher über die Zeit berichtete, die sie selbst miterlebt hatten. Neben Schulgruppen habe ich zu meist Kranken- und Altenpflegeschüler/innen geführt. Mit diesen ergaben sich meist die interessantesten Diskussionen um die individuelle Verantwortung. Etwa 60 Prozent aller Besucher/innen, egal ob sie von Realschulen, Gymnasien oder Krankenpflegeschulen kamen, sahen die Ärzte, Pflege- und Bürokräfte von Hadamar als die ersten Opfer an, das heißt, sie glaubten, jene hätten morden müssen und hätten sich gegen die Teilnahme an den Verbrechen nicht wehren können. Besonders solchen Gruppen gab ich anonymisierte Aussagen aus den Hadamarer-Nachkriegsprozessen der Jahre 1945 bis 1947 zu lesen. Die Gruppen sollten hier erkennen, wie die angeklagten Täter/innen ihre Verbrechen rechtfertigten und wie sie die damaligen Ereignisse sahen. In Kleingruppen wurde dann darüber diskutiert, wie sich die jeweiligen Angeklagten verteidigten und ob ihre Argumentationen angemessen waren, beziehungsweise ob sie keine anderen Möglichkeiten gehabt hatten als zu morden. Besonders bei diesem

Teil gab es oft sehr interessante, tiefgründige und vor allem hitzige Diskussionen unter den Teilnehmer/innen. Im Anschluss trug ich ihnen meist noch vor, zu welchen Haftstrafen die Angeklagten verurteilt wurden und ob sie ihr Strafmaß vollständig verbüßten. Besonders bei diesem Punkt schwand die Sympathie für die Täter/innen, wenn die Besucher/innen zum Beispiel hörten, dass der ursprünglich zum Tode verurteilte Chefarzt Dr. Wahlmann schon 1953 entlassen wurde oder die Krankenschwester Christel Z. nur zwei Jahre im Gefängnis verbrachte, obwohl sie eigentlich zu drei Jahren und neun Monaten verurteilt worden war.

Vor allem an jüngere Schüler/innen teilte ich des öfteren Bilder von Ermordeten aus, deren Lebens- und Leidensgeschichten in der Ausstellung gezeigt werden. Die Jugendlichen sollten mit den Bildern in die Ausstellung gehen und versuchen, so viel wie möglich über die jeweiligen Personen herauszufinden, um anschließend deren Lebensläufe der Gruppe vorzutragen. Diese Methode war vor allem dazu gedacht, die Opfer ein Stück weit der Anonymität zu entreißen und auch um den Jugendlichen zu zeigen, dass hinter jeder ermordeten Person ein Leben, eine Familie und Träume standen.

Einen Großteil meiner Dienstzeit verbrachte ich im Büro, wo vor allem administrative Arbeiten anfielen, wie Briefe und Programme zu versenden und Termine für Führungen einzuteilen. Da ich hoffe, einmal Historiker zu werden, konnte ich auch etwas Forschung auf eigene Faust betreiben. So fand ich zum Beispiel heraus, dass der letzte überlebende Tötungsarzt Hans-Bodo Gorgass im Jahre 1992 gestorben war.[1]

Die Arbeit mit Angehörigen

Immer wieder hatte ich bei meiner Arbeit an der Gedenkstätte auch Kontakt mit Menschen, deren Verwandte in Hadamar ermordet worden waren. Das waren mit Abstand die berührendsten Momente meiner Tätigkeit. Wenn ich während meiner Führungen Pausen machte, kamen oft Teilnehmer auf mich zu, die mir einfach im Geheimen erzählen wollten, wie erschüttert sie waren, als sie erfuhren, dass einer ihrer Verwandten in Hadamar ermordet worden war. Manchmal gelang es mir, diese Menschen dazu zu bewegen, ihre Scheu zu überwinden und auch der Gruppe davon zu erzählen. Die meisten Angehörigen nahmen aber schriftlichen Kontakt mit uns auf und baten uns in Briefen oder E-Mails um eine Recherche. Meine Aufgabe war es, in unseren Datenbanken und Listen nach Informationen über diese Person zu suchen. In vielen Fällen konnten wir helfen und Verlegungsdaten und -wege sowie die tatsächlichen Todesdaten mitteilen, da diese in den offiziellen Sterbeurkunden aus Verschleierungsgründen regelmäßig falsch angegeben worden waren. Viele Angehörige waren regelrecht schockiert, als sie von den Geschehnissen in Hadamar erfuhren, da die Todesfälle, zum Teil aus Scham, oft in den eigenen Familien todgeschwiegen worden waren. Sehr oft berichteten mir Angehörige, dass sie nur durch reinen Zufall, zum Beispiel beim Durchsehen von alten Dokumenten oder im Zuge von Erbschaftsangelegenheiten, auf Verwandte stießen (oftmals Onkel oder Tanten), von denen sie zuvor nie etwas gehört hatten, da über sie in den Familien nicht gesprochen worden war.

An dieser Stelle, möchte ich einen Fall schildern, der mich während meiner Dienstzeit am meisten berührt hat und mir auch heute noch im Gedächtnis ist.

Im Sommer 2004 besuchte ein etwa 70jähriger Niederländer, dessen Vater 1941 in Hadamar ermordet worden war, gemeinsam mit seinem Sohn die Gedenkstätte für einen Tag. Ich unterhielt mich sehr lange mit den beiden und erfuhr so viel über die Geschichte des Vaters. Dieser war Ende der dreißiger Jahre aus Deutschland in die Niederlande geflohen. Dort hatte er eine Niederländerin geheiratet und war Vater mehrerer Kinder geworden. Nach dem Angriff Deutschlands auf Polen wurde er aus den Niederlanden ausgewiesen, da er noch immer die deutsche Staatsangehörigkeit besaß. Von seiner Familie getrennt kam er nach wenigen Monaten in eine Heil- und Pflegeanstalt. 1941 wurde er in Hadamar ermordet. Die Familie bekam den üblichen „Trostbrief" mit der Nachricht, dass er in der „Landesheilanstalt Hadamar-Mönchberg" auf natürliche Weise verstorben sei. Erst vor wenigen Jahren erhielt nun dessen Sohn über das Internet Kenntnis von der Gedenkstätte Hadamar und erfuhr, dass sein Vater keines natürlichen Todes gestorben war. In der Hoffnung auf Antworten reiste er zur Gedenkstätte. Leider konnten wir ihm nur den wahren Todestag seines Vaters mitteilen und den Ort zeigen, wo er gestorben war. Die Gründe für seine Verlegung nach Hadamar konnten wir ihm nicht nennen, da sich weder im Archiv der Gedenkstätte noch im Bundesarchiv in Berlin die Krankenakte befindet und sie somit als verloren angesehen werden muss. Auf der anderen Seite konnte uns der Besucher viel über seinen Vater erzählen und was sehr wichtig war, er gab der Gedenkstätte auch ein Photo seines Vaters, so dass ein anonymer Name wieder ein Gesicht bekommen hatte. Den Besucher und dessen Sohn beruhigte und freute es sehr, dass es an dem Sterbeort des Vaters eine vielbesuchte Gedenkstätte gibt, die an die ermordeten Menschen erinnert.

Aber auch das Gegenteil passierte manchmal, wenn Besucher berichteten, dass sie mit den Tätern in Hadamar verwandt seien. In solch einem Fall war es ebenfalls besonders spannend zu erfahren, wie die Familien oder die Personen selbst, damit umgingen.

Besonders interessant war es für mich, in der Gedenkstätte Hadamar zu arbeiten und gleichzeitig in der gleichnamigen Stadt zu wohnen. Ich war überrascht, als ich feststellte, dass ich der einzige hauptamtliche Mitarbeiter war, der in der Stadt wohnte. Über das Verhältnis zwischen der Stadt und ihren Bewohnern auf der einen und der Gedenkstätte auf der anderen Seite wurde in den letzten Jahren und Jahrzehnten viel diskutiert. Ich würde das Verhältnis auf keinen Fall als schlecht bezeichnen, da viele Einwohner/innen sich ehrenamtlich im Förderverein der Gedenkstätte engagieren. Aber dennoch möchte ich hier meinen, sicherlich subjektiven, Eindruck wiedergeben. Dadurch, dass sich mein österreichischer Akzent in Hadamar nicht verbergen ließ, wurde ich oft, zum Beispiel in Geschäften, gefragt, welcher Wind mich von den Alpen in den Westerwald geweht hätte. Die Vermutungen reichten von „Urlaub" bis zu „Schulbesuch". Wenn ich dann antwortete, dass ich in der Gedenkstätte arbeite, war die Reaktion meist ähnlich. Das Gespräch mit mir wurde sehr schnell beendet. Kein Bewohner hat sich je negativ über die Gedenkstätte geäußert. Allerdings konnte ich nur in zwei Fällen ein wirkliches Gespräch über sie führen und in beiden Fällen stellte sich im Laufe der Unterhaltung heraus, dass die Gesprächspartner aus anderen Gegenden Deutschlands zugezogen waren.

Zu meiner großen Freude konnte ich auch noch bei verschiedenen Veranstaltungen der Gedenkstätte mitarbeiten. Am meisten wird mir sicherlich das Kinderprojekt zu Pfingsten 2004 in Erinnerung bleiben, als ich zusammen mit meinen Kolleginnen Regine Gabriel, Sabine Müller und Anke Stöver mehrere Tage lang Kinder in der Gedenkstätte betreute. Ich muss gestehen, ich war am Anfang des Projektes skeptisch, ob man Kinder ab dem zehnten Lebensjahr schon mit dem Nationalsozialismus in diesem Ausmaß konfrontieren sollte, und ich fragte mich, wie die Kinder das annehmen würden. Doch das Projekt zeigte mir, dass die Kinder oft mehr verstehen, als die Erwachsenen ihnen zutrauen, und dass sie unter einer einfühlsamen pädagogischen Anleitung auch an dieses schwierige Thema herangeführt werden können.

Nach dem Ende meiner Dienstzeit im Dezember 2004 ging ich nach Wien zurück und begann mein Studium der Geschichte, wobei ich auch heute noch auf die wichtigen Kenntnisse und Erfahrungen, die ich in Hadamar erworben habe, zurückgreifen kann. Um die Gedenkstätte weiterhin zu unterstützen, bin ich ihrem Förderverein beigetreten. Heute stehe ich noch immer mit den Mitarbeiter/inne/n der Gedenkstätte in Kontakt und denke sehr gerne an diese Zeit zurück. Deswegen hoffe ich auch, dass das positive Projekt des Gedenkdienstes weiterhin fortgeführt werden wird.

---

[1] Brief des Standesamtes Leipzig (10. 03. 2004).

„Wer braucht schon einen Förderverein?"
Entstehung und Arbeit des Vereins zur Förderung der Gedenkstätte Hadamar e. V.

Bettina Winter

„Wer liest schon Geschichten über Fördervereine?"
„Ich nicht", wäre meine Antwort auf eine solche Frage.
„Wer braucht schon einen Förderverein?"
„Ich nicht, aber vielleicht andere", wäre meine Antwort auf eine solche Frage.

Vielleicht habe ich Sie damit neugierig gemacht, mehr über den Förderverein, seine Aufgaben und Projekte und die Geschichte des Zustandekommens zu erfahren. Wenn ja, lohnt es sich, weiterzulesen.

Über die Geschichte der Gedenkstätte Hadamar haben Sie in diesem Band schon viel erfahren. Hadamar blieb auch nach 1945 weiter Psychiatriestandort und ist es bis heute. Eine Tatsache, die Besucherinnen und Besucher der Gedenkstätte bis heute zuweilen sehr irritiert. Im Unterschied zu den Gedenkstätten, die zum Beispiel an die jüdischen und politischen Opfer der NS-Verfolgung erinnern, befinden sich in Hadamar, Bernburg (Sachsen-Anhalt), Grafeneck (Baden-Württemberg), Hartheim (Österreich) und Pirna-Sonnenstein (Sachsen) aktive Gedenkstätten in unmittelbarer Nachbarschaft oder auf dem Gelände von psychiatrischen Krankenhäusern, Einrichtungen der Behindertenhilfe oder mit anderem sozialen Zweck. Das stellt diese Gedenkstätten vor besondere Herausforderungen im Umgang mit der zu dokumentierenden Geschichte und dem praktizierten Gedenken. Die Gedenkstätte Hadamar ist also in besonderer Weise Erinnerungs- und Bildungsstätte an einem Ort, an dem weiterhin Menschen psychiatrisch behandelt werden. Es gibt also eine Spannung zwischen dem Anspruch des Gedenkens und den psychiatrischen Hilfen, die durch die Mitarbeiterinnen und Mitarbeiter der Gedenkstätte und die Beschäftigten in den psychiatrischen Bereichen wahrgenommen und verantwortungsvoll bewältigt werden muss. Zur Geschichte der Gedenkstätte gehört deshalb auch untrennbar die Nachkriegszeit und der Auf- und Ausbau der Gedenkstätte, die Beziehung zum Krankenhaus, zum Ort und zur Region. Die Gedenkstätte hat zu Beginn ihrer öffentlichen Existenz Ende der siebziger und Anfang der achtziger Jahre heftige öffentliche Diskussionen verursacht. Heute gibt sie mit ihrer Arbeit Impulse in den Landeswohlfahrtsverband Hessen (den Träger der Einrichtung) und die hessische und bundesdeutsche Gesellschaft hinein. Dabei gibt es besonders intensive Kontakte zu den Trägern der Behindertenhilfe.

Der Förderverein trat 1998 in die Geschichte der Gedenkstätte ein, als eigentlich alles, was eine ordentliche Gedenkstätte schaffen musste, erreicht war. Der Gebäudekomplex stand unter Denkmalschutz und die historischen Kellerräume waren konserviert. Dauerausstellung und Wanderausstellung fanden großes Interesse. Die Gedenkstätte verfügte über Seminarräume, Bibliothek et cetera, das gedenkstättenpädagogische Grundkonzept und der Aufbau von Führungs- und Seminarangeboten war erfolgt und die anfangs über befristete Verträge beschäftigen Mitarbeiterinnen und Mitarbeitern waren fest angestellt. Ein Katalog, Faltblätter, Unterrichtsmaterialien et cetera waren fertiggestellt, und die Einbindung in die gedenkstättenpädagogische und historische Fachöffentlichkeit war erfolgt.

Ja, und gerade zu diesem Zeitpunkt, kamen einige Mitarbeiterinnen und Mitarbeiter der Gedenkstätte und des Trägers auf die Idee, jetzt wäre ein Förderverein hilfreich – denn Unterstützung kann man nie genug haben. Und das hat sich auch bewahrheitet.

1998 gründete sich der Förderverein. Die Satzungsziele des Fördervereins sind „die Förderung der Erziehung, Volks- und Berufsbildung sowie die Förderung des Andenkens an Verfolgte und Kriegsopfer einschließlich der Errichtung von Ehrenmälern und Gedenkstätten. Seine Aufgabe ist es, die Erinnerung an die Opfer der „Euthanasie"-Verbrechen im Nationalsozialismus wach zu halten und das Lernen aus der Geschichte des Nationalsozialismus zu fördern. Er soll durch geeignete Maßnahmen das Interesse der Bevölkerung und Institutionen an der Arbeit der Gedenkstätte Hadamar aufrecht erhalten." In der Umsetzung heißt das, unsere Angebote an die Gedenkstätte sind umfänglich und damit offen für deren Bedürfnisse. Auch verfügt der Förderverein über einen wissenschaftlichen Beirat, der die Gedenkstätte zum Beispiel bezüglich der Opferliste unterstützt und beraten hat.

Der Förderverein hat seit seiner Gründung die Arbeit der Gedenkstätte um viele wichtige Facetten bereichert und damit auch ihr Selbstverständnis beeinflusst. Je nach Zusammensetzung des Vorstandes hat er politisch aktuelle Themen, die in engem Zusammenhang mit der Ausgrenzung und Diskriminierung von behinderten und nicht behinderten Menschen stehen, aufgegriffen und zu Themen der Gedenkstätte gemacht.

Zu Beginn seines Bestehens beteiligte sich der Verein mit einem eigenen Projekt an der Karawane 2000. Die Karawane 2000 war ein europaweites Projekt um die Integration und Selbstbestimmung von Menschen mit Behinderungen zu unterstützen. In diesem Kontext gab es kulturelle und wissenschaftliche Veranstaltungen, sowie einen intensiven Austausch von Menschen unterschiedlicher Nationen.[1] Der Verein konnte

Die Wanderausstellung macht Station in Frankreich (Verein zur Förderung der Gedenkstätte Hadamar e. V.)

über eine EU-Projektförderung die Wanderausstellung „Euthanasie in Hadamar"[2] ins Englische übersetzen und um die europäische Dimension der NS-„Euthanasie"-Verbrechen ergänzen lassen. Die Ausstellung wurde in den Jahren 2000 und 2001 in vier europäischen Ländern gezeigt: Norwegen, Schweiz, Frankreich und Italien. Vor Ort wurden jeweils Übersetzungen in der Landessprache erstellt, die Eröffnung der Ausstellung wurde durch fachkundige Wissenschaftlerinnen und Wissenschaftler übernommen. Es waren allesamt Vereinsmitglieder.

Bei der Gründung des Vereins war die bioethische Debatte hochaktuell. Der Bundestag hatte eine Bioethik-Kommission eingerichtet und die beiden großen Volksparteien ebenfalls Arbeitsgremien, die sich mit den Fragen der Grenzziehung zwischen Leben und Tod, dem Nutzen und dem Wert von Menschen, von Forschung an Menschen und anderen damit zusammenhängenden Fragen befassten. Dieses hochsensible, aber in der deutschen Öffentlichkeit dringend zu platzierende Thema wurde vom Förderverein aufgegriffen und durch Veranstaltungen in die Gesellschaft getragen. Zu dem Problem Sterbehilfe, das immer aktueller wurde, hat der Förderverein die Fragen nach dem Recht auf würdiges Sterben behandelt und mit Palliativmedizinern und Mitarbeiterinnen und Mitarbeitern von Hospizen eine sehr beeindruckende Diskussionsveranstaltung durchgeführt. An einem Ort wie Hadamar erhalten diese Themen meines Erachtens erst ihre vollständige Dimension. Hadamar mit seinen historischen Ereignissen und der aktiven Gedenkstättenarbeit ist bei vielen ethischen Debatten eine nicht zu übersehende beziehungsweise zu übergehende Größe.

Über den Nutzen und die Grenzen medizinischer Forschung kann man in Deutschland nur vollständig informiert diskutieren und urteilen, wenn man auch weiß, welche Abgründe sich aufgetan haben, als Mediziner in der NS-Zeit zum Nachteil von Einzelnen mit Billigung des Staates handelten. Hadamar ist Synonym für den tiefsten Fall der Psychiatrie im 20sten Jahrhundert.

Die Vordenker und die später für den Massenmord Verantwortung tragenden Ärzte waren in der Weimarer Zeit renommierte Psychiater. Deshalb folgten ihnen auch so viele Schüler in die verbrecherischen Ideen und Taten. Teile der medizinischen Elite planten die NS-Morde und verantworteten sie – nicht einfältige, grausame SS-Schergen. Auch wenn diese Tatsachen immer noch nicht zu den Lehrinhalten des Medizinstudiums gehören, in Hadamar informieren sich angehende Medizinerinnen und Mediziner, in der Pflege und der Krankenpflege Tätige und vor allem sich in der Ausbildung dazu befindliche Menschen über den Abgrund, der sich sehr nahe neben dem Helfen auftat.

Wer in der öffentlichen Diskussion über Sterbehilfe spricht und dabei Euthanasie im Wortsinn verwendet, und wer vielleicht dabei noch eine medizinische Ausbildung hat, muss wissen, dass dieses Wort in Deutschland seit den tausendfachen Morden an kranken und behinderten Kindern, Frauen und Männern eine doppelte Bedeutung hat. Aus dieser historischen Erfahrung erklärt sich die tiefe Skepsis gegenüber der aktiven Sterbehilfe, die die Debatte in Deutschland deutlich von der in den europäischen Nachbarländern unterscheidet.

Wenn wir über die Ausgrenzung behinderter Menschen in der NS-Zeit sprechen, heißt es auch auf die tagtägliche Diskriminierung und Benachteiligung von behinderten Kindern, Frauen und Männern hinzuweisen, die diese erleben. Trotz des Paradigmenwandels in der Behindertenhilfe und der vielen Projekte und Gesetze, die behinderten Menschen die gleichberechtigte und selbstbestimmte Teilhabe am Leben in der Gemeinschaft ermöglichen sollen, erleben sie immer wieder den alltäglichen kleinen und gemeinen Rassismus oder die gutgemeinte Entmündigung. Wer mit und für Menschen mit Behinderungen fachlich oder politisch Verantwortung trägt, sollte wissen, warum unsere Gesellschaft leider immer noch in weiten Teilen Menschen mit Behinderungen nur über tradierte diskriminierende Vorurteile kennt und warum es so schwer für beide – Behinderte und Nichtbehinderte – ist, etwas gemeinsam zu erleben. Die schrecklichen Wurzeln des abschätzigen Blicks auf behinderte Menschen liegen immer noch in der NS-Propaganda und werden über Generationen weitergegeben. Die Fragen nach Wert und Nutzen behinderten Lebens werden auch heute immer wieder gestellt und damit die betroffenen Menschen und ihre Angehörigen unter einem enormen existenziellen Rechtfertigungszwang gesetzt.

Ähnlich fatal ist in diesem Zusammenhang auch die Debatte über die Ausgaben für behinderte Menschen. Wer für die Verwendung von staatlichen Mitteln für den Lebensunterhalt, die Unterstützung und Förderung behinderter Menschen verantwortlich ist, muss wissen, dass durch die tausendfachen Morde beide deutsche Nachkriegsstaaten Milliarden eingespart haben. Es ist eine zutiefst unehrliche oder – weil manche Verantwortliche es nicht besser wissen – dumme Forderung, bei der (noch) Zunahme der Zahl der behinderten Menschen in Deutschland die Ausgaben für ihre Versorgung zu senken. Die Zunahmen erklären sich aus der Tatsache, dass etwa 200.000 Menschen vom Säugling bis zum Greis zwischen 1940 und 1945 getötet wurden. Also steigt die Zahl der Menschen mit Behinderungen im Unterschied zur demographischen Entwicklung der Gesamtbevölkerung noch eine Weile an, auch dank der medizinischen Fortschritte und der ausgezeichneten Rehabilitationserfolge. Bei allem haushaltspolitischen Verständnis und dem Wissen um Einsparungspotentiale durch Effizienzsteigerung, diese Milchmädchenrechnung geht nicht auf. Menschen mit Behinderungen, seien diese angeboren oder durch Unfall oder Erkrankung entstanden, haben ein Recht auf angemessene und qualifizierte Versorgung aus Steuergeldern und aus Versichertenbeiträgen, genauso wie Nichtbehinderte.

Menschen, das heißt auch behinderte Menschen, als Person und in ihrer ganzen Persönlichkeit ernst zunehmen, bedeutet noch für viele zu lernen. Wir im Förderverein haben es versucht und dabei eindrucksvolle und einmalige Erfahrungen gemacht. Mit dem Europäischen Jahr für Menschen mit Behinderungen (2003) hat der Förderverein begonnen, die Gedenkstätte auch für Menschen mit Behinderungen erfahrbar zu machen. Zusammen mit dem Verein „Mensch zuerst" – Netzwerk People First Deutschland e. V.[3], einer Organisation von Menschen mit Lernschwierigkeiten (früher auch Menschen mit geistiger Behinderung genannt) haben wir Führungskonzepte, einen Katalog in „leichter Sprache", eine Hörversion der Dauerausstellung und ein Info-Faltblatt, alles auch in „leichter Sprache", erarbeitet. Damit hat der Förderverein gedenkstätten- und museumspädagogisch absolutes Neuland betreten und ist auf diesem sehr gut angekommen. Wir veröffentlichen jedes Jahr die mit unseren neuen Projekten gesammelten Erfahrungen[4] und sind froh darüber, damit den Kolleginnen und Kollegen in Gedenkstätten und Museen wichtige Anregungen geben zu können.

Außerdem erfüllen wir als Förderverein natürlich auch so klassische Aufgaben wie die Führung von Gruppen und die Durchführung von Seminartagen durch ehrenamtliche Kräfte, da das hauptamtliche Personal die Vielzahl der Anfragen nicht abdecken kann. Wir schulen interessierte und geeignete Menschen dafür und entschädigen den Aufwand mit einer Pauschale. Deshalb freuen wir uns über jede Spende. Auch sind wir als Förderverein – und das ist ja eigentlich das Beste an dem Status – institutionell und politisch unabhängig. Wir erfüllen die Anforderungen der Gemeinnützigkeit. Unsere Unabhängigkeit ist unser größtes Pfand. So konnten wir uns erfolg-

Gedenkandacht
(Verein zur Förderung der
Gedenkstätte Hadamar e.V.
Foto Uta George)

reich für den Erhalt der historischen Busgarage beim Träger einsetzen. Auch zur Stadt Hadamar, die – natürlich, alles andere wäre verwunderlich – in einem ambivalenten Verhältnis zur Gedenkstätte steht, haben wir einen unverkrampften und positiven Kontakt. Dies ist der Erfolg der Hadamarer Vorstandsmitglieder, die die Einbindung von Förderverein und Gedenkstätte in die Stadtkultur und -politik erfolgreich leisten.

So komme ich am Ende meines Beitrages zu zwei neuen Antworten. Erstens, es gibt Menschen, die lesen doch die Geschichte über einen Förderverein. Und zweitens, auch ich brauche den Förderverein, denn er gibt mir und dem gesamten Vorstand des Fördervereins das gute Gefühl, etwas gesellschaftlich Wichtiges mit und für andere Menschen zu leisten und ich glaube, dass auch andere diesen Förderverein brauchen.

---

[1] Vgl. auch den Beitrag von Michael Statzner in diesem Band.

[2] Die Ausstellung wurde vom Landeswohlfahrtsverband Hessen erstellt.

[3] Kontaktadresse: „Mensch zuerst" Netzwerk People First Deutschland e.V., Kölnische Str. 99, 34119 Kassel, Telefon: 0561/7288554, Fax: 0561/7288558, www.people1.de

[4] Vgl. Uta George/Bettina Winter, Wir erobern uns unsere Geschichte. Menschen mit Behinderungen arbeiten in der Gedenkstätte Hadamar zum Thema NS-„Euthanasie"-Verbrechen, in: Zeitschrift für Heilpädagogik, 56. Jg. (2005), S. 55–62; vgl. außerdem Uta George/Bettina Winter, Geschichte verstehen. Menschen mit Lernschwierigkeiten arbeiten mit leichter Sprache in der Gedenkstätte Hadamar, in: Kursiv – Journal für politische Bildung, Nr. 1 Jg. (2006), S. 64–69.

Die Internationale Jugendbegegnungs- und Bildungsstätte des Internationalen Bundes

Michael Statzner

"... aus der Vergangenheit für die Gegenwart und Zukunft" – unter diesem Motto wurde am 06. April 2001 die Internationale Jugendbegegnungs- und Bildungsstätte Hadamar über den Räumlichkeiten der Gedenkstätte Hadamar eröffnet. Hiermit schlug der Internationale Bund (IB) ein neues Kapitel seiner Jugend- und Bildungsarbeit auf.

Verantwortlich für die Einrichtung ist die IB-Behindertenhilfe Hessen. Neben der Internationalen Jugendbegegnungs- und Bildungsstätte bietet sie stationäre Eingliederungshilfen (vor allem Wohneinrichtungen) und ambulante Dienstleistungen für Menschen mit Behinderungen in mehreren hessischen Landkreisen an. Weiterhin umfasst ihr Angebot Hilfen im Rahmen der Kinder- und Jugendarbeit, Bildungsangebote und in Kürze auch Angebote in der Seniorenarbeit.

Durch Gründung des Vereins „Karawane 2000 – Für Vielfalt und Verständigung in Europa" legte die IB-Behindertenhilfe Hessen den Grundstein für ein internationales Netzwerk zur Integration behinderter und benachteiligter Menschen.

Mit der Eröffnung der Internationalen Jugendbegegnungs- und Bildungsstätte wurde ein Ort geschaffen, an dem sich Menschen unterschiedlichster Herkunft mit und ohne Behinderung begegnen und bilden können.

Die Kooperation mit der Gedenkstätte Hadamar ermöglicht am historischen Ort themenbezogen zusammen zu arbeiten, eigene Positionen zu beziehen und eigene Meinungen zu bilden.

Die Jugendbegegnungsstätten in Buchenwald und Dachau stehen in Verbindung mit Gedenkstätten ehemaliger Konzentrationslager. Die Internationale Jugendbegegnungs- und Bildungsstätte Hadamar befindet sich auf dem Gelände des Zentrums für soziale Psychiatrie (ZSP). Sie ist die einzige Begegnungsstätte Deutschlands, die sich im Gebäude einer NS-Euthanasie-Gedenkstätte befindet.

Weiter ermöglicht die örtliche Nähe zum Zentrum für soziale Psychiatrie und der Gedenkstätte den Besuchern an diesem geschichtsträchtigen Ort einen konkreten Zugang zur Arbeit mit Menschen mit Behinderung. Mit der Internationalen Jugendbegegnungs- und Bildungsstätte will die IB-Behindertenhilfe Hessen, anknüpfend an die deutsche Geschichte, einen aktiven Beitrag leisten gegen Rassismus und Fremdenfeindlichkeit, zur Förderung von Toleranz, Akzeptanz und Integration. Die unmittelbare Begegnung mit der Geschichte, sowie die Nähe zu den Geschehnissen und den Menschen mit Behinderung tragen dazu bei, sich unter anderem mit Fragen der Ausgrenzung und Gewalt auseinander zu setzen, ethische und moralische Fragen (zum Beispiel Schuldfragen) aufzuwerfen und Maßnahmen und Methoden gegen nationalistische und rassistische Bestrebungen zu entwickeln.

In unserem Haus heißen wir Gäste aus aller Welt herzlich willkommen. Unsere Übernachtungsmöglichkeiten bieten einen längeren Aufenthalt und ein vertieftes thematisches Arbeiten.

Unsere Angebotspalette an Seminaren und Weiterbildungen hat sich seit Bestehen der Jugendbegegnungs- und Bildungsstätte stetig erweitert. So bieten wir Seminare und Fortbildungen zu den Themenfeldern der Behindertenpädagogik, Gewaltprävention und Demokratie an. Ebenso Multiplikatorentrainings mit dem Titel „Multikulturelle Bildung und Erziehung in Kindertagesstätten und Grundschulen" und „Gegen Gewalt und Rechtsextremismus" im Rahmen der Kampagne „Schwarz, rot, bunt – IB pro Demokratie und Akzeptanz", gefördert vom Bundesministerium für Familien, Senioren, Frauen und Jugend. Hierbei werden die inhaltlichen Schwerpunkte auf die Themen Diskriminierung und Fremdenfeindlichkeit gelegt. Viele Lehrer und Pädagogen haben sich zu diesen Themen weitergebildet, um die Inhalte an ihr Kollegium weiter geben zu können und im Schulalltag und darüber hinaus praktisch wirksam werden zu lassen.

In Zusammenarbeit mit Mitarbeiter/inne/n der Gedenkstätte finden regelmäßig Kooperationsveranstaltungen statt, die zum Teil über den Kinder- und Jugendplan (KJP) und auch von der Bundeszentrale für politische Bildung (BpB) unterstützt werden.

Projekttage oder Projektwochen zu bereits genannten Themen sind weitere Arbeitsfelder der Internationalen Jugendbegegnungs- und Bildungsstätte. Allen Gästen bieten wir die Möglichkeit, an einer Führung in der Gedenkstätte teilzunehmen oder

KJP-Jugendaustausch (Ukraine – Deutschland) (Quelle: Internationale Jugendbegegnungs- und Bildungsstätte Hadamar)

auch Studientage mit Mitarbeiter/inne/n der Gedenkstätte durchzuführen. Die Möglichkeit, im Anschluss nochmals intensiver auf das Gehörte und Gesehene einzugehen, eine Brücke von der Vergangenheit in die Gegenwart und Zukunft zu schlagen, eine Debatte zum Thema Bioethik zu führen oder weitere Themenkomplexe zu bearbeiten, ist selbstverständlich gegeben.

Unsere Internationale Arbeit mit Partnerorganisationen aus Norwegen, Polen, Frankreich, USA, Türkei, Ukraine und Russland konnte in letzter Zeit weiter intensiviert werden.

Internationale Fachkräfteaustauschmaßnahmen und Jugendbegegnungen sind fester Bestandteil der täglichen Arbeit geworden. Ein nicht alltägliches, aber anschauliches Beispiel für eine gelungene Kooperation, ist die Zusammenarbeit mit der nichtstaatlichen Organisation „Djerela", die in Kiew/Ukraine circa 410 Kinder und Jugendliche mit geistiger Behinderung betreut. Ziel von „Djerela" war und ist es, Angebote für erwachsene Menschen mit Behinderung zu schaffen, die in Deutschland zum selbstverständlichen Alltag gehören, aber in der Ukraine völlig fremd sind, so zum Beispiel der Aufbau eines Wohnheimes und die Errichtung einer Tagesförderstätte.

Der Kontakt zwischen der IB-Behindertenhilfe Hessen zu „Djerela" kam durch das Netzwerk Karawane 2000 zustande. Im Rahmen des EU-Programms TACIS wurde ein Antrag auf Förderung des Aufbaus einer Tagesförderstätte in Kiew gestellt und positiv beschieden. So konnte im Zeitraum 2003 bis 2005 die erste ukrainische Tagesförderstätte für Erwachsene mit geistiger Behinderung mit einer Kerzen-, Holz-, Papier- und Keramikwerkstatt sowie der Möglichkeit zum Gartenbau in Kiew errichtet werden. 15 ukrainische Fachkräfte wurden in der Internationalen Jugendbegegnungs- und Bildungsstätte Hadamar in zwei Qualifizierungsmaßnahmen im Laufe von sechs Wochen geschult. Hospitationen fanden in verschiedenen Einrichtungen der IB-Behindertenhilfe Hessen statt. Zur weiteren Unterstützung reisten Fachkräfte der Behindertenhilfe Hessen nach Kiew, um den Aufbau der Tagesförderstätten und die Durchführung von Multiplikatorentrainings zu begleiten. Im Oktober 2005 fand schließlich die offizielle Eröffnung der Tagesförderstätte in Kiew statt.

Die Zielgruppe der Internationalen Jugendbegegnungs- und Bildungsstätte Hadamar ist sehr breit gefächert: von Jugendlichen aus bildungsfernen Schichten (Reha – Jugendliche), Teilnehmer/inne/n beim Freiwilligen Sozialen Jahr (FSJ), Haupt- und Realschülern, Gymnasiasten, Studenten bis hin zu Pädagogen und Fachkräften aus der Behindertenarbeit und anderen pädagogischen Bereichen. Altersmäßig sind keine Grenzen gesetzt und jeder, der sich für den Bereich der politischen Bildung interessiert, ist gerne willkommen.

In Hadamar eröffnet sich die Möglichkeit, den Reflex der individuellen Betroffenheit, entstanden aus der direkten Konfrontation mit der Geschichte, und die hiermit einhergehende Hilflosigkeit, aufzugreifen, diese in eine dauerhafte Sensibilisierung zu überführen, die persönlichen Reflexionsmöglichkeiten zu fördern und gemeinsam handlungsorientierte Hilfen im Umgang mit Rechtsextremismus und Fremdenfeindlichkeit zu erarbeiten. Es ist immer wieder erstaunlich zu sehen, wie junge Menschen nach einem Aufenthalt in der Gedenkstätte und der Internationalen Jugendbegegnungs- und Bildungsstätte diskutieren, Position beziehen und ihre eigene Meinung gebildet haben.

Der Internationale Bund (IB) ist einer der großen freien Träger in der Jugend-, Sozial- und Bildungsarbeit in Deutschland. Dem ehrenamtlichen Vorstand gehören Vertreter des öffentlichen Lebens, der Sozialpartner und Parteien, sowie aus Wirtschaft, Wissenschaft und Verwaltung an. Unter dem Leitmotiv „Betreuen, Bilden, Brücken bauen" bietet der IB soziale Dienstleistungen an. Der IB mit Hauptsitz in Frankfurt am Main ist gemeinnützig, dabei überparteilich und konfessionell unabhängig.

Ausgewählte Einträge im Besucherbuch der Gedenkstätte Hadamar (2004–2006)

Zusammengestellt von Anke Stöver

Wenn wir uns selbst verändern, verändern wir unsere ganze Welt. Hoffentlich!

C. K. z. Zt. stationär auf 1.1

This is such a sad and moving place. I will remember it forever and I will work in my life to pass on the message – never again.

Mark, University of Idaho

It's extremely important to maintain this place for education of further generations to come. Every man, woman, child regardless of religion and nationality must visit it. Thank you for your devoted work!

10/08/04 Leonid L., Israel

Wir waren hier und sind erschüttert!

27.08.04 Karl W., G. S.

Das alles geht mir sehr nah, hoffentlich wird niemals mehr so geschwiegen wie damals!

In Gedenken Nadine

In Trauer um die Verstorbenen!

Eine Klasse 10

Zum Gedenken an meine am 30.01.1941 in Hadamar ermordete Tante.

Deine Nichte

Der Besuch der Gedenkstätte Hadamar ist ein fester und wertvoller Bestandteil unseres Geschichtsunterrichtes. Auch dieses Mal wurden wir sachkundig und einfühlsam mit den Ereignissen bekannt gemacht.

Dafür vielen Dank
E. K.

Hiermit drückt die Klasse ihre Betroffenheit aus, die nicht in Worte zu fassen ist!

11.03.05 Eine Klasse 9

Nie wieder Krieg, nie wieder Faschismus. Danke für diese Arbeit. Gebt den Nazis keine Chance.

Thomas

Menschen zu respektieren, die man kennt, ist leicht. Die Kunst ist, Menschen zu respektieren, die fremd sind.

Eva

[...] Umso wichtiger erscheint mir, nicht nur über die Vergangenheit zu erschrecken, sondern heute immer und überall die unveräußerlichen Menschenrechte

(u. a. Unversehrtheit der Person) zu verteidigen und überall auf der Welt für alle Menschen einzufordern. [...]

Paul-Gerhard R.

Zeit zum Nachdenken!!! Wie konnte damals nur so etwas Schreckliches passieren? Ist es möglich, dass [!] so etwas wieder geschieht? Wir glauben, dass fragen sich alle. Also muss alles dafür getan werden, damit es nie wieder passiert.

30.9.05 Katharina, Laura, Anika

Ich suche nach Worten, um sie hier niederzuschreiben, doch was sind Worte angesichts der Taten, der Opfer und der Trauer.

Im stillen Gedenken
09.11.05 Gernot H.

Einander zu respektieren und zu achten ist sehr wichtig! Man sollte sich immer wieder die Bedeutung von Respekt und Achtung verdeutlichen.

09.02.06

Dass die Opfer niemals vergessen werden!!!

Eine Klasse 10

Ich habe Mitleid mit den Leuten, denen hier etwas angetan wurde und ich weiß nicht, was ich für die Täter empfinden soll.

M. T.

„Jedes Leben ist schützenswert"
„Mensch achte den Menschen" – diesen Leitspruch nehmen wir mit in unseren Pflegealltag.

Hadamar, 27.04.2006 Kurs 03/06 einer Krankenpflegeschule

Im Gedenken an die Opfer der Euthanasie. Danke für die aufschlussreiche Führung!

01.06.06
Eine Klasse 10

This is perhaps the most disturbing chapter of Nazi Germany [...] Why? This question cannot adequately be answered. There is no short of „why"? Thank you for your work on the memorial + the exhibit. It is moving + informative + very important. This history cannot be forgotten.

June 10, 2006 TL F. (Canada)

Vielen Dank für die interessante Führung. Man hat deutlich bemerkt, wie viel Ihnen an diesem Thema, an dieser Gedenkstätte liegt. Ich hoffe Sie erreichen noch viele Menschen und können noch bewusster machen, was für ein schreckliches Verbrechen verübt wurde.

Anna P.

Sterbenskrank und lebensmüde: Nachdenkliches zur Euthanasie in der aktuellen bioethischen Debatte

Therese Neuer-Miebach

Der Tod ist ein Problem für die Lebenden: Abschied, Mitleiden, Ängstigung, Bedrohung – Unabänderlichkeit und Absolutheit. In allen Kulturen gab und gibt es Rituale und Mechanismen, sich diesem Definitum zu widersetzen, es hinauszuzögern oder zu manipulieren. Ohnmächtiger Ausdruck dieses anthropologischen Dilemmas ist die Ausgrenzung der Sterbenden und Todgeweihten. Auch aktive Tötung von kranken und behinderten Menschen hat es in verschiedenen Kulturen gegeben, zum Beispiel im antiken Sparta und bei Indianern in Nordamerika wurden behinderte Kinder getötet, religiös-ideologisch oder ökonomisch-rationalistisch begründet. Barrieren gegen den „vorzeitigen Tod" zu setzen, gilt als Kennzeichen zivilisatorischen Fortschritts – nicht zuletzt die medizinischen Erkenntnisse tragen dazu entscheidend bei. Alle Hochkulturen haben Regeln zur Sicherung des Lebens und zur Abwehr des Todes entwickelt. „Jedermann hat das Recht auf Leben". Dieser Satz steht mit dem Bedacht historischer Erfahrungen am Anfang der Allgemeinen Erklärung der Menschenrechte von 1948. Immerhin wurden im NS- Deutschland allein über 200.000 Krankenmorde begangen. Eine Eskalation der tödlichen Übergriffigkeit lässt sich nachweisen: Waren es zunächst einzelne Schwerkranke, denen ein schmerzloser Gnadentod – zum Wohl der Betreuten – zugewiesen wurde, dann die Tötung auf Verlangen aus humanitären Gründen, so wurde in der Folge mit Rückgriff auf das Vokabular führender Mediziner der 1920er Jahre – Binding und Hoche sprachen von „geistig Toten"[1] – die gezielte Vernichtung des als „lebensunwert" bezeichneten Lebens organisiert. Über die Legalisierung der Vernichtung lebensunwerten Lebens wurde Mitte der 30er Jahre des 20. Jahrhunderts diskutiert. Sie wurde zwar 1935 regierungsoffiziell verworfen; ein Gesetzentwurf zur „Sterbehilfe bei unheilbar Kranken" stand jedoch 1938 wieder zur Debatte. Das ist Geschichte, Vergangenheit. Weder ein systematischer noch ein kausaler Zusammenhang zwischen damals und heute lässt sich konstruieren. Welchen Sinn hat also das Zitieren dieser Ungeheuerlichkeit, wenn nicht den des moralisch erhobenen Zeigefingers? Es sind die gleichen, die Menschen bewegenden Fragen zwischen Leben und Tod, die sich heute wie damals stellen; die Suche nach den der demokratisch-solidarischen Gesellschaft angemessenen Antworten dürfte durch die historische Assoziation erleichtert werden.

Euthanasie, der gute Tod, bezeichnet die Sterbebegleitung – Hilfe beim Sterben und Hilfe zum Sterben – mit dem Zweck, unheilbar und sterbenskranken Menschen qualvolles Leiden zu ersparen. Die Beschleunigung des Sterbens oder die vorzeitige Herbeiführung des Todes gehören ebenso wenig zum Konzept der Euthanasie im antiken Griechenland wie ihre staatlich legitimierte und organisierte Durchführung. Es ist der Sozialdarwinismus, der in den westlichen Kulturen gesellschaftsbezogene Nützlichkeitserwägungen in den Vordergrund rückt gegenüber dem guten Tod des einzelnen, das allgemeine Tötungsverbot untergräbt und ideologisch das Feld bereitet für die systematische, politisch-willkürliche Abwägung des Lebenswerts in der NS-Zeit. Demgegenüber setzt der heutige verfassungsrechtliche Rahmen mit dem obersten, unveräußerlichen Prinzip der Menschenwürde deutliche Schranken zum Schutz des Lebens und der freien Selbstbestimmung des einzelnen. Aber die Verfassungsrealität ist kein Fixum, sondern gesellschaftlich-ethischer und rechtspolitischer Entwicklung unterzogen. Das heißt: Sie ist Gegenstand der Interpretation und der Aushandlung von Prioritäten im gesellschaftlichen Kräfteverhältnis. Und so können durchaus gegenläufige Bestrebungen unter dem Titel von Menschenwürde und Humanität verhandelt werden: Die Entpönalisierung (Strafbefreiung) der Tötung auf Verlangen, die Legitimation der Hilfe zum Suizid sowie die Rangfolge zwischen Lebensschutzverpflichtung und Selbstbestimmungsrecht, die Verschärfung des Zivilrechts oder des Strafrechts zum besseren Schutz verletzlicher Menschen oder Gruppen von Menschen.

Was ist das Thema der Sterbehilfe? Im negativen Sinne geht es um sinnloses Leiden, unwürdiges Dahinvegetieren, Lebenserhaltung nicht um jeden Preis. Positiv gesehen, geht es um Lebensqualität, um das Recht auf Sterben in Würde, um einen menschenwürdigen Tod, auch um die Freiheit zu sterben. Das sind die Perspektiven des einzelnen, wie sie in Einstellungsuntersuchungen von gesunden Menschen genannt werden. Es handelt sich also um prospektive, hypothetische Aussagen. Ob diese mit den Wünschen und Einschätzungen in der Situation tatsächlicher Betroffenheit übereinstimmen, lässt sich empirisch kaum nachweisen. Vergleichbare Ergebnisse aus Studien mit Schwerkranken und Sterbenden liegen nicht vor. Ein anderer Blick auf die Sterbehilfe ist der medizinische: es sind die Fragen nach den Möglichkeiten und Grenzen der ärztlichen Behandlung und der pflegerischen Betreuung und Begleitung, nach dem ärztlichen Heilauftrag und nicht zuletzt nach der Arzthaftung. Aus gesellschaftlicher Sicht ist zu fragen nach der Notwendigkeit und dem Niveau allgemein verbindlicher Schutz- und Verfahrensregelungen und nach den gemeinschaftlich zu tragenden Kosten. Diese unterschiedlichen Blicke auf Sterben und Tod sind Ausdruck unterschiedlicher Interessen, die in der aktuellen bioethischen Debatte um die Zulassung der Euthanasie zum Tragen kommen.

Bemerkenswert ist, dass der Ruf nach Freigabe der Euthanasie, nach ärztlich assistierter Tötung auf Verlangen und Suizidbeihilfe ausgerechnet in einer Zeit lauter wird, in der die medizin-technischen Möglichkeiten zur Lebenserhaltung und -verlängerung den historisch höchsten Standard erreicht haben und auf dem Gebiet der Schmerzlinderung gewaltige Fortschritte erzielt worden sind, in der die Kostenexplosion im Gesundheitswesen und eine dramatische Steigerung der personellen und finanziellen Ressourcen zur Versorgung der wachsenden Zahl alter und schwerstpflegebedürftiger Menschen ausgemacht[2] und politisch beschworen werden. Paradox in diesem Zusammenhang ist, dass die Lebenserwartung des einzelnen so hoch wie nie zuvor ist (und dieses Faktum auch politisch gefeiert wird), zugleich jedoch die größer werdende Lebensspanne gesellschaftlicher Funktionslosigkeit und die Angst vor sozialer Isolation in einer altersunfreundlichen Gesellschaft so bedrohlich erscheinen, dass der selbstbestimmte Ausstieg aus dem Leben hohen Kurswert gewinnt. Und das stimmt insofern nachdenklich, als auf diese Weise offenkundig soziale Probleme individuell und mit technischen Mitteln gelöst werden würden. Die aktuell debattierten Rechtsfiguren der Patientenverfügung, der ärztlich assistierten Tötung auf Verlangen und der Suizidbeihilfe stellen alle auf die individuelle Entscheidung über Abbruch und Unterlassen von medizinischer Behandlungsmaßnahmen beziehungsweise über die gezielte Intervention zur Herbeiführung des Todes ab. Zudem kann in gut utilitaristischer Tradition nach dem Interesse am vorzeitigen Sterben gefragt werden: wem hilft der Tod? Eindeutig ist, dass der Tote wohl den geringsten Nutzen hat. Auch weisen Gespräche mit Schwerkranken und Sterbenden selten auf einen strikten Todeswunsch hin, sondern in der Regel darauf, nicht so – elend, gebrechlich und abhängig – weiter leben zu wollen. Nutzen aus dem vorzeitigen Tod könnte eine Gesellschaft ziehen, die die Allgemeinkosten der sozialen Sicherung – etwa die der Alterssicherung – gering zu halten versucht beziehungsweise gemäss dem Äquivalenzprinzip abwägen möchte gegenüber den Leistungen, die die einzelnen Bürgerinnen und Bürger für die Gesellschaft erbringen. Und schließlich könnte die Liberalisierung der Sterbehilfe unter dem Label der Selbstbestimmung Ärzte und Pflegekräfte entlasten von der Verantwortung für angemessene Versorgung und Betreuung schwerstkranker und sterbender Menschen.

Sterben und Tod sind der Grenzfall der Kreatürlichkeit, die nach herrschender anthropologischer Annahme auf Leben und Überleben ausgerichtet ist. Die Erfahrung, Schmerzen zu haben, hilflos und abhängig zu sein, der Verlust von Lebensqualität und Selbstbestimmung und die Vorstellung, bald nicht mehr zu sein, rühren an das Selbstverständnis menschlichen Seins, provozieren die existentielle Sinnfrage und unter Umständen das Verlangen nach Sterben und Tod. Inhuman wäre es da, zum Beispiel lebensverlängernde Technik um jeden Preis einzusetzen, per Sonde zu ernähren, solange der Patient noch schlucken kann, Sondenernährung abzusetzen ohne alternative Ernährung, Schmerzlinderung und soziale Zuwendung vorzuenthalten. Human wäre es hingegen, Menschen auf natürliche Weise und in Würde sterben zu lassen, im Sterben zu pflegen und zu betreuen. Es wäre ein Fortschritt der Humanitas, dem Leidenden und Sterbenden Erleichterung zu verschaffen, ihn bis zu seinem Ende zu begleiten, ihm jedoch nicht das Leben zu nehmen.

Nach geltender Rechtslage gibt es in Deutschland das Recht auf Leben und auf menschenwürdiges Sterben. Die Freiheit zu sterben, sich das Leben zu nehmen, wird toleriert. Ein Recht auf Unterstützung zum Sterben oder getötet zu werden, gibt es nicht ebenso wenig wie einen Anspruch auf assistierten Suizid. Die Beihilfe zum Suizid ist straffrei, wenn das ernsthafte und unmissverständliche Verlangen und die Erkenntnis der Tragweite der Entscheidung nachgewiesen werden, wenn keine Garantenpflicht bestanden und kein pflichtwidriges Unterlassen vorgelegen hat. Das Tötungsverbot ist strikt; Tötung auf Verlangen ist ebenfalls Unrecht und daher strafbar. Auch Mitleidstötung ist strafbar, allerdings kommt hier Strafmilderung in Betracht.

Aus der ärztlichen Praxis, insbesondere im Krankenhaus, werden Abgrenzungsprobleme zwischen Handeln und Unterlassen, zwischen Intention und Folgewirkungen berichtet. Seit Jahren wird darüber diskutiert, in wie weit Behandlungsabbruch und -unterlassen als ärztlich indiziertes oder menschlich motiviertes Sterbenlassen gewertet werden kann oder als Tötung durch Unterlassen, als unterlassene Hilfeleistung oder als Tötungshandlung strafrechtlich von Bedeutung ist. Gerade die strafrechtliche Relevanz ärztlichen Handelns hat den Ruf nach gesetzlicher Neuregelung der Sterbehilfe laut werden lassen, nicht mit der Begründung der eigenen Entlastung oder der Einführung eines staatlichen Euthanasieprogramms, sondern vor allem mit dem Hinweis auf die persönlichen Freiheitsrechte des einzelnen bei Sterben und Tod, und dies gerade auch dann, wenn der Patient nicht (mehr) einwilligungsfähig ist und auf seinen mutmaßlichen Willen abgestellt werden soll. Bemerkenswert ist, dass das Zustandekommen derartiger Entscheidungsdilemmata bedingt ist durch den Fortschritt der Medizin: Es sind zum Beispiel Reanimation, künstliche Ernährung und Beatmung – Maßnahmen, die Krankheits- und Behinderungszustände erst ermöglicht haben, die nachträglich in individualethischer Abwägung weithin als inhuman charakterisiert werden. Nachdenklich stimmt, dass dieses Faktum nicht dazu führt, diese Techniken selbst zu hinterfragen, sondern dazu, den Ausstieg des einzelnen aus dem Leben selbstbestimmt zu organisieren.

Im Fokus der sich als fortschrittlich verstehenden Debatte um gesetzliche Neuregelung der Sterbehilfe steht folglich das Prinzip der Selbstbestimmung. In einschlägigen Publikationen gilt es als ausgemacht, dass die individuelle Selbstbestimmung Priorität habe gegenüber dem Lebensschutz. Sie dient nicht nur der Verfügung über das eigene Leben und den eigenen Tod, sondern wird auch herangezogen zur Legitimierung des Abbruchs und Unterlassens medizinischer Behandlung von schwer kranken, schwer behinderten (zu denen auch sogenannte Wachkomapatienten zu zählen sind) und sterbenden Menschen. Auch ist sie zu finden als rechtfertigende Antwort auf Tötungsverlangen und Beihilfe zum Suizid. Strittig ist in diesem Paradigma nicht das

Ob, sondern das Wie der Selbstbestimmung: in wie weit die das Leben beendende Entscheidung tatsächlich authentisch und frei ausgeübt wird, unbeeinflusst von sozialem Druck oder gesellschaftlichen Nützlichkeitserwägungen. Zur Validierung des freien Willens wird neuerdings die Patientenverfügung propagiert.[3] Es ist dies eine neue Rechtsfigur einer unterstellten und erst in Zukunft evtl. wirksamen Selbstbestimmung – antizipiert und prospektiv – von einigen als absolut bindend, von anderen als Indiz angesehen für den eigenen Willen in einer künftigen Situation, in der der Betreffende diesen nicht mehr bilden oder artikulieren kann. Auf diese Weise, so die Hoffnung der Befürworter der Patientenverfügung, sei größtmögliche Selbstbestimmung sicher gestellt und Paternalismus und Fremdbestimmung ausgeschlossen. Ausgeklammert wird in diesem Modell, dass ein früher festgelegter Wille nicht identisch ist mit aktueller Selbstbestimmung, dass de facto doch Dritte die Vollstrecker oder Interpreten sind und paternalistisch über die Fortgeltung eines früher geäußerten Willens bis in die aktuelle Situation hinein entscheiden. Zugleich bleibt im Modell der strikten Bindungswirkung der Patientenverfügung die Last des unter Umständen tödlichen Irrtums beim einzelnen Vorausverfügenden. Das führt einige Autoren dazu, so genannte Zusatzkriterien vorzuschlagen wie Art, Schwere und Stadium der Erkrankung, Leidensdruck, Einschätzungen Dritter – Ärzte, Pflegender und Angehöriger.[4] Skeptiker bemerken, dass die Prioritätensetzung der Selbstbestimmung keineswegs für sich spreche; immerhin sei der Lebensschutz ein höchstrangiges Verfassungsprinzip, das es ebenso wie das Selbstbestimmungsprinzip zu bedenken gelte, vor allem dann, wenn damit staatliche Regelungen begründet werden sollen. Auch wird eingewandt, dass eine Relativierung des Tötungsverbots, wenngleich unter strengen Kautelen, eine qualitative Grenzverschiebung sei und dass – zum Teil mit Hinweis auf die NS-Vergangenheit oder auf aktuelle Tendenzen in Nachbarländern wie Niederlande und Belgien – die Gefahr nicht auszuschließen sei, dass diese Öffnung innere Plausibilität entwickle, die sich in der Folge leicht auf Menschen oder Gruppen übertragen lasse, die ihren Willen nicht niedergelegt haben, sich aber in vergleichbaren Krankheits- und Leidenssituationen befinden. Was spräche dann noch dagegen, so wird argumentiert, auch ohne eigene Willensbekundung Euthanasie anzuwenden? Weiter wird angemerkt, dass Selbstbestimmung sich im sozialen Kontext realisiere und dass insbesondere die genannten Zusatzkriterien vage und interpretationsbedürftig seien, also keine unmissverständliche Begrenzung darstellen. Entscheidend sei jedoch, dass der Fokus Selbstbestimmung nicht einmal die halbe Wahrheit des Problems sei, weil in den meisten Situationen keine Patientenverfügung vorliegt oder der Betroffene nicht oder nicht mehr frei entscheiden kann, sondern Dritte, Angehörige, Ärzte und Pflegende sich zum Handeln verpflichtet sehen, auf der Basis des zu ermittelnden mutmaßlichen Willens etwa eines Wachkomapatienten.[5] Noch komplizierter sind Fälle, in denen der Mensch nie in der Situation war, einen eigenen

Willen zu bilden (wie zum Beispiel schwer geschädigte Neugeborene oder Menschen mit schwerster geistiger Behinderung). Hier kann weder die Rechtsfigur der antizipierten, prospektiven Selbstbestimmung greifen, noch hat die stellvertretende Deutung eines potentiellen Willens eine legitime Basis. Es sind aber gerade Situationen tiefer Bewusstlosigkeit und dauerhafter schwerster Behinderung, in denen es keinen niedergelegten oder geäußerten Willen über Behandlung und Behandlungsabbruch am Lebensende gibt, in denen aber dem ärztlichen Handeln eine Schlüsselrolle zukommt. Dies impliziert für den einzelnen Arzt eine Verantwortung, von der er weder durch einen Betreuer noch durch ein Selbstbestimmungsparadigma entlastet werden kann, das nicht direkt und unmittelbar vom Betroffenen selbst ausgeht. Eine „so weitgehende Verflüchtigung von Verantwortung" erscheint „nicht mit dem verfassungsrechtlichen Gebot des Lebensschutzes vereinbar" zu sein.[6] Zudem macht der Alltag ärztlicher Tätigkeit die Kontextabhängigkeit der Situation, der Perspektive und der Behandlungserfordernisse – in jedem einzelnen Fall spezifisch – deutlich, so dass eine allgemeine Regelung kaum fallgenaue Handlungsanleitung geben könnte. Eine generelle Strafffreiheit des Tuns und Lassens Dritter am Ende des Lebens erscheint daher weder hilfreich noch vertretbar zu sein. Der Wunsch, nicht leidend, hilflos und abhängig weiter leben zu wollen, zu sterben und unter Umständen getötet werden zu wollen, ist nachvollziehbar. Er setzt Angehörige, Freunde, Ärzte und Pflegende unter Druck. Er ist nicht nur soziale Realität, sondern mittlerweile toleriert und akzeptiert. Er begründet dennoch keinen Automatismus für eine gesetzliche Zulässigkeit der Euthanasie, keinen Anspruch auf Hilfe zum assistierten Suizid, auf Tötung auf oder ohne Verlangen. Neben dem strafrechtlichen Verbot der Tötung, der Tötung auf Verlangen und der Nachweispflicht bei Hilfe zum Suizid ist die Hilfe zum Sterben eine solch ethische Herausforderung und Zumutung für denjenigen, der darum gebeten wird, die kaum zu einer Rechtspflicht erhoben werden kann. Auch innerhalb der Ärzteschaft wird gegenwärtig heftig darüber gestritten, ob Assistenz beim Suizid und Tötung auf Verlangen durch das ärztliche Berufsethos gedeckt sind oder von diesem geradezu gefordert werden.

Es gibt keinen gesellschaftlichen Konsens in Deutschland über Hilfe zur Selbsttötung und über Tötung auf Verlangen. Dem verfassungsrechtlichen Auftrag entsprechend sind die individuellen Persönlichkeitsrechte zu schützen, und diese sind in erster Linie der Lebensschutz und die Abwehr von Ein- und Übergriffen Dritter. Es kann folglich keine staatlich legitimierte Abwägung zwischen Leben und Tod geben: eine solche kann nur, da sie den Kern der Menschenwürde betrifft, dem Individuum selbst vorbehalten bleiben und nicht an Dritte delegiert oder gar von diesen verlangt werden. Auch eine verfassungsrechtlich gedeckte Abwägung zwischen dem Einsatz medizinischer Technik und menschlicher Zuwendung ist nicht vorstellbar. Verfassungsrechtliches Erfordernis scheint demgegenüber der wohl bedachte Einsatz von

Techniken und Maßnahmen zu sein, die das Sterben zu erleichtern und menschenwürdiges Weiterleben sicherzustellen versprechen, auch unter Inkaufnahme einer Verkürzung des Sterbeprozesses. Wenn die Lebensschutzpflicht des Staates nicht aufgeweicht werden soll, lässt sich die Rechtmäßigkeit der Tötung auf Verlangen – selbst unter eingegrenzten Kriterien für bestimmte Fallkonstellationen – kaum begründen. Insofern ist auch keine Änderung der entsprechenden strafrechtlichen Vorschriften angezeigt. Ein Schuldspruch in einem solchen Fall bleibt unumgänglich, auch wenn das Verlangen nachweislich vorlag; das Verlangen oder die Einwilligung sind kein Rechtfertigungsgrund für eine Tötung.

Allerdings kann – und das bereits nach geltendem Recht – nach Prüfung des Einzelfalls ein geringes Strafmaß verhängt werden. Es ist kein guter Grund erkennbar, warum Handeln in Grenzsituationen des menschlichen Lebens nicht, wie bisher, strafbewehrt bleiben sollte, das heißt im Einzelfall verantwortet, geprüft und beurteilt werden muss. Dies nicht nur aus verfassungsrechtlichen Überlegungen, sondern auch, weil es keinen Konsens in der Gesellschaft gibt über Sterbehilfe. Die Grenzsicherung zwischen Tun und Unterlassen, zwischen aktiver Intervention und Geschehenlassen des Sterbens wird unterschiedlich beurteilt, je nach weltanschaulichem und rechtspolitischem Standpunkt. Die christlich-jüdische Tradition ist nur eines der Begründungsmuster für (ärztliches) Handeln am Ende des Lebens, neben humanistischen Ansätzen und philosophisch-ethischen Konzepten etwa des Utilitarismus, des Konsequentialismus, der Verantwortungs- oder der Diskursethik. Die ethischen Orientierungen bewegen sich im Spannungsfeld zwischen den zugestandenen pluralen Wertvorstellungen und der Wahrung grundlegender (letzter?) Prinzipien; sie werden entweder kategorisch-absolut gesetzt oder der Aushandlung, der Abwägung unterzogen. Die in der Gesellschaft virulenten Wertungsdifferenzen spiegeln sich nahe liegender Weise auch in den höchstrichterlichen Entscheidungen der letzten Jahre wider.

Als Minimalkonsens in der derzeitigen bioethischen Debatte um die Neuregelung der Sterbehilfe lässt sich feststellen, dass es gerade keinen Konsens in der Sache der Euthanasie gibt. Allenfalls gibt es eine – mit Rückblick auf die deutsche NS-Vergangenheit – politische Schamgrenze, Tötung auf Verlangen (noch) nicht gesetzlich zuzulassen, aber eher aus Gründen der praktischen Vernunft als aus ethischer Grundüberzeugung. Dies mag gut 50 Jahre nach Kriegsende moralisch gering geschätzt werden. Zugleich ist diese erfahrungsgeleitete Barriere *das* starke Argument für das Zustandekommen und den Fortbestand der geltenden strafrechtlichen und betreuungsrechtlichen Regelungen in Deutschland, auch und gerade gegenüber liberalerer Rechtsentwicklung in einigen europäischen Nachbarländern. Letztere – und das ist bedenkenswert für die gesundheitspolitische Debatte in Deutschland – ist nicht unbeeinflusst von einem niedrigeren allgemeinen medizinischen Versorgungsniveau etwa in den Niederlanden, in Belgien oder in Großbritannien, welches offensichtlich

Verunsicherung und Ängste in der Bevölkerung hinsichtlich der Versorgung und Betreuung im Alter und am Lebensende verschärft.

Die moralische Begrenzungswirkung der politischen Rücksichtnahme bezieht sich auch auf die Strafbewehrung unterlassener Hilfeleistung und fahrlässiger Tötung. Darüber hinaus ist zu empfehlen, den bestehenden betreuungsrechtlichen Regelungen mehr Beachtung zu schenken. Es macht nachdenklich, dass die existierenden Instrumente der Betreuungsverfügung und der Vorsorgevollmacht, die das Bedürfnis zum Ausdruck bringen, „die letzten Dinge" in einem personalen Beziehungsverhältnis zu regeln gegenüber der in der öffentlichen Debatte favorisierten technischen, möglichst detailliert – akribischen Festlegung von Behandlungs- und Behandlungsabbruchmaßnahmen und -verfahren, wie sie die Patientenverfügung vorsieht, kaum noch Erwähnung finden. Wäre das Argument gegen Betreuungsverfügung und Vorsorgevollmacht das ihrer Offenheit und rechtlichen Unbestimmtheit im einzelnen, so trifft das in mindestens eben solcher Weise für die bisher vorgelegten Entwürfe von Patientenverfügungen zu. Gerade im Betreuungsgesetz ging und geht es um die weitest gehende Eigenständigkeit eines jeden Betreuten und um die stellvertretende Wahrung seines Wohls, wenn in ganz konkreten Lebensbereichen die freie Selbstbestimmung nicht (mehr) möglich ist. Der Betreuer ist bei der Neuregelung des Betreuungsrechts 1991 wohl bedacht auf die Wünsche *und das Wohl* des Betreuten verpflichtet worden, um Spekulationen über einen mutmaßlichen Willen vorzubeugen. Wenn das Wohl des Betreuten de facto hinter einer mutmaßlichen Selbstbestimmung rangieren soll, wie es etwa die Arbeitsgruppe des Bundesjustizministeriums und der Alternativentwurfentwurf Sterbebegleitung vorschlagen,[7] so würde die Grundintention des Betreuungsgesetzes – staatliche Sorge und Schutzpflicht für entscheidungseingeschränkte und -unfähige Menschen – in ihr Gegenteil verkehrt und das besondere Schutzbedürfnis verletzlicher Menschen und Gruppen ignoriert. Im Bereich der Gesundheitsvorsorge stellt das Betreuungsgesetz ausdrücklich auf den Schutz der Gesundheit des Betreuten und auf die Abwehr von dauerhaften gesundheitlichen Schäden und von Lebensbedrohung ab. Hier einen Analogieschluss zu ziehen für die Kompetenzzuweisung für genau gegenteilige Aufgaben, nämlich für zum Tode führende oder sogar auf diesen zielende Maßnahmen, würde die Funktion des Betreuers umkehren und ihn zudem im Falle der absoluten Bindungswirkung einer Patientenverfügung zum Vollstrecker eines früher festgelegten oder mutmaßlichen Willens, vorzeitig zu sterben, degradieren. Seine eigenständige Verantwortung für das Wohl des Betreuten würde damit hinfällig.

Wenngleich Mitleid, Barmherzigkeit und das Selbstbestimmungsprinzip Euthanasie als legitim oder gar geboten erscheinen lassen können, so ist es doch weder praktikabel noch ethisch oder verfassungsrechtlich vertretbar, für bestimmte Personengruppen, etwa demenz- oder krebskranke Menschen, die in Zeiten freier Selbstbestimmung eine Patientenverfügung verfasst oder ähnliches verfügt haben, die Herbeiführung des Todes zuzulassen. Auch dürfte allein aufgrund des Gleichheitsgrundsatzes nicht tragbar sein, Ausnahmeregelungen für bestimmte Krankheits- und Behinderungszustände beziehungsweise -stadien zu rechtfertigen und allgemein festzuschreiben, für andere jedoch auszuschließen, auch weil die Einschätzung der jeweiligen Situation von subjektiven Einschätzungen, medizinisch indizierten Maßnahmen und nicht zuletzt vom jeweiligen Stand der Behandlungsmethoden und deren Verfügbarkeit im Einzelfall abhängig ist. Es muss nicht die gerne als vorgestrig diskreditierte christliche Tradition der Heiligkeit des menschlichen Lebens bemüht werden. Allein der Respekt vor dem Leben des anderen Menschen und die Irreversibilität des Todes sollten als humane Barriere ausreichen gegen die Herbeiführung des Todes, gegen die Rechtmäßigkeit der Tötung auf und ohne Verlangen. Der verfassungsrechtliche Auftrag zur Ausgestaltung der Persönlichkeitsrechte verlangt nicht nur abwehrende, sondern auch gestaltende staatliche Bemühungen zur Sicherung des Lebens und des Wohls *aller* Gesellschaftsmitglieder: Im Zweifel für das Leben.

In Anbetracht der tödlichen Brisanz des Themas verbieten sich Hektik und die Konstruktion eines gesetzgeberischen Handlungsdrucks. Es empfiehlt sich keine einseitige Liberalisierung der Sterbehilfe und keine Lockerung des Verbots der Tötung auf Verlangen. Auch neue Terminologie (wie zum Beispiel „Sterbenlassen" anstelle von „passiver" oder „indirekter" Sterbehilfe oder „Unterlassen") und technokratische, rein sachbezogene Rechtsinstrumente wie die Patientenverfügung lösen nicht die komplexen sozialen Probleme, sondern tendieren eher dazu, sie individuell zu verkürzen und die Verantwortung für Sterben und Tod dem einzelnen Bürger zuzuweisen. Es empfiehlt sich vielmehr, weiter darüber zu verhandeln, wie die gesellschaftliche Entlastung und Hilfe bei schwerer Behinderung und Krankheit sowie beim Sterben und die Unterstützung bei Lebensüberdruss organisiert werden kann, und zwar für alle Beteiligten. Keinesfalls sollten isoliert Verfahren und Instrumente zur Erleichterung der Herbeiführung von Sterben und Tod rechtlich zugelassen werden, ohne dass alle Möglichkeiten der gesellschaftlichen CARE im „Umgang mit zwischenmenschlicher Abhängigkeit und Sorgetätigkeiten"[8] weiter entwickelt werden, etwa das Modell eines „family nursing", und so weit abgesichert sind, dass für den einzelnen tatsächlich reale Wahlmöglichkeiten wie Palliativmedizin oder Hospizdienste zugänglich sind. Die beste Sicherung gegen Missbrauch von Zulässigkeitsregelungen zur Sterbehilfe ist die Gewissheit der bedürfnisorientierten sozialen Sorge für schwerkranke, behinderte und sterbende Menschen.

[1] Karl Binding/Alfred Hoche, Die Freigabe der Vernichtung lebensunwerten Lebens, Leipzig 1920, S. 27.

[2] Helmchen und Lauter sprechen etwa von einer „kommenden Demenzepidemie". Hanfried Helmchen/Hans Lauter, Dürfen Ärzte mit Demenzkranken forschen? Stuttgart 1995, S. 1.

[3] Vgl. dazu mit unterschiedlicher Ausrichtung: Bericht der Arbeitsgruppe des Bundesjustizministeriums „Patientenautonomie am Lebensende" (10. 06. 2004), www.bmj.de. Bundesministerium der Justiz, Eckpunkte zur Stärkung der Patientenautonomie, Pressedienst (05. 11. 2004). Bioethik-Kommission Rheinland-Pfalz, Sterbehilfe und Sterbebegleitung, Mainz (23. 04. 2004). Heinz Schöch/Torsten Verrel u. a., Alternativentwurf Sterbebegleitung, in: Goltdammer's Archiv für Strafrecht, 152. Jg. (2005), S. 553–586. Wolfgang Höfling, Gesetz zur Sicherung der Autonomie und Integrität von Patienten am Lebensende, in: MedR Heft 1 (2006), S. 25–32. Antrag der FDP-Bundestagsfraktion „Patientenautonomie neu regeln – Selbstbestimmungsrecht und Autonomie von nichteinwilligungsfähigen Patienten stärken. Deutscher Bundestag, Drucksache 16/397 (18. 01. 2006).

[4] So etwa: Grundsätze der Bundesärztekammer zur ärztlichen Sterbebegleitung, 2004, www.bundesaerztekammer.de (22. 02. 2005). Monika Bobbert, Sterbehilfe als medizinisch assistierte Tötung auf Verlangen, in: Marcus Düwell/Klaus Steigleder, Bioethik, Frankfurt 2003, S. 314–322.

[5] Dazu zum Beispiel: Grundsätze der Bundesärztekammer, 2004 (Anm. 4).

[6] Oliver Tolmein, Selbstbestimmungsrecht und Einwilligungsfähigkeit, Frankfurt 2004, S. 269.

[7] Siehe Anm. 3.

[8] Margrit Brückner, CARE, Der gesellschaftliche Umgang mit zwischenmenschlicher Abhängigkeit und Sorgetätigkeiten, in: neue praxis, Heft 2 (2003), S. 162–171.

Der Richter Dr. Kreyßig und sein mutiges Eintreten gegen die NS-„Euthanasie"-Verbrechen

Brigitte Tilmann, Georg-Dietrich Falk

Richterliche Arbeit berührt vielfach die Grundlagen von Recht und Unrecht. Dennoch gilt für Richter dabei nichts anderes als wohl für jeden von uns im beruflichen wie im privaten Bereich: Stets fällt Anpassung an die soziale Erwartung der Freunde, der Mitarbeiter, der Gruppe oder der Öffentlichkeit leichter, als sich dieser Erwartung zu widersetzen. So ist es nichts Besonderes, dass auch Juristen gelegentlich allzu leicht bereit sind, sich an eine so genannte „herrschende Meinung" oder den Zeitgeist anzupassen; anders zu sein, anders zu entscheiden, sich den Erwartungen zu verweigern oder gar offenen Widerstand zu leisten – das fällt schwer. Erst recht gilt dies im Rahmen der staatlichen Ordnung des NS-Staates, in dem die überkommenen Vorstellungen von Recht und Unrecht nicht mehr galten. Das Versagen der deutschen Justiz in der Zeit zwischen 1933 und 1945 hat seinen Grund aber nicht nur in der Anpassungsbereitschaft der damals handelnden Juristen, sondern viele entsprachen bewusst den neuen Erwartungen, sei es weil sie die nationalsozialistische Überzeugung teilten, sei es weil sie meinten, „Schlimmeres verhindern" zu können, oder aber einfach aus Opportunismus um der eigenen Karriere Willen. Unter den mehr als 14.000 Richtern des NS-Staates hat es nur wenige gegeben, die sich den an sie herangetragenen Erwartungen so klar verweigert haben wie der Amtsrichter Dr. Lothar Kreyßig (1898–1986).

Schon bald nach der Machtergreifung kommen die ersten Denunziationen der angepassten Kollegen. So wird mit dem Ziel, ihm zu schaden, die Behauptung aufgestellt, er habe während einer Rede des Führers, die von allen Richtern des Landgerichts Chemnitz im Gemeinschaftsempfang angehört werden sollte, den Saal verlassen. Am 1. Mai 1933 habe er bei einer Rede des Amtsgerichtsdirektors vor der Enthüllung eines Führerbildes den Schwurgerichtssaal des Landgerichts verlassen. Bei einem von dem Landgerichtspräsidenten ausgebrachten dreimaligen „Heil" auf den Führer habe er nur das erste Mal „den Mund leicht bewegt, dann aber stumm dagestanden".

Angesichts des Niveaus solcher Berichte wundert es nicht, dass Kreyßig zu den von den Nazis eingerichteten Zusammenkünften der „Fachschaft" der Juristen nicht hingeht. Stattdessen hilft er dem im März 1933 aus Amt und Dienstwohnung geworfenen republikfreundlichen Landgerichtspräsidenten Dr. Ziel bei seinem Auszug und verteidigt dieses Verhalten auch bei seiner Anhörung durch den Dienstvorgesetzten; zwar habe er mit dem aus dem Dienst entfernten Landgerichtspräsidenten beruflich im Rahmen der gemeinsamen Kammerzugehörigkeit wiederholt heftige Auseinandersetzungen geführt, als sich Dr. Ziel in Not befunden habe, habe er jedoch Hilfe als Christenpflicht angesehen und werde sich jederzeit wieder so verhalten. Ein weiterer Stein des Anstoßes für die Machthaber ist Kreyßigs Engagement für die Bekennende Kirche, in der er sich bald in leitender Funktion betätigt. NS-Aktivisten erwägen deshalb schon im März 1933, ihn in ein Konzentrationslager zu schaffen. Alle Denunziationen und Anwürfe bewirken jedoch nicht das Erhoffte. In dem angeforderten Bericht an das Reichsministerium der Justiz kommt der Präsident des Oberlandesgerichts (OLG) Dresden zu dem Schluss, „dass Dr. Kreyßig ein feiner, anständiger Mensch ist, der das von ihm für richtig Angesehene offen und mutig vertritt, und zwar auch dann, wenn ihm aus seinem Bekennermut persönliche Nachteile erwachsen. [...] Man kann also wohl sagen, dass Dr. Kreyßig eine Persönlichkeit ist, die sich wesentlich über den Durchschnitt der Menschen erhebt und sehr wertvolle Eigenschaften hat."

Aus diesen Gründen bewertet der OLG-Präsident die gegen Kreyßig erhobenen Vorwürfe als verhältnismäßig belanglos.

Auch wenn nach dieser Stellungnahme eine Amtsenthebung nicht weiter betrieben wird, so steht Kreyßig doch in der Folgezeit unter stets argwöhnischer Beobachtung. Das weiß er und er geht die Dinge offensiv an. Bei einer von ihm erbetenen Vorsprache im Reichsjustizministerium wird ihm im April 1936 deutlich gemacht, dass „die bisherigen Vorkommnisse wieder herangezogen würden, wenn sich ein neuer Anlass zum Einschreiten ergeben sollte".

Keinen ausreichenden Anlass sieht das Ministerium allerdings 1937 in der Beschwerde des Reichsministers für Volksaufklärung und Propaganda über ein Urteil der Strafkammer am Landgericht Chemnitz, an dem Kreyßig mitgewirkt hatte; in jenem Verfahren war ein Freispruch von dem Vorwurf eines Verstoßes gegen das Verbot der Anpreisung empfängnisverhütender Mittel ergangen.

Im August 1937 wird Dr. Kreyßig auf seinen Wunsch hin an das Amtsgericht Brandenburg a. d. Havel versetzt. Man hofft, mit ihm jetzt keinen Ärger mehr zu haben, weil ihm „nur das Vormundschaftsdezernat" übertragen wird.

In der Folgezeit fällt er auch zunächst nicht durch seine richterliche Tätigkeit auf, umso mehr erregen seine kirchenpolitischen Aktivitäten nicht nur Aufmerksamkeit, sondern bringen ihm auch eine ernsthafte Verwarnung des Präsidenten des Kammergerichts ein. Im Rahmen seines Engagements für die Bekennende Kirche entwirft und verteilt er Flugblätter und beteiligt sich an der Ausarbeitung einer Kanzelabkündigung der Bekenntnissynode, die scharfe Kritik an den staatlichen Maßnahmen gegen Martin Niemöller (1892–1984) und andere Pfarrer der Bekennenden Kirche enthält. Jetzt wird gegen ihn erstmals strafrechtlich ermittelt wegen eines Verstoßes gegen den sog. „Kanzelparagraphen" und gegen das Heimtückegesetz.

Dies hält Kreyßig nicht von einer weiteren Aufsehen erregenden Widerstandshandlung ab. Er beteiligt sich im April 1939 an einer Aktion im Rahmen des Kirchenkampfes. An der Spitze von nahezu 200 Menschen dringt er in die Sankt-Gotthard-Kirche in Brandenburg ein, hindert den Pfarrer der „Deutschen Christen" am Besteigen der Kanzel und erzwingt, dass der Gottesdienst von dem vom Dienst suspendierten Pfarrer der Bekennenden Kirche abgehalten wird. Eine Woche später wird er bei einer vergleichbaren Aktion von der Geheimen Staatspolizei vorläufig festgenommen; ein Ermittlungsverfahren wegen Hausfriedensbruch und Gottesdienststörung wird eingeleitet.

Jetzt muss der Kammergerichtspräsident prüfen, ob Kreyßigs Verhalten die Einleitung eines Dienststrafverfahrens oder sogar ein Untersuchungsverfahren zur Entfernung des Richters aus seinem Amt nötig macht. Und wieder zeigt sich die Richtigkeit der früheren Beschreibung der Persönlichkeit dieses Richters durch den Präsidenten des OLG Dresden. In einer dem Untersuchungsführer des Kammergerichtspräsidenten am 19. März 1940 übergebenen schriftlichen Erklärung schreckt Kreyßig nicht vor deutlicher Anklage des NS-Staates zurück: „Ich bin durch Erfahrungen und Nachdenken zur Überzeugung gekommen, dass alles, was ich seit 1933 an Rechtsnot erlebt habe, auf dieses Selbstverständnis des Staates als eines totalen zurückzuführen ist. Der besondere rechtsphilosophische Ausdruck der Sache ist die seit 1933 immer wieder in offiziellen und wissenschaftlichen Meinungsäußerungen – so weit ich sehe völlig unwidersprochen – aufgestellte Behauptung: 'Recht sei, was dem Volke nützt'. Ich müsste dem mit Entschiedenheit widersprechen. [...] Ich habe wegen der Rechtsnot ungesühnt gebliebenes Unrecht in solchem Maße ansehen müssen, dass meine Meinung, es gebe eine in der sittlichen Befähigung eines Menschen liegende Gewähr für Recht, nie wieder aufleben kann[...]. Ob ich nach alledem in meiner richterlichen Berufsausübung nicht mehr die Gewähr gebe, dass ich jederzeit für den NS-Staat eintreten werde, will ich nicht beurteilen."

Das Dienstenthebungsverfahren zieht sich bis in die Kriegszeit hinein. Aber noch vor Kriegsausbruch stellt sich Kreyßig in seiner richterlichen Tätigkeit dem NS-Staat unerwartet in einer Weise entgegen, für die es unter allen Richtern der damaligen Zeit nichts Vergleichbares gibt. In Kenntnis des über ihn mit ungewissem Ausgang schwebenden dienstrechtlichen Verfahrens leistet Kreyßig Widerstand gegen eine von höchster Stelle angeordnete Mordaktion; er setzt sich gegen die aufgrund eines formlosen Geheimbefehls Hitlers im Januar 1940 unter dem Kürzel „Aktion T4" eingeleitete Massentötung geistig Behinderter zur Wehr.

Der ehemalige Richter am Oberlandesgericht Braunschweig Helmut Kramer hat das Verhalten der Justiz und führender Juristen in diesem Zusammenhang wiederholt eindrucksvoll beschrieben.[1] Die Massentötung von Geisteskranken war selbst nach nationalsozialistischem Rechtsverständnis ein durch kein Gesetz gedeckter Mord.

Das Thema sollte daher keinesfalls offensiv behandelt werden. Die verordnete strikte Geheimhaltung der Aktion hinderte aber die Entstehung tatsachengestützter Gerüchte nicht und führte zu Verhaltensunsicherheiten bei Gerichten und Staatsanwaltschaften. Entsprechende Anfragen oder die planwidrige Einleitung von Ermittlungsverfahren gegen Tötungsärzte durch eine nicht ausreichend unterrichtete Staatsanwaltschaft wurden im Reichsministerium der Justiz als außerordentlich unangenehm empfunden. Schließlich griff das Ministerium selbst ein, jedoch nicht um den Massenmord zu stoppen, sondern um das Verhalten der Justiz den rechtswidrigen Tötungsmaßnahmen anzupassen. Zu diesem Zweck lud das Reichsjustizministerium am 23. April 1941 sämtliche Präsidenten der Oberlandesgerichte, die Generalstaatsanwälte und das gesamte sonstige Führungscorps der Justiz nach Berlin ein. Nach den notwendigen Informationen über das Mordprogramm nahmen die Teilnehmer widerspruchslos das Ansinnen hin, die Rahmenbedingungen der Aktion zu schützen und jedwede Störung von der Mordaktion fernzuhalten.

Strafanzeigen oder andere Eingaben sollten schlicht nicht behandelt werden. Es gab keine Diskussion, keinen Widerspruch. Auf diese Weise wurden die Spitzen der Justiz, allesamt hoch qualifizierte, noch in der Demokratie von Weimar sozialisierte Juristen zu Gehilfen des Mordprogramms.

Konfrontiert mit den Folgen der massenweiten Tötung geistig Behinderter waren aber nicht nur die Spitzen der Justiz, sondern jedem einzelnen Vormundschaftsrichter vor Ort mussten sich angesichts des massenhaften plötzlichen unerklärlichen Versterbens zumindest Fragen aufdrängen. Von all diesen Richtern und Staatsanwälten hat sich laut anklagend nur einer zu Wort gemeldet: Lothar Kreyßig. Auf fünf Schreibmaschinenseiten protestiert er schon am 8. Juli 1940 mutig und bewegend in einem Schreiben an den Kammergerichtspräsidenten:

„Die Anstalt Hartheim nennt in jedem Bericht eine natürliche Todesursache [...]

Jeder aber weiß wie ich, dass die Tötung Geisteskranker demnächst als eine alltägliche Wirklichkeit ebenso bekannt sein wird, wie etwa die Existenz der Konzentrationslager ... Recht ist, was dem Volke nützt. Im Namen dieser furchtbaren, von allen Hütern des Rechts in Deutschland noch immer unwidersprochenen Lehre sind ganze Gebiete des Gemeinschaftslebens vom Rechte ausgenommen, vollkommen zum Beispiel die Konzentrationslager, vollkommen nun auch Heil- und Pflegeanstalten. Das bürgerliche Recht besagt nichts darüber, dass es der Genehmigung des Vormundschaftsrichters bedürfe, wenn ein [...] unter seiner richterlichen Obhut stehender Geisteskranker ohne Gesetz und Rechtspruch vom Leben zum Tode gebracht werden soll. Trotzdem glaube ich, dass der 'Obervormund', wie die volksverbundene Sprechweise den Vormundschaftsrichter nennt, unzweifelhaft die richterliche Pflicht hat, für das Recht einzutreten. Das will ich tun. Mir scheint auch, dass mir das niemand abnehmen kann. Zuvor ist es aber meine Pflicht, mir Aufklärung und Rat bei meiner vorgesetzten Dienstbehörde zu holen. Darum bitte ich." Später hat Kreyßig bekannt, er habe nicht viel von den obersten Justizorganen erwartet, jedenfalls nichts, „was mich von eigenem verantwortlichen Handeln würde entbinden können".

Der Kammergerichtspräsident leitet das Schreiben an das Reichsjustizministerium weiter, nachdem er Kreyßig vergeblich aufgefordert hat, das „ungehörige Schreiben" zurückzuziehen. Daraufhin wird Kreyßig noch im Juli 1940 zu dem damaligen Staatssekretär Roland Freisler (1893–1945) ins Ministerium zitiert. Man kann vermuten, dass die Eingabe Kreyßigs Freisler keineswegs ungelegen kam.

Denn anders als die Kanzlei des Führers hatte das Justizministerium erfolglos eine juristische Grundlage für die Tötungsaktion gefordert. Bei einem zweiten Gespräch im August 1940 weist Freisler – vielleicht nicht ohne hintergründige Schadenfreude – den widerspenstigen Richter darauf hin, dass die von Kreyßig beabsichtigte Strafanzeige sich gegen Reichsleiter Philipp Bouhler (1899–1945) richten müsse und die Generalstaatsanwaltschaft in Potsdam dafür zuständig sei. Kreyßig fährt nach dem Gespräch unmittelbar dorthin, wo er eine Strafanzeige wegen Mordes erstattet.

Offenbar tief beeindruckt von der Offenlegung des staatlichen Mordprogramms im Gespräch mit Freisler sieht Kreyßig seine Widerstandsmöglichkeiten noch nicht erschöpft, sondern verbietet mit einem Schreiben vom 27. August 1940 an die Leiter von sieben Landesheilanstalten seines Zuständigkeitsbereichs jede Verlegung von Mündeln ohne seine Zustimmung. Damit nicht genug reist er persönlich in die Anstalt Brandenburg-Görden und erklärte dem Anstaltsleiter und den versammelten Ärzten, dass der Tötungsaktion jede gesetzliche Grundlage fehle. Zugleich unterrichtet er das Ministerium von seinen Schritten. Gegen die umgehend durch den Oberpräsidenten der Provinz Brandenburg ausgesprochene Aufforderung zur Rücknahme des Verbots der Verlegung geistig Behinderter, weil dieses Verbot die Landesverteidigung beeinträchtige (!), verwahrt sich Kreyßig. Erneut wird er ins Ministerium zitiert. Am 13. November 1940 empfängt ihn Justizminister Franz Gürtner (1881–1941) persönlich. Wiederum erläutert man Kreyßig, den Tötungen liege ein Befehl Hitlers zugrunde. Um diese Information zu untermauern, legt ihm Gürtner eine Kopie des Ermächtigungsschreibens von Hitler vom 1. September 1939 vor. Als Kreyßig erwidert, ein solches Schreiben könne keine Rechtsgrundlage darstellen, antwortet Gürtner: „Ja, wenn Sie den Willen des Führers als Rechtsgrundlage nicht anerkennen können, dann können Sie nicht Richter bleiben."

Damit waren die Fronten klar: Anpassung oder Verlust des Amtes und eine ungewisse Zukunft. Aber für Kreyßig war die Antwort klar: Am 30. November 1940 teilt er dem Ministerium mit, er sei aus Gewissensgründen nicht in der Lage, seine Anordnung an die Anstaltsleiter zurückzuziehen und bitte um die Versetzung in den Ruhestand. Wenige Tage später wird er mit Wirkung vom 10. Dezember 1940 einstweilen vom Dienst beurlaubt. Danach hat man es nicht mehr eilig. Es gibt ja niemanden sonst, der innerhalb der Justiz Widerstand leistete. So dauert es nahezu eineinhalb Jahre, bis der Chef der Reichskanzlei dem Reichsjustizministerium die Entscheidung Hitlers übermittelt. Zum 1. Juli 1942 wird Lothar Kreyßig unter Wahrung seiner vollen Pensionsansprüche in den Ruhestand versetzt. Weitere staatliche Sanktionen erfolgen nicht. Kreyßig bleibt in den Folgejahren seinem aufrechten Gang treu. Bis zum Kriegsende verbirgt er auf seinem Hof zwei Jüdinnen. Und in der letzten preußischen Bekenntnissynode im Oktober 1943 wird unter seiner Mitwirkung eine Kanzelabkündigung der Bekennenden Kirche beschlossen, in der scharf gegen „Begriffe wie Ausmerzen, Liquidation und unwertes Leben" und gegen die Tötung von Menschen, nur „weil sie für lebensunwert gelten oder einer anderen Rasse angehören", protestiert wird.

Auch wenn nach der revolutionären Anfangsphase des NS-Staates mit dem damit verbundenen Wüten der braunen Horden spätestens ab Mitte der 1930er Jahre, als sich der Staat gefestigt hatte, kein Richter wegen widerspenstigen Verhaltens noch mit lebensbedrohenden Sanktionen rechnen musste, so war doch Kreyßigs Verhalten mutiger Widerstand. Ein Widerstand, den in seiner Klarheit und Hartnäckigkeit kein anderer Richter in der Zeit zwischen 1933 und 1945 aufgebracht hat.

Nach dem Krieg blieb Kreyßig seinem Engagement in der Kirche treu. Auf das Angebot, für die Justiz der DDR als Richter tätig zu sein, verweigerte er sich.

Dr. Lothar Kreyßig vor der Kaiser-Wilhelm-Gedächtniskirche 1974 (Archiv der Aktion Sühnezeichen Friedensdienste e.V.)

Fast gegen den Willen der offiziellen Kirche setzte er im Jahr 1958 die Gründung der „Aktion Sühnezeichen" durch. Bis zum Jahr 1977 bewirtschaftete er den ihm belassenen Rest seines Hofes im Brandenburgischen.

Im Jahr 1983, drei Jahre vor Kreyßigs Tod (1986), überreichte der damalige Bundesjustizminister dem inzwischen in der Bundesrepublik lebenden Jubilar als besondere Ehrung anlässlich seines 85. Geburtstages eine Kopie seiner umfangreichen Personalakte, die auch diesem Beitrag zugrunde liegt.[2]

Die Auseinandersetzung mit dem NS-Staat und die Lebensgeschichte von Lothar Kreyßig können nach unserer Überzeugung dazu beitragen, dass nicht nur jeder einzelne, sondern auch die Justizverwaltung nie die Frage aus den Augen verliert: Wie können wir bei der Auswahl unseres Justizpersonals sicherstellen, dass wir die richtigen Richterinnen und Richter, Staatsanwältinnen und Staatsanwälte einstellen, solche nämlich, die sich ihrer Verantwortung für Recht und Gerechtigkeit auch dann bewusst bleiben, wenn die ihnen entgegengebrachten Erwartungen vermeintlich leichtere Entscheidungen ermöglichen. Fachliche Kompetenz, Belastbarkeit, das „gute Judiz" oder auch das neu entdeckte Merkmal der „sozialen Kompetenz", all diese Einstellungskriterien begründen allein letztlich keine Garantie für den Rechtsstaat. Die Versuchungen des Zeitgenössischen sind jeweils andere, und ob ein Richter Mut und Kraft hat, sich aus seiner persönlichen Verantwortung für Recht und Gesetz anderen Erwartungen zu widersetzen, zeigt sich erst in der konkreten Situation. Bei Lothar Kreyßig jedenfalls ist offenkundig, dass ihn die Einbindung in den moralischen Rückhalt der Bekennenden Kirche und sein nicht korrumpierter christlicher Glaube davor bewahrt haben, in gleicher Weise den Erwartungen des NS-Staates zu entsprechen wie seine mehr oder weniger angepassten Kollegen.

---

[1] Siehe u. a. Helmut Kramer, Oberlandesgerichtspräsidenten und Generalstaatsanwälte als Gehilfen der NS-„Euthanasie", in: Kritische Justiz, 17. Jg. (1984), Heft 1, S. 25–43; ders., Lothar Kreyssig (1898–1986). Richter und Christ im Widerstand, in: Kritische Justiz (Hg.), Streitbare Juristen. Eine andere Tradition, Baden-Baden 1988, S. 342–354.

[2] Der Beitrag beruht darüber hinaus vor allem auf folgenden Quellen: Kramer, Kreyssig (Anm. 1); Lothar Gruchmann, Euthanasie und Justiz im Dritten Reich, in: Vierteljahrshefte für Zeitgeschichte, 20. Jg. (1972), S. 235–279; ders., Ein unbequemer Amtsrichter im Dritten Reich. Aus den Personalakten des Dr. Lothar Kreyßig, in: Vierteljahrshefte für Zeitgeschichte, 32. Jg. (1984), S. 462–488. Außerdem wird auf die umfangreichen biographischen Darstellungen von Konrad Weiß über Kreyßig verwiesen: Konrad Weiß, Lothar Kreyssig. Prophet der Versöhnung, Gerlingen 1998; ders., Kreyssig, Lothar (Ernst Paul), in: Biographisch-Bibliographisches Kirchenlexikon, Bd. XIII, Nordhausen 2004, Sp. 872–884.

Statements von Institutionen und Einzelpersonen, die seit vielen Jahren mit der Gedenkstätte Hadamar zusammenarbeiten

Bedeutung der Gedenkstätte Hadamar für den Bund der „Euthanasie"-Geschädigten und Zwangssterilisierten (BEZ)

Unsere Opferorganisation der Zwangssterilisierten und „Euthanasie"-Geschädigten hat schon kurz nach ihrer Gründung Kontakt zur Gedenkstätte Hadamar aufgenommen.

Dem BEZ, von den Opfern (mit) gegründet, lag sehr an dem persönlichen Gespräch mit der Gedenkstättenleitung. Von vielen unserer Mitglieder sind die Angehörigen, Vater, Mutter oder Geschwister, in Hadamar ermordet worden. Den Überlebenden war es schon sehr früh ein Bedürfnis, einen Ort des Gedenkens zu finden bzw. zu schaffen. So wurde von unserer damaligen Vorsitzenden Klara Nowak und anderen Betroffenen, mit großer Unterstützung des Landeswohlfahrtsverbandes Hessen, das Projekt der Errichtung der „Glocke von Hadamar" verwirklicht. Für die Opfer, von denen selbst die allerwenigsten zu diesem Zeitpunkt eine Entschädigung erhalten hatten, waren die Spenden für die Glocke ein persönliches Zeichen des Gedenkens an ihre Angehörigen.

Hadamar als authentischer Ort ist für die Überlebenden und ihre Angehörigen im Laufe der Jahre immer wichtiger geworden. Wir wissen, dass sie den Ort der Verbrechen besuchen als Ort der Besinnung und des Gedenkens.

Für uns als Opferorganisation ist die Arbeit der Gedenkstätte Hadamar aus verschiedenen Gründen von Bedeutung. Denn auch heute haben wir noch Anfragen von Angehörigen, oftmals der dritten Generation, die nach ihren Verwandten suchen. Sei es nun bei der Suche nach Familienangehörigen oder nach Dokumenten zur Antragstellung für eine Entschädigung, die Gedenkstätte Hadamar ist uns bei der Recherche immer behilflich.

Und was ich persönlich sehr schätze, bei Rückfragen zu bestimmten, mir nicht gerade geläufigen Fragestellungen zur Geschichte der ehemaligen Landesheilanstalt, bekomme ich immer eine ausführliche Auskunft. Für uns als Opferorganisation ist es besonders wichtig, dass die Gedenkstätte auch zukünftig ihre gute pädagogische Arbeit, die sie insbesondere mit der jungen Generation leistet, finanziell abgesichert fortführen kann.

Aus diesem Grund setzt sich der BEZ auf Bundesebene dafür ein, dass kein neues Denkmal und keine nationale Gedenkstätte mit hohem finanziellen Aufwand entsteht, sondern dass die authentischen Orte der Verbrechen, die es in den früheren Heil- und Pflegeanstalten als Orte des Gedenkens bereits gibt, auch weiterhin finanziell gefördert und erhalten werden, für die letzten Überlebenden der NS-Zeit und perspektivisch als Mahnung für die junge Generation.

Margret Hamm
Geschäftsführerin
Bund der „Euthanasie"-Geschädigten und Zwangssterilisierten

(Foto: privat)

Hadamar
Statement zum 100-jährigen Bestehen

Ein Ort, wie die Psychiatrie in Hadamar, kann uns heute nur durch das Offenlegen der Geschichte und durch lebendige Gedenkarbeit, die viele Fragen und Trauer umfasst, erträglich werden. Die Zeugnisse sind über alle Maßen grausam. Keine Zeit wird sie je mildern können, stellte Alexander Mitscherlich 1947 fest und hat bis heute Recht behalten. Es ist Gedenkstätten wie der in Hadamar zu danken, dass nichts vergessen ist und nichts relativiert worden ist. Und dennoch wird in Hadamar das Unfassbare fassbarer. Namenlose Opfer erhalten Namen. Nicht die Geschichte wird zur Normalität, aber die Beschäftigung damit. Das ist wichtig, angesichts wachsender Geschichtsvergessenheit in den Debatten über Pränataldiagnostik, Keimbahneingriffe und aktive Sterbehilfe. Natürlich ist geschichtliches Wissen nie eins zu eins in die Gegenwart übertragbar. Geschichtliche Erfahrungen lassen sich nie als Rezeptur für die Lösung der Probleme der Gegenwart anwenden. Aber so töricht platte Kontinuitätsbehauptungen sind, so wichtig ist es, die Kontinuitäten von Denkfiguren und Ideen und die zeitüberdauernde Gültigkeit von Erfahrungen genau zu betrachten. Das ist der Kern der Gedenkstättenarbeit, und das ist die ethische Basis, ohne die Psychiatrie an einem Ort wie Hadamar heute nicht zu betreiben ist.

Hadamar steht für den Anfang der Gedenkstättenarbeit an den Orten der Euthanasie des 3. Reichs – einen Anfang, der in den 80er Jahren fast aufrührerisch gegen hinhaltende Widerstände und Abwiegelungen erkämpft werden musste. Das sollte keiner vergessen, der heute die Verdienste der Gedenkstätte und der immer wieder neuen Auseinandersetzung mit der Geschichte lobt und mit Recht als unverzichtbar bezeichnet. Gedenkstättenarbeit war und ist kein Konsensbetrieb und sollte es auch nicht werden.

Möge die Gedenkstätte noch lange in diesem Sinne wirken.

Dr. Michael Wunder
Evangelische Stiftung Alsterdorf
Mitglied des Arbeitskreises zur Erforschung der nationalsozialistischen „Euthanasie" und Zwangssterilisation

(Foto: privat)

Gedenkstätten sind auch für Menschen mit Lernschwierigkeiten wichtig!

Wir sind ein Verein von und für Menschen mit Lernschwierigkeiten. Meistens werden wir auch heute noch „geistig behindert" genannt. Wir setzen uns für gleiche Rechte aller Menschen mit Lernschwierigkeiten ein.

Die Gedenkstätte Hadamar hat für Menschen mit Lernschwierigkeiten eine große Bedeutung. Denn die Gedenkstätte Hadamar ist einer der Orte, an denen Menschen mit Lernschwierigkeiten während der Nazi-Zeit gequält und ermordet wurden. Da wir selbst auch Menschen mit Lernschwierigkeiten sind, bleibt für uns die Vergangenheit immer aktuell.

Wir sind der Meinung, dass eine solche Gedenkstätte allen bewusst macht, was man den Menschen damals angetan hat. Wir freuen uns, dass die Gedenkstätte sich heute noch mehr für Menschen mit Lernschwierigkeiten geöffnet hat. Für die Zukunft wünschen wir uns, dass auch andere Gedenkstätten sich für Menschen mit Lernschwierigkeiten mehr öffnen.

Stefan Göthling
Geschäftsführer
Mensch zuerst – Netzwerk People First Deutschland e.V.

(Foto: privat)

Statement

Die Gedenkstätte Hadamar stellt für den Internationalen Bund – Behindertenhilfe Hessen einen besonderen Ort der Auseinandersetzung mit den Zielen, Inhalten sowie der ethischen Fundierung unserer pädagogischen Arbeit mit und für Menschen mit Behinderung dar. Hier führen wir alle unsere Einführungsveranstaltungen für neue MitarbeiterInnen durch, da an diesem Ort in herausragender Weise die Systematik der Euthanasieverbrechen, die Auswirkung auf Opfer und Betroffene, aber auch in plastischer Weise die Alltäglichkeit völkisch rassistischen Handelns dokumentiert wird. Dies macht betroffen. Diese Betroffenheit bietet uns die Chance zu einer unmittelbaren Auseinandersetzung mit eigenen Erfahrungen von Ausgrenzung und Gewalt in unserem täglichen Handeln. Sie zwingt uns zu einer wertegeleiteten Standortbestimmung im Zusammenhang mit bioethischen Fragestellungen.

Vor diesem Hintergrund haben wir unsere Internationale Jugendbegegnungs- und Bildungsstätte ganz bewusst an diesem Ort eröffnet. In einzigartiger Weise bietet sich uns an diesem Ort die Möglichkeit, den Kreis zum Selbstverständnis der Gründungsväter unseres Verbandes zu schließen, welche sich seinerzeit die programmatische Aufgabe gestellt haben, gegen jegliche Form nationaler Chauvinismen, Antisemitismus und Ausgrenzung von Minderheiten und Benachteiligten aktiv anzutreten.

Michael Thiele
Verbundgeschäftsführer
Internationaler Bund – Behindertenhilfe Hessen
Die Chance der Erziehung

Gegen das Vergessen

„Wie man Menschen so wertlos finden kann, wie sie überhaupt keine Rechte haben, kann man sich nicht vorstellen." Das sagte Sonja Schäfer, eine Frau mit Behinderung der Lebenshilfe Dillenburg, bei einem Besuch der Gedenkstätte Hadamar. Mit ihr waren im Frühjahr 2006 noch andere behinderte Frauen und Männer gekommen, um zu erfahren, was in Hadamar zwischen 1935 und 1945 geschah. Wir haben über diesen Besuch der Dillenburger in unserer Lebenshilfe-Zeitung berichtet, denn es ist keineswegs selbstverständlich, dass sich behinderte Menschen mit dem Thema „Euthanasie" beschäftigen. Muss es für sie doch besonders schmerzlich sein – kommen sie doch kaum an dem Gedanken vorbei: Auch ich hätte damals dazu gehört.

Meine Zweifel, ob man Menschen mit Behinderung überhaupt einen solchen Ort wie Hadamar zumuten kann, sind ausgeräumt. Dies ist der vorbildlichen pädagogischen Arbeit der Gedenkstätte zu verdanken. Bemerkenswert ist in diesem Zusammenhang auch der Katalog in einfacher Sprache.

Die Gedenkstätte Hadamar als Ort gegen das Vergessen ist von unschätzbarem Wert. Denn es ist notwendig, sich an die Opfer der „Euthanasie" zu erinnern, zu denen auch Tausende von Menschen mit geistiger Behinderung gehört haben. Ist es doch auch leider heute noch so: Geistig behinderte Menschen werden nicht wirklich als selbstverständliche Möglichkeit menschlicher Existenz akzeptiert. Ein Beleg dafür ist nicht zuletzt der zunehmend selektive Charakter vorgeburtlicher Untersuchungen.

„Mensch achte den Menschen" ist auf dem Friedhof der ehemaligen Landesheilanstalt Hadamar in Stein gehauen. Einfache, klare Worte, die wir in unseren Köpfen und Herzen fest verankern sollten. Hinter ihnen steht für mich die Forderung nach einem gesellschaftlichen Leitbild, das den Menschen grundsätzlich in seiner Individualität respektiert und ihn unabhängig von seinen Stärken und Schwächen vor Gefährdungen schützt.

Robert Antretter
Vorsitzender der Bundesvereinigung Lebenshilfe
für Menschen mit geistiger Behinderung e.V.

(Foto: LWV-Archiv, Fotosammlung)

Statements

Die Chance der Erziehung

Es muss an einem Sonntagnachmittag im Sommer 1973 gewesen sein. Zusammen mit drei Schulkameraden von der Fürst-Johann-Ludwig-Schule bin ich durch kniehohes Gras Treppenstufen hinaufgegangen an einen Ort, den ich als Hadamarer Schüler nicht kannte und von dem ich erst durch einen Artikel im Magazin „Stern" erfahren hatte. Ich war zuvor schon einmal auf dem Mönchberg gewesen – in der Grablege des Namensgebers meiner Schule (Fürst Johann Ludwig). Das Denkmal „Mensch, achte den Menschen" sahen wir jedoch an diesem Sonntagnachmittag das erste Mal, und noch mal später erst wurde uns klar, dass es inmitten von Gräbern steht.

Es ist ganz wesentlich das Verdienst der Gedenkstätte Hadamar, dass für die gegenwärtigen Schüler der Hadamarer Schule kein Gras mehr über die Sache gewachsen ist. Die Auseinandersetzung mit den nationalsozialistischen Euthanasieverbrechen und den Ideologien, die ihnen zugrunde liegen, gehören [inzwischen] zum Selbstverständnis der Schule. Die Gedenkstätte bildet dafür einen unverzichtbaren Ort. Kein Schüler soll die Schule verlassen, ohne sie besucht zu haben. Wir führen auch Ehemalige – zum Teil 40 oder 50 Jahre nach ihrem Abitur – dorthin.

Wichtig ist uns, dass immer wieder junge Menschen der Fürst-Johann-Ludwig-Schule in verschiedenen Projekten daran beteiligt sind, das Wort derer, die man zum Schweigen gebracht hat, weiter zu sagen. In diesen künstlerischen oder politischen Projekten halten sie daran fest, dass auch im Gedenken das Leben der Getöteten nicht nur auf ihr schreckliches Ende reduziert werden darf, sondern dass zu einer wirklichen Solidarität mit ihnen zugleich die Erinnerung an die glücklichen und die alltäglichen Momente ihres Lebens gehört.

In der Erziehung zur Achtung eines jeden Menschen haben die Gedenkstätte und die Fürst-Johann-Ludwig-Schule in Hadamar ihren gemeinsamen Auftrag.

Peter Laux
Direktor Fürst-Johann-Ludwig-Schule Hadamar

Statement

Im öffentlichen Bewusstsein unseres Landes steht die NS-„Euthanasie" stark im Schatten des Holocaust. Das hat Gründe, die wohl nicht nur mit den unterschiedlichen Ausmaßen zusammenhängen. Dies ist jedoch problematisch, weil die auf eine großangelegte „Reinigung" zielende Bevölkerungspolitik des NS-Regimes von Anfang an neben der „rassistischen" auch eine „rassenhygienische" Stoßrichtung hatte. Daher sollte die „Euthanasie-Aktion", mit der diese Mordpolitik 1939 begann, im Allgemeinwissen über das Dritte Reich besser verankert werden. Kenntnisse darüber zu vermitteln, ist allerdings nicht weniger schwierig als über die Ermordung der Juden, weil schon bei der „Euthanasie" die Zahlen der Opfer ebenso wie die makabren Abläufe jede Vorstellungskraft übersteigen und Versuche der Vergegenwärtigung durch mündliche Schilderungen, Lektüre, Dokumentationen usw. an Grenzen stoßen. Eher kann dies am Ort selbst, in den Räumen des einstigen Geschehens, durch Ausstellungen und Führungen gelingen. Hier liegt die wichtige pädagogische Aufgabe der „Euthanasie"-Gedenkstätten in den früheren „Tötungsanstalten". Ich habe deshalb als Ergänzung zum Thema Medizin und Nationalsozialismus meiner Vorlesung über viele Semester mit Studierenden die Gedenkstätte Hadamar besucht. Mit der wiedererrichteten „Bus-Garage" wird Hadamar als Gedenkort noch „authentischer" sein.

Prof. i. R. Dr. W. F. Kümmel
Vorsitzender des Beirats des Vereins zur Förderung der Gedenkstätte Hadamar e.V.
Institut für Geschichte, Theorie und Ethik
Universitätsklinikum Mainz

(Foto: LWV-Archiv, Fotosammlung)

Rückblick – zwei Jahrzehnte nach der Einrichtung der Gedenkstätte in Hadamar

Das erste Mal mit der im Aufbau befindlichen Gedenkstätte in Hadamar in unmittelbaren Kontakt gekommen bin ich in der Gedenkstätte Auschwitz. Im Spätsommer 1983 veranstaltete eine Gruppe von Medizinstudenten und im Gesundheitsbereich Tätigen mit dem Frankfurter Medizinhistoriker Helmut Siefert eine Studienreise in die Gedenkstätte, die von mir für die Aktion Sühnezeichen betreut wurde. Mitglied der Gruppe waren einige Medizinstudenten, die mir erzählten, sie würden in einer kleinen Gruppe von vier Personen (Peter Chroust, Herwig Groß, Matthias Hamann und Jan Sörensen) an einer Ausstellung arbeiten, die in dem historischen Keller der NS-„Euthanasie"-Verbrechen in Hadamar am 16. November 1983 eröffnet werden würde.

Die Entwicklung der Gedenkstätte Hadamar von diesen ersten Anfängen zur heute bestehenden Institution ist typisch für den Umgang mit den NS-Verbrechen und der Entstehung von Gedenkstätten in Deutschland. Zunächst war es eine bürgerschaftliche Initiative bestehend aus Medizin- und Geschichtsstudenten, die auf lokale Unterstützung des Klinikleiters Wulf Steglich und seines Mitarbeiters Gerhard Kneuker stießen. Die erste Ausstellung, mit einfachen Mitteln gemacht und noch viele Lücken in der Darstellung der NS-Geschichte von Hadamar aufweisend, war ein Anfang, der das Interesse auf den Ort lenkte. Die Spitze des Landeswohlfahrtsverbandes Hessen (LWV) unter Leitung von Tilman Pünder beurteilte dieses Projekt 1983 noch skeptisch und bezeichnete den 1964 errichteten Friedhof der Ermordeten als ausreichende Gedenkstätte. Das gesellschaftliche Interesse wuchs jedoch so stark, und die historische Bedeutung des „authentischen" Ortes wurde immer mehr erkannt, dass die Errichtung einer arbeitenden Gedenkstätte für notwendig erachtet wurde. Der LWV gründete 1984 einen Beirat zur Geschichte der LWV-Einrichtungen in der Zeit des Nationalsozialismus, der auch Empfehlungen zum Umgang mit der „Euthanasie"-Geschichte von Hadamar geben sollte. Der Beirat sprach sich für den Aufbau einer Gedenkstätte aus, die aus den historischen Räumen im Keller mit ehemaliger Gaskammer, Sektionsraum und Standort der Verbrennungsöfen und einer Dauerausstellung, Besucherräumen und Büros im darüber befindlichen Erdgeschoss bestehen sollte. Der LWV folgte 1986 diesem Vorschlag mit einem entsprechenden Beschluss.

Wie bei solchen Prozessen üblich, wurde das Anliegen der gesellschaftlichen Initiative von der Institution aufgenommen und mit eigenen Vorstellungen verknüpft, so dass die Initiatoren nicht mehr alle ihre Ideen verwirklicht sahen. Jedoch hat nur die institutionelle Förderung durch den LWV, später mit Unterstützung der Hessischen Landeszentrale für politische Bildung, die Grundlage für eine dauerhafte Existenz der Gedenkstätte geschaffen. Dennoch lässt vor allem die Personalausstattung, wie oftmals in Gedenkstätten zu NS-Verbrechen, zu wünschen übrig.

Im Vergleich zu den anderen Gedenkstätten an Orten der „Aktion T4", die ebenfalls erst nachholend ins öffentliche Bewusstsein rücken und inzwischen einige öffentliche Unterstützung erfahren, ist die Gedenkstättenarbeit in Hadamar seit Ende der achtziger Jahre richtungsweisend. Die Auseinandersetzung mit der Geschichte des Krankenmordes steht dabei in vielerlei Hinsicht im Zentrum des Umgangs mit den NS-Verbrechen. Hier wurden die ersten Massenmorde durch Giftgas praktiziert. Die Mordaktion war das Versuchsfeld für die europaweite Ermordung der Juden sowie Roma. Die Opfer kamen aus der Mitte der deutschen Gesellschaft, und es konnte jede Familie im damaligen deutschen Reich treffen. Die Täter waren Ärzte, Psychiater und Pflegekräfte, die ursprünglich alle ihren Dienst angetreten hatten, um den Menschen zu helfen. Diese Mordaktion ist sehr eng mit der deutschen Gesellschaft verwoben und wurde zu einem der größten Tabus im Umgang mit der NS-Zeit.

Aber nicht nur die historische Auseinandersetzung ist von so großer Bedeutung. Gerade die Beschäftigung mit den Frage, wer als „lebensunwert" definiert wurde und wer die Personen aus dem Gesundheitswesen waren, die hierfür die Verantwortung trugen, geben immer wieder Anlass zu einer kritischen Selbstreflexion im Umgang mit den Kranken und Schwachen in anderen Gesellschaften sowie mit den schwierigen Fragen von Ethik, Eugenik und würdevollem Sterben. Vor allem an solch greifbaren Beispielen, wie sie der authentische Ort in Hadamar bietet, werden diese Fragen konkret und können dort sehr gut reflektiert werden.

Es ist von großer Bedeutung, dass sich die Gedenkstätte Hadamar in den letzten zwanzig Jahren etablieren konnte. Jetzt gilt es, die Einrichtung zu stabilisieren, damit auch in Zukunft sowohl der Opfer gedacht wird als auch zentrale Problemstellungen unsrer Gesellschaft vor dem Hintergrund der historischen Erfahrung vor Ort kritisch hinterfragt werden, um somit einen Beitrag zur Demokratieerziehung zu leisten.

Hierzu wünsche ich der Gedenkstätte Hadamar und allen Mitarbeiterinnen und Mitarbeitern viel Energie und Erfolg!

Thomas Lutz
Gedenkstättenreferat
Topographie des Terrors

(Foto: LWV-Archiv, Fotosammlung)

Autorinnen und Autoren

David Alford
Dr., Historiker aus London. Promovierte an der Universität von London (2002). Spezialgebiet: Psychiatrische Behandlung von Patienten und Alkoholikern zwischen 1900 und 1945. Ist jetzt als Lehrer tätig.
Ausgewählte Publikationen:
- Die Trinkerfürsorgeanstalt Köppern (1901) und die Alkoholikerfrage um 1900, in: Christina Vanja/Helmut Siefert (Hg.), In waldig-ländlicher Umgebung ... Das Waldkrankenhaus Köppern: Von der agrikolen Kolonie der Stadt Frankfurt zum Zentrum für Soziale Psychiatrie Hochtaunus (= Historische Schriftenreihe des Landeswohlfahrtsverbandes Hessen, Quellen und Studien Bd. 7), Kassel 2001, S. 88–100.
- Alkoholismus und psychiatrische Behandlung. Alkoholkranke Patientinnen in der Landesheilanstalt Marburg 1900 bis 1918, in: Peter Sandner/Gerhard Aumüller/Christina Vanja (Hg.), Heilbar und nützlich. Ziele und Wege der Psychiatrie in Marburg an der Lahn (= Historische Schriftenreihe des Landeswohlfahrtsverbandes Hessen, Quellen und Studien Bd. 8), Marburg 2001, S. 201–213.

Manfred Bauer
Prof. Dr. med., Studium der Medizin in Frankfurt, Tübingen und Heidelberg (1958–64), Facharzt für Psychiatrie und Psychotherapie, Psychoanalytiker, Habilitation 1976 an der Medizinischen Hochschule Hannover, apl. Prof. 1981, 1981–2004 Chefarzt am Klinikum Offenbach, seit 1983 Landesarzt für seelisch Behinderte in Hessen.
Ausgewählte Publikationen:
- Sektorisierte Psychiatrie, Stuttgart 1977;
- Kommunale Psychiatrie auf dem Prüfstand, Stuttgart 1987;
- Psychiatrie, Psychosomatik und Psychotherapie, Stuttgart/New York 1973, 2004.

Astrid Briehle
Zur Zeit Sachbearbeiterin für Steuerungs- und Trägeraufgaben der Krankenhäuser und Kliniken im Fachbereich Einrichtungen des LWV-Hessen. Dipl. Verwaltungswirtin.

Jörg Bühring
Geb. 1960, Diplom-Verwaltungswirt (FH), Verwaltungs- und Betriebswirt (VWA). Dienstverhältnis zum LWV-Hessen seit 1. Oktober 1990, seit 1. September 1999 tätig im ZSP Am Mönchberg Hadamar, seit 1. August 2004 kommissarischer Betriebsleiter.

Renate Engfer
Dr. rer. med., Studium der Soziologie, Psychologie und Pädagogik, Promotionsstudium in Medizin, Forschungstätigkeit im Bereich der Gesundheitswissenschaften 1982–1989, seit 1989 Leiterin der Tagesklinik der Klinik für Psychiatrie und Psychotherapie am Klinikum Offenbach.
Ausgewählte Publikationen:
- Gemeinsam mit Ulrike Hoffmann-Richter/Helmut Haselbeck (Hg.), Sozialpsychiatrie vor der Enquete, Bonn 1997;
- Die psychiatrische Tagesklinik: Kontinuität und Wandel, Bonn 2006;
- Gemeinsam mit Manfred Bauer, Versorgungseinrichtungen für psychisch kranke erwachsene Menschen, in: K. Hurrelmann/U. Laaser/O. Razum (Hg.), Handbuch Gesundheitswissenschaften, 4. Aufl., Weinheim/München 2006, S. 967–1001.

Georg D. Falk
Geb. 1949, Vorsitzender Richter am OLG Frankfurt/M., Mitglied des Hessischen Staatsgerichtshofs, Lehrbeauftragter an der Philipps-Universität Marburg, div. Veröffentlichungen u. a. zur NS-Justiz

Gerhard Fischer
Dr. med., Studium der Psychologie und Medizin, seit 1984 Tätigkeit im PKH (Psychiatrisches Krankenhaus) Hadamar. Von 1989 bis 1999 Bereichsleiter im Maßregelvollzug, von 1999 bis 2005 Ärztlicher Direktor der Klinik für forensische Psychiatrie des Zentrums für soziale Psychiatrie Hadamar. Seit 1.1.2006 in Ruhestand.

Petra Fuchs
Dr. phil., geb. 1958, Pädagogin. Wissenschaftliche Mitarbeiterin im DFG-Projekt „Wissenschaftliche Erschließung und Auswertung des Krankenaktenbestandes der nationalsozialistischen 'Euthanasie'-Aktion T4".
Ausgewählte Publikationen:
- „Körperbehinderte" zwischen Selbstaufgabe und Emanzipation (2001).

Regine Gabriel
Geb. 1956, seit 1989 Mitarbeiterin in der Gedenkstätte Hadamar.
Ausgewählte Publikationen:
- Kinder als Besucherinnen und Besucher der Gedenkstätte Hadamar, Ein Informations- und Materialheft (= Historische Schriftenreihe des Landeswohlfahrtsverbandes Hessen, Veröffentlichungen der Gedenkstätte Hadamar, H. 1), Hadamar 2002.
- TatOrt Gedenkstätte. Kunstpädagogisches Arbeiten mit Kindern und Erwachsenen in der Euthanasie-Gedenkstätte Hadamar in: Birgit Dorner/Kerstin Engelhardt (Hg.), Arbeit an Bildern der Erinnerung. Ästhetische Praxis, außerschulische Jugendbildung und Gedenkstättenpädagogik (= Dimensionen Sozialer Arbeit und der Pflege, Bd. 9), Stuttgart 2006, S. 159–169.
- Gemeinsam mit Gabriele Knapp/Simone Maaß, Theaterarbeit und Musik in der Gedenkstättenpädagogik, in: Standbein/Spielbein: Pädagogik in Gedenkstätten – Museumspädagogik Aktuell, No. 72 (2005), S. 37–41.

Uta George
MA., Studium der Soziologie, Politologie und Romanistik. Seit 1994 pädagogische Mitarbeiterin der Gedenkstätte Hadamar, seit 2000 Geschäftsführerin des Vereins zur Förderung der Gedenkstätte Hadamar e. V.
Ausgewählte Publikationen:
- Gemeinsam mit Herwig Groß/Michael Putzke u. a. (Hg.), Psychiatrie in Gießen. Facetten ihrer Geschichte zwischen Fürsorge und Ausgrenzung, Forschung und Heilung (= Historische Schriftenreihe des Landeswohlfahrtsverbandes Hessen, Quellen und Studien Bd. 9), Gießen 2003;
- Polnische und sowjetische Zwangsarbeitende als Opfer der NS-„Euthanasie"-Verbrechen. Das Beispiel Hadamar, in: Andreas Frewer/Günther Siedbürger (Hg.), Medizin und Zwangsarbeit im Nationalsozialismus. Einsatz und Behandlung von „Ausländern" im Gesundheitswesen, Frankfurt 2004, S. 389–404.
- Gemeinsam mit Bettina Winter, Geschichte verstehen. Menschen mit Lernschwierigkeiten arbeiten mit leichter Sprache in der Gedenkstätte Hadamar, in: Kursiv. Journal für politische Bildung, Nr. 1 (2006), S. 64–69.

Martin Hagmayr
Geb. 1985 in Linz, Student der Geschichte an der Universität Wien mit den Studienschwerpunkten Zeitgeschichte und Osteuropäische Geschichte, 2006 Teilnahme am israelisch-österreichischen Projekt „Spurensuche" des Österreichischen Sozialministeriums
Ausgewählte Publikationen:
- Der Suchdienst des Österreichischen Roten Kreuzes – von gestern bis heute, in: Johannes Guger/Johanna Goldmann (Hg.), „Vermisst & gefunden/Ein Schicksal – viele Geschichten", Salzburg 2006, S. 97–99.
- Argentinien: Die Mütter des Maiplatzes in: Johannes Guger/Johanna Goldmann (Hg.), „Vermisst & gefunden/Ein Schicksal – viele Geschichten", Salzburg 2006, S. 89–91.

Annette Hinz-Wessels
Dr. phil., wiss. Mitarbeiterin am Institut für Geschichte der Medizin Charité-Universitätsmedizin Berlin, Forschungsschwerpunkte: Medizin- und Wissenschaftsgeschichte im Nationalsozialismus, Psychiatriegeschichte.
Ausgewählte Publikationen:
- Gemeinsam mit Petra Fuchs/Gerrit Hohendorf/Maike Rotzoll, Zur bürokratischen Abwicklung eines Massenmords. Die „Euthanasie"-Aktion im Spiegel neuer Dokumente, in: Vierteljahreshefte für Zeitgeschichte, 53. Jg. (2005), S. 79–107.
- Die Haltung der Kirchen zur „Euthanasie" im NS-Staat, in: Margret Hamm (Hg.), Lebensunwert – zerstörte Leben. Zwangssterilisation und „Euthanasie", Frankfurt am Main 2005, S. 168–182.
- NS-Erbgesundheitsgerichte und Zwangssterilisation in der Provinz Brandenburg (= Schriftenreihe zur Medizin-Geschichte des Landes Brandenburg, Bd. 7), Berlin 2004.

Rainer Hönig

Geb. 1954, Fachkrankenpfleger für Psychiatrie, ehem. stellv. Stationspfleger, langjähriger Personalratsvorsitzender, langjähriges Mitglied des Gesamtpersonalrates des LWV-Hessen, seit 1992 Krankenpflege-Direktor ZSP Hadamar.
Publikationen:
- Qualitätssicherung im Maßregelvollzug, in: Landeswohlfahrtsverband Hessen (Hg.), Qualitätssicherung im Psychiatrischen Krankenhaus – Ein Tagungsbericht, Kassel 1996, S. 159 f.

Gerrit Hohendorf

Dr. med., Studium der Medizin und der ev. Theologie in Bonn und Heidelberg 1984–1992, Staatsexamen Medizin. Facharztausbildung an der Psychiatrischen Universitätsklinik Heidelberg 1993–2002, b. a. w. beurlaubt. 2002–2005 Ärztlicher Leiter der Klientenzentrierten Problemberatung, Suchtfachambulanz in Dachau. Seit Januar 2006 wiss. Mitarbeiter am Institut für Geschichte und Ethik der Medizin der TU München (½ Stelle) und seit Februar 2006 wiss. Mitarbeiter am Institut für Geschichte der Medizin der Justus-Liebig-Universität Gießen (SFB „Erinnerungskulturen") (½ Stelle).
Ausgewählte Publikationen:
- Gemeinsam mit Achim Magull-Seltenreich (Hg.), Medizin im Nationalsozialismus, Heidelberg 1990;
- Gemeinsam mit Maike Rotzoll/Christoph Mundt (Hg.), Psychiatrische Forschung und NS-„Euthanasie", Heidelberg 2001;
- Die Psychosomatische Theoriebildung bei Felix Deutsch, Husum 2004.

Franz-Werner Kersting

Prof. Dr., Jg. 1955, wissenschaftlicher Referent am LWL-Institut für Regionalgeschichte in Münster und außerplanmäßiger Professor für Neuere und Neueste Geschichte am Historischen Seminar der Universität Münster.
Ausgewählte Publikationen:
- Militär und Jugend im NS-Staat. Rüstungs- und Schulpolitik der Wehrmacht, Wiesbaden 1989;
- Gemeinsam mit Hans-Walter Schmuhl (Hg.), Quellen zur Geschichte der Anstaltspsychiatrie in Westfalen, Bd. 2: 1914–1955, Paderborn 2004;
- Juvenile Left-wing Radicalism, Fringe Groups, and Anti-psychiatry in West Germany, in: Axel Schildt/Detlef Siegfried (Hg.), Between Marx and Coca-Cola. Youth Cultures in Changing European Societies, 1960–1980, New York/Oxford 2006, S. 353-375.

Monica Kingreen

Wissenschaftliche Mitarbeiterin im Fritz Bauer Institut, Studien- und Dokumentationszentrum zur Geschichte und Wirkung des Holocaust, in Frankfurt am Main.
Ausgewählte Publikationen:
- Jüdisches Landleben in Windecken, Ostheim und Heldenbergen, Hanau 1995;
- Jüdische Patienten in der Gießener Anstalt und deren Funktion als „Sammelanstalt" im September 1940, in: Uta George/Herwig Groß u. a. (Hg.), Psychiatrie in Gießen. Facetten ihrer Geschichte zwischen Fürsorge und Ausgrenzung, Forschung und Heilung (= Historische Schriftenreihe des Landeswohlfahrtsverbandes Hessen, Quellen und Studien Bd. 9), Gießen 2003, S. 251–289.
- Jüdische Patienten im Philippshospital und die Ermordung von 29 jüdischen Pfleglingen im Februar 1941, in: Irmtraud Sahmland/Sabine Trosse u. a. (Hg.), „Haltestation Philippshospital". Ein psychiatrisches Zentrum – Kontinuität und Wandel 1535 – 1904 – 2004. Eine Festschrift zum 500. Geburtstag Philipps von Hessen (= Historische Schriftenreihe des Landeswohlfahrtsverbandes Hessen, Quellen und Studien Bd. 10), Marburg 2004, S. 202–224.

Matthias Theodor Kloft

Dr., geb. 1959 in Bonn. Studium der Theologie und Geschichte in Bonn, Frankfurt/M.-St.Georgen und Münster. 1984 Priester der Diözese Limburg, 1994 Promotion mit dem Thema: Oratores vestri monent – Bischofsamt in der Karolingerzeit. Mitarbeiter der Germania Sacra mit der Bearbeitung des Bartholomäusstiftes in Frankfurt. Kath. Pfarrer an der Pfarrei Herz-Jesu in Frankfurt-Eckenheim und Kirchenhistoriker des Bistums Limburg/Stellvertretender Direktor des Dommuseums in Frankfurt.
Ausgewählte Publikationen:
- Zum Thema – Staat und Kirche in Nassau-Hadamar, in: Archiv für mittelrheinische Kirchengeschichte (1986) 38, S. 47–106 und (1987) 39, S.107–156.
- Dom und Domschatz in Limburg an der Lahn (= Die Blauen Bücher), Königstein 2004.

- Gemeinsam mit August Heuser, Der Kaiserdom zu Frankfurt am Main (= Große Kunstführer 217), Regensburg 2006.

Gabriele Kremer

Dr. phil., M.A., Förderschullehrerin an einer Schule für Praktisch Bildbare in Gießen, Studium der Erziehungs- und Literaturwissenschaft; Promotion 2001.
Ausgewählte Publikationen:
- „Sittlich sie wieder zu heben ...". Das Psychopathinnenheim Hadamar zwischen Psychiatrie und Heilpädagogik (= Historische Schriftenreihe des Landeswohlfahrtsverbands Hessen, Hochschulschriften Bd. 1), Marburg 2002;
- „Heilpädagogische Behandlung" oder „mittelalterlich anmutende Erziehungshilfe"? Das medizinische Paradigma im heilpädagogischen Alltag der Weimarer Republik, in: Zeitschrift für Heilpädagogik (2005) Nr. 3, S. 95–100;
- Ein „richtiger Volksgenosse". Erb- und Rassenhygiene in der Hilfsschule des Dritten Reiches, in: Sonderpädagogik (2005) Nr. 3, S. 127–134.

Heinz Leising

Dr. med., 60 J., Arzt für Neurologie und Psychiatrie, Psychiatrie und Psychotherapie, Studium der Medizin in Köln, Göttingen, Zürich, Marburg, Assistent der Uni-Nervenklinik Marburg. Leitender Arzt im Psychiatrischen Krankenhaus (PKH) Marburg Süd, Promotion 1980, Facharzt 1982, seit 1986 Ärztlicher Direktor, PKH Hadamar, jetzt Zentrum für soziale Psychiatrie Am Mönchberg.

Georg Lilienthal

PD Dr. phil. et med. habil., Jahrgang 1948. Studium der Geschichte und Germanistik, Promotion 1982, Habilitation für Geschichte der Medizin an der Universität Mainz 1991, Privatdozent am Medizinhistorischen Institut der Universität Mainz, Leiter der Gedenkstätte Hadamar für Cpfer der NS-„Euthanasie"Verbrechen.
Ausgewählte Publikationen:
- Der „Lebensborn e.V." Ein Instrument nationalsozialistischer Rassenpolitik, 3. Ausgabe Frankfurt a.M. 2003;
- Wandlung in der Beharrung. 50 Jahre Gedenken an die NS-„Euthanasie"-Opfer in Hadamar, in: Wilfried Hansmann/Timo Hoyer (Hg.), Zeitgeschichte und historische Bildung. Festschrift für Dietfrid Krause-Vilmar, Kassel 2005, S. 57–69;

- Das Schicksal von „Ostarbeiter"-Kindern am Beispiel der Tötungsanstalt Hadamar, in: Thomas Beddies/Kristina Hübener (Hg.), Kinder in der NS-Psychiatrie, (= Schriftenreihe zur Medizin-Geschichte des Landes Brandenburg, Bd. 10), Berlin-Brandenburg 2004, S. 167–184.

Petra Lutz

M.A., Historikerin, Ausstellungskuratorin. Wissenschaftliche Referentin im Deutschen Hygiene-Museum Dresden seit 1999. Dissertationsprojekt zum Thema Angehörigenreaktionen auf die NS-„Euthanasie". Freie Tätigkeiten im wissenschaftlichen, publizistischen und Ausstellungsbereich, unter anderem für das Robert Havemann-Archiv, Aktion Mensch, LWV Hessen, KZ-Gedenkstätte Neuengamme, Arno Schmidt Stiftung.
Ausgewählte Publikationen:
- Herausgabe mit Anke te Heesen, Dingwelten. Das Museum als Erkenntnisort (= Schriften des Deutschen Hygiene-Museums, Bd. 4), Köln/Weimar/Wien 2005;
- »... ganze MappmHarems von Klein'n Nacktn Mädchen«. Arno Schmidts Bildverwertung zwischen System und Kontingenz, in: Arno Schmidt? – Allerdings!/Marbacher Katalog (2006) Nr. 59, hg. vom Deutschen Literaturarchiv Marbach, Marbach 2006, S. 159–182.
- Herz und Vernunft. Angehörige von Euthanasie-Opfern im Schriftwechsel mit den Anstalten, in: Heiner Fangerau/Karen Nolte (Hg.), »Moderne« Anstaltspsychiatrie im 19. und 20. Jahrhundert – Legitimation und Kritik (= Med 66 – Beihefte 26), Stuttgart 2006, S. 143–168.

Matthias Meusch

Dr. phil., geb. 1967; 1988–1994 Studium der Geschichte und Anglistik, 1998 Promotion an der Universität Gießen; 1997–1999 Wiss. Mitarbeiter am Institut für Geschichte der Medizin, Gießen; 1999–2001 Referendariat für den Höheren Archivdienst; seit 2001 Archivar am Hauptstaatsarchiv Düsseldorf.
Ausgewählte Publikationen:
- Von der Diktatur zur Demokratie. Fritz Bauer und die Aufarbeitung der NS-Verbrechen in Hessen (1956–1968), Veröffentlichungen der Historischen Kommission für Nassau, Bd. 70 (= Politische und parlamentarische Geschichte des Landes Hessen, Bd. 26), hg. im Auftrag des Hessischen Landtags, Wiesbaden 2001.

- Hadamar: A German psychiatric treatment center in World War II, in: Biomolecular Engineering (2001) No. 17, S. 65–69.
- „Medizin im Nationalsozialismus", in: W. E. Gerabek/B. D. Haage/G. Keil/W. Wegner (Hg.), Enzyklopädie Medizingeschichte, Berlin 2005, S. 907–915.

Sascha M.
25 Jahre, Metzger, seit 2004 Patient im Maßregelvollzug Zentrum für Soziale Psychiatrie Hadamar.

Inge Orglmeister-Durlas
Pfarrerin, Zusatzausbildung in klinischer Seelsorge nach DGfP; seit 1996 in der Klinikseelsorge am ZSP Hadamar tätig, Bereiche: allgemeine Psychiatrie, Betreutes Wohnen und Wohn- und Pflegeheimbereich.

Michael Putzke
Dr. med., zur Zeit stellvertretender Chefarzt der Klinik für Psychiatrie und Psychotherapie am Bürgerhospital Friedberg/Hessen. Studium der Medizin, Soziologie und Politikwissenschaften, Facharzt für Psychiatrie, Psychoanalytiker, Gruppenanalytiker.
Ausgewählte Publikationen:
- Therapien in der deutschen Psychiatrie im 20. Jahrhundert, in: Uta George/Herwig Groß et al. (Hg.), Psychiatrie in Gießen. Facetten ihrer Geschichte zwischen Fürsorge und Ausgrenzung, Forschung und Heilung (= Historische Schriftenreihe des Landeswohlfahrtsverbandes Hessen, Quellen und Studien Bd. 9), Gießen 2003, S. 379–408.
- Angst und Psychose, in: A. Dreher/M. Juszczak/M. Schmidt (Hg.), Theorie und Klinik der Angst, Tagungsband der DPV-Herbsttagung 2004, (2005), S. 157–168.
- Gemeinsam mit Uta George/Herwig Groß u. a. (Hg.), Psychiatrie in Gießen. Facetten ihrer Geschichte zwischen Fürsorge und Ausgrenzung, Forschung und Heilung (= Historische Schriftenreihe des Landeswohlfahrtsverbandes Hessen, Quellen und Studien Bd. 9), Gießen 2003.

Paul Richter
Dr. phil., geb. 1955, Leitender Psychologe der Psychiatrischen Universitätsklinik Heidelberg, Psychologischer Psychotherapeut. Tätigkeitsschwerpunkte: Psychodiagnostik, Forschungsmethoden, Statistik.
Ausgewählte Publikationen:
- Gemeinsam mit J. Werner, Zeitreihenanalyse klinischer Daten. Ein Beitrag zur Chronopathologie phasischer Psychosen, Weinheim 1996.
- Gemeinsam mit J. Werner/R. Bastine/A. Heerlein/H. Kick/H. Sauer, Measuring treatment outcome by the Beck Depression Inventory, in: Psychopathology (1997) Nr. 30, S. 234–240.
- Gemeinsam mit J. Werner/A. Heerlein/A. Kraus/H. Sauer, On the validity of the Beck Depression Inventory, in: Psychopathology (1998) Nr. 31, S. 160–168.

Volker Roelcke
Prof. Dr., Studium der Medizin (Prom. 1984) sowie der Ethnologie, Alten Geschichte und Philosophie (M. Phil. 1988); Facharzt für Psychiatrie; 1997 Habilitation für Geschichte der Medizin; seit 2003 Professor für Geschichte der Medizin, Universität Gießen.
Ausgewählte Publikationen:
- Krankheit und Kulturkritik. Psychiatrische Gesellschaftsdeutungen im bürgerlichen Zeitalter, 1790–1914, Frankfurt/Main 1999.
- Psychiatrische Wissenschaft im Kontext nationalsozialistischer Politik und „Euthanasie": Zur Rolle von Ernst Rüdin und der Deutschen Forschungsanstalt für Psychiatrie, in: Doris Kaufmann (Hg.), Die Kaiser-Wilhelm-Gesellschaft im Nationalsozialismus: Bestandsaufnahme und Perspektiven der Forschung. Göttingen 2000, S. 112–150.
- Gemeinsam mit Eric Engstrom (Hg.), Psychiatrie im 19. Jahrhundert. Forschungen zur Geschichte von psychiatrischen Institutionen, Debatten und Praktiken im deutschen Sprachraum, Basel 2003.

Maike Rotzoll
Dr. med., geb. 1964, Fachärztin für Psychiatrie, seit 2005 wissenschaftliche Mitarbeiterin im Institut für Geschichte der Medizin der Universität Heidelberg. Mitarbeiterin im DFG-Projekt „Wissenschaftliche Erschließung und Auswertung des Krankenaktenbestandes der nationalsozialistischen 'Euthanasie'-Aktion T4".
Ausgewählte Publikationen:
- „Pierleone da Spoleto. Vita e opere di un medico del Rinascimento" (= Accademia Toscana di

Scienze e lettere 'La Colombaria', Studi, Bd. 187), Florenz 2000;
- Gemeinsam mit Christoph Mundt/Gerrit Hohendorf (Hg.), „Psychiatrische Forschung und NS-'Euthanasie'", Heidelberg 2001;
- Gemeinsam mit Bettina Brand-Claussen/Thomas Roeske (Hg.), „Todesursache: Euthanasie". Verdeckte Morde in der NS-Zeit (Ausstellungskatalog), Heidelberg 2002.

Irmtraut Sahmland
Dr. phil., apl. Professorin für Geschichte der Medizin in Marburg. Studium der Germanistik und Geschichtswissenschaften, Promotion 1986. Mitarbeiterin am Institut für Geschichte der Medizin in Gießen 1984–2005; Habilitation 1997. Z. Zt. in einem DFG-Forschungsprojekt zur Hospitalgeschichte als Patienten- und Gendergeschichte der Universität Kassel.
Ausgewählte Publikationen:
- Christoph Martin Wieland und die deutsche Nation. Zwischen Patriotismus, Kosmopolitismus und Griechentum, Tübingen 1990;
- Bernhard Christoph Faust (1755–1842), Bückeburg 1992;
- Alternativen zum Kaiserschnitt. Medizinhistorische Untersuchung zur Sectio caesarea, Embryotomie, Symphyseotomie und künstlichen Frühgeburt im 18. und 19. Jahrhundert [Habilitationsschrift], 1997.

Peter Sandner
Dr. phil., seit 2006 Archivar am Hessischen Hauptstaatsarchiv in Wiesbaden, zuvor seit 2000 Mitarbeiter des LWV-Archivs in Kassel und 1991–2000 Mitarbeiter der Gedenkstätte Hadamar. 2002 Promotion in Geschichte an der Universität Frankfurt a. M.
Ausgewählte Publikationen:
- Verwaltung des Krankenmordes. Der Bezirksverband Nassau im Nationalsozialismus (= Historische Schriftenreihe des Landeswohlfahrtsverbandes Hessen, Hochschulschriften Bd. 2), Gießen 2003.
- Frankfurt. Auschwitz. Die nationalsozialistische Verfolgung der Sinti und Roma in Frankfurt am Main (= „Hornhaut auf der Seele". Dokumentationen der Verfolgung von Sinti und Roma in hessischen Städten und Gemeinden, Bd. 4), Frankfurt a. M. 1998.

Jutta Schmelting
Zur Zeit Leiterin des Funktionsbereiches Steuerungsangelegenheiten im Fachbereich Einrichtungen, der Trägerverwaltung für Krankenhäuser und Kliniken des Landeswohlfahrtsverbandes Hessen. Ausbildung als Dipl. Verwaltungswirtin.

Heiko Schmidt
Dipl. Soz. Päd., seit 1977 in verschiedenen Bereichen der Psychiatrie tätig, u. a. Gemeinde-, Akutpsychiatrie und Tagesklinik am Zentralinstitut für Seelische Gesundheit Mannheim, seit 1990 Betreutes Wohnen und seit Sept. 1999 Therapeutische Leitung des Wohn- und Pflegeheims im Zentrum für Soziale Psychiatrie Hadamar.

Nicholas Stargardt
Dr. phil., lehrt seit 1999 neuere europäische Geschichte an der Universität Oxford. Studium an der Cambridge University, anschließend Lehrtätigkeit am Royal Holloway College, University of London.
Ausgewählte Publikationen:
- The German Idea of Militarism: Radical and Socialist Critics, 1866–1914, Cambridge 1994;
- „Maikäfer flieg!" Hitlers Krieg und die Kinder, München 2006).

Michael Statzner
Geb. 1957 in Hattenheim, Rheingau. Nach dem Abitur Studium der Architektur und anschließend der Pädagogik. Als Dipl. Sozialpädagoge leitete ich mehrere Jahre verschiedene Kindertagesstätten. Seit 2004 Leitung der „Internationalen Jugendbegegnungs- und Bildungsstätte Hadamar", Bereichsleiter der Behindertenhilfe Hessen (Internationaler Bund. Freier Träger der Jugend-, Sozial- und Bildungsarbeit e. V.) im Kreis Limburg-Weilburg.

Anke Stöver
Geb. 1982, Vordiplom in Sozialwesen an der Fachhochschule Wiesbaden, seit 2003 Studium Lehramt an Grundschulen an der Universität Gießen.
Seit 2002 ehrenamtliche Mitarbeiterin des Vereins zur Förderung der Gedenkstätte Hadamar e. V., im Rahmen dessen Führungen und Studientage, u. a. Projekte mit Kindern.

Autorinnen und Autoren

Brigitte Tilmann
1941 in Berlin geboren, aufgewachsen in Lissabon/Portugal bis 1950. Nach Abitur in Berlin Studium der Rechtswissenschaften und Referendarzeit in Berlin und nach Heirat 1968 in Darmstadt, 2 Kinder, seit 1970 Richterin, vorwiegend Strafsachen, 1993 Vizepräsidentin des Landgerichts Wiesbaden, 1995 Präsidentin des Landgerichts Limburg an der Lahn, 1998 Präsidentin des Oberlandesgerichts Frankfurt am Main, 2006 Ruhestand.

Christina Vanja
PD Dr. phil.; Leiterin des Bereichs Archiv, Gedenkstätten und Historische Sammlungen beim Landeswohlfahrtsverband Hessen in Kassel, seit 2001 zugleich Privatdozentin an der Universität Kassel. Studium der Geschichtswissenschaften, Politischen Wissenschaften und Germanistik; Promotion in Mittelalterlicher Geschichte 1982; Assessorexamen für den Höheren Archivdienst 1985; Habilitation für das Fach Neuere Geschichte 2001.
Ausgewählte Publikationen:
- Gemeinsam mit Helmut Siefert (Hg.), „In waldig-ländlicher Umgebung ..." Das Waldkrankenhaus Köppern: Von der agrikolen Kolonie der Stadt Frankfurt zum Zentrum für Soziale Psychiatrie Hochtaunus (= Historische Schriftenreihe des Landeswohlfahrtsverbandes Hessen, Quellen und Studien Bd. 7), Kassel 2001;
- Gemeinsam mit Arnd Friedrich/Fritz Heinrich(Hg.), Das Hospital am Beginn der Neuzeit. Soziale Reform in Hessen im Spiegel europäischer Kulturgeschichte (= Historische Schriftenreihe des Landeswohlfahrtsverbandes Hessen, Quellen und Studien Bd. 11), Petersberg 2004;
- Gemeinsam mit Irmtraut Sahmland/Sabine Trosse u. a. (Hg.), „Haltestation Philippshospital". Ein psychiatrisches Zentrum – Kontinuität und Wandel 1535–1904–2004 (= Historische Schriftenreihe des Landeswohlfahrtsverbandes Hessen, Quellen und Studien Bd. 10), Marburg 2004.

Herr W.
Patient der Ambulanz, Zentrum für soziale Psychiatrie Hadamar.

Wolfgang Franz Werner
Dr. phil, Landesarchivdirektor, Leiter des Archivs des Landschaftsverbandes Rheinland.
Ausgewählte Publikationen:
- „'Bleib übrig!' Deutsche Arbeiter in der NS-Kriegswirtschaft". Düsseldorf 1983.
- Walter Creutz – Widerstandskämpfer?, in: Wolfgang Schaffer [Red.], Folgen der Ausgrenzung: Studien zur Geschichte der NS-Psychiatrie im Rheinland, Köln 1995, S. 173–195.
- Der Provinzialverband der Rheinprovinz, seine Kulturarbeit und die „Westforschung", in: Burkhard Dietz [Hg.], Griff nach dem Westen: die Westforschung der völkisch-nationalen Wissenschaften zum nordwesteuropäischen Raum; 1919–1960. Münster/Westf. 2002, S. 741–761.

Bettina Winter
Vorsitzende des Fördervereins der Gedenkstätte Hadamar und deren Leiterin von 1989 bis 1995. Von 1995 bis 1997 Persönliche Referentin der Hessischen Sozialministerin und von 1997 bis 2003 Leiterin des Referates Behindertenhilfe im hessischen Sozialministerium.
Ausgewählte Publikationen:
- Gemeinsam mit Hanno Loewy (Hg.), NS-"Euthanasie" vor Gericht. Fritz Bauer und die Grenzen juristischer Bewältigung, Frankfurt a. M./New York 1996.
- Die Integration älter werdender behinderter Menschen in die Angebotsstruktur der Eingliederungshilfe, in: Lebensräume älterer Menschen mit Behinderung, Hessische Erfahrungen (hg. vom Hessischen Sozialministerium, dem Landeswohlfahrtsverband Hessen und der Lebenshilfe), Marburg 2002, S. 273–284.
- Gemeinsam mit Uta George, Wir erobern uns unsere Geschichte. Menschen mit Behinderungen arbeiten in der Gedenkstätte Hadamar zum Thema NS-„Euthanasie"-Verbrechen, in: Zeitschrift für Heilpädagogik, Nr. 2 (2005), 56. Jahrgang, S. 55–62.

Ralf Wolf
Geb. 1955, Schule bis 1975, 1975–1982 Bundeswehr,1982 Abitur, WS 83/84–SS 90 Medizinstudium,1990–1991 AiP Innere Medizin, 1991–1995 AiP und Ass.-Arzt in Psychiatrie/Psychotherapie, Neurologiejahr in Hornberg. 1997 Facharzt, seit 1996 tätig im Maßregelvollzug Hadamar, 1999 stellvertretender Ärztlicher Direktor Klinik für

forensische Psychiatrie, Hadamar, seit 2006 Ärztlicher Direktor Klinik für forensische Psychiatrie, Hadamar.

Duran Y.
Geb. 1970 in Frankfurt am Main, türkischer Staatsbürger. Seit 2004 Patient im Zentrum für soziale Psychiatrie Hadamar (Paragraph 64). Redakteur der Klinikzeitung „Bergblättchen".

Ausgewählte Publikationen:
- Nordic Walking, in: Bergblättchen (2006) Nr. 14, S. 34 f.
- Für unsere Kinder, in: Bergblättchen (2006) Nr. 14, S. 40.
- Gedenkstätte Hadamar ... aus der Vergangenheit lernen, in: Bergblättchen (2006), Nr. 15, S. 41–43.

Historische Schriftenreihe des Landeswohlfahrtsverbandes Hessen

Schriftleitung:
Privatdozentin Dr. Christina Vanja (Kassel),
Privatdozent Dr. Georg Lilienthal (Hadamar)

Bisher sind erschienen:

Quellen und Studien

Band 1: Joachim Fenner: Durch Arbeit zur Arbeit erzogen. Berufsausbildung in der preußischen Zwangs- und Fürsorgeerziehung 1878–1932, Kassel: Eigenverlag 1991 (190 S.), Euro 15,– (Jetzt Sonderpreis Euro 5,–)

Band 2: Psychiatrie in Heppenheim. Streifzüge durch die Geschichte eines hessischen Krankenhauses 1866–1992, bearbeitet von Peter Eller und Christina Vanja, Kassel: Eigenverlag 1993 (175 S.), Euro 17,50

Band 3: Methoden der Gedenkstättenpädagogik. Ein Tagungsband der Gedenkstätte Hadamar, bearbeitet von Bärbel Maul und Bettina Winter, Kassel: Eigenverlag 1994 (90 S.), Euro 2,50 (Jetzt Sonderpreis Euro 1,–)

Band 4: 100 Jahre Krankenhaus Weilmünster – Heilanstalt – Sanatorium – Kliniken, herausgegeben von Christina Vanja, Kassel: Eigenverlag 1997 (240 S.), Euro 20,–

Band 5: Eine Stadt im Spiegel der Heilkunst. Streiflichter zu 850 Jahren Fritzlarer Hospitalwesen, herausgegeben von Sabine Trosse, Kassel: Eigenverlag 1998 (325 S.), Euro 14,90 (Jetzt Sonderpreis Euro 5,–)

Band 6: Wissen und irren. Psychiatriegeschichte aus zwei Jahrhunderten – Eberbach und Eichberg, herausgegeben von Christina Vanja, Steffen Haas, Gabriela Deutschle, Wolfgang Eirund, Peter Sandner, Kassel: Eigenverlag 1999 (341 S.), Euro 14,–

Band 7: „In waldig-ländlicher Umgebung ...". Das Waldkrankenhaus Köppern: Von der agrikolen Kolonie der Stadt Frankfurt zum Zentrum für Soziale Psychiatrie Hochtaunus, herausgegeben von Christina Vanja, Helmut Siefert, Kassel: Euregio Verlag 2001 (334 S.), Euro 23,90

Band 8: Heilbar und nützlich. Ziele und Wege der Psychiatrie in Marburg an der Lahn, herausgeben von Peter Sandner, Gerhard Aumüller, Christina Vanja, Marburg: Jonas Verlag 2001 (448 S.), Euro 25,–

Band 9: Psychiatrie in Gießen – Facetten ihrer Geschichte zwischen Fürsorge und Ausgrenzung, Forschung und Heilung, herausgegeben von Uta George, Herwig Groß, Michael Putzke, Irmtraut Sahmland, Christina Vanja, Gießen: Psychosozial-Verlag 2003 (606 S.), Euro 29,50

Band 10: „Haltestation Philippshospital". Ein psychiatrisches Zentrum – Kontinuität und Wandel 1533–1904 – 2004. Eine Festschrift zum 500. Geburtstag Philipps von Hessen, herausgegeben von Irmtraut Sahmland, Sabine Trosse, Christina Vanja, Hartmut Berger, Kurt Ernst, Marburg: Jonas Verlag 2004 (494 S.), Euro 30,–

Historische Schriftenreihe des Landeswohlfahrtsverbandes Hessen

Band 11: Das Hospital am Beginn der Neuzeit. Soziale Reform in Hessen im Spiegel europäischer Kulturgeschichte, herausgegeben von Arnd Friedrich, Fritz Heinrich, Christina Vanja, Petersberg: Imhof Verlag 2004 (318 S.), Euro 29,90

Band 12: Hadamar. Heilstätte – Tötungsanstalt – Therapiezentrum, herausgegeben von Uta George, Georg Lilienthal, Volker Roelcke, Peter Sandner, Christina Vanja, Marburg: Jonas Verlag 2006 (494 S.), Euro 24,90

Hochschulschriften

Band 1: Gabriele Kremer: „Sittlich sie wieder zu heben...". Das Psychopathinnenheim Hadamar zwischen Psychiatrie und Heilpädagogik, Marburg: Jonas Verlag 2002 (336 S.), Euro 25,–

Band 2: Peter Sandner: Verwaltung des Krankenmords. Der Bezirksverband Nassau im Nationalsozialismus, Gießen: Psychosozial-Verlag 2003 (788 S.), Euro 35,–

Archivfindbücher

Landarmen- und Korrektionsanstalt Breitenau 1874–1949 (1976). Findbuch zum Bestand 2 (Teil 1), bearbeitet von Christina Vanja, Kassel: Eigenverlag (81 S.), Euro 2,50

Landesheil- und Pflegeanstalt Heppenheim 1866–1953. Findbuch zum Bestand 14, bearbeitet von Peter Eller und Christina Vanja, Kassel: Eigenverlag 1994 (57 S.), Euro 2,50

Kataloge

Euthanasie in Hadamar. Die nationalsozialistische Vernichtungspolitik in hessischen Anstalten, bearbeitet von Christina Vanja und Martin Vogt, Kassel: Eigenverlag 1991 (259 S., 120 Abb.), Euro 12,50 (Ist zur Zeit vergriffen!)

„Verlegt nach Hadamar". Die Geschichte einer NS-"Euthanasie"-Anstalt, bearbeitet von Bettina Winter, Kassel: Eigenverlag 1991, 3. Auflage 2002 (240 S., 156 Abb.), Euro 7,50

Psychiatriemuseum Haina, zusammengestellt von Bettina Winter, Kassel: Eigenverlag 1992 (28 S., 23 Abb.), Euro 2,50

„Transferred to Hadamar". An English Catalogue about the „Euthanasia"-Crimes in Hadamar, herausgegeben von Uta George, Kassel: Eigenverlag 2005 (131 Seiten, 40 Abb.), Euro 7,–

Unterrichtsmaterialien

Informations- und Arbeitsmaterialien für den Unterricht zum Thema „Euthanasie"-Verbrechen im Nationalsozialismus (enthält die Vorbereitung eines Besuchs der Gedenkstätte Hadamar), bearbeitet von Hubert Hecker und Bettina Winter, Kassel: Eigenverlag 1992 (135 S.), Euro 5,–

Kleine Schriften

Band 1: Jens Flemming: Ständehaus, Revolution und parlamentarische Traditionen in Kassel, Kassel: Eigenverlag 1999 (32 S.), Euro 2,50

Historische Schriftenreihe des Landeswohlfahrtsverbandes Hessen

Veröffentlichungen der Gedenkstätte Hadamar

Heft 1: Kinder als Besucherinnen und Besucher in der Gedenkstätte Hadamar, bearbeitet von Regine Gabriel, Kassel: Eigenverlag 2002 (88 S.), Euro 7,50

Deckert-Peaceman, Heike; George, Uta; Mumme, Petra (Hg.): Ausschluss. (= Konfrontationen. Bausteine für die pädagogische Annäherung an Geschichte und Wirkung des Holocaust, Heft 3), hg. vom Fritz-Bauer-Institut Frankfurt und der Gedenkstätte Hadamar, Frankfurt 2003. Euro 7,60

George, Uta; Göthling, Stefan (Hg.): „Was geschah in Hadamar in der Nazizeit?" Ein Katalog in leichter Sprache (= Schriftenreihe „Geschichte verstehen" des Vereins zur Förderung der Gedenkstätte Hadamar e. V. und des Netzwerkes People First Deutschland e. V., Heft 1), Kassel 2005. (Spende erbeten)

Bestelladresse
Landeswohlfahrtsverband Hessen
Archiv, Gedenkstätten, Historische Sammlungen
Ständeplatz 6–10, 34117 Kassel
Telefon: 0561/ 1004–2606 (vormittags) bzw. 2277
Telefax: 0561/ 1004–1606 oder 1277
E-Mail-Adresse: kontakt-archiv@lwv-hessen.de

Bitte beachten: Beim Versand werden anteilige Porto- und Verpackungskosten erhoben!